תלמוד בבלי

מהדורת נאה

זבחים חלק ד

Steinsaltz Center

ירושלים

KOREN

Please note that the number ranges that appear at the bottom of each daf of the Vilna pages indicate the corresponding pages of the Koren Talmud Bavli translation and commentary.

תלמוד בבלי

הוצאת קוֹרֵן ירושלים

מהדורת נאה

מסכת זבחים

דף סו. עד דף פג.

COMMENTARY BY

Rabbi Adin Even-Israel Steinsaltz

EDITOR-IN-CHIEF

Rabbi Dr Tzvi Hersh Weinreb

EXECUTIVE EDITOR

Rabbi Joshua Schreier

STEINSALTZ CENTER

KOREN PUBLISHERS JERUSALEM

אין צריך להבדיל. הילכך, אם הבדיל — לאו שינוי הוא. מכדי כתיב. בעולת העוף "והקריבו", ומינה נפקא לן לר"א ברבי שמעון הבדלה בעולת העוף ב"הכל שוחטין" (חולין דף כא.). ולא דרש "ומלק והקטיר" כדדרשי' לעיל מה הקטרה הראש בעצמו כו' דתיפוק ליה הבדלה מהתם, דהך סברא לית ליה שיימלוק את ח] כולן, אלא דנקא רוב סימנים, ויליף לה מקראי, ואפילו רבנן דפליגי עליה התם — עיקר הבדלה בעולה לא נפקא להו אלא מ"והקריבו", דמשמע: חלק את זה מן החטאת. הילכך, על כרחך "ולא יבדיל" האמור בחטאת למה ליה? כלומר, מאי ן] קאמר לן? שמע מינה: א"צ להבדיל קאמר. הילכך נפקא לן בעולה מ"והקריבו" דצריך להבדיל. ז] דהא חלק ביניהן, דאי מוזהרת היא בחטאת שלא יבדיל — היכי נפקא לן בעולה מ"והקריבו" דצריך להבדיל ח] אינו מוזהר אלא להבדיל הוא דנפקא לן מהיקשא, ולא ט] שטעון הבדלה. ד"א: האי למה לי. כמו י] "ומאי היא", לשון תמה, מדלאתא "והקריבו" לחלק — *למדנו הבדלה בעולה, שמע מינה: "ולא יבדיל" — אין צריך להבדיל קאמר, ולשמעי' "והקריבו" דחלק בעולה דצריך להבדיל. (דאי מוזהרת היא בחטאת — יא] לא שמעי' מ"והקריבו" אלא דאינו מוזהר מלהבדיל בעולה, אבל מצות הבדלה לא נפקא לן).

הדרן עלך קדשי קדשים

אין צריך להבדיל. א"ל רב אחא בריה דרבא לרב אשי: א] אלא מעתה, גבי בור דכתיב: "ולא יכסנו", ה"נ דאין צריך לכסות? הכי השתא?! התם, כיון דכתיב: "בעל הבור ישלם" — עלויה הוא דרמי לכסויי. אבל הכא, מכדי כתיב: "והקריבו", חלק הכתוב בין חטאת העוף לעולת העוף, ב] "לא יבדיל" למה לי? ש"מ: אין צריך להבדיל.§ "מיצה דם הגוף".§ ת"ר: "עולה" — אע"פ שמיצה דם הגוף ולא מיצה דם הראש. יכול ג] (ה) מיצה דם הראש ולא מיצה דם הגוף? ת"ל: "היא". מאי תלמודא? אמר רבינא: מסתברא, (ב) דרוב דמים בגוף שכיחי.§

הדרן עלך קדשי קדשים

חטאת העוף שעשאה למטה, כמעשה חטאת לשם חטאת — כשירה. אכמעשה חטאת לשם עולה, כמעשה עולה לשם חטאת, כמעשה עולה לשם עולה — פסולה. בעשאה למעלה כמעשה כולן — פסולה. עולת העוף שעשאה למעלה, כמעשה עולה לשם עולה — כשירה. גכמעשה עולה לשם חטאת — כשירה, ובלבד שלא עלתה לבעליה. דכמעשה חטאת לשם עולה, כמעשה חטאת לשם חטאת — פסולה. עשאה למטה כמעשה כולן — הפסולה ד].§

גמ'

חטאת העוף. כמעשה חטאת. מליקה בסימן אחד, והזאה ומיצוי. כמעשה עולה. בגמרא מפרש דשני במאי. עשאה למעלה כמעשה כולן. כלומר, כמעשה אחד מכולן האמורין כאן, ואפילו כמעשה חטאת לשם חטאת. כמעשה חטאת. בגמרא מפרש דשני במאי. עשאה למטה כמעשה כולן. כמעשה אחד מכל אלו, ואפילו כמעשה עולה לשם עולה יב].

גמ'

קיר המזבח! ויש לומר: דהשמע ליה דמתני' פוסלת בכל ענין, אפי' לאחר הזאה, יג] מדקאמר רבי אלעזר בר"ש: שמעתי שמבדילין, והיינו דוקא לאחר הזאה, מכלל דרבנן פליגי עליה ואמרי אין מבדילין, אם כן מתני' דלא כוותיה. וא"ת: יד] ריש פ' "חטאת העוף": עשאה כמעשה עולה פסולה. יקאמר בגמרא: דשני במאי? אילימא דשני במליקה — נימא דלא כר"א בר"ש, דאי ר"א בר' שמעון — הא אמר שמעתי שמבדילין בחטאת העוף. ומאי קושיא ליה? לרבי אלעזר בר"ש נמי משכחת לה, דהבדיל קודם הזאה! וי"ל: כיון דמוקמינן כמעשה עולה דשני במליקה, א"כ מדלא קתני כמעשה עולה קודם הזאה — ש"מ דאיירי בין קודם הזאה בין לאחר הזאה. ועוד: דלר' אלעזר בן פדת ור"ש בן אליקים ורבי ירמיה — טו] מסבר רבי אלעזר בר"ש אפילו קודם ההזאה, דמפרשים "לא יבדיל" דקרא — אין צריך להבדיל. ור"ת הגיה בגליון בספרו על מילתא דר"ש בן אליקים: ומאי לא יבדיל, דמשמע בין בשעת הזאה בין בשעת מיצוי — אינו צריך להבדיל ואם הבדיל כשר, וכ"ש במתמצה כל הדם. ומסקינן לקרא דאיתי דחיק ומוקי אנפשיה, דדוקא לא יבדיל בשעת הזאה, אבל בשעת מיצוי, דלדם הוא צריך — אי בעי מבדיל אי בעי לא מבדיל, עכ"ל. משמע שרוצה לפרש דבשעת הזאה אסר קרא, ובשעת מיצוי בעי למימר קרא דאין צריך. ותרוייהו משתמעי *מיניה, טז] (וש"מ) מדאפקיה קרא בלשון לאו קדריש דבשעת הזאה לא יבדיל. ולאסורא אף בשעת מיצוי לא אתי קרא, דמ"והקריבו" הוה נפיק, יז] דדריש מיניה בחולין (דף כא.) שחילק הכתוב בין חטאת העוף לעולת העוף, לכך יש לפרש נמי דאתי קרא למימר דבשעת מיצוי אם ירצה לא יבדיל. והא דאמר רבי ירמיה: לא שנו [...] להו, דמשמע שבא לחלוק על רב חסדא ורבא ואביי — היינו משום שבא ר' ירמיה להשמיענו דכשמבדיל לאחר הזאה אין כאן מעשה עולה בחטאת, שמצות חטאת נמי כך הוא, דקרא אין צריך להבדיל קאמר. וא"ת: לרב הונא דאמר משמיה דרב במעילה פרק "חטאת העוף" (דף ח:) דמיצוי חטאת העוף אינו מעכב, ולהכי תני במתני' דהתם: הוזה דמה — אמאי פסלי רבנן כשהבדיל לאחר הזאה? הא אין כאן מעשה עולה בחטאת, דמתחלה בשר בעלמא הוא כדפרישית, כיון דכבר נגמרו עבודת הדם, דמיצוי אינו מעכב! ולפי מה שפירשתי ניחא, דילמא רב הונא סבר כר"ש בן אליקים דמוקי פלוגתייהו קודם הזאה. אבל לפירוש ר"ת קשה: דאפילו לר"ש בן אליקים לא פליגי אלא לאחר הזאה! ויש לומר דרב הונא יעמיד מתני' דקתני הבדיל פסול — קודם הזאה, ואפילו כרבי אלעזר בר"ש. וסוגיא דשמעתא דקאמר: מתניתין דלא כרבי אלעזר בר"ש — אתיא כרב אדא בר אהבה, דאמר במעילה* משמיה דרב: מיצוי חטאת העוף מעכב. יח] ורבנן פליגי עליה דר"א בר"ש אפילו לרב הונא, מדקאמר רבי אלעזר ברבי שמעון: שמעתי שמבדילין, משמע דפליגי רבנן עליה. ואע"ג דרב הונא סבר מיצוי לא מעכב — מודה הוא יט] דפליגי רבנן עליה דרבי אלעזר ברבי שמעון, *סבר מיצוי מעכב. וה"ג איכא חד תנא במעילה דסבר הכי. ומיהו *)מתני' לא אפשר למימר לרב הונא דסבר מעכב — דהא מהדר התלמוד לאוקומי כל סתמי דמתני' כוותיה, דאית ליה אינו מעכב. וא"ת: והא קתני מתני': חטאת העוף שמלקה לשמה ומיצה דמה שלא לשמה — פסול. אלמא דמיצוי מעכב! ויש לומר: דרב הונא לא הוה תני "מיצה", אלא "הזה", כדתני במתניתין דמעילה: הוזה דמה. אבל סיפא דמתני' דמייתי התם במעילה: כ] אחד חטאת העוף ואחד עולת העוף כא] מלקן ומיצה דמן כו' — לא מצי לשנויי *דהוא והזיה, דהא קתני בה נמי עולה, והזאה בעולה ליכא. לכך צריך לשנויי דלאדדין קתני.

אלא מעתה גבי בור דכתיב ולא יכסנו כו'. מכל לאוין שבתורה, כגון "לא תחסום" "לא תאכלו כל נבלה" "לא תלבש שעטנז" — לא קשיא ליה למאי כב] כתביה אם לא ללאו. אבל הא, דמסברא הוה אמינא דמבדיל לפי שצריך לדם, אמרינן דכי כתיב "לא יבדיל" — אין צריך להבדיל קאמר. וגבי בור נמי — מסברא הוה אמינא דחייב לכסותו, וכי כתיב "לא יכסנו" — אין צריך לכסותו קאמר.

הדרן עלך קדשי קדשים

חטאת העוף. כמעשה חטאת לשם חטאת כשירה. זו היא מצוותה, כג] ואגב אחריני נקטיה. למעלה כמעשה כולן פסולה. כד] אף שעשה העבודה כתקנה. והיינו באכילה, אבל בעלים נתכפרו, לשמואל דאמר לעיל פרק ג' (דף כו:): כיון שהגיע דם למזבח — נתכפרו בעלים כה]. למטה כמעשה כולן פסולה. בסוף פירקין דלעיל (דף סה:) פירשתי דלא ידעינן מנא ליה עיכובא בעולה.

נימא

*) נ"ל ומיהו רבנן דמתני' לא אפשר למימר לר"ה דסברי מעכב כו' נ"ק

הגהות הב"ח

שיטה מקובצת

[...] ד] פסולה. וכולן אין מטמאין אבית הבליעה ומועלין בהן חוץ מחטאת העוף שעשאה למטה כמעשה חטאת לשם חטאת: **גמ'** ומועלין בהן חוץ מחטאת [ע]ולה אין לה היתר לכהנים ועולה אפי' היא כשרה (לאו) בת מעילה היא אבל חטאת העוף שעשאה בהכשר אין מועלין בה דכל שיש לו היתר לכהנים אין מועלין בו: וא"ת ובחטאת העוף ששינה בה [...] ה למ"ד במעילה היתר שחיטה שנינו והכא איכא היתר מליקה דהא בגמ' מוקמינן שינוי מקום דגבי חטאת בהזאה וי"ל דדוקא היתר שחיטה מוציאה מידי מעילה משום דלאחר שחיטה הוכשר לקבל דם [ע]וף דליכא קבלה לא מהני היתר מליקה לאפוקי מידי מעילה: ה] את כולו אלא: ו] מאי קמ"ל אלא ש"מ: ז] להבדיל דמדחלק ביניהן: ח] להבדיל. נוסחאת רש"י ממהר"פ נימא הכא דוהקריב חלק לומר שלא יבדיל אבל בעולה אינו מוזהר להבדיל אבל דצריך הבדלה לא תיפיק מיניה אלא על כרחך מדנפקא ליה מוהקריב חלק הבדלה בעולת העוף ש"מ ולא יבדיל כו': ט] שתטעון הבדלה. האי כו'. תיבות [...]: י] מאי קאמר ולשון קצר הוא תיבת היא נמחק: יא] בחטאת לומר שלא יבדיל לא: יב] עולה הס"ד ומה"ד וכולן. אע"פ שנפסלו מליקתן מטהרתן מידי נבלה ואין מטמאין בבית הבליעה. כדין נבלת עוף [...]"ד ומועלין בהן. ואף בחטאת הואיל ונפסלו ואין בהן שעת היתר לכהנים לא יצא מידי מעילה שבהן הס"ד ומה"ד חוץ מחטאת העוף שעשאה למטה כמעשה חטאת לשם חטאת. דכשרה היא ויש בה שעת [...]שוב אין בה מעילה אפי' לזר הס"ד ומה"ד גמ': יג] הזאה. ס"א משום דראב"ש אמר שמעתי שמבדילין אמתני' קאמר ובא לחלוק עליה וא"ת: יד] וא"ת לקמן ריש פ' חטאת העוף דתנן עשאה למטה [...]: טו] ור' ירמיה פריך שפיר דלדידהו מכשר: טז] ושמא מדאפקיה: יז] נפיק כדדריש: יח] מעכב ואיכא רבנן דפליגי: יט] הוא דאיכא רבנן דפליגי עליה דר"א: כ] במעילה דקתני אחד: כא] העוף שמלקן [...] לא מצי לשנויי דהוה תני ושהיזה תיבת דהוא ל"ש ונמחק: כב] למאי כתבינהו אם לא ללאו אבל האי דמסברא: כג] מצוותה והא דנקט שעשאה בדיעבד אגב אחריני נקטיה: כד] תיבות אף שעשאה העבודה כתקנה נמחק: כה] בעלים. ועי"ל דלא קאמר שמואל אלא בזבחים אבל בעוף לא דקרא דמייתי לעיל גבי זבחים כתיב ואני נתתי לכם על המזבח לכפר הס"ד:

ה א מיי' פ"ו מהלכות פסולי המוקדשין הל' ו ז:
ו ב מיי' שם הלכה א והלכה טו:
ז ג ד ה מיי' פ"ג מהל' מעילה הל' ז:

גמ' דְּשַׁנֵּי בְּמַאי? אִילֵימָא דְּשַׁנֵּי בִּמְלִיקָה — נֵימָא דְּלָא כְּר' אֶלְעָזָר בְּר' שִׁמְעוֹן, א] *דְּאָמַר: שָׁמַעְתִּי שֶׁמַּבְדִּילִין בְּחַטַּאת הָעוֹף? ב] וְלָא אוֹקִימְנָא דְּלָא כְּר' אֶלְעָזָר בְּר' שִׁמְעוֹן? ג] לָא, דְּשַׁנֵּי בְּהַזָּאָה. הָכִי נַמִי מִסְתַּבְּרָא, מִדְּקָתָנֵי סֵיפָא: עֲשָׂאָהּ לְמַעְלָה כְּמַעֲשֵׂה כּוּלָּן פְּסוּלָה, וַאֲפִילּוּ כְּמַעֲשֵׂה חַטָּאת לְשֵׁם חַטָּאת; דְּשַׁנֵּי בְּמַאי? אִילֵימָא דְּשַׁנֵּי בִּמְלִיקָה — הָאָמַר מָר: ד] מְלִיקָה בְּכָל מָקוֹם בַּמִּזְבֵּחַ כְּשֵׁרָה. אֶלָּא לָאו — דְּשַׁנֵּי בְּהַזָּאָה, וּמִדְּסֵיפָא בְּהַזָּאָה — רֵישָׁא נַמִי בְּהַזָּאָה. מִידֵּי אִירְיָא? הָא כִּדְאִיתָא וְהָא כִּדְאִיתָא ה].§ "עוֹלַת הָעוֹף" כו'.§ דְּשַׁנֵּי בְּמַאי? אִילֵימָא דְּשַׁנֵּי בִּמְלִיקָה; ו] מִדְּקָתָנֵי סֵיפָא: כּוּלָּן אֵין מְטַמְּאִין בְּבֵית הַבְּלִיעָה וּמוֹעֲלִין בָּהֶן — נֵימָא דְּלָא כְּרַבִּי יְהוֹשֻׁעַ, דְּאִי כְּר' יְהוֹשֻׁעַ — הָאָמַר: אֵין מוֹעֲלִין! וְאֶלָּא בְּמִיצּוּי. אֵימָא סֵיפָא: עוֹלַת הָעוֹף שֶׁעֲשָׂאָהּ לְמַטָּה כְּמַעֲשֵׂה חַטָּאת לְשֵׁם חַטָּאת, ר"א אוֹמֵר: מוֹעֲלִין בָּהּ, ר' יְהוֹשֻׁעַ אוֹמֵר: אֵין מוֹעֲלִין בָּהּ. דְּשַׁנֵּי בְּמַאי? אִילֵימָא בְּמִיצּוּי, אֵימַר דְּאָמַר ר' יְהוֹשֻׁעַ דְּשַׁנֵּי בִּמְלִיקָה, בְּמִיצּוּי מִי אָמַר? וְאֶלָּא בִּמְלִיקָה. רֵישָׁא וְסֵיפָא בִּמְלִיקָה וּמְצִיעֲתָא בְּמִיצּוּי? אִין, [א]רֵישָׁא וְסֵיפָא בִּמְלִיקָה, וּמְצִיעֲתָא בְּמִיצּוּי.§

מתני' ז] *וְכוּלָּן אֵין [ב]מְטַמְּאִין בְּבֵית הַבְּלִיעָה, [ג]וּמוֹעֲלִים בָּהֶן, [ד]חוּץ מֵחַטַּאת הָעוֹף שֶׁעֲשָׂאָהּ לְמַטָּה כְּמַעֲשֵׂה חַטָּאת לְשֵׁם חַטָּאת. עוֹלַת הָעוֹף שֶׁעֲשָׂאָהּ לְמַטָּה כְּמַעֲשֵׂה חַטָּאת לְשֵׁם חַטָּאת, ר"א אוֹמֵר: ח] מוֹעֲלִים בָּהּ, ר' יְהוֹשֻׁעַ אוֹמֵר: [ה]אֵין מוֹעֲלִים בָּהּ. א"ר אֱלִיעֶזֶר: וּמָה אִם חַטָּאת שֶׁאֵין מוֹעֲלִים בָּהּ לִשְׁמָהּ, כְּשֶׁשִּׁינָּה אֶת שְׁמָהּ — מוֹעֲלִים בָּהּ, עוֹלָה שֶׁמּוֹעֲלִים בָּהּ לִשְׁמָהּ, כְּשֶׁשִּׁינָּה אֶת שְׁמָהּ — אֵינוֹ דִּין שֶׁיִּמְעֲלוּ בָּהּ? א"ל ר' יְהוֹשֻׁעַ: לֹא, אִם אָמַרְתָּ בְּחַטָּאת שֶׁשִּׁינָּה אֶת שְׁמָהּ לְשֵׁם עוֹלָה — שֶׁכֵּן שִׁינָּה אֶת שְׁמָהּ לְדָבָר שֶׁיֵּשׁ בּוֹ מְעִילָה, תֹּאמַר בְּעוֹלָה שֶׁשִּׁינָּה אֶת שְׁמָהּ לְשֵׁם חַטָּאת — שֶׁכֵּן שִׁינָּה אֶת שְׁמָהּ לְדָבָר שֶׁאֵין בּוֹ מְעִילָה! אָמַר

גמ' דְּשַׁנֵּי בְּמַאי. אַ"כְּמַעֲשֵׂה עוֹלָה לְשֵׁם חַטָּאת" קָאֵי, וּמִיבַּעְיָא לֵיהּ: אֵיזֶה דָּבָר בְּחַטָּאת עָשָׂה כְּמַעֲשֵׂה עוֹלָה. אִי נֵימָא דְּשַׁנֵּי בִּמְלִיקָה. שֶׁהִבְדִּיל. נֵימָא. הָא דְּקָתָנֵי "פְּסוּלָה" דְּלָא כְּר"א. וּמְהַדַּר הַתַּלְמוּד: מַאי קַשְׁיָא לָךְ בְּהַאי? וַדַּאי פְּלִיגִי ט] רַבָּנַן עֲלֵיהּ, וְלָאו מִי אוֹקְמָה סְתָמָא דְּפִירְקִין דִּלְעֵיל דְּלָא כְּר"א, דְּקָתָנֵי: הִבְדִּיל בְּחַטָּאת — פָּסוּל? לֹא. כְּלוֹמַר, הַךְ אֲפִי' כְּר"א. דְּשַׁנֵּי בְּהַזָּאָה. שֶׁלֹּא הִזָּה אֶלָּא מִיצָּה, שֶׁהַמִּיצּוּי הִיא י] עֲבוֹדַת הָעוֹלָה. ה"נ מִסְתַּבְּרָא. דְּכָל שִׁינּוּי דְּמַתְנִי' בְּהַזָּאָה הוּא. דְּשַׁנֵּי בְּמַאי. אֵיזֶהוּ עֲבוֹדָה יא] לְמַעְלָה עָשָׂה? הָאָמַר מָר. גַּבֵּי חַטַּאת הָעוֹף בְּפִירְקִין דִּלְעֵיל (דף סג:): מְלִיקָה בְּכָל מָקוֹם *כו'. וּמִדְּסֵיפָא דְּאַיְירֵי בְּשִׁינּוּי לְמַעְלָה בְּהַזָּאָה אַיְירֵי, רֵישָׁא נַמִי יב] דְּאַיְירֵי בְּשִׁינּוּי מַעֲשֶׂיהָ — בְּהַזָּאָה מַיְירֵי. הָא כִּדְאִיתָא וְהָא כִּדְאִיתָא. כָּל חֲדָא וַחֲדָא יג] בַּמֶּה דְּהָוֵי שִׁינּוּי לְגַבֵּיהּ מַיְירֵי: רֵישָׁא דְּמַיְירֵי בְּשִׁינּוּי מַעֲשֶׂיהָ — אִיכָּא לְמֵימַר דִּבְמְלִיקָה נַמִי אַיְירֵי. סֵיפָא יד] דְּמַעֲשֵׂה דִּמְלִיקָה לָא הָוֵי שִׁינּוּי — תִּיתּוֹקַם בְּהַזָּאָה. דְּשַׁנֵּי בְּמַאי. טו] הָנֵי "מַעֲשֵׂה חַטָּאת" דְּקָתָנֵי, בְּמַאי שַׁנֵּי? דְּשַׁנֵּי בִּמְלִיקָה. שֶׁלֹּא הִבְדִּיל. טז] מִדְּקָתָנֵי סֵיפָא. כְּלוֹמַר, הָא דְּקָתָנֵי סֵיפָא: "כּוּלָּן מוֹעֲלִין בָּהֶן", וְקָאֵי נַמִי יז] אַ"עָשָׂה כְּמַעֲשֵׂה חַטָּאת לְשֵׁם חַטָּאת". נֵימָא דְּלָא כְּרַבִּי יְהוֹשֻׁעַ. דְּאִיהוּ אָמַר: אֵין מוֹעֲלִין בָּהֶן, בְּמַתְנִיתִין. אֶלָּא בְּמִיצּוּי. וּבְהָא לָא פָּלֵיג ר' יְהוֹשֻׁעַ. יח] דְּטַעְמָא כִּדְרַב אַדָּא, דְּאָמַר: אוֹמֵר הָיָה רַבִּי יְהוֹשֻׁעַ: עוֹלַת הָעוֹף שֶׁעֲשָׂאָהּ לְמַטָּה כְּמַעֲשֵׂה חַטָּאת לְשֵׁם חַטָּאת — נִמְשֶׁכֶת מִשֵּׁם עוֹלָה וְנַעֲשֵׂית חַטַּאת הָעוֹף. וְהַאי טַעְמָא לֵיכָּא לְמֵימַר אֶלָּא כִּדְשַׁנֵּי בִּמְלִיקָה, כִּדְמְפָרֵשׁ לָהּ רַב אַשִׁי לְקַמָּן: מִשּׁוּם דְּעוֹלָה צְרִיכָה שְׁנֵי סִימָנִין, וְחַטָּאת כְּשֵׁרָה בְּסִימָן אֶחָד, יט] מְלִיקַת עוֹלַת הָעוֹף לְמַטָּה לֵיתָא. *זֶה שֶׁמּוֹלְקָהּ לְמַטָּה וּלְשֵׁם חַטָּאת בְּסִימָן רִאשׁוֹן הִשְׁלִים בָּהּ כָּל מַעֲשֵׂה הַחַטָּאת — לְפִיכָךְ יָצְאתָה בָּהּ מִשֵּׁם עוֹלָה וְנַעֲשֵׂית חַטָּאת, וְהָוְיָא חַטַּאת הָעוֹף שֶׁעֲשָׂאָהּ לְמַטָּה כְּמַעֲשֵׂה חַטָּאת לְשֵׁם חַטָּאת, שֶׁאֵין בָּהּ מְעִילָה. אֲבָל הֵיכָא כ] דִּבְמְלִיקָה לָא שַׁנֵּי, וּמוֹלְקָהּ לְמַעְלָה וּכְמַעֲשֵׂה עוֹלָה — תּוּ לָא כא] נִמְשֶׁכֶת בְּשִׁינּוּי דְּמִיצּוּי, שֶׁלֹּא מִיצָּה, אֶלָּא הִיזָּה כְּדִין חַטָּאת לְמַטָּה, לְמֶיהֱוֵי חַטַּאת הָעוֹף. אֵימַר דְּא"ר יְהוֹשֻׁעַ דְּשַׁנֵּי בִּמְלִיקָה. וְטַעְמָא כִּדְפָרִישִׁית. רֵישָׁא בִּמְלִיקָה. מִשּׁוּם דְּבָעֵית לְאוֹקוּמַהּ כב] דְּלָא כְּר"א בְּרַבִּי שִׁמְעוֹן, כִּדְאִיתּוֹקְמָא כג] סְתָם דְּאִידָךְ פִּירְקִין. וְהַךְ סֵיפָא פְּלוּגְתָּא דְּרַבִּי יְהוֹשֻׁעַ ע"כ בִּמְלִיקָה. כד] מְצִיעֲתָא בְּמִיצּוּי. דְּתִיתּוֹקְמָא כְּרַבִּי יְהוֹשֻׁעַ, מִשּׁוּם דְּר"א שַׁמּוּתִי הוּא. מתני' כה] וְכוּלָּן. אע"פ שֶׁנִּפְסְלוּ — מְלִיקָתָן מְטַהַרְתָּן מִידֵי נְבֵלָה.* וְאֵין מְטַמְּאִין בְּבֵית הַבְּלִיעָה. כְּדִין נִבְלַת עוֹף טָהוֹר. וּמוֹעֲלִין בָּהֶן. וְאַף בְּחַטָּאת. הוֹאִיל וְנִפְסְלוּ, וְאֵין בָּהֶן שְׁעַת הֶיתֵּר לַכֹּהֲנִים — לֹא יָצְאוּ מִידֵי מְעִילָה שֶׁבָּהֶן. חוּץ מֵחַטַּאת הָעוֹף שֶׁעֲשָׂאָהּ לְמַטָּה כְּמַעֲשֵׂה חַטָּאת לְשֵׁם חַטָּאת. דִּכְשֵׁרָה הִיא, וְיֵשׁ לָהּ שְׁעַת הֶיתֵּר לַכֹּהֲנִים, וְשׁוּב אֵין בָּהּ מְעִילָה אֲפִילּוּ לְזָר. רַבִּי אֱלִיעֶזֶר אוֹמֵר מוֹעֲלִין בָּהּ. דְּהָא עוֹלָה הִיא, וּמִי הוֹצִיאָהּ מִמְּעִילָתָהּ? שְׁעַת הֶיתֵּר לַכֹּהֲנִים אֵין לָהּ. רַבִּי יְהוֹשֻׁעַ אוֹמֵר אֵין מוֹעֲלִין. דְּכֵיוָן דְּשִׁינָּה שְׁמָהּ וּמַעֲשֶׂיהָ וּמְקוֹמָהּ לְשֵׁם חַטָּאת — נַעֲשֵׂית חַטָּאת, כִּדְמְפָרֵשׁ בַּגְּמָרָא. וּמָה חַטַּאת הָעוֹף שֶׁאֵין מוֹעֲלִין כו] לִשְׁמָהּ. שֶׁהֲרֵי נֶאֱכֶלֶת לַכֹּהֲנִים. שִׁינָּה אֶת שְׁמָהּ. כז] וּפְסָלָהּ, וְלֹא בָּאָה לִכְלַל הֶיתֵּר — מוֹעֲלִין בָּהּ, דְּהָא רַבִּי יְהוֹשֻׁעַ גּוּפֵיהּ לָא פָּלֵיג עֲלֵיהּ (א). לְדָבָר שֶׁיֵּשׁ בּוֹ מְעִילָה. לְשֵׁם עוֹלָה. שֶׁשְּׁחָטָן

נימא דלא כר"א בר"ש. לעיל (דף סה: ד"ה "ורבי") פירשתי. כח] חטאת העוף כמעשה עולה פסולה דשני במליקה. פי': כט] מלק ב' סימנין והבדיל. וכי קאמר "שני בהזאה" — היינו שלא הזה אלא מיצה, והכל עשה למטה כדין חטאת. ולא מצי לפרושי "שני במליקה" — שעשאה למעלה, דהא מליקה בכל מקום כשירה. וב"שני בהזאה" ליכא לפרושי ל] *שהזאה למעלה, משום דקאי על רישא, דקתני: "עשאה למטה". וכן בבא ד"עולת העוף כמעשה חטאת", דקאמר "דשני במליקה" — היינו שלא מלק רק סימן אחד. וכי קאמר "שני במלוי" — היינו שלא מילה, אלא הזה תחת המילוי, והכל למעלה. ולא מצי לפרושה: דשני במליקה, ובתר הכי דשני במילוי, וכגון שעשאה למטה כדין חטאת — דהא קאי על רישא דקתני: "עשאה למעלה". ובענין זה אתיא כולה בפשיטות. דשני במליקה נימא דלא כרבי יהושע דאמר אין מועלין. לא] תימה לי: טעמא דרבי יהושע משום שעשאה למטה, ובסימן ראשון נפסלה מעולת העוף, וגם הזה למטה כחטאת העוף — לכך נמשכה להיות כחטאת. כך מפרש רב אשי טעמא לקמן. אבל הכא, מלק סימן אחד כחטאת למעלה — אין זה פסול עולה בסימן ראשון, וגם לא הזה (הכא). דהשתא לא נמשכה להיות כחטאת, כיון שלא הזה, וגם לא נפסל בסימן ראשון ממעשה עולת העוף! ברו"ך. ואלא במיצוי. משמע דלכל הך בבא דעולה מיירי במילוי. *ותימה: כמעשה חטאת לב] היכי מיתוקמא דשני במילוי? דאי עשה הזאה ואח"כ מילוי — אמאי מיפסלא עולה בכך, כיון שעושה אח"כ מילוי מדם הנפש? ואי משום דדרשינן בסוף פירקין דלעיל (דף סה.): "דמו" — כל דמו, וכיון דעבד ליה הזאה ליכא "כל דמו" במילוי — לא מסתבר שאם נשפך מעט לג] מהדם שתפסל בכך. וה"נ מ"ש? וכי תימא: דלא מוקי במילוי אלא ההיא ד"כולן מועלין בהן", דקאי אפי' עשאה לעולת העוף למטה כמעשה חטאת לשם חטאת, אבל הך רישא מיירי דשני במליקה — א"כ בלאו הנך דיוקי דקדייק ואזיל הוה מצי לאקשויי: *רישא וסיפא במליקה, ומציעתא במילוי? דבבא דחטאת העוף אוקימנא רישא דשני במליקה, וסיפא בהזאה, והך בבא דעולה מיתוקמא דשני במליקה, כדפרישית! ונראה לפרש: דלעולם מיירי הך בבא דעולה דשני במילוי. וגרעא [מנשפך מעט] — משום דמיד כשהזה והגיע דם למזבח נתכפרו בעלים, מדשמואל דלעיל פ"ב (דף כו:), והרי נתכפרו בפסול. ולא מהני מה שממלה אח"כ — כיון דכבר נתכפרו. ומיהו, תימה הוא לומר דנתכפרו כשעשה עבודה שלא כדינה. דלא דמי לנתנו על הכבש לד] ועל היסוד, שהעבודה כמצותה אלא ששינה מקומו. לה] ונראה כפי' הקונט': ד"כמעשה חטאת" — היינו שלא עשה מילוי אלא הזאה, לו] למ"ד מילוי [בחטאת] לא מעכב, ופסולה — משום דלא עשה מילוי בעולה זו. לז] דליכא לפרושי: "דשני במילוי" — שעשה המילוי למטה, דהא קאי ארישא. ועוד: דהיינו סיפא (עשאה למטה) דקתני: "עשאה למטה כמעשה כולן", וה"פ [הקונטרס] לעיל "גבי חטאת כמעשה עולה", ומפרש "דשני בהזאה" — היינו שלא הזה אלא מילה גרידא. ומיהו, עדיין מה לו להש"ס לדקדק על בבא זו: "אלא במילוי" — דמשמע שאין יכול להקשות בענין אחר "רישא וסיפא במליקה ומציעתא במילוי"? בלאו הכי יכול להקשות, דבבא דחטאת אוקימנא רישא במליקה וסיפא בהזאה, ופלוגתא דר"א ור' יהושע במליקה! ונראה, שאין הש"ס מתמיה על סיפא דבבא דחטאת במאי דמיירי דשני בהזאה, כיון דלא משכחת בה פסול בשינוי דמליקה, דמליקה בכל מקום במזבח כשירה. וא"ת: אי לא שני "אלא במילוי", אמאי מועלין בהן למאן דאמר היתר שחיטה שנינו, בריש מסכת מעילה (דף ה.). וזה היה לו היתר שחיטה, ויצאה מיד מעילה! וכן חטאת שעשאה למעלה כמעשה כולן, ואפילו כמעשה חטאת לשם חטאת, וקתני סיפא דמועלין בה — אמאי? הרי היה לה שעת הכושר *והיתר מליקה! והרי

[נ"ל שהזה]

נ"ל ותימה כמעשה חטאת לשם עולה כמעשה חטאת לשם חטאת היכי מיתוקמא כו'

נ"א רישא ומציעתא במליקה וסיפא במילוי

[לעיל סה.]

כו' הס"ד נ"ק

[מעילה ג.]

וזה נ"ק

נבלה ואין הס"ד נ"ק

היתר נ"ק

הגהות הב"ח

(א) רש"י ד"ה שינה את שמה וכו' לא פליג עליה (דלדבר) [בשינה שמה] לשם עולה שיש בו מעילה כצ"ל והד"א:

שיטה מקובצת

א] בר' שמעון דאי ר"א בר"ש האמר שמעתי: ב] העוף ולאו אוקמינא: ג] בר' שמעון ה"נ דלא כראב"ש לא הב"ע דשני: ד] מלקה בכל: ה] כדאיתא רישא במליקה וסיפא בהזאה: ו] במליקה דקתני: ז] מתיבת וכולן כו' עד תיבת עולת העוף נמחק ומקומן לעיל בסע"א בסוף המשנה: ח] מועלין בה ר' יהושע אומר אין מועלין בה: ט] היא פליגי מתני' עליה תיבת רבנן נמחק: י] היא מעבודת: יא] עבודה עשה למעלה: יב] נמי כי איירי בשינוי מעשיה בהזאה איירי הס"ד: יג] במידי דהוי: יד] סיפא דלמעלה במליקה לא הוי שינוי: טו] במאי. האי כמעשה חטאת לשם עולה דקתני סיפא: טז] מה"ד דקתני מתני' במאי שני: יז] נמי אעולה שעשאה למטה כמעשה: יח] יהושע דטעמיה כדרב אדא: יט] אחד ומליקת עולת העוף אינה למטה וזה שמלקה למטה: כ] היכא דלא שני במליקה ומולקה: כא] לא ממשכה: כב] לאוקומה לעיל דלא: כג] סתמא דאידך פירקין: כד] מה"ד ומציעתא במיצוי: כה] מתיבת וכולן כו' עד ומקומן לעיל בסע"א: כו] שאין מועלין בה לשמה: כז] נפסלה: כח] ד"ה חטאת כו' וד"ה דשני במליקה כו' עד ד"ה ואלא מוקף בח"ל: כט] פי' שמלק: ל] לפרושי שהזה למעלה: לא] תימה דהא מוכח לקמן דטעמא דר' יהושע משום דשינה גם במקום שעשאה למטה ואז נמשכת להיות כחטאת אבל היכא דליכא שינוי מקום אלא שינוי מעשה מודה ר' יהושע ותירץ השר מקוצי דסמיך אסיפא דמתני' דקתני עשאה למטה כמעשה ... פסולה ואהא קאי וכולן: תו' מהר"פ: תימה לי דטעמא כו': לב] חטאת לשם עולה וכמעשה חטאת לשם חטאת היכי: לג] מעט מן הדם: לד] הכבש שלא כנגד היסוד תיבת ועל נמחק: לה] ונראה לפרש דכמעשה חטאת. תיבת כפי' הקונטרס נמחק: לו] הזאה כמ"ד מיצוי: לז] מתיבת דליכא עד תיבת ומיהו מוקף בחצי לבנה ונרשם תוספות:

ע"י מעשיו נ"ק

לחטאת כשירה הוי הס"ד נ"ק

לעיל סג: וש"נ

נ"א מקום

אָמַר לוֹ ר' אֱלִיעֶזֶר: וַהֲרֵי קָדְשֵׁי קָדָשִׁים שֶׁשְּׁחָטָן בַּדָּרוֹם וּשְׁחָטָן לְשֵׁם קָדָשִׁים קַלִּים יוֹכִיחוּ, א] שֶׁכֵּן שִׁינָּה אֶת שְׁמָם לְדָבָר שֶׁאֵין בּוֹ מְעִילָה — אוּמוֹעֲלִין בָּהֶן. אַף אַתָּה אַל תִּתְמַהּ עַל הָעוֹלָה, ב] אע"פ שֶׁשִּׁינָּה שְׁמָהּ לְדָבָר שֶׁאֵין בּוֹ מְעִילָה — שֶׁיִּמְעֲלוּ בָהּ! אָמַר לוֹ ר' יְהוֹשֻׁעַ: לֹא, אִם אָמַרְתָּ בְּקָדְשֵׁי קָדָשִׁים שֶׁשְּׁחָטָן בַּדָּרוֹם וּשְׁחָטָן לְשֵׁם קָדָשִׁים קַלִּים — שֶׁכֵּן שִׁינָּה אֶת שְׁמָם לְדָבָר שֶׁיֵּשׁ בּוֹ אִיסּוּר וְהֶיתֵּר, תֹּאמַר בְּעוֹלָה שֶׁשִּׁינָּה אֶת שְׁמָהּ לְדָבָר שֶׁכּוּלּוֹ הֶיתֵּר? § **גמ'** תַּנְיָא, אָמַר לוֹ ר"א לְרַבִּי יְהוֹשֻׁעַ: אָשָׁם שֶׁשְּׁחָטוֹ בַּצָּפוֹן לְשֵׁם שְׁלָמִים יוֹכִיחַ, שֶׁשִּׁינָּה אֶת שְׁמוֹ — וּמוֹעֲלִין בּוֹ. וְאַף אַתָּה אַל תִּתְמַהּ עַל הָעוֹלָה, שֶׁאע"פ שֶׁשִּׁינָּה אֶת שְׁמָהּ — שֶׁיִּמְעֲלוּ בָהּ. אָמַר לוֹ רַבִּי יְהוֹשֻׁעַ: לֹא, אִם אָמַרְתָּ בְּאָשָׁם, ג] שֶׁאִם שִׁינָּה אֶת שְׁמוֹ — לֹא שִׁינָּה אֶת מְקוֹמוֹ, תֹּאמַר בְּעוֹלָה — שֶׁשִּׁינָּה אֶת שְׁמָהּ וְשִׁינָּה אֶת מְקוֹמָהּ? אָמַר לוֹ ר"א: אָשָׁם שֶׁשְּׁחָטוֹ בַּדָּרוֹם לְשֵׁם שְׁלָמִים יוֹכִיחַ, שֶׁשִּׁינָּה אֶת שְׁמוֹ וְשִׁינָּה אֶת מְקוֹמוֹ — וּמוֹעֲלִין בּוֹ. אַף אַתָּה אַל תִּתְמַהּ עַל הָעוֹלָה, שֶׁאע"פ שֶׁשִּׁינָּה אֶת שְׁמָהּ וְשִׁינָּה אֶת מְקוֹמָהּ — ד] מוֹעֲלִין בָּהּ. א"ל ר' יְהוֹשֻׁעַ: לֹא, אִם אָמַרְתָּ בְּאָשָׁם, שֶׁשִּׁינָּה אֶת שְׁמוֹ וְשִׁינָּה אֶת מְקוֹמוֹ וְלֹא שִׁינָּה אֶת מַעֲשָׂיו, תֹּאמַר בְּעוֹלָה, ה] שֶׁשִּׁינָּה אֶת שְׁמָהּ וְאֶת מַעֲשֶׂיהָ וְשִׁינָּה אֶת מְקוֹמָהּ? ו] אָמַר רָבָא, וְנֵימָא לֵיהּ: אָשָׁם שֶׁשְּׁחָטוֹ בַּדָּרוֹם לְשֵׁם שְׁלָמִים בְּשִׁינּוּי בְּעָלִים, ז] שֶׁשִּׁינָּה אֶת שְׁמוֹ וְשִׁינָּה אֶת מְקוֹמוֹ וְשִׁינָּה אֶת מַעֲשָׂיו! ח] מִדְּלָא קָאָמַר לֵיהּ הָכִי — שְׁמַע מִינָּהּ נָחֵית רַבִּי אֱלִיעֶזֶר לְטַעֲמֵיהּ דְּרַבִּי יְהוֹשֻׁעַ. דְּאָמַר רַב אַדָּא בַּר אַהֲבָה, אוֹמֵר הָיָה רַבִּי יְהוֹשֻׁעַ: עוֹלַת הָעוֹף שֶׁעֲשָׂאָהּ לְמַטָּה כְּמַעֲשֵׂה חַטָּאת לְשֵׁם חַטָּאת, בכֵּיוָן שֶׁמָּלַק בָּהּ סִימָן אֶחָד — נִמְשֶׁכֶת וְנַעֲשֵׂית חַטַּאת הָעוֹף. ט] אִי הָכִי, חַטַּאת הָעוֹף נָמֵי שֶׁעֲשָׂאָהּ לְמַעְלָה כְּמַעֲשֵׂה י] הָעוֹלָה, מִכִּי מָלֵיק בָּהּ סִימָן אֶחָד — יא] תִּימָּשֵׁךְ וְתֶהֱוֵי עוֹלַת הָעוֹף! וְכ"ת: ה"נ — וְהָא"ר יוֹחָנָן מִשּׁוּם רַבִּי בְּנָאָה: כָּךְ הִיא הַצָּעָה שֶׁל מִשְׁנָה; מַאי לָאו: כָּךְ הִיא הַצָּעָה — וְתוּ לָא? לָא, כָּךְ הַצָּעָה שֶׁל כּוּלָּהּ מִשְׁנָה. רַב אַשִׁי אָמַר: בִּשְׁלָמָא עוֹלַת הָעוֹף שֶׁעֲשָׂאָהּ לְמַטָּה כְּמַעֲשֵׂה חַטָּאת לְשֵׁם חַטָּאת, כֵּיוָן דְּהָא הַכְשֵׁירָהּ בְּסִימָן אֶחָד וְהָא הַכְשֵׁירָהּ בִּשְׁנֵי סִימָנִין, יב] וְעוֹלַת הָעוֹף לְמַטָּה לֵיתָא, כֵּיוָן דְּמָלַק בָּהּ סִימָן אֶחָד — נִמְשֶׁכֶת וְנַעֲשֵׂית חַטַּאת הָעוֹף. אֶלָּא חַטַּאת הָעוֹף, יג] כֵּיוָן *דְּאָמַר מָר: מְלִיקָה בְּכָל מָקוֹם כְּשֵׁירָה, מִכִּי מָלַק בָּהּ סִימָן אֶחָד — אִיפַּסְלָא, כִּי הָדַר מָלֵיק בְּאִידַּךְ סִימָן — הֵיכִי מִמַּשְׁכָה וְהָוְיָא עוֹלַת הָעוֹף? גּוּפָא, אָמַר רַב אַדָּא בַּר אַהֲבָה, אוֹמֵר הָיָה רַבִּי יְהוֹשֻׁעַ: עוֹלַת הָעוֹף שֶׁעֲשָׂאָהּ לְמַטָּה כְּמַעֲשֵׂה חַטָּאת לְשֵׁם חַטָּאת, כֵּיוָן שֶׁמָּלַק בָּהּ סִימָן אֶחָד — נִמְשֶׁכֶת וְנַעֲשֵׂית חַטַּאת הָעוֹף.

ת"ש

ששחטן בדרום. לשם שלמים, יוכיחו, ששינה שמם ומעשיהם. לדבר שאין בו מעילה. שקדשים קלים אין בהם מעילה אלא באימורין. ומועלין בהן. מפני שנפסלו בשחיטת דרום, ולא הביאתן זריקתן לכלל שעת היתר, להוציאן מידי מעילה. **איסור.** אימוריהן יש בהן מעילה, חטאת העוף כולו היתר. **גמ'** אשם ששחטו בצפון כו' ומועלין בו. לפני זריקה. דלאחר זריקה ליכא מעילה, שהרי נאכל לכהנים, דשלא לשמו לא פסיל ביה. ואף אתה אל תתמה על העולה. עולת העוף קאמר, שנחלקו בה. דאילו יד] בעולת בהמה ששינה בה לשם חטאת – לא פליג, דהא שינה שמה לדבר שיש בו מעילה באימורין. שינוי בעלים. כשינוי מעשה חשיב טו] לה. נחית רבי אליעזר. הבין את דברי רבי יהושע שטעמו משום דקסבר: נמשכה משם עולה ונעשית חטאת. והאי טז] טעם ליכא למימר בשום שינוי שם קרבן אחר אלא בעולת העוף לבדה, וכשנשתנית לשם חטאת יז] *ומעשיו, כדמפרש רב אשי לקמן: מפני שחטאת העוף כשירה בסימן א', וכשמלק עולת העוף למטה לשם חטאת, ומליקת סימן אחד בעולה יח] לאו כלום היא, ובחטאת הוי גמר עבודה – מקודם שחל עליה שם פסול עולה משום עשיית מטה, חל עליה שם חטאת העוף כשירה, ונמשכת ונעשית חטאת העוף. תימשך ותיהוי עולת העוף. ותהא כשירה! דקס"ד דקאמר רב אדא לר' יהושע *דחטאת נמי כשירה הויא. וכי תימא. לר' יהושע הכי נמי, ומתניתין דקתני "פסולה" – דלא כר' יהושע. והאמר ר' יוחנן כך היא הצעה. של משנתינו. מאי לאו כך היא ותו לא. יט] כדגרסינן לה, דלא פליג ר' יהושע אלא בעולה שעשאה למטה כמעשה חטאת לשם חטאת? **לא.** הכי קאמר: כך היא הצעתה של כולה משנה. דכי היכי דפליג בעולה פליג בחטאת. **רב אשי אמר.** לעולם לא פליג. ולא תיקשה, דבשלמא עולת העוף שעשאה למטה, כיון דחטאת הכשירה בסימן אחד, וגמר כ] עבודתה ממהר להשלים קודם שיחול על זו שם עולה פסולה, וזו היא הכשירה בשני סימנין – כא] ולפיכך סימן ראשון אינו פוסל בה משום עשיית מטה. ועולת העוף למטה ליתא, ויש כאן שינוי מעשה עולה והיכר מעשה חטאת. מכיון שמלק בה סימן א' ועדיין לא חל עליה שם פסול עולה – חל עליה שם חטאת כשירה, הילכך נמשכה ויוצאה משם עולה ונעשית חטאת. **אלא חטאת.** עשאה למעלה כמעשה עולה: בשני סימנין, ולשם עולה. כיון דאמר מר כב] מליקה בכל מקום במזבח כשירה. משום מליקת מעלה אין כאן שינוי כג] להפקיע ממנה שם חטאת, ואין כאן שינוי *השם. וכיון דחטאת גמר עבודתה סימן אחד – מקודם שיגמור מעשה עולה חל עליה שם חטאת, שנמלקה כולה כד] בשלא לשמה, ונפסלה משום שלא לשמה. וכי הדר מלק אידך סימן להביאה לכלל מעשה עולה – היכי מימשכא והויא עולה? נמשכת ונעשית חטאת. קסלקא כה] דעתך: ואפילו למיסק ליה לשם חובת חטאת קאמר.

חטאת

והרי קדשי קדשים ששחטן בדרום כו' כו]. משמע דמן התורה מועלים, דק"ו דאורייתא הוא. ותימה: דלא מקשה מהכא לרבה דאמר בריש מעילה: קדשי קדשים ששחטן בדרום – אין מועלין בהן מן התורה. ומאי איצטריך ליה לאקשויי התם חדא מגו חדא? וי"ל: דלרבה מעילה דר' אליעזר דהכא נמי מדרבנן. דעולה שעשאה למטה, כשחיטת דרום היא. וק"ו דקאמר ר' אליעזר – היינו שיש להם לבית דין לתקן מעילה.

לדבר שיש בו איסור והיתר כז]. וא"ת: חטאת כח] העוף ששינה את שמה לשם חטאת העוף דיולדת תוכיח, ששינה את שמה לדבר שאין בו מעילה, ומועלין בה. כט] והא פסולה היא, כדאמר בפ"ק (דף ט:): לשם חטאת יולדת לשם חטאת נזיר – פסולה, הני עולות נינהו! ומיהו, למאי דמסקינן בגמרא דנחית רבי אליעזר לטעמיה דרבי יהושע משום דנמשכת ונעשית חטאת העוף, ניחא. ועוד י"ל: דר' יהושע הוה מצי לאהדורי: "זאת תורת החטאת" – תורה אחת לכל החטאות, כדקאמר ר"ש בפ"ק דמנחו' (דף ג:). וא"כ אין מועלין בה, דהא כשירה הויא.

ל] **א"ר** אליעזר אשם ששחטו בצפון לשם שלמים יוכיח דמועלין. לא] תימה לי: אימת מועלין? אי לאחר זריקה – ליכא מעילה, דהא מותר באכילה. ואי לפני זריקה לב] כפרש"י – עולת העוף נמי לפני הזאה ומילוי מודה ר' יהושע דמועלין, לג] דאכתי לא נמשכה להיות כחטאת העוף! לד] וצ"ל: דר"א לטעמיה, דאמר: אשם שלא לשמו פסול כחטאת, ומיירי לאחר זריקה. לה] ברו"ך. תימה לי: לימא ליה "שכן שינה את שמו לדבר האסור ולדבר המותר", כדקאמר במתני'. וכי פריך בסמוך "לימא ליה שינוי בעלים" – א) לימא ליה הא דפריך במתני'! ברו"ך.

בשינוי בעלים. ה"נ הוה מצי למימר: אשם מצורע שקבל לו] דמו בדרום בכלי לשם שלמים יוכיח, שהרי שינה שמו ושינה מקומו ושינה מעשיו, דצריך קבלה ביד, כדאמר בריש "איזהו מקומן" (לעיל דף מז:): שני כהנים מקבלין את דמו, אחד ביד ואחד בכלי.

חטאת העוף שעשאה למעלה כו'. משאר קדשי קדשים ששחטן בדרום לשם קדשים קלים – לז] לא פריך שימשכו, אלא מקינים. דאמרי' (יומא דף מא.): אין הקינים מתפרשות אלא או בלקיחת בעלים או בעשיית כהן, לח] הילכך תיהני נמי הכא שתימשך.

ועולת העוף למטה ליתא. מתוך דברי רב אשי משמע דאי היתה למטה, אע"פ דהאי בסימן אחד והאי בשני סימנין – לא היתה נמשכת ונעשית חטאת העוף. ותימה: א"כ גבי חטאת העוף, כיון דאמר מר: מליקה בכל מקום במזבח כשירה – למה ליה למימר: מכי מלק בה סימן אחד מיפסלא בה? לט] ב) האמר: כיון דאין בה שינוי מקום אינה יכולה להימשך! ועוד קשה: דמשמע אם היתה נפסלת למעלה – היתה נמשכת לעולה, מ] ג) שהרי המקום גורם לה להמשך. אם כן גבי עולה למה ליה טעמא דהאי בסימן אחד והאי בשני סימנין? מא] ד) היתה נמשכת מחמת המקום ונעשית חטאת העוף! ומפרש ה"ר חיים: דכלל זה יהא בידך, דלעולם אין הקרבן נמשך ליעשות קרבן אחר אלא מחמת שני טעמים שממשיכין אותו, לפי שהיו פסולין בראשון וכשרים בשני. הילכך, גבי עולה צריכין שני טעמים – דפסולה למטה, וגם הכשרה בשני סימנין. וכן חטאת העוף שעשאה למעלה – אם היתה למעלה פסולה היתה נמשכת מכח שני טעמים. ואם תאמר: עולת העוף שעשאה למעלה כמעשה חטאת – תימשך ותיהוי חטאת, דהא יש כאן שתי פסולות לעולה, והכשירן לחטאת, שהרי לא הבדיל והזה? וי"ל: שהמליקה מושכתו, ובסימן ראשון ליכא פסול של עולה, דנימא שתימשך ותיהוי חטאת. והזאה מילתא אחריתי היא.

א) גי' הגל"ק ליפרוך נימא ליה כו' ב) נימא כיון כו' נ"ק ג) נ"ל שהיה המקום נ"ק ד) נ"ל תיפוק ליה דהיתה כו' נ"ק

בתרי

ח א מיי' פ"ג מהלכות מעילה הלכה א:

ט ב מיי' פ"ז מהלכות פסולי המוקדשין הלכה ו:

שיטה מקובצת

א] יוכיחו ששינה את שמם: ב] שאע"פ: ג] באשם ששינה את שמו ולא שינה את מקומו: ד] מקומה שימעלו בה: ה] ששינה את שמה ושינה את מקומה ושינה את מעשיה: ו] מקומה אשתיק אמר רבא אמאי אישתיק ונימא: ז] בעלים יוכיח ששינה: ח] מעשיו ומועלין בו: ט] אי הכי חטאת העוף נמי [כו'] תימשך כו'. הקשה בקונטרס למאי הלכתא תיעשה עולה אי לענין שלא תאכל כמו עולה הלא בלא זה נמי אינה נאכלת דחטאת שלא לשמה פסולה ואי למעילה חטאת שלא לשמה אינה יוצא מידי מעילה ותירץ בקונטרס לענין למיסק לחובה דקס"ד השתא דר' יהושע למיסק לחובה נמי קאמר אבל לפי המסקנא דקאמר לקמן דלמיסק לחובה לא אמר ר' יהושע לא פריך מידי ודוחק לומר כן דלא ידע המסקנא השתא ונראה להר"ם דלענין הקטרה קאמר דאם עלתה לא תרד כמו עולה כמו שאמר ר"י גבי עולה במתני' דאין מועלין שמע מינה דנמשכת להיות חטאת בכל ענין גם לענין הקטרה דאמרי' אם אפי' עלתה תרד כדין חטאת וה"ה להיפך כדפי': י] כמעשה עולה לשם עולה מכי: יא] אחד באידך סימן תימשך: יב] ועולת העוף למטה ליתא. תימה דבהאי טעמא סגי דמש"ה תהא נמשכת דהמשכה תלויה לגמרי בשינוי מקום אבל גבי חטאת ליכא שינוי מקום וא"כ למה לי תו טעמא דזה בסימן אחד וזה בשני סימנין ואמר רבינו חיים דכלל זה כו' דבענין ב' פסולים שינוי מקום ושינוי סימן וא"ת א"כ גבי חטאת העוף לימא האי טעמא לחוד דבכל מקום במזבח כשרה ולמה מאריך כל כך מכי מלק סימן אחד מיפסלא דהא כיון שאין בה ב' פסולים אינה נמשכת וי"ל דמ"מ אכתי יש שני פסולים בחטאת מחמת שינוי שעשאה כמעשה עולה דהא שחטה שלא לשמה דהוי פסול בחטאת ועוד דשני סימנין הלכך הוצרך לפרש דפסול ב' סימנין לא חשיב להיות נמשך לעולה משום דמיפסלא בסימן ראשון כדמסיק אבל גבי עולה דכשר שלא לשמה הוצרך לשינוי של סימנין וא"ת היא גופיה טעמא מאי דחטאת מיפסלא בסימן ראשון בשינוי השם אדרבה באותו סימן תמשוך ותהוי עולה ולא תיפסל מחמת שינוי השם וי"ל דכיון דאינה נמשכת רק ע"י שני פסולים א"כ קודם שבא פסול שני שמלק סימן שני כבר נפסלת מחמת חטאת שעשאה שלא לשמה דאכתי שם חטאת עליה והיינו דקאמר מכי מלק סימן אחד מיפסלא לה כלומר ועדיין שם חטאת עליה ולכך נפסלת דאכתי לא בא פסול שני וכאשר בא פסול שני היכא מימשכא והויא עולת העוף. לשון ת' מהר"פ: יג] העוף שעשאה למעלה כמעשה עולה לשם עולה כיון דאמר מר מלקה בכל מקום במזבח כשרה מכי מלק בה חד סימן הוי ליה חטאת העוף דאיפסלא כי הדר: יד] דאלו עולת בהמה ששינה את שמה לשם חטאת לא פליג רבי יהושע דהא: טו] חשיב ליה הס"ד: טז] והאי טעמא ליכא למימר בשינוי שום קרבן אחר: יז] ומעשיה כדמפרש: יח] בעולה אין בו היכר עולה במעשיה ותיבות לאו כלום היא נמחק: יט] ותו לא. אין לך בה מחלוקת אלא אותו ששנינו בתוכה דלא תיבות כדגרסינן לה נמחק: כ] עבודתה ממהרה להשלים קודם שיחול עליה שם עולה: כא] סימנין ואין עבודת עולה נכרת בסימן ראשון שבה ועולת כו' ומתיבת ולפיכך עד תיבת ועולת העוף נמחק: כב] מר מלקה: כג] שינוי מעשה להפקיע ממנה כו' ואין כאן אלא שינוי: כד] כולה שלא: כה] קסלקא דעתיה ואפי' למיסק ליה לבעלים לשם חובת: כו] בדרום. תימה למ"ד מאי מועלין בהן מדרבנן תקשי ליה מאי שייך לעשות יוכיח בכאן דפליגי במעילה מן התורה וי"ל דמ"מ מייתי שפיר דאם איתא דעולת העוף נמשכת כששינה בה ונעשית חטאת ואין בה מעילה מן התורה א"כ קדשי קדשים ששחטן בדרום לא היה לנו להחמיר לנהוג בהן מעילה אפי' מדרבנן. תו' אחרות: כז] והיתר תאמר בעולה כו' וא"ת: כח] חטאת בהמה ששחטה לשם חטאת העוף תוכיח ששינה את שמה לדבר שכולו היתר ומועלין בה שהרי פסולה היא כשעשאה שלא לשמה מיהו כו' ניחא ודוקא בעוף דליכא אלא סימן אחד כחטאת כדמפרש בגמ' ועי"ל דשמא ר"א דהכא סבר לה כר"ש דאמר בפ"ק דמנחות זאת תורת החטאת תורה אחת לכל החטאות וא"כ כי שחטה לשם חטאת העוף לא מיפסל בהכי. תו' אחרות: כט] בה דהא אות ו' נמחק: ל] מד"ה אמר ר"א עד ד"ה בשינוי מוקף בח"ל: לא] דמועלין. אלמא לא פקע קדושתו תימה: לב] זריקה כדפירש"י: לג] דמועלין דהא דקאמר אין מועלין היינו דוקא לאחר מיצוי מטעם דהיא נמשכת ונעשית חטאת העוף ואין בו מעילה כשעשאה בהכשר וא"כ לאחר עבודת הדם הוא ואז פקע מעילה מחטאת העוף אבל לפני זריקה דאכתי: לד] העוף מודה ר"י וצ"ל דר"א דהכא לטעמיה: לה] זריקה דאף לאחר זריקה אינו מוציא מידי מעילה וא"ת א"כ לימא ליה ר"י לדידי [אשם] כשר שלא לשמו כרבנן דפ"ק וי"ל משום דהוי מצי למיפרך ליה אף לדברי ר"י חטאת ששחטה בצפון לשם שלמים יוכיחו דבחטאת מודה ר"י דפסול שלא לשמה. (הר"פ): לו] שקיבל כל דמו: לז] קלים ועשו להם כל דין שלמים דאין נמשכין להיות להם דין שלמים דהא מוכח בסמוך דשינוי מקום גורם ההמשכה לא פריך שימשכו אלא מקינים דוקא משום דאמרינן: לח] כהן וכיון דעשיית כהן מהניא בהן הלכך כו' שתימשך אבל בשאר קרבנות לא מהני כלל עשיית כהן כך תירץ רבינו חיים וריב"א תירץ דדוקא בעופות דליכא אלא ב' מיני קרבנות חטאת או עולה שייך טעם המשכה דמיד ששינה מעשה עולה ועשאה מעשה חטאת נמשכת להיות חטאת אבל בבהמה היכא מוכח מתוך מעשיו דתהוי שלמים הרי יש הרבה קרבנות שדומין במעשיהן זה לזה: לט] בה כיון דאמר דאין: מ] לעולה שהיה המקום תיבת שהרי ל"ש: מא] סימנין אפי' הוי תרוייהו בשני סימנין היתה כו':

עין משפט נר מצוה

י א מיי' פ"ח מהל' פסולי המוקדשין הלכה ח:
יא ב מיי' שם הל' י:
יב ג מיי' שם הל' יא:
יג ד מיי' שם פרק י הלכה ח:
יד ה מיי' שם הל' ב:
טו ו מיי' שם הל' ג:

מסורת הש"ס

ת"ש: *[א]חַטָּאת לְזוֹ וְעוֹלָה לְזוֹ, עָשָׂה שְׁתֵּיהֶן לְמַעְלָה — מֶחֱצָה כָּשֵׁר וּמֶחֱצָה פָּסוּל; שְׁתֵּיהֶן לְמַטָּה — מֶחֱצָה כָּשֵׁר וּמֶחֱצָה פָּסוּל; אַחַת לְמַעְלָה וְאַחַת לְמַטָּה — שְׁתֵּיהֶן פְּסוּלוֹת, שֶׁאֲנִי אוֹמֵר: חַטָּאת קָרְבָה לְמַעְלָה, וְעוֹלָה קָרְבָה לְמַטָּה. נְהִי נַמִּי דְּעוֹלָה קָרְבָה לְמַטָּה, תִּימְשׁוֹךְ וְתֶהֱוֵי חַטַּאת הָעוֹף! אֵימוּר דַּא"ר יְהוֹשֻׁעַ בְּחַד גַּבְרָא, א] בִּתְרֵי גַבְרֵי מִי אֲמַר? ת"ש: ב] *חַטָּאת [ב]וְעוֹלָה וּסְתוּמָה וּמְפוֹרֶשֶׁת, עָשָׂה כּוּלָּן לְמַעְלָה — מֶחֱצָה כָּשֵׁר וּמֶחֱצָה פָּסוּל; כּוּלָּן לְמַטָּה — מֶחֱצָה כָּשֵׁר וּמֶחֱצָה פָּסוּל; [ג]חֶצְיָין לְמַעְלָה וְחֶצְיָין לְמַטָּה — ג] אֵינָהּ כְּשֵׁירָה אֶלָּא סְתוּמָה, ד] וּמִתְחַלֶּקֶת בֵּינֵיהֶן. וְאִילּוּ מְפוֹרָשִׁין — לָא. וְאַמַּאי? נְהִי נַמִּי דְּעוֹלָה קָרְבָה לְמַטָּה, תִּימְשׁוֹךְ וְתֶיהֱוֵי חַטַּאת הָעוֹף! וְכִי תֵּימָא: הָא דְּלָא כְּר' יְהוֹשֻׁעַ — וּמִי מָצֵית אָמְרַתְּ הָכִי? ה] תָּא שְׁמַע: *[ד]הָאִשָּׁה שֶׁאָמְרָה "הֲרֵי עָלַי קֵן אִם אֵלֵד זָכָר", יָלְדָה זָכָר — מְבִיאָה שְׁתֵּי קִנִּים, אַחַת לְנִדְרָהּ וְאַחַת לְחוֹבָתָהּ. נְתָנָתַן לַכֹּהֵן, הַכֹּהֵן צָרִיךְ לַעֲשׂוֹתָן שָׁלֹשׁ לְמַעְלָה וְאַחַת לְמַטָּה. לֹא עָשָׂה כֵּן, אֶלָּא עָשָׂה שְׁתַּיִם לְמַעְלָה וּב' לְמַטָּה, וְלֹא נִמְלַךְ — צְרִיכָה שֶׁתָּבִיא עוֹד פְּרִידָה אַחַת וְתַקְרִיבֶנָּה לְמַעְלָה; מִמִּין א', ו] וּמִשְּׁנֵי מִינִין — תָּבִיא שְׁתַּיִם. [ה]פֵּרְשָׁה נִדְרָהּ — ז] [צְרִיכָה] לְהָבִיא עוֹד ג' פְּרִידִין; מִמִּין אֶחָד, וּמִב' מִינִין — ח] תָּבִיא ד'. [ו]קָבְעָה נִדְרָהּ — צְרִיכָה

חַטָּאת לְזוֹ וְעוֹלָה לְזוֹ. מִשְׁנָה הִיא בְּמַסֶּ' קִינִּין (פ"ג מ"ג), וּלְקַמָּן אָמְרִינַן: סְתָם קִינִּין רַבִּי יְהוֹשֻׁעַ הִיא. **חַטָּאת** לְזוֹ כו'. רָחֵל שֶׁהָיְתָה צְרִיכָה חַטָּאת לְלֵידָתָהּ, וְעוֹלָתָהּ כְּבָר קָרְבָה. וְלֵאָה הָיְתָה צְרִיכָה עוֹלָה שֶׁכְּבָר קָרְבָה חַטָּאתָהּ. וְלָקְחוּ קֵן בְּעֵירוּב, וְקָבְעוּ פְּרִידָה אַחַת לְחַטַּאת רָחֵל וּפְרִידָה אַחַת לְעוֹלַת לֵאָה, וּנְתָנוּם לַכֹּהֵן. עָשָׂה שְׁתֵּיהֶן לְמַעְלָה. לְשֵׁם עוֹלָה. מֶחֱצָה ט] כְּשֵׁירָה וּמֶחֱצָה פְּסוּלָה. עוֹלָה — כְּשֵׁירָה, וְחַטָּאת — פְּסוּלָה. תִּימָּשֵׁךְ כו'. וְתֵצֵא יְדֵי חוֹבָתָהּ י] מִמָּה נַפְשָׁךְ: אִם חַטָּאתָהּ קָרְבָה לְמַטָּה — הֲרֵי טוֹב, וְאִם לָאו — הֲרֵי עוֹלַת חֲבֶרְתָּהּ קָרְבָה לְמַטָּה יא] וְנַעֲשֵׂית חַטָּאת, וַחֲבֶרְתָּהּ אֵינָהּ צְרִיכָה לָהּ. בִּתְרֵי גַבְרֵי מִי אֲמַר. הֵיאַךְ קָרְבָּנָהּ שֶׁל זוֹ יַעֲלֶה לְזוֹ שֶׁאֵין לָהּ חֵלֶק בּוֹ? חַטָּאת וְעוֹלָה סְתוּמָה וּמְפוֹרֶשֶׁת עָשָׂה כּוּלָּן לְמַעְלָה מֶחֱצָה כָּשֵׁר וּמֶחֱצָה פָּסוּל כּוּלָּן לְמַטָּה מֶחֱצָה כָּשֵׁר וּמֶחֱצָה פָּסוּל חֶצְיָין לְמַעְלָה וְחֶצְיָין לְמַטָּה אֵין כָּשֵׁר אֶלָּא סְתוּמָה יב] וּמִתְחַלֶּקֶת בֵּינֵיהֶן. ה"ג לָהּ בְּמַסֶּכֶת קִינִּין (שם מ"ד): יג] שְׁתֵּי נָשִׁים שֶׁלָּקְחוּ ג' קִינִּין בְּעֵירוּב. זוֹ צְרִיכָה עוֹלָה וְקֵן שָׁלֵם, יד] א' חַטָּאת וְא' עוֹלָה, דְּהַיְינוּ שְׁתֵּי עוֹלוֹת וְחַטָּאת. וְזוֹ צְרִיכָה שְׁתֵּי חַטָּאוֹת וְעוֹלָה. וּפֵירְשׁוּ אֶחָד מִן הַקִּינִּים: טו] פְּרִידָה עוֹלָה לְזוֹ, וּפְרִידָה חַטָּאת לְזוֹ. וְאֶחָד מִן הַקִּינִּין הִנִּיחוּ סְתוּמָה, טז] לֹא פֵּירְשׁוּ אֵיזֶה פְּרִידָה חַטָּאת וְאֵיזֶה פְּרִידָה עוֹלָה. וְהַג' פֵּירְשׁוּ: פְּרִידָה זוֹ עוֹלָה וּפְרִידָה זוֹ חַטָּאת, אֲבָל שְׁמוֹת בְּעָלִים לֹא נִתְפָּרְשׁוּ "הֲרֵי חַטָּאת לְזוֹ וְעוֹלָה לְזוֹ". יז] וְקֵן סְתוּמָה וְקֵן מְפוֹרֶשֶׁת — צָרִיךְ לְהַקְרִיב ב' הַקִּינִּים הַלָּלוּ סְתָם עַל שְׁתֵּיהֶן, הָעוֹלוֹת לְמַעְלָה וְחַטָּאוֹת לְמַטָּה. וְהַחַטָּאת יח] לְזוֹ וְהָעוֹלָה לְזוֹ — צָרִיךְ לְהַקְרִיב לְשֵׁם בְּעָלִים. וּנְתָנוּם לַכֹּהֵן. עָשָׂה כּוּלָּן לְמַעְלָה. כְּסָבוּר: כּוּלָּן עוֹלוֹת. מֶחֱצָה כָּשֵׁר וּמֶחֱצָה פָּסוּל. כָּל הַחַטָּאוֹת פְּסוּלוֹת, וּצְרִיכוֹת לְהָבִיא כָּל יט] חַטָּאוֹת שֶׁעֲלֵיהֶן. כּוּלָּן לְמַטָּה. כְּסָבוּר: כּוּלָּן חַטָּאוֹת. מֶחֱצָה כָּשֵׁר וּמֶחֱצָה פָּסוּל. כָּל הָעוֹלוֹת פְּסוּלוֹת, וּצְרִיכוֹת לְהָבִיא כָּל עוֹלוֹת שֶׁעֲלֵיהֶן. חֶצְיָין לְמַעְלָה כו'. אֵין כָּשֵׁר בְּכוּלָּן אֶלָּא קֵן סְתוּמָה. דְּהֵי מִינַּיְיהוּ דַּעֲבַד עוֹלָה וְהֵי מִינַּיְיהוּ דַּעֲבַד חַטָּאת — כְּשֵׁירָה, דְּקִינִּין שֶׁלֹּא נִתְפָּרְשׁוּ בִּלְקִיחַת בְּעָלִים, כ] לֹא מִתְפָּרְשׁוֹת שׁוּב אֶלָּא בַּעֲשִׂיַּית כֹּהֵן. כְּגוֹן דִּפְשִׁיטָא לֵיהּ דְּכָל קֵן וְקֵן הָיָה בִּפְנֵי עַצְמוֹ, וּמִכָּל כא] קֵן אֶחָד עָשָׂה אֶחָד לְמַעְלָה וְאֶחָד לְמַטָּה. וְהִיא מִתְחַלֶּקֶת בֵּינֵיהֶם, הוֹאִיל וּבְעֵירוּב לְקָחוּם — הָאַחַת יוֹצְאָה בָּהּ יְדֵי חַטָּאת וְהָאַחַת יָצְתָה בָּהּ יְדֵי עוֹלָה. וְיִקְחוּ קֵן אֶחָד עוֹד בֵּינֵיהֶן, וְיַקְרִיבוּ בִּתְנַאי: אִם עוֹלָה רִאשׁוֹנָה לְרָחֵל וְחַטָּאת לְלֵאָה — תְּהֵא בְּקֵן שְׁנִיָּה זוֹ עוֹלָה לְלֵאָה וְחַטָּאת לְרָחֵל, וְאִם חִילּוּף — חִילּוּף. וְאִילּוּ מְפוֹרָשׁוֹת — לָא אִית בָּהּ כְּשֵׁירָה אֲפִילּוּ פְּרִידָה.

וְאַמַּאי. בִּשְׁלָמָא חַטָּאת וְעוֹלָה שֶׁהָיוּ מְפוֹרָשִׁים כב] לְשֵׁם בְּעָלִים — לָא קַשְׁיָא לָן, דְּהָווּ לְהוּ תְּרֵי גַבְרֵי. אֶלָּא קֵן מְפוֹרֶשֶׁת שֶׁלֹּא הָיְתָה מְפוֹרֶשֶׁת כג] לְשֵׁם בְּעָלִים, אֶלָּא אֵיזוֹ פְּרִידָה חַטָּאת וְאֵיזֶה עוֹלָה, כד] בֵּין שְׁתֵּיהֶן הָיָה בְּעֵירוּב — אַמַּאי פְּסוּלָה אוֹתָהּ פְּרִידָה שֶׁנַּעֲשֵׂית לְמַטָּה כְּמַעֲשֵׂה חַטָּאת לְשֵׁם חַטָּאת? נְהִי נַמִּי דְּעוֹלָה הֲוַאי, הוֹאִיל וְקָרְבָה לְמַטָּה — תִּימָּשֵׁךְ וְתֶיהֱוֵי חַטָּאת. וְלֹא יְהוּ צְרִיכוֹת לְהָבִיא בְּעֵירוּב אֶלָּא עוֹלָה אַחַת, וְיֹאמְרוּ: אִם עוֹלַת קֵן הַסְּתוּמָה לְרָחֵל — תְּהֵא זוֹ לְלֵאָה, וְאִם הִיא לְלֵאָה — תְּהֵא זוֹ לְרָחֵל. וְכִי תֵּימָא הָא דְּלָא כְּרַבִּי יְהוֹשֻׁעַ וּמִי מָצֵית אָמְרַתְּ הָכִי. דְּקִינִּין לָאו רַבִּי יְהוֹשֻׁעַ הִיא? תָּא שְׁמַע. דְּקִינִּין רַבִּי יְהוֹשֻׁעַ, דִּתְנַן בְּסֵיפָא דְּמַסֶּכֶת קִינִּין: הָאִשָּׁה שֶׁאָמְרָה כו', וְקָתָנֵי סֵיפָא: אָמַר רַבִּי יְהוֹשֻׁעַ זֶהוּ שֶׁאָמְרוּ כו'. אַלְמָא סְתָמָא דְּקִינִּין — רַבִּי יְהוֹשֻׁעַ. כה] א) הֲרֵי עָלַי קֵן כו' וְאַחַת לְחוֹבָתָהּ. לְלֵידָתָהּ. שָׁלֹשׁ לְמַעְלָן וְאַחַת לְמַטָּן. דְּנִדְרָהּ שְׁתֵּיהֶן עוֹלוֹת, וְחוֹבָתָהּ אַחַת לְעוֹלָה וְאַחַת לְחַטָּאת. עָשָׂה שְׁתַּיִם לְמַעְלָה וּשְׁתַּיִם לְמַטָּה. כְּסָבוּר: שְׁתֵּי הַקִּינִּין חוֹבָה עָלֶיהָ, שֶׁמָּא יוֹלֶדֶת בְּזוֹב הָיְתָה, הוּזְקְקָה לְקֵן לֵידָה כו] וְקֵן זִיבָה. וְלֹא נִמְלַךְ. בָּהּ, לָדַעַת עַל מָה הֱבִיאָתַן. כז] צְרִיכָה שֶׁתָּבִיא עוֹד פְּרִידָה אַחַת וְתַקְרִיבֶנּוּ לְמַעְלָה מִמִּין אֶחָד וּמִשְּׁתֵּי מִינִין תָּבִיא שְׁתַּיִם. כְּלוֹמַר, אִם הָרִאשׁוֹנָה מִין אֶחָד הָיוּ, שְׁנֵי הַקִּינִּין כח] תּוֹרִין אוֹ שְׁנֵיהֶן בְּנֵי יוֹנָה — תָּבִיא עוֹד פְּרִידָה אַחַת מֵאוֹתוֹ הַמִּין לְעוֹלָה, וְיָצְתָה יְדֵי הַכֹּל כט] שֶׁמִּקֵּן שֶׁהִקְרִיב הַכֹּהֵן רִאשׁוֹן יָצְתָה יְדֵי לֵידָתָהּ, שֶׁהֲרֵי לְשֵׁם חוֹבָה קָרַב. וְהַשֵּׁנִי נִשְׁאַר לְנִדְרָהּ, וְנִפְסַל גּוֹזָל אֶחָד מֵהֶן בַּעֲשִׂיַּית מַטָּה, וַהֲרֵי זֶה ל] יִהְיֶה תַּחְתָּיו. וְאִם הָרִאשׁוֹנָה מִשְּׁנֵי מִינִין הָיוּ, קֵן תּוֹרִים וְקֵן בְּנֵי יוֹנָה — לא] ב) תָּבִיא שְׁתַּיִם, תּוֹר וּבְנֵי יוֹנָה. וְיַקְרִיב שְׁנֵיהֶן לְמַעְלָה, מִשּׁוּם דְּמִסְּפְקָא לָן אֵיזֶה קֵן מִשְּׁנֵיהֶם הָרִאשׁוֹנִים קָרַב אַחֲרוֹן וְהָוֵי לְנִדְרָהּ, וְנִפְסַל מִמֶּנּוּ גּוֹזָל אֶחָד, וּצְרִיכָה לְהַשְׁלִימוֹ מֵאוֹתוֹ הַמִּין, דִּתְנַן בְּמַסֶּכֶת קִינִּין (פ"ב מ"ה): אֵין מְבִיאִין תּוֹר כְּנֶגֶד בֶּן יוֹנָה, וְלֹא בֶּן יוֹנָה כְּנֶגֶד תּוֹר. פֵּירְשָׁה נִדְרָהּ. כְּשֶׁנָּדְרָה "הֲרֵי עָלַי קֵן" פֵּירְשָׁה אֶת הַמִּין שֶׁתָּבִיא, וְאֵינָהּ יוֹדַעַת מַה פֵּירְשָׁה, אִם תּוֹרִים אִם בְּנֵי יוֹנָה. וְהִיא נָתְנָה שְׁנֵי קִינִּין לַכֹּהֵן כִּדְאָמְרִינַן, וְעָשָׂה אַחַת לְמַעְלָה וְאַחַת לְמַטָּה — צְרִיכָה לְהָבִיא עוֹד ג' פְּרִידִין לְמַעְלָה מִמִּין אֶחָד, לב] וּמִשְּׁנֵי מִינִין תָּבִיא אַרְבַּע. דְּכֵיוָן שֶׁפֵּירְשָׁה וְאֵינָהּ יוֹדַעַת מַה פֵּירְשָׁה — מִתְּחִילָּתָהּ הוּזְקְקָה לְהָבִיא ג' קִינִּין: שְׁנַיִם לְנִדְרָהּ — אֶחָד מִן הַתּוֹרִים וְאֶחָד מִן בְּנֵי יוֹנָה, דְּהָא לֹא יָדְעָה מַה נָּדְרָה, וְהַשְּׁלִישִׁי — לְחוֹבָתָהּ, מֵאֵיזֶה מִין שֶׁתִּרְצֶה. וְהִיא הֵבִיאָה שְׁנַיִם, וְקָרֵב הָרִאשׁוֹן לְחוֹבָתָהּ וְנִשְׁאָר הַשֵּׁנִי לְנִדְרָהּ, וְנִפְסַל הֵימֶנּוּ גּוֹזָל אֶחָד. הִילְכָּךְ, אִם מִמִּין אֶחָד הָיוּ הָרִאשׁוֹנִים — צְרִיכָה שֶׁתָּבִיא אֶחָד מֵאוֹתוֹ הַמִּין לְהַשְׁלִים הַנִּפְסָל, וְקֵן שָׁלֵם מִמִּין אַחֵר מִשּׁוּם דְּלֹא יָדְעָה מַה פֵּירְשָׁה. וְאִם שְׁנֵי מִינִין הָיוּ — צְרִיכָה שֶׁתָּבִיא ד', וְכוּלָּן עוֹלוֹת, מִשּׁוּם דְּמִסְּפְקָא לָן אֵיזֶה מִין קָרֵב אַחֲרוֹן, שֶׁצְּרִיכָה לְהַשְׁלִים מֵאוֹתוֹ הַמִּין גּוֹזָל הַנִּפְסָל, ג) וּלְהָבִיא קֵן שָׁלֵם מִמִּין אַחֵר, שֶׁהֲרֵי אֵינָהּ יוֹדַעַת אִם צְרִיכָה תּוֹר וּשְׁנֵי בְּנֵי יוֹנָה, אוֹ בֶּן יוֹנָה וּשְׁתֵּי תּוֹרִין. לְפִיכָךְ תָּבִיא שְׁתֵּי תּוֹרִין וּשְׁנֵי בְּנֵי יוֹנָה, וְתֹאמַר: אֶחָד מֵאֵילּוּ שֶׁמִּמִּין הַנִּפְסָל — יִהְיֶה תַּחְתָּיו, וְהַשֵּׁנִי — יְהֵא נְדָבָה. וְקֵן הַשֵּׁנִי יְהֵא סָפֵק לג] פֵּירוּשָׁהּ. קָבְעָה נִדְרָהּ. לַהֲבִיאָהּ עִם חוֹבָתָהּ, שֶׁאָמְרָה: "הֲרֵי עָלַי קֵן לַהֲבִיאוֹ עִם חוֹבָתִי", וּפֵירַשְׁתּוֹ, וְאֵינָהּ יוֹדַעַת מַה פֵּירְשָׁה, כִּדְאָמְרַן. וֶהֱבִיאָה שְׁתֵּי קִינִּין, וּנְתָנָתַן לַכֹּהֵן, וְעָשָׂה, כְּמוֹ שֶׁאָמַרְנוּ. *)**צְרִיכָה שֶׁתָּבִיא עוֹד חָמֵשׁ פְּרִידִין לְמַעְלָה מִמִּין אֶחָד וּמִשְּׁנֵי מִינִים תָּבִיא שֵׁשׁ**. לד] [דְּכֵיוָן] דְּקָבְעָה נִדְרָהּ עִם חוֹבָתָהּ — הוּקְבַּע עָלֶיהָ קָרְבָּן גָּדוֹל, שָׁלֹשׁ עוֹלוֹת יַחַד, אִם הָיְתָה יוֹדַעַת מַה פֵּירְשָׁהּ. וְזוֹ שֶׁלֹּא יָדְעָה מַה פֵּירְשָׁהּ, הוּזְקְקָה

*) שייך לקמן

בתרי גברי מי אמר. תימה: היכי ס"ד מעיקרא שתימשך עולת לאה ותיעשה חטאת רחל? ושמא ס"ד בשהתנה: אם תיפסל לגבי דידה — שיועיל לחבירתה אם יוכל. ומסיק: בתרי גברי מי אמר דלא איירי כלל בהתנו. ומיהו לא משמע לישנא הכי. ונראה, דמיירי לה] בשחייבין כל אחת חטאת ועולה, ונתנו קן אחד לכהן לעשות ממנו חטאת לזו ועולה לזו, והוברר איזו לחטאת ואיזו לעולה. לו] והכי פריך: דנהי דהקרבת עולה למטה תימשך ותהיה חטאת, ותפטר מן החטאת שהיא עצמה חייבת! ומשני: בתרי גברי מי אמר? דהיינו תרי גברי, דכשנתנו שתיהן לכהן חטאת לרחל ועולה ללאה, והכהן טעה לז] להקריב עולת לאה למטה כמעשה חטאת לשם חטאת, שהיה סבור שהיא חטאת רחל — איך תפטר לאה מחטאת שהיא חייבת משום דנמשכת עולתה ונעשית חטאת? הרי לשם רחל עשאה, ויש כאן שינוי בעלים! וא"ת: אמאי לא פריך מרישא דתנן במס' קינים (פ"ג מ"א): אחת לזו ואחת לזו, שתים לזו ושתים לזו, לח] [ג' לזו] וג' לזו — ד) מחצה כשר ומחצה פסול. חציו למעלה וחציו למטה, את שלמעלה — מחצה כשר ומחצה פסול, ואת שלמטה — מחצה כשר ומחצה פסול. פי': כל קן וקן עומד בפני עצמו, ולא שעשה מכל אחת חציו למעלה וחציו למטה, אלא שלשה קינים שלימים עשה למעלה וג' שלימים עשה למטה. והשתא מאותן שלימים שלמעלה אין כשר אלא העולות, ומאותן שלמטה — החטאות. ואי בהנך דלמטה שתים מהן של אשה אחת — לא מיפסלי מינייהו אלא פרידה א', דהא מיחייבא ג' חטאות, וממשכה עולה ונעשה חטאת. ואמאי תני דשלמטה מחצה כשר ומחצה פסול? וי"ל: דקתני הכי משום דלימר שלשתן של אשה אחת. ואגב גררא לט] יפרש סיפא דהך בבא: "אחת לזו שתים לזו, שלש לזו, עשר לזו, מאה לזו — עשה כולן למעלה" כו' עד "חציה למעלה וחציו למטה — המרובה כשר". פירוש: אותן ארבע נשים, של אחת ושל שתים ושל שלש ושל עשר — לא יצאו כלל ידי חובתן, דאינן יודעות אם כל קיניהן למעלה דמתיין חטאות, או כל קיניהן למטה דמתיין עולה. אבל אותן של מאה, מ] אמרינן (קינין פ"ג) יש מהן מ"ב למעלה ומ"ב למטה, דבין כולהו מא] קט"ז קינין, וכשעשה נ"ח למעלה ונ"ח למטה — דל מינייהו ט"ז דמספקא להו בהך נשי — פש להו מ"ב, ומתכשרי להו לכל הפחות מ"ב חטאות ומ"ב עולות. **חטאת** ועולה. לא הוה צריך למיתני אלא סתומה ומפורשת, דבחטאת ועולה אין מרויח כלום.

נתנתן

שיטה מקובצת

שיטה מקובצת

יונה וב' תורים לשום ספק פירושה ולכך טוב לה שתביא ד' כאילו לא הביאה כלל ... כדפי': **קבעה** נדרה. להביא עם חובתה והביאה ד' ממין אחד צריכה להביא עוד ה' ... וב' בני יונה לנדרה ועוד א' ממין שהביאה כדי שיהיה ממין חטאת חובתה משום דקבעה ... עולת חובתה דלקרבן גדול איכוין [צריכה] להביא ג' עולות ביחד דודאי אם עשה הכהן ...

חטאת לשם חטאת ונמשכת להיות חטאת העוף (וחטאת) [וחבירתה כו'] תיבת ונעשית נמחק ותיבת חטאת ל"ש ונמחק: יב] סתומה והיא מתחלקת ביניהן: יג] קינין וה"פ: יד] שלם דהיינו שני פרידין א': טו] הקינין וקבעו פרידה: טז] סתומה ולא פירשו: יז] לזו אלו שני קנים הם סתומים ויש לכהן להקריב ב' והשאר נמחק: יח] והחטאת של זו והעולה של זו צריך: יט] להביא כל החטאת: כ] בעלים תלויות בעשיית כהן וכגון דפשיטא כו' ...

צריכה שתביא עוד חמש פרידין למעלה, ממין אחד. ומב' מינין — תביא שש. [א]נתנתן לכהן, ואינה יודעת מה נתנה, הלך הכהן ועשה, ואינו יודע מה עשה — צריכה ד' פרידין לנדרה, ושתים לחובתה, וחטאת אחת. בן עזאי אומר: ב' חטאות. א"ר יהושע: זהו שאמרו: כשהוא חי — קולו אחד, וכשהוא מת — קולו ז'. איבעיא לן (נ"א: אימר) דא"ר יהושע לאפוקה מידי מעילה, למיסק ליה לחובה מי אמר?!§ מתני' *[ב](כל הפסולין שמלקו — מליקתן פסולה, ואינו מטמא בבית הבליעה.) מלק בשמאל או בלילה, [ג]שחט חולין בפנים וקדשים בחוץ — אינן מטמאות בבית הבליעה. [א] *מלק בסכין, מלק חולין בפנים וקדשים בחוץ, תורין

רש"י

הוזקקה להביא חמש עולות יחד מתחילתה, אחת לחובתה וד' לנדרה. [ב] וכשהביאה שני קינין, אחת לנדרה ואחת לחובתה, וממין אחד — לא עשתה כלום לנדרה, שמא אינו ממין שנדרה. ובהשלמת קן שני ממין *אחד לא סגי לה, שהרי קובעתו [ג] לבא עם מין חובתה. וא"ת: תביא *קן ממין אחד ופרידה ממין שהביאה שני קינין הראשונים [ד] שקרב ממנו עולות חובתה, דממ"נ: אם תורין נדרה — הרי הביאה תורין עם מין שהביאה לחובתה, ואם בני יונה נדרה — הרי הביאה ב' בני יונה עם מין שקרב ממנו חובתה! אם לא נפסל גוזל אחד מן הראשונים — ה"נ, אבל עכשיו שנפסל אחד מהם — אין חבירו עולה לה כלום, דג' עולות הוקבעו עליה יחד. הילכך, אם ב' קינים הראשונים מין אחד היו — צריכה שתביא עוד ה' עולות: ג' מאותו המין, וב' ממין אחר. [ה] ד' — לספק פירושה, ואחד — לקביעותה שקבעה להביא עולת חובתה עם נדרה. וחובתה כבר קרבה, ויצאה ידיה, אלא שצריכה להביא מאותו המין עם נדרה, מפני קביעותה. ואם משני מינין היו תביא שש. שאינה יודעת איזה מין קרב תחילה לחובתה, שתביא [ו] מאותו המין עם ד' של ספק פירושה לקביעותה. הילכך תביא שש: שתי תורין ושני בני יונה — לספק פירושה, ותור *ובני יונה — לקביעותה, והעוף הנותר יהא נדבה. נתנתן לכהן ואין ידוע מה נתנה. אם תורים אם בני יונה, ואם קן אחד מזה וקן אחד מזה. [ז] ואין ידוע מה עשה: אם כולן למעלה, או כולן למטה, או חציין למעלה וחציין למטה — נמצאת שלא יצאת אפי' [ח] (ימי לידתה), שמא כולן למעלה — ואין כאן חטאת, או שמא כולן למטה — ואין כאן עולה. צריכה שתביא עוד ד' פרידין לנדרה. לספק פירושה, [ט] ומשני מינין. וב' לעולת חובתה, תור ובן יונה. שמא הראשונים כולן למטה נעשו, ואינה יודעת מאיזה מין, והכל הולך אחר החטאת, [וצריכה] להביא עולה מאותו מין. או שמא הראשונים חציין למעלה וחציין למטה, ובקן שקרב ראשון יצאתה ידי חובתה. והיא קבעה להביא עולה מאותו המין עם נדרה, ואינה יודעת איזה מין היה. הילכך תביא עם ספק פירושה תור ובן יונה, וממה נפשך: אם קן שקרב ראשון תורין היו, וקרב מהן עולה למעלה והיא לחובתה — הרי היא מביאה עכשיו תור עם נדרה משום קביעותה. ואם מבני יונה היה, והוקבע עליה להביא בן יונה עם נדרה — הרי מביאתו. ואם כולן למטה נעשו, וצריכה להביא עולתה מאותו המין — הרי משתים שהיא מביאה עכשיו לחובתה יעלה לה אחד מהן, והשני נדבה. וחטאת [י] אחת. תביא מאיזה מין שתרצה. משום שמא הראשונים כולן למעלה נעשו, והרי [יא] לו זוג ממינו לעולה מב' שהביאה חובתה מב' מינין. ואע"פ שכבר קרבה עולת חובתה — אין צריכה לדקדק להביא חטאת מאותו מין הראשון, לרבנן דפליגי עליה דבן עזאי, דקסברי: הכל הולך אחר חטאת. הילכך, הואיל ועל כרחה היא מביאה עכשו ב' עולות — תזווג [יב] לו אותה שממינו, ודייה. דהכי תנן פלוגתייהו במסכת קינים (פ"ב מ"ה): שהאשה שהביאה עולתה תור וחטאתה בן יונה — תכפול ותביא עולתה בן יונה, דהכל הולך אחר חטאת. בן עזאי אומר: הכל הולך אחר הראשון. בן עזאי אומר ב' חטאות. בן עזאי לטעמיה, דאמר: הכל הולך אחר הראשון. וכיון דאיכא לספוקא שמא הראשונים למעלה נעשו, וכבר יצאת ידי עולה — צריכה להביא חטאתה מאותו המין. והרי אינה יודעת מאיזה מין היה — לפיכך תביא שתי חטאות מב' מינין. וחטאות הללו אינן נאכלות, שהרי על הספק באו, ואין מליקתן מליקה להתירן באכילה, שמא כבר קרבה חטאתה בראשונות. א"ר יהושע זהו שאמרו כשהוא חי קולו אחד כשהוא מת קולו ז'. התם מפרש לה. ובאיל קמיירי, דכשהוא חי אין לו אלא קול אחד, וכשהוא מת קולו שבעה. כיצד קולו שבעה? ב' קרניו — ב' חצוצרות, ב' שוקיו — ב' חלילין, עורו — לתוף, מעיים — לנבלים, בני מעיו — לכינורות. וה"נ, כשנדרה תחלה ואינה יודעת מה פירשה — לא [יג] צריכה אלא ד' פרידין, וב' לחובתה: אחת לעולה, ואחת לחטאת. ועכשיו שהביאה כבר ד' פרידין — צריכה להביא [יד] ד' לנדרה וד' לחובתה. מדאיירי ר' יהושע בהא — ש"מ קינין ר' יהושע אמרה. וקתני לעיל גבי קן סתומה ומפורשת דאין כשר אלא סתומה, ואי אמרת: נמשכה ונעשית חטאת העוף — תמשך ותהוי חטאת העוף! איבעיא לן (נ"א: אימר) דאר"י לאפוקה מידי מעילה למיסק ליה לשם חובה מי אמר. שתהא עולה נעשית חטאת בשביל שעשאה כהן? מתני' כל הפסולין. בגמ' פליגי: "כל" לאיתויי מאי. ואינן מטמאין. שמליקתן מטהרתן, לפי [טו] שנפסל בקדש, והני מליקתן שאם עלו לא ירדו — הילכך נמי לא הוו נבילה. ה"ג: [טז] שחט חולין בפנים וקדשים בחוץ אינן מטמאין בבית הבליעה. אף על גב דבפנים אין שחיטה לעוף, וכן בעוף קדשים אין שחיטה — *בכל מקום אין מטמאין, כדיליף בברייתא בגמרא. ושחט קדשים בפנים, דלא קתני, אמרינן בגמ' דאתיא ב"זה הכלל". מלק בסכין. ומליקה לא הויא, דבעצמו של כהן בעינן. ושחיטה לא הויא, כדאמרינן ב"הכל שוחטין" (חולין דף כ:): מפני שהוא מחליד, [יז] *מפני שהוא דורס. מלק חולין בפנים וקדשים בחוץ. דלא שייכא מליקה בחולין, לא בפנים ולא בחוץ והוא הדין לחולין בחוץ. ובגמרא אמרינן דאתיא ב"זה הכלל". תורין

תוספות

נתנתן לכהן ואינה יודעת מה נתנה. בחנם דחק הקונטרס לאוקמה בשקבעה נדרה עם חובתה, דהך בבא מיתוקמא שפיר בשלא קבעה [יח]. **כשהוא** חי קולו אחד כשהוא מת קולו ז'. מפרש במסכת קינין (פ"ג מ"ו): קרניו — לחצוצרות. משמע דבאות שלא מן הכסף. וכן משמע בפרק "כל הצלמים" (ע"ז דף מז. ושם) דבעי רמי בר חמא: המשתחוה לבהמה, קרניה מהו לחצוצרות? ותימה: דב"הקומץ רבה" (מנחות דף כח.) תניא: חצוצרות היתה באה מן העשת של כסף! מיהו, מההיא לא קשה כולי האי — דהתם בשל משה, שלא היו כשרות לדורות, כדמשמע התם. אבל קשה ממסכת תמיד (דף לג), *דתנן: ושתי חצוצרות של כסף בידם, משמע דאף לדורות בשל כסף! ותירץ ר"ת: דשני ענייני חצוצרות היו, של כהנים — בשל כסף, ושל לוים — בשל קרני בהמה לכלי שיר. ועוד י"ל: דחצוצרות דקינים ודמסכת ע"ז היינו שופר, כדאמר בסוף "במה מדליקין" (שבת דף לו.) ובפרק "לולב הגזול" (סוכה דף לד.) דאישתני שמהתייהו: חצוצרתא — שיפורא, שיפורא — חצוצרתא. ובסוף "במה מדליקין" (שבת דף לו.) איכא ברייתא שקוראה לחצוצרות "שופר". ומיהו קשה: דבמסכת עבודה זרה איירי במכשירי קרבן, כדאמר התם, ועל הקרבן לא היו תוקעין בשופר אלא בחצוצרות, כדכתיב "ותקעתם בחצוצרות על עולותיכם ועל זבחי שלמיכם" (במדבר י). **איבעיא** דא"ר יהושע (בן לוי) לאפוקה מידי מעילה למיסק ליה לחובה מי אמר. תימה: מ"ש זו מזו? וי"ל: דכי האי גוונא אשכחן פ"ק *דמנחות (דף יב.) דזריקה מועלת ליוצא; ושירים שחסרו בין קמיצה להקטרה, שאסורין באכילה, והקטרתן מוציאן מידי מעילה; וזריקת פיגול (ר"ל) בפ"ק דמעילה (דף ג:), דמפקא מידי מעילה, אע"ג דלא עלה לשם חובה. וי"מ: דמדאורייתא נמשכה ונעשה חטאת גמורה, ותקנתא דרבנן היא דאינו עולה לשם חובה. ול"ל דקסבר ר' יהושע: אין שחיטה לעוף מן התורה, וחולין בעזרה לאו דאורייתא, [יט] כדאמר בנזיר (דף כט.) גבי מדיר בנו בנזיר למ"ד: כדי לחנכו במצות. ואי נמי קסבר חולין בעזרה דאורייתא — חיה ועוף לאו דאורייתא, כדאשכחן [כ] גבי ר"ש בפ' "כיסוי הדם" (חולין דף פה:) דקסבר דאורייתא, ואפ"ה חיה ועוף לאו דאורייתא. ולית ליה ההיא דרשה [כא] בפ"ב דקדושין (דף נז: נח.) דמרבה בעופות. וא"ת: למ"ד לאו דאורייתא — למאי איצטריך קרא לחטאת העוף באה על הספק? דהא ר' יוסי בר חנינא דאמר לאו דאורייתא, כדמוכח בנזיר, ומצריך קרא לחטאת העוף באה על הספק! וי"ל: דאתא קרא למימר, להביא על הספק כמו בבהמה אשם תלוי. **מלק** בשמאל או בלילה אין מטמאין בבית הבליעה. לכאורה כולה מתניתין ר"ש היא, דאמר לקמן בפרק "המזבח מקדש" (דף פד.) שכל שפסולו בקודש, אם עלה — לא ירד. דהא אמרינן בגמרא דמליקה המתרת את האיסור, פי': דאם עלה לא ירד, אינה מטמאה בבית הבליעה. ומליקת לילה לר' יהודה תרד, כדאמר בפ' "המזבח מקדש" (שם): פרט לנשחטה בלילה. וכן לעיל, דתנן: וכולן אין מטמאין בבית הבליעה, והיינו *בשחיטת דרוס [כב] דתרד לר' יהודה, כדאמר [כג] בשמעתין קמייתא דמעילה (דף ג:): אלא מתניתין ר"ש היא. ותימה: אי כר' שמעון — האמר דמליקת שמאל מליקה גמורה היא, למאי דגרס ר"ת לעיל בפ"ב (דף כד:): מלק בשמאל פסול, [א] ורבי [כד] יהודה מכשיר! וי"ל: דסבר ליה כוותיה בחדא, ופליג עליה בחדא. א"נ: *מודה ר' יהודה בעוף, דכל שפסולו בקודש — אם עלה לא ירד. דהנך תלתא מיעוטי דלקמן, בבהמה כתיבי. ומיהו, על כרחין חד מינייהו בעוף, דלא תימא: כל פסולי דעוף אם עלה לא ירד. **שחט** חולין בפנים וקדשים בחוץ. בגמ' נפקא לן [כה] דמשום שחיטה אינה מטמאה בבית הבליעה, אע"ג דאינה מתרת את האיסור. **מלק** בסכין. פירש בקונטרס: [ב]דמחליד, לפי שנועץ ראשו של סכין, משום דאינו רוצה לחתוך רוב בשר קודם הסימנין. ואי אפשר לומר כן בפ' קמא דחולין (דף כ:), דהתם קרי ליה "מחליד" אע"ג דסלקא דעתך שחותך רוב בשר. והתם פי' בקונטרס: דלאחר שנתפרקו פירקי העצם [כו] ניינעץ הסכין תחת העצם, והויא חלדה, ולפי' זה לא איירי בסכין רחבה. ונראה דחשיב חלדה, לפי שחותך הסימנין ממטה למעלה, ואפילו בסכין רחבה.

[א] נ"ל ורבי שמעון מכשיר [ב] ברש"י שלפנינו לא נמצא

עין משפט נר מצוה

טז א מיי' פ"י מהלכות פסה"מ הלכה ג:
יז ב מיי' פ"ז מהל' פסה"מ הל"א והל"ט:
יח ג מיי' פ"ז מהל' פסה"מ הל"ג ופ"ג מהל' אבות הטומאה הלכה יב:

(פ"ז מ"ג ועי' תוי"ט)

גי' צ"ק דמנחות דשירים שחסרו בין כו' מידי מעילה וזריקה מועלת ליוצא ופיגול כדאמרינן בפ"ק דמעילה כו' ונמחקו לעיל תיבות דזריקה מועלת ליוצא

שיטה מקובצת

[א] מלק בסכין כו'. פ"ה דמליקה דסכין לא מהני לטהר מידי נבילה כדמפרש בסיפא משום דלא הוי פסולו בקודש וא"ת מ"מ יטהר משום שחיטה ונהי דבכר חתך המפרקת מ"מ להוי כשוחט את הטריפה דשחיטה מטהרת מידי נבילה וי"ל דבחולין פ"ק פריך ליה ומשני מפני שהוא מחליד והוי שחיטה פסולה ופ"ה לשם לפי שהסכין נסגר בין פרקי העצם כו' וקשה דמי לא עסקינן שחותך בסכין רחבה שאינו מכוסה לכך פר"י דמשום הכי הויא חלדה לפי שחותך הסימנין לצד המפרקת דהיינו מאחוריהן דהתורה אמרה לשחוט לצד הצואר ומקרי חלדה בין סכין למעלה בין הסימן לאחוריו בין הוא למטה מן הסימנים ולא הקפידה התורה רק שיחתוך הסימן דרך שחיטה לצד הצואר דכששוחט לצד אחר שכנגדו הוי כאילו חתכו מלמטה למעלה וכמו כן אם היה שוחט מצד הצואר אפי' היו הסימנין על גבי הסכין לא הויא חלדה רק בעופא דקליל אמרינן בחולין שמא ידרום: [ב] לנדרה או להביא ששה בשתי פעמים שתי תורים עם עולת חובה ושני בני יונה ופרידה אחת ממין חובתה בקרבן אחד וכשהביאה: [ג] קובעתו להביא עם: [ד] הראשוני' שכבר קרב ממנו: [ה] אחר שתי קינין משתי

מסורת הש"ס

אחר נ"ק

נ"א קן ופרידה ממין אחד

[בקצת נוסחאות גרסי להך בבא בסיום המשנה]

[חולין כ: כח.]

נ"ל ובן יונה

נ"א ידי חובתה

מכל מקום נ"ק

נ"ל או

נוסחאות רש"י כת"י

מלק בשמאל. דמליקתו פסולה דכתיב בה הכהן וכל מקום שנאמר אצבע וכהונה אינו אלא ימין: או בלילה. דכתיב ביום צותו. וכן גירסת רש"י של מהר"פ: מלק בסכין. ס"א לא מליקה ולא שחיטה היא שהרי בראשו של סכין ימלוק דהא מליקה בציפורן היא והותך שדרה ומפרקת עד שהוא מגיע לסימן וצריך לעשות ע"י חיתוך קצת שלא יחתוך רוב בשר עד שיגיע לסימן כדאמרן בפירקין דלעיל וכשהוא עושה בסכין אי אפשר אלא בראש הסכין שקורין פונטא ונמצא מחליד כדאיתה בפרק קמא דחולין:

גליון הש"ס

תוד"ה מלק וכו' מודה ר"י בעוף. עיין לקמן דף פד ע"ב תד"ה ומוליא אני בסה"ז: **ועי'** כריס מעילה תד"ה ורבה:

מינין לספק ותיבת ד' נמחק: [ו] שתביא פרידה מאותו המין לקביעותה עם ד' של ספק פירושה הילכך תביא שש כו' ותור ובן יונה לקביעותה: [ז] מזה ואינה יודעת מה עשה: [ח] אפי' ידי לידתה שמא ותיבת ימי נמחק: [ט] פירושה משני מינין: [י] וחטאת ס"א ופרידה אחת לחטאתה אע"פ שאינה יודעת מאיזה מין היו הראשונים תביא חטאת אחת ממין שתרצה דאם הראשונים קרבו למעלה ולא יצאת ידי חטאת ולכך תביא חטאת מאחד המינין ותאמר אם זה ממין הראשונים הרי זה בן זוג לעולת חובתי שקרבה כבר ואם מין אחר הוא יזדוג עם פרידת מינו שאני מביאה עמו מן השנים שהם תור ויונה שהיא מביאה באחרונה לספק עולת חובתה ורבנן דפליגי הכא עליה דבן עזאי לטעמייהו דאמרי במס' קינים האשה שהביאה כו': [יא] והרי לה זוג ממינו לעולה אחד מב' שהביאה לחובתה מב' מינין: [יב] תזווג לה אותה: [יג] לא היתה צריכה אלא ד' פרידין לנדרה ס"א שתים לעולת נדרה וב' לחובתה: [יד] להביא עוד שמנה ד': [טו] לפי שנפסלו בקדש [לשון הרב רבינו ר' בצלאל אשכנזי ס"א והיא גירסת רוב הספרים וכן כל מה שיש באלו העשרה דפין שזה אחר זה בדפוס אינו גירסת לשון רש"י ז"ל ולשון רש"י רשמתי בחוץ בשם נוסחאות רש"י כ"י]: [טז] ה"ג במתניתין שחט: [יז] מחליד ומפני שהוא: [יח] עיין בהשמטות בסוף המסכת: [יט] דאורייתא כדאמרי' בנזיר בפרק הריני נזיר ושמע חבירו ואמר ואני גבי: [כ] כדאשכחן ר"ש תיבת גבי נמחק: [כא] דרשה דפ"ב דקדושין דמרבה עיפות וא"ת: [כב] בשחיטת דרום עיין לעיל בתוס' [דף סז ע"א] בד"ה והרי קדשי קדשים: [כג] בשמעתא קמייתא: [כד] ור' שמעון מכשיר: [כה] לן דשום אות מ' נמחק: [כו] העצם ולפי שאין העצם מתפשט לכאן ולכאן כדרך שאר בית השחיטה אלא עומד במקומו וכשהסכין תחת העצם הויא חלדה ולפי' זה אות ו' נמחק:

תורה אור

אתורין שלא הגיע זמנן ובני יונה שעבר זמנן, שיבשה גפה, א] שניסמית עינה. ושנקטעה רגלה – מטמא בבית הבליעה. ב] בזה הכלל: *כל שפסולו בקודש – אינו מטמא בבית הבליעה, לא היה פסולו בקודש – מטמא בבית הבליעה.§ **גמ'** אמר רב: שמאל ולילה – אין מטמאין בבית הבליעה, זר וסכין – מטמאין בבית הבליעה. מאי שנא שמאל – דאית ליה הכשירה ביוה"כ, ולילה – אית ליה הכשירה באיברים ופדרים; זר נמי אית ליה הכשירה בשחיטה! *שחיטה לאו עבודה היא. ולא? *והא"ר זירא: שחיטת פרה בזר פסולה, ומחוי רב עלה: אלעזר ו"חוקה"! שאני *פרה, דקדשי בדק הבית היא. ולא כל דכן הוא: קדשי בדק הבית בעו כהונה, קדשי מזבח מיבעיא? אמר רב ששא בריה דרב אידי: מידי דהוה אמראות נגעים, דלאו עבודה היא, ובעיא כהונה. ג] ונילף מבמה! *מבמה לא יליף. ולא? ד] והתניא: *)מנין ליוצא, שאם עלה לא ירד – שהרי יוצא כשר בבמה! ה] תנא °א"זאת תורת העולה" סמיך ליה. ויקרא ו ורבי יוחנן אמר: זר – אין מטמא אבית הבליעה, סכין – מטמא אבית הבליעה. תנן: כל הפסולין שמלקו – מליקתן פסולה. בשלמא לר' יוחנן, "כל" – לאיתויי זר. אלא לרב, "כל" לאיתויי מאי, לאו לאיתויי שמאל ולילה? שמאל ולילה בהדיא קתני! תני והדר מפרש. תא שמע: זה הכלל, כל שהיה פסולו בקודש – אינו מטמא בגדים אבית הבליעה. בשלמא לרבי יוחנן "כל" – לאיתויי זר, אלא לרב לאיתויי מאי? וליטעמיך

*) לעיל נח. [לקמן סט. פד:] מנחות ו: מח:

רש"י

תורין שלא הגיע זמנן ובני יונה שעבר זמנן. אינן ראויין לקרבן, והוו להו כמליקת חולין. דתניא ב"הכל שוחטין" (חולין דף כב.): "תורין" – גדולים ולא קטנים, "בני יונה" – קטנים ולא גדולים. דלא אישתמיט קרא *וכתב: "מן היונה ומן בני התורים". ואימתי תורין כשירין – משיזהיבו, ואימתי בני יונה פסולין – משיצהיבו. נולה מוזהבת שסביב הצואר. שנסמית עינה. דה"ל מחוסר אבר, ו"הקריבהו נא לפחתך". וכי אמרינן: אין תמות וזכרות בעופות – לענין דוקין שבעין הוא דקאמרינן ו]. שפסולה בקדש. שבאה לעזרה בהכשרה ונפסלה. **גמ'** שמאל ולילה. מלק בשמאל או בלילה. זר. והוא הדין לאונן וערל וכל הפסולין. ביום הכפורים. "נטל את המחתה בימינו ואת הכף בשמאלו" ולילה נמי ז] מאי שנא – דאשכחן ליה הכשירה לכתחילה, באיברים ופדרים. אלעזר כתיב. בשחיטתה, וכתיב "חוקה" לעכב. דקדשי בדק הבית היא. ועל כרחך, אין עבודות שלה חשובות עבודה. ונילף מבמה. שהזר כשר בה למלוק עופות לכתחילה, דאין כיהון בבמה, כדתנן בפ' בתרא (לקמן דף קיג.). וכיון דאשכחן ליה הכשירה לכתחילה בעלמא – יטהר כאן מידי נבילה! מבמה לא ילפינן במקדש. דבמה כחול היא לגבי מקדש. ורבי יוחנן אמר מלק זר אינו מטמא בבית הבליעה. דילפינן מבמה. סכין מטמא. דלא מליקה ולא שחיטה היא, ודכוותה לא אשכחן הכשירה. *)לאיתויי שחיטת קדשים בפנים. דלא מטמיא, דבמתני' לא תנן לה. כללא דסיפא לאיתויי מליקת חולין בחוץ. דמטמיא,

*) שייך לדף שאח"ז

תוספות

ושניסמית עיניה. היינו שנחטטה, דמחוסר אבר. וממעטינן לה בפ"ק דקידושין (דף כד:) מדכתיב: "מן העוף" – ולא כל העוף, פרט לשיבש גפה. ולא כמו שפירש בקונטרס, משום "הקריבהו נא לפחתך". וא"ת: ל"ל קרא למחוסר אבר? הא אפילו לבני נח אסור, כדדרשינן לקמן פ' בתרא (דף קטז.) ופ"ק דע"ז (דף ה:): ח] הבא בהמה שחיין ראשי איברים שלה! וי"ל: דאי לאו דכתיב קרא בישראל – הוה מוקמינן קרא דבני נח לישראל, ולא לבני נח. כדאמר בפ' "ד' מיתות" (סנהדרין דף נט.): כל מצוה שנאמרה לבני נח ולא נשנית בסיני – לישראל נאמרה ולא לבני נח. א"כ, הוה אמינא: דכיון דאישתרי בעל מום בעופות לישראל טפי מבהמה – *אישתרי אפי' מחוסר אבר. א"כ, הוה מוקמינן "מכל החי" דכתיב בבני נח, ט] דדוקא בהמה, שמלינו שנאסר בה מום לישראל א).

אמר רב שמאל ולילה כו'. כולה הך סוגיא כר"ש, כדפרישית במתני'. ושמאל ולילה דאין מטמאין, י] דאם עלו לא ירדו. וזר וסכין דמטמאין יא] [א] (ירדו) לר"ש, דכיון דאירע פסול יב] [קודם שחיטה] – כמו דחנקינון דמי, וירדו, דאין פסולן בקודש, שלא נתקדש בכלי. ו"כל שפסולו בקודש" דלא ירד – היינו שאירע פסול משנשחט ונתקדש בקדושת כלי. ולא כמו שפי' בקונטרס לקמן בפ' "המזבח מקדש" (דף פד.): אין פסולו בקודש – שאירע פסול קודם ביאתו לעזרה, כגון רובע ונרבע דנרבע בעזרה, מאי איכא למימר? ועוד: דשחיטת דרוס ר"ל במעילה דתרד לר"ש. ולאו דוקא יג] ר"ש רובע ונרבע, דה"ה זר במליקה ובקמילה תרד, [ב] דעל יד] כרחיך למאי דבעי למימר רבה דשחיטת דרוס ב) תרד לר"ש. ושמאל ולילה דאין מטמאין בבית הבליעה, ואם עלו לא ירדו – טעמא בכל מקום כדמפרש הכא: שמאל – דאית ליה הכשר' ביום הכפורים, ולילה – לאיברים ופדרים. ורבי יהודה ממעט לילה אע"ג דאית ליה הכשר', ושמאל נמי טו] ה"ל הכשר' וממעט. דאין לומר דלא ממעט אלא ג' דברים, משום דתלתא מיעוטי כתיבי – דהא מלקה זר ובעל מום תרד לר' יהודה, וכן שחיטת דרוס. וא"ת: ומה בין טז] שחיטת דרוס לרבי יהודה לפסח וחטאת שלא לשמו? [ג] דרוס נמי כשר בשאר קדשים! וי"ל: דדרוס דמי לנשחט בחוץ, דתרוייהו יז] פסולי מקום. ומהאי טעמא היה רוצה לומר רבה לר"ש דתרד. וא"ת: דהכא משמע דלרב לא הוי פסול זר כפסול שמאל, ובפ"ק דמנחות (דף ו:) משווה להו לענין אם קמץ יחזיר! וי"ל: דהתם אין תלוי בהכשר, דהא מכשר ר' יהודה בן בתירא בכל הפסולין כולן. הגה"ה: נ"ל פירוש ד"כל שפסולו בקודש" – היינו, כל שפסולו כשר בעלמא בקודש. דהא לשון זה תנן לקמן בפ' "המזבח מקדש" (דף פד.) גבי "אם עלו לא ירדו", והתם נמי מפרש לכל אותם שלא ירדו היכן כשרים בעלמא. ולעיל פ"ה (דף נא.) [ד] מפרש להו: לן בדם כשר – שהרי לן כשר באימורים, וכן כולהו. יח] ובשמעתא נמי מפרש: מ"ש שמאל דאינו מטמא – דאית ליה הכשיר' ביוה"כ, ולילה – באיברים ופדרים, וזר וסכין מטמאין – דלית ליה הכשיר' בעלמא. ור' יוחנן דאמר: מליקת זר אין מטמאה – משום דאית ליה הכשירא, או בשחיטה או בבמה. וכן בהמה בעלת מום דלא תרד לר"ע בדוקין שבעין – הואיל וכשר בעופות. ולרבנן נמי, אי משכחת ליה בבהמה הכשירא – לא תרד. ולרבי שמעון נמי בעי הכשירא בעלמא, דהיינו פסולו בקודש, ולהכי תנן גבי אתנן וכלאים: ירדו – דלית להו הכשירא בעלמא. והא דר' יהודה בעצמו אומר: מפני מה לן בדם כשר – שכשר באימורין, [ולן] באימורין [שכשר] בבשר – לאורויי דשאר עבודות ילפינן [ה] מלכתחילה או מבמה, אבל עבודות דם – לא. ולהכי קאמר ירדו בג' דמכשירן ר"ש דאינו חושש [ו] כיון דמשכח הכשירא בשום מקום. אבל עבודות דם שפיר יליף ר' יהודה מעבודות דם אפי' מהכשירן, ולהכי שלמעלה ג) שלמטה, שבפנים שבחוץ – לא ירד. וטריפה – [ז] ירד, אפי' לר"ש, אפי' לר"ע דיליף בהמה מעוף. אע"ג דאשכחן הכשירא בעוף טריפה במליקה, אם תרך: התם מלוותו בכך – הא ילפינן שמאל לא ירד מהכשר דיוה"כ! י"ל: דתרתי לא ילפי – בהמה מעוף, וגם שלא בהכשרו ממלוותו בכך. אי נמי, לא ילפינן פסול של קודם שחיטה כגון טריפה, ממליקה שאינו דוגמתו יט] [ח] לא אירע קודם שחיטה. וכמדומה לי שכן פירש לנו רבינו הקדוש נ"ע, ולא [ט] כמו שבפנים. וא"כ, אין מטמאין בגדים אבית הבליעה, וגם אם עלו לא ירדו – [י] הא בהא תליא, דהא לישנא ד"כל שפסולו בקודש" גבי תרווייהו תנן לה, וברים מעילה (דף ב:) נמי מדמה להו לתרווייהו. ושחיטת עוף קדשים בפנים, דאמרינן בסמוך: אין מטמאין, אע"ג דתרד, כדמוכח בפרק "השוחט והמעלה" (לקמן דף קיא.) דפטר ליה אם העלהו אחרי כן בחוץ. ואם לא ירדו בפנים, היה חייב בחוץ, כדאיתא בפ"ב – [כ] התם איכא קרא בסמוך למימר אין מטמאין. והא דאמרינן בשחיטת דרוס דירדו לרבי יהודה פ"ק דמעילה (דף ב:), אע"ג דאית ליה הכשירא דקדשים קלים, ודמים שלמטה למעלה לא ירד אף לר' יהודה – מ"מ כיון דשחיטתן חוץ למקומן חשיבי כשוחט חוץ, והוו כמאן דחנקינהו דמי. ומליקת פסול, דקאמר בסמוך אין מטמאה – [ל] אין כ) נ"ל כפירש"י שפירש: בעל מום, דלא אשכחן כהן בעל מום שכשר לעבודה, ואפילו בבמה, כא] כדאשכחן (דמוכח) לעיל ריש פ"ב (דף טז.) דפריך: מה להלד השוה שבהן – שכן לא הותרו בבמה. אבל מליקת פסול – היינו או אונן או טמא או פסול אחר, דאישתרי בעלמא. ונשפך דמה מן הגואר לא ירדו – משום דכבר נעשית כל השחיטה כהוגן. כרו"ך. **דאית** ליה הכשירה ביוה"כ. הוה מצי למימר: בהולכת אברים, אלא כיון דמשכח יוה"כ בעבודה דמעכב כפרה, נקטיה. **שחיטה** לאו עבודה היא. פירשתי לעיל בסוף פ"ק (דף יד:). **ונילף** מבמה. פי': כיון דמכשרת לילה, אע"ג דאין פסולו בקודש, משום דאית ליה הכשירא – א"כ זר נמי, כיון דאית ליה הכשירא. כב] והוה מצי לשנויי דאתיא כמ"ד (לקמן דף סט.) דאין מנחה ועופות בבמה. וברייתא דתניא לקמיה כרבי יוחנן – לא קשיא לדידיה, דאתיא כמ"ד דיש מנחה. ושמא משמע ליה, דאי ילפא מבמה – ילפינן אפי' מנחה ועופות, כיון דאיכא הכשירא מיהא לזר. **וכי** תימא מבמה לא יליף והתניא מנין ליוצא כו'. אע"ג דהך ברייתא כר' יהודה בפ' "המזבח מקדש" (לקמן דף פד:), מ"מ כיון דר' יהודה דמחמיר יליף מבמה – כל שכן ר"ש. ומשני: א"זאת תורת העולה" סמיך, דמרבינן כל דבר שיש לו הכשר אע"ג דלית ליה הכשר אלא בבמה. מיהו עבודת הדם לא יליף ר' יהודה, כג] דהא ממעט נשחטה בלילה ויצא דמה, וכן שחיטת דרוס. **אלא** לרב לאתויי מאי. וליכא למימר: לאתויי חוץ לזמנו וחוץ למקומו ושלא לשמו, דלא תני במתניתין. דהא מקל וחומר אתו: דמליקת לילה דלרבי יהודה תרד, אינה מטמאה – כל שכן הנך דלא תרד לר' יהודה, דלא מטמו.

א) [וע"ע תוס' ע"ז דף ה: ד"ה מנין] ב) נ"ל תרד לר"ש לאו דוקא ושמאל וכו' ג) נ"ל למטה כו' בחוץ

ולטעמיך, "שלא היה פסולו בקודש" לאיתויי מאי? אלא: רישא – א] לאיתויי שחיטת קדשים בפנים, סיפא – לאיתויי מליקת חולין בחוץ. תניא כוותיה דרבי יוחנן: מלקה זר, מלקה פסול, אהפיגול והנותר והטמא – אין מטמאין אבית הבליעה. א"ר יצחק: שמעתי שתים, אחת קמיצת זר ואחת מליקת זר, אחת תרד ואחת לא תרד, ולא ידענא. ב] אמר חזקיה: מסתברא, בקמיצה – תרד, מליקה – לא תרד. מאי שנא מליקה? דישנה בבמה, קמיצה נמי ישנה בבמה! וכי תימא אין מנחה בבמה – אין ג] עופות נמי בבמה. דאמר *רב ששת: לדברי האומר יש מנחה בבמה – יש עופות בבמה, לדברי האומר אין מנחה – אין עופות, *מ"ט? זבחים ולא מנחות, זבחים ולא עופות! אלא אימא: אין קידוש ד] בכלי שרת במנחה בבמה.§ "מלק בשמאל או בלילה" כו'.§ ת"ר: גיכול תהא מליקה שהיא לפנים מטמאה בגדים בבית הבליעה? תלמוד לומר: °"נבלה". ה] הא נמי נבלה היא! אלא, ת"ל: °"טריפה", ו] מה טריפה שאין מתרת את האיסור – אף כל שאין מתרת את האיסור; יצא מליקה שהיא לפנים, הואיל והיא מתרת את האיסור – אין מטמא בגדים בבית הבליעה; ז] הביא א) המולק (ק"ץ חפ"ץ סימן) דקדשים בחוץ, ומולק חולין בין מבפנים בין מבחוץ, הואיל ואין מתירין את האיסור – מטמאין בגדים אבית הבליעה. תניא אידך: ח] ב) יכול תהא שחיטת חולין לפנים, וקדשים בין מבפנים ובין מבחוץ, מטמאה אבית הבליעה? ת"ל: "נבלה". הא נמי נבלה היא! אלא ת"ל: "טריפה", מה טריפה שווה בפנים כבחוץ – אף כל ט] שוות בפנים כבחוץ; יצא שחיטת חולין בפנים, וקדשים בין מבפנים בין מבחוץ, הואיל ולא שוו בפנים כבחוץ – אין מטמאין בגדים אבית הבליעה. בשלמא חולין לא שוו בפנים כבחוץ, אלא קדשים – אידי ואידי פסולין נינהו! אמר רבא: אם הועילה לו שחיטת חוץ לחייבו כרת – לא תועיל י] לו לטהרה מידי נבילה? יא] אשכחן חוץ, פנים מנלן – הואיל ולא שוו בפנים כבחוץ. אי הכי, מלק קדשים בחוץ נמי לא, יב] דלא שוו בפנים כבחוץ! אמר רב שימי בר אשי: יג] דנין דבר שלא בהכשרו מדבר שלא בהכשרו, ואין *דנין דבר שלא בהכשרו מדבר שבהכשרו. ולא? והתניא: *מנין ליוצא שאם עלה לא ירד – שהרי יוצא כשר בבמה! תנא °א"זאת תורת העולה" ריבה סמיך ליה.§ מתני' *מלק ונמצאת טריפה, ר' מאיר אומר: אינו מטמא בבית הבליעה. רבי

רש"י

דלא תנן לה במתני'. הנותר והטמא. ולא אמרינן: נפקי להו מהיתר אכילת קדשים, וחל עלייהו איסור נבילה למפרע. דישנה בבמה. בזר. לדברי האומר. בפ' אחרון (לקמן דף קיג.): ר' יהודה אומר: אין מנחה בבמה. זבחים. "ויזבחו זבחים שלמים", בסיני (שמות כד). אין קידוש כלי שרת במנחה בבמה. הילכך, לא ילפינן זר במקדש לענין קמילה מזר בבמה, דלא דמי הך קמילה להך קמילה, דבמקדש הואיל וקידשה בכלי שרת איפסלא בזר. ה"ג בתורת כהנים להך מתני': יכול תהא מליקה שהיא לפנים מטמאה כו'. הא נמי נבילה היא. מאן לימא לך דלאו נבילה היא? נהי דהותרה מליקת חטאת העוף לכהנים מגזירת הכתוב מ"לכל חטאתם", כדאמרן בפרק ["בית שמאי"] (לעיל דף מד:), עולה שלא הותרה להם – תטמא בבית הבליעה! אלא תלמוד לומר טריפה. *"ונפש אשר תאכל נבילה וטריפה" יד] (ויקרא יז), ובנבלת עוף טהור מיתוקמא קרא בת"כ. והאי "טריפה" קרא יתירא הוא לדרשא כדלקמן, שאי אפשר לשומעו כמשמעו, טו] שיהא טריפה מטמא בבית הבליעה מחיים – אם טריפה חיה, *ואם אינה חיה – הרי בכלל "נבילה". והא טז] מתני' לקמיה מיתוקם כר"מ, דאית ליה שחיטת עוף טהור מטהרת טריפתו מטומאתו, ולא דריש ליה להאי קרא להביא טריפה ששחטה שתטמא. הילכך דריש ליה למעוטי מליקה שהיא בפנים, ושחיטה שהיא לפנים. ומשמע ליה קרא הכי: נבילה שהיא כטריפה היא דמטמאה. מה טריפה. אין טריפות המאורע בה מתיר שום איסור שהיה בה מתחילה. אף נבילה. שאין נבילות יז] המאורעת בה מתיר את האיסור יצא נבילות הבאה לה ע"י מליקת פנים בהכשר, הואיל ומתיר את האיסור, שבחייה לא היתה ראויה לקרב לגבוה, והותרה במליקה זו. יכול תהא שחיטה שהיא לפנים. ובת"כ גרסי' לה הכי: יכול השוחט חולין בפנים, וקדשים בין מבפנים בין מבחוץ כו'. הא נמי נבילה היא. מי יימר דלאו נבילה היא, הואיל ושחיטה בפנים בעוף לא שייכא? וכן בקדשים בין בפנים בין בחוץ כו'. ת"ל טריפה. כלומר, נבילה שהיא כטריפה – מטמאה. ששוות בפנים כבחוץ. דכאן וכאן היא אסורה. ה"ג: יצא השוחט חולין בפנים וקדשים בין בפנים בין בחוץ הואיל ולא שוו בפנים כבחוץ אין מטמאין. ולקמן מפרש ואזיל. בשלמא חולין יח] שוותה שחיטתן בפנים כבחוץ. שהרי חולין שחוטין בחוץ אין מטמאין, ואפי' יט] שלא בהכשירו, כגון עוף טריפה ששחטה. דהא מתניתין לקמן כר"מ, דמטהר טריפת העוף שחוטה, ומוקי "טריפה" דכתיב בקרא להך דרשא, למעוטי פנים. אידי ואידי. בין בפנים בין בחוץ, נבילה זו שוה בהם, שאין כאן תורת שחיטה! אמר רבא. שחיטת פנים דחולין הוא דנפקא לן מהך דרשא, אבל קדשים לא צריך למילף מינה, דממילא נפקא לן דלא מיטמאו עופות קדשים שחוטין בחוץ, דאם הועילה שחיטת חוץ לחייבו עליו כרת משום שחוטי חוץ, כדמרבינן ליה בפרק "השוחט והמעלה" (לקמן דף קז.) מ"אשר ישחט" – לרבות שחיטת עוף, אלמא שחיטה כ] היא שמה. לא תועיל. בתמיה. ה"ג: אשכחן חוץ פנים מנלן כא]. ומשני: הואיל ולא שוות בפנים כבחוץ. דהא אוקימנא דבחוץ לא מטמא. ואע"ג דבאכילה אסור – בטומאה מיהא לא שוו. אי הכי מלק קדשים. דקתני לעיל: מיטמאין. הא לא שוו בחוץ כבפנים. דהא בפנים הכשירו במליקה. דנין דבר שלא בהכשירו. שחיטת קדשים בפנים. מדבר שלא בהכשירו. שחיטת קדשים בחוץ. וכן שחיטת חולין בפנים, כב] משחיטת חולין טריפה בחוץ. ואין דנין דבר שלא בהכשירו. כגון מליקת קדשים בחוץ. מדבר שבהכשירו. מליקת קדשים בפנים. מתני' ר"מ אומר אינה מטמאה. בקל וחומר. רבי

א) גי' נ"ק שייך זה לסימן וכנ"ל הביא קדשים בחוץ וחולין בין מבפנים כו' ונמחק תיבת ומולק ב) בס"י איתא יכול תהא שחיטה לפנים מטמאה כו'

תוספות

ולטעמיך שלא היה פסולו בקודש לאתויי מאי. תימה: דילמא לאתויי בעל מום. דהא משמע דטעמא דזר לר' יוחנן משום דיליף מבמה, ובעל מום לא הותר בבמה, כדמוכח לעיל בריש פ"ב (דף טז.), דפריך: מה להלך השוה שכן לא הותר בבמה! ואי הוה מפרשינן בטעמא דרבי יוחנן משום דיליף משחיטה, אע"ג דלאו עבודה היא – הוה ניחא.

לאתויי שחיטת קדשים בפנים. ואע"ג דתרד, מדתנן פ' "השוחט והמעלה" (לקמן דף קיא.): שוחט עוף בפנים ומעלהו בחוץ – פטור, מ"מ אין מטמאה בבית הבליעה, דילפינן לקמן מטריפה. *ויש לומר: לא דמי, שוחט עוף בפנים דאינו מטמא – היינו טעמא, דגם בחוץ אינו מטמא. ומטעמא דהועילה השחיטה לחיוב כרת, בשביל כך אין לומר דאם עלה בהמה או עוף ששחט חוץ דיקרב. אלא פשיטא דירד, דמה ענין זה לזה, *חיוב כרת לומר לא ירד? פשיטא דשוחט בהמה או עוף בחוץ, דמשום שחייב כרת לא נאמר דאם עלה לא ירד! ולעולם לא נאמר לא ירד אלא היכא שמצינו דוגמתו כשר בפנים. וכדאמרינן בריש מעילה (דף ג:) דמשוה להו, דכל היכא דאין מטמאין אבית הבליעה הכי נמי לא ירדו – היינו דוקא בדבר שיש בפנים כשר כוותייהו. כרו"ך.

מליקת זר לא תרד. לרבי שמעון. אבל לר' יהודה תרד, כמו לילה ויולא ודרוס, דעבודת דם לא יליף ר' יהודה מבמה.

אין קידוש כלי שרת במנחה בבמה. תימה: כיון דנתקדש בכלי שרת הוא – "פסולו בקודש" קרינא ביה! ושמא כיון דתחילת עבודתה ביד, ולא נתקדש בכלי שרת בתחילת עבודה – לא חשיב "פסולו בקודש". ולא דמי לשחיטה, דסכין מקדשא ליה.

יכול תהא שחיטה שהיא לפנים מטמאה בגדים אבית הבליעה כו'. הא דמצרכינן הכא קרא לשחיטת עוף קדשים שמטהרת מידי נבילה, ולענין איסורי הנאה לא מצרכינן קרא לשחיטתה שמטהרת מידי נבילה – לא דמי, דקדשים – אין הכשר אכילתן בשחיטתן, אבל איסורי הנאה – הכשר אכילתן בשחיטתן. אע"ג דהשתא מיהא אין שחיטתם מכשרתן באכילה, מ"מ מטהרתן מידי נבילה.

ואין דנין דבר שלא בהכשרו מדבר שהוא בהכשרו. *פי' בקונטרס: כג] ושחיטת *חולין *) בפנים לאו משחיטת חולין בחוץ ילפינן, אלא משחיטת קדשים *בפנים ילפינן. ואם תאמר: אם כן, מליקת חולין בפנים וקדשים בחוץ נילף נמי ממליקת שמאל ולילה, דהוי שלא בהכשרו כד] משלא בהכשרו! ויש לומר: כיון דאם עלה לא ירד – "הכשרו" קרינא ביה כה].

*) נ"ל בפנים משחיטת חולין טריפה בחוץ ילפינן וא"ת כו' כנ"ל והג"א שכתוב בלאו אינו מובן נ"ך

עין משפט נר מצוה

כ א מיי' פ"ז מהל' פסה"מ הלכה ט:
כא ב מיי' פ"ג מהל' פסה"מ הל' טו:
כב ג מיי' פ"ג מהל' אבות הטומאה הל"ג:
כג ד מיי' שם הל"ג:

מסורת הש"ס (בצד)

[לקמן קיט:]

[נוסחת ילקוט פרשת אחרי רמז קפב כ"מ זבחו זבחי שלמים זבחים ולא עופות זבחים ולא מנחות]

ס"א הרי נבילה אמורה

נ"ל ועוד י"ל דלא דמי כו' נ"ך

נ"א חיוב כרת לגבי ירד לומר דשוחט בהמה או עוף בחוץ דמשום שחייב כרת אם עלה לא ירד ולעולם כו' נ"ך

נוסחאות רש"י כת"י

לאתויי מלק חולין בחוץ. דמטמא דלא תנן לה במתני' וה"ה דמצי למימר לאתויי נרבע ומוקצה ונעבד ואתנן ומחיר דמליקתם מטמא שלא [היה] פסולם בקודש והאי דנקט הא משום דתנא מתניתין מלק חולין בפנים וקדשים בחוץ ולא תנא מלק חולין בחוץ: מלקה פסול. כגון בעל מום: הפיגול והנותר והטמא אע"פ שאסורות באכילה ובהקרבה אינן מטמאין בבית הבליעה. ולא אמרינן כל שאינה ראויה לאכילה ולא להקרבה לא אשתראי מליקה לגבוה ולא יצאה מכלל נבילה שמליקה נבילה היא ומגזירת הכתוב הותרה באכילה בחטאת העוף ולהקרבה בעולה וזו שאינה ראויה לכך הרי היא בטומאה אשמועינן הכא דכיון דפיגול מרצה לפיגולו מהני מליקה לטהר ונותר וטמא בשעת מליקה ראויין היו ולאחר מכאן נפסלו מליקתן מטהרתן: ואין קידוש כלי שרת במנחה בבמה לא הוי כלי שרת כדאמרינן בפרק בתרא אשר ישרתו בם בקודש והילכך לא ילפינן זרות במקדש וכו': א) ה"ג בתורת כהנים לא להא מתניתא יכול תהא מליקה שהיא לפנים מטמאה בבית הבליעה ובמליקות פסולים כגון בשמאל או בלילה איצטריך ליה דאילו מליקות כשרות בהדיא איתרבו בפרק ב"ש לכל חטאתם לרבות חטאת העוף: הא נמי נבילה היא. כלומר היכי מצית למעוטי מהאי קרא דילמא הא נמי נבילה היא שהרי לא הותרה אלא המליקה בהכשר וכהלכתה להוציאה מכלל נבילות: יצא מליקה שהיא לפנים.

שיטה מקובצת

א] לאתויי שחיטת קדשים בפנים. וה"ה דהמ"ל לאתויי פיגול ונותר וטמא דאם עלו לא ירדו ואין מטמאין בגדים אבית הבליעה וסיפא לאתויי רובע ונרבע כדפ"ה אלא נקט הדומה למתני' שחיטת קדשים בפנים כעין שחיטת קדשים מבחוץ דקתני במתניתין וכן מליקת חולין מבחוץ כעין מליקת חולין מבפנים: ב] ולא ידענא איזה היא אמר: ג] אין (עוף) [עופות נמי] בבמה. וא"ת מ"מ נילף עוף מבהמה כדפי' לעיל וי"ל דר' יצחק דהכא לית ליה האי סברא אלא אית ליה דעוף מבהמה לא יליף מדלא יליף נמי מנחה מזבח ומשחיטה נמי ליכא למיגמר משום דכשירה בזר כדפי' לעיל לר' יוחנן לפי' שני דאית ליה לר' יצחק דשחיטה לאו עבודה היא מדקאמר קמיצה תרד ולא יליף משחיטה דקמיצה כנגד שחיטה: ד] אין קידוש כלי שרת בבמה. (אות ב' נמחק) כלומר לעולם בין עופות בין מנחה איכא בבמה מיהו [מליקה] דאין צריך קידוש כלי יליף מבמה אבל מנחה דבעי קידוש כלי לא ילפינן זרות דמנחה (מבנים) [מבפנים] מזרות דמנחה שבבמה משום דכיון שקדשה בכלי שרת פסול בה זר אבל בבמה לא היה קידוש כלי שרת כדכתיב אשר ישרתו בקודש כדאמרי' בפ' בתרא: ה] נבילה נבילה: ו] מה טריפה שאין מתרת את האיסור פי' דאם עלתה תרד יצאת מליקה פסולה שהיא לפנים שהיא מתרת את האיסור שאם עלתה לא תרד ולכך לא מטמאת

הגהות

ואפי' פסולה הואיל ומתרת את האיסור שאם עלתה לא תרד אינה מטמאה: ה"ג בת"כ יכול השוחט חולין בפנים וקדשים בין מבפנים ובין במחוץ יטמאו בית הבליעה כו': ג) ומשני הואיל ולא שוות בפנים כבחוץ מטעמא דכרת דהא אוקימנא כו'. נ"א בס"י כדאמר רבא אם הואיל כו' ואע"ג דשוו לענין אכילה כיון דבחוץ לא מטמא בפנים נמי לא מטמא דאי אמרת מטמא נמצא שלא שוו בפנים כבחוץ:

א) עי' רש"י ד"ה אין קידוש. ג) עי' רש"י ד"ה ומשני.

וא"ת לר"מ דאמר מלק ונמצאת טריפה אינה מטמאת וא"כ אית ליה דלא תרד מאי קאמר הכא דטריפה אינה מתרת את האיסור וי"ל דה"ק הכא מה טריפה אין טריפתה מתרת את האיסור כו' יצאת מליקת פסולה כו' כלומר דפסול מליקה (ונבילת) [שהיא נבילה] מתירה לענין דאם עלתה לא תרד משום דחשיב פסולו בקודש כדפי' במתני': ז] הבליעה ב"א המולק ק"ץ סימ"ן אביא מלק קדשים בחוץ וחולין בין מבפנים: ח] תניא אידך כו' כלומר דה"ג אין מתירין דומיא דטריפה דאם עלו ירדו: ט] כל ששוות בפנים: י] תיבת לו נמחק: יא] אשכחן חוץ משום דהועיל לו שחיטת חוץ לחייבו כרת כדמרבינן ליה לקמן: הואיל ולא שוו כו' כלומר כי היכי דאמר בחולין לא שוו משום דבחוץ כשרים הן קדשים נמי אגמירנן לא שוו הואיל דבחוץ יש כרת מה שאין כן בפנים דכמו שבחוץ לא מטמא מבפנים נמי לא מטמא דאי אמרת איטמו לא שוו בפנים כבחוץ: יב] תיבת דלא נמחק: יג] דנין דבר שלא בהיכשר מדבר שלא בהיכשר (אות ו' נמחק) כו' וא"ת א"כ שחיטת חולין בפנים מנלן דלא מטמא אי משחיטת חולין בחוץ הא הוו בהכשירו ואי משחיטת טריפה בחוץ הא נמי הוו בהכשירו לענין לטהרו מידי נבילה וי"ל כדפרש"י דהשתא לא גמרינן להו מחולין בחוץ כדקאמרינן בגמרא אלא משחיטת קדשים בפנים ומה קדשים שאין בהם צד שחיטה כו' ומ"מ מצריכינן לטעמא דלא שוה בפנים כבחוץ לחולין בחוץ וא"ת א"כ מליקה כו': יד] וטריפה וגו': טו] כמשמעו שתהא טריפה מטמא בבית הבליעה מחיים אי טריפה חיה הרי נבילה אמורה תיבת אם נמחק: טז] מתניתא לקמיה: יז] שאין נבלות המאורע בה כו' יצא נבלות הבא לה: יח] חולין לא שוותה: יט] ואפילו חולין שלא בהיכשר כגון כו' דהא מתניתא מוקמינן לקמן כר"מ: כ] תיבת היא נמחק: כא] מגלן שחיטת פנים דקדשים דאינה מתרת את האיסור מגלן דלא תטמא ומשני והד"א: כב] בפנים ס"א ושחיטת חולין בפנים דאמרן אין מטמאין לאו משחיטת חולין בחוץ גמרי אלא משחיטת קדשים בפנים מה קדשים שאין בהם צד שחיטה לא מטמא ואפי' שלא בהכשירו כ"ש חולין שיש בהם צד שחיטה כ"כ ברש"י כת"י ולא כתוב שם כבעמוד דילפינן משחיטת טריפת חולין: כג] דשחיטת חולין: כד] בהכשירו (וטמא מטמא) [שאינו מטמא] משלא: כה] ביה כיון שמתרת האיסור הס"ד:

כד א מיי' פ"ז מהל' פסה"מ הל"ג:
כה ב מיי' פ"ב מהל' אבות הטומאה הל"ט:
כו ג מיי' פ"ג מהל' אבות הטומאה הל"ד:

תורה אור

רבי יהודה אומר: *מטמא. א"ר מאיר: ק"ו, אם נבלת בהמה, שמטמאה במגע ובמשא – שחיטתה מטהרת טריפתה מטומאתה; *נבלת העוף, שאינו מטמא במגע ובמשא – אינו דין שתהא שחיטתו מטהרת טריפתו מטומאתו? מה מצינו א] בשחיטתו, שהיא מכשרתה לאכילה, ומטהרת טריפתו מטומאתו – אף מליקתו, שהיא מכשרתו באכילה, תטהר טריפתו מידי טומאתו! ב] רבי יוסי אומר: דיה כנבלת בהמה – שחיטתה מטהרתה, ולא מליקתה.§ גמ' ור"מ לא דריש דיו? והא דיו דאורייתא הוא! *דתניא: מדין קל וחומר כיצד? °"ויאמר ה' אל משה ואביה ירק ירק בפניה" וגו' – ק"ו לשכינה ארבעה עשר יום! אלא דיו לבא מן הדין להיות כנדון. א"ר יוסי ברבי אבין, ר"מ קרא אשכח ג] וקדרש: °"זאת תורת הבהמה והעוף", *וכי באיזו תורה שוותה בהמה לעוף ועוף לבהמה? בהמה מטמאה במגע ובמשא, ד] עוף אינו מטמא במגע ובמשא! עוף מטמא בגדים אבית הבליעה, בהמה אינה מטמאה בגדים אבית הבליעה! אלא לומר לך: מה בהמה – דבר שמכשירה ה] לאכילה, מטהר טריפתה מטומאתה, אף עוף – דבר שמכשיר באכילה, מטהר טריפתו מטומאתו. ור' יהודה מ"ט? ו] קרא אשכח וקדרש: "נבלה טריפה", אמר רבי יהודה: "טריפה" למה נאמרה? ז] אם טריפה חיה – הרי נבילה אמורה, אם טריפה אינה חיה – הרי היא בכלל נבילה! אלא להביא טריפה ששחטה, שמטמאה. אמר ליה רב שיזבי: ח] אלא מעתה, דכתיב: °"וחלב נבלה וחלב טרפה", התם נמי נימא: ט] אם טריפה חיה – הרי נבילה אמורה, אם טריפה אינה חיה – הרי היא בכלל נבילה! אלא להביא טריפה ששחטה, שחלבה טהור; מכלל דהיא מטמאה. *והאמר רב יהודה אמר רב, ואמרי לה במתניתא תנא: °"וכי ימות מן הבהמה" – מקצת בהמה מטמאה, מקצת בהמה אינה מטמאה, ואיזו זו? [ב]זו טריפה ששחטה! אלא, י] "טריפה" מיבעי ליה למעוטי טמאה, מי שיש במינה טריפה, יצתה זו שאין במינה טריפה. הכא נמי – למעוטי עוף טמא, שאין במינו טריפה! עוף טמא לר' יהודה מ"נבילה" נפקא ליה. דתניא, *רבי יהודה אומר: יכול תהא נבלת עוף טמא מטמאה בגדים אבית הבליעה? [ג]ת"ל: °"נבלה וטרפה לא יאכל" מי שאיסורו משום בל תאכל נבילה, יצא זה שאין איסורו משום בל תאכל נבילה אלא משום בל תאכל טמא.

האי

במדבר יב | ויקרא יא | שם ז | שם יא | שם כב

רש"י

רבי יהודה אומר מטמא. דלא מהניא מליקה לטריפה. וה"ה נמי דבשחיטת חולין טריפה פליג ר' יהודה, וכן שנינו במסכת טהרות בפ' "י"ג דברים": לרבי יהודה – אחת מלוקות ואחת שחוטות, ולר"מ – שתיהן מטהרות, ולרבי יוסי – שחיטה מטהרת טריפה, אבל לא מליקה. ומה בהמה יא] בנבלתה מטמאה במגע ובמשא שחיטתה מטהרת טריפתה מטומאתה. כדילפינן בגמרא מ"וכי ימות מן הבהמה". עוף שאינו מטמא במגע ובמשא. אלא באכילה ובבית הבליעה, כדכתיב (ויקרא כב): "לא יאכל לטמאה בה" – אין לך אלא האמור בה. אינו דין כו'. וכיון דקיי"ל בשחיטה מק"ו, ילפינן מליקה דקדשים מינה בבנין אב: מה מצינו בשחיטה בחולין שמכשרתה באכילה כשאינה טריפה, ומטהרת טריפתה מטומאתה. אף מליקה. בקדשים, המכשרתה באכילה כשאינה טריפה – תטהר. דיה כנבלת בהמה. דהואיל ולא יליף עוף אלא מבהמה לטהר טריפה מטומאתה – דיו לבא מן הדין להיות כנדון. גמ' מדין ק"ו כיצד. מניין שהתורה ניתנה לידרש ק"ו. הלא תכלם. לשון תימה הוא, ולשון ק"ו. אלא דיו לבא מן הדין להיות כנדון. הכתוב לימדך שאינך רשאי להטיל על הבא מן הדין יותר מן הנדון, דכתיב: "תסגר שבעת ימים". עוף אינו מטמא במגע ובמשא. דכתיב: "לא יאכל לטמאה בה" – אין לך אלא האמור בה. בהמה אינה מטמאה בבית הבליעה. אם תחב לו חבירו כזית בשר נבילה. דתניא במסכת נדה (דף מב:): יכול יהא נבלת בהמה יב] (טמאה) מטמאה בבית הבליעה? תלמוד לומר: "לא יאכל לטמאה בה" – מי שאין לה טומאה אלא אכילתו, יצתה זו שיש לה טומאה קודם שיאכלנו. דבר יג] שמכשיר. ואפילו מליקת קדשים. דאי לשחיטה – בק"ו אתיא לן. טריפה למה נאמרה. יד] *אלא ללמדנו בא: שמשעת טריפה חלה עליה טומאה, אם אכל ממנה מיד או ששחטה ואכל ממנה. דאי בטריפה שמתה לאחר שנטרפה קאמר – למה נאמרה? אם טריפה חיה. פלוגתא היא ב"אלו טריפות" (חולין דף מב.): איכא למ"ד טריפה חיה, ואיכא למ"ד אינה חיה. אם טריפה חיה, ועד שמתה היתה בחזקת חיה. הרי נבילה אמורה. בפסוק, טו] כיון שמתה מתנבלת במיתתה. ואם טרפה אינה חשובה חיה – הרי היא משעה שנטרפה בכלל נבילה. אלא להביא טריפה ששחטה. טז] לאשמועינן: טריפה (אינו) חיה, ואינו בכלל נבילה. ולפיכך הוצרך לומר שטריפתה מביא עליה טומאה יז] זו מיד, אם תלש ואכל ממנה בשר, אפי' אינו א) אבר של בשר גידין ועצמות. וכיון דאם טריפה מביא לה טומאה מחיים – אין שחיטה מועלת בה, שאין שחיטה מתרת משום טריפה, אלא משום נבילה. חלב נבילה וחלב טריפה יעשה לכל מלאכה. בא הכתוב להשמיענו על חלב נבילה שאינה מטמאה. והכי אמרינן בפסחים פ' "כל שעה" (דף כג.). טריפה למה נאמרה. אם בטריפה שמתה מדבר, אם טריפה חשובה חיה – הרי נבילה אמורה, וזו במיתתה נתנבלה. ואם טריפה אינה חיה – הרי היא בכלל נבילה יח] ב) מטורפת, אלא להביא טריפה ששחטה, שחלבה טהור, אבל הבשר טמא? בתמיה. אלא האי טריפה כו'. מסקנא דקושיא היא. כלומר, אלא ע"כ האי "טריפה" לא תדרשיה להכי, דמיבעי ליה למעוטי טמאה דאין חלבה טהור. וה"נ "טריפה" דכתיב גבי טומאת בית הבליעה – למעוטי עוף טמא דריש ליה, ולא טריפה ששחטה.

האי

א) אבר עם הגידין ועצמות נ"ק ב) נ"ל משעה שנטרפה נ"ק

תוספות

רבי יהודה אומר מטמא בבית הבליעה. תימה: אפילו נבילה גמורה יט] לא תטמא לרבי יהודה, דלא חייל אאיסור קדשים. כדדריש רבי יהודה בגמרא דנבלת עוף טמא אינה מטמאה בגדים אבית הבליעה, משום דכתיב "נבלה וטרפה לא יאכל לטמאה בה" – מי שאיסורו משום בל תאכל נבילה, יצא זה שאין איסורו משום בל תאכל נבילה, אלא משום בל תאכל טמא. ובפ' "גיד הנשה" (חולין דף ק:) דייקינן מינה לר' יהודה דאין איסור חל על איסור, גבי רבי יהודה אומר: אף בטמאה! וי"ל: דדוקא עוף טמא, שאין במינו משום "בל תאכל נבלה", קממעט. כ] וכן צריך לפרש בגמרא גבי חלב נבלה, דלא איצטריך "טריפה" לאשמועינן דחלב טריפה טהור, ולא דרשינן: מי שאיסורו משום בל תאכל נבילה – יצא טריפה, כא] כי היכי דדרשינן גבי טמאה: מי שאיסורו משום בל תאכל נבילה – יצא בהמה טמאה.

קל וחומר לשכינה ארבעה עשר יום. אומר ר"ת: דנקט ארבעה עשר יום, משום דאמרינן בפ' "המפלת" (נדה דף לא.) דשלשה שותפין באדם, שהקב"ה נותן בו *עשרה דברים, כנגד אביו ואמו. והשתא אמרי': דיו כאביו, דמיניה ילפינן. וה"ר *חיים מפרש: דמן הדין הוה ליה למימר ק"ו לשכינה לעולם, דחמורה כל כך. אלא נקט י"ד – כנגד שתי הסגרות, דלא מצינו יותר משני הסגרות. וכלשון הזה איתא בפרקי דר' אליעזר: ק"ו לשכינה שתי הסגרות. וקשה: דבי"ג יום סגי, דיום שביעי עולה לו לכאן ולכאן, כדתנן במסכת נגעים (פ"ג מ"ה): אין בשתי הסגרות פחות מי"ג יום! וי"ל: דלישנא דקרא נקט ארבעה עשר, משום דכתיב "שבעת ימים" בכל הסגר.

וכי באיזו תורה שוותה בהמה לעוף ועוף לבהמה. וא"ת: והא איצטריך לכדדרשינן בחולין בריש פ"ב (דף כז:): מה בהמה בשחיטה – אף עוף בשחיטה. ור"א דריש: מה בהמה מן הצואר – אף עוף מן הצואר! וי"ל: כב] דכל מילי דרשינן דהיקשא הוא, ואין היקש למחצה. אי טריפה חיה. א"כ אינה מטמאה עד לאחר מיתה, ואז היא בכלל נבילה. ואי טריפה אינה חיה – הרי היא בכלל נבילה. לא מלינו לפרש לאחר מיתה דמשמע שבא לחדש טומאה טפי אם אינה חיה מאם חיה, מדהדר ואמר כג] (התם): ואם טריפה אינה חיה – הרי היא בכלל נבילה. לכך פי' בקונטרס: משנטרפה ירדה לה טומאה, ומהיכן תלך ממנה? ותימה הוא לומר כן: דלא מלינו בעלי חיים מטמאין. ומילתא דפשיטא בכולי הש"ס דאין טריפה מטמאה מחיים. דבסוף פ"ק דחולין (ד' כ:) אמר זעירי: נשברה מפרקת ורוב בשר עמה – נבלה. אבל בלא א) בשר – לא, אע"ג דמלק סימן אחד ומפרקת. כדמשמע התם, דפריך: ב) וכי מעתה עומד ומבדיל? ור"מ נמי אשכחן פרק "אלו טריפות" (חולין דף נז:) דאמר: טריפה אינה חיה, דקאמר: סימן לטריפה שלשים יום, וקאמר לעיל דמליקתה מטהרת טריפתה מטומאתה. ואי טמאה מחיים משעת טריפות – היאך תלך הטומאה ממנה ע"י המליקה? והרב רבי חיים מפרש דה"ק: אי טריפה אינה חיה, ומיירי בתלש ממנה בשר חי כד] ואכלו – הרי היא בכלל נבילה, דבשר הפורש ממנה כפורש מן המתה, ומטמא. אע"ג שהבהמה עצמה אינה מטמאה, לפי שהיא בחייה עתה. כה] ויש לפרש: אי טריפה חיה, כלומר דמיירי שטריפה שעדיין חיה ותלש ממנה כזית כו] בשר ואכלו – הרי נבילה דוקא אמורה. ולא איירי כלל בפלוגתא דטריפה חיה. ואי טריפה אינה חיה, כלומר דמיירי בטריפה שאינה חיה, שמתה שנתנבלה – הרי היא בכלל נבילה. ובת"כ גרס: "אי טריפה אינה מתה", והלשון מגומגם קצת, דהוה ליה למימר: "אי בטריפה חיה", כנ'. ועוד הוה כז] למימר: "הרי היא נבילה".

אלא

א) נ"ל רוב בשר נ"ק ב) נ"ל וכי מתה עומד ומולך נ"ק

[ע"ש דלא קחשיב אלא תשעה והכא תשעה ואלו ארבעה ועי' תוס' ב"ב קיא. ד"ה ק"ו]

[עמ"ש תוס' ב"ב כ"ב ר' חיים ועי"ש]

[נ"ל מטמא בבית הבליעה]

טהרות פ"א מ"א

ב"ק כה. כ"ב קיא.

[חולין כז:]

חולין עג. פה: קכח.

שיטה מקובצת

א] בשחיטתה שהיא: ב] רבי יוסי אומר כו' והשתא איכא ג' מחלוקות בדבר דלר"מ בין שחיטה בין מליקה מטהרת ולר' יהודה בין שחיטה בין מליקה אינה מטהרת ודהכי הוי דלא מהניא מליקה לטריפה ה"נ לשחיטת עוף חולין דפליגי נמי פליג ר' יהודה ולר' יוסי שחיטה מטהרת ולא מליקה: ג] אשכח ודרש אות ק' נמחק: ד] ובמשא ועוף אינו: ה] שמכשירה באכילה מטהר אות ה' נמחק: ו] מ"ט אמר רבה ר' יהודה קרא אשכח ודרש והנפש אשר תאכל נבילה: ז] אם טריפה חיה כו' פי' דחוק מאד שהרי מחיים לא מצינו שירד לו טומאת נבילות וע"ק וכי ר' יהודה לא מספקא במחלוקות האמוראים דפליגי אי טריפה חיה אי לא לכך נראה דה"ג אי טריפה חיה כלומר דמיירי קרא כגון עודה חיה שתלש ממנה בשר ואכל דמטמא בבית הבליעה הרי נבילה אמורה הוא שייכא מחיים ואי טריפה אינה חיה כלומר דאיירי קרא שמתה ולאחר טריפה הרי הוא בכלל נבילה: ח] שיזבי לרבה אלא: ט] נימא טריפה למה נאמרה אם: י] אלא האי טריפה: יא] בהמה שנבלתה מטמאה: יב] תיבת טמאה נמחק: יג] דבר שמכשירה ואפילו מליקת קדשים דאי בהמה בק"ו: יד] נאמרה אם לא בא ללמדנו שמשעת (תיבת אלא נמחק): טו] בפסוק וכיון שמתה נתנבלה במיתתה: טז] ולאשמועינן טריפה אינו תיבת אינו ל"ש: יז] תיבת זו נמחק: יח] נבילה משנטרפה אלא: יט] גמורה של קדשים לא תטמא לר"י דלא חייל איסור נבילה וטומאה אמורי קדשים: כ] קממעט וכל קדשים יש במינו משום בל תאכל נבילה וכן: כא] טריפה כו' כי: כב] וי"ל דטומאה כתיב בהאי קרא ולענין טומאה במאי שוות ועי"ל דכל: כג] ואמר הכי ואם תיבת התם נמחק: כד] חי ואכל הרי: כה] עתה ועוד יש לפרש: כו] כזית חלב ואכלו תיבת בשר נמחק: כז] הוה ליה למימר: תאכל

נוסחאות רש"י כת"י

ס"א ה"ג נבילה וטריפה א"ר יהודה טריפה למה נאמרה ולו"ג יאכל לטמאה בה דלאו אהאי קרא קאי אלא אוהנפש אשר תאכל נבילה וטריפ' קאי בת"כ ובנבלת עוף טהור משתעי קרא: טריפה למה נאמרה. אם לא ללמוד בא שמשעת טרפותה יורד לה טומאת בית הבליעה ואין שחיטה מטהרתה אם טריפה חיה חשובה כחיה וזו אינה מטמאה אלא לאחר שמתה א"כ נבילה היא והרי כבר נבילה אמורה בפסוק וזו נבילה היא שכבר מתה: ואם טריפה אינה חיה הרי היא בכלל נבילה. משנטרפה ומאז ירדה לה טומאה ומהיכן תלך ממנה: אלא להביא טריפה שנשחטה. שאפילו נאמר טריפה חיה לימדך הכתוב שירדה לה טומאה משנטרפה ושוב אין שחיטתה מטהרת שהשחיטה אינה מקוה טהרה להעלות ממנה טומאה שירדה לה כבר חלב נבילה וחלב טריפה יעשה לכל מלאכה. בא הכתוב לאשמועינן דחלב נבילה אינו מטמא כנבילה דכתיב יעשה לכל מלאכה אף לשל קודש והכי אמרי' בפסחים בפ' כל שעה: טריפה למה נאמרה. אי בטריפה שמתה מיירי אי אמרינן דטריפה חיה וזו הומתה הרי כבר נבילה אמורה וזו נבילה היא: ואם טריפה אינה חיה הרי היא נבילה משעה שנטרפה אלא (על כל פנים) [ע"כ] בטריפה שנשחטה מיירי וקמ"ל דחלבה טהור: מכלל דהיא טמאה. בתמיה והאמר רב יהודה כו': אלא האי טריפה מבעי ליה. כלומר האי וחלב טריפה מבעי ליה למעוטי בהמה טמאה שאין חלבה טהור אלא טמא כמו הבשר שלה דדרשינן וחלב טריפה מי שיש במינה טריפה יצאת בהמה טמאה שאין במינה טריפה: הכא נמי. האי והנפש אשר תאכל נבילה וטריפה מבעי ליה למעוטי עוף טמא נבלה וטריפה מי שיש במינו טריפה דהיינו עוף טהור נבילה שלו מטמא בגדים בבית הבליעה יצא עוף טמא שאין במינו טריפה ומנ"ל לר"י להביא טריפה ששחטה שתטמא: מנבילה נפקא ליה דלא תטמא מדאיצטריך קרא למכתב לטמאה בה אצל אזהרת נבילה דלא יאכל דהאי לטמאה בה קרא יתירא הוא דהא כתיב קרא אחרינא והנפש אשר תאכל נבילה וטריפה וכבס בגדיו:

האי נמי תיפוק לי °מ"וחלב נבלה", מי שאיסורו משום בל תאכל חלב נבלה, יצאתה זו שאין איסורה משום בל תאכל א] [חלב נבלה] אלא משום טמא! אלא, האי "טריפה" מיבעי ב] לאיתויי חיה; סלקא דעתך אמינא: מי שחלבה אסור ובשרה מותר, יצאת ג] זו שחלבה ובשרה מותר, קמ"ל. ד] א"ל: מאי שנא טמאה? דאין חלבה חלוק מבשרה, חיה נמי אין חלבה חלוק מבשרה! ועוד, הכתיב: °"ואכל לא תאכלוהו"! אלא אמר אביי: "טריפה" לגופיה איצטריך, שלא תאמר: הואיל וטמאה אסורה מחיים, וטריפה אסורה מחיים מה טמאה חלבה טמא, אף טריפה חלבה טמא. אי הכי, האי נמי מיבעי, (א) שלא תאמר: הואיל ועוף טמא אסור באכילה, וטריפה אסורה באכילה, מה עוף טמא אינו מטמא, אף טריפה אינה מטמאה! ועוד, מי איכא למילף טרפה מטמאה? טמאה לא היתה לה שעת הכושר, טריפה היתה לה שעת הכושר! וכי תימא: טריפה מבטן מאי איכא למימר? במינה מיהא איכא! אלא אמר רבא, *התורה אמרה: יבא איסור נבילה ויחול על איסור חלב, יבא איסור טריפה ויחול על איסור חלב. וצריכי, דאי אשמעינן נבילה — משום דמטמיא, אבל טריפה אימא לא, ואי אשמעינן טריפה — משום (ג) דאיסורה מחיים, ה] אבל נבילה אימא לא, צריכא. ור"מ, האי "טריפה" מאי עביד ליה? מיבעי ליה למעוטי שחיטה שהיא לפנים. ורבי יהודה? "טריפה" אחרינא כתיב. ורבי מאיר? חד למעוטי שחיטה שהיא לפנים, וחד למעוטי עוף טמא. ו] ורבי יהודה? מ"נבלה" נפקא ליה. ורבי מאיר, האי "נבלה" מאי עביד לה? לשיעור אכילה בכזית. ותיפוק לי מקרא קמא, מדאפקיה רחמנא בלשון אכילה! חד לשיעור אכילה בכזית, וחד לשיעור אכילה בכדי אכילת פרס; ס"ד אמינא: הואיל וחידוש הוא, יותר מכדי אכילת פרס נמי ליטמא, קמ"ל. ת"ר: °"וחלב נבלה וחלב טרפה" — אבחלב בהמה טהורה הכתוב מדבר. אתה אומר: בחלב בהמה טהורה הכתוב מדבר, או אינו אלא בחלב בהמה טמאה? אמרת: טיהר מכלל שחוטה וטיהר מכלל חלב, מה כשטיהר מכלל שחוטה — בטהורה ולא בטמאה, אף כשטיהר מכלל חלב — בטהורה ולא בטמאה. או כלך לדרך זו: טיהר מכלל נבילה וטיהר מכלל חלב, מה כשטיהר מכלל נבילה — בטמאה ולא בטהורה, אף כשטיהר מכלל חלב — בטמאה ולא בטהורה! אמרת: כשבא

רש"י

האי נמי תיפוק ליה כו'. חלב טמאה תיפוק ליה נמי דמטמא. דמהיכא תיתי לטהרה — מהאי קרא ד"יעשה לכל מלאכה"? האי לאו ז] בטמאה כתיב, דהא כתיב "[ואכל] לא תאכלוהו" לחלב. מי שאיסורו משום אכילת חלב. ובשרה מותר טיהרתי לך, יצאת זו שכולה אסורה משום בל תאכל טמא. ואכתי אימא: טריפה למה נאמרה כו'! אלא האי טריפה מיבעי לאיתויי חיה דס"ד מי שחלבה אסור כו' קמ"ל. ה"ג. ושינויא הוא, לאיתויי חיה טהורה שמתה שחלבה טהור. דס"ד: "ואכל לא תאכלוהו" כתיב בהאי קרא — מי שחלבו אסור ובשרו מותר טיהרתי לך חלבה מכלל נבילה, אבל חיה שחלבה מותר כבשרה, לענין נבילה נמי יטמא כבשרה. קמ"ל: "טריפה" — כל שיש במינו טריפה, ואפילו חיה. ופרכינן: מ"ש טמאה. דלא נפקא לן לטהר חלבה מהאי קרא — דאין חלבה חלוק מבשרה, ולא קרינא ח] "ואכל לא תאכלוהו" לחלב לחודיה, שהרי הכל איסור. חיה נמי אין חלבה חלוק מבשרה. לאיסורו, ולא קרינא ביה "ואכל לא תאכלוהו"! ועוד. ממשמעותא דקרא נמי תיקשה לן, דלא בחלב חיה קאי, דהא כתיב: "ואכל לא תאכלוהו", ולקמן ילפינן מינה בברייתא בשמעתין ט] בחלב חיה נבילה לא טיהר מכלל טומאה. טריפה לגופיה איצטריך. לטהר חלב טריפה שמתה. ולעולם טריפה חיה. ודקאמרת: הרי נבילה אמורה — איצטריך, סד"א: הואיל וטמאה אסורה מחיים וטריפה מחיים אסורה כו'. אי הכי. "טריפה" דכתיב גבי עוף נמי איצטריך לגופיה, ולומר: עוף י] *שמתה מטמא בבית הבליעה, שלא תאמר כו'. ועוד. גבי בהמה. מי איכא למילף טריפה מטמאה. דניבעי קרא לטהר. ה"ג: אלא אמר רבא כו' התורה אמרה. בא הכתוב לומר לך: יבא איסור כו', ומשום "אכל לא תאכלוהו" דסיפיה דקרא פירש בו "נבילה וטריפה" — לחייב את האוכלו משום חלב, ומשום נבילה, ומשום טריפה. שלא תאמר: אין איסור נבילה וטריפה חלין על איסור חלב שקדם לכולם. משום דמטמיא. הילכך חמירא לחול על איסור חלב. ורבי מאיר. דאמר: עוף שחיטתו מטהרת טריפתו. האי טריפה. דגבי עוף מאי עביד ליה. למעוטי שחיטה שהיא לפנים. וכדאמרן לעיל (דף סט.): מה טריפה ששוה בפנים כבחוץ — יצא השוחט עוף חולין בפנים כו'. טריפה אחרינא כתיב. גבי נבילת עוף טהור: "וכל נפש אשר תאכל נבילה וטריפה באזרח ובגר וכבס *בגדיו" (ויקרא יז), וחד יא] "לא יאכל נבילה וטריפה לטמאה בה" (שם כב). וחד למעוטי עוף טמא. דדרשינן: מי שיש במינו טריפה. ורבי יהודה. עוף טמא מקרא יתירא ד"נבילה לא יאכל" נפקא ליה, דלא איצטריך אלא לדרוש, ולומר: מי שאזהרתו משום בל תאכל נבילה, יב] יצא זה שאין איסורו משום בל תאכל נבילה אלא משום בל תאכל טמא. ורבי מאיר האי. קרא יתירא ד"נבילה לא יאכל" — מיבעיא ליה ללמד טומאתו, שאינו מטמא אלא כשיעור איסור אכילתו דהיינו כזית. בכדי אכילת פרס. *)"והנפש אשר תאכל". מקרא קמא. שאם שהה באכילת כזית יותר מכדי אכילת פרס — הרי היא כשאר אכילות שאין מצטרפין לעונשין, ואף זו אין מצטרפת ליטמא בבית הבליעה. דחידוש הוא. שלא מצינו בתורה טומאה כזו, שאין לו טומאה מבחוץ, יג] ובבית הבליעה באה לו טומאה (ג). הכתוב מדבר. לטהרו מלטמא משום נבילות. יד] טיהר מכלל שחוטה. טיהר מלטמא מטעם שחיטה, שהשחיטה מטהרתה. וטיהר מכלל חלב. מטעם חלב טיהר את הנבילה מלטמא, שכתב כאן שחלב נבילה טהור. מה כשטיהר. בשר שחוטה מלטמא — טהורה טיהר ולא טמאה, דטמאה אין שחיטתה מטהרתה. דילפינן לה בת"כ מקרא יתירא: "ולאלה תטמאו כל הנוגע בהם במותם", והאי "בהם" יתירא הוא, לומר: אע"פ שהן שחוטין, ומה אני מקיים "במותם" — במותם ולא בחייהם. ובבהמה טמאה כתיב, דסמוך ליה "כל הבהמה אשר היא מפרסת פרסה" (ד) וגו'. אף כשטיהר משום חלב. מלטמא — בטהורה טיהר ולא בטמאה. ה"ג בתורת כהנים: אמרת **)כלך לדרך זו טיהר מכלל נבילה וטיהר מכלל חלב מה כשטיהר מכלל נבילה בטמאה ולא בטהורה אף כשטיהר כו' — טיהר בשר נבילה מלטמא. ולקמן מפרש לה בנבלת עוף טמא, וטיהר מלטמא בבית הבליעה, ולא עוף טהור. בטמאה ולא בטהורה. עוף טמא טיהר מלטמא חלב כדאמרן.

*) נ"ל וכל נפש **) נ"ל או כלך נ"ק

תוספות

אלא לאתויי חיה. טו] כך גרס הקונטרס. וקשה: דמאי קפריך "מ"ש טמאה" כו'? אדרבה, משום דדמי לטמאה איצטריך קרא לאתויי! ומאי פריך נמי "ואכל לא תאכלוהו"? אדרבה, משום הכי איצטריך קרא "טריפה", דמשמע: כל שיש במינו טריפה — חלבה טהור, ואפי' חיה! ור"ת גרס: אלא למעוטי חיה. מאי טעמא — מי שחלבה אסור וכו'. ול"ג "סד"א". ופריך: אמאי איצטריך קרא לומר דחלב חיה טמא, מאי שנא טמאה כו'. טז] ומיהו קשה, ד"טריפה" לא משמע למעוטי, אלא לרבויי כל שיש במינה טריפה יז]. מה טמאה חלבה טמא. וכי תימא: מה לטמאה — שכן אין שחיטתה מטהרתה, תאמר לטריפה? חיה תוכיח.

יבא איסור נבילה ויחול על איסור חלב. תימה: *למאן דאית ליה איסור מוסיף, למה ליה קראי? וכי תימא: מהכא יליף בעלמא — שאני הכא, דאיסור חלב קל הוא, דהותר מכללו, ולכך אתי איסור נבילה וחייל עליה!

ואי אשמועינן טריפה משום דאיסורא מחיים כו'. תימה: דבפ"ב דחולין (דף לז:) עביד ק"ו איפכא: ומה מחיים אתי איסור טריפה וחייל אאיסור חלב, נבילה דלאחר מיתה מבעיא? ושם פירשתי.

וחד למעוטי עוף טמא. הא דלא נפקא ליה לרבי מאיר מהיכא דנפקא ליה לרבי יהודה — משום *דר' מאיר לטעמיה, *דאית ליה איסור חל על איסור.

ורבי מאיר האי נבילה מאי עביד ליה. וא"ת: על כרחין צריך לכתוב "נבילה", דאי הוה כתיב "טריפה לא יאכל לטמאה בה" ולא כתב "נבילה" — אם כן הוה אמינא דטריפה בלא נבילה מטמאה! יח] וי"ל: כיון דכתיב יט] (ויקרא יז): (והנפש) "[וכל נפש] אשר תאכל נבילה וטריפה", מה התם נבילה עמה — אף כאן נבילה עמה.

לשיעור אכילה בכזית. איפשר דרבי יהודה נמי אית ליה, ואע"ג דלא מיותר.

יצתה חיה שחלבה ובשרה מותר. הא דדחיק בפרק "בהמה המקשה" (חולין דף ע:) לאשכוחי דנבלת חיה טהורה מטמאה, כ] ולא מצי למידרש מהכא דהא חלבה טמא — דאי לאו דאשכחן במקום אחר דנבלת חיה מטמאה לא הוה דרשי' הכי. ואפי'

עין משפט נר מצוה

כז א מיי' פ"א מהל' אבות הטומאות הל' ה:

הגהות הב"ח

(א) גמ' מיבעי ליה שלא תאמר: (ב) שם טריפה משום (לאיסור' מחיים) תא"מ ונ"ב בפ"ב דחולין דף לז בפרש"י מבואר דגרס דמיחסרא וע"ש: (ג) רש"י ד"ה לחידוש וכו' טומאה הס"ד ואח"כ מ"ה בחלב בהמה טהורה הכתוב: (ד) ד"ה מה כשטיהר וכו' פרסה ושוסע איננה שוסעת וגו' הס"ד:

[יבמות לג.]

שיטה מקובצת

א] תאכל חלב נבילה אלא: ב] מבעי ליה לאתויי: ג] יצאת חיה שחלבה: ד] תיבות א"ל נמחק: ה] אבל נבילה אימא לא צריכא הקשה רבינו שמואל אמאי איצטריך לעשות צריכותא מנבילה פשיט' דנבילה איצטרי' למיכתב דשמעינן מינה מיעשה לכל מלאכה דחלב נבילה היינו לאחר שנתנבלה טהור דלא הוה שמעינן מחלב טריפ' ותירץ הר"ם דעביד צריכותא למה ערבינהו קרא חלב נבילה וחלב טריפה וגו' ואכול לא תאכלוהו לומר דלאו דאיסור אכילה קאי אתרוייהו אלא הוה ליה למיכתב אלא חלב נבילה יעשה לכל מלאכה לומר דטהור וחלב טריפה אכול לא תאכלוהו לומר שאיסור טריפה חל על איסור חלב אלא מדערבינהו ש"מ לגלות א) דלאו איסור חל על איסור גבי נבילה פי' ולהכי עביד הצריכותא גם מנבילה: ו] ורבי יהודה מנבילה נפקא ליה דדרשינן מי שאיסורו משום בל תאכל נבילה יצא עוף טמא דאין איסור נבילה חל על איסור טומאה אבל לר"מ לא נפקא ליה למעוטי עוף טמא מנבילה דהא אית ליה איסור חל על איסור ואתי איסור נבילה וחייל על איסור טמא: ז] (בטומאת) [בטומאה] כתיב דהא כתיב ואכל לא תאכלוהו: ח] קרינא ביה ואכל לא תאכלוהו אחלב לחודיה שהרי הכל אסור הס"ד: ט] בשמעתין דחלב חיה: י] עוף טריפה שמתה: יא] וחד נבילה וטריפה לא יאכל לטמאה בה: יב] נבילה ולא מי שאזהרתו אף משום ותיבות יצא זה שאין איסורו משום בל תאכל נבילה אלא ל"ש: יג] מבחוץ ס"א אלא בבית הבליעה: יד] (נבילות) ס"א טיהר מכלל שחיטה טיהר טומאת נבילות ע"י כלל שם שחיטה: וטיהר. טומאת נבילה ע"י כלל שם חלב: מה כשטיהר. שחיטה מלטמא לא טיהר אלא טהורה דאילו טמאה לא שייכא בה שחיטה ואין שחיטה מטהרת ובת"כ יליף לה מקרא: טו] חיה ופריך ומ"ש כו' א"כ יהיה טמא ועוד הא כתיב בההיא קרא ואכל כו' והיכי מרביתו לחלב חיה דטהור כך: טז] כו' כלומר למה לי טריפה לחלב חיה תיפוק ליה מהיכא דנפקא לן חלב טמאה ועוד ואכל לא תאכלוהו נפקא לן למעוטי חיה בשמעתין ולמה לי קרא דטריפה ומיהו: יז] טריפה ונראה לריב"א דגרסינן לאתויי חלב חיה כלומר דטהור ועל [זה פריך] מ"ש טמאה כלומר כיון דסברא דמפקת טמאה מינה שייכא גם בחיה א"כ נימעטיה לחיה מהיכא דמעטינן לטמאה והיא טריפה נוקמא לדרשא אחריתי ולמה איצטריך טריפה לאתויי חיה ועוד כלומר ואם תשיבני דאדרבה היא הנותנת דלכך איצטריך לאתויי חיה משום דסד"א למעוטי דומיא דטמאה לכך אתיא טריפה הא כתיב ואכול לא תאכלוהו כלומר היכא מצית למימר דכל עיקר טריפה נכתוב בפסוק בשביל חיה בדקאמרת לאתויי חיה הא כתיב בסיפא דהאי קרא ואכול לא תאכלוהו דקאי אכל מאי דכתיב בהאי קרא ואי ניכתוב טריפה בשביל חיה (היכי) א"כ לא מצי קאי עליה (באכילה) [ואכול] לא תאכלוהו דהא חלב חיה מותר אבל ליכא לפרושי דהא דפריך ואכול לא תאכלוהו כתיב דמכח ברייתא דלקמן פריך דדרשינן מאכול לא תאכלוהו למעוטי חלב חיה דא"כ היה לו להביא הברייתא גופיה דלקמן אלא ודאי הברייתא לא ידע ופריך ממשמעות דקרא כדפי': יח] מטמאה ס"א והיקשא דעוף לבהמה איצטריך לשחיטה וי"ל: יט] דכתיב קרא אחרינא והנפש: כ] מטמאה לא מצי:

א) נראה דל"ל לגלות דאיסור חל על איסור גם גבי נבלה ולהכי עביד כו'.

מסורת הש"ס

[ויקרא ז] [ויקרא יא] [שם] חולין לז. [קג.] נ"א טריפה

גליון הש"ס

תוס' ד"ה יבא וכו' למאן דאית ליה איסור מוסיף. תמוה לי מה מוסיף יש בנבילה על חלב דהוא רק כולל. ואי דנאסר לגבוה הא בבהמה בע"מ דלא חזי לגבוה הוי רק כולל: ד"ה וחד כו' דר"מ לטעמיה. תמוה לי הא מצינו רק לר"מ בכריתות דס"ל איסור כולל ומוסיף ואיסור ב"א משא"כ בנבילה על עוף טמא:

גי' נ"ק בגדיו הס"ד ואח"כ ד"ה וחד נבלה וטרפה לא יאכל לטמאה בה

נוסחאות רש"י כת"י

ופרכינן. ס"א ופרכינן היכי מצית למימר דחלב חיה נבילה טהור: מאי שנא טמאה. דאמרן לעיל חלבה טמא: דאין חלבה חלוק מבשרה. דשניהם מותרין הילכך לענין טומאה נמי יטמא כבשר: ועוד הא כתיב. בהאי קרא גופיה ואכול לא תאכלוהו אלמא לא טהר מידי נבילה אלא חלב האסור באכילה אבל חלב חיה לא טהר אותו הכתוב אם נתנבלה החיה אלא החלב מטמא כבשר ומהאי קרא נמי ילפינן לקמן דחלב חיה לא טהר הכתוב: אלא אמר רבא כו'. ס"א ולהכי אתי טריפה דגבי חלב משום סיפא דקרא דכתיב לא תאכלוהו לומר שאם אכל חלב טריפה שנתנבלה יתחייב משום טריפה ונבילה שלא תאמר אין איסור חל על איסור ולא יעבור אלא משום חלב דקדים לכך הוזכרו נבילה וטריפה במקרא: טרפה אחרינא כתיב. גבי נבלת עוף טהור א) (ס"א) כו' נבילה וטריפה לא יאכל לטמאה בה:

א) עי' רש"י ד"ה טרפה אחרינא.

ואפילו באווזין ותרנגולין. ומתני' דמסכת טהרות (פ"א מ"א) מוכחא קצת, דקתני: י"ג דברים נאמרו בנבלת עוף טהור, וקתני סיפא, ר"מ אומר: מליקתה ושחיטתה מטהרתה. ט] משמע – בכל עופות, דומיא דרישא, ודומיא דשחיטה. **אבל** עז לאו מינא דעגלה נינהו. אע"פ דאווזין ותרנגולין לאו מינא דתורים ובני יונה, ומטהרין – לא דמי, דהכא עגלה בהמה גסה, ועז בהמה דקה. אבל בעופות לא שייך למימר מין גסה ודקה. אע"ג דמצינו בלשון משנה עוף הדק ועוף הגס בפרק "אלו טריפות" י] (חולין מב.). (*וקשה מש"להי "אותו ואת בנו") (שם דף פב).

הדרן עלך חטאת העוף

כל הזבחים שנתערבו בחטאות המתות כו'. ואם תאמר: תנינא חדא זימנא במס' קינין (פ"ב מ"ג): ואם פרח מבין המתות לכולם – הרי כולם ימותו! וצריך לעשות צריכותא, דבגמרא פריך: תנינא חדא זימנא במתני' ד"כל האסורים לגבי מזבח", ומשני: צריכא. ושמא, אי מהתם הוה אמינא: ה"מ עופות – דהפסד מועט, אבל זבחים דהפסידן מרובה – אימא לא נפסדינהו *לכולהו.

אפילו אחת בריבוא ימותו כולן. הקשה ה"ר יצחק ברבי מרדכי, דבפרק "הנשרפין" (סנהדרין דף עט:) תנן: רוצח שנתערב באחרים – כולן פטורין, ר' יהודה אומר: כונסין אותן לכיפה. ומפרש בגמרא: בשור שלא נגמר דינו שנתערב בשורים אחרים שנגמר דינן קמיפלגי. ופטרי רבנן משום דאין גומרים דינו של שור אלא בפניו. והשתא, הכא דרובא דהיתירא ופסידא דקדשים אמרינן ימותו כולן, התם דרובא דאיסורא יא] והדיוט – לא כ"ש? ונראה לרבינו יצחק דגרסינן כמו שמצא בספר אחד ישן: בשור שלא נגמר דינו שנתערב בשורים אחרים. ול"ג ש"נגמר דינן", אלא (איירי) בשורים מעליא עסקינן. והשיב לו ר"ת: דמתניתין דקתני "כולן פטורים" – משמע שהאחרים בני חיובא. ואע"ג דברישא דשמעתין אמרינן: מאי "אחרים" – אילימא אחרים כשירין, פשיטא. ולא פריך: "פטורים", "פטור" מיבעי ליה! התם, כיון דמצי למיפרך מגופה, לא חש למידק. ועוד דריש לקיש אדרבי אבהו קאי, דמשני: הכא ברוצח שלא נגמר דינו שנתערב ברוצחים אחרים עסקינן, ועלה קאי ר"ל. ומשני: באדם כ"ע לא פליגי דפטירי, אלא הכא בשור שלא נגמר דינו כו'. ומשמע דההוא עניינא דאוקמה רבי אבהו באדם, מוקי לה ריש לקיש *)בשור שנגמר דינו. יב] אבל נתערב בשורים יג] מעליא היה אומר ר"ל: יד] ניכבשינהו דניידן, וכל דפריש מרובא פריש. ומתניתין דשילהי מסכת ע"ז (דף עד.) דשור הנסקל טו] אוסר בכל שהוא – מיירי בנסקל, דליכא למימר ניכבשינהו. ותדע דלא קתני "שנגמר דינו". ומתני' דהכא דקתני "ימותו כולן" – בנתערב בזבחים איירי, ולגבוה, וגזירה שמא יבואו י' כהנים בבת א' (לקמן דף עג.) ומסקי מן הקבוע למזבח. אבל בעלמא אמרינן: ניכבשינהו דניידן. ומטעם זה היה אומר רבינו תם דנראה לו להתיר דרוסת הזאב ברוב, דמעשים בכל יום דזאבים טורפים ונושאין שה מן העדר ורועה מלילן, ושריא להו, דאע"ג דבעלי חיים חשיבי. וכן רוב עופות דורסין אווזין ותרנגולין ומותרין. **)והכא דנתערב ברובא שנגמר דינן, דפטרינהו אפילו ניידי, בהנאה קאמר, אלא פטורין דלא אטרחו בי דינא להורגם, דכמיתת בעלים כך מיתת השור. ועוד: דלא ליתי לאחלופי באדם דאדם

*) גי' הצ"ק בשור לכך נראה כגי' הספרים אבל נתערב כו' **) והתם צ"ק

א] כשבא בדרך זו היא בטהורה, כשבא בדרך זו היא בטמאה, ב] ת"ל: "טריפה" – מי שיש במינה טריפה. אוציא את הטמאה, שאין במינה טריפה, ולא אוציא את החיה, שיש במינה טריפה! ת"ל: "ואכל לא תאכלוהו" (ויקרא ז) – מי שחלבה אסור ובשרה מותר, יצא חיה, שחלבה ובשרה מותר. א"ל רב יעקב בר אבא לרבא: אלא מעתה, נבלת בהמה טהורה הוא דמטמאה, נבלת בהמה טמאה לא מטמאה! אמר ליה: כמה סבי שבישתו בה, סיפא אתאן לנבלת עוף טמא. אמר רבי יוחנן: לא טיהר רבי מאיר אלא בתמימין, אבל בבעלי מומין – לא. ורבי אלעזר אמר: אפילו בבעלי מומין. איתמר נמי, אמר רב ביבי אמר רבי אלעזר: מטהר היה רבי מאיר בבעלי מומין, ג] ואפילו באווזין ותרנגולין. בעי רבי ירמיה: ערף עז, מהו? אווזין ותרנגולין טעמא מאי – דמינא דעופות נינהו, אבל עז לאו מינא דעגלה נינהו. או דילמא מינא דבהמה הוא? יתיב רב דימי וקאמר להא שמעתא. אמר ליה אביי: מכלל דעגלה ערופה טהורה היא? א"ל: אין, אמרי דבי רבי ינאי: *כפרה כתיב בה כקדשים. מתיב רב נתן אבוה דרב הונא *(בר נתן) "ואכל לא תאכלוהו" – אין לי אלא חלב שאסור באכילה ומותר בהנאה, חלב של שור הנסקל ועגלה ערופה מנין? ת"ל: "כל חלב" (שם ג). ואי ס"ד עגלה ערופה טהורה היא, היא טהורה וחלבה טמא? היכא דערף מיערף לא איצטריכא ליה. כי איצטריכא היכא דשחטה מישחט. ותיהני ליה שחיטה לטהרה מידי נבלה! לא צריכא, שמתה. מכלל דמחיים אסורה? אין. *אמר רבי ינאי: גבול שמעתי ושכחתי, ונסבין חברייא למימר: ירידתה לנחל איתן היא אוסרתה.§

הדרן עלך חטאת העוף

כל *הזבחים שנתערבו בחטאות המתות או בשור הנסקל, אפילו אחת בריבוא – ימותו כולן. נתערבו בשור שנעבדה בו עבירה, או שהמית

ה"ג: כשאתה בא בדרך זו היא בטהורה וכשאתה בא בדרך זו היא בטמאה. הילכך, מדינא לא נפקא, ת"ל: "טריפה" כו'. אלא מעתה כו'. אמתני' פריך, דקתני: מה כשטהר מכלל נבילה בטמאה ולא בטהורה ד]. כמה סבי שבישתו בה. תמיה אני על זקנים מרובין שכמותכם, שנשתבשתם בה. סיפא. דקתני: טיהר מכלל נבילה. אתאן לנבלת עוף טמא. שטיהרה הכתוב מלטמא בבית הבליעה. לא טיהר רבי מאיר. במליקת טריפה, אלא בתמימים, דשייכא בהו מליקה. ואפי' באווזים. דלאו בני מזבח הן. ובלבד שיהו קדשים בפנים, דהא טריפה נמי לא חזיא בתורין ובני יונה, וטיהרה, הואיל ומליקה הכשר קדשים בפנים היא. ערף עז. על החלל, במקום עגלה ערופה. מהו. לר"מ, מי אמרינן: כי היכי ה] דמטהר מליקת אווזין קדשים בפנים, הואיל ומליקת שום עוף בפנים הוא – ה"נ (א) עריפה הכשר טהרת עגלה היא מידי נבילה, כדאמרי' לקמן. ה"ג: אבל עז לאו מינא דעגלה הוא. שזו מין גסה, וזו מין דקה. אין לי. שטהור מידי נבילה אלא חלב שאסור באכילה ומותר בהנאה, כדכתיב (ויקרא ז): "יעשה לכל מלאכה". חלב שור הנסקל ועגלה ערופה. שאסור בהנאה, מנין שטהור? ת"ל כל חלב. דסמיך ו] ליה: "כי כל אוכל חלב". ואי ס"ד עגלה ערופה טהורה, איצטריך קרא לטהר חלבה? וכי היא טהורה וחלבה טמא?! להיכא דשחטיה מישחט. משנאסרה בהנאה מחיים, כדמפרש לקמיה דמחיים נאסרה. ותיהני לה שחיטתה. אע"פ שאינה מתירתה לא באכילה ולא בהנאה – תטהרנה מלטמא, דאין לך שחוטה בבהמה טהורה שמטמאה. שמתה. דהשתא בשרה טמאה, ואיצטריך לטהר חלבה, שלא תאמר: לא טיהר אלא חלב שאתה קורא בו "יעשה לכל מלאכה". מכלל דמחיים אסורה. ואע"פ שלא נערפה, מדקתני: חלב עגלה ערופה מנין, ואוקימתה בשמתה. גבול שמעתי. בה מאימתי ז]. ונסבין חברייא. וסבורין התלמידין מדעתם לומר. ירידתה כו'. ובקידושין יליף לה דנאסרה מחיים.

הדרן עלך חטאת העוף

כל הזבחים. אפילו אחת בריבוא. השתא משמע: אחת כשירה ברבוא של חטאות המתות. הילכך פריך בגמרא: מאי "אפילו"? הא הוו מתות רובא, דקתני: "שנתערבו בחטאות המתות"! חמש חטאות מתות ח] נינהו: *ולד חטאת, וחטאת שמתו בעליה, ותמורת חטאת, ושכיפרו בעליה, ושאבדה ושנמצאת בעלת מום. נתערבו. זבחים כשרים בשור שנעבדה בו עבירה אחד באחד. ומפרש ואזיל מאי היא: כגון שהמית

א] *שֶׁהֵמִית אֶת הָאָדָם ע"פ עֵד א' אוֹ ע"פ הַבְּעָלִי', ב] בְּרוֹבֵעַ וְנִרְבָּע, בְּמוּקְצֶה וְנֶעֱבָד, בְּאֶתְנָן וּמְחִיר, בְּכִלְאַיִם

שֶׁהֵמִית אֶת הָאָדָם עַל פִּי עֵד אֶחָד אוֹ עַל פִּי הַבְּעָלִים. דְּשׁוֹר שֶׁהֵמִית עַל פִּי הַבְּעָלִים – אִיפַּטַר לֵיהּ מסקילה, *דְּמוֹדֶה בִּקְנָס פָּטוּר. וְכֵן רוֹבֵעַ וְנִרְבָּע ע"פ עֵד אֶחָד אוֹ ע"פ הַבְּעָלִים, דְּהַשְׁתָּא לָאו שׁוֹר הַנִּסְקָל הוּא. וְלֵיכָּא לְמֵימַר: יָמוּתוּ – שֶׁהֲרֵי מוּתָּרִין לְהֶדְיוֹט, אִם לֹא מִפְּנֵי הַזֶּבַח המעורב בָּהֶן. וְאִי אֶיפְשָׁר לִמְכּוֹר אֶת כּוּלָּן לְצוֹרְכֵי מִין אוֹתוֹ זֶבַח להקריבם – שֶׁהֲרֵי פְּסוּלִים לְהַקְרָבָה, כִּדְאָמְרִינַן בִּתְמוּרָה (דף כח.): "מִן הַבְּהֵמָה" – לְהוֹצִיא הָרוֹבֵעַ וְהַנִּרְבָּע, "מִן הַבָּקָר" – לְהוֹצִיא אֶת הַנֶּעֱבָד, "מִן הַצֹּאן" – לְהוֹצִיא אֶת הַמּוּקְצֶה, "וּמִן הַצֹּאן" – לְהוֹצִיא אֶת הַנּוֹגֵחַ. מוּקְצֶה – שֶׁהִקְצָהוּ לְצוֹרֶךְ (תקרובת) עֲבוֹדָה זָרָה וְלֹא* הִקְרִיבוּ, וְנֶעֱבָד – שֶׁעֲשָׂאוּ עֲבוֹדָה זָרָה, וְהִשְׁתַּחֲוָה לוֹ. וְאָמְרִינַן בְּפֶרֶק "כָּל הָאֲסוּרִין" בְּמַסֶּכֶת תְּמוּרָה (דף כט.) דְּמוּתָּרִין לְהֶדְיוֹט. כִּלְאַיִם

דאדם כולי עלמא לא פליגי דפטירי. תדע, דלרבי יהודה אמאי כונסין ג] לכיפה ועביד לצער בעלי חיים, ומקלקל חלירו וכיפתו? אדרבה, ליערפינהו בקופיץ ולקברינהו! אלא ודאי אתי לאחלופי באדם, ועבדי היכירא. ולרבנן נמי עבדי היכירא, דפטרינן להו ולא חיישי' לתקלה. אבל במתני' דהכא חיישינן לתקלה, דאיכא כמה ספק איסורין לפי שהם מוקדשים, כגון: *רכב על גבי שור ובא חבירו ורכב, וסמיכה על גבי ראש גדי וטלה. וחלב מוקדשין *ע"ג מכתו, דשרי בשור הנסקל *לפי ד] שאינו דרך הנאתן. ועוד: דאיכא איסור מעילה, דהזיד במעילה במיתה. הילכך כולן ימותו. ואל תתמה: התם כיון דאיסור הנאה נינהו, אמאי לא תקינו בהו רבנן מיתה, ויזקיקו להורגן. ה] *היכי יזקיקו ב"ד להרוג כל איסורי הנאה? הרי הזאב והארי דמוקי לה ר"ל: והוא שהמיתו, ואסורין בהנאה (סנהדרין דף טו:) ולא תקינו להו מיתה, אלא אמרו: כל הקודם להורגן זכה. ומקשה רבא:* ו] היינו דקתני עלה ואפי' אבא חלפתא ביניהם? אלא אמר רבא: שנים שהיו עומדין ויצא חץ מביניהם – ז] פטורין, ואפילו אבא חלפתא, דלא תלינן ביה שהרג. אבל בשוורים, אותן שיש לתלות בהן – ח] חייבין משום "ובערת הרע מקרבך". ועוד אומר ר"ת: דשור הנסקל אינו נאסר מחיים. *ופירש דכולה הסוגיא שמעתא (ב"ק דף מא.) דממשמע שנאמר "סקל יסקל "השור איני יודע שהיא נבילה ונבילה אסורה באכילה, מוכחת כן. וסוגיא דפרק שני דקדושין (דף נז.) ט] הכי פריך: "כל צפור טהורה תאכלו" – לרבות המשולחת, "וזה אשר לא תאכלו מהם" – לרבות את השחוטה. ופריך: איפוך אנא! ומשני: לא מצינו בעלי חיים שאסורין, י] *שלא יהו מותרין כששוחטן, בר מאלו שעומדין ומוקלין למצותן. ולכך אין לאסור משולחת לומר דחל עליה איסור לאחר שילוח יא] לאוסרה באכילה, כדין שאר עופות טמאין דכתיבי בקרא. ופריך: (*ויהי רובע ונרבע) דאסורין. יב] פירוש: דמחיים אסורין לשוחטן ולהקריבן לגבוה! ומשני: הני מילי – לגבוה, אבל להדיוט – שרי. והרי רובע ונרבע בעדים, דמחיים אסורין. פי': דמחיים אסורין לישחט, ואם שחטן – אסורין, אף אני אביא משולחת! ומשני: רוב בעלי חיים קאמרינן. אם כן, דאין שור הנסקל נאסר כל זמן שהוא חי, שור שלא נגמר דינו שנתערב באחרים שנגמר דינן – כולן פטורין, דמותרין בגיזה ועבודה. ואין כאן עינוי הדין, כיון דפטורין מסקילה. מיהו, לכשישחטו או ימותו – יהו אסורין בהנאה. והא דאמר בסוף פרק "שור שנגח ד' וה'" (דף מה. ושם ד"ה מכור) דשור שנגמר דינו מכרו אינו מכור, אפילו לרידיא – היינו משום דאסור לענות דינו, ומצוה לסוקלו. ועוד: דאין לו מכר – דאין לו בעלים, והלוקח אינו יכול לזכות בו יותר משאר אדם. אבל כי לא נגמר דינו – מכרו מכור לשחיטה, אי נמי לרידיא, דמאי לארעוקיה לאגמא, וכי שחיט ליה יג] [לאחר שנגמר דינו] אסור באכילה. כך נראה לר"ת כמו שפירשנו. וקשה: דבסוף פרק קמא דערכין (דף ז:) משמע דשור הנסקל נאסר מחיים, גבי האשה שמתה נהנין בשערה. דמפרש התם: זו – מיתתה אוסרתה, וזו – גמר דינה אוסרתה! יד] ויש לומר: גמר דינה דמחיים גורם לה להיות חל עליה איסור, שאסורה אפילו שחטה, דעבדה כעין בשר. וזו מיתתה אוסרתה – אין עליה שום איסור מחיים. ויש להביא ראיה דלא נאסר מחיים, מהא דתניא בפרק "מרובה מדת" (ב"ק דף עא.) ובפרק "אלו נערות" (כתובות דף לג:) טו] (גבי) גנב שור הנסקל וטבחו – משלם תשלומי ד' וה', דברי רבי מאיר. ואמאי? הא ליתא במכירה, ושמעינן ליה לריש לקיש בפרק "מרובה מדת" (ב"ק דף עא.) דכל שישנו בטביחה ישנו במכירה, וכל שאינו בטביחה אינו במכירה. וה"ה דכל שאינו במכירה אינו בטביחה! אבל אי שרי בהנאה – ניחא, שיכול למוכרו לרכוב עליו עד בית הסקילה, או ליהנות בו מעט עד אותה שעה, או אם היו בית דין מתעצלין בסקילתו. ומיהו, מה שאומר ר"ת דאין לו מכר דאין לו בעלים – זה לא נוכל לקיים. ומה שפסק ר"ת בעדר שיש בו שה אחד ספק דרוסה, דשרי מטעמא דכל דפריש מרובא פריש – לא יתכן, דיש לאסור, גזירה שמא יקח מן הקבוע, אפילו היכא דפריש מאליו. רק טז] בדבר שלא נאסר בתערובת, כגון ט' חנויות (אחת) מוכרות בשר שחוטה ואחת נבילה (פסחים דף ט:) – התם שרינן אי פריש אחת, ולא גזרינן שמא יקח מן הקבוע, שהרי האיסור ניכר וידוע היכן הוא, ולכך שרינן היכא דפריש, או כגון דנמצא ביד גוי. אבל אם נאסר בתערובת ופריש – לא אמרינן דפריש מרובא פריש. ואם יש בעדר ספק דרוסה, אפילו אחד בריבוא – כולן ימותו. תדע, דטבעת של עבודה זרה שנתערבה בריבוא – כולן אסורות. ובפירש אחת מהן פליגי רב ושמואל בגמרא (לקמן דף עד.) אי אוסרת השאר אי לא, אבל יז] בההיא גופה, אותה שפירשה – לא פליגי, *וכולי עלמא דאסירא. וכל איסורי הנאה שפירשו מתערובתן – אסורין, ולא אמרינן: מרובא פריש. וטעמא, משום גזירה שמא יקח מן הקבוע, ולא שנא חולין ולא שנא קדשים. ויש להתיר הבהמה שנושא הזאב והרועה מצילה, ונתערבה בעדר – משום דאין דרוסה אלא ביד, ושמא טרפה בשינים, והוה ליה ספק ספיקא. וכן הנך שנושא אווז – שמא נושאה בחרטום או בין רגליו, ולא הכה ביד. מיהו, יש ליישב דרבי ר"ת: דלא דמי לטבעת של עבודה זרה, דשאני בעלי חיים, כיון דאפשר ע"י דנכבשינהו דניידין. ואם תאמר: אמאי תנן: ימותו? נימא: ירעו עד שיסתאבו ויפדו, ואחרי כן נימא: כל דפריש – מרובא פריש. דהשתא להדיוט חזו, שהרי כמה קדשים אמרינן בהו ירעו, ולא חיישינן לתקלה. ובסיפא אמרינן ברובע ונרבע: ירעו ולכשיסתאבו יפדם וישחטם ויאכלם, מטעם דפריש מרובא פריש! ויש לומר: דלא עבדינן תקנה ברעייה, כיון דלאחר רעייה לא מישתרי נמי אלא מטעם "כל דפריש". ועוד שאל הרב רבי יצחק מר"ת, דקאמר יח] רבי שמעון (סנהדרין דף עט:): הנסקלים בנשרפים ידונו בסקילה, שהשריפה חמורה. ניזיל בתר רובא להחמיר בדיני נפשות, כדאיתא פרק קמא דחולין (דף יא:) דלא חיישינן שמא במקום סייף נקב הוה! ותירץ: דלא אזלינן בתר רובא להחמיר, כיון שנהרג בלאו הכי במיתה אחרת. אי נמי: לא אזלינן בתר רובא לחייב אותו שהוא ודאי בסקילה. ומהאי טעמא לא תקשי לן הא דאמר פרק "אלו הן הנשרפין" (סנהדרין דף עט:) דאדם רוצח שלא נגמר דינו שנתערב עם אחרים שנגמר דינן – כולן פטורים. דמשום רובא לא נעביד דבר שהוא שקר ודאי, דודאי יש אחד שאינו בר מיתה כלל, לפי שלא נגמר דינו. ולא דמי לאותו שהרג ודאי אלא דלא ידעינן אי טריפה הוה אי שלם הוה. ועוד יש לומר: דהוה ליה קבוע, וכל קבוע כמחצה על מחצה דמי, ופטור מדאורייתא, דספק נפשות להקל. וכי תימא: ניכבשינהו, ונימא ד"כל דפריש" – אי אתה רשאי למושכן להחמיר עליו. יט] ועוד: גזירה שמא יקח מן הקבוע. והא דפריך מעיקרא, כי תני "הנשרפים בנסקלים": תיפוק לי דרובא נסקלים נינהו – הכי פירושא: לכל הפחות לא גרע משום דרובא נסקלים*.

על פי עד אחד או על פי הבעלים. פירש בקונטרס: דפטר ליה מסקילה, משום דמודה בקנס פטור. וכן פירש במכות (דף ו.) דאין אדם נהרג על פי עצמו מטעם קנס. ונראה דאפי' אמרי שנגמר דינם בבית דין פלוני – אין נהרגים על פיהם, ואע"ג דכי האי גוונא מחייב בקנס, כדמוכח בפרק קמא דמכות (דף ז.) וגבי "פלוני רבע שורי" בפרק קמא דסנהדרין (דף י.) מפרש: משום דאדם קרוב אצל ממונו לא אמרינן, ונהרג שורו, ולא פלגינן דיבורא, אלא הרובע והשור נהרגין. ואי קנס מיקרי, כי נמי אמת הוא שרבע שורו – אמאי נהרג שור על פיו? והא מודה בקנס פטור, כמו אם אמר "גנבתי וטבחתי" דפטור מכפל וד' וה'! ונראה לי: טעמא דאינו נהרג על פי הבעלים אם אין עד אחד עמו – כדאיתא פרק "כל האסורין" (תמורה דף כט.): זה וזה מותרות באכילה, מנלן? אי ס"ד להדיוט אסירי – למה לי למעוטינהו *לרובע ונרבע לגבוה. ואע"ג דהתם לא מזכיר ברובע ונרבע על פי הבעלים – מכל מקום על כל ענין שפסול גבוה ומותר להדיוט קאי *)מנהני מילי**). ברוך.

ברובע ונרבע. פירש בקונטרס: על פי עד אחד או על פי הבעלים. דבשני עדים היה נאסר אפילו להדיוט. וכן משמע בריש פ' בתרא דכריתות (ד' כד.), דאמר רבי יוחנן: שור הנסקל שהוזמו עדיו – כל המחזיק בו זכה. אמר רבא: מסתברא טעמיה דרבי יוחנן – כגון דאמרו ליה: נרבע שורו. ואי לא ליתסר בהנאה – אמאי מייאש? הלא העור מותר בהנאה והבשר לכלבים! וכן נמי משמע בפרק "האיש מקדש" (קדושין דף נז:) דפריך: והרי רובע ונרבע בעדים, דאסירי מחיים להדיוט. ואם תאמר: ומנלן? הא כי כתיב קרא – בנוגח כתיב, ולא ילפי מהדדי, כדאמרינן פרק "שור שנגח ד' וה'" (ב"ק דף מ:) שיש בנוגח שאין ברובע, ויש ברובע שאין בנוגח! ושמא איכא שום דרש. ובטרפה

*) הני מילי נ"ק **) [וע"ע תוס' ב"ק מח: ד"ה ע"פ עד]

וכ"ת דילפינן נרבע מנוגח דהא יש בנוגח מה שא"כ ברובע ונרבע ופי' ריב"א דמ"מ סברא הוא למילפינהו לענין איסור הנאה כיון דשוין הן לענין איסור סקילה: ג] כונסין אותן לכיפה: ד] שאינו דרך הנאתו: ה] להורגן דהיכי יזקיקו: ו] רבא התם היינו: ז] מביניהם והרג שניהם פטורין: ח] בהן שהרגו חייבין: ט] דקדושין דכל צפור ותיבות הכי פריך נמחק: י] שאסורין פי' שלא: יא] שילוח ולאוסרה באכילה: יב] דאסורין מחיים פי': יג] ליה לאחר שנגמר דינו אסור: יד] אוסרתה ויש לפרש זו גמר דינה אוסרת דמחיים: טו] תיבת גבי נמחק: טז] רק בדניכר שלא תיבת בדבר ל"ש: יז] אבל בהיא גופה אותה שפירשה לא פליגי דכ"ע מודו דאסורה וכל: יח] דקאמר בפ' הנשרפין ר' שמעון אומר הנסקלים: יט] עליו אלא להקל עליו ועוד:

שיטה מקובצת

א] שהמית את האדם ע"פ עד אחד או ע"פ הבעלים. דנאסר לגבוה ואינו נאסר להדיוט שאינו נסקל אלא ע"פ שני עדים אבל ע"פ בעלים מודה בקנס הוא ומיפטר ליה מסקילה אבל לגבוה נאסר דקיי"ל מן הצאן להוציא הנוגח. כפ"ה וקשה דלא מצינו בשום מקום שתהא מיתת השור קנס לכך נראה דפטור משום דאדם קרוב אצל ממונו ואפי' אמר דנגמר דינו בב"ד של פלוני דלא שייך מודה בקנס כה"ג ואע"ג דמסקינן בפ"ק דסנהדרין אדם קרוב אצל ממונו לא אמרינן הני מילי לענין מיפלג דיבורא אבל בעלמא אמרינן: ב] ברובע ונרבע. פ"ה ע"פ עד אחד או ע"פ הבעלים דבשני עדים הוי נאסר אף להדיוט כדין שור הנסקל דאסור בהנאה. ותימה מנ"ל משום דשור הנסקל אסור בהנאה נאמר כמו כן דשאר נסקלים אסורים בהנאה דילמא דוקא נוגח אסור בהנאה משום דגבי נוגח כתיב סקול יסקל השור ולא יאכל את בשרו ודרשינן ממשמע שנאמר השור יסקל איני יודע שנבילה היא אלא מלמד שאם שחטו לאחר שנגמר דינו דאסור בהנאה

ובטריפה

נ"ל כמודה בקנס דפטור נ"ק

תוספתא דב"ק [פ"ד קדושין סו. בכורות מא. תמורה כח.]

רש"ק מ"ז

סנהדרין פ.

[וע"ע תוס' חולין יא: ד"ה ליחוש ותו' סנהדרין פ: ד"ה הנסקלין]

[רש"ל בספרו יש של שלמה בב"ק פ"ד סי' כ"א מוחק הני ב' תיבות לרובע ונרבע וע"ש שהאריך ורש"ק מקיים גי' שלפנינו וע"ש]

עין משפט נר מצוה

בְּכִלְאַיִם א] וּבִטְרֵיפָה, בְּיוֹצֵא דוֹפֶן — יִרְעוּ עַד שֶׁיִּסְתָּאֲבוּ וְיִמָּכְרוּ, וְיָבִיא בִּדְמֵי הַיָּפֶה שֶׁבָּהֶן מֵאוֹתוֹ הַמִּין. אנִתְעָרְבוּ בְּחוּלִּין תְּמִימִים — ב] יִמָּכְרוּ הַחוּלִּין לְצוֹרְכֵי אוֹתוֹ הַמִּין. ג] בקָדָשִׁים בְּקָדָשִׁים מִין בְּמִינוֹ — ד] [זֶה יִקָּרֵב לְשֵׁם מִי שֶׁהוּא וְזֶה] יִקָּרֵב לְשֵׁם מִי שֶׁהוּא. גקָדָשִׁים בְּקָדָשִׁים מִין בְּשֶׁאֵינוֹ מִינוֹ — יִרְעוּ עַד שֶׁיִּסְתָּאֲבוּ (וְיִמָּכְרוּ, וְיָבִיא בִּדְמֵי ה] יָפֶה שֶׁבָּהֶן מִמִּין זֶה וּבִדְמֵי הַיָּפֶה שֶׁבָּהֶן מִמִּין זֶה, וְיַפְסִיד הַמּוֹתָר מִבֵּיתוֹ. ו] *דנִתְעָרְבוּ בִּבְכוֹר וּבְמַעֲשֵׂר — יִרְעוּ עַד שֶׁיִּסְתָּאֲבוּ וְיֵאָכְלוּ כִּבְכוֹר וּכְמַעֲשֵׂר. הַכֹּל יְכוֹלִין לְהִתְעָרֵב, ז] חוּץ המִן הַחַטָּאת וְהָאָשָׁם.§

גמ' מַאי "אֲפִי'"? ה"ק: כָּל הַזְּבָחִים שֶׁנִּתְעָרְבוּ בָּהֶן ח] חַטָּאוֹת הַמֵּתוֹת אוֹ שׁוֹר הַנִּסְקָל, אֲפִילּוּ אֶחָד בְּרִיבּוֹא — יָמוּתוּ כּוּלָּן. תָּנֵינָא חֲדָא זִימְנָא: *כָּל הָאֲסוּרִין לְגַבֵּי מִזְבֵּחַ אוֹסְרִין בְּכָל שֶׁהֵן, הָרוֹבֵעַ וְהַנִּרְבָּע! אֲמַר רַב ט] אַשִׁי: אֲמָרִיתָהּ לִשְׁמַעֲתֵיהּ קַמֵּיהּ דְּרַב שִׁימִי וְאַצְרִיכַן, י] דְּאִי מֵהָתָם, הֲוָה אָמִינָא: הָנֵי מִילֵּי לְגָבוֹהַּ, אֲבָל לְהֶדְיוֹט — אֵימָא לָא. וְאִי מֵהָכָא, ה"א: הָנֵי הוּא דְּאִיסּוּרֵי הֲנָאָה נִינְהוּ, אֲבָל הָנֵי (א) — אֵימָא לָא, צְרִיכִי. דְּלָאו אִיסּוּרֵי הֲנָאָה נִינְהוּ, הָא תְּנָא לֵיהּ! מִי קָתָנֵי א) (בִּבְהֵמָה? "כָּל שֶׁהֵן" הָתָם קָתָנֵי). וְנִיתְנֵי הָא וְלָא בָּעֵי הָא! תַּקַּנְתָּא אִיצְטְרִיכָא לֵיהּ. דְּהֶדְיוֹט נַמִי תְּנָא לֵיהּ: ב) וְאֵלּוּ אֲסוּרִין וְאוֹסְרִין בְּכָל שֶׁהֵן, ייֵין נֶסֶךְ יוַעֲבוֹדָה זָרָה!

א) רש"ק גירסת רש"י מי קתני בכל שהוא התם קתני ב) תמורה כח. ע"ז עד.

כִּלְאַיִם וּטְרֵיפָה וְיוֹצֵא דוֹפֶן. "שׁוֹר אוֹ כֶשֶׂב" — פְּרָט לְכִלְאַיִם, "כִּי יִוָּלֵד" — פְּרָט לְיוֹצֵא דוֹפֶן. טְרֵיפָה — הָתָם אָמְרִינַן: *כְּשֶׁהוּא אוֹמֵר "מִן הַבָּקָר" לְמַטָּה, שֶׁאֵין ת"ל — לְהוֹצִיא אֶת הַטְּרֵיפָה. וּלְהֶדְיוֹט מוּתֶּרֶת בַּהֲנָאָה, לְהַשְׁלִיכָהּ לִכְלָבִים. יִרְעוּ עַד שֶׁיִּסְתָּאֲבוּ. דְּמֵחֲמַת הַזֶּבַח הַמְעוֹרָב בָּהֶן נֶאֶסְרוּ כּוּלָּן לְהֶדְיוֹט, וּלְחַלְּלוֹ עַל הַמָּעוֹת בְּעוֹדוֹ תָּם אִי אֶפְשָׁר. הִילְכָּךְ, יִרְעוּ עַד שֶׁיִּסְתָּאֲבוּ וְיָבִיא בִּדְמֵי הַיָּפֶה שֶׁבָּהֶן מֵאוֹתוֹ הַמִּין — מִמִּין הַקָּרְבָּן; אִם עוֹלָה הוּא — יָבִיא מָעוֹת כְּנֶגֶד דְּמֵי הַיָּפֶה שֶׁבְּכוּלָּן, דְּשֶׁמָּא הַזֶּבַח הוּא הַיָּפֶה, וְיֹאמַר: "כָּל מָקוֹם שֶׁהוּא הַזֶּבַח יְהֵא מְחוּלָּל עַל מָעוֹת הַלָּלוּ", וְיָבִיא מִן הַמָּעוֹת עוֹלָה וְאִם שְׁלָמִים שְׁלָמִים. נִתְעָרְבוּ בְּחוּלִּין תְּמִימִין. אוֹ אֶחָד בְּאֶחָד, אוֹ זֶבַח אֶחָד בְּחוּלִּין הַרְבֵּה — יִמָּכְרוּ כָּל הַחוּלִּין לְצָרְכֵי מִין יא] אוֹתוֹ הַקָּרְבָּן. [א] וְנִמְצְאוּ הֲרֵי כּוּלָּן קָדָשִׁים שֶׁל מִין אֶחָד, אֶלָּא שֶׁאֵין יָדוּעַ כָּל אֶחָד שֶׁל מִי הוּא. [ב] וְיַקְרִיבוּ כּוּלָּן כָּל אֶחָד וְאֶחָד לְשֵׁם מִי שֶׁהוּא, כִּדְקָתָנֵי מַתְנִי'. קָדָשִׁים בְּקָדָשִׁים מִין בְּמִינוֹ. אֶלָּא שֶׁבַּעֲלֵיהֶן יב] מוּחְלָקוֹת, יִקָּרֵב כָּל אֶחָד לְשֵׁם מִי שֶׁהוּא. מִין בְּשֶׁאֵינוֹ מִינוֹ. עוֹלָה בִּשְׁלָמִים, שֶׁאֵין מַתַּן דָּמָן וְאֵימוּרֵיהֶן יג] שָׁוֶה. וְיִמָּכְרוּ. נִמְלְאוּ דְּמֵי עוֹלָה — יד] עוֹלָה, דְּמֵי שְׁלָמִים — שְׁלָמִים, וְאֵינוֹ יוֹדֵעַ אֵיזוֹ עוֹלָה וְאֵיזוֹ שְׁלָמִים. הִילְכָּךְ יִטּוֹל מָעוֹת [מִבֵּיתוֹ] כְּנֶגֶד דְּמֵי הַיָּפֶה, וְיֹאמַר: "כָּל מָקוֹם שֶׁהֵן מִמָּעוֹת עוֹלָה — יִתְחַלְּלוּ עַל אֵלּוּ" טו] [ג] (וְאֵלּוּ מָעוֹת כַּיּוֹצֵא בָּהֶן), לְפִי שֶׁאֵינוֹ יוֹדֵעַ אֵיזוֹ מִין הָיָה יָפֶה. טז] *[וְיָבִיא מָעוֹת כַּיּוֹצֵא בָּהֶן], וְיֹאמַר: "כָּל מָקוֹם שֶׁהֵן מָעוֹת שְׁלָמִים — יְהוּ מְחוּלָּלִין עַל אֵלּוּ", וְנִמְצָא מַפְסִיד אוֹתוֹ עוֹדֵף מִבֵּיתוֹ. וְל"נ דְּלָא גָּרְסִינַן "וְיִמָּכְרוּ", אֶלָּא: יִרְעוּ עַד שֶׁיִּסְתָּאֲבוּ וְיָבִיא בִּדְמֵי הַיָּפֶה כו'.

וּבִתְחִילַּת חִילּוּלָן יֹאמַר: יז] "כָּל מָקוֹם שֶׁהִיא עוֹלָה — תְּהֵא מְחוּלֶּלֶת עַל אֵלּוּ, וְכָל מָקוֹם שֶׁהֵן שְׁלָמִים — יִהְיוּ מְחוּלָּלִין עַל אֵלּוּ", וְיָבִיא מֵאֵלּוּ עוֹלָה וּמֵאֵלּוּ שְׁלָמִים. וְתֵדַע דְּלָא גָּרְסִינַן לֵיהּ, דְּהָא יח] נִתְעָרְבוּ בִּבְכוֹר וּמַעֲשֵׂר [ד] דְּקָתָנֵי נַמִי "וְיִמָּכְרוּ" — אִי אֶפְשָׁר, דְּהָא תְּנַן: בְּמַעֲשֵׂר נֶאֱמַר "לֹא יִגָּאֵל", וְאֵינוֹ נִמְכָּר לֹא חַי וְלֹא שָׁחוּט, לֹא תָּם וְלֹא בַּעַל מוּם. וְיָלְפִינַן לָהּ בִּבְכוֹרוֹת (דף לב:) דְּהַאי "לֹא יִגָּאֵל" — לֹא יִמָּכֵר הוּא. אֶלָּא הָכִי גָּרְסִינַן: יִרְעוּ עַד שֶׁיִּסְתָּאֲבוּ וְיֵאָכְלוּ כְּמַעֲשֵׂר וְכִבְכוֹר. נִתְעָרְבוּ. זְבָחִים, כְּגוֹן עוֹלָה, בִּבְכוֹר אוֹ בְּמַעֲשֵׂר בְּהֵמָה, שֶׁאֵין תּוֹפְסִין יט] דְּמֵיהֶן בִּקְדוּשָּׁה. וּלְהַקְרִיבָן אִי אֶפְשָׁר, שֶׁזֶּה כָּלִיל וְזֶה נֶאֱכָל, אוֹ אֲפִילּוּ הוּא שְׁלָמִים — זֶה טָעוּן מַתַּן אַרְבַּע וְזֶה מַתַּן אַחַת, וְכֵן סְמִיכָה וּנְסָכִים. יִרְעוּ עַד שֶׁיִּסְתָּאֲבוּ. וְיָבִיא מָעוֹת כ] בִּדְמֵי הַיָּפֶה, וְיֹאמַר: "כָּל מָקוֹם שֶׁהוּא הַזֶּבַח הַתּוֹפֵס אֶת דָּמָיו — יְהֵא מְחוּלָּל עַל מָעוֹת הַלָּלוּ". נִמְצָא חוּלִּין מְעוֹרָב בִּבְכוֹר וּמַעֲשֵׂר. בַּעֲלֵי מוּמִין. וְיֵאָכְלוּ מְעוֹרָבִים כּוּלָּן בְּתוֹרַת בְּכוֹר וּמַעֲשֵׂר בַּעֲלֵי מוּמִין — שֶׁלֹּא יִשָּׁחֲטוּ בְּאִיטְלִיז, וְלֹא יִמָּכְרוּ בְּאִיטְלִיז וְלֹא יִשָּׁקְלוּ בְּלִיטְרָא. כִּדְתְנַן *(מנחות דף עח): כָּל פְּסוּלֵי מוּקְדָּשִׁים הֲנָאָתָן לְהֶקְדֵּשׁ, לְפִיכָךְ נִשְׁחָטִין בְּאִיטְלִיז לְאַחַר שֶׁנִּפְדּוּ, וְנִמְכָּרִים בְּאִיטְלִיז, וְנִשְׁקָלִים בְּלִיטְרָא, דְּכַמָּה דְּמַשְׁבִּיר בִּמְכִירָתָן טָפֵי, וּפָרֵיק לְהוּ מֵעִיקָּרָא. חוּץ מִן הַבְּכוֹר וְהַמַּעֲשֵׂר שֶׁהֲנָאָתָן לַבְּעָלִים, שֶׁאֵין מְבִיאִין בִּדְמֵיהֶן קָרְבָּן. וְא"ת: הָשְׁתָּא אִיכָּא בְּהַאי זֶבַח הַמְעוֹרָב פְּסֵידָא דְּהֶקְדֵּשׁ, דְּכֵיוָן דְּאֵין נִשְׁקָל בְּלִיטְרָא — לָא טָפֵי וּפָרֵיק לֵיהּ! אִין ה"נ, כא] *אִי מִשּׁוּם פְּסֵידָא דִּידֵיהּ לָא מְזַלְזְלִינַן בִּבְכוֹר וּמַעֲשֵׂר. נְהִי דְּאִי לָא הֲוָה מְעָרֵב, דְּלֵיכָּא זִילוּתָא אֶלָּא בְּדִידֵיהּ — מְזַלְזְלִינַן בֵּיהּ, מִשּׁוּם דִּרְוָוחָא נַמִי דִּידֵיהּ הוּא, אֲבָל בְּאַחֲרִינֵי מִשּׁוּם אִיהוּ לָא מְזַלְזְלִינַן. הַכֹּל יְכוֹלִין לְהִתְעָרֵב. בְּכָל שְׁנֵי מִינֵי קָדָשִׁים אֶפְשָׁר לְהוּ שֶׁיְּהוּ מְעוֹרָבִין. חוּץ מִן הַחַטָּאת וְאָשָׁם. שֶׁאֵין מִתְעָרְבִין זֶה בָּזֶה, לְפִי שֶׁנִּיכָּרִין זֶה מִזֶּה, כִּדְמְפָרֵשׁ בַּגְּמָרָא.

גמ' מַאי אֲפִילּוּ. כָּל שֶׁכֵּן, כֵּיוָן דְּרוּבָּא לְמִיתָה — יָמוּתוּ! שֶׁנִּתְעָרְבוּ בָּהֶן חַטָּאוֹת הַמֵּתוֹת. חַד דְּאִיסּוּרָא כב] וְרוּבָּא דְּהֶתֵּירָא. כָּל הָאֲסוּרִין כו'. מִשְׁנָה הִיא בְּמַסֶּכֶת תְּמוּרָה. אוֹסְרִין בְּכָל שֶׁהֵן. כָּל הַמִּתְעָרְבִין בָּהֶן, וַאֲפִי' אֶחָד בְּרִיבּוֹא. הָנֵי מִילֵּי לְגָבוֹהַּ. כּוּלָּן הַמְעוֹרָבִין אֲסוּרִין לְגָבוֹהַּ, וּמוּתָּרִין לְהֶדְיוֹט בִּרְעִיָּיה וּבִפְדִיָּיה. אֲבָל הָנֵי. דִּלְהֶדְיוֹט נַמִי לָא חֲזוּ כג] לִפְדִיָּיה, דְּלָא אַיְירֵי הָתָם בְּנִתְעָרְבוּ בְּאִיסּוּרֵי הֲנָאָה. דְּהָא בְּאִיסּוּרֵי הֲנָאָה נִתְעָרְבוּ. אֵימָא. נִיבַּטְלֵי אִיסּוּרֵי הֲנָאָה בְּרוּבָּא, שֶׁלֹּא יָמוּתוּ אֶלָּא יִרְעוּ וְיִמָּכְרוּ, דְּלָא חֲמִיר דִּין הֶדְיוֹט כּוּלֵּי הַאי, קמ"ל: יָמוּתוּ. כד] *)אִי מֵהָכָא. אַשְׁמְעִינַן דַּאֲפִילּוּ קָדָשִׁים נַמִי מַפְסְדִינַן, מִשּׁוּם דְּאִיעָרוּב בְּאִיסּוּרֵי הֲנָאָה. אֲבָל הָנָךְ דִּתְמוּרָה, [ה] ה"א: הָנֵי הוּא דְּמַפְסְדִינַן, וְלָא תְּנָא הַהִיא בִּתְמוּרָה, דְּלָא אִיעָרוּב בְּהוּ אִיסּוּרֵי הֲנָאָה — אֵימָא לָא לַחֲסָרִינְהוּ לְכוּלְּהוּ, אֶלָּא נִיבַּטִּיל בְּרוּבָּא וְיִקָּרְבוּ, צְרִיכָא. אֲבָל הָנָךְ דְּלָאו אִיסּוּרֵי הֲנָאָה נִינְהוּ. אֵימָא: קִיל אִיסּוּרַיְיהוּ, וְנִיבַּטְּלוּ בְּרוּבָּא, וַאֲפִילּוּ לְגָבוֹהַּ. הָא תְּנָא לֵיהּ. כה] הָנָךְ בְּמַתְנִי' דְּלָא בָּטְלֵי לְגָבוֹהַּ, דְּקָתָנֵי בְּמַתְנִיתִין: נִתְעָרְבוּ בְּשׁוֹר שֶׁנֶּעֶבְדָה כו', וְלָמָּה לִי לְמֶהְדַּר וּלְמִיתְנְיֵיהּ הָתָם? וּמְשַׁנֵּי: מִי קָתָנֵי. בְּמַתְנִי' גַּבֵּי רוֹבֵעַ וְנִרְבָּע בְּכַמָּה הֵן אוֹסְרִין? כָּל שֶׁהֵן הָתָם קָתָנֵי. בְּמַסֶּכֶת תְּמוּרָה הוּא דְּקָתָנֵי: "אוֹסְרִין בְּכָל שֶׁהֵן". דְּאִי מִמַּתְנִי' — דִּילְמָא בָּטְלִי בְּמֵאָה אוֹ בְּמָאתַיִם, כו] "וְאֶחָד בְּרִבּוֹא" דְּקָתָנֵי מַתְנִי' לָאו עֲלַיְיהוּ קָאֵי. וְנִיתְנֵי הָא דִּתְמוּרָה. וְלָא נִיתְנֵי הָא דִּזְבָחִים. תַּקַּנְתָּא אִיצְטְרִיכָא לֵיהּ. דְּהָתָם "אוֹסְרִין בְּכָל שֶׁהוּא" תָּנֵי, וְלָא תַּקַּנְתָּא. וְהָכָא תָּנָא תַּקַּנְתָּא: "יִרְעוּ עַד שֶׁיִּסְתָּאֲבוּ" כו'. דְּהֶדְיוֹט. נַמִי תָּנָא בְּמַסֶּכֶת עֲבוֹדָה זָרָה, דְּאִיסּוּרֵי הֲנָאָה לָא בָּטְלֵי בְּרוּבָּא וּמִיתַּסְרוּ לְהֶדְיוֹט. וְלָמָּה לִי לְמִיתְנֵי הָכָא בְּחַטָּאוֹת הַמֵּתוֹת וְשׁוֹר הַנִּסְקָל? צְרִיכִי

ובטריפה. בגמ'* דייק: האי "טריפה" היכי דמי? אי ידע לה — ליזיל ולישקלה! ומפרש רבי ירמיה: כגון שנתערבה בוולד טריפה ורבי אליעזר היא. ורבי ינאי מפרש: כגון דאיתערבה נקובת הקוץ בדרוסת הזאב. וריש לקיש מפרש: כגון דאיערב בנפולה. והקשה ה"ר אפרים: כיון דלא כז] ידיעה, מה מועלת כאן רעייה? דלמיכלה א"א — משום ספק טריפה, ולגוים ולכלבים אי איפשר — דאין פודין את הקדשים להאכילן לכלבים. כח] ומחייס נמי לא איפשר ליהנות — דפסולי המוקדשים אסורים בגיזה ועבודה! מיהו, למ"ד דאיערב בדרוסה — יש לה בדיקה לאחר שחיטה, אם האדימה בשר כנגד בני מעיים או כנגד הסימנים, דאפי' ודאי דרוסה יש לה בדיקה. ולמ"ד דאיערב בנפולה — נפולה יש לה בדיקה. אבל למ"ד בוולד טריפה, קשה! ושמא קסבר: פודין את הקדשים להאכילן לכלבים, כאיכא דאמרי בפרק שני דבכורות (דף טו:). אי נמי, כט] *כדאמרינן (פסחים דף*): אין פודין את הקדשים להאכילן לכלבים — הני מילי היכא דלא חזו אלא לכלבים, כגון קדשים שמתו או נטרפו. אבל הני אסורים מחמת טריפות חולין שנתערבו בהן, אבל קדשים גופייהו אם היה מכירן, דחזו לדידיה — שרי להאכילן לגוים ולכלבים. ומיתרלא בהכי פירכא אחריתי שהיה מקשה ה"ר אפרים בבכורות פ' "כל פסולי המוקדשין" (דף לג:): בכור מתיר ר"ע אפי' לגוי ולקמן בפ' "טבול יום" (דף קג:) אמר ר"ע: מדבריהם למדנו שהמפשיט את הבכור ונמצא טריפה שיאותו הכהנים בעורו, משמע: דווקא בעורו, אבל בבשרו — לא, דאסור להאכילו לכלבים ולגוים. ולפי מה שפירשתי ניחא, דמידי דלא חזי לישראל אסור להאכילו לכלב ולגוים, אבל מידי דחזי לישראל, כיון שנפדו — שרי ליתן לכלב. והיינו טעמא, דדרשינן: "ואכלת" — ולא לכלביך, כלומר: דבר שאין עומד אלא לכלביך. אבל היכא דחזי לדידיה — איסתרו לגמרי, דאיתקש לצבי ואיל. וא"ת: בפרק "הפרה" (ב"ק דף נג:) דפטרינן שור פסולי המוקדשים שנפל לבור, משום דכתיב "והמת יהיה לו" — מי שהמת שלו. הרי המת שלו, כדתנן (לקמן דף קג:) דיאותו הכהנים בעורו. ומשום עור לחודיה איצטריך "שור" ולא אדם, דהוה מחייבנא באדם, דחשיב המת שלו משום עור דשרי בהנאה מדאורייתא, ולא אסור אלא משום גזירה שמא יעשה עורות אביו ואמו שטיחין (חולין דף קכב.)! וי"ל: דסוגיא דב"ק (דף נג:) אתיא כמסקנא דפרק "טבול יום" (לקמן ד' קד.) דפסקי' כרבנן: *)בשר — בקבורה, ועור — בשריפה.

ויביא בדמי היפה שבהן. פירש"י: ויקח מעות כשיעור דמי היפה שבכולן, ויאמר: "כל מקום שהוא הזבח — יהא מחולל על מעות הללו". משמע לפירושו שהזבח מעורב בריבוא של רובע ונרבע, והלשון משמע כן. ואי אפשר לומר כן, דדומיא דרישא קתני, שהנסקל נתערב ברוב זבחים, וכן מוכח בגמרא. ו"בדמי היפה שבהן" — היינו דמי היפה של כל אחד ואחד, ומניח הגרוע שבהן שלא יחלל.

לשם מי שהוא. פירש בקונטרס: (כדי) כשיקריבנו יאמר: הרי הוא לשם בעלים שלו. וקשה: דהא אמר בריש מכילתין (דף ב:) אתנו בית דין דלא לימא לשמן, דילמא אתי למימר שלא לשמן! אלא: "לשם מי שהוא" — היינו סתמא, דסתמא נמי כלשמו דמי. מי קתני בבמה. בפרק "כל האסורין" (תמורה דף כח.) משני בענין אחר. ולא פריך התם "וליתני הא ולא בעי הא" כדפריך הכא.

דהדיוט נמי תנא ליה ואלו אסורין כו'. מכמה משניות הוה מצי לאתויי, ממתני' ד"אפה בו את הפת" במסכת עבודה זרה (דף מט:), וממתני' דערלה (פ"ג מ"ה — ו) בערלה וכלאי הכרם. וליבטלו

*) [ע"ש ברש"י דלא גרס להא]

*) בס"י שייך האי דיבור אי כו' לקמן עב ע"א קודם ד"ה ופרכינן

הגהות הב"ח

שיטה מקובצת

טו] אלו ויביא מאלו עולה ויחזור ויביא מעות כיוצא בהן לפי שאינו: טז] תיבות ויביא מעות כיוצא בהן נמחק: יז] יאמר כן כל: יח] דהא גבי נתערבו בבכור ומעשר קתני נמי וימכרו ואי אפשר: יט] דמיהן: כ] מעות כדמי היפה: כא] תיבת אי נמחק: כב] ברובא דהיתרא: כג] חזו נמחק: כד] ד"ה אי מהכא כו' עד סה"ד ל"ש: כה] ליה הכא במתני' תיבת הנך כו] במאתים דאחד אות ו' נמחק: כז] דלא ידיע אות ה' נמחק: כח] לכלבים כדאמרי' בפ' כט] נמי הא דאמרינן אין פודין:

כשרים וה"נ הוי בסיפא כדמוכח בגמרא דקאמר כל שהוא התם קתני לכך נראה ויביא בדמי היפה כנגד כל אחד של הקדש ואמר מורי מה שפ"ה כן אינו ר"ל שיהיה כן לפי המסקנא אלא ר"ל אי לאו אידך משנה דמייתי הגמרא דקאמר כל שהו התם קתני הייתי יכול לפרש מתני' בסיפא דליכא קדשים רק אחד שאת"ל שיש למידק ממתני' דסיפא מיירי כמו רישא א"כ מאי קאמר בגמרא כל שהן התם קתני הכא נמי קתני שפיר כל שהן דומיא דרישא אלא ש"מ דאין למידק הכא סיפא דומיא דרישא הוא (ואיסור) [ואימור] אינו שוה ומיהו לפי המסקנא אמת הוא דסיפא הויא דומיא דרישא אלא ממתני' אין להוכיח כרפ"י: ב] ימכרו החולין לצרכי אותו המין. ויקרב זה לשם מי

הגהות צ"ק [א] ונמצאו כלן קדשים: [ב] שהרי זבח א' שם בעליו עליו ואין ידוע איזהו ויקרבו כו': [ג] ויביא מאלו עולה ויחזיר ויביא מעות כיוצא כו': [ד] נ"ל קתני נמי ולמכור במעשר א"א דהא כו': [ה] מד"ה ה"א הני כו' דלא איערוב אימא קיל אסורייהו ולא לאסרינהו לכולהו אלא ניבטל ברובא ואפי' לגבוה כנ"ל והס"ד ואח"כ מה"ד הא תנא ליה כו':

נוסחאות רש"י כת"י

צְרִיכִי, דְּאִי מֵהָתָם, א] הֲוָה אָמִינָא: לְהֶדְיוֹט, אֲבָל ב] לַגָּבוֹהַּ — אֵימָא לָא נַפְסְדִינְהוּ לְכוּלְּהוּ; וְאִי מֵהָכָא, הֲוָה אָמִינָא: ג] הָנֵי מִילֵּי קָדָשִׁים דְּמָאִים, אֲבָל חוּלִּין דְּלָא מָאִים — אֵימָא *אִיסּוּרֵי הֲנָאָה לִיבַּטְלֵי בְּרוּבָּא, צְרִיכָא. ד] *וְנִיבַּטְלוּ בְּרוּבָּא! וְכִי תֵּימָא: חֲשִׁיבִי וְלָא בָּטְלִי, הָנִיחָא לְמַאן דְּאָמַר: "כָּל שֶׁדַּרְכּוֹ לִימָּנוֹת" שָׁנִינוּ, ה] אֶלָּא לְמַאן דְּאָמַר: "אֶת שֶׁדַּרְכּוֹ לִימָּנוֹת" שָׁנִינוּ, מַאי אִיכָּא לְמֵימַר? דְּתְנַן: *מִי שֶׁהָיוּ לוֹ חֲבִילֵי תִילְתָּן, שֶׁל כִּלְאֵי הַכֶּרֶם — יִדָּלְקוּ

צְרִיכִי דְּאִי מֵהָתָם הֲוָה אָמִינָא הָנֵי מִילֵּי חוּלִּין. אֲבָל קָדָשִׁים אֵימָא: לִיעֲבִיד לְהוּ תַּקַּנְתָּא דְּלִיבַּטֵּיל אִיסּוּרֵי הֲנָאָה בְּרוּבָּא, וְנֵימָא: יִקָּרְבוּ, כִּי הֵיכִי דְּלָא נַפְסְדִינְהוּ לְגַמְרֵי לְכוּלְּהוּ ו]. וּפָרְכִינַן: וְנִיבַּטֵּיל בְּרוּבָּא. דְּהָא כְּתִיב: "אַחֲרֵי רַבִּים לְהַטּוֹת". וְכִי תֵימָא חֲשִׁיבִי. הוֹאִיל וְדַרְכָּן לִמָּנוֹת. כָּל שֶׁדַּרְכּוֹ לִימָּנוֹת. שֶׁיֵּשׁ בְּנֵי אָדָם הַמַּקְפִּידִין בְּמִנְיָנָם ז] וּמוֹכְרִין בְּמִנְיָנָם, שָׁנִינוּ דְּלָא בָּטְלִי, *בְּסָמוּךְ בְּהַךְ מִשְׁנָה דַּחֲבִילֵי תִילְתָּן — שַׁפִּיר, דְּהָא ח] [בְּהֵמוֹת] נָמֵי הַרְבֵּה בְּנֵי אָדָם הַמַּקְפִּידִין עֲלֵיהֶן וּמוֹכְרִין אוֹתָן בְּמִנְיָן. וְאַע"פ שֶׁיֵּשׁ בְּנֵי אָדָם שֶׁאֵין מַקְפִּידִין כָּל כָּךְ, וּמוֹסִיפִין יְתֵירָה אוֹ מוֹכְרִין הָעֵדֶר יַחַד. אֶלָּא לְמ"ד אֶת שֶׁדַּרְכּוֹ לִימָּנוֹת. שֶׁדַּרְכּוֹ מְיוּחָד לְכָךְ, שֶׁאֵין לְךָ אָדָם דְּמוֹסִיף עֲלֵיהֶן יְתֵירָה לַלּוֹקֵחַ וְלֹא מוֹכֵר בְּלֹא מִנְיָן — הָנֵי אֵין דַּרְכָּן מְיוּחָד לְמִנְיָן, שֶׁיֵּשׁ הַמּוֹסִיפִין ט] יְתֵירָה אוֹ מוֹכְרִין הָעֵדֶר בְּלֹא מִנְיָן. תִּילְתָּן. מִין תַּבְלִין, *וַחֲבִילִין חָשׁוּב מְאֹד, שֶׁאַף טַעַם הָעֵץ שָׁוֶה לַפְּרִי, וּבְלַעַ"ז *פינוגר"י. יִדָּלְקוּ

וליבטלו ברובא. דמטעם בריה אין לומר דלא בטיל. דאע"ג דאבר מן החי חשיב בריה (חולין קב:) — איסור תערובת דהכא לאו משום אבר מן החי, אלא שלא ישחוט ויאכל, משום חטאת המתה ושור הנסקל, וכי שחיט ליה — אזיל ליה איסור אבר מן החי. ואיסור חטאת המתה ושור הנסקל — אפי' שלם לא חשיב בריה, כמו נבילה וחלב ודם, דלא הוי בריה. ועוף טהור קטן שלם, אם אין בו כזית בשר — אין לוקה עליו משום נבילה, דלא חשיב בריה. דעוף טמא ודאי חשיב בריה, דכשאסרו הכתוב — אסרו בין גדול בין קטן, אע"ג דלית ביה כזית, אלא כל שהוא בעלמא. וכן גיד הנשה חשיב ליה בריה בפ' "גיד הנשה" (שם ק.), דכי אמר רחמנא לא תאכל גיד — אפילו כל שהוא. וכן אבר מן החי חשיב בריה, *דטעמא דבריה משום דהוי כאילו פירש: בין גדול ובין קטן. כדמוכח פ"ג דשבועות (דף כא:) י] דאמר: וכי היכן מצינו באוכל כל שהוא שהוא חייב כו'. ופריך: והרי מפרש! ומשני: מפרש נמי כבריה דמי. והא דאמר בפ' "אלו הן הלוקין" (מכות יז.) דקאמר ר"ש אף חטה כברייתה, ורבנן: בריית נשמה — חשיבא, חטה — לא חשיבא. דמשמע שהדבר תלוי בנשמה. והאיכא גיד הנשה! רבנן לדבריו דרבי שמעון קאמרי ליה: לדידן טבל לאו בריה הוא, דלא דמי למפרש. אלא לדידך, דמדמית חטה לנמלה — לא דמי, דנמלה בריית נשמה, ותשיבא. ואע"ג דרבנן גופייהו לא חיישי בהאי טעמא, קאמרי ליה הכי. וכהאי גוונא אשכחן לקמן בפירקין (דף עז.) דאסרין באברי בעלי מומין, רבי אליעזר אומר: יעלו, וחכ"א: לא יעלו. ומפרש טעמא דרבי אליעזר: משום דכתיב "מום בם" הוא דלא ירצו, הא ע"י תערובות — ירצו. והא דקתני: "רואה אני את בשר בעל מום כאילו הוא עצים" — לדבריהם דרבנן קאמר להו, אע"ג דרבי אליעזר גופיה לא חייש להאי טעמא דעצים*. **אלא** למאן דאמר את שדרכו לימנות שנינו מאי איכא למימר. תימה: מי גרע שור גדול מאת שדרכו למנות? הא אפילו חתיכה בעלמא חשיבא את שדרכו למנות, משום דחשובה להתכבד בפני האורחים, [כדאמרינן] בפ' "גיד הנשה" (חולין ק.). וכל הנך י' דברים דחשיבי "את שדרכו" — לכאורה בכולהו לא חשיב כשור הגדול! ועוד: דבפ' בתרא דע"ז (דף עד.) חשיב שור הנסקל, ואמרי' התם: האי תנא תרתי אית ליה, דבר שבמנין ואיסור הנאה. ולא פריך יא] "הניחא למאן דאמר כל שדרכו", כו' כדפריך הכא ובביצה פ' קמא (דף ג:), ובפ' "גיד הנשה" (חולין ק.). שמע מינה דלכל הפחות חשיב "את שדרכו". ועוד: מדפריך התם דניתני אגוזי פרך ורימוני באדן, ולא פריך מחבילי תלתן — משמע דחשיב כששה דברים! ונראה לפרש, דמשום חטאות המתות פריך הכא למאן דאמר "את שדרכו", דמשמע אפי' חטאת העוף, כדתניא במס' קינים (פ"ב מ"ג): או שפרח מבין המתות — ימותו כולן. ואע"ג דקתני במתני' "זבחים", ועוף לאו בכלל "זבח" הוא, מכל מקום מדקתני "כל הזבחים" משמע אפי' עוף בכלל. וא"ת: כיון דהני דע"ז כששה דברים חשיבי, אם כן יין נסך דקתני התם היינו חביות סתומות, והא תנא ליה גבי ששה דברים, ולא הוה ליה למיתנייה, כי היכי דלא חשיב ככרות של בעל הבית משום דתנא ליה גבי ששה דברים, כדמפרש התם! ושמא החמירו ביין נסך לאסור אפי' חביות פתוחות, משום דחמירא עבודה זרה משאר איסורין, דמטמאה ותופסת דמיה. ועוד נראה: דאיצטריך למיתני חביות סתומות משום יב] דיין נסך נפקא לן מדברי קבלה ולא כתיבא איסורה באורייתא, ומשמע דהוי כסתם יינם דרבנן, וס"ד דבטל. ועוד: אשכחן איסור עבודה זרה דקיל לרבי אליעזר, דאמר: יש פדיון לעבודה זרה, מה שאין כן בשאר איסורים. יג] והשתא אפרש כל הנהו דע"ז היכי חשיבי כששה דברים: יין נסך — משכחת לה בחביות סתומות, עבודה זרה — בטבעות וכוסות דחשיבי, ועורות לבובין — כשעשה ממנו כלי נאה. אי נמי, עבודה זרה — משום דחשיבא לעובדיה, וכן עורות לבובין. ואי נמי, כדמפרש בירושלמי: יין נסך ועבודה זרה ועורות לבובים — על שם "לא ידבק בידך מאומה מן החרם", ואיירי אפילו בחביות פתוחות. ושמא לא הביא פסוק זה בירושלמי אלא למימרא דמיניה ילפינן איסורי הנאה בהני תלת. וציפורי מצורע — מיירי בציפור דרור גדולים, וחשיבי. שער נזיר — בציפרתא, כדאי' בסוף תמורה (דף לד.) שעשה לורת ליפור יד] *כבגד מעשה רוקם משער נזיר, ויש עוד אחרים משער היתר. ופטר חמור, ובשר בחלב, ועגלה ערופה, וחולין שנשחטו בעזרה — בחתיכות הראויות להתכבד, דעדיפי מ"את שדרכו" וחשיבי כאגוזי פרך. ואע"ג דאיסורי הנאה נינהו — חשיב ראוי להתכבד, כיון דאי היתה בטילה — היתה ראויה להתכבד, הלכך לא בטלה. והא דאמרי' בסוף "הערל" (יבמות פא:) דחתיכה של חטאת טמאה במאה של חטאת טהורה תעלה, התם אפי' תתבטל — לא חשיב ראוי להתכבד בפני אורחים כהנים, דאין מחזיקין טובה זה לזה, שכולן שוין, כדכתיב (ויקרא ז) "לכל בני אהרן תהיה איש כאחיו". אבל של חטאת בשל חולין *קאמר התם דלא תעלה, דלאו דוקא טהורה בשל חולין, דהוא הדין טמאה בשל חולין. ובקונטרס פירש ביבמות דטמאה בטהורות תעלה — משום דלהפסד מרובה חששו, אבל טהורה בשל חולין — הפסד מועט, דחזיא לכהנים. וזו תימה: דכמה איסורי הנאה לא בטלי, ולא חיישינן! וא"ת: אמאי לא חשיב במסכת ע"ז פרוסה של לחם הפנים, וחתיכה של חטאת טמאה, וחתיכה של קדשים שמתו? וי"ל: דבקדשים לא קמיירי. ומיהו, הוה מצי למיתני אברי שעיר המשתלח, למאן דאסר ביומא (דף סז.), וחתיכה של עיר הנדחת, ושער של מת, דאסרינן בפ"ק דערכין (דף ז:). וקצת קשה מירושלמי, לפי מה שפירשתי דהנהו דע"ז עדיפי מ"את שדרכו", דמשמע התם דלא הוו אלא י' דברים "את שדרכו". והכי איתא התם בפ"ג דמסכת ערלה, דר' יוחנן ור"ל איתפלגון, חד אמר: י' דברים מקדשין, דברי רבי מאיר. פי': י' דברים השנויים במשנה, שכולם "את שדרכו". טו] *ואחרים אמרו: כל הדברים מקדשים, דברי רבי מאיר. פי': דכל שדרכו למנות שנינו. טז] (*ובר) דאותם י' דברים דקאמר רבי יוחנן — היינו אותם ששה דברים דקאמרי רבנן, וחבילי תלתן הרי ז', ובגד שצבעו בקליפי ערלה ונתערב באחרים, וצובע מלא הסיט בקליפי ערלה וארגו בבגד ואינו יודע איזהו, דבתרווייהו תנן התם: כולן ידלקו דברי ר' מאיר. ובגד וסיט — *תרי מילי חשיבי. וסיט חשיב "את שדרכו", כדאמר התם בירושלמי. ואורג מלא הסיט מצמר הבכור בבגד, דקתני התם: ידלק הבגד — קאמר עלה *בגמ' דאית תנא דתני במשנה "דברי ר"מ", ואית דלא תני "דברי ר"מ". מאן דתני "דברי רבי מאיר" — אית ליה י' דברים מקדשים, פי': שזו היא העשירית, ומאן דלא תני "דברי ר"מ" — מנא ליה י' דברים מקדשין, פי': אותן עשרה דברים שאמר ר' יוחנן דמקדשי לר"מ, דהוו את שדרכו היכן הם? ומשני: ר"מ כר"ע, שמוסיף אף ככרות של בעל הבית. והשתא מאי קא קשיא ליה? הא איכא כל הנהו דע"ז דמיקדשי אפי' לרבנן, וכ"ש לר"מ! ועוד: דאמר בפ"ג דבכורות (דף כה:) דגיזי בכור בעל מום שנתערבו בגיזי חולין אוסרין בכל שהן — א"כ הוו "את שדרכו" לר' יוחנן! ושמא לא מיירי בירושלמי אלא באותם דברים השנויים במסכת ערלה באותה משנה, אבל אכתי איכא טובא. וביבמות הארכתי יותר.

*נתערבו באחרות ואחרות באחרות. ר"ת ל"ג בשום מקום "ואחרות באחרות" בהך משנה ששנויה בסוף מסכת ערלה, ובהנהו דמסכת ע"ז בסוף פרק "כל הצלמים" גבי אפה בו את הפת כו', וגבי בגד שצבעו בקליפי ערלה, ובכמה מקומות כיוצא באלו. מדפריך לקמן (דף עד.) על שמואל דאסר ספק ספיקא בעבודה זרה מברייתא שמתרת, *דלא משכח דקאי כשמואל אלא רבי יהודה שאוסר אפילו בשאר איסורין ספק ספיקא, כגון רמוני בדן. ושמואל סבר לה כוותיה בחדא, ופליג עליה בחדא. ואי הוה גרסינן הכא ובמסכת ע"ז "ואחרות באחרות" — הוה ליה לאיתויי ראייה לשמואל מהנך משניות, ולא היה דוחק להביא מברייתא דרבי יהודה. ועוד יש לדקדק מגופה דמתניתין דהתם במסכת ערלה (פ"ג), גבי בגד שצבעו בקליפי ערלה, וגבי תבשיל שבשלו בקליפי ערלה, והך ד"חבילי תלתן" — קתני "נתערבו באחרים", וגבי צובע מלא הסיט בקליפי ערלה וארגו בבגד ואינו יודע איזהו, וגבי אורג מלא הסיט מצמר בכור בבגד — לא קתני "נתערבו באחרים". והיינו טעמא, משום דאם נתערב בשאר בגדים יכול להסיר מכל אחד מלא הסיט, ומישתרי מטעם ספק

כלמשמע בסמוך נ"ק

נ"ל אע"ג דאיסורי הנאה נ"ק
חולין ק.

ביצה ג: יבמות פא. ערלה פ"ג מ"ו

ותשובין מאד שאף נ"ק

נ"ל וחד אמר כל הדברים כו' נ"ק

בירושלמי נ"ק

שייך לע"ב

נ"ל ולא נ"ק

נ"א דטעמא דבריה הוי משום דהוי כאילו פירש הכתוב שלא תאכל בין גדול ובין קטן כו' שהוא חייב כו' ופריך והרי מפרש פירוש שאמר שבועה שלא אוכל כל שהוא ומשני כו' נ"ק

ווע"ע תוס' חולין ט. ד"ה מאי טעמא

ובכגד נ"ק וכ"ה בס"י

דקאמר כו' לאו דוקא נ"ק

נ"ל ומסתברא נ"ק

גי' נ"ק תרי מילי חשיבי הרי ט' ואורג מלא הסיט כו'

נוסחאות רש"י כת"י

צריכא. ס"א דאי מהתם הו"א ה"מ חולין אבל קדשים אימא לעביד להו תקנתא דליבטל איסורא ברובא דהא מדאורייתא כל איסור ברובא בטיל וירעו כו' כי היכי דלא נפסדינהו לגמרי: ה"ג ואי מהכא הו"א לגבוה דמאים אבל להדיוט אימא לא. כלומר אבל מידי דהדיוט כגון חולין דקילא אימא ניטבל ברובא:

שיטה מקובצת

א] הוה אמינא ה"מ [לחולין] (תיבת להדיוט נמחק) דליכא פסידא כלומר דלא חיישינן לפסידא דחולין הואיל דליכא הפסידא דהקדש אבל לגבוה דאיכא הפסידא דהקדש אימא לא כלומר ליבטלו משום הפסידא דקדשים וא"ת אכתי [איך] הוה אמרי' ליבטלו להו דהא שמעינן ליה מההיא דתמורה דקתני אוסרין בכל שהוא שאין מועיל ליקרב וא"כ מאי קמ"ל מתני' דהכא אי לענין איסור דהדיוט מההיא דעבודה זרה שמעינן לה ואי משום איסורא דקדשים מההיא דתמורה שמעינן לה וי"ל כדפ"ה דה"ק אימא לא נפסדינהו לכולהו ולעולם לא יקרבו אלא נעשה תקנה לבטל ברוב להתקין איסור דהדיוט ומתוך כך ימתין להדיוט וימכרו כשהוממו ויביאו אחרים לקרבן בדמיהן ויהיו מותרים לימכר להדיוט וע"י כך יהיו דמיהן לגבוה ולא יפסיד הקדש ומיהו איסור דגבי גבוה אין לו ביטול ולא יקרבו אלא ימכרו להדיוט כדפי' קמ"ל דימותו ואין להן תקנה: ב] ס"י לקדשים אימא תיבת לגבוה נמחק: ג] הוה אמינא. גירסת ס"י הני דאיסורי הנאה נינהו אבל הנך דלאו איסורי הנאה נינהו אימא לא ואי מהכא הו"א ה"מ קדשים דמאיסא אבל להדיוט אימא אפילו איסורי הנאה ליבטלו ברובא צריכא ומתיבת ה"מ עד תיבת וניבטלו נמחק: ד] וניבטלו ברובא. וא"ת והא בריה היא וקי"ל דבריה אינה בטילה מידי דהוי אגיד הנשה ועוף טמא ודג טמא דלא בטיל וי"ל דלא קרינן בריה אלא היכא שהאיסור עליו משעת ברייתו כגון גיד הנשה ועוף טמא ודג טמא דמשעת ברייתן הן נאסרין ולכך בריה הן ולא בטילי אבל הכא גבי שור הנסקל דהאיסור בא עליו אחר ברייתו לא קרינן ליה בריה ולא נהירא שהרי ערלה בטילה באחד ומאתים והוי בריה שהרי האיסור עליה משעת ברייתה לכך נראה דאע"ג דבבעלי חיים נינהו מ"מ לא חשיב בריה משום דגבי בריה בעינן ששמו עליו מברייתו ואינו משתנה לעולם אף לאחר מיתה כגון חתיכה דעוף טמא אפילו לאחר מיתה אומרים תן לי חתיכת בשר וכיון דשם בשר עליו אף לאחר מיתה (היינו) [הוי] בריה וכן חתיכת דג טמא וכן גיד שמו גיד בין מחיים בין לאחר מיתה וכן שרץ נמי שמו עליו לאחר מיתה אבל הכא בבהמה שמתה אין שמה דמחיים עליה לאחר מיתה אלא נבילה שמה ולכך אמרינן דאינו בריה והטעם היינו משום דבבשר ודג טמא ושרץ איסורייהו אינו על ידי מעשה אלא כך נאסרו בלא שום מעשה כמו שאמר רחמנא ולפיכך אין איסור שמם מפקיע מעליהם כלל אף לאחר מיתה אבל הכא גבי שור הנסקל ואינך דאיסורייהו בא על ידי מעשה הלכך משתנה שמם לאחר מיתה ובמס' חולין הארכתי: ה] עיין בהשמטות בסוף המסכת: ו] לכולהו הס"ד ומה"ד ואי מהכא אשמועינן דאפילו קדשים נמי מפסדינן ולא תנא ההיא דתמורה הס"ד ומה"ד הוה אמינא הני הוא דמפסדינן משום דאיערוב באיסורי הנאה אבל הנך דתמורה דלא איערוב בהו איסורי הנאה אימא לא ליאסרינהו לכולהו אלא ניבטיל ברובא ויקרבו צריכא הס"ד ומה"ד ופרכינן וניבטלו ברובא: ז] במניינם ומונין אותה למכור במנין שנינו דלא בטלי בהך משנה דחבילי: ח] בהמות נמי: ט] המוסיפין ללוקח יתירה: י] דשבועות דאמרינן וכו': יא] פריך התם הניחא: יב] משום סתם יינם דרבנן וס"ד דבטל ועוד משום דאשכחן איסור והשאר נמחק: יג] איסורים ולאפוקי מדידיה תנא ליה התם והשתא: יד] צפור בבגד מעשה רוקם: טו] שדרכו ות"ק אמר כל תיבת ואחרים נמחק: טז] שנינו ומסתבר דאותם תיבת ובר נמחק:

תיבת

יְדַלְּקוּ. נִתְעָרְבוּ בַּאֲחֵרִים א] *(וַאֲחֵרִים בַּאֲחֵרִים) — ב] כּוּלָּן יְדַלְּקוּ, דִּבְרֵי רַבִּי מֵאִיר. וַחֲכָמִים אוֹמְרִים: אֵיעָלוּ בְּאֶחָד וּמָאתַיִם. שֶׁהָיָה רַבִּי מֵאִיר אוֹמֵר: ג] *כָּל שֶׁדַּרְכּוֹ לִמְנוֹת מְקַדֵּשׁ, וַחֲכָמִים אוֹמְרִים: אֵינוֹ מְקַדֵּשׁ אֶלָּא שִׁשָּׁה דְּבָרִים בִּלְבַד. רַבִּי עֲקִיבָא אוֹמֵר: בשִׁבְעָה. וְאֵלּוּ הֵן: אֱגוֹזֵי פֶּרֶךְ, וְרִימּוֹנֵי ד] בָאדָן, וְחָבִיּוֹת סְתוּמוֹת, וְחִילְפֵי תְרָדִין, וְקִילְחֵי כְּרוּב, וּדְלַעַת יְוָנִית, ר' עֲקִיבָא ה] מוֹסִיף: אַף כִּכָּרוֹת שֶׁל בַּעַל הַבַּיִת. הָרָאוּי לְעָרְלָה — עָרְלָה, הָרָאוּי לְכִלְאֵי הַכֶּרֶם — כִּלְאֵי הַכֶּרֶם. וְאִיתְמַר עֲלָהּ, *רַבִּי יוֹחָנָן אָמַר: ג"אֶת שֶׁדַּרְכּוֹ לִמְנוֹת" שָׁנִינוּ, רשב"ל אוֹמֵר: "כָּל שֶׁדַּרְכּוֹ לִמְנוֹת" שָׁנִינוּ. הָנִיחָא לְרֵישׁ לָקִישׁ, אֶלָּא לְרַבִּי יוֹחָנָן מַאי אִיכָּא לְמֵימַר? אָמַר רַב פָּפָּא: הַאי תַּנָּא, תַּנָּא דְּלִיטְרָא קְצִיעוֹת הוּא, דְּאָמַר: כָּל

יְדַלְּקוּ. דִּכְתִיב: "פֶּן תּוּקַדַּשׁ" תּוּקַד אֵשׁ. בְּאֶחָד וּמָאתַיִם. זוֹ הִיא עֲלִיַּית עָרְלָה וְכִלְאֵי הַכֶּרֶם. דִּתְרוּמָה עוֹלָה בְּאֶחָד וּמֵאָה, וְכֵיוָן שֶׁכָּפַל אֶת הָאִיסּוּר, שֶׁאִיסּוּרוֹ אִיסּוּר הֲנָאָה — כָּפַל אֶת הָעֲלִיָּיה. הָכִי תַּנְיָא לָהּ בְּסִפְרִי *גַּבֵּי "מִכָּל חֶלְבּוֹ אֶת מִקְדְּשׁוֹ מִמֶּנּוּ" דְּמִשְׁתָּעֵי בִּתְרוּמַת מַעֲשֵׂר שֶׁהִיא אֶחָד מִמֵּאָה, וְקָרֵי לֵיהּ מִקְדְּשׁוֹ, וּמַשְׁמַע שֶׁמִּקְדְּשׁוֹ — מְקַדֵּשׁ אֶת הַמִּתְעָרְבִין בּוֹ. אֵינוֹ מְקַדֵּשׁ. אֶלָּא בָּטֵל. אֶלָּא שִׁשָּׁה דְּבָרִים בִּלְבַד. הֵן שֶׁמְּקַדְּשִׁין אֶת כָּל הַמִּתְעָרְבִים בָּהֶן, מִתּוֹךְ שֶׁהֵן גְּדוֹלִים וּדְמֵיהֶן יְקָרִים וַחֲשׁוּבִין בְּמִינָן. פֶּרֶךְ וּבָדָן. מְקוֹמוֹת הֵן. חִילְפֵי ו] תְּרָדִין וְקִלְחֵי כְּרוּב. לְשׁוֹן קֶלַח בְּיָרָק שֶׁלּוֹ. ז] כָּל הָרָאוּי לְעָרְלָה עָרְלָה. *מַה שֶּׁיֵּשׁ ח] בָּאִילָן מִין אִילָן וְרָאוּי לְעָרְלָה — מְקַדֵּשׁ אֶת עֵירוּבוֹ בְּאִיסּוּר עָרְלָה.

כָּל

ספק ספיקא, דמותר. ומיהו, איכא חדא ברייתא בריש מסכת בילה (דף ג.) דאסרה ספק ספיקא, דקתני: וספיקה אסור, ומוקי לה בספק טריפה, וקתני התם: נתערבה באלף — כולן אסורות. ואין לחוש בהא דלא מייתי לקמן — כיון דברייתא היא, דמאי אולמא מברייתא דרבי יהודה. והיא נמי מוקי רב פפא בבילה כרבי יהודה אליבא דרבי יהושע, ועדיפא ליה לאתויי ברייתא דמפורש בה רבי יהודה בהדיא. ועוד אומר רבינו תם: דהא דקתני: נתערבה באלף כולן אסורות — לא קאי אספיקה, אלא אודאה. תדע, דאפילו רבי יהודה דאסר לקמן ספק ספיקא — היינו דוקא ברימוני בדן, כדתקני בברייתא: רבי יהודה אומר: רימוני בדן כו'. משמע דוקא *רימוני ט] "את שדרכו", ועדיף דהוי אחד משמנה דברים — בהנהו אסר ר' יהודה ספק ספיקא. דמאי טעמא נקט רימוני בדן? והא אפילו "כל שדרכו" מקדש לר' יהודה, כדמוכח בברייתא דליטרא קליעות, וגבי חתיכה בחתיכות, דאמר ר' יהודה: לא תעלה פ' "הערל" (יבמות פא:), וחתיכה הוי "כל שדרכו", כדמוכח התם, *דאמר רבי יוחנן: והלא חתיכה עולה (למנין) משום דהוי "כל שדרכו", ואנן "את שדרכו" בעינן. והש"ס דמוקי לה בנימוחה — היינו דוקא לריש לקיש. ומיהו, מצי למימר דנקט רימוני בדן י] לרבי שמעון דפליג עליה, דאפילו ברימוני בדן שרי ספק ספיקא. ובענין זה צריך לפרש *חדא ברייתא לקמן (דף עד.) דבסתמא, דקתני: כוס של עבודה זרה שנפל לאוצר מלא כוסות — כולן אסורות. פירש אחד מהן לריבוא, ומריבוא לריבוא — מותרין. דאמאי נקט "מריבוא לריבוא"? הא יא] בפירש אחד מהן לריבוא שרי, כ"ש מריבוא לריבוא דהוי ספיקא שלישית! אלא נקטיה לאשמועינן דמאן דאסר — אסר אפילו בכמה ספיקות. וכן צריך לומר בעל כרחין, דרימוני בדן לר' יהודה לאו דוקא. *ומדתנן במסכת כלים (פי"ז מ"ה): הרימון שאמרו לא גדול ולא קטן אלא בינוני, ולמה הוזכרו רימוני בדן — שיהו מקדשין כל שהן, דברי רבי מאיר, רבי יוחנן בן נורי אומר: לשער בהן את הכלים. רבי עקיבא אומר: לכך ולכך הוזכרו, לשער בהן את הכלים יב] ושהן מקדשין בכל שהן. *רבי יהודה אומר: לא הוזכרו רימוני בדן ואגירי גבע אלא שיהו מתעשרין ודאי בכל מקום, פירוש: יג] *דסתמייהו מבין הגוים. כך פירש בערוך בערך "אגר". ומאותה משנה יש לדקדק דסתם רימונים אפילו "כל שדרכו" לא חשיבי, *דלא תקשי דרבי מאיר אדרבי מאיר לריש לקיש, דאמר כל שדרכו לימנות שנינו. ולרבי יהודה, כל הרימונים חשובים "כל שדרכו" דהא רבי יהודה סבר דליטרא קליעות לא בטלה, וקתני: לא הוזכרו רימוני בדן לענין קידוש. אלמא, כל הרימונים מקדשים, ושוו לרימוני בדן. דאי רימוני בינונים אינן מקדשין — א"כ היה לו להזכירן לענין קידוש, כמו רבי מאיר. וצריך עיון בירושלמי בפרק בתרא דערלה, וכמדומה שיש שם טעות סופר. ויש מפרשים דאפילו גרסינן בכל הנך משניות "ואחרות באחרות" — לא מצי לאתויי ראיה דספק ספיקא אסור, דדילמא הכי קאמר: וכל האחרות באחרות. ואין לתמוה: מה חידוש הוא לשנות ב' פעמים, כיון דקאי א"כל האחרות באחרות"? דאיצטריך ליה לאשמועינן דאע"ג דאיכא תרי רובי. דגבי שאר מילי אסרינן חדא רובא ושרינן תרי רובא, גבי יוחסין בסוף פ"ק דכתובות (דף טו.) דאמר: הולכין אחר רוב העיר — והוא דאיכא רוב סיעה בהדיה, ואפילו עיר קטנה. ואין הולכין אחר רוב עיר גרידתא, ואפילו גדולה כאנטוכיא, יד] ואחרי רוב סיעה גרידתא*.

כולן ידלקו. ואם תאמר: מאי שנא הכא דקתני ידלקו כשנתערבו, וכן בכל האיסורין השנויים שם במסכת ערלה (פ"ג), ולא פליג רבי אליעזר, דלימא: יוליך הנאה ליס המלח, כמו בס"פ "כל הצלמים" (ע"ז מט:) לענין עבודה זרה, *וכוותיה הילכתא כדפסקינן? טו] מיהו רבינו שמואל פירש שם: דהוא הדין בכל האיסורין אמר רבי אליעזר יוליך הנאה ליס המלח. ונראה דרבי אליעזר פליג דווקא גבי עבודה זרה, לפי שתופסת דמיה, וכשמוליך הנאה ליס המלח נראה כאילו מוליך האיסור. ומהאי טעמא הוה אמרינן נמי הכי לענין שביעית, גבי הא דתניא בפרק "הגוזל עצים" (ב"ק קא.): בגד שצבעו בקליפי שביעית — ידלק, אם היה מתערב באחרים הוה אמרינן יוליך הנאה ליס המלח. אבל בערלה וכלאים ושער נזיר ופטר חמור וכל שאר איסורים, דלא תפסי דמיהם — אמרינן לרבי אליעזר ידלק, אפילו נתערב. ולפי טעם זה, טבעת וכוסות דלקמן, דמיירי בעבודה זרה — סגי בהולכת הנאה ליס המלח. עוד יש לפרש: דדוקא בתנור שהסיקו בעצי עבודה זרה, ואפה בו את הפת ונטל ממנה ככר וארג בה את הבגד, אמרי' יוליך הנאה ליס המלח כשנתערב — לפי שאין ממשות האיסור בעין. וההוא גברא דאיתערב ליה חביתא דחמרא, כיון *דאי אפשר להנות בהולכת הנאה אלא היתר הנאה שאינה בגוף של עצמו, אלא או למכור או ליתן לפועלין. אבל שיהנה הוא עצמו — לא, טז] דאיסורא בשתיה שרי על ידי *ב' זוזי. ואם תאמר: מאי טעמא לא אמרי' בכל הני דמסכת ערלה ימכרו כולן לגוי חוץ מדמי איסור הנאה שבו, כדקאמר רבן שמעון בן גמליאל בפרק בתרא דמסכת ע"ז (דף עד.) גבי יין נסך ובירושלמי פריך לה, ומשני: דחיישינן בכולהו אם ימכרו לגוי — שמא יחזור הגוי וימכור לישראל. אבל ביין נסך ליכא למיחש. וכן בפת ובגד ד"כל הצלמים" (ע"ז מט:), דאע"ג דפת של גוי אסור באכילה — בהנאה מיהא שרי, וחיישינן שמא יקנה ממנו ישראל ויתן לפועליו. וחביתא דההוא גברא, אם היה רוצה למכור כל יינו יחד — ה"ה דהוה מצי למכור חוץ מדמי איסורא שבו וחביות סתומות נמי, איכא למיחש שימכרם הגוי לישראל, דמיירי בשמן זית או ביין תפוסים. **ה"ג** אגוזי פרך. על שם שנפרכין. כדאמר בפסיקתא בפרשתא ד"יהודה וישראל רבים" אחר פרשת "כי תשא" על "אל גינת אגוז" דדרשינן: שנמשלו ישראל לאגוז שיש בו שלשה מינין, "של פרך" — שנפרך מעצמו.

אף ככרות של בעל הבית. אבל של נחתום לא, שהם קטנות. והא דמשמע בסוף "הערל" (יבמות דף פא:) דחתיכה של לחם הפנים בשל חולין לא בטלה — שאני לחם הפנים יז] *דסמידא טפי, וראוי להתכבד בחתיכה. ואפה בו את הפת יח] בפ' "כל הצלמים" (ע"ז מט:) צריך לאוקמא בככרות של בעל הבית, דהא קתני: נתערבו באחרים — כולן אסורין בהנאה. ואפה בו את הפת דתנן במסכת ערלה (פ"ג מ"ה) — לא בשל בעל הבית, דהא קתני: תעלה באחד ומאתים. ואי לאו ההיא דמסכת ערלה לא היינו צריכין לחלק בין לחם הפנים לשאר לחם, והוה מצי לאוקומי מתניתין דמסכת ע"ז אפילו בשל נחתום, וכדרבי מאיר דאמר: את שדרכו לימנות מקדש, או "כל שדרכו" לריש לקיש. אבל מתניתין דמסכת ערלה מוכחא דסתם פת, אפילו לרבי מאיר עולה באחד ומאתים*). **הראוי** לערלה ערלה. בירושלמי מדקדק: אמאי לא תנא נמי "הראוי לתרומה תרומה", דבתרומה נמי, כיון דחשיבי — לא בטלי, ואין עולין באחד ומאה! ומשני: משום דכולם ראויים לתרומה, ולא שייך למיתני האי לישנא. ונראה שיש עדיין לתרץ: משום דקתני "ידלקו ועולין באחד ומאתים", ואין דין זה נוהג בתרומה. ועוד הוה מצי לשנויי: דהאי תנא תרתי אית ליה, דבר שבמנין ואיסורי הנאה, כדאמרינן במסכת ע"ז (דף עד.) אמתניתין דהתם פרק בתרא.

*) [ועי' היטב תוס' יבמות פא: ד"ה ככרות]

ר"מ

עין משפט נר מצוה

י א מיי' פט"ז מהל' מאכלות אסורות הלכה ח:

יא ב מיי' שם הלכה ג טור ש"ע י"ד סי' קי סעיף א:

יב ג שם בהג"ה:

נ"א רימוני בדן שהם את שדרכו כו' נ"ק

נ"א את שדרכו כו' נ"ק

נ"ל דאמר ר"י והלא אני שונה חתיכה בחתיכות עולה משום דהוי כל שדרכו למנות ומשני דאנן את שדרכו שנינו אלא ודאי דבשאר מילי לא אסר ר"י ספק ספיקא והש"ס דמוקי כו' נ"ק

נ"ל הך ברייתא דבסמוך דקתני נ"ק

ובספרים שלפנינו גרסי' ור' יוסי וא"כ אין הוכחת התוספות הוכחה רש"ק

ד' זוזי נ"ק

מסורת הש"ס

[עיין מעל"ד בתוס' ד"ה נתערבו כו' שר"ת לא גרס ואחרות באחרות ע"ש]

[עי' תוס' נדה מז. ד"ה אתי וכו' וברש"י שם ד"ה חייבת]

[בילה ג:]

נ"ל מה שהוא מין אילן כו'

מדתנן נ"ק

דמסתמא באים מבין הכותים נ"ק

לר"מ דלא כו' נ"ק

[ועי' תוס' יבמות פא. ד"ה נתערבו]

נ"ל וכוותיה פסקי' הלכתא התם ומיהו ר"ש כו'

[עי' ביבמות פא: בתוס' ד"ה כולן ידלקו]

[ובתוספות פרק הערל פא: ד"ה ככרות גרס דחמיר טפי ואפשר לומר משום קדושת לחם הפנים חמיר טפי להיות ראוי להתכבד ע"ש ועי' בשו"ת פנים מאירות ח"א שאלה נ"ח]

שיטה מקובצת

א] תיבת ואחרים נמחק ותיבת באחרים ל"ש ונמחק: ב] כולן ידלקו. וא"ת אמאי לא אמרינן ימכרו לגוי חוץ מדמי האיסור שבו כדאמר רשב"ג בפרק בתרא דעבודה זרה ימכרו לגוי חוץ מדמי יין נסך שבו וי"ל (דשמא) [דחיישינן שמא] ימכרנו הגוי לישראל אחר אבל התם גבי יין נסך ליכא למיחש דאין ישראל קונה יין מן הגוי ומכאן משמע דאם נאסר פת מישראל כגון שאפאו הגוי ולא הכשיר ישראל את התנור אסור למוכרו לגוי דשמא ימכרנו הגוי לישראל שאין ישראל אחר מכירו א) ואתי לידי תקלה אבל ישליך אותו למים ואם יש להם נשים גויות רבות שמשרתות בין היהודים (שיכלו) [שיכולים] לאכלו באכילה אחת בלא שהייה יחלקו ביניהם ויאכלו מיד לעיני היהודים ויש מתירין לחותכו (בארבע) חתיכות כדפי' בפסחים *): ג] אומר את שדרכו: ד] באדן. עיין תשובת הרשב"א סימן תשל: ה] ר"ע אומר (תיבת מוסיף נמחק) אף ככרות של בעל הבית אבל של נחתום לא אבל חתיכה של לחם הפנים לא בטלה משום דחמירא טפי: ו] חילפי בתרדין וקלחי בכרוב: ז] תיבת כל נמחק: ח] שיש באילו מין אות ן' נמחק: ט] רימוני בדן שהם את: י] בדן משום ר' שמעון: יא] הא כי פירש אחד: יב] ושיהו מקדשין תיבת ושהן נמחק: יג] דמסתמא באים מבין הכותים: יד] על תיבות ואחרי רוב סיעה גרידתא נכתב עליו קו מלמעלה: טו] כדפסקינן התם: טז] לא דאסורה בשתיה שרי ע"י ארבע זוזי וא"ת: יז] הפנים דחמירא תיבת דסמידא נמחק: יח] הפת דפ' כל הצלמים:

באיזה

הגה חדושיו לפסחים לא זכינו לראותו ולפ"ד צריך להיות לחותכו בהרבה חתיכות עיין תו"ח כלל ע"ה דין ד'.

א) ר"ל במקומות שנוהגין היתר בפת עובד כוכבים וכיון שאין הישראל מכיר שהוא פת של ישראל ואפאה עובד כוכבים וסבור שהוא פת של עובד כוכבים גופיה ואתי לידי תקלה ויקח ממנו.

כָּל דָּבָר שֶׁיֵּשׁ בּוֹ מִנְיָן — אֲפִילּוּ בִּדְרַבָּנָן לֹא בָּטֵיל, וְכָל שֶׁכֵּן בִּדְאוֹרַיְיתָא. *דְּתַנְיָא: *לִיטְרָא קְצִיעוֹת שֶׁדְּרָסָהּ עַל פִּי עִיגּוּל וְאֵינוֹ יוֹדֵעַ בְּאֵיזוֹ עִיגּוּל דְּרָסָהּ, עַל פִּי חָבִית וְאֵינוֹ יוֹדֵעַ בְּאֵיזוֹ חָבִית דְּרָסָהּ, עַל פִּי כַּוֶּורֶת וְאֵינוֹ יוֹדֵעַ בְּאֵיזוֹ כַּוֶּורֶת דְּרָסָהּ — ר"מ אוֹמֵר: ר"א אוֹמֵר, רוֹאִין אֶת הָעֶלְיוֹנוֹת כְּאִילּוּ הֵן פְּרוּדוֹת, וְהַתַּחְתּוֹנוֹת מַעֲלוֹת אֶת הָעֶלְיוֹנוֹת. ר' יְהוֹשֻׁעַ אוֹמֵר: אאִם יֵשׁ מֵאָה פּוּמִין — יַעֲלוּ, וְאִם לָאו — הַפּוּמִין אֲסוּרִין, וְהַשּׁוּלַיִם מוּתָּרִין. רַבִּי יְהוּדָה אוֹמֵר: ר"א אוֹמֵר, אִם יֵשׁ שָׁם ק' פּוּמִין — יַעֲלוּ, וְאִם לָאו — הַפּוּמִין אֲסוּרִין וכו'. רַבִּי יְהוֹשֻׁעַ אוֹמֵר, אֲפִילּוּ יֵשׁ שָׁם שְׁלֹשָׁה מֵאוֹת פּוּמִין — לֹא יַעֲלוּ. בדְּרָסָהּ בְּעִיגּוּל, וְאֵינוֹ יוֹדֵעַ בְּאֵיזֶה א] מָקוֹם בָּעִיגּוּל דְּרָסָהּ, אוֹ לִצְפוֹנָהּ אוֹ לִדְרוֹמָהּ — דִּבְרֵי הַכֹּל יַעֲלוּ, רַב אַשִׁי אָמַר: אֲפִי' תֵּימָא רַבָּנַן, גבַּעֲלֵי חַיִּים חֲשִׁיבִי, וְלָא בָּטְלִי. *וְנִמְשׁוֹךְ ב] וְנִקְרַב חַד מִינַּיְיהוּ, וְנֵימָא: ג] *כָּל דְּפָרֵישׁ — מֵרוּבָּא פָּרֵישׁ? *נִמְשׁוֹךְ? הֲוָה ד] לָהּ קָבוּעַ, וְכָל

רש"י

כָּל דָּבָר שֶׁיֵּשׁ בּוֹ מִנְיָן. כָּל שֶׁדַּרְכּוֹ לִימָּנוֹת כְּלָל, כְּגוֹן לִיטְרָאוֹת שֶׁל קְלִיעוֹת, שֶׁרוֹב בְּנֵי אָדָם אֵין מוֹכְרִין בְּמִנְיָן, אֶלָּא דּוֹרְסִין אוֹתוֹ בְּעִיגּוּל וּמוֹכֵר כָּל הָעִיגּוּל יַחַד. הוֹאִיל וּפְעָמִים שֶׁמּוֹנִין הַלִּיטְרָאוֹת לְבַד לְמוֹכְרָם בְּמִנְיָן. וַאֲפִילּוּ בִּדְרַבָּנַן. בְּמִידֵי דְּאִיסּוּרֵיהּ מִדְּרַבָּנַן, כְּגוֹן תְּרוּמַת קְלִיעוֹת — לָא בָּטֵיל, הוֹאִיל וְדַרְכּוֹ לִימָּנוֹת כְּלָל. כ"ש בִּדְאוֹרַיְיתָא, כְּגוֹן פְּסוּלֵי קָרְבָּן דְּמַתְנִי'. לִיטְרָא קְצִיעוֹת. מִשְׁקַל לִיטְרָא שֶׁל תְּאֵנִים יְבֵשׁוֹת שֶׁל תְּרוּמָה, שֶׁקִּיצְּעָם בְּאִיזְמֵל, בִּכְלִי שֶׁשְּׁמוֹ מִקְלוֹעַ. שֶׁדְּרָסָהּ ע"פ עִיגּוּל. שֵׁם כְּלִי הוּא, עָגוֹל, וְדוֹרְסִין בָּהּ קְלִיעוֹת, וְנִדְבָּקִין זוֹ בָּזוֹ וְנַעֲשִׂין עִיגּוּל כְּעֵין גְּבִינָה. עַל פִּי. דּוּקָא נָקַט, שֶׁנִּרְאֵית לָעֵינַיִם. וְאֵין יָדוּעַ. אֵיזֶה פִּי כְּלִי נֶאֱסַר. וּבְכָל הַתַּחְתּוֹנוֹת ה] פְּשִׁיטָא לֵיהּ שֶׁאֵין הַתְּרוּמָה מְעוֹרֶבֶת בָּהֶן, אֶלָּא הַפּוּמִין ו] לְבַדָּם בִּסְפֵק הָאִיסּוּר. רַבִּי מֵאִיר וְרַבִּי יְהוּדָה פְּלִיגֵי בְּהָא אַלִּיבָּא דְּר"א וְר' יְהוֹשֻׁעַ. רוֹאִין אוֹתָן כְּאִילּוּ הֵן פְּרוּדוֹת. אע"פ שֶׁאֵין כָּאן ק' פּוּמִין שֶׁל ק' כֵּלִים שֶׁל הֶיתֵּר לְבַד הָאִיסּוּר לְבַטֵּל הָאִיסּוּר, וְהַתַּחְתּוֹנוֹ' אֵינָן בִּכְלַל הַסָּפֵק לְהִצְטָרֵף עִם הָעֶלְיוֹנוֹת לְבַטְּלָן — רוֹאִין אֶת כָּל לִיטְרָאוֹת הַתַּחְתּוֹנוֹת וְהָעֶלְיוֹנוֹת שֶׁבְּכָל הַכֵּלִים ז] פְּרוּדוֹת, וְזוֹ מְעוֹרֶבֶת בְּכוּלָּן, וְהַתַּחְתּוֹנוֹת מִצְטָרְפוֹת לְהַעֲלוֹת אֶת הָעֶלְיוֹנוֹת שֶׁבְּכָל פּוּם וּפוּם. וְאִם לָאו הַפּוּמִין אֲסוּרִין. שֶׁהַתַּחְתּוֹנוֹת שֶׁאֵינָן בִּכְלַל הַסָּפֵק אֵין מַעֲלוֹת ח] הַפּוּמִין. אֲפִילּוּ יֵשׁ שָׁם ג' מֵאוֹת פּוּמִין לֹא יַעֲלוּ. דְּכָל שֶׁדַּרְכּוֹ לִימָּנוֹת לָא בָּטֵיל. דְּרָסָהּ בְּעִיגּוּל וְאֵינוֹ יוֹדֵעַ בְּאֵיזֶה מָקוֹם כו'. שֶׁדְּרָסָהּ בִּמְקוֹם הַשּׁוּלַיִם, שֶׁהַכְּלִי רָחָב, וְהַרְבֵּה לִיטְרָאוֹת סְדוּרוֹת לְרָחְבּוֹ. דִּבְרֵי הַכֹּל יַעֲלוּ. הוֹאִיל וְלֵיתֵיהּ לְאִיסּוּרֵיהּ בְּעֵינֵיהּ, שֶׁנִּדְרַס וְנִדְבַּק בַּאֲחֵרוֹת מִלְמַעְלָה וּמִלְּמַטָּה וּמִן הַצַּד — אֵין כָּאן דָּבָר שֶׁבְּמִנְיָן כְּלָל. ה"ג: וְנִמְשׁוֹךְ *חַד וְחַד מִינַּיְיהוּ וְנַקְרִיב כו'. יִטּוֹל אֶחָד אֶחָד, וּבְכָל חַד וְחַד נֵימָא: מֵרוּבָּא הוּא. וּפָרְכִינַן: נִמְשׁוֹךְ בִּתְמִיָּה. מַשְׁמַע יִקָּחֵם אֶחָד אֶחָד מִתּוֹךְ הָעֵדֶר? הָא הֲוָה לוֹ הָאִיסּוּר קָבוּעַ וְעוֹמֵד בֵּינֵיהֶם, וְקַיְימָא לָן בְּסַנְהֶדְרִין (דף עט.) מִ"וְאָרַב לוֹ" — פְּרָט לְזוֹרֵק אֶבֶן לְגוֹ, דְּכָל

תוספות

ר"מ אומר רבי אליעזר אומר כו'. תימה: לר"ל דאמר לעיל גבי חבילי תלתן: לר"מ "כל שדרכו" – קשיא, דר"מ גופיה קסבר דליטרא קליעות בטלה, ט] דאע"ג דהויא "כל שדרכו"! מיהו, בפ' "הערל" (יבמות פא.) משמע דלא אמר ר"ל כל שדרכו מקדש אלא תרומה דאורייתא, אבל בתרומה בזמן הזה, דהיא מדרבנן – לא. י] וא"ת: אם תרומה בזמן הזה דרבנן – א"כ בטלה קדושת הארץ, א"כ כלאי הכרם נמי דרבנן, ואמאי תני "כל שדרכו"? וי"ל: דכלאי הכרם הוא חד דרבנן, דאם לא בטלה קדושת הארץ היה דאוריית', אבל הכא תרתי דרבנן: חד – דבטלה קדושת הארץ, ועוד – דתרומת תאנים מדרבנן, דלא מיחייב מדאורייתא אלא דגן תירוש ויצהר. א"נ, דלעיל הכי פירושו: שהיה ר"מ אומר כל שדרכו לימנות מקדש מדאורייתא. וכיון דבדאורייתא כל שדרכו מקדש – דין הוא שיקדש בדרבנן את שדרכו, כגון חבילי תלתן של כלאי הכרם. א"נ: כלאי הכרם, כיון שיש בהן איסור הנאה, אע"ג דבטלה קדושת הארץ – חמור כמו מדאורייתא. וא"ת: ובפ"ק דמגילה (דף י.) היכי בעי למימר דקסבר ר"א קדושה ראשונה קידשה לשעתה וקידשה לעתיד לבא? ועוד, דרבי יהושע גופיה קאמר התם בהדיא הכי, אלמא קסבר: לא בטלה קדושת הארץ, *והיכי יא] לרבי יהושע דליטרא קליעות בטלה לר"ל? והיינו יכולין לפרש דלר' יהושע קדושת הארץ לא בטלה, ומ"מ ליטרא קליעות עולה – משום דתרומת תאנים דרבנן. דמטעם זה הקילו בה, לומר שהתחתונות מעלות את העליונות ואע"פ שלא נתערבו בכל העיגול. והא דמשמע בפרק "הערל" (יבמות פא.) לר"ל דאי תרומה בזמן הזה דאורייתא לא היה עיגול בעיגולין עולה, דקאמר ר"ל: והלא אני שונה עיגול בעיגולין עולה, *אלא תרומה דרבנן. ואיזה הוכחה היא? והלא ר' יהושע סבר מקריבין אע"פ שאין בית, דקדושת הבית לא בטלה, וכ"ש קדושת הארץ, ואפי' הכי סובר דעיגול עולה ובטל! ויש לומר: דר' יהושע יסבור דלא מקדש אלא ו' דברים, ור"מ דסבר "כל שדרכו" לא סבר כוותיה בהא. א"נ, י"ל בדוחק: *התם פרק "הערל" (גז"ש) ה"ג היינו בתרומת ביכורים, דהוי דאורייתא בתאנים. ומלינו סתם "תרומה" דאיירי בביכורים, דתנן במסכת פרה פ' י"א (מ"ג): דבילה של תרומה שנפלה למי חטאת, נטלה ואכלה, אם יש כבילה, בין טמאה בין טהורה – המים טמאים, והאוכלה חייב מיתה. פי': כשנטלה אדם מיד נטמא גופו מחמת נושא מי חטאת. וא"א להיות האוכלה חייב מיתה בסתם תרומה, דתרומת פירות דרבנן, אם לא נאמר דבתרומת ביכורים מיירי. *וה"נ מדקדק ר"ל מהא דעיגול בעיגולין עולה אפילו בביכורים דאורייתא. ודוחק הוא זה. אלא יש לחלק: דלענין קדושה התלויה במחיצות, כגון קדושת הבית – קאמר ר' יהושע דלא בטלה, כדדריש התם במגילה (דף ג:): "אשר לו חומה" – אע"פ שאין לו עכשיו והיה לו קודם לכן. וכן צריך לחלק [נמי לעיל] כמו שפירשתי לעיל בפרק "קדשי קדשים" (דף סא. ד"ה "מאי").

והתחתונות מעלות את העליונות. אע"פ שאינן בספק דימוע – הקילו בתרומת פירות, דרבנן. והא דתנן במס' תרומות בפ"ד (מ"ט): תאנה לבנה שנפלה לתוך לבנות ושחורות – לבנות אסורות, השחורות מותרות, ואין השחורות מעלות את הלבנות – לא דמי, דהתם *אינן השחורות ראויות להיות בספק דימוע, שלעולם השחורות ניכרות מתוך לבנות.

רבי יהודה אומר כו'. וא"ת: לר' יהודה, מאי איריא דבר שבמנין? אפילו כל מילי אוסר בכל שהוא, דהא שמעי' ליה לר' יהודה לקמן בפירקין דמין במינו לא בטיל. ובסיפא נמי, דקתני: דברי הכל לרבי יהודה יעלו – אמאי יעלו? וכן לקמן, דנקט ר"י רימוני בדן – אפילו כל מילי נמי! וכן בפ' "הנזקין" (גיטין נד:) נפלו ונתפלעו, בשוגג – יעלו, דברי רבי יהודה, אמאי? והא מין במינו לא בטיל לר' יהודה! ועוד תנן בפ' "נוטל" (שבת קמא:) רבי יהודה אומר: מעלין את המדומע באחד ומאה! *ואומר ר"ת: דלא א"ר יהודה מין במינו בכל שהוא אלא בדבר לח, דומיא דדם הפר ודם השעיר דיליף מינה לקמן, דדבר המתערב הוא. והא דאמרי' בסוף בילה (דף לט:) דחטין בחטין לא בטיל לר' יהודה – בקמח מיירי, דהוי דבר המתערב תדע, דגבי חטין בשעורין קאמר התם דבטל משום דהוי מין בשאינו מינו, ואמאי? הא מינכרי *מהדדי! אלא ודאי בקמח מיירי. ולא גרסי' בגיטין "נפלו לגת ונתפלעו", אלא "נפלו ונתפלעו", דלא מיירי בלח אלא ביבש. ובענין זה מפרש ר"ת הא דא"ר יוחנן בסוף ע"ז (דף עג.): ב' כוסות, אחד של חולין ואחד של תרומה, שמזגן וערבן זה בזה – סלק את מינו כמו שאינו, ושאינו מינו רבה עליו ומבטלו. יב] וקשיא ליה: כיון דתרומה עולה בא' ומאה – א"כ מינו נמי יסייע לשאינו מינו לבטל התרומה! אלא ש"מ דבמינו במשהו. והא דא"ר יוחנן התם (דף עג.) דכל איסורין שבתורה במינו בנותן טעם, חוץ מטבל ויין נסך, ולא חשיב תרומה – משום דבכלל טבל היא. דכיון דבחד טעמא הוא, דמפרש התם טעמא דטבל: דכהיתרו כך איסורו, דחיטה אחת פוטרת את הכרי – והוא הדין תרומה, כעלייתה כן איסורה. ובכל דוכתא דתרומה עולה באחד ומאה – בדבר יבש. ומתני' ד"הקומץ רבה" (מנחות כג.): שתי מנחות שלא נקמצו, דלא מבטלי ליה שיריים לטיבלא, דמוקמינן התם כר' יהודה – במנחת סולת איירי, יג] שנתערב לגמרי בדבר לח, ולא במאפה תנור ומחבת ומרחשת. וההיא דנבילה בשחוטה יד] ב"הקומץ רבה" (שם כג.) – בשנימוחה. וה"ר יום טוב מפלנ"י הקשה לר"ת מההיא דפסחים (דף טו.) דחבית של תרומה שנשברה בגת העליונה, והתחתונה חולין טמאין, דאמרי' התם (דף כא.) דאם נפלה לק' חולין – דברי הכל תרד ותטמא. אלמא, דאפי' לא עולה באחד ומאה! טו] ונראה שכמו כן היה יכול להקשות מההיא דשאור של חולין ושל תרומה שנפלו בעיסה, דאין לא מתערב יותר ממנו. ועוד תניא במסכת תרומה, בתוספתא פרק "סאה תרומה": לוג יין גלול שנפל לתוך ק' לוגין עכורין. *וחזר בו ר"ת, דודאי אין חילוק בין לח ליבש. ותירץ, דהא דתרומה עולה בא' ומאה – בנפלה לתוך חולין מתוקנין, דאי אפשר למבטל דהיינו חולין להיות כבטל דהיינו תרומה. וההיא דב' כוסות א' של תרומה וא' של חולין שאינן מתוקנין, דאפשר להם ליעשות תרומה – טז] *קסבר לה ר' יוחנן כמאן דאמר ב"הקומץ רבה" (דף כג:): בתר מבטל אזלינן, והוי מין במינו. וההיא דפסחים (דף כא.) ל"ק *למ"ד בתר בטל אזלי', דמשקין לכי סריחי אין שם משקין עליהן, ולא אפשר לה לתרומה שתיעשה חולין. וא"ת: וטבל במינו במשהו היכי משכחת לה? הא א"א למבטל, דהיינו החולין, שיעשו טבל! וי"ל: שנפל טבל טבול לתרומה בטבל שאינו טבול לתרומה, דהוי מין במינו, כיון דשם *טבל עליהם על שניהם. א"נ: טבל שראה פני הבית בטבל שלא ראה פני הבית. א"נ: *נפל לתוך חולין מתוקנין, ובעודה לתרומה ביד בעלים, דאפשר לאיתשולי עלה. והשתא דאתינן להכי, איכא לאוקומי ההיא דב' כוסות בחולין מתוקנין, וכגון דתרומה ביד בעלים, וההיא דפסחים בתרומה ביד כהן. ועוד י"ל לתירוץ קמא יז] *כר"ת: ההיא דפסחים (דף כא.) כר' חייא, דאית ליה: לר' יהודה נבלה ושחוטה בטלות זו בזו, ולהכי חשיב התם מין בשאינו מינו לענין משהו. אע"פ שחשובין מין במינו לענין אחד ומאה, דלא סגי להו בס'. אבל רבי יוחנן דלא כרבי חייא, דה"נ מוכח ב"הקומץ רבה" (מנחות כג:) דלאו כ"ע אית להו דר' חייא. וההיא משנה דאין דם מבטל דם, פירש בקונטרס ב"הקומץ רבה" (ג"ז שם) לרב חסדא דאזיל בתר מבטל – הויא דלא כרבי חייא. ואפילו לרבי חנינא דאזיל בתר בטל נראה דאיכא טובא, ההיא דאין רוק מבטל רוק, ואין מי רגלים מבטל מי רגלים, לקמן בפירקין. וגבי

עין משפט נר מצוה

יג א מיי' פי"ד מהלכות תרומות הלכה ו:
יד ב מיי' שם הלכה ז:
טו ג מיי' פ"ו מהלכות פסה"מ ה"א ועי"ז מהל' מאכלות אסורות ה"ו טוש"ע י"ד סימן קי סעיף ח:

מסורת הש"ס

תרומות פ"ד מ"י בילה ג:
פלוגתא דר"מ ור"י ליתא במשנה דתרומות אמנם בתוספתא דתרומות פ"ה איתא לכך ספיר איתא דתניא
גי' הג"ה ונמשך חד חד מינייהו ונקרב ונימא
חד חד נ"ק
[יומא פד: וש"נ]
[עי' תוספות חולין נה. ד"ה ספקו]
והכא לר"ל לליטרא קליעות בטלה לר"מ והיינו כנ"ל נ"ק
אלמא תרומה נ"ק
דהתם בפרק הערל היינו נ"ק
ומשום הכי נמי מדקדק נ"ק
אין נ"ק
מהדדי נ"ק
יעלה וחזר נ"ק
וסבר לה נ"ק
אפילו למ"ד נ"ק
טבל על שניהם נ"ק
אפילו נפל נ"ק
דר"ת דההיא דפסחים נ"ק

גליון הש"ס

תוס' ד"ה רבי יהודה אומר וכו' ואומר ר"ת דלא אמר ר' יהודה. עיין לקמן דף עז ע"ב תוס' ד"ה הא כסה:

שיטה מקובצת

א] באיזה עיגול דרסה דברי הכל יעלו דרסה בעיגול היינו פלוגתייהו אלא אמר רב פפא דרסה בעיגול ואין ידוע היכן דרסה וכו': ב] ונימשוך חד מינייהו וניקרב: ג] כל דפריש מרובא פריש. וא"ת הא אמרינן בעלי חיים חשיבי ולא בטלי וי"ל דהיינו דוקא כי שקלינן כולם או רובם או ודאי לא יועיל המשכה אבל אם משך כל אחד מהם בפני עצמו נימא שפיר כל דפריש מרובא קא פריש: ד] הוה ליה קבוע וכו'. בפרק גיד הנשה תנן גיד הנשה (שנתערב) [שנתבשל] עם הגידין בזמן שמכירו בנותן טעם ואם לאו כולן אסורין ופריך בגמ' וליבטל ברובא ומשני בריה חשיבה ולא בטילה ופריך למה לי לשנויי הכי תיפוק ליה משום דגיד הנשה קבוע וכל קבוע כמחצה על מחצה ומשני דאין חשיב

מחצה על מחצה רק היכא שידוע האיסור במקום קביעתו כי ההיא דתשע חנויות דחנות של נבילה ידוע ומבורר במקום קביעות והשתא קשה א"כ מאי משני הכא הוי ליה קבוע והלא אין האיסור ידוע ומבורר וי"ל דשאני הכא שיש חשיבות דבעלי חיים ומתוך כך לא בעינן ידוע ומבורר. (אא"ה בספרים שלנו לא נמצא בפ' גיד הנשה לא הקושיא ולא התירוץ אולי היה כך גירסתם עכ"ה): ה] התחתונות פשיטא ליה: ו] הפומין לבדו: ז] הכלים כאילו הן פרודות: ח] אין מעלות את הפומין: ט] בטלה ואע"ג דהויא: י] לא וליטרא קציעות מדרבנן אבל הני דלעיל דאורייתא חמירא טפי ועוד יש לומר דלעיל מיירי אליבא דנפשיה והכא אליבא דרביה. תוס' מהר"פ: יא] והיכי קאמר ר"מ אליבא דר' יהושע: יב] ומבטלו דקשיא ליה: יג] איירי שמתערב לגמרי: יד] בשחוטה דהקומץ רבה: טו] ומאה. ובתוס' מהר"פ תירץ הא דידיה והא דרביה כר"י הלבן דלקמן: טז] תרומה וסבר לה: יז] דר"ת וההיא דפסחים:

טז א מיי' פ"ח מהל' מ"א הל' יא טוש"ע י"ד סימן קי סעיף ג:
יז ב מיי' פ"ו מהלכות פסה"מ הלכה ח:
יח ג מיי' פ"ו מהלכות פסה"מ הלכה יז:

[א]וְכָל קָבוּעַ כְּמֶחֱצָה עַל מֶחֱצָה דָּמֵי. אֶלָּא נִיכְבְּשִׁינְהוּ א] דְּנָיְידִי, וְנֵימָא: כָּל דְּפָרֵישׁ — מֵרוּבָּא פָּרֵישׁ! אֲמַר רָבָא: ב] (הָשְׁתָּא דַּאֲמוּר רַבָּנַן לָא נִיקְרַב) גְּזֵירָה שֶׁמָּא יָבֹאוּ י' כֹּהֲנִים ג] בְּבַת אַחַת וְיִקְרְבוּ. א"ל הַהוּא מֵרַבָּנַן לְרָבָא: *אֶלָּא מֵעַתָּה, מְגִיסָא אֲסִירָא? מִשּׁוּם שֶׁמָּא יָבֹאוּ י' כֹּהֲנִים בְּבַת אַחַת וְיִקְחוּ. ד] בַּעֲשָׂרָה כֹּהֲנִים בְּבַת אַחַת מִי אֶפְשָׁר? אֶלָּא אֲמַר רָבָא: ה] מִשּׁוּם קָבוּעַ. אֲמַר רָבָא: הָשְׁתָּא דְּאָמְרִי רַבָּנַן לָא נַקְרִיב, אִי ו] נַקְרִיב — לָא מְרַצֵּי. אֵיתִיבֵיהּ רַב הוּנָא בַּר יְהוּדָה לְרָבָא: *חַטָּאת שֶׁנִּתְעָרְבָה בְּעוֹלָה, וְעוֹלָה שֶׁנִּתְעָרְבָה בְּחַטָּאת, אֲפִי' אַחַת בְּרִיבּוֹא — יָמוּתוּ [ב]כּוּלָּן. *בַּמֶּה דְּבָרִים אֲמוּרִים — בְּכֹהֵן שֶׁאֵין נִמְלָךְ, אֲבָל בְּכֹהֵן נִמְלָךְ, עֲשָׂאָן לְמַעְלָה — מֶחֱצָה כָּשֵׁר וּמֶחֱצָה פָּסוּל, לְמַטָּה — מֶחֱצָה כָּשֵׁר וּמֶחֱצָה פָּסוּל, אַחַת לְמַטָּה וְאַחַת לְמַעְלָה — שְׁנֵיהֶן פְּסוּלוֹת, שֶׁאֲנִי אוֹמֵר: חַטָּאת קְרֵיבָה לְמַעְלָה, וְעוֹלָה קְרֵיבָה לְמַטָּה! ז] *אֶלָּא, הָא — כְּמַאן דְּאָמַר *בַּעֲלֵי חַיִּים נִדְחִין, ח] הָא — כְּמַאן דְּאָמַר [ג]בַּעֲלֵי חַיִּים אֵינָן נִדְחִין. הֲרֵי שְׁחוּטִין, דִּלְכוּלֵּי עָלְמָא נִדְחִין, וּתְנַן

(רש"י)

דכל קבוע כמחצה על מחצה דמי. נכבשינהו דניניידו. יכוף אותם שינודו, דלא ליהוי קבוע. אמר רבא גזירה שמא יבאו י' כהנים בבת אחת ויקרבו. קא סלקא דעתך השתא דחייש לשמא אחר שיקחם אחד אחד עד ששחטו י' והם רוב, יבואו י' כהנים ויזרקו דמיהן ויקטירו אימוריהן כאחד, ואפשר לצמצם. והשתא ט] דאשתכח דקריב רובא בבת אחת, ואיכא למיחש איסורא ברובא איתיה. דבשלמא כי משיך חד חד ומקריב קמא קמא, איכא למימר דכל חד דקריב — *בהיתר, מרובא פריש, י]ואיסורי הנאה בהני דפיישי הוא, דהוו רובא לגביה. אבל השתא דקרבי כי הדדי — לא הוו הני דפיישי רובא לגבייהו. אלא מעתה מגיסא אסירא. כלומר, וכי מאחר שמשכו ולקחו אחד אחד לבדו, ובנידנוד, *דכל חד יא] דאמר דמרובא פריש, ושחטן וקבל דמן במגים בחזקה שהוא כשר — חוזרים ומצטרפין השחוטין להיות רוב, ולהיאסר? ומשני: משום יב] שמא יבאו י' כהנים בבת אחת ויקחו. מתוך התערובת. וכיון דרובא יג] *נכסי כי הדדי — איכא למיחש דאיסורא ברובא איתיה. ובבת אחת מי משכחת לה. בשלמא זריקה והקטרה — יד] איכא למימר בבת אחת. אבל לקיחה, כיון דכבשינהו ונידי — טו] כלום אפשר לצמצם לקיחתן דלא צריך לרדוף ולהשיג כל אחד? אלא אמר רבא גזירה משום קבוע. דלמא אתי למימשך ולמיסבינהו חד וחד כי לא ניידי, דה"ל קבוע וכמחצה על מחצה דמי, וליכא למיסמך ולמימר טז] מדרובא פריש. אי מקריב לא מרצי. דאידחי ליה מדרבנן יז] (נ"ל: מדאורייתא, בשעת קביעותא לא חזו עד דניידי, וגזרו ביה רבנן משום קביעותא, והוו להו דחויין מן התורה. ומתני' אפילו הוכרו לבסוף אסורין, הואיל ונדחו, ושוב אין חוזר.) *ור' אמר לי: דהאי קבוע אינו דין מן התורה כמחצה על מחצה, אלא א"כ ניכר האיסור כל יח] שהן,* (*דמגו דאחד דמינכר ילפי' לה) ושוב אינו חוזר ונראה. ואע"פ שהכשרין שבהן ראויין להקרבה, הואיל ונדחה מלהקריב לכתחלה מחמת הפסולין המעורבין בהן — נדחו לגמרי, יט] *דהוה להו כפסולין. חטאת שנתערבה בעולה. בעופות כ] קתני, דלית להו תקנתא ברעייה, שאין פדיון לעוף, כדאמרינן במנחות בפרק "המנחות והנסכים" (דף ק:). מחצה כשר ומחצה פסול. כא]ומביא חטאת ויקריבנה למטה. ותיובתא לרבא מהא דקתני: מחצה כשר. דהא הכא, אילו אתי לאימלוכי אמרי' ליה: לא תקריב, כדקתני: ימותו, שאין *משנים לפסול זה בידים מפני תקנת חבירו. וכי לא נמלך והקריב קתני דהעשוי כהלכתא — כשר. וה"נ הכשרין ירצו! הא במ"ד. פלוגתא כב] רבי יהודה ורבנן היא בסדר יומא (דף סד:). והרי שחוטין דלכ"ע. כל הנך דפליגי בבעלי חיים מודו בשחוטין דנידחין. ותנן. במתני': אם קרב הראש כו'. אברי בעל מום ואברי עולות תמימות הרבה שנתערבו, ר"א אומר: אם קודם שנמלך כג] בא הקריב אחד מן הראשים — יקרבו כל הראשים, ואפי' לכתחלה, דתלינן איסורא באותו שקרב ראשון. והא הכא, דאילו אתי ברישא לאימלוכי א"ל: כד] לא תקריב, דכתיב: "ואשה לא תתנו מהם" (ויקרא כב), וכי לא אימליך — מכשרינן הנך דפרישי, ולא אמרי': ידחו! הוא דאמר

(תוספות)

וגבי דם כסוי (חולין דף פז:) שנתערב בדם בהמה, דא"ר יהודה אין דם מבטל דם — כולהו א"א לזה להיות כזה, אפילו לרבי חנינא. דלא דמי לדם קדשים, דאפשר להיות כחולין, כמו שפי' בקונטרס ב"הקומץ רבה" (מנחות כג:) דכשילין לילה אחת — יצא מקדושתו כחולין וכוליה סתמא דהש"ס לרב חסדא דלא כרבי חייא, דאמר בפ' "גיד הנשה" (חולין ק.): חתיכה עצמה נעשית נבילה ואוסרת כל החתיכות לרבי יהודה. וגבי זרוע בשלה (שם דף צח:), דקאמר: לא נצרכא [אלא] לר' יהודה דאמר: מין במינו לא בטיל. וגבי ציר (שם צט:) דקאמר רבי יהודה: שיעורו *במאתים, ופריך: והא א"ר יהודה מין במינו לא בטל! [ומשני: שאני כו']. וההיא דבילה דמין במינו לא בטל לר' יהודה, ודם תבוסה דאמרינן בנדה (דף עא:) דאין דם מבטל דם לרבי יהודה. ואפילו לרבי חנינא צ"ע, דנראה שיש מהנך שהבאתי דלא כרבי חייא. ועוד יש ליישב תירוץ ר"ת שמחלק בין לח ליבש, ולא קשיא ההיא דפסחים (דף כט.) לר' יוחנן. דלאו אליבא דכולי עלמא קאמר: טבל ויין נסך במשהו, דמודה ר' יוחנן *דלרבנן דר' יהודה בנותן טעם. אלא רבי יוחנן סבר כה] כדרבנן בשאר איסורים, וכר' יהודה בטבל ויין נסך. וכן ברייתא דתניא כוותיה דרבי יוחנן. והשתא ההיא דפסחים (ג"ז שם) כרבנן, דמין במינו בטל כו] *מק"ו. ואיכא השתא ג' מחלוקת של תנאים בדבר, דהא תניא כוותיה דרבי יוחנן. והא דתניא בפרק "הנודר מן הירק" (נדרים נח.), כלל אמר ר"ש: כז] [כל] דבר שיש לו מתירין כו'. אמרו לו: הרי שביעית שאין לה מתירין, ותנן: השביעית אוסרת כל שהוא במינו? אמר להם: לא אמרו שביעית במינו אלא לביעור, אבל לאכילה — לא. ולא מצי למיפרך מטבל ויין נסך, דהתם סבירא להו כרבנן דכל איסורין בטילין אפי' במינן. כח] וה"ר יצחק הלבן תירץ: [הא — דידיה], הא — דרביה. דההיא דלקמן, דאין דם מבטל דם — רבי יהודה משום רבן גמליאל קאמר לה. והכי נמי משני אביי לקמן (דף עט.). (*אם כן) קשה, דרבא פליג עליה. ויש עוד לפרש ההיא דשני כוסות, דהא דאין החולין מסייעין למים לבטל את התרומה — לאו משום דמינו במשהו, אלא משום דהאי באחד ומאה והאי בששים, ולהתבטל בששים קאמר דלא מסייע ליה, דכיון דדינו במאה. וכגון דליכא מאה בין המים ויין של חולין, אבל המים רבין על התרומה ששים. דאי לאו אמרינן: סלק את מינו כמי שאינו — היה נאסר היין של חולין, משום דליכא מאה, והיה הכל נאסר, שאין המים רבים על החולין ועל התרומה בששים.

ונכבשינהו דניניידן ונימא דכל דפריש מרובא פריש. וכגון שלא בפנינו פירשו ממקום קבוע. דאי היתה הפרישה בפנינו — היו אסורין כאילו לקחן במקום קביעות. וכן מוכח בפרק קמא דפסחים (דף ט:) דתשע צבורין של *חמץ ואחת של *מצה, ואתא עכבר ושקל, דאמרי': כל קבוע כמחצה על מחצה דמי, ובפרק "גיד הנשה" (חולין צה.) אמרי' גבי תשע חנויות: בנמצא הלך אחר הרוב, אפילו נמצא ביד גוי. *והיינו טעמא, דגבי ציבורין מיירי בדשקל עכבר קמן, שנולד לנו הספק במקום קביעות, ולכך קאמר: ונכבשינהו דניידן, דכיון שיצאו ממקום קיבוען — אמרינן: מרובא פריש. והכי נמי אמרינן בפרק בתרא דיומא (דף פד:) גבי תשעה גוים וישראל אחד ביניהן, דבאותה חצר מפקחין, ובחצר אחרת אין מפקחין. אלא אמר רבא משום קבוע. — מדגזור משום קבוע, היה נראה דאי שקיל חד מן הקבוע — אסור מדאורייתא, ולא אמרי': מרובא פריש. דכיון דדבר חשוב הוא ולא בטל, היכא דה"ל קבוע — כמחצה על מחצה דמי. אבל א"א לומר כן, מדאמר רב בסמוך: טבעת של עבודה זרה שנתערבה במאה טבעות ונפלה אחת מהן ליס — הותרו כולן. ומשמע נמי לדידיה דמתני' [דנתערבו] אחד בריבוא ומית חד מינייהו, אמרי' דאיסורא מית, והשאר מותרין. ואמאי, *)אדרבה, דהיתר נפל ומית! אלא היינו טעמא דהקילו — משום דמדאורייתא בטלי ברובא, דכל מילי מדאורייתא ברובא בטלי כיון דלא ידיע. ואפילו ששה דברים, מאחר שנתערב ולא ידיע, וכן תרומה בטלה באחד ומאה. ולא שייך "כל קבוע" אלא בדבר הידוע, כגון תשע חנויות, ותשע צבורין, ותשע לפרדעים, ותשע גוים — שההיתר והאיסור כט] שלהם ידועים במקומם. במה דברים אמורים בכהן נמלך כו'. אין משנה זו שנויה כך במסכת קינים. אלא פרק אחד הוא שמתחיל כך, וקאי אכל מאי דתני לעיל ל].

*) צ"ל נימא דהיתר נפיל דהיתר מית

(שיטה מקובצת)

שיטה מקובצת
א] ניכבשינהו דניידו ונימא כו'. וקשה דהא בפ"ק דפסחים (ט:) גבי צבורין של מצה לא אמרינן כל דפריש כו' כיון דבפנינו פירש וא"כ מאי פריך הכא הלא כיון דפריש מן הקביעות בפנינו לא אמרינן כל דפריש מרובא פריש וי"ל דה"ק דנניידינהו שלא בפנינו [illegible] אחר כדי שלא נראה מהיכן פירש וכן מצינו דנכבשינהו ר"ל שנעלים אותם מעינינו כדמתרגמינן ואם העלם עלימו מיכבש יכבשון. ועוד נראה להשר מקוצי דהא דאמרינן דלא חשיב פירש מרובא היכא דפריש בפנינו מן הקביעות היינו דווקא היכא דהאיסור ידוע ומבורר במקום קביעתו כי ההיא דתשע צבורין דידוע הוא איזה צבור הוא חמץ ולכן היכא דשקיל עכבר בפנינו מאחד מהם ולא ראינו מאיזה צבור לקח לא חשיב פריש מרובא אבל הכא שהאיסור אינו ידוע במקום קביעתו ומשום חשיבות דבעלי חיים מחמרינן לעשותו כידוע הלכך שייך לומר כל דפריש כו' אע"ג דפריש בפנינו וראינו דניידי מקביעות כיון דאינו ידוע ומבורר במקום קביעתו. ב] השתא דאמור רבנן לא נקרב נמחק: ג] בבת אחת ויקרבו. פי' ויקריבו הדם והאימורין למזבח וליכא פריש מרובא כיון דרובא איכא הכא ופריך אלא מעתה מגיסא הוא דאסרה כלומר כיון שפירשו התערובות כל אחד בלבדו ונתבטל איסורן משום דאזלינן בתר הרוב היאך יחזור ויפסל מן המיגס שכן אמר הר"ם דחתיכה שאינה ראויה להתכבד שנתבטלה בשתי חתיכות של היתר שמותר לאוכלן כולן לאדם ולבשלם כולם בקדירה אחת דכיון דנתבטל האיסור שוב אינו חוזר ואוסר אע"פ שידוע הוא שהאיסור שם כיון שהתירה התורה איסור ע"י ביטול ברוב הוי ממש כהיתר גמור. ויש שהיו אוסרים מההיא דאמר (בכורות כג ע"א) נבלה בשחוטה אינה מטמא במגע ומטמא במשא לפי שבודאי נושא הנבלה ואע"פ שכבר נתבטל הנבילה וא"כ איסור שנתבטל בהיתר יהיה צריך לסלק מן הכל כנגד האיסור שנפל דאם לא יסלקנו [illegible] אסור וכן לא יכול לבשלם כולם בקדירה אחת מהאי טעמא אבל זה אינו כדפי' דכיון דנתבטל הוי כהיתר גמור והההיא דנבילה טומאה שאני ומשני גזרה שמא יבאו ויקחו בתחלת לקיחתם מן העדר דהשתא רובא פרשי בבת אחת ולא הוי פרוש מרובא: ד] ויקחו בבת אחת תיבות בי' כהנים נמחק: ה] משום קבוע. פי' שרית ליה ע"י נדנוד אתי למשרי בלא ניידי ולמימר כיון דפרשי מרובא דשרו ואנן קים לן דהוי כקבוע משום חשיבות דבעלי חיים כיון דלא ניידי כדפי' לעיל. תימה הא דתני ובנמצא הלך אחר הרוב ליחוש שמא יקח מן הקבוע כי הכא וי"ל דהתם שהאיסור ידוע ומבורר ועוד דהוא איסור דאורייתא לא שייך למיגזר אבל הכא שגם במקום הקביעות האיסור אינו ידוע שייך למיגזר שמא שקיל מספק האיסור במקום הקביעות והתם איסור מיהא מדרבנן לפי שאינו בטל ברוב משום חשיבות דבעלי חיים: ו] עיין בהשמטות בסוף המסכת: ז] למטה א"ל הא וכו': ח] הא כמ"ד בע"ח אינן נדחין. הקשה הר"ר שמואל מאן תני קינין רבי יהושע ואית ליה דחויין דקאמר תמורת פסח קריבה ואינה קריבה ומוקי לה סוף פסח שני (פסחים צו ע"ב) בנמצא קודם שחיטה דאתי שחיטה ודחיא ליה וה"ה לתמורתן אלמא אית ליה בע"ח נידחין ותירץ מורי דההיא חלוק דקודם שחיטה ואחר שחיטה ר"ע הוא דקאמר ליה ולא ר"י [illegible] מי שהיה טמא אמר ר"י שמעתי שתמורת פסח קריבה כו' אמר ר"ע אני אפרש כו' והשתא אע"ג דר"ע מפרש לה בבע"ח נידחין איכא למימר דלא קיבלה ר"י מר"ע מדלא השיב לו עקיבא כל הפורש ממך [illegible] כדקאמר ר' טרפון בפ"ק (דף יג ע"א) וה"נ אשכחן בפרק הערל דקאמר שמעתי כו' (כדף עט ע"ב) [illegible] מפרש ר"א ור"ע [כ"א] כדאית ליה ומוכח התם דר"י לא קבלה ולהכי קאמר ואין לי [illegible] לדידיה אותו חילוק דפי' ר"ע בענין דבע"ח נדחין ועי"ל דאפילו קבלה מר"ע מ"מ שמעתי קאמר [illegible] סבירא ליה דה"נ איכא בפ"ק דנדה אמר ר"י שמעתי שהמעמיד בשרף העלין כו' ופי' שם [illegible] וליה לא סבירא ליה כך נראה למורי ז"ל: ט] והשתא אשתכח דקריב: י] ואיסורא בהני דפיישי [illegible] יא] חד אמרן ביה מרובא: יב] משום דשמא יבאו: יג] דרובא נסבי כי: יד] והקטרה [illegible] למימר: טו] ונידי כולם אי אפשר לצמצם לקיחתן הלא צריך לרדוף ולהשיג את כל אחד [illegible] פריש אות ד' נמחק: יז] תיבות נ"ל כו' עד תיבת ילפינן לה בס"א אינו: יח] א) שכן [illegible] ל"ש: יט] לגמרי והוה להו: כ] בעופות קמיירי דלית תיבת דקתני נמחק: כא] [illegible] ויקריבנה למטה: כב] פלוגתא. ס"א רב ורבי יוחנן: כג] שנמלך בא והקריב אחד: כד] א"ל. ס"א [illegible] לבית השריפה שלא תקריב ספק בעל מום וכי לא אמליך והקריב אחד ויש לתלות האיסור בו [illegible] מכשירנן אברין הדומין לו ומרצין: כה] סבר כרבנן: כו] בטל בכל מקום ואיכא: [illegible] כח] במינן. חסר כאן עיין בתוספות מנחות (דף כב ע"ב): כט] והאיסור כולם ידועים [illegible] נמחק: ל] לעיל והתלמוד מביא בקוצר:

א) נראה דצ"ל ניכר האיסור לכל דמקרא דילפינן קבוע מיירי באחד מינכר.

(ל"ג) | צ"ל במאתים נ"ק | קינין פ"א מ"ב | שם פ"ג מ"א | צ"ל דלרבנן בנותן טעם נ"ק | נ"א א"ל וכן גירסת נ"ק | [יומא סד. וש"נ] | צ"ל בכל מקום נ"ק | נ"א אבל | [צ"ל מצה] | [צ"ל חמץ] | גי' נ"ק אלא ע"כ היינו טעמא

ל"ג | בהיתר קרב דמרובא נ"ק / נ"א אמו | נ"א דבכל חד אמרינן דמרובא כו' נ"ק | צ"ל נסבי נ"ק | ס"א ל"ג | הוא הג"ה רש"ק | יר"ל פרט לאורך אבן לגו | *צ"ל דמגו דילפינן לה לאחד נכרי דמינכר כ"ש | ושוב רש"ק | נ"א מקריבין

תיבות

ותנן, *ר"א אומר: אם קרב הראש של אחד מהן — יקרבו כל הראשים! הוא דאמר כחנן המצרי. *דתניא, חנן המצרי אומר: אפילו דם בכוס, מביא חבירו ומזווג לו. אמר ר"נ אמר רבה בר אבוה א] אמר רב: [א]טבעת של עבודה זרה שנתערבה במאה טבעות, ונפלה אחת מהם לים הגדול — הותרו כולן, דאמרינן: הך דנפל — ב] היינו דאיסורא. איתיביה רבא לרב נחמן: אפילו אחת בריבוא — ימותו כולן; אמאי? נימא: ג] דמית — איסורא מית! א"ל: רב דאמר כר' אליעזר. *דתנן, רבי אליעזר אומר: אם קרב ד] הראש של אחד מהן — יקרבו כל הראשים כולן. ה] והא אמר *ר"א: לא התיר רבי אליעזר אלא [ב]שנים שנים, אבל אחד אחד — לא! א"ל: אנא, *תרתי ו] קאמינא. *אמר רב: טבעת של עבודה זרה שנתערבה במאה טבעות, ופרשו ארבעים למקום אחד, וששים למקום אחר; פרשה אחת מארבעים — אינה אוסרת, אחת מששים — אוסרת. מאי שנא אחת מארבעים דלא — דאמרינן: איסורא ברובא איתיה, אחת מששים נמי אמרינן: איסורא ברובא איתיה! אלא ז] אם [ג]פרשו ארבעים כולן למקום אחד — אין אוסרות, ששים למקום אחד — אוסרות. כי אמריתה קמיה דשמואל, א"ל: הנח לעבודה זרה, שספיקה וספק ספיקה אסורה ח] עד סוף העולם. מיתיבי: [ד]ספק עבודה זרה — אסורה, וספק ספיקה — מותרת. כיצד? כוס של עבודה זרה שנפל לאוצר מלא כוסות — כולן אסורין, פירש אחד מהן לריבוא, ט] ומריבוא לריבוא — מותרין! תנאי היא. *דתניא, ר' יהודה אומר: [ה]רימוני י] באדן אוסרין בכל שהוא. כיצד? נפל אחד מהן לתוך ריבוא, ומריבוא לריבוא — אסורין. ר"ש בן יהודה אומר משום ר"ש: לריבוא — אסורין, [ו]ומריבוא לשלשה, ומשלשה למקום אחר — מותר. שמואל דאמר כמאן? אי כרבי יהודה — אפילו בשאר איסורים יא] אסור. אי כר"ש — אפילו בעבודה זרה נמי שרי! וכי תימא: שאני ליה לר"ש בין עבודה זרה לשאר איסורים. אלא הא דתניא: ספק עבודה זרה — אסורה, וספק ספיקה — מותרת, מני? לא רבי יהודה ולא ר' שמעון! לעולם רבי שמעון, יב] ושמואל סבר לה כר' יהודה בחדא, ופליג עליה בחדא. אמר מר: מריבוא לשלשה, ומשלשה למקום אחר — מותר. מ"ש

רש"י

דאמר. ר"א כחנן המצרי *ס"ל, דאפילו בשחוטין לית ליה דחייה. **אפילו דם.** שעיר הנעשה בפנים בכוס, שכבר נשחט, אם מת המשתלח — מביא חבירו מן השוק ומזווג לדם. ולא אמרינן: הואיל ונדחה הדם במיתת חבירו — ישפך, ויביא שנים ויגריל עליהן, ויתכפר בהן. **ואמאי ימותו כולן.** מכיון שמת אחד מהן — ליתלי ביה, ונימא: דאיסורא מית, והנותרים יקרבו! **כר"א דאמר** *אם קירב כו'. ומתניתין היא. אלמא תלינן איסורא בהאי דאזיל. **והא אמר ר"א.** לקמן בפירקין, דלא התיר ר' אליעזר להקריב את הנותרים אלא שנים שנים. דודאי חד מינייהו דהיתרא, שהרי לא נתערב בהם אלא בעל מום אחד, ובכל חד אמרינן: מדחבריה לאו דאיסורא — איהו נמי לאו דאיסורא הוא, והוא דאיסורא אזל ליה בהקרבה ראשונה שקרב אחד מהן. אבל אחד ואחד — לא יקריבו הראשים, דבכל חד מספקינן דלמא דאיסורא הוא, דליכא למימר מגו. יג] ***טבעת של עבודה זרה.** שנתקשטה בה עבודה זרה. **תרתי תרתי קאמינא.** שימכור הטבעות שנים שנים. **פירשה אחת מארבעים.** ונתערבה באחרות — יד] אינן נאסרות. וכולה מפרש לה ואזיל. **מאי שנא אחד מהארבעים.** דלא אסרה תערובתה? דאמרינן: איסורא ברובא איתיה, בששים. **א' מששים.** טו] נימא נמי: הך דפריש — דהיתירא הוא, ואיסורא ברובא איתיה, בחמשים ותשע הנותרים! **אלא.** ה"ק: פירשו הארבעים כולם למקום אחד, ונתערבו בשאר טבעות — אינן אוסרים, דאמרינן: איסורא בששים איתיה. ונהי טז] *דהנך עצמם, אם לא נתערבו באחרות — אסורות לעולם. דאפילו ר' אליעזר לא אמר תולין את האיסור אלא בדבר שאבד, כגון שנפלה אחת מהן לים הגדול, דומיא דקרב הראש של אחד מהן, אבל יז] לא לתלותו בששים ולהתיר את הארבעים, יח] דאין ביטול ברוב לעבודה זרה, והוו כולהו ספק יט] עבודה זרה. אבל כי נתערבו באחרות — הוו להו ספק ספיקא של עבודה זרה. **פירשו ששים למקום אחד אסורות.** דכיון דאיסורא ברובא איתיה, הוו כולהו ספק עבודה זרה. **הנח לעבודה זרה.** מלהקל בספק ספיקא כשאר איסורין, ואפילו פירשו ארבעים למקום אחד כ] אסורות. ה"ג: **תנאי היא דתניא ר' יהודה אומר רמוני בדן כו'.** רמוני בדן, אחד מששה דברים שאינן בטילים הן, הלכך אוסרים בכל כא] שהוא, אם של ערלה או של תרומה הן — כולן אסורין, ואפילו אחרונים. **ר"ש אומר לריבוא אסורין.** ריבוא הראשון, שהאיסור עצמו נפל שם — אסור. אבל פירש אחד מאותו ריבוא לג' רמונים, כב] ומן *השלישי פירש אחד למקום אחר — מותר אף הג' אמצעיים, דספק ספיקא — כג] בטיל. ופרכינן: **שמואל דאמר.** "הנח לעבודה זרה", דמשמע דבשאר איסורין לית ליה ספק ספיקא. **כמאן.** מהני תנאי סבירא ליה? **וכי תימא** כד] שני ליה לר"ש. ושמואל כר"ש אמר. *הך דתני. הך מתניתא דאותיבנא מיניה לשמואל לעיל מיניה. מאי

תוספות

ותנן ר"א אומר כו'. לא שייך למימר: אדפריך מר' אליעזר — לסייעיה מדרבנן, דאמרו: אפילו קרבו כולן חוץ מאחד מהן יצאו לבית השריפה, וגבי כוסות — ישפך לאמה! דלמא דרבנן לאו משום דחייה פסלי, אלא מטעם אחרינא כה]. **ונפלה אחת מהן לים הגדול הותרו כולן.** משום כו] דמדאורייתא ברובא בטיל, כדפירשנו, [מש"ה] הקילו כאן. ודוקא נפלה ממילא, אבל הפילה אפילו שוגג — קנסינן אטו מזיד. ודוקא לים הגדול, שאינה בעין. אבל פירשה — לא, כדמוכח בההיא כז] "ופרשו ארבעים למקום אחד", דלא מהניא פרישתה להתיר השאר. כח] וכן מוכח, דקאמר: רב דאמר כר"א, וגבי "אין המדומע מדמע אלא לפי החשבון" שמעינן ליה לר"א *בפ"ק דתרומות דאמר: היא סאה שנפלה, היא סאה שעלתה. אבל האחרים לא נתקנו. **רב דאמר כר"א.** תימה: הא טעמא דר"א משום דכתיב (ויקרא כב): "מום בם" הוא דלא ירצו, הא ע"י תערובת — ירצו, כדמפרש ביומא פ' "שני שעירים" (דף סד.). אבל בעלמא — לא! וי"ל: דהא דאיצטריך לן קרא — לא לחד בתרי אצטריך, דבלאו קרא ברובא בטיל, אלא לחד בחד אצטריך. והש"ס מייתי ליה לקרא משום דכיון דכל כך התיר הכתוב — אין ראוי להחמיר מדרבנן לגבוה. **פירש אחד מהן לריבוא ומריבוא לריבוא מותרין.** לא אצטריך "מריבוא לריבוא" אלא למימר: מאן דאסר — אסר בכולהו, כדפרישית לעיל. א"נ: משום דיש חילוק בין ריבוא ראשון לריבוא שני, דריבוא ראשון אי מתהני מכולהו בבת אחת — אסור, דקמתהני בחדא ספיקא כיון דבבת אחת מתהני. כט] אבל ריבוא שני, אפילו נהנה מכולם בבת א' — ספק ספיקא הוא, ושרי. וכן מריבוא לג' ומג' לג' — מותר. אבל אסור ליהנות מג' הראשונים בבת אחת. ומן השניים שרי מהאי טעמא *דפריש. ובקונטרס לא פירש כן. ואי

מסורת הש"ס: דס"ל נ"ק | לקמן עז: | נ"א אם קירב כו' אלמא תלינן איסורא בהאי דאזיל ומתני' רבנן היא | לקמן עז: | שייך קודם ד"ה ואמאי | נמי תרתי נ"ק | דהכא עצמם נ"ק | תוספתא דתרומות פ"ה | [נ"ל השלשה] | נ"ל אלא הא דתניא נ"ק | [יומא סג: לעיל לד: תמורה ו: מנחות נט:] | [נ"ל בפ"ה משנה כ] | [לקמן עז: פ.] | נ"א אמר רב יהודה אמר רב | דפרשתי נ"ק

עין משפט נר מצוה:

יט א ב ג ד מיי' פ"ז מהל' ע"ז הלכה י טוש"ע י"ד סימן קמ:

כ ה מיי' פט"ו מהל' מאכלות אסורות הל' ד טוש"ע י"ד סימן קי סעיף ח:

כא ו מיי' שם הלכה י עי' בכ"מ טוש"ע שם סעיף ח:

נוסחאות רש"י כת"י

טבעת של עבודת כוכבים. של תקרובת עבודת כוכבים:

שיטה מקובצת

א] תיבות אמר רב ל"ש עיין רשב"א ס' רע"ג: ב] דנפל דאיסורא נפל איתיביה ותיבת היינו נמחק: ג] נימא הך דמית דאיסורא מית א"ל רבה [אא"ה על תיבת רב כתב הרב"א נ"ל רבה עכ"ה]: ד] ראש אחד מהן אות ה' ותיבת של נמחק: ה] כולן איני: ו] תרתי תרתי קאמינא אמר רב יהודה אמר רב כנ"ל ואח"כ מצאתי מוגה [אא"ה על תיבת רב יהודה כתב הרב"א כנ"ל עכ"ה]: ז] אלא אימא פירשו ותיבת אם נמחק: ח] אסורה ס"א עד סוף כל הדורות: ט] ומריבוא לריבוא מותרין [ס"א כולן מותרין] תימה כיון דתני פירש אחד מהן לריבוא מיד הוי ספק ספיקא ולמה לי תו מריבוא לריבוא ואין לומר דנקיט לאשמועינן דמאן דאסר בריבוא קמא אסר נמי מריבוא לריבוא ולהודיעך כח מאן דאסר כדפ"ה שהרי בהך ברייתא לא הוזכר דברי האוסר כלל וי"ל משום דבריבוא קמא אסור להנות מכולן בבת אחת כו' וכן מריבוא לג' ומג' למקום אחר ג' הראשונות אסור להנות מכולן בבת אחת ולא כפ"ה דפי' דג' הראשונים היתר גמור מכולן ועוד אמר ר"י דדוקא פירשה לריבוא שנתבטלה שם אבל אם פירשה לעצמה לבדה אסור גזירה שמא יקח מן הקבוע. ומכאן קשה לפסק של ר"ת דהתיר היכא שהזאב לקח שה מהעדר [ויש ספק] שמא דרסה והחזירה לעדר ואינו יודע איזה היא והורה ר"ת דנכבשינהו כי היכי דניידי ומותרין כולן משום כל דפריש מרובא קא פריש ולא גזרינן שמא יקח מן הקבוע רק גבי קדשים משום חומרא דקדשים וקשה דהא הכא גבי עבודה זרה נמי אסור היכא דפירשה לעצמה כדפי' אלמא בשאר איסורים נמי גזרינן שמא יקח מן הקבוע ואין לומר חומרא דעבודה זרה שאני דהא בסמוך מייתי עלה מרימוני בדן וערלה ואין לדחות נמי דדוקא באיסורי הנאה גזרינן שמא יקח מן הקבוע כגון ערלה ועבודה זרה אבל טריפה לא דהא עביד בסמוך צריכותא גבי הבית של תרומה דקאמר ואי אשמועינן חבית של תרומה משום דמינכרא נפילתה ולא קאמר משום דתרומה מותרת בהנאה אלמא משמע דאין לחלק בהו וא"כ אין להתיר שה שלקח זאב מן העדר והחזירו וריב"א היה רוצה להתיר מטעם ספק ספיקא ספק אם דרוסת רגל ספק אם דרוסת השן ואפילו את"ל דרוסת הרגל ספק אם זו היא אם לאו אמנם פר"י שאין להתיר מטעם ספק ספיקא אלא היכא דהספקות שוות בתרי ביטולים כגון נתערבו באחרות ואחרות באחרות דכל הספיקות ע"י עירוב אבל הנך ספיקות דזאב ספיקן אינן שוות דספק ראשון אם זו בהמה שנטל הזאב וספק שני אם הוא דרוסת השן אם לאו: תנאי היא. וא"ת אמאי לא מייתי מההיא דלעיל נתערבו באחרות ואחרות באחרות כולן ידלקו וי"ל (דל"ג) [דאפילו גרסינן] לעיל ואחרות באחרות ר"ל וכולן אחרות באחרות ולפיכך ידלקו דאין כאן ספק ספיקא ואשמועינן דאפילו דנתערבו ונתבטלו אפ"ה ידלקו ולפיכך לא מייתי לה הכא מטעם דאני יכולים לדחותה כדפי': י] רימוני בדן אוסרין בכל שהן כיצד: יא] איסורים נמי אסר אי כר"ש: יב] שמעון ובעבודה זרה נמי שרי ושמואל: יג] מתיבת טבעת עד תיבת תרתי נמחק: יד] אינה אוסרת וכולהו מפרש לה: טו] נמי נימא הך: טז] ונהי רחם עצמם: יז] תיבת לא ל"ש ונמחק: יח] הארבעים לא דאין: יט] ספק ראשון של: כ] אחד אסורות נ"ל שצ"ל אוסרות [לשון הרב"א]: כא] בכל שהן אם: כב] ומן השלשה פירש: כג] ספיקא מותר הס"ד ותיבת בטיל נמחק: כד] וכי תימא שאני ליה לר"ש ושמואל כר"ש סבירא ליה הס"ד ומה"ד אלא הא דתני מתניתא כו' לעיל הס"ד ותיבת מיניה נמחק: כה] אחרינא. א"נ ה"מ לכתחילה אבל דיעבד אם עלו לא ירדו כמו שאפרש לקמן הילכך אית להו דאין נדחין: כו] דמדאורייתא חד בתרי בטיל ואין כאן אלא איסור מדרבנן משום דטבעת חשיבי לא בטל. כדפרשנו וכו' ותיבות ברובא בטיל נמחק: כז] בההיא דבסמוך פרשו ארבעים: כח] השאר וטעמא משום דכיון דאפשר לחזור לתערובת גזרינן לפי שישנה בעין שמא תחזור ותתערב לכאן עם התערובות אבל לים הגדול שאינו בעולם כלל שרי השאר וכן מוכח: כט] תיבת אבל ל"ש:

עין משפט נר מצוה

כב א ב מיי' פט"ו מהלכות תרומות הלכה ב:
כג ג ד מיי' שם הל' ג:
כד ה מיי' פ"ט מהל' שחיטה הל' ט סמג עשין סג טוש"ע י"ד סימן נח סעיף ד:
כה ו מיי' שם טוש"ע שם סעיף ו:
כו ז מיי' פ"ו מהלכות פסה"מ הלכה ד:

גמרא

*מ"ש שלשה – דאיכא רובא, שנים נמי איכא רובא! מאי "ג'" דקתני – תרתי והוא. ואיבעית אימא: סבר לה א] כר' אליעזר. אמר ר"ל: אחבית של תרומה שנתערבה במאה חביות ב] ונפלה אחת מהן לים ג] המלח – הותרו כולן, דאמרינן: הך דנפל – ד] דאיסורא נפל. ואיצטריך דר"נ, ואיצטריך דר"ל. דאי מדר"נ – הוה אמינא: ה"מ עבודה זרה ה] דאין לה מתירין, אבל תרומה דיש לה מתירין – לא. ואי מדר"ל, ה"א: חבית דמינכרא נפילתה, אבל טבעת דלא מינכרא נפילתה – ו] לא, צריכי. אמר רבה: לא התיר ר"ל אלא חבית, דמינכרא נפילתה, ז] אבל בתאינה – לא. ורב יוסף אמר: אפילו תאינה, כנפילתה כך עלייתה. א"ר אלעזר: חבית של תרומה ח] שנפלה בק' חביות – פותח ט] אחד מהן ונוטל הימנה כדי דימועה, ושותה. יתיב רב דימי וקאמר לה להא שמעתא. א"ל ר"נ: גמע ושתי קא חזינא הכא! אלא אימא: גנפתחה אחת מהן – נוטל הימנה כדי דימוע ושותה. א"ר אושעיא: דחבית של תרומה שנתערבה במאה וחמשים חביות, ונפתחו מאה מהן – נוטל י] הימנה כדי דימועה, ושותה ושאר – יא] אסורין עד שיפתחו; לא אמרינן איסורא ברובא איתיה. § "הרובע והנרבע" כו'. § בשלמא כולהו – לא ידיע, אלא האי "טריפה" היכי דמי? אי ידיע ליה – ליתי ולישקליה! אי לא ידע ליה – מנא ידע דאיערב? אמרי דבי רבי ינאי: הכא במאי עסקינן – כגון דאיערב נקובת הקוץ *בדרוסת הזאב. ריש לקיש אמר: [כגון] דאיערב בנפולה. יב] נפולה נמי ליבדקה! קסבר: *עמדה – צריכה מעת לעת, הלכה – צריכה בדיקה. רבי ירמיה אמר: כגון דאיעריב בולד טריפה, ור' אליעזר היא, דאמר: *)ולד טריפה לא יקרב לגבי מזבח. כולהו כרבי ינאי לא אמרי – בין נקובת הקוץ לדרוסת הזאב מידע ידיע, האי משיך והאי עגיל. כריש לקיש לא אמרי – *קסברי: העמדה אינה צריכה מעת לעת, והלכה אינה צריכה בדיקה. כר' ירמיה לא אמרי – כרבי אליעזר לא מוקמי. § "קדשים בקדשים מין במינו" כו'. § והא בעי סמיכה! אמר רב יוסף: זבקרבן נשים. אבל בקרבן אנשים – לא? איתיביה

*) [בכורות ז. חולין נח. תמורה ל:]

[חולין נח.]

רש"י

מאי שנא שלשה. והוא רביעי, דבטיל בהו. דאיכא רובא. לבטולי. ואי בעית אימא סבר לה כרבי אליעזר. שמואל דאמר: ספק ספיקא דעבודה זרה אסור, יג] דאמר כר"א. דתנן במסכת עבודה זרה (דף מט:): נטל הימנה עצים – אסורין בהנאה. הסיק בהן את התנור, חדש – יותץ, ישן – יוצן. אפה בו את הפת – אסורה בהנאה. נתערבה באחרות, ואחרות באחרות – אסורות בהנאה, רבי אליעזר אומר: יוליך הנאה לים המלח. אלמא אית ליה לר' אליעזר ספק ספיקא בעבודה זרה, מדקתני "ואחרות באחרות". ל"א: סבר כרבי אלעזר. אר"ש קאי, דאמר: מריבוא לג', ותריצנא: מאי "שלשה" דקתני – תרי והוא. ואי בעית אימא: ג' דוקא, *ודקאמרינן: תיסגי בתרי – סבר לה כר' אלעזר דאמר: לא התיר ר"א אלא שנים שנים. הלכך בעינא דלהוו ד', דלישקלינהו שנים שנים. וראשון ישר בעיני. שנתערבה בק' חביות. סתומות, ואמרינן לעיל (דף עג:) שהן אחד מו' דברים שאינן בטלין. ואצטריך דר"נ. דאמר לעיל גבי טבעות יד] הכי נמי. תרומה יש לה מתירין. ימכרם כולם לכהנים. חבית. גדולה, מקומה ניכר כשהיא נטולה מחברותיה. הילכך מינכרא נפילתה, ומוכחא מילתא דבה תליא, ולא אתי למימר: כולהו שרו בלא נפילת טו] האחד לים. אבל טבעת אין מקומה ניכר. ולא מינכרא נפילתה, ואתי למישרינהו מעיקרא בלא נפילה. תאינה. קטנה היא, ואין מקום חסרונה ניכר. כנפילתה כך עלייתה. כשם שתחילת נפילתה בתוך ההיתר נחשבת בעיניך לאסור את אלו, כך כשעלתה מתוכן – יחשב בעיניך מקום עלייתה להתיר. בק' חביות סתומות. דלא טז] בטילות. פותח אחד מהן. וכיון דנפתחה יש לה ביטול, הלכך נוטל הימנה כדי דימוע אחת ממאה יז] ואחת שבה, דהא אחת נתערבה בק'. גמע ושתי קא חזינא הכא. דא"כ דפותח לכתחילה, הא דקי"ל חביות סתומות דלא בטלי, היכי משכחת לה? נפתחה. בלא מתכוין* יח]. כדי דמועה. אחד מק'* (ג) שבהן. והשאר אסורות עד שיפתחו. ולא אמרינן: יטול אחת מן הק', דאיסורא ברובא איתיה, ויהא הכל מותר, ויפתח החמשים לכתחילה. לא ידיע. אין פסולן ניכר, שיוכל לברר ולהוציא הפסול מביניהם. אלא טריפה אי ידיע ליה. כגון נחתכו רגליה מן הארכובה ולמעלה, או ניקב קרוס של מוח – יט] שטריפתה ניכר. מנא ידע. מעיקרא שזו המעורבת טריפה היתה. נקובת הקוץ. כ] *ואינה נקובה לחלל וכשירה. ומום נמי לא הוי, דהדר בריא. דרוסת הזאב. טריפה, מפני שהארס שורפה. ולא כא] ידע בין נקובה לדרוסה. נפולה. מן הגג, ואינה יכולה לעמוד, ספק טריפה היא. ואם שחטה קודם כב] ששהתה מעת לעת – טריפה משום ריסוקי אברים, ואפילו בדקה ולא מצא בה נקובת ריאה או מעיים ולא פסוקת חוט השדרה כג] *ושום סימן טריפות. ואם ששהתה מעת לעת ושחטה – צריכה בדיקה מכל סימני טריפות. וכיון דאיתחזק בה ספק טריפות – אין מכניסין אותה לעזרה לשוחטה, משום "הקריבהו נא לפחתך". נפולה כד] נבדקת. אם תעמוד ותלך – כשירה לגמרי. דאיכא למאן דאמר ב"אלו טריפות": עמדה – אינה צריכה מעת לעת, הלכה – אינה צריכה בדיקה. קסבר. ר"ל: עמדה על רגליה – אפילו הכי צריכה מעת לעת, ואף אם הלכה – צריכה בדיקה לאחר שחיטתה, שאין זו בדיקתה. ולד טריפה לא יקרב. בפרק "כל האסורים" במסכת תמורה (דף לא.) מפרש כה] טעם. דרוסת הזאב משוך. הנקב ואינו עגול, שהציפורן קורע ויורד. עמדה. על רגליה, אינה צריכה מעת לעת. אבל בדיקה בעיא, ואם הלכה – אף בדיקה אינה צריכה. יקרב. לשם מי שהוא. והא בעיא סמיכה. בבעליו, ולא ידיע מנו כו]. אבל קרבן אנשים לא. מתכשר בתערובת? בתמיה.
קרבן

תוספות

ואי בעית אימא סבר לה כר' אליעזר. פי' בקונטרס בלשון ראשון: כז] שמואל, דאמר לעיל: ספק עבודה זרה וספק ספיקא אסורין ובשאר אסורין ל"ל – דאמר כר"א, דאית ליה ספק ספיקא בעבודה זרה אסורין. דתנן: נטל הימנה עצים – אסורין בהנאה, הסיק בהן את התנור, חדש – יותץ, ישן – יוצן. אפה בו את הפת – אסורה בהנאה. נתערבה באחרות ואחרות באחרות, דה"ל ספק ספיקא – כולן אסורין בהנאה. ר"א אומר: יוליך הנאה לים המלח. אלמא אית ליה לר"א ספק ספיקא בעבודה זרה, מדבעי פדיון. וקשה לר"ת: חדא, מאי כח] "סבר לה כר"א"? הא רבנן נמי כט] אסרי! ודוחק לפרש: ל] *דברי ר"א ומחלוקתו קאמר. ועוד: דר"א בשאר איסורין נמי אסר התם. ועוד: דהל"ל: "דתנן", ולאתויי מתני' דהתם, לא] דכיון שלא הוזכרה בכולה שמעתא. ועוד: דלעיל פירש דלא גרסינן התם "ואחרות באחרות". ועוד: שכתוב בכל הספרים "סבר לה כר"א אליבא דר"א"! ונראה כלשון אחרון שפירש בקונטרס, דר"ש סבר לה כר"א, דאמר: תולין את האיסור להקל ולומר האיסור הלך לו. דאמר: אם קרב לב] *הראשון של אחת יקרבו כל הראשים. וא"ר אלעזר: לא התיר ר"א אלא שנים שנים. *הכא נפל איסור לריבוא – אסורין, שזה ספק ראשון ורימוני באדן לא בטלי. מריבוא לג' – דה"ל ספק ספיקא, לג] דאמר: איסורא בריבוא איתיה, ואילו ארבעה מותרין. וארבעה בעינן כדי שימכרו שנים שנים, דאי נפל לד] מב', והוא שלישי – נמצא האחד באיסורו כשימכרו השנים. וליהנות מכולן בבת אחת פשיטא דאסור, כדפרישית לעיל. וכן ר' אליעזר דאמר: יקרבו הראשים כולן – לא להקריב בבת אחת מתיר, אלא שנים שנים. ונראה דאין הלכה כשמואל לה] אפילו בספק ספיקא בעבודה זרה, דקיימא לן כרב באיסורי. ואפילו ספק ראשון נראה דשרי בהולכת הנאה לים המלח, דקי"ל כר"א בפ' "כל הצלמים" (ע"ז דף מט:). ואפילו לשאר איסורין היה אומר רבינו שמואל שיש להם פדיון, כדפרישית לעיל*. דאיערב בולד טריפה ורבי אליעזר היא. אפילו למ"ד: היא וולדה נרבעו, לא אמרינן: היא וולדה נטרפו, דעובר יש לו חיות בפני עצמו, ואינו נטרף עם האם. האי משוך והאי עגול. וא"ת: הא דאמר בפ' "אלו טריפות" (חולין דף נג.) ספק שורגא ספק קניא – לימר קניא. הא אפשר לברר, האי משוך והאי עגול! וי"ל: דה"מ – מן הזאב ולמעלה, אבל בשורגא – לא ידיע. וא"ת: א"כ, לישני: דאיערב נקובת הקוץ בדרוסת חתול, ובגדיים וטלאים! וי"ל: דניחא להו לשנויי בכל בהמות. והא דלא משני: דאיערב דרוסת הכלב בדרוסת הזאב – דלמא אפשר לברר. והא בעי סמיכה. לא מצי לשנויי: בעוף, כדמשני בפרק "כל הגט" (גיטין דף כח:) גבי "שולח חטאתו ממדינת הים", דפריך: והא בעי סמיכה! ומשני: בחטאת העוף, דהכא בזבחים מיירי. ועוד: דעופות לאו בני רעייה ופדייה נינהו. וליכא נמי למימר: מין במינו – כגון בכור בבכור, ומעשר במעשר. דמשמע דמיירי בכל קדשים. וא"ת: ולוקמה ביורש, וכרבי יהודה (ערכין דף ב.) דאמר: יורש אינו סומך! ויש לומר: דקתני דומיא דחטאת ואשם, דאין באין לאחר מיתה. וא"ת: ולוקמה *)בערל וטמא דמשלחין קרבנותיהן, כדאמרינן בפרק "תמיד נשחט" (פסחים דף סב.)! וכ"ת: בעוף איירי – הא קאמרינן התם דכל הזבחים ערל וטמא משלחין כו', ועוף לאו זבח הוא! וכ"ת: בבכור ומעשר – הא "כל הזבחים" קאמר! וכן קשה בפ' "כל הגט" (גיטין דף כח:) גבי שולח חטאתו ממדינת הים, דפריך: והא בעי סמיכה! מאי קושיא? והא ערל וטמא משלחין קרבנותיהן בלא סמיכה! וי"ל: ההיא דגיטין, כיון שיש עדיין ספק בדבר, שצריך להקריב בחזקת שהוא קיים – לא היה לנו להתיר, מאחר דא"א נמי לקיים מצות סמיכה. ומיהו, הכא לא יתכן לתרץ כן
ויש

[דף נב: ד"ה כולן]

*) דהוי כערל וטמא נ"ק

גליונות

כר"א נ"ק

הראש של אחת מהן נ"ק

והכא נפל איסור לריבוא שזה ספק ראשון ורימוני באדן לא בטלו ומריבוא לג' כו' כצ"ל נ"ק

ע' רש"ק שכתב דקושיא זו נעלם מן הכ"מ דין י' שכתב וצ"ל כו' ע"ש

נ"ל ודקאמרת

עי' רש"ק ופנים מאירות

[וע' תוספות חולין נח: סד"ה עמדה דגרסי הכא עמדה אינה צריכה מעת לעת כו']

ואשמועינן אע"ג דבטילה ופשיטא ליה דלא נתערב יין ביין אלא חבית בחביות צריך ליטול מהן כדי דימוע אחד רש"ק

[ג"ז] מק' נ"ל

בכשר ואינה נ"ק

וסימן שום טריפות נ"ק

נוסחאות רש"י כת"י

ואב"א כו' אסור ובשאר איסורין כו' מדקתני ס"א מדבעי פדיון לא וכו': ל"א כו' וראשון ישר בעיני ולשון אחרון שבוש הוא דהוי מצי ליטלן שלשתן יחד ולמוכרן:

שיטה מקובצת

א] לה ס"א ר"ש כר"א: ב] ונפלה אחת מהן כו' דמדאורייתא נתבטלה במאה אלא רבנן גזרו עליה דכיון דהחבית סתומה היא חשיב ולא בטיל והלכך כי נפלה אחת מהן לים הגדול שרינן השאר כדפי' לעיל בטבעת ודוקא סתומות אבל פתוחות נתבטלו במאה דאינם חשובות דבהא לא גזרו רבנן כי אם במידי דחשיב כמו טבעת: ג] לים הגדול תיבת המלח נמחק: ד] דנפל ס"א דתרומה נפל: ה] כוכבים דלית ליה מתירין אבל תרומה דאית לה מתירין אימא לא: ו] נפילתה אימא לא צריכא: ז] אבל תאנה לא ומיירי שנתערבה בפחות ממאה דאי במאה נתבטלה במאה ולא דמי לחבית של תרומה סתומה דחשיבי ולא בטלה אבל תאנה לאו דבר חשיב הוא וה"ה לעיל גבי חבית שנתערב' במאה חביות דה"ה בפחות נמי אמרינן דאם נפלה אחת מהן לים הגדול דמשתרי כמו דאמרינן בתאנה הכא אלא נקט לעיל מאה חביו' להשמיענו חשיבו' דסתומה דאפ"ה לא בטל מדרבנן והכי אשמועינן בתאנה היתר: ח] תרומה שנתערבה תיבת שנפלה נמחק: ט] פותח אחת מהן: י] נוטל מהן כדי תיבת הימנה נמחק: יא] ושאר אסורות עד שיפתחו דעבדינן כאילו החבית של תרומה מעורבת בכל החביות ולא אמרינן איסורא ברובא איתא לאפוקי מרב יהודה אמר רב: יב] נפולה נמי ליבדקה פ"ה אם יכולין כולן להלוך אין כאן טריפה דאיכא מ"ד בפ' אלו טריפות עמדה אינה צריכה מעת לעת הלכה אינה צריכה בדיקה אבל מעמדה לא פריך דאפילו מאן דמכשיר טפי התם ואמר עמדה אינה צריכה מעת לעת מודה דבדיקה מיהא בעי לאחר שחיטה ומספק לא מעיילינן חולין בעזרה כדפ"ה בסמוך ומשני קסבר עמדה צריכה מעת לעת (וכו') [וכו'] והאי שנויא הוי מהלכה צריך בדיקה ומעמדה ליכא למיפרך כלל כדפי' דלכ"ע בעי בדיקה אלא אגב דנקט הלכה צריך בדיקה נקט ליה: יג] אסור ובשאר איסורים לית ליה דאמר: יד] טבעות כה"ג: טו] נפילת האחת לים: טז] דלא בטלי הס"ד: יז] תיבת ואחת נמחק: יח] מתכוין ואשמועינן אע"ג דבטלה ופשיטא ליה דלא נתערב יין ביין אלא בחביות צריך ליטול הימנה כדי דימוע וזה משום גזל השבט הס"ד ומה"ד נוטל כדי: יט] מוח שטריפותה ניכר: כ] הקוץ בבשר ולא לחלל תיבות ואינה נקובה נמחק: כא] ולא ידיע בין: כב] קודם שתשהה מעת לעת: כג] השדרה וסימן שום טריפות: כד] נפולה נמי ליבדקה אם: כה] מפרש טעמא הס"ד: כו] מנו הס"ד ומה"ד בקרבן נשים דלא בעי סמיכה דאמר מר בני ישראל סומכים ולא בנות ישראל סומכות הס"ד: כז] ראשון שבא לתרץ לשמואל בענין אחר שלא יצטרך לומר דסבר ליה כוותיה בחדא ופליג עליה בחדא אלא שמואל דשני ליה בין עבודת כוכבים לשאר אסורים כר"א דאית ליה בפרק כל שעה ספק ספיקא אסורין: כח] מאי קאמר סבר: כט] אסרי לשון מהר"פ והלא כ"ש דרבנן דידיה אוסרים יותר דאומרים דאין לו פדיון ועוד למה המתין עד הכא והפסיק הענין בדברים אחרים לכך נראה פי' ר"ש בע"א דבא לתרץ אמאי דסליק מיניה דהקשה תלמודא אמאי נקט ג' דאיכא רובא כו' ומשני סבר לה כר"א דאמר לעיל לא התיר כו' וה"נ לא סגי בתרי והוא דאם ימכור שנים לא ישאר כי אם אחד ובחד לבדו לא שרי ר"א אבל כי איכא שלש והוא הרי ד' יכול למוכרם שנים שנים ומה שהקשה כי נמי איכא תרי והוא אמאי ליכא תקנתא בחד הנשאר הרי יכול למוכרם כל השלשה יחד שלא יהא אחד לבדו לאו פירכא היא דא"כ אם ימכרם יחד לא יוכל ליהנות בבת אחת מכולם דאז ליכא אלא חד ספיקא: ל] לפרש כדר"א ומחלוקתו: לא] דהתם כיון שלא: לב] קרב הראש של אחד מהן יקרבו: לג] ספיקא אמרינן איסורא: לד] נפל לשנים והוא: לה] כשמואל דאסר:

איתיביה אביי: א] קרבן יחיד שנתערב בקרבן יחיד, וקרבן ציבור שנתערב בקרבן ציבור, וקרבן יחיד וקרבן ציבור שנתערבו זה בזה – נותן ד' מתנות מכל אחד ואחד, ואם נתן מתנה מכל אחד – יצא, ואם נתן ב] ארבע מכולן – יצא. במה דברים אמורים – שנתערבו חיין, אבל נתערבו שחוטין – נותן ארבע מתנות מכולן, ואם נתן מתנה אחת מכולן – יצא. רבי אומר: רואין את המתנה, אם יש בה כדי לזה וכדי לזה – כשרה, ואם לאו – פסולה; קתני יחיד דומיא דציבור, מה ציבור – גברי, אף יחיד – גברי! ג] אמר רבא: ותסברא, הא מתרצתא היא? דקתני: במה דברים אמורים – כשנתערבו חיין, אבל נתערבו שחוטין – לא; מה לי חיים מה לי שחוטין? אלא הכי קאמר: בד"א – שנתערבו שחוטין כעין חיים, בכוסות. אבל בבולל – נותן ד' מתנות לכולן, ואם נתן מתנה אחת ד] לכולן – יצא. רבי אומר: רואין את המתנה, אם יש בה כדי לזה וכדי לזה – כשרה, ואם לאו – פסולה. ומי אית ליה לרבי האי סברא? והא תניא, *אמר רבי: לדברי ר"א, הזאה

רש"י

קרבן יחיד שנתערב כו'. בכולהו גרסינן: קרבן. קרבן יחיד בקרבן ציבור. כגון שעיר נשיא בשעיר הרגלים, או עולה בעולה. הכי גרסינן: ואם נתן מתנה מכל אחד יצא. כדאמרן בפרק "בית שמאי" (לעיל דף לו:): כל הניתנין על המזבח החיצון, שנתנן במתנה אחת – כיפר. ארבע מתנות. שתים מתנות שהן ארבע, קאמר. בד"א. דבעינן ארבע מתנות מכל אחד לכתחילה. אבל נתערבו שחוטין. שנבלל דמם בכוס אחד – נותן ד' מתנות מכולם יחד, שהרי יש כאן משניהם. קסבר: יש בילה. אף יחיד בגברי. ואע"ג דבעי סמיכה. ומדליבור לא מצי לאותביה שאין סמיכה בציבור אלא בחטאות הפנימיו', והכא בפנימיות לא קמיירי, מדקתני: ה] ארבע מתנות. ותסברא הא מתרצתא היא. והאי "חיין" דוקא הוא, ואנתערבו קודם סמיכה ו]קאי? הא קתני: אבל שחוטין לא בעי ד' מכל אחד לכתחילה. ז] ובשחוטין נמי משכחת לה דבעיא, כגון שנתערבו כוסות בכוסות, ואין ידוע איזהו של זה ואיזהו של זה, ולא נבללו הדמים בכוס אחד! אלא. האי "חיין" לאו דוקא. והכי קאמר: בד"א דצריך ארבע מתנות מכל אחד לכתחילה. שנתערבו שחוטין. כוסות בכוסות, דהיינו כעין חיין, דכל חד לחודיה קאי. אבל בבולל. שני הדמים לתוך כוס אחד – נותן ארבע מתנות לכולן. והשתא ליכא לאותובי סמיכה, דהא לאחר שחיטה וסמיכה נתערבו, אבל קודם סמיכה – ח] *לא ירצו לדברי הכל. רבי אליעזר. לגבי מי חטאת קאי, ומייתינן לה לקמן בפירקין (דף פ.): צלוחית של מי חטאת המוקדשין שנפל לתוכן מים אחרים כל שהוא, רבי אליעזר אומר: יזה שתי הזאות. ולקמן מפרש מילתיה. וקאמר רבי: לדברי רבי אליעזר, הזאה אינה צריכה שיעור אגבא דגברא. דאי צריכה שיעור, נהי נמי דיש בילה, וסמכינן עלה דודאי יש *בכלל הזאה מן המים הכשרים, ומצטרפין מה שבראשונה ומה שבשניה – מי יימר ט] דמליא שיעורא? הזאה

תוספות

ויש לומר דהכא נמי, כיון שיש לו תקנה ברעיה – אין לעשות בלא סמיכה. דכי האי גוונא מפלגינן נמי לקמן (דף עו.) גבי אשם, משום דאית ליה תקנה ברעיה. והשתא לא צריכא בההיא דגיטין לטעמא דפרישית, דהתם נמי כיון י] דאפשר לקיים מצות סמיכה, שיביאנו הוא עצמו, אין לו לעשות בלא סמיכה. ומיהו קשה מההיא דפסחים פרק "האשה" (דף פח:): נ"ק חמשה שנתערבו יא] [עורות] פסחיהן נ"ק [ונמצא יבלת באחד מהן] – דפטורין מלעשות פסח שני, אע"פ שהיו יכולין להביא יב] במותר הפסח, ולא יעשו סמיכה – אפילו הכי פטורין, משום דפסח לא בעי סמיכה, ומותר הפסח בעי סמיכה. ומאי קפידא איכא אם לא יעשו סמיכה? הא ערל וטמא משלחין קרבנותיהן! וי"ל: כיון שהוא ספק, דשמא פטור הוא מלעשות פסח – לא עשו לו חכמים תקנה, כיון דאי אפשר לתקן אם לא יעבור מצות סמיכה. מיהו תימה: מ"ש מהא דתנן בכריתות בפ' "דם שחיטה" (דף כג.): ושניהם מביאין חטאת אחת. אלמא מייתי קרבן בלא סמיכה כדי ליפטור את עצמו. ובנזיר פ' "שני נזירים" (דף נז.) שמביאין קרבן בתנאי! וי"ל: דאע"פ שתיקנו חכמים שיביא קרבן מספק בלא סמיכה כדי לפטור, מ"מ קרבן אחר שהוא מחוייב סמיכה ודאי, כגון מותר הפסח – לא התירו לו חכמים להביאו בלא סמיכה כדי לפטור את עצמו. ואם תאמר: והא דתנן במסכת שקלים, ומייתי לה בפרק "האיש מקדש" (קדושין דף נה.): בהמה שנמצאת בין ירושלים למגדל עדר, זכרים – עולות, נקבות – זבחי שלמים. והתם הא בעי סמיכה! וכ"ת: כשמצאום הבעלים ויכולין לסמוך – דלא משמע הכי, דתניא התם: בראשונה היו ממשכנים מוצאיה להביא נסכיה כו'! ויש לומר: דשאני התם דאין להם תקנה אחרת לאותן קרבנות אלא שיקרבו בלא סמיכה, וטוב להקריב בלא סמיכה ממה שנאמר ימותו. וכן י"ל ביורש שמקריב קרבן אביו אע"פ שאינו סומך, ולא אמרינן: הא בעי סמיכה. וא"ת: הא דאמרינן לקמן (דף עו:): למחר מביא אשמו ולוגו עמו, ואותו אשם טעון סמיכה. והיא סמיכה על כרחין היינו בהקפת יד ולא בסמיכה גמורה, למ"ד סמיכת אשם מצורע לאו דאורייתא. והיכי עביד בלא סמיכה? הא בעי סמיכה, ובגברא איירי, כדמוכח בתוספתא! וי"ל: דתקוני גברא שאני, כדקאמר נמי התם עלה דההיא. והא דאמר פ"ג דמועד קטן (דף טו:) דאבל אינו משלח קרבנותיו משום דכתיב "שלמים" – כשהוא שלם ולא כשהוא חסר, אבל אי לאו קרא היה משלח – איכא לאוקמא בעוף או בקרבן נשים. וכן הא דבעי התם: מנודה מהו שישלח קרבנותיו. והא דקאמר, ת"ש: כל אותן שנים שהיו ישראל במדבר מנודים היו ושלחו קרבנותיהם – היינו תמידין שבכל יום. ואם תאמר: הא דתנן בפרק בתרא דמנחות (דף קז.): "פירשתי יג] *בן בקר ואיני יודע מה פירשתי" – מביא פר ועגל, וקאמר בגמרא גבי "ששה לנדבה" דאחד מהם לפר, [ואחד] לעגל. והיכי עביד הכי? הא בעי סמיכה! וי"ל: דהתם בקיץ למזבח איירי, שהיא נדבת ליבור ולא בעי סמיכה. ומיהו קשה מההיא ד"כל המנחות באות מצה" (מנחות דף סג:) דאמר: השולח קרבנותיו ממדינת הים – כהן מניף על ידו. והיכי עביד הכי? והא בעי סמיכה! יד] ומדקתני מניף – משמע דאיירי בשלמים. ובקרבן נשים ליכא לאוקמה, דהא תנא ליה רישא: והאשה כהן מניף על ידה! ודוחק להעמידה בקרבן ערל וטמא. והנך קושיות שהקשיתי אינם לפי טעם ראשון שפירשתי, לפי שלא חשו על הסמיכה, אלא משום שיש עדיין נדנוד אחר, דשמא אינו קיים – וזה לא שייך אלא בחטאת, דאם מתו בעליה למיתה אזלא, אבל בשאר קרבנות לא. אבל לפי טעם אחרון שפירשתי, דכל היכא שיכול לתקן הדבר ולקיים מצות סמיכה אין לו לעשות בלא סמיכה, קשה! וי"ל: דאיירי ביורש, כרבי יהודה דאמר: יורש אינו סומך. והכא דלא משני ביורש – משום דדומיא דחטאת קתני, כדפרישית. וכן בגיטין (דף כח.) "השולח חטאתו" קתני. ויש לתמוה: ערל וטמא *מ"ש משלחין קרבנותיהם? הא אפשר לערל עד שימול, ולטמא עד אשר יטהר, ויעשו סמיכה! ונראה לומר: דבאותם שאין להם תקנה איירי, כגון ערל שמתו אחיו מחמת מילה, דה"א למולו בשום ענין. וטמא – כגון זב ומצורע, דאין רפואתן תלויה בעצמן. אי נמי: בקרבן הקבוע להם זמן, כגון עולת ראיה וחגיגה טו] (כגון) שהיה עובר עליהם ב"בל תאחר". וא"ת: נהי דסמיכה לא מעכבא, מ"מ ערל וטמא שאין יכולין לסמוך, נימא: כל שאינו ראוי לבילה בילה מעכבת בו! וכן בההיא דשקלים ודכריתות ודנזיר, דכל הני נמי דאין יכולין לסמוך מטעם ספק חשיב שפיר אין ראוין לבילה, כדאשכחן בפ' "המוכר את הספינה" (ב"ב פא:) גבי ביכורים! וי"ל: דנפקא לן מהא דאמרינן בפ"ג דמועד קטן (דף טז.): "וביום בואו אל הקדש אל החצר הפנימית לשרת בקודש יקריב חטאתו" – זו עשירית האיפה שהכהן מביא בשעה טז] שבא תחילה לעבוד. ודריש התם רבי שמעון: "בבואו יקריב" – בזמן שראוי לביאה ראוי להקרבה, בזמן שאינו ראוי לביאה – אינו ראוי להקרבה, כגון טמא מת ומצורע. משמע: דוקא עשירית האיפה, אבל שאר קרבנות – משלח. מיהו, אין כל כך ראיה מזה, דדלמא הא דמשלח שאר קרבנות – היינו בהני דלא בעו סמיכה, דומיא דעשירית האיפה. ויש לדקדק מהא דדרשינן *בת"כ "מזובו" ולא מנגעו – שמע מינה דטמא משלח קרבנותיו, דבהבאת קרבן איירי. ועוד יש לדקדק מדממעטינן בפ"ק דחגיגה (דף ד:) טמא מראיה, מדכתיב "והבאתם שמה" כל שישנו בביאה ישנו בהבאה – ש"מ דשאר קרבנות משלח, ולא חיישינן *לענין סמיכה בראוי לסמיכה. ומיהו למ"ד בפ' "כל הפסולין" (לעיל דף לג.) דטמא בר סמיכה, דאפשר דמעייל ידיה וסמיך – לא מצי יז] למידק מהני קראי היכא דלא אפשר לסמוך שלא תהא סמיכה מעכבת, מטעם דאינו ראוי לבילה. ושמא י"ל: דלמאן דאית ליה ביאה במקצת לא שמה ביאה, קא סבר: כל הסומך ראשו ורובו הוא מכניס. אי נמי: אית ליה דמרחק לפון. ומאן דס"ל דלא בעינן ראשו ורובו, קא סבר: ביאה במקצת שמה ביאה. מיהו, אכתי קשה: אי תיכף לסמיכה שחיטה לאו דאורייתא – א"כ *יכולה לסמוך אבראי! ויש לומר: דבפרק "כל הפסולין" (שם לג.) מסקינן דתיכף לסמיכה שחיטה דאורייתא*.

ואם נתן ארבע מכולן יצא. *פירש בקונטרס: מזה שנים ומזה שנים. ותימה: דבאחת מזה ואחת מזה סגי! ואין לומר: דאתיא כבית שמאי (לעיל דף לו:), דאמרי: ובחטאת שתי מתנות, דהא קתני סיפא: ואם נתן מתנה אחת מכולן – יצא! ויש לומר: דקאי על כל ארבע חטאות, שנים של יחיד ושנים של ציבור, ואיכא השתא ארבע כוסות. ולהכי קאמר: נתן ד' מתנות יצא, דהיינו מתנה אחת מכל אחת ואחת. הג"ה

נוסחאות רש"י כת"י

קרבן חטאת יחיד שנתערב בחטאת יחיד. בכולהו גרסינן חטאת בתוספתא חטאת יחיד וחטאת צבור שנתערבו כגון שעיר ונשיא בשעירי רגלים: ואם נתן ארבע מכולן. מזה שנים ומזה שנים יצא דכל הניתנין על מזבח החיצון כו':

הגהות בצד העמוד

[לקמן פ.]

גי' הצ"ק לא יצא כצ"ל וכס"ד ואח"כ מה"ד לדברי ר"א והשאר נמחק

צ"ל בכל

[צ"ל מן]

צ"ל מ"מ

צ"ק מ"ז

[עי' תוספות יבמות קד: ד"ה דאמר]

גי' צ"ק שיהא ראוי לסמיכה

גירסת הצ"ק יכול כו'

ליתא בספרי רש"י שלפנינו [עי' בנוסחאות רש"י כת"י]

[ועי' כ"י בגיטין פרק כל הגט דף כח: בתוספות ד"ה והא ובמהרש"א שם]

שיטה מקובצת

א] קרבן. ס"א כתיב חטאת במקום קרבן חטאת יחיד שנתערב בחטאת צבור וא"ת הא חטאת יחיד נקבה וחטאת צבור זכר ותירץ בקונטרס דמשכחת לה שעיר נשיא בשעירי רגלים דשניהם זכרים: ב] ואם נתן ד' מתנות מכולן יצא. פ"ה שתי מתנות לכל אחת וקשה דא"כ הוא כב"ש דאמר לעיל כל הניתנים על מזבח החיצון שנתן במתנה אחת כיפר ובחטאת שתי מתנות ועוד דע"כ אתיא כב"ה מדמסיים ואם נתן מתנה אחת מכולן יצא אלמא דבמתנה אחת כשרה אף החטאת כב"ה וי"ל דקאי אארבע מתנות דברייתא יחיד ביחיד וצבור בצבור ודוחק ולכן נראה דגרסינן אם נתן מתנה אחת מכל אחד יצא אי נמי אי נתן שנים מכולן יצא: ג] גברי. וה"ה דבלאו האי דיוקא מצי לאוכחי דהא לא מתוקם אלא בשעיר נשיא כדפירש בקונטרס לעיל: ד] אחת מכולן יצא אות ל' נמחק: ה] מדקתני ואם נתן מתנה אחת יצא ובפנימיות קיי"ל מתנה אחת מהן מעכבת הס"ד ומה"ד ותסברא: ו] קאמר הא: ז] לכתחילה הלא בשחוטין נמי: ח] סמיכה ירעו לדברי ותיבות לא ירצו ל"ש ונמחק: ט] יימר דאיכא שיעורא תיבת דמליא נמחק: י] כיון דיכול לקיים תיבת דאפשר ל"ש: יא] עורות פסחיהן ונמצא יבלת באחד מהן דפטורין: יב] להביא ולהתנות במותר: יג] פירשתי מן הבקר ואיני: יד] דמדקתני מניף: טו] חגיגה או כגון: טז] בשעה שמתחנך לעבודה ותיבות שבא תחילה ל"ש ונמחק: יז] למיגמר מהני תיבת למידק ל"ש:

עין משפט
נר מצוה

כז א מיי' פ"י מהלכות פרה הלכה ח:
כח ב מיי' פ"א מהלכות בכורות הלכה ג:
כט ג מיי' פ"א מהלכות איסורי מזבח הל' יב:
ל ד מיי' פ"ג מל' תמורה הלכה ב:
לא ה מיי' פ"א מהלכות איסורי מזבח הל' יב:
לב ו מיי' פ"ו מהלכות פסה"מ הלכה טו:
לג ז מיי' שם הל' כב:

אהַזָּאָה כָּל שֶׁהוּא מְטַהֶרֶת, הַזָּאָה אֵינָהּ צְרִיכָה שִׁיעוּר, הַזָּאָה מֶחֱצָה כָּשֵׁר וּמֶחֱצָה פָּסוּל! לְדְבָרָיו דְּר"א קָאָמַר. וְאִיבָּעֵית אֵימָא: הַזָּאָה לְחוּד, וּנְתִינָה לְחוּד. § "נִתְעָרְבוּ בִּבְכוֹר וּמַעֲשֵׂר" כו'. § אָמַר רָמִי בַּר חָמָא: בְּכוֹר לְב"ש *אֵין מַאֲכִילִין לְנִדּוֹת, תְּמוּרָתוֹ מַהוּ? בבְּכוֹר אֵינוֹ נִפְדֶּה, תְּמוּרָתוֹ מַהוּ? *גבְּכוֹר אֵינוֹ נִשְׁקָל בְּלִיטְרָא, תְּמוּרָתוֹ מַהוּ? אָמַר רָבָא: תַּנְיָא, בְּכוֹר וּמַעֲשֵׂר מִשֶּׁהוּמְמוּ — עוֹשִׂין תְּמוּרָה, דוּתְמוּרָתָן כַּיּוֹצֵא בָּהֶן. בָּעֵי רָמִי בַּר חָמָא: הִתְפִּיס בְּכוֹר לְבֶדֶק הַבַּיִת, מַהוּ שֶׁיִּשְׁקוֹל בְּלִיטְרָא? רַוְוחָא דְּהֶקְדֵּשׁ עֲדִיף, אוֹ דִּלְמָא זִילוּתָא דִּבְכוֹר עֲדִיף? א"ר יוֹסֵי בַּר זְבִידָא: ת"ש, נִתְעָרְבוּ בִּבְכוֹר וּבְמַעֲשֵׂר — יִרְעוּ עַד שֶׁיִּסְתָּאֲבוּ, וְיֵאָכְלוּ כִּבְכוֹר וּכְמַעֲשֵׂר; לָאו לְמֵימְרָא דְּאֵינוֹ נִשְׁקָל בְּלִיטְרָא? רַב הוּנָא וְרַבִּי חִזְקִיָּה תַּלְמִידֵי דְּרַבִּי יִרְמְיָה אָמְרִי: מִי דָּמֵי? הָתָם — שְׁתֵּי קְדוּשּׁוֹת וּשְׁנֵי גוּפִין, הָכָא — שְׁתֵּי קְדוּשּׁוֹת וְגוּף אֶחָד! מַתְקִיף לָהּ רַבִּי יוֹסֵי בַּר אָבִין: מָה אִילּוּ אָמַר "הַפְדּוּ לִי בְּכוֹר" שֶׁהִתְפִּיסוֹ לְבֶדֶק הַבַּיִת, כְּלוּם שׁוֹמְעִין לוֹ? — א] "הַפְדּוּ"?! רַחֲמָנָא אָמַר: "לֹא תִפְדֶּה"! אֶלָּא א"ר אַמֵּי: ב] כְּלוּם ההִקְנָה זֶה אֶלָּא מַה שֶּׁקָּנוּי לוֹ. § "הַכֹּל יְכוֹלִין לְהִתְעָרֵב" כו'. § מ"ש חַטָּאת וְאָשָׁם — דְּהַאי זָכָר וְהַאי נְקֵבָה, חַטָּאת וְעוֹלָה נַמִי! ג] *אִיכָּא שְׂעִיר נָשִׂיא. *הַאי שֵׂיעָר וְהַאי צֶמֶר. פֶּסַח וְאָשָׁם נַמִי לָא מִיעֲרַב, הַאי בֶּן שָׁנָה וְהַאי בֶּן שְׁתֵּי שָׁנִים! ד] אִיכָּא אֲשַׁם נָזִיר וַאֲשַׁם מְצוֹרָע. וְאִיבָּעֵית אֵימָא: *אִיכָּא בֶּן שָׁנָה דְּמֶיחֱזֵי כְּבֶן שְׁתֵּי שָׁנִים, וְאִיכָּא בֶּן שְׁתַּיִם דְּמֶיחֱזֵי כְּבֶן שָׁנָה. §

מתני' *אָשָׁם שֶׁנִּתְעָרֵב בִּשְׁלָמִים, רַבִּי שִׁמְעוֹן אוֹמֵר: שְׁנֵיהֶם יִשָּׁחֲטוּ בַּצָּפוֹן, וְיֵאָכְלוּ כֶּחָמוּר שֶׁבָּהֶן. אָמְרוּ לוֹ: *ואֵין מְבִיאִין קָדָשִׁים לְבֵית הַפְּסוּל. זנִתְעָרְבוּ חֲתִיכוֹת בַּחֲתִיכוֹת, קָדְשֵׁי קָדָשִׁים בְּקָדָשִׁים קַלִּים, הַנֶּאֱכָלִין לְיוֹם אֶחָד בַּנֶּאֱכָלִין לִשְׁנֵי יָמִים וְלַיְלָה — יֵאָכְלוּ כֶּחָמוּר שֶׁבָּהֶן. §

גמ' תָּנֵי תַּנָּא קַמֵּיהּ דְּרַב: *שְׁבִיעִית אֵין לוֹקְחִין בְּדָמֶיהָ תְּרוּמָה, מִפְּנֵי ה] שֶׁמְּמַעֲטִין בַּאֲכִילָתָהּ. אֲמַרוּהָ רַבָּנַן קַמֵּיהּ *דְּרָבָא: הָא דְּלָא כְּר"ש, דְּאִי כְּר"ש — הָאָמַר: *מְבִיאִין קָדָשִׁים לְבֵית הַפְּסוּל. אֲמַר לְהוּ: אֲפִילּוּ תֵּימְרוּ ר"ש, הָנֵי מִילֵּי — ו] *דְּאִיעֲבַד, ז] לְכַתְּחִילָּה — לָא. וּלְכַתְּחִילָּה לָא? אֵיתִיבֵיהּ אַבַּיֵי:

וְכוּלָּן

רש"י

*הַזָּאָה כָּל שֶׁהוּא מְטַהֶרֶת. חֲדָא מִילְּתָא הִיא, שֶׁהַזָּאָה כָּל שֶׁהוּא מְטַהֶרֶת. וּלְקַמָּן מְפָרֵשׁ הַמַּאי יַזֶּה שְׁתֵּי הַזָּאוֹת. וְהַזָּאָה מֶחֱצָה כָּשֵׁר וּמֶחֱצָה פָּסוּל. כְּלוֹמַר, וְלָא תֵּימָא דְּהַזָּאָה כָּל שֶׁהוּא ח] [דִּמְטַהֶרֶת] (דְּמוּעֶטֶת) (וּמִיהוּ) ט]אִם אֵין עִם הַתַּעֲרוֹבֶת פָּסוּל, אֶלָּא אֲפִילּוּ יֵשׁ עִם הַתַּעֲרוֹבֶת פָּסוּל – כְּשֵׁרָה. וּ"מֶחֱצָה" לָאו דַּוְקָא, אֶלָּא לֵיכָּא שִׁיעוּר. [וְקס"ד] דְּהוּא הַדִּין לְמַתַּן דָּמִים. וּנְתִינַת דָּם דְּמִזְבֵּחַ לְחוּד. צָרִיךְ שִׁיעוּר, שֶׁיֵּרָאֶה הַדָּם לִשְׁנֵי רוּחוֹת הַקֶּרֶן שֶׁל מִזְבֵּחַ. אָמַר רָמִי בַּר חָמָא פְּשִׁיטָא לִי בְּכוֹר לְבֵית שַׁמַּאי. אַע"פ י] כְּשֶׁהוּמַם, וּבַזְּמַן הַזֶּה. אֵין מַאֲכִילִין אוֹתוֹ יא] לְנִדּוֹת. דְּהָכִי תַּנְיָא בִּבְכוֹרוֹת בְּפֶ' "כָּל יב] פְּסוּלִין" (דף לג.). אֵינוֹ נִשְׁקָל בְּלִיטְרָא. אִם הַכֹּהֵן מוֹכֵר בְּשָׂרוֹ. אֵינוֹ נִפְדֶּה. לָצֵאת מִתּוֹרַת בְּכוֹרָה לְחוּלִּין, וְלָחוּל קְדוּשָּׁה עַל הַמָּעוֹת. מִשֶּׁהוּמְמוּ. אַף מִשֶּׁהוּמְמוּ. הִתְפִּיס כֹּהֵן בְּכוֹר לְבֶדֶק הַבַּיִת. מִשֶּׁהוּמַם. רַוְוחָא דְּהֶקְדֵּשׁ עֲדִיף. וְיִשְׁקֹל בְּלִיטְרָא, כְּדֵי שֶׁיַּמְצִיא מְכִירָתוֹ וְיִרְבּוּ דָּמָיו. דְּהָא קי"ל (בכורות דף לא.) בִּשְׁאָר פְּסוּלֵי הַמּוּקְדָּשִׁים, בִּשְׁבִיל שֶׁפִּדְיוֹנוֹ לְהֶקְדֵּשׁ הֵקִילוּ עֲלֵיהֶן לִהְיוֹת נִשְׁחָטִין בָּאִיטְלִיז, וְנִמְכָּרִין בָּאִיטְלִיז, וְנִשְׁקָלִין בְּלִיטְרָא, כְּדֵי שֶׁיִּרְבֶּה הַפּוֹדֶה אוֹתָן בִּדְמֵיהֶן מִתְּחִילָּה. חוּץ מִן הַבְּכוֹר, מִפְּנֵי שֶׁהֲנָאַת רִיבּוּי דָּמָיו אֵינָהּ אֶלָּא לַכֹּהֵן. וְהַאי דְּהִתְפִּיסוֹ לְבֶדֶק הַבַּיִת – הֲנָאָתוֹ לְהֶקְדֵּשׁ הִיא. אוֹ דִּלְמָא. יג] לָא דָּמֵי, הָתָם הֲנָאַת רִיבּוּי הַדָּמִים – אוֹתָהּ קְדוּשָּׁה עַצְמָהּ, שֶׁמְּבִיאִין בְּדָמִים קָרְבָּן כַּיּוֹצֵא בּוֹ. הָכָא – הֲנָאַת רִיבּוּי הַדָּמִים יד] דִּקְדוּשָּׁה אַחֶרֶת. לָאו לְמֵימְרָא דְּאֵין אֶחָד מֵהֶן נִשְׁקָל בְּלִיטְרָא. וְאַע"ג דְּאִיכָּא פְּסֵידָא דְּהֶקְדֵּשׁ גַּבֵּי פִּדְיוֹן שְׁאָר הַזְּבָחִים הַמְעוֹרָבִים, שֶׁפִּדְיוֹן דְּמֵיהֶם לְהֶקְדֵּשׁ (פסחים דף לח.). וְקָאָמַר דְּלָא מְזַלְזְלִינַן בִּבְכוֹר טו] *מִשּׁוּם הָנֵי. אַלְמָא מִשּׁוּם הַךְ נַמִי לָא. הָתָם ב' קְדוּשּׁוֹת וּב' גּוּפִין. הַזְּבָחִים שֶׁהֲנָאָתָן לְהֶקְדֵּשׁ הֵן קְדוּשָּׁה לְבַדָּהּ וְגוּף לְבַדּוֹ, וְהַבְּכוֹר שֶׁדָּמָיו לַכֹּהֵן קְדוּשָּׁה לְבַדָּהּ וְגוּף לְבַדּוֹ. הִילְכָּךְ לָא מְזַלְזְלִינַן בְּהַךְ קְדוּשָּׁה דְּהַאי *גּוּפֵיהּ מִשּׁוּם רַוְוחָא דִּקְדוּשָּׁה דְּגוּפָא אַחֲרִינָא. אֲבָל הָכָא שְׁתֵּי קְדוּשּׁוֹת הֵן וְגוּף אֶחָד. קְדוּשַּׁת בְּכוֹר וּקְדוּשַּׁת בֶּדֶק הַבַּיִת. וְאִיכָּא לְמֵימַר: הוֹאִיל וְרַוְוחָא דְּהֶקְדֵּשׁ בְּהַאי גּוּפָא הוּא, וְאַע"ג דְּלִקְדוּשָּׁה אַחֲרִיתֵי אָזֵיל – מְזַלְזְלִינַן בִּקְדוּשַּׁת בְּכוֹר דְּהַאי גּוּפָא. מַתְקִיף לָהּ רַבִּי יוֹסֵי בַּר אָבִין. מַאי קָמִיבַּעְיָא לֵיהּ? וְכִי מִשּׁוּם הַתְפָּסָתוֹ מְזַלְזְלִינַן בֵּיהּ? וּמַאי אִילּוּ אוֹמֵר הַפְדּוּ בְּכוֹר זֶה. שֶׁיֵּצֵא לְחוּלִּין מִקְּדוּשָּׁתוֹ לִיגָּזֵז וְלֵיעָבֵד כו'. שֶׁהִתְפִּיסוֹ לְבֶדֶק הַבַּיִת. וְיִרְבּוּ דָּמָיו. כְּלוּם שׁוֹמְעִין לוֹ. לַעֲבוֹר עַל דִּבְרֵי תוֹרָה? וּפָרְכִינַן: הַפְדּוּ רַחֲמָנָא אָמַר לֹא תִפְדֶּה. וְעַל דְּבָרָיו אֵין לַעֲבוֹר. אֲבָל לִשְׁקוֹל בְּלִיטְרָא – אֵין כָּאן עֲבֵירָה עַל דִּבְרֵי תוֹרָה. אֶלָּא א"ר אַמִּי. הָכִי אִיכָּא לְמִיפְשְׁטָא לְבַעְיָין. כְּלוּם הִקְנָה. הַכֹּהֵן זֶה לְבֶדֶק הַבַּיִת אֶלָּא מַה שֶּׁקָּנוּי לוֹ טז] (בְּגוּפוֹ) בִּבְכוֹר זֶה. וְכֵיוָן דְּאֶצְלוֹ לֹא הוּתַּר לִישָּׁקֵל בְּלִיטְרָא – אֵין יָכוֹל לְהַקְנוֹת לְבֶדֶק הַבַּיִת עוֹדֶף דְּמֵי נִמְלוּס מִשְׁקַל הַלִּיטְרָא. שָׂעִיר. אֵין לוֹ צֶמֶר אֶלָּא שֵׂיעָר, אֲבָל אָשָׁם אַיִל הוּא וְיֵשׁ לוֹ צֶמֶר. [אֲשַׁם נָזִיר וכו'. בַּאֲשַׁם נָזִיר וּבַאֲשַׁם מְצוֹרָע "כֶּבֶשׂ" כְּתִיב, וּסְתָם "כֶּבֶשׂ" בֶּן שָׁנָה הוּא]. **מתני'** כֶּחָמוּר שֶׁבָּהֶן. לְזִכְרֵי כְהוּנָּה, וּבָעֲזָרָה, וּלְיוֹם וָלַיְלָה, כְּדִין אָשָׁם. וּבַעַל הַשְּׁלָמִים יָצָא יְדֵי שְׁלָמִים, שֶׁהֲרֵי כָּל אֶחָד יִקְרַב לְמִי שֶׁהוּא. לְבֵית הַפְּסוּל. שֶׁמְּמַעֵט בִּזְמַן אֲכִילַת שְׁלָמִים וּמֵבִיא לִידֵי נוֹתָר. אֶלָּא יִרְעוּ וְיִמָּכְרוּ, כִּדְלְעֵיל. יז] יֵאָכְלוּ כֶּחָמוּר שֶׁבָּהֶן. וּבְהָא רַבָּנַן מוֹדוּ, דְּלֵיכָּא תַּקַּנְתָּא אַחֲרִיתֵי יח]. **גמ'** שְׁבִיעִית אֵין לוֹקְחִין בְּדָמֶיהָ תְּרוּמָה. מִפְּנֵי שֶׁמְּמַעֵט בִּזְמַן אֲכִילַת הַתְּרוּמָה וּמְבִיאָהּ לִידֵי אִיסּוּר אֲכִילָה, שֶׁצְּרִיכָה שֶׁתִּתְבַּעֵר מִן הָעוֹלָם קוֹדֶם שֶׁתִּכְלֶה לַחַיָּה שֶׁבַּשָּׂדֶה. וּתְרוּמָה זוֹ מִתְּבוּאַת שְׁאָר שְׁנֵי שָׁבוּעַ הָיְתָה, וּזְמַן אֲכִילָתָהּ לְעוֹלָם. דְּאִילּוּ שְׁבִיעִית – לָאו בַּת תְּרוּמוֹת וּמַעַשְׂרוֹת הִיא.

וְכוּלָּן

תוספות

הזאה כל שהוא מטהרת. דלא בעיא שיעור אגבא דגברא. אבל במנא בעיא שיעור, כדאמר בנדה (דף ט.) וביומא (דף יד.).

בכור אינו נפדה תמורתו מהו. והא דתנן בתמורה בפ' "ואלו קדשים" (דף כא.), יט] [כל הקדשים] יש להם פדיון ולתמורותיהן פדיון, חוץ מן הבכור והמעשר – לאו אתמורתן קאי. וא"ת: ולענין מאי קא מיבעיא ליה אי יש לתמורת בכור פדיון? אי לגיזה ועבודה – אפילו יש לה פדיון אסורה, כשאר פסולי המוקדשין. ואי לענין דלא בעי למיתבא לכהן – הא תנן בהדיא בתמורה בפ' "ואלו קדשים" (גז"ש) דנאכלת במומן לבעלים. ואי לענין דנאכלת בגלי ובחרדל, כדדרשינן "למשחה" לגדולה, הא כיון דלאו מתנות כהונה היא – לא שייך בה "למשחה". ואי לענין לקנות מן המעות קרבן – הא אין התמורה עצמה קריבה, ואפי' כשהיא תמימה, כדאמר ריש "ב"ש" (לעיל דף לז:): הן קריבין ואין תמורתן קריבה! וי"ל: דמיבעיא ליה אי חלה קדושה על המעות כשפדאה, או לא.

התפיס בכור לבדק הבית מהו שישקול בליטרא. אי האי דאמרי' אינו נשקל בליטרא הוי דרבנן – ניחא. אבל בהדיא מוכחא ב"חלק" (סנהדרין דף קיב:) ובפ"ק דתמורה (דף ח.) שהוא דאורייתא, דדריש "בהמתה" – מי שנאכל בתורת בהמתו, יצא בכור ומעשר שאינו נאכל בתורת בהמתו, דתנן (בכורות לא.): [כל] הקדשים נשחטים באיטליז ונשקלים בליטרא, חוץ מן הבכור והמעשר.

הפדו לי בכור בעל מום. פירש בקונטרס: שיצא לחולין ליגזז וליעבד. כ] וקשה: דאפילו בהך פדיון לא נפיק, מידי דהוה אשאר פסולי המוקדשים! וי"ל: דמיירי בבכור בעל מום מעיקרו. אי נמי:* הוה נפיק לחולין טפי משאר פסולי המוקדשין, משום דבשאר פסולי המוקדשין יש בדמיהן לורך גבוה, משא"כ בדמי בכור ומעשר.

דהאי צמר והאי שיער. האי דלא חשיב ליה בריש מנחות (דף ג.) מעשיו מוכיחין עליו משם דאמרי דיכרא אוכמא הוא, מ"מ כי דייקין ביה אפשר לברר.

איכא בן שנה דמיחזי בן שתי שנים. הא דאמרי' בפ' שני דקדושין (דף נה.) גבי בהמה שנמצאת בין ירושלים למגדל עדר, דפריך: ודלמא חטאת היא? כא] [ומשני]: חטאת בת שנתה ואשכח בת שתי שנים – לאו דוקא בת שתי שנים, אלא בת שלש וארבע, דמינכר שפיר.

שביעית אין לוקחין בדמיה תרומה מפני שממעט באכילתה. פירש בקונטרס: שהתרומה זמן אכילתה לעולם, ושביעית זמן אכילתה קודם שתכלה לחיה מן השדה, ונמצא זה מביא תרומה לידי ביעור. והא דתנן במס' שביעית (פ"ט מ"ח): כב] לאחר ביעור מחלקן שלש סעודות לעניים, רבי יוסי אומר: אחד עניים ואחד עשירים יאכלו – מ"מ ממעט באכילתה, לאחר שחילק שלש סעודות ואינו מותר כג] למיחלק. וא"ת: תרומה קודם לפסח יהא אסור לחמלה, משום דקא ממעט באכילתה! וי"ל: דהכי עדיפא ליה, ושרי משום דכתיב (במדבר יח) "למשחה". ולא דמי למבשל ירק *)בשמן תרומה (לקמן עו.). שהירק מיתקן ע"י השמן, ולא השמן ע"י הירק. ועוד: דעיסה מתחמלת מאליה. ואפילו מערב בה שאור, מ"מ בלאו הכי היתה מתחמלת קצת.

*) [נ"ל ירק של שביעית]

אין

מסורת הש"ס

ס"א הזאה כ"ש חדא מילתא הוא שהזאה אין צריכה שיעור

[בכורות לג. תוספתא דבכורות פ"ג]

בכורות לג.

[מנחות ג.]

אשם נמי איכא שעיר נשיא האי שיער נ"ק

מנחות שם

נ"ל ה"א דנפיק נ"ק

ס"א משום הך קדושה אחריתי

[פסחים לח:]

[פסחים יג: ביצה יט: בכורות כ: נדה ט:]

נ"ל גופא

תוספתא דשביעית סוף פ"ו ע"ש

[נ"ל דרבה]

[בכורות סא.]

[מנחות קה:]

ס"א

נוסחאות רש"י כת"י

שעיר. אין לו צמר אלא שער אבל אשם איל הוא ויש לו צמר שאין אשם בא אלא איל: כחמור שבהן כו'. ובעל השלמים יצא ידי (ס"א) [חוב'] נדרו שהרי השלמי' לשמן קרבו ולפי שאין ניכרים אוכלין כחומר אשם ומתן דמים של אשם ושלמים שוה: לבית הפסול שממעט את אכילת שלמים בין באוכליהן בין בזמן אכילתן ומביאן לידי נותר אלא ירעו ויסתאבו וימכרו כדאמרן גבי קדשים בקדשים מין בשאינו מינו:

שיטה מקובצת

א] הפדו רחמנא אמר לא תפדה. פ"ה אבל דאין נשקלים בליטרא הויא דרבנן ולכך מבעיא לן מי שרינן איסור דרבנן משום רווחא דהקדש וקשה דבפ' חלק משמע דהוי מדאורייתא [דדריש] בהמתה כו' והתם ע"כ בבעלי מומין איירי דאי בתמימין משללה ולא שלל שמים נפקא והכי מדקדק תלמודא התם לכך נראה דודאי אסור לשקול בליטרא לכ"ע מדאוריית' אלא שמתחילה היה נראה לו סברא להקל כיון דאיכא רווחא דהקדש ועל זה פריך אי אמר הפדו לי בכור כו' אלמא לא שמעינן ליה להקל מכח סברא גבי פדיון וה"ה לישקול בליטרא דלא מזלזלינן ביה ומתמה תלמודא הפדו רחמנא אמר כו' כלומר האי איסורא בהדיא כתיב וא"כ לא נתירנו מחמת סברא כיון שכתוב בהדיא האיסור לא תפדה אבל איסור דלישקול בליטרא נהי דמדאורייתא הוא מ"מ מסברא הוא דמיתסר שלא לנהוג בו מנהג בזיון וכיון דאין האיסור כתוב בפסוק רק מסברא בעלמא א"כ שמא יש להתירו כמו כן מתוך סברא משום רווחא דהקדש עדיף כדאמר לעיל בבעיין דאתיא סברא ומפקא מסברא וה"ה דהוי מצי לתרוצי הכי מתזבח ולא גיזה דהוי איסור מתוך הפסוק ולא מתוך הסברא אלא דעדיפא מיניה קא משני דאפילו בר פדיון ליתיה כלל אלא תפדה ועוד דלא תפדה כתוב בהדיא טפי מתזבח ולא גיזה: ב] כלום הקנה כו' כלומר מאי טעמא בעית למימר דלישקול בליטרא משום רווחא דהקדש משום דדעת הנודר להכי ולא היא דהא ודאי דעתו לא היה להכי למאי שאינו קנוי לו א"כ לא חל קדושת הקדש על זה ומאי איכפת לך לקיומי תנאה כיון דלא חל מעולם על זה קדושת הדמים: ג] נמי האי זכר והאי נקבה איכא שעיר נשיא חטאת ואשם נמי איכא שעיר נשיא האי: ד] שנים הא איכא: ה] מפני שממעט באכילתה: ו] דאיעבד ס"א דאיערוב: ז] אבל לכתחילה: ח] שהוא דמועלת תיבת דמועטת נמחק: ט] תיבת (אם) [ומיהו] ל"ש: י] אע"פ שהומם: יא] אותו אפילו שחטו במומו במדינה הס"ד ומה"ד לנדות: יב] כל פסולי המוקדשים: יג] או דילמא ס"א קדושה דבכור עדיף ולא דמי לשאר קדשים דנשקלים דהתם הנאת: יד] לקדושה אחרת אות ד' נמחק: טו] בבכור משום הכי משום הך קדושה אחריתי הס"ד מתיבת הני עד תיבת התם ל"ש ונמחק: טז] בגוף בכור זה: יז] כדלעיל: קדשי קדשים בקדשי קלים וזמן אכילתו שוה כגון תודה בחטאת ואשם דשניהם שוים ליום ולילה הס"ד: יח] אחריתי דהא חתיכות הם הס"ד: יט] קדשים כל הקדשים: כ] וקשה דהא פשיטא דלא שהרי אם היה הבכור בר פדיון כשאר קדשים לא היה מועיל בו פדיון ליגזז וליעבד שהרי שאר פסולי המוקדשים נמי כה"ג אין נפדין להתירם בגיזה ועבודה וי"ל דסברא היה להקל טפי בבכור משאר קדשים לפי שדמי בכור אינו עומד כלל למזבח אבל פסולי המוקדשין דמיהם עומדין למזבח ועל כן אי הוי שייך פדיון לבכור היה יוצא לחולין לגמרי גם ליגזז וליעבד אע"ג דבשאר פסולי המוקדשין אינו כן. תוס' אחרות: כא] היא ומשני: כב] שביעית מי שיש לו פירות שביעית לאחר: כג] מוציא למי לחלק וא"ת:

רשאין

*וכולן רשאין א] כהנים לשנות באכילתן, לאכלן צלויין שלוקין ומבושלין, ולתת לתוכן תבלי חולין ותבלי תרומה, דברי ר' ב] *ישמעאל! אמר ליה: הנח לתרומת תבלין, דרבנן. איתיביה: *אאין לוקחין תרומה בכסף מעשר, מפני שממעט באכילתה, ור' שמעון מתיר! אישתיק ליה. כי אתא לקמיה דרב יוסף, אמר ליה: אמאי לא תותביה מהא: *באין מבשלין ירק של שביעית בשמן של תרומה, *שלא יביאו ג] קדשים לבית הפסול, ור' שמעון מתיר! א"ל אביי: ולאו מי אותביתיה מהא דתבלין? ואמר לי: הנח לתרומת תבלין, דרבנן – ד] הכא נמי (תרומה) תרומת ירק דרבנן. אי הכי, איפכא מיבעיא ליה למיתני: ירק של תרומה בשמן של שביעית! ולאו מי אותביתיה ה] ממתני' דמתיר רבי שמעון, ואמר לי דאיערב – הכא נמי דאיערב. אי דאיערב, מאי טעמייהו דרבנן? מידי דהוה ו] אאשם ושלמים. מי דמי? התם – אית ליה תקנתא ברעייה, הא – לית ליה תקנתא ברעייה! הא לא דמי אלא לחתיכה שבחתיכות, דכיון דלית תקנתא – דאוכל כחמור שבהן! מתקיף לה רבינא: מי דמי? חתיכה שבחתיכות – לית לה תקנתא כלל, האי – אית ליה תקנתא בסחיטה! ורב יוסף: היכי נסחוט? נסחוט טובא – קא מפסיד בשביעית, נסחוט פורתא – סוף סוף איערובי מיערב. איתיביה: *רבי שמעון אומר: גלמחרת מביא אשמו ולוגו עמו, ואומר: אם של מצורע – ז] הרי זה אשמו וזה לוגו, ואם

רש"י

וכולן ח] הכהנים רשאין כו'. משנה היא בפ' "כל התדיר" (לקמן דף צ:), וגבי קדשים קאי. לשנות באכילתן כגון לאכלן צלויין כו'. ט] *אמר קרא: "לך נתתים למשחה" (במדבר יח) – לגדולה, כדרך שהמלכים אוכלין. ותבלי תרומה. ואע"ג דקא ממעט בזמן אכילת תרומה. אין לוקחין תרומה. הכהנים, בכסף מעשר שני בירושלים. מפני שממעט באכילתה. במקום אכילתה, דמעכשיו לא יאכלנה אלא בירושלים. כי אתא. אביי קמיה דרב יוסף. א"ל אמאי לא תותביה. נמי מהא. לבית הפסול. י] כשצריך לאכול השמן בזמן השביעית. ה"נ. דרבנן תרומת ירק. אי הכי. דמשום דרבנן הוא. איפכא מיבעיא ליה למיתני. אין מבשלין ירק של תרומה בשמן שביעית, ורבי שמעון מתיר. אבל השתא שמן תרומה דאורייתא היא, דכתיב (שם): "כל חלב יצהר", וקא שרי ר"ש. דאיערב. שמן בירק. ועל כרחו יבשלם יחד, כדמפרש לקמיה דאי אפשר לסוחטו יא] כולו ממנו. הא לא דמי כו'. סיומא דקושיא הוא. חתיכה בחתיכות. מתני' היא. וקתני: תאכל כחמור שבהן, ואפילו לרבנן. והכא נמי, אי בדאיערב עסקינן – לא הוו פליגי רבנן עליה! וקמפסיד בשביעית. ורחמנא אמר "לאכלה" – ולא להפסד. למחרת. בספק מצורע מוחלט וספק אינו מוחלט קאי, למחרת ביום השמיני. *שחיטה בצפון ובהונות. כחומר אשם. וסמיכה ונסכים ותנופת חזה ושוק. כחומר שלמים והא

תוספות

אין לוקחין תרומה בכסף מעשר שני מפני שממעט באכילתה. פי' בקונט': דמתחלה שריא לאונן, כדאמר בפ' "הערל" (יבמות דף עא.): זרות אמרתי לך ולא אנינות, והשתא אסירא, דמעשר אסור לאונן. וגם בעי חומה, ותרומה לא בעי חומה. יב] ומתוך המשנה משמע שאין הקפידא משום תרומה אלא משום מעשר, דמעיקרא שרי לזרים והשתא אסור. וגרסי' בסדר המשנה יג] *"באכילתן" כו'. והכי איתא במס' מעשר שני (פ"ג מ"ב): אין לוקחין תרומה בכסף מעשר מפני שהוא ממעט באכילתו, ור"ש מתיר. אמר להם ר"ש: אם הקילו בזבחי שלמים שהוא מביאן לידי פיגול ונותר – לא נקל בתרומה? יד] מה לי היקל בזבחי שלמים – שכן מותרין לזרים, נקל בתרומה שהיא אסורה לזרים? פירוש: אמר ר"ש: אם הקלנו ליקח שלמים מכסף מעשר, אע"פ שמביא המעשר לידי פסול פיגול ונותר – כ"ש שלוקחין תרומה הקלה מכסף מעשר. אמרו לו: אם לוקחין שלמים – שמותרין לזרים כמו מעשר. אבל אין לוקחין תרומה – שגורם למעשר להיות אסור לזרים. הגה"ה.

*למחרת מביא אשמו ולוגו עמו. פי' בקונט': "למחרת" – יום שמיני. טו] ובמנחות טז] (דף קה.) פי': "למחרת" – יום ששים. והכל אחד, דאספק נזיר טמא וספק מצורע טמא קאי, כדמוכח בתוספתא דנזיר פרק בתרא. והכי איתא התם: ספק נזיר טמא יז] וספק נזיר טהור, אבל נזיר ודאי היה. ספק מצורע טמא, פירוש: מוחלט, ספק מצורע טהור, פי': שטהר כבר, אבל מצורע ודאי היה. פירוש: בחד גברא איירי, שיש בו כל ספיקות הללו. אוכל בקדשים לאחר ששים, ושותה יין ומטמא למתים לאחר מאה ועשרים יום. כילד? אמרו לו: נזיר טמא אתה, לא ומנה שבעה. הזה ושנה, גלח והביא קרבן, מנה *שבעה ומבקש לגלח. אמרו לו: נזיר טהור אתה, ואין טהור מגלח פחות משלשים יום, לא ומנה עשרים ושלשה יום להשלים שלשים. מנה שלשים ומבקש לגלח, אמרו לו: נזיר טהור אתה, ואין נזיר מגלח אלא על הדמים. פירוש: *שלש בהמות חייב להביא, חטאת עולה ושלמים, ועל אחת מהן יכול לגלח. וחטאת בהמה אינה באה על הספק, ושלמי נזיר נמי טעונין תנופה, וזה אין יכול להניף מפני שהוא ספק מצורע טמא. אבל עולה יכול להביא על תנאי. והיינו דקתני: כילד הוא עושה? מביא עולת בהמה, ומתנה עליה, ואומר: אם טהור אני – הרי זו חובה, ואם לאו – הרי זו נדבה. כילד הוא עושה להחמיר עליו – מביא פיילי של חרס חדשה יח] ונותנין לתוכה רביעית מים חיים, ומביא [שתי] לפורי דרור כדין כל המצורעין ביום תגלחתן, וחטאת העוף – פירוש: כדין נזיר טמא, דשמא נזיר טמא הוא ותגלחת זו של טומאה, ואינו מתחיל נזירות טהרה עד שיביא חטאתו של טומאה, יט] (יש) שחטאתו מעכבתו מלמנות נזירות. אבל אשמו אינו מעכבו. ומשיגלח תגלחת *טומאה הוא אסור לגלח עד שימנה נזירות טהרה, ולהכי צריך להביא חטאת נזירות טומאה למנות נזירות טהרה ולגלח בסופה לטהרת צרעתו. והאשם ישהה עד *תגלחת הטומאה שיעשה אחרי טהרתו בודאי מן הצרעת, שאותה תעלה לו ודאי לטומאת נזרו. כמו שמפורש בסוף הברייתא דימי צרעתו אין עולין לימי נזרו, ותגלחת צרעתו אינה עולה לתגלחת נזרו, כדאמרי' בפ' "מי שאמר הריני נזיר מגלח" (נזיר דף יז:) ובפ' "ב' נזירים" (שם דף ס:). ומה שמביא חטאתו ביום תגלחתו – היינו כר' עקיבא, דאמר במס' נזיר (דף מז.): אם גילח בשמיני – מביא קרבנותיו בו ביום. והכא נמי הוי כגילח בשמיני, שהרי שוהה תגלחתו. ומתנה על חטאתו, ואומר: אם טמא אני – חטאת מחובתי ועולה נדבה, פירוש: עולה שאמרנו למעלה. ואם טהור אני – עולה מחובתי וחטאת העוף ספק. ומגלח ראשו וזקנו וגבות עיניו כדרך שהמצורעים *מגלחים. ומביא עולת בהמה ומתנה עליה כו'. ונראה שחסר מן התוספתא "וסופר שלשים יום", וגרסי': "וסופר שלשים יום ומביא עולת בהמה" כו'. שהרי ספק נזירות טהרה הוא מונה, ואינו יכול לגלח תגלחת שניה לצרעתו עד שיזרוק עליו כ] ויביא אחד מן הדמים *עולה וחטאת ושלמים. *וישהה עד סוף נזירות טהרה שאחר טהרת צרעתו שעולה בודאי, ואומר: אם טמא אני, פירוש: אם טמא הייתי בתגלחת ראשונה העולה ראשונה נדבה היתה, וזו תהא חובה, וחטאת העוף שהבאתי בתגלחת ראשונה מחובתי. ואם טהור אני – עולה ראשונה חובה וזו נדבה, שתגלחת זו של עכשיו אינה כלום, וחטאת העוף כא] ספיקו. *מגלח ראשו וזקנו וגבות עיניו כדרך מצורעין. ותגלחת זו היתה ראויה ליעשות בסוף שבעת ימי ספרו מתגלחת ראשונה, אבל לא היה יכול, משום דגילוח ספק מצורע אינו דוחה איסור גילוח הנזיר. רבי שמעון אומר: כב] מחר יביא אשמו ולוג בידו כדין מצורע בשמיני שלו, והוא יום ששים ואחד, ומתנה עליו, לפי שהוא ספק מצורע. וחטאת מצורע שמעכבת טהרתו אינו יכול להביא מבהמה, שאין חטאת בהמה באה על הספק, לפיכך יביא חטאת העוף. ואם הוא עשיר – יכתוב נכסיו לאחרים ויהא עני, ויביא קרבן עני, דהיינו עוף. ור' שמעון לטעמיה, דאמר במס' ערכין (דף יז:): אפי' היה עשיר בשעה שהביא ליפורים או בשעת הבאת אשם, והעני – הכל הולך אחר חטאת. ואפי' לתנאי דפליגי עליה איכא לאוקמא להא דהכא, ולפרושי: יכתוב נכסיו לאחר מעיקרו. ומתנה על חטאת העוף, ואומר: אם טמא הוא, פירוש: אם מצורע הוא – הרי זו חובתו, ואם לאו – הרי זו ספיקו. ואוכל בקדשים מיד, אבל לשתות יין וליטמא למתים אינו יכול, שאין ימי נזרו עולין לו *מתוך ימי צרעתו. כילד יעשה? לדברי בן זומא כג] שאינו מצריך לבקש אחד מן השוק לידור כנגדו בנזיר, כמו שמצריך ר' יהושע בפרק "שני נזירים" (נזיר דף נט:) – סופר שלשים יום, ומביא עולת בהמה ומגלח. פירוש: ספק תגלחת טומאה וספק תגלחת טהרה. דשמא מצורע היה ונזיר טמא, ולא עלו לו אחת מתגלחותיו לנזירותו, רק לצרעתו, שאין ימי נזרו עולין מתוך ימי צרעתו. ולסוף שבעה, אחר טהרת ימי צרעתו – אינו יכול לגלח, דשמא נזיר טהור הוא. אבל הזאה לא בעי, שכבר הזה ושנה. ואפי' לסוף שלשים אינו יכול כד] *עד שיזרוק עליו אחד מן הדמים. ומביא חטאת העוף משום ספק תגלחת טומאה, שאינו יכול להתחיל מנין נזירות טהרה עד שיביא חטאת, וכדפרישית. ומתנה עליה כתנאי שלמעלה בתגלחת ראשונה. וה"ה שיש להתנות שאם אינו נזיר עכשיו כלל, שכלתה נזירתו מתגלחת שלמעלה – העולה נדבה וחטאת העוף ספיקו. אך התנא לא חש לפרש כל זה. *סופר שלשים יום ומביא קרבנותיו שלמים ודאי, *עולת בהמה ספיקו, ומתנה עליה, ואומר: אם טמא הייתי בתגלחת שלישית – העולה ראשונה נדבה

עין משפט נר מצוה

לד א מיי' פ"ג מהלכות מעשר שני הל' יח:
לה ב מיי' פ"ה מהלכות שמיטה ויובל הל' ד:
לו ג מיי' פ"ו מהלכות נזירות הלכה ז:

מסורת הש"ס

דאמר נ"ק | לקמן צ: | נ"א שמעון | מעשר שני פ"ג משנה ב | שביעית פ"ח משנה ז | [בכורות ס:] | נ"ק מ"ז | שייך לע"ב | נזיר ס. מנחות קה. נדה ע. | בכאכילתו נ"ק | עי' ברמב"ם פ"י מהל' נזירות ובכ"מ ועי' רש"ק | שבעה והזה ושנה ומבקש כו' נ"ק | עד שיזרוק הדם שלש כו' נ"ק | טומאה אסור כו' נ"ק | תגלחת שניה שיעשה נ"ק | גי' הנ"ק מגלחים ואחר גילוח זה כתוב בתוספ' ומביא כו' כנ"ל | משהא נ"ק | ומגלח נ"ק | לו לימי צרעתו נ"ק | לגלח עד נ"ק | וסופר נ"ק | ועולת נ"ק

שיטה מקובצת

א] רשאין הכהנים: ב] ר' שמעון תיבת ישמעאל נמחק: ג] תיבת קדשים נמחק: ד] הכי נמי דרבנן (ותיבות תרומה תרומת ירק נמחק). פ"ה דמיירי בתרומת ירק דרבנן ועל זה פריך אי הכי איפכא מבעיא ליה דנהוי מוכח בברייתא דמיירי בתרומ' דרבנן וזה דוחק דאיך היה טועה בזה לומר דמיירי בתרומת ירק דרבנן דבברייתא מזכיר בהדיא שמן של תרומה לכך נראה דה"פ ה"נ דרבנן פי' דשמן של תרומה דקתני בברייתא מיירי בשמן שומשמין ואגוזים דתרומה דידהו לא הוי אלא מדרבנן דמדאורייתא לא הויא תרומה אלא שמן של יצהר ועליה פריך אי הכי דמיירי בתרומה דרבנן איפכא מבעיא ליה למימר ירק של תרומה בשמן של שביעית דלא ליתי למטעי כלל בתרומה דאורייתא אלא ש"מ דבתרומה דאורייתא מיירי ומשני דמיירי דאיערב כבר: ה] תיבות ממתני' דמתיר ר"ש ל"ש: ו] אאשם. פי' דאמרי אינהו ירעו דחיישינן להבאת לבית הפסול גליון: ז] מצורע הוא הרי: ח] וכולן רשאין הכהנים כו': ט] כו' דאמר: י] שצריך לאכול השמן בתוך זמן הביעור הס"ד: יא] לסוחטו כו' הס"ד תיבת כולו ממנו נמחק ומה"ד הא: יב] חומה ולא נהירא דאי קאי אתרומה הוי ליה למימר מעשר אין לוקחין בדמיהן תרומה כדלעיל דלעולם מה שאין ממעט באכילתו פתח ברישא ועוד מתוך המשנה כו' אסור לכך נראה דגרסי' באכילתו שהמעשר נאכל לכל ותרומה לכהנים. מהר"פ: יג] המשנה באכילתו והכי. אות ז ותיבת כו' נמחק: יד] בתרומה. אמרו לו מה אם היקל בזבחי: טו] שמיני. ומיירי בספק נזיר טמא ומצורע. תוס' אחרות: טז] ובמנחות פ' בתרא פירש: יז] ספק נזיר אות ו' נמחק: יח] חדשה ונותן לתוכו רביעית מים חיים ומביא שתי צפרי דרור: יט] טומאה שחטאתו מעכבתו מלמנות נזירות טהרה אבל: כ] הדמים ומביא עולה וחטאת ושלמים ישהה עד: כא] העוף ספק ומגלח: כב] אומר למחר יביא: כג] זומא. פי' שאינו: כד] איני יכול לגלח עד:

לז א מיי' פ"ה מהל' מחוסרי כפרה הל' ד:
לח ב מיי' פ"ה מהל' איסורי מזבח הל' ה:
לט ג מיי' שם הל' ג:

ואם לאו – אשם זה של שלמי נדבה. ואותו אשם טעון שחיטה בצפון, ומתן בהונות, וסמיכה, ונסכים, ותנופת חזה ושוק, ונאכל ליום ולילה! *תקוני גברא שאני. התינח אשם, לוג מאי איכא למימר? דאמר: לוג זה יהא נדבה. ודילמא לאו מצורע הוא, ובעי מקמץ! דמקמיץ. ודילמא מצורע הוא, ובעי מתן שבע! דיהיב. והא חסר ליה! דמייתי פורתא ומלי ליה, דתנן: *אחסר הלוג עד שלא יצק – ימלאנו. והא בעי הקטרה! דאקטר ליה. אימת? אי בתר מתנות שבע – הוו להו שיריים שחסרו בין קמיצה להקטרה, ואין מקטירין את הקומץ עליהן. אי קודם א] מתנות שבע – *בכל שממנו לאישים הרי הוא בבל תקטירו! אמר רב יהודה בריה דר"ש בן פזי: דמסיק להו לשם עצים. דתניא,* רבי אליעזר אומר: °ג לריח (ויקרא ב) ניחוח אי אתה מעלה, אבל אתה מעלה לשם

רש"י

והא הכא דלמא לאו מצורע הוא, והוי שלמים, וקתני: ונאכל ליום ולילה. אלמא, לכתחלה נמי שרי ר"ש! **הא תינח אשם כו'.** מלתיה דר"ש קא מפרש ואזיל, ולאו לרבנן קא מותיב. **לוג זה יהא נדבה.** אם אינו מצורע, דאמרי' לקמן בפ' "כל התדיר" (דף צא.): מתנדבין שמן בפני עצמו. **ובעי** תורה אור **מיקמץ.** ב] המתנדב שמן קומצו, ומקטיר הקומץ ושיריו נאכלין, כדיליף ליה מ"קרבן מנחה" (קרבן) – מלמד שמתנדבין שמן ג] כמנחה כו'. **מתן שבע.** כדכתיב קרא בלוג של מצורע: "והזה מן השמן באצבעו" [וגו'] (ויקרא יד). **והא חסר ליה.** ע"י קמיצה. ולוג חסר פסול, כדכתיב (שם): "ולוג שמן". **עד שלא יצק.** מן הלוג על כפו השמאלית, כדכתיב "ומן השמן יצק הכהן על כף הכהן השמאלית והזה הכהן באצבעו הימנית מן השמן אשר על כפו השמאלית" (שם). **והא בעי** קומץ הקטרה. דדלמא נדבה הוא. **דמקטיר ליה.** ושיריים נאכלין ממ"נ: אי דמצורע הוא – הרי הוא נאכל, כדאמרי' בפ' "בית שמאי" (לעיל דף מד:): "לכל קרבנם" – לרבות לוג שמן של מצורע, ואי נדבה הוא – הרי הוא כשירי מנחה. **אי בתר מתנות שבע.** דלמא נדבה הוא, וכי יהיב מתן שבע בתר קמילה – הוו להו שיריים שחסרו בין קמילה להקטרה, וקי"ל במנחות בפ"ק (דף ט:): אין מקטירין הקומץ עליהן, ד] דכתיב: "מן המנחה" – פרט לשחסרה היא כו'. **ואי** קודם מתן שבע. היכי מצי למיתב תו מיניה מתן שבע? דלמא נדבה היא, והקטרת הקומץ הקטרה, והנך הוו להו שיריים, וכי הדר מעייל *מידי מינייהו קא עבר משום "בל תקטירו". כדכתיב (ויקרא ב): "כי כל שאור וכל דבש" וגו', והאי "ממנו" יתירא הוא, ודרשינן ביה נמי: לא תקטירו כל שממנו אשה לה', יש בכלל הזה קדשים ושירי מנחה ולחם הפנים, שקרב מהן כבר לאישים האימורים וכן הקומץ וכן הבזיכין – קיימי שיריים ב"בל תקטירו", והנך הזאות במקום הקטרה קיימי. **לשם עצים.** דאמר הכי: ה] אם מצורע הוא, דאין הקטרת הקומץ הקטרה, דהא לאו נדבה הואי – הרי מזה מאלו שאינן שיריים. ואם אינו מצורע, והקטרת הקומץ הקטרה, ויש ממנו לאישים, ואלו שיריים הם וב"בל תקטירו" – הרי הזאות האלו כאילו הם מים, שהרי רשאי להעלות שירי מנחה על המזבח. לשם

תוספות

נדבה, וזו חובה, וחטאת העוף מחובתי. ואם טהור אני – העולה ראשונה חובה וזו נדבה, וחטאת העוף ספיקו. וה"ה נמי דמתנה: אם כלתה נזירות מתגלחת שניה – שתיהן העולות נדבה, וחטאת העוף ספק, אך לא חש לפרש כל כך. ושותה יין ומיטמא למתים. ותימה: למה לא הזכיר בקרבנות תגלחת רביעית זו *חטאת? שהרי ודאי נזיר היה, ועדיין לא הביא חטאת בהמה בשום פעם! ואם באנו לפרש רישא דברייתא ספק נזיר טמא וספק אינו נזיר כלל עכשיו, אבל נזיר ודאי *היה, ולכך לא יביא חטאת בהמה, שהרי אינה באה על ספק – לא משתמעא הכי, דא"כ הו"ל לפרושי בהדיא. ועוד: א"כ בשלמים הו"ל למיתני תנאי, או למיהוי שלמי נדבה או שלמי נזיר, לענין מורם מהם, דבהאי חזה ושוק ובהאי זרוע בשלה. בד"א – בזמן שנדר שלשים יום, אבל נדר י"ב חדש – אוכל בקדשים לאחר שתי שנים, ושותה יין ומיטמא למתים לאחר ד' שנים *באותו ענין. ובאותה ו] שאמרנו מגלח לסוף שנה – ז] באותה של סוף שלשים באותה תנאי, ולבסוף שתי שנים בשניה, ולסוף ג' שנים בשלישית, ולסוף ארבע ברביעית. טמא בספק ומוחלט בודאי – אוכל בקדשים לאחר שמונה ימים, דתגלחת מצורע ודאי דוחה איסור גילוח דנזיר. ומיד *כשיבא לפניו מגלח ראשונה, ח] ובשביעית תגלחת שניה, ובשמיני מכניס ידיו לבהונות, ושותה ביין ומיטמא למתים לאחר שלשים ושבע, כך כתוב בתוספתא. ונראה דגרס "ששים ושבע" לפי שיטה שפירשנו. טמא בודאי ומוחלט בספק – אוכל בקדשים לאחר שבעה ושלשים יום, שותה ביין ומיטמא למתים לאחר שבעים וארבעה יום, ט] (טמא בודאי ומוחלט בודאי – אוכל בקדשים לאחר שלשים ושבעה יום, שותה ביין ומיטמא למתים לאחר ארבעה ושבעים יום). טמא בודאי ומוחלט בודאי – אוכל בקדשים לאחר שמנה ימים, שותה ביין ומיטמא למתים לאחר ארבעים וארבעה יום.

אשם זו יהא שלמי נדבה. וא"ת: והא אמרן לעיל בפ' "איזהו מקומן" (דף מז:) דאשם מצורע שני כהנים מקבלין את דמו, אחד ביד ואחד בכלי. ושלמים אמרי' לעיל (דף כה.) דצריך שיקבל בכלי את כל דמו (של פר)! וי"ל: י] דתקוני גברא שאני. **וסמיכה.** למ"ד (לעיל דף לג.) סמיכת אשם מצורע לאו דאורייתא הוא – בהקפת יד. ואע"ג דשלמים בעו סמיכה *גמר – משום תקוני גברא התירו, כדפרישית לעיל. ולמאן דאמר דאורייתא – הזכיר בתנם סמיכה, וכן נסכים, דבין אשם *בין שלמים טעונין סמיכה ונסכים. **ונאכל** ליום ולילה. ובתודה דאין נאכלת אלא ליום ולילה – אין יכול להתנות, משום דבעינן לחם, ובלחם אי אפשר לעשות תקנה, כדמוכח בפ' "התודה" (מנחות דף פ:).

לוג מאי איכא למימר. פי': דשמא אינו מצורע, והוי חולין בעזרה, כיון דעביד מינה עבודה, שמזה שבע כנגד פתח אהל מועד ונותן על הבהונות ועל ראש המצורע. ותימה: ליזיל ליקדיש ליה קדושת דמים על תנאי אם אינו מצורע. *דהשתא נמי מייתי פורתא להשלים הלוג. וליקדוש ליה קדושת דמים, וכי בעי למיכל השיריים – פריק להו, כדאיתא בסמוך! ויש לומר: דהכי עדיף טפי לעשות קדושת הגוף בכל מה שיכול. *ותימה לי: היאך נותן מתן שבע ועל הבהונות מההוא פורתא שקדוש קדושת דמים? דשמא אינו מצורע וזורקו לאיבוד שמן הקדש? ברו"ך.

חסר הלוג עד שלא יצק ימלאנו. משנה זו במס' נגעים פ' בתרא (מ"י). **אימת** אי בתר מתנות שבע הוה להו שיריים שחסרו בין קמיצה להקטרה כו'. וא"ת: והא ר' יוחנן הוא דאמר בפ"ק דמנחות (דף ט.) דמקטירין קומץ עליהם. ואפי' ר"ל דאמר אין מקטירין – אליבא דר"א מודה דמקטירין, כדאיתא התם. וכר' אליעזר משני הכא לבסוף, דמסיק לשם עצים! ויש לומר: אע"ג דמקטירין, מ"מ לענין אכילה לא משכחת תקנה, דהא אסירי שיריים באכילה, כדנפקא ליה התם מ"והנותרת" – ולא הנותרת מן הנותרת.

ואי קודם מתן שבע. דלמא נדבה היא, והקטרתו הקטרה, והני הוו להו שיריים, וכי הדר מעייל מינייהו לפנים להזות – קא עבר משום כל שממנו לאישים קיימי שיריים ב"בל תקטירו". והנך הזאות נמי בשמן – כהקטרה במזבח בדבר הראוי להקטיר דמי. כך פי' בקונטרס. והא דמשני: דמסיק להו לשם עצים – *הוה ליה למינקט דמדי לשם מיא בעלמא. ודוחק בקונטרס לפרש [כך] משום לישנא דקרא דאותביה יא] מ"כל שממנו לאישים". *ועוד: אי שייך כל שממנו לאישים הרי הוא ב"בל תקטירו" אפי' בהזאות – א"כ קשה הא דאמרי' לקמן (דף פ.) הניתנים במתנה אחת שנתערבו במתן ארבע, ר' אליעזר אומר: ינתנו במתן ארבע. הא כיון יב] דניתן במתנה אחת אידך הוו להו שיריים, וקא עבר משום "בל תקטירו"! מיהו, יש לומר: דר' אליעזר לטעמיה, דאית ליה (שם עט:) רואין כאילו הוא מים. ועוד: כיון דשירי הדם למזבח ליסוד, מש"ה כי יהיב ליה למעלה – לא עבר ב"בל תקטירו", כיון דבלאו הכי טעונין מזבח. ועוד קשה: לימא דיהיב מתן שבע ברישא והדר ממלא ליה וקמיץ. ואע"ג דאמר ר"ל בפ"ק דמנחות (ג"ז שם): מנחה שחסרה קודם קמיצה לא יביא מתוך ביתו וימלאנה – הא איתותב התם! ונראה לפרש: דמהקטרה ממש פריך. דמקטיר מלוג שמן של מצורע חייב, כר' עקיבא דאמר בפ' "כל המנחות באות מצה" (שם דף נח.) כל ששמו קרבן, ור' אליעזר פליג עליה. ואע"ג דהך סוגיא כר' אליעזר כדמשני: דמסיק לשם עצים – באידך לא מסתברא כר' אליעזר, דשמותי הוא, אלא כר' עקיבא. ואף על גב דקודם מתן שבע איירי – שמו קרבן מיקרי, כיון דעתיד להיות קרבן. *כמה יג] דמקטיר בשר חטאת קודם זריקת דם דמסתמא חייב. ומעיקרא יד] פריך: אי לאחר מתן שבע כו' – הוי מצי למיפרך נמי: מכל שממנו לאישים! ובלאו הכי*) טו] שפיר פריך ליה. תימה: והא קדוש קדושת הגוף,

דלוג

*) ובלא"ה פריך שפיר הס"ד אח"כ מה"ד דפריק ליה. תימה והא כו' נ"ק

הגהות בגליון

חטאת בהמה נ"ק
לא היה נ"ק
נ"ל כאותו ענין וכאותה שיטה שאמרנו כו' וכאותה כו' כאותה תנאי כו' כשלישית ולבסוף ארבע כרביעית נ"ק
כשבא נ"ק וגי' יעב"ץ כשיהא
נ"ק מ"ז
נ"ל גמורה
אשם מצורע בין נ"ק
ומדי מינייהו נ"ק
נ"א דהשתא נמי דמייתי פורתא להשלים הלוג מקדיש ליה כו' נ"ק
מה שיכול הס"ד והך ותימה לי כו' שייך בסוף ד"ה דפריק ליה כו' וקאי על תי' א"כ עי' לקמן נ"ק
כמאן דנקיט דמדי נ"ק
וקשה אי כו' נ"ק
כמו דמקטיר בשר חטאת העוף נ"ק

מסורת הש"ס

[מנחות קה:]
נגעים פרק יד משנה י [מנחות ט.]
יומא מז: יבמות ק. סוטה כג. מנחות נח. קו:
יבמות שם סוטה שם [מנחות קו: יומא מז:]

נוסחאות רש"י כת"י

והא הכא כו' שרי ר"ש: תקוני גברא. לטהרו לאכול בקדשים: הא תינח כו': מתן שבע. ס"א כנגד בית קדשי הקדשים כדתנן במס' נגעים:

שיטה מקובצת

א] אי קודם מתן שבע כו'. פי' כיון שהקומץ שמפריש מן הלוג עולה לאישים נמצא כל שירי קומץ בבל תקטירו דנפקא לן מהאי קרא דכתיב כל שאור וכל דבש לא תקטירו ממנו כלומר כל שנעשית ממנו עבודה הרי היא בבל תקטירו וכשם שהוא בבל תקטירו כך פסול לעבודה אחרת א"כ היאך מזה מן השיריים ומשני דמסקי לשם עצים ולשם עצים לאו דוקא שהרי איירינן בהזאה כדפי' אלא כלומר מזה לשם מים כמו דאמר ר"א דמסיק להו לשם עצים ועל תנאי אם אינו מצורע וצריך שיאמר הכהן כך כשמזה אם מצורע הוא ואין הקטרתו הקטרה ואלו אינן שיריים הרי הזאת אלו יוכשרו להזאת מצורע ואם אינו מצורע והקטרתו הקטרה ואלו הן שיריים הריני מזה אותן מים בעלמא כמו שאני רשאי להעלות שירי מנחה שהן שיריים ע"ג מזבח לשם עצים כך היא שיטת הקונטרס ולישנא דמסיק לשם עצים קשה לפירושו ועוד תימה כו' לכך נראה דעל הקטרה פריך היכי מקטיר הקומץ אפי' קודם מתן שבע והלא שמא מצורע הוא וטעון מתן דמים לעשות הזאה וכיון שטעון הזאה הויא הזאה (במתן ארבע) [דמתן שבע] כממנו לאישים נמצא דכל אותו מותר הלוג מן הקומץ הוי שיריים להזאה והוי בבל תקטירו וכל שממנו לאישים לאו דוקא והיאך מקטירין הקומץ ואתיא כר"ע (כו') [דאמר כל ששמו] קרבן כגון לוג שמן של מצורע הוי בבל תקטירו אע"ג דלא הוי ממנו לאישים ואף קודם הזאות עובר משום בל תקטירו והא דפריך אי קודם מתנות שבע אינו ר"ל דלאחר מתנות שבע *)יקשה טפי וא"כ הוי שירי הזאה. אלא ה"פ אי לאחר מתנות שבע אז אית ליה פירכא אחריתי כדפי' מעיקרא דהוו ליה שיריים שחסרו וכ"ש דמצינו למיפרך האי נמי ואי קודם מתנות שבע הא תינח קושיית שיריים שחסרו אבל עדיין תקשי לך הא דאפי' קודם מתנות שבע נמי הרי הוא בבל תקטירו וא"ת והיא גופיה טעמיה מאי למה יקרא הקומץ שירי הזאה כיון שקומץ קודם הזאה וי"ל מידי דהוה אבשר חטאת קודם הקטרת אימורין או קודם זריקת דם ולא נהירא לריב"א דלא דמי לבשר חטאת קודם הקטרת אימורין או קודם זריקה דהתם א"צ בירור לחלק ומבורר ועומד הוא אבל הכא הזאה אינה מבוררת איזה טיפה היא שהשאר יקרא שיריים עד לאחר מתנות שבע לכך נראה פ"ה עיקר. ומה דקשיא לפ"ה מנלן דהזאות ומתנות חשיבי כהקטרה י"ל דכיון דגלי קרא דאשה לאו דוקא אלא ה"ה כל ששמו קרבן כדקאמר ר"ע בפ' כל המנחות באות מצה כדפי' ומעתה נאמר דה"ה לא תקטירו לאו דוקא וה"ה הזאות ומתנות ואגב אשה נקט תקטירו. והא דקאמר דמסיק להו לשם עצים אגב דאיירי ישנו (בהקטרה בל) [בכל שממנו לאישים הרי הוא בבל] תקטירו נקטיה: ב] מיקמץ דקי"ל בפ' כל התדיר לקמן המתנדב: ג] שמן למנחה כו' הס"ד: ד] עליהן כלומר בשבילם דכתיב: ה] הכי כשמזה אם: ו] ובאותו שיטה שאמרנו: ז] כאותה של סוף שלשים ובאותו תנאי: ח] ראשונה ובשביעי תגלחת: ט] מתיבת טמא בודאי כו' עד תיבת טמא בודאי מוקף בח"ל: י] דמו של פר וי"ל דאין זה אלא למצוה כדאמרי' לעיל והכא משום תקוני גברא התירו הס"ד: יא] דאותביה מבל תקטירו נקט לה ותימה מנ"ל דהזאות ומתנות חשיבי כהקטרה לעבור עליה משום בל תקטירו כל שממנו לאישים דלמא דוקא בבל תקטירו אבל בבל תוה לא ועוד אי שייך: יב] כיון דנתן במתנה: יג] כמה מקטיר אות ד' ל"ש: יד] ומעיקרא דפריך: טו] הכי פריך ליה שפיר הס"ד ומה"ד דפריק ליה. תימה כו' ושיך לדף שאחר זה:

*) [נראה דצ"ל דלאחר מתן שבע ניחא דאדרבה דלאחר מתנת שבע יקשה טפי דא"כ כו']

עין משפט נר מצוה

מ א מיי' פ"ד מהל' מעשה הקרבנות הלכה ח:

מא ב מיי' פ"ז מהל' פסולי המוקדשין הלכה כ:

מב ג מיי' שם פ"ט הל' יח ופ"ה מהל' איסורי מזבח הלכה ד:

מג ד מיי' פ"ו מהל' פסולי המוקדשין הלכה כח:

גמרא

תורה אור

לְשֵׁם עֵצִים. וְהָא אִיכָּא שִׁירַיִים דְּבָעֵי א] *מִילִינְהוּ, וְאִיכָּא הָךְ פּוּרְתָּא דְּלָא קָמֵיץ עִילָּוֵיהּ! דְּפָרֵיק לֵיהּ. דְּפָרֵיק לֵיהּ הֵיכָא? ב] אִי גַּוָּואי — קָא *מְעַיֵּיל חוּלִּין לַעֲזָרָה, אִי אַבָּרַאי — אִיפְּסִיל לֵיהּ בְּיוֹצֵא! לְעוֹלָם גַּוָּואי, וְחוּלִּין מִמֵּילָא הָוְיָין. וְהָא *אָמַר רַבִּי שִׁמְעוֹן: אֵין מִתְנַדְּבִין שֶׁמֶן! תִּקּוּנֵי גַּבְרָא שָׁאנֵי. יָתֵיב רַב רְחוּמִי קַמֵּיהּ דְּרָבִינָא, וְיָתֵיב וְקָאָמַר מִשְּׁמֵיהּ דְּרַב הוּנָא בַּר תַּחֲלִיפָא, וְנֵימָא: אָשָׁם זֶה יְהֵא אָשָׁם תָּלוּי! ש"מ, מַאן תַּנָּא דִּפָלֵיג עֲלֵיהּ *דְּר' אֱלִיעֶזֶר — ג] רַבִּי שִׁמְעוֹן הוּא, דְּאָמַר: אאֵין מִתְנַדְּבִין אָשָׁם תָּלוּי. ד] אֲמַר לֵיהּ: תּוֹרָה, תּוֹרָה, אִימְרֵי בְּדִיכְרֵי מִיחַלְּפִי לָךְ!§

מתני' *אֵיבְרֵי חַטָּאת, שֶׁנִּתְעָרְבוּ בְּאֵיבְרֵי עוֹלָה, ר' אֱלִיעֶזֶר אוֹמֵר: יִתֵּן לְמַעְלָה, וְרוֹאֶה אֲנִי אֶת בְּשַׂר הַחַטָּאת מִלְמַעְלָה כְּאִילּוּ הֵן עֵצִים. וַחֲכָמִים אוֹמְרִים: בתְּעוּבַּר צוּרָתָן וְיֵצְאוּ לְבֵית הַשְּׂרֵיפָה. ה]§

גמ' מ"ט דְּרַבִּי אֱלִיעֶזֶר? *אָמַר קְרָא: °"וְאֶל הַמִּזְבֵּחַ לֹא יַעֲלוּ לְרֵיחַ נִיחֹחַ", ו] לְרֵיחַ נִיחוֹחַ אִי אַתָּה מַעֲלֶה, אֲבָל אַתָּה מַעֲלֶה לְשֵׁם עֵצִים. וְרַבָּנַן? מִיעֵט רַחֲמָנָא "אוֹתָם", אוֹתָם הוּא דְּאִי אַתָּה מַעֲלֶה אֲבָל אַתָּה מַעֲלֶה לְשֵׁם עֵצִים, אֲבָל מִידֵּי אַחֲרִינָא — לָא. וְרַבִּי אֱלִיעֶזֶר? אוֹתָם הוּא דְּרַבַּאי לָךְ כֶּבֶשׁ גכְּמִזְבֵּחַ, אֲבָל מִידֵּי אַחֲרִינֵי — לָא. וְרַבָּנַן? ז] תַּרְתֵּי שְׁמַע מִינָּהּ. מַתְנִיתִין דְּלָא כִּי הַאי תַּנָּא. דְּתַנְיָא, אָמַר רַבִּי יְהוּדָה: לֹא נֶחְלְקוּ רַבִּי אֱלִיעֶזֶר וַחֲכָמִים עַל אֵיבְרֵי חַטָּאת שֶׁנִּתְעָרְבוּ בְּאֵיבְרֵי עוֹלָה — שֶׁיִּקְרְבוּ, בְּרוֹבֵעַ וְנִרְבָּע — שֶׁלֹּא יִקְרְבוּ. עַל מָה נֶחְלְקוּ? עַל אֵיבְרֵי עוֹלָה תְּמִימָה שֶׁנִּתְעָרְבוּ בְּאֵיבְרֵי בַּעֲלַת מוּם, שֶׁרַבִּי אֱלִיעֶזֶר אוֹמֵר: יִקְרְבוּ, וְרוֹאֶה אֲנִי ח] *לְמַעְלָה כְּאִילּוּ הֵן עֵצִים. וַחֲכָמִים אוֹמְרִים: דלֹא יִקְרְבוּ. וְרַבִּי אֱלִיעֶזֶר, מַאי שְׁנָא רוֹבֵעַ וְנִרְבָּע — דְּלָא חֲזוּ, בַּעֲלַת מוּם נַמִּי לָא חֲזִי! אָמַר

ויקרא ב

רש"י

לְשֵׁם עֵצִים. וְהַאי דְּנָקַט ט] לִישָּׁנָא דְּעֵצִים וְלָא נָקַט "לְשֵׁם מַיִם" — מִשּׁוּם לִישָּׁנָא דִּקְרָא דְּאוֹתְבֵיהּ מִ"כָּל תַּקְטִירוּ" נָקַט לָהּ. לְרֵיחַ נִיחוֹחַ אִי אַתָּה מַעֲלֶה. בַּתְרֵיהּ דְּהַהוּא קְרָא דְּ"כָל שְׂמֻמֶּנּוּ לָאִישִּׁים" כְּתִיב: "קָרְבַּן רֵאשִׁית תַּקְרִיבוּ אוֹתָם וְאֶל הַמִּזְבֵּחַ לֹא יַעֲלוּ לְרֵיחַ נִיחוֹחַ". "קָרְבַּן רֵאשִׁית" — אַ"שְּׂאוֹר וּדְבַשׁ" הַכָּתוּב בְּרֹאשׁ הַמִּקְרָא הָעֶלְיוֹן קָאֵי, וְקָאָמַר: יֵשׁ לְךָ לְהָבִיא מֵהֶן בִּיכּוּרִים מִן הַדְּבַשׁ, וּשְׁתֵּי הַלֶּחֶם מֵהַשְּׂאוֹר. "וְאֶל הַמִּזְבֵּחַ לֹא יַעֲלוּ" — אַכּוּלֵּיהּ קְרָא קָאֵי, וְאַדְּרָשָׁה דְּ"כָל תַּקְטִירוּ". שִׁירַיִים. הַךְ פּוּרְתָּא מַה שֶּׁהוֹסִיף אַחַר קְמִיצָה. וְדִלְמָא נְדָבָה הֲוָה, וְלָא שָׁרֵי לְהוּ מַתְּנוֹת הַמְּצוֹרָע, אֶלָּא קְמִיצָה קָא שָׁרֵי לְהוּ. דְּפָרֵיק לֵיהּ. וְאוֹמֵר: אִם אֵינוֹ מְצוֹרָע, י] הַלּוֹג נְדָבָה — הֲרֵי מַה שֶּׁהוֹסַפְתִּי שֶׁלֹּא לְצוֹרֶךְ מְחוּלָּל עַל מָעוֹת הַלָּלוּ. דִּכְלֵי שָׁרֵת אֵין מְקַדְּשִׁים אֶלָּא מִדַּעַת, וְזֶה לֹא נְתָנוֹ לְתוֹךְ הַלּוֹג ע"מ שֶׁיִּתְקַדְּשֶׁנּוּ הַלּוֹג אִם אֵינוֹ מְצוֹרָע, לְפִיכָךְ יֵשׁ לוֹ פִּדְיוֹן. קָא מְעַיֵּיל חוּלִּין. כְּשֶׁהוּא פּוֹדֵהוּ וּמוֹצִיאוֹ לְחוּלִּין — נִמְצָא אוֹתוֹ שֶׁמֶן שֶׁל חוּלִּין בָּעֲזָרָה. אִיפְּסִיל לֵיהּ. כָּל הַלּוֹג בְּיוֹצֵא, דְּהָא קֹדֶשׁ קָדָשִׁים הוּא כַּמִּנְחָה. וְאִי קַשְׁיָא: לָמָּה לִי כּוּלֵּי הַאי, דְּקָמֵיץ בְּרֵישָׁא וַהֲדַר מוֹסִיף עֲלֵיהּ, וְאִיכָּא לְאַקְשׁוּיֵי כָּל הָנֵי? לִיעֲבַד בְּרֵישָׁא כָּל צָרְכֵי מְצוֹרָע, וַהֲדַר יא] נִימַלְיֵיהּ וְנִיקְמוֹץ וְנִיקְטַר, וְלָא בָּעֵי לְמִיפְרְקֵיהּ! אִיכָּא לְתָרוּצֵי: מֵאַחַר שֶׁהִקְדִּישׁוֹ לַמִּזְבֵּחַ — אֵין יָכוֹל לְשַׁנּוֹתוֹ לְצָרְכֵי מְצוֹרָע, שֶׁמָּא אֵינוֹ מְצוֹרָע, וְהַלּוֹג שֶׁל מִזְבֵּחַ, נִמְצָא מְאַבֵּד קָדְשֵׁי מִזְבֵּחַ בְּיָדַיִם. הִלְכָּךְ קָמֵיץ בְּרֵישָׁא לְצוֹרֶךְ גָּבוֹהַּ, וְאִי נַמִּי מְצוֹרָע הוּא — לָא מַפְסִיד מִידֵּי, דַּהֲדַר מְמַלֵּי לֵיהּ, כְּדַאֲמָרַן. וְהָאָמַר רַבִּי שִׁמְעוֹן אֵין מִתְנַדְּבִין שֶׁמֶן. לְקַמָּן בְּפֶ' "כָּל הַתָּדִיר" (דף נא.), וְהֵיכִי אָמְרַתְּ לְר"ש לוֹג זֶה יְהֵא נְדָבָה? וְנֵימָא אם אינו מצורע אָשָׁם זֶה יְהֵא אָשָׁם תָּלוּי. לְכַפֵּר עַל סָפֵק עֲבֵירָה שֶׁבְּיָדוֹ. כְּר"א דְּאָמַר בִּכְרֵיתוֹת (דף כה.): מִתְנַדֵּב אָדָם אָשָׁם תָּלוּי בְּכָל יוֹם, שֶׁאֵין לְךָ אָדָם שֶׁאֵינוֹ עוֹמֵד בְּסָפֵק חֵטְא. וְהָכִי שַׁפִּיר טְפֵי, שֶׁזִּמֵּן אֶחָד לַאֲכִילַת כָּל הָאֲשָׁמוֹת, וְלֹא יב] מֵבִיא קָדָשִׁים לְבֵית הַפְּסוּל! תּוֹרָה תּוֹרָה. כְּלוֹמַר: הֵיכָן הִיא תּוֹרָה שֶׁל אָדָם גָּדוֹל כְּמוֹתְךָ? אימרי בדיכרי קָא מַחֲלְפִין לָךְ. כֶּבֶשׂ בֶּן שְׁנָתוֹ מִיחַלַּף לָךְ בְּאַיִל בֶּן שְׁתֵּי שָׁנִים. אֲשַׁם מְצוֹרָע כֶּבֶשׂ בֶּן שְׁנָתוֹ הוּא, וְהֵיאַךְ יָכוֹל הוּא לְהִתְנוֹת עָלָיו בְּאָשָׁם תָּלוּי, שֶׁאֵינוֹ בָּא אֶלָּא אַיִל בֶּן שְׁתֵּי שָׁנִים! מתני' יִתֵּן לְמַעְלָה. עַל הַמִּזְבֵּחַ. וְרוֹאֶה אֲנִי אֶת בְּשַׂר חַטָּאת. שֶׁהוּא בְּ"כָל תַּקְטִירוּ", כְּאִילּוּ הֵן עֵצִים. דְּכֵיוָן דְּלָא לְהַקְטָרָה מְכַוֵּין — שָׁרֵי. וְיֵצְאוּ לְבֵית הַשְּׂרֵיפָה. דְּלֵית לְהוּ "רוֹאִין", וְקָעָבַר בְּ"כָל שְׂמֻמֶּנּוּ לָאִישִּׁים הוּא בְּכָל תַּקְטִירוּ", שֶׁכְּבָר אֵימוּרָיו קָרְבוּ, וְנַעֲשָׂה הַבָּשָׂר שִׁירַיִים יג]. גמ' וְאֶל הַמִּזְבֵּחַ לֹא יַעֲלוּ. בָּתַר "לֹא תַקְטִירוּ מִמֶּנּוּ", דְּדָרְשִׁינַן מִינֵּיהּ "כָּל שְׂמֻמֶּנּוּ לָאִישִּׁים", כְּתִיב. אוֹתָם. בְּרֵישָׁא דִּקְרָא כְּתִיב: "קָרְבַּן רֵאשִׁית תַּקְרִיבוּ אוֹתָם", וְאַשְּׂאוֹר וּדְבַשׁ קָאֵי, כְּדְפָרֵישִׁית לְעֵיל. מַה יֵּשׁ לְךָ לְהָבִיא מֵהֶן? שְׁתֵּי הַלֶּחֶם מִן הַשְּׂאוֹר, שֶׁהִיא רֵאשִׁית לְכָל הַמְּנָחוֹת, וּבִיכּוּרִים מִן הַדְּבַשׁ — "וְאֶל הַמִּזְבֵּחַ לֹא יַעֲלוּ" וגו', אֲבָל אַתָּה מַעֲלֶה לְשֵׁם עֵצִים. אֲבָל מִידֵּי אַחֲרִינָא לָא. אַ"כָל שְׂמֻמֶּנּוּ לָאִישִּׁים", דְּנָפֵיק מִסֵּיפֵיהּ דִּקְרָא קַמָּא — לָא קָאֵי. וְרַבִּי אֱלִיעֶזֶר. לְהָכִי כְּתִיב "אוֹתָם" יד] *לְמַעוּטֵי אַשְּׂאוֹר וּדְבַשׁ — לְמַעוּטֵי שִׁירַיִים מֵאַזְהָרַת "אֶל הַמִּזְבֵּחַ לֹא יַעֲלוּ" דִּמְרַבִּינַן מִינֵּיהּ כֶּבֶשׁ כַּמִּזְבֵּחַ. כִּדְתַנְיָא בְּתוֹרַת כֹּהֲנִים: אֵין לִי אֶלָּא מִזְבֵּחַ, כֶּבֶשׁ מִנַּיִן — תַּלְמוּד לוֹמַר "אֶל הַמִּזְבֵּחַ". וְרַבָּנַן תַּרְתֵּי שָׁמְעִינַן מִינָּהּ. דְּמִיעוּטָא דְּ"אוֹתָם" אַכָּל מַאי דִּכְתִיב טו] *בַּהֲדָא קְרָא קָאֵי, [וְכִי] הֵיכִי דִּמְמַעֵט שִׁירַיִים מֵאִיסּוּרָא דְּרִיבּוּיָא דְּכֶבֶשׁ כַּמִּזְבֵּחַ — מְמַעֵט לְהוּ נַמִּי מֵהֶיתֵּירָא דְּהַעֲלָאָה לְשֵׁם עֵצִים דְּנָפְקָא מֵהַאי קְרָא. מַתְנִי'. דְּקָתָנֵי טז] [דְּבִבְשַׂר] חַטָּאת פְּלִיגִי רַבָּנַן, וְקָתָנֵי נַמִּי אֵיבָרִים בְּבַעֲלֵי מוּמִין לְרַבִּי

ס"א מיכלינהו

[מנחות מח. וש"נ]

[לקמן נג. מנחות קד:]

[כריתות יח.]

מנחות מח.

לעיל עו: [וש"נ]

[נ"ל את בשר בעלת מום למעלה כו' וכן העתיקו תוס' בחולין נז. ד"ה מ"ט]

[נ"ל לרבות שאור ודבש ולמעוטי שיריים כו' נ"ק]

בההיא קרא נ"ק

נוסחאות רש"י כת"י

תודה תורה. אתה שאומרים עליך שאתה בקי בתורה:

תוספות

דלוג הוי כלי שרת, כדאמרי' בפ"ק דמנחות (דף ז.) ובפ' "שתי מדות" יז] (שם דף נ.)! וי"ל: דכלי שרת אין מקדשין אלא מלאין, דלא מצטרף להתקדש האי פורתא עם האחר שכבר נתקדש. אי נמי, האי פורתא מנח ליה בלוג לשם קדושת דמים. והשתא משמע הכא דאע"ג דלא קדיש למזבח – לא הוי כחולין בעזרה, מאחר דקדוש קדושת דמים, כדמסיק.

וחולין ממילא הואי. וכי האי גוונא משני בפ' "התכלת" (שם דף מח.) גבי שחט שני כבשים על ארבע חלות, דשתים מהן נאכלות ע"י פדיון. וכי האי גוונא משני בפ' "המוכר את הספינה" (ב"ב דף פא:) גבי ביכורים דמקדיש להו. ותימה: דבפרק "התודה" (מנחות דף פ:) גבי תודה שנתערבה בתמורתה ומתה אחת מהן – חבירתה אין לה תקנה, ופריך: ולייתי לחם, ולימא: אי הך *קמייתא תודה היא – הא לחמה, ואי לא – ליפוק לחולין! ומשני: וכי מכניסין חולין בעזרה? והשתא, אמאי לא מקדש להו והדר פריק להו? וכן בפ' "הזרוע" (חולין דף קל.) דקאמר: טעמא דכתב רחמנא "זה", הא לאו הכי – הוה אמינא: חולין חייבין בחזה ושוק. הא בעי תנופה, היכא לינופינהו? אי אבראי – "לפני ה'" כתיב, אי אגואי – קמעייל חולין בעזרה. אמאי? ליקדשינהו והדר ליפרקינהו? ומיהו התם ניחא, יח] *דמקרא קא דריש, וזה לא חייבה תורה. אבל עוד קשה: בפרק בתרא דמנחות (דף קד:) גבי "פירשתי ואיני יודע מה פירשתי" – יביא מנחה של ששים עשרון, דברי חכמים, רבי אומר כו'. וקאמר* דפליגי במותר להכניס חולין לעזרה, דרבי סבר: דאסור להכניס חולין לעזרה, ואסור לערב חובה בנדבה. והשתא, ליקדשינהו קדושת דמים והדר לפרקינהו! וי"ל: דגבי תודה לא בעי למימר דמקדישה ופריק – גזירה שמא יאמרו יש פדיון ללחמי תודה. וכן בההיא דפ' בתרא יט] (גז"ש) שיש שם שיעור מנחה – אתי למימר שיש לה פדיון. אבל הכא דליכא שיעורא – ידעי דהא דיש לה פדיון משום דאין לה שיעור, לכך אין קדוש קדושת הגוף. וכן בביכורים ידעי דמשום ספיקא הוא, דאין ביכורים נפדין כתרומות ומעשרות. דהשתא נמי לאחר פדיון אין נאכלין אלא לכהנים, וליכא למיטעי מידי. וכן בההיא ד"התכלת" (שם דף מח.) גבי שחט שני כבשים על ארבע חלות – ידעי דלא קדשי אלא שתים ובלחמי תודה – דלא קדשי אלא ארבעים. ואין להקשות: כ] הנך שיריים דהכא דליפרקינהו לשם עצים! חדא: דרחמנא אמר דליכלינהו למצוה. ועוד: דלא שרינן לשם עצים אלא בדבר שנתערב במידי דבר הקרבה, כגון איברי עולה באיברי חטאת*). **תקוני** גברא שאני. תימה: אי דאורייתא קאמר ר"ש אין מתנדבין שמן, היכי שרי משום תקוני גברא? ועוד: כיון דאין מתנדבין – חולין גמורין הוו!.

מאן תנא דפליג עליה דר' אליעזר ר' שמעון הוא. וההוא דקדושין (דף נה.) דבהמה שנמצאת בין ירושלים למגדל עדר, דמשמע התם דאי אישתכח בן שתי שנים, דאיכא לספוקי באשם, לית ליה תקנתא – צריך לומר דפליגא אדר' אליעזר. דאי מתנדבין – לייתי *בהמה, וליתני באשם תלוי. **ורבי** אליעזר אותם הוא דרבאי לך כבש כמזבח אבל מידי אחריני לא. וא"ת: מה סברא היא זו לר' אליעזר כא] ד"אותם" לא קאי אכולהו, ו"לריח ניחוח" דבתריה קאי אכולהו, אפי' אשיריים? ויש לומר: משום דלא מסתבר ליה טעמא לר' אליעזר להחמיר בשיריים טפי משאור ודבש. ודרשא דכבש כמזבח – חומרא היא, ולא קאי אלא אשאור ודבש דחמיר.

ורבנן תרתי שמעת מינה. הך סוגיא כרבי אלעזר, דאמר בפרק "כל המנחות באות מצה" (מנחות דף נז:): המעלה מכולן ע"ג הכבש פטור. ור' יוחנן מחייב התם. והא דקאמר התם: ור' יוחנן האי "אותם" מאי עביד ליה? הוה ליה למימר דאיצטריך כב] לכדדרשינן הכא רבנן, אבל ניחא ליה לשנויי אפי' כר' אליעזר. ועוד, בכמה מקומות סוגיא דשמעתא כוותיה, לעיל דמשני דמסיק לשם עצים, ובפרק *(שני) דמנחות (דף כ.).

נ"ל דקיימא נ"ק

נ"ל דקרא קדריש נ"ק

[שם קו.]

[נ"ל בתרא דמנחות קו:]

*) וע"ע תוס' פסחים סו: ד"ה מביאה ותוס' ב"ב פא: ד"ה ודילמא ותוס' מנחות כא: ד"ה חולין ועוד תוס' שם פ: ד"ה וכי ותוס' חולין קל: ד"ה אי ותוס' תמורה כג: ד"ה אוכלין

הכא

שיטה מקובצת

א] דבעי מיכלינהו ואיכא הך פורתא דלא קמיץ. וא"ת ולוקמא דעשה הזאה שבע תחלה ואח"כ מילא וקמיץ [ואזלי] כל הני פירכות דלעיל וי"ל כיון דשמא נדבה הוא א"כ אין לזלזל בו לכתחלה בלוג ליתן כלום קודם קמיצת הקומץ מאחר דסופו לעשות ממנו עבודת מזבח גנאי הוא אם לא עשה עבודת המזבח ראשונה: ב] אי גוואי קא מעייל חולין בעזרה. וא"ת עד דקשה ליה מפדיון בפנים תקשי ליה דמתחלה הכנסת ההוא פורתא לעזרה כדי למלאות הלוג אחר קמיצה היאך מכנים בעוד שהוא חולין בעזרה וי"ל דמעיקרא מקדיש קדושת דמים ולא הוי חולין בעזרה דהכי משני בפ' המוכר [את] הספינה וא"ת אמאי לא מתנה מעיקרא אם אין מצורע דלהוי כל השמן של הלוג (מקדיש) [קדיש] קדושת דמים ודבר הקרב ממנו דהיינו מתנות שבע יזה לשם מים (דהיינו) [דהוא] מותר ודבר הנאכל פריק ואכיל ומאי דוחקיה להתנות בנדבה כל הלוג ויצטרך לדחוק ולומר דאע"ג דלר"ש אין מתנדבין שמן תקוני גברא שאני וגם צריכין להני שינויי דלעיל. ותירץ הר"ר יצחק מנוח דא"כ (אמאי) [אימא] יש פדיון לקרבן שיאמרו מוציאין קדושת הגוף לחולין ע"י פדיון. וא"ת לעיל דקאמר דפריק להו ליחוש שמא יאמרו יש פדיון לקדוש קדושת הגוף וי"ל דודאי משום האי פורתא דממלא ליה לא אתי למימר דמוציאין קדושת הגוף לחולין ע"י פדיון כיון דאין שיעור קרבן וכן צריך לפרש בפ' בתרא דמנחות: ג] דר' אליעזר ואמר אין תיבות ר"ש הוא ואות ד' נמחק: ד] תלוי ר"ש היא אמר: ה] השריפה איברים באיברי בעלי מומין ר"א אומר אם קרב ראש אחד יקרבו כל הראשים כרעיו של אחד מהן יקרבו כל הכרעים וחכ"א אפי' קרבו כולן חוץ מאחד מהן יצא לבית השריפה: ו] לריח ניחוח אי אתה מעלה. פ"ה סמוך לקרא הוא דכי כל שאור. שאור וכל דבש לא תקטירו קרבן ראשית תקריבו ממנו אשה לה' ואל המזבח לא יעלו וגו' ומוסב על מקרא ראשון והכי משמע אותו שאמרתי לך לא תקטירו ממנו פעם שניה לא אמרתי אלא דלא יעלו לריח ניחוח אבל לשם עצים מותר ודוקא גבי איברי חטאת שנתערבו אבל גבי ראשים בעי ר"א שיקרב אחד מהן ולא אמרי' דמעלה להו לשם עצים כדקאמר תלמודא וטעמא משום דלא איירי קרא דריח ניחוח בבעלי מומין: ז] תרתי שמעינן מינה. דמאותם נתמעטו שירי [אישים] דלא שייך בהו דין דשאור ודבש בין לענין איסור העלאה דכבש ובין לענין דאין עולין אף לשם עצים דאין סברא למעט לחצאין. וא"ת שפיר קאמרי רבנן מאי טעמא דר"א וי"ל (דלר"א) [דר"א] סבר דיותר סברא למעט לחצאין ממה שנאמר (דאותם) [דמאותם] נמעיט דשאור ודבש אין עולין לכבש כמו שאין עולין לגבי מזבח אבל שירי אישים עולין לכבש והשתא לענין כבש מיקל הכתוב בשירי אישים יותר מבשאור ודבש וגבי מזבח הוי איפכא שנחמיר טפי בשירי אישים ונאמר דאין עולין אפי' לשם עצים ושאור ודבש עולין לשם עצים לכך סברא טפי לכל הפחות להשוותם לענין דעולין לשם עצים ומיעט אותם לענין כבש ואין לדרוש איפכא לאיסור העלאת [לשם] עצים דע"כ הוצרכו לאוקמי אותם לענין כבש דסמיך ליה: מתניתין דלא כי האי תנא. ופליג עליה דמתני' בתרתי כדמפרש ואזיל חדא דאמר בברייתא דלא נחלקו באיברי חטאת [כו'] ובמתני' קאמר דפליגי וחדא באיברי מום לר"א יקרבו בכל ענין ואפי' לא קירב ראשו של אחד מהן ובמתני' קאמר ר"א אם קירב ראשו של אחד מהן דוקא אז אמרינן יקרב השאר והכא קאמר יקרבו בכל ענין וטעמיה כדמסיק ואזיל: ח] אני איברי בעלת מום למעלה: ט] דנקט גבי הזאות לישנא דמסיק להו לשם עצים ולא נקט לשם כו' נקט ליה הס"ד: י] מצורע והלוג: יא] והדר נמלייה אות ו' נמחק: יב] ולא יביא קדשים אות מ' נמחק: יג] שיריים הס"ד ומה"ד איברים. של עולות הרבה הס"ד ומה"ד באיברי עולת בעלת מום. אם קרב תלינן איסורא ביה הס"ד ומה"ד יצא לבית השריפה דלא תלינן איסורא בקריבין כבר הס"ד ומה"ד גמ' ואל: יד] תיבת למעוטי נמחק: טו] דכתיב בהאי קרא קאי וכו': טז] דקתני דבבשר חטאת פליגי כו' איברין באיברי בעלי מומין: יז] מדות. ותירץ בקונטרס דאין כלי שרת מקדש אלא מדעתו ואין דעתו שיקדש קדושת הגוף ועי"ל דאין הל על פורתא קדושת הגוף לפי שאין באותו פורתא שיעור קרבן ואין כלי שרת מקדש אלא דבר הראוי לקדש כגון לוג שלם. ואע"ג דכי מילאוהו יש בו כשיעור מ"מ אינו מצטרף עם השאר לקדושת הגוף כיון דבאותו שאר לא היה בו כדי שיעור לענין נדבה בלא האי פורתא. מהר"פ: יח] ומיהו התם ניחא דלא חייבה תורה להקדיש מש"ה לא איצטריך קרא אבל עוד קשה: יט] בתרא דמנחות: כ] להקשות דלימא דהנך שיריים דהכא דמסיק להו לשם עצים חדא דרחמנא אמר למצוה ועוד דלא: כא] אליעזר דריבוי דכבש לא קאי תיבת דאותם נמחק: כב] דאיצטריך לכדדרשי הכי:

עין משפט נר מצוה

מד א מיי' פ"ו מהל' פסולי המוקדשין הלכה כח:
מה ב מיי' פ"ב שם הלכה כב:

אמר רב הונא: *בדוקין שבעין, ואליבא דר' עקיבא, דאמר: אם עלו — לא ירדו. אימר דאמר ר' עקיבא דאי עבד, לכתחלה מי אמר? אמר רב פפא: הכא במאי עסקינן — כגון שעלו על גבי כבש. אי הכי, אפי' בעינייהו! אלא טעמיה דר' אליעזר: מיעט רחמנא, "מום בם" א] הוא דלא ירצו, הא ע"י תערובת — ירצו. ב] ורבנן: "מום בם" הוא דלא ירצו, הא עבר ג] מום — ירצו. ור' אליעזר: ד] מ"בם" "בהם". ורבנן: ה] "בם" "בהם" לא דרשי. אי הכי, "רואה"? הא רחמנא אכשריה! לדבריהם קאמר להו: לדידי — רחמנא אכשריה, לדידכו — אודו לי מיהא בשר בעלת מום כעצים דמי, מידי דהוה אבשר חטאת. ורבנן: הכא מאיסי, התם לא מאיסי.§ **מתני'** *אברין באברין בעלי מומין, ר"א אומר: *אם קרב ראש אחד מהן — יקרבו כל הראשין, כרעים של אחד מהן — יקרבו כל הכרעים. וחכ"א: אאפי' קרבו כלם חוץ מאחד מהן — יצא לבית השריפה.§ **גמ'** אמר ר"א: *לא הכשיר ר"א אלא שנים שנים, אבל אחד אחד — לא. מתיב ו] ר' ירמיה, וחכ"א: אפי' קרבו כולן חוץ מאחד מהן — יצא לבית השריפה"! אמר לו ר' ירמיה בר תחליפא: *אסברה לך, מאי "אחד"? — זוג אחד.§ **מתני'** *דם בשנתערב במים, אם יש בו מראית דם — כשר. נתערב ביין — ז] רואין אותו כאילו הוא מים. נתערב בדם בהמה או בדם החיה — רואין אותו כאילו הוא מים.
רבי

לר' אליעזר לא ח] קרב אלא אם כן קרב אחד מהן קודם שנמלך – דלאו כי האי תנא. כגון שעלו על הכבש. וכיון דלר"ע לא ירדו מן המזבח – הני מעלן לכתחלה מכבש למזבח, דקי"ל לקמן (דף פו.): כשם שהמזבח מקדש – כך הכבש מקדש. אפי' בעינייהו. שלא נתערבו בתמימים, אם עלו בעלי מומין לכבש – לר"ע יקרבו! בם. משמע כשהן בפני עצמן. מידי דהוי אבשר חטאת. דמודיתו לי דאם נתערב באיברי עולה יקרב לשם עצים, כדאמרן ט]. **מתני'** איברים. של עולות הרבה, באיברי עולת בעלת מום, אם קרב [א' מהם] תלינן איסורא ביה. יצא לבית השרפה. דלא תלינן איסורא בקריבין כבר. **גמ'** *(לא נחלקו כו'). אלא שנים שנים. זוג זוג יקריבם. דאיכא למימר: מיגו דהאי לאו דאיסורא הוא – י] דהאי נמי לאו איסורא הוא. ואיסורא אזיל ליה בההוא דקרב קודם שנמלך. אבל אחד אחד, דליכא מיגו – לא. חוץ מאחד מהן כו'. מכלל דלרבי אליעזר קרב. זוג אחד. שני ראשים. **מתני'** שנתערב ביין. שהוא אדום, ואין מראה ניכר בו. רואין אותו יין כאילו הוא מים. ואומדין: אם היה דם שנתערב כאן ניכר במים הללו – כשר לזריקה. בדם הבהמה. של חולין. רואין אותו. של חולין כאילו הוא מים, ואומדין אותו: אם היה דם הזבח ניכר כשר – ואע"פ שהחולין רבין עליו. אין דם מבטל דם. דמין במינו לא בטיל. ואפי' טיפה לתוך כלי גדול כשר לזריקה. נתערב בדם

הכא בדוקין שבעין ואליבא דר"ע דאמר אם עלו לא ירדו. מילתיה דר"ע בפ' "המזבח מקדש" (לקמן דף פד.), דתנן: ר"ע מכשיר בבעלי מומין. ואמר ר' יוחנן בגמ': לא הכשיר ר"ע אלא בדוקין שבעין, הואיל וכשרין בעופות, דלא פסל בעופות אלא מחוסר אבר, כדדרשינן בת"כ ובפ"ק דקדושין (דף כד:): יכול נקטעה רגלה ונשברה גפה. וא"ת: אמאי לא חשיב נמי ניב שפתים, יא] דאמר פ' "הניזקין" (גיטין דף נו.) דשדא מומא בניב שפתים, אתרא דלדידן הוי מומא ולדידהו לא הוי מומא, דלא פסול לבני נח אלא מחוסר אבר! ושמא בעוף לא שייך ניב שפתים. מיהו, אכתי קשה: דאיכא כמה מומין דלא פסלי, ואמאי נקיט דוקין שבעין. וכן בגיטין, הוה מצי למישדי יב] מומא במקום אחר*.

אי הכי אפי' בעינייהו נמי. תימה: דלישני דלדבריהם קאמר להו, כדמשני לבסוף. **הא** עבר מום ירצו. אע"ג דדרשינן בבכורות (דף לז.) בכלל ופרט דמום עובר מרלה, מום עובר דמוקדשין איצטריך. דה"א: כיון דנדחה – שוב אינו נראה. *ורבנן בם בהם לא דרשי – משמע דלא דרשינן מיניה תרתי, אפי' ר"א לא דריש אלא מדכתיב "בהם" ולא כתיב בם, ותימה: דבפ' "שני שעירי" (יומא דף סד.) דריש רבי יוחנן מ"בהם" ג' דרשות: הני הוא דכי עבר מומם ירצו, הא שאר דחויין – הואיל ונדחו ידחו. ועוד דריש: בם הוא דלא ירצו, הא עבר מומן – ירצו. ועוד: בם הוא דלא ירצו – הא ע"י תערובת ירצו! ושמא משום דכתיב נמי "בם" דמייתר, ו"בם" ו"בהם" שניהם מיותרין, ודרשינן לרבי יוחנן, חדא דרש מ"בם" ותרתי מ"בהם". ולרב דרשינן תרתי, חדא מ"בם" וחדא מ"בהם". אבל "בם" "בהם" – לא דריש. וכולה סוגיא יג] התם בין לרב בין לר' יוחנן אליבא דר"א. ואין לחוש בכך, דהכי נמי לעיל (דף עו:) ובפ' בתרא דמנחות (דף קו:) כר"א. אי נמי: אפי' כרבנן. דבין ר"א ובין רבנן דמתני' אית להו דע"י תערובת ירצו. והכי פירוש התם: בעינייהו הוא דלא ירצו, הא ע"י תערובת – ירצו, דתנן: איברים שנתערבו כו'. ומשמע מתוך המשנה דמודו רבנן דהנהו דקרבו ועלו למערכה יקרבנו, דלא ירדו. שמעינן מינה דאית להו הך דרשא, אלא לכתחלה אסרי מדרבנן. דאי לית להו – הוה להו יד] *למיסר אפי' אותם *שעלו ירדו, כיון דלא בטלי, אי לאו משום דשריא תערובת דאורייתא. דכיון דאחמור רבנן דלא ליבטלו משום דדרכו למנות – *(ואית לן למישרי) טו] ע"י ביטולו ברוב בדיעבד משום דעלו. והא דקאמר הכא: ורבנן "בם" "בהם" לא דרשי, ולא בעי למימר דרבנן נמי אית להו הך דרשה, אלא דלכתחלה אסרי להקריב מדרבנן, כי תנאי דמתני' – משום דמשמע ליה דלא יקרבו לרבנן מדאורייתא, כמו דלא יקרבו דרובע ונרבע דרישא דברייתא, דאפי' בדיעבד ירדו. טז] השתא א"ש, דרב ור' יוחנן לא שבקו רבנן ואמרי כר"א. ותדע, מדמייתי התם מלתא דרבנן, דאי אליבא דר' אליעזר קאמרי – לא הוה ליה לאיתויי מלתייהו דרבנן. ואע"ג דרבנן דברייתא לא דרשי הכי – מתני' עיקר. *והא דדריש התם יז] *מ"בם" "בהם" טעמא דר' יוחנן, ומתרי "בם" דריש עבר מומם וע"י תערובת, *והכא דריש יח] מ"בם" תערובת, ועבר מומם *מ"בם" "בהם", ואייתר להם "בם" יט] דבתרא לכדר' יוחנן כדפרישית – לא קשה מידי, דלא איכפת ליה להש"ס רק שיוכל לעשות ג' דרשות, ולא חש להזכיר דרשא דר' יוחנן אלא הפשוטה יותר. וזה אין לפרש, דאיברי בעלי מומין בתמימים לא בטלי מן התורה, דמאיזה טעם לא בטלו? אי משום דאין עולין מבטלין זה את זה – הא בעלי מומין לא עולין נינהו. ועוד: דאפי' עולין נראה לרבנן מדאורייתא מבטלין זה את זה בדבר שאינו מתערב, °כמו מין במינו לר' יהודה שאינו מתערב, דלא הוי כדם וסולת בטל *מדאורייתא. **אודו** לי מיהת בשר בעל מום כעצים דמי. אע"ג דר"א גופיה לא חייש להאי טעמא, מדמצריך קרא – מ"מ תיקשי להו לרבנן. והכי אורחיה דהש"ס, כדפירשתי בריש פירקין*. **בדם** בהמה או בדם חיה רואין אותו כאילו הוא מים. וא"ת: דם בהמה וחיה היכי זריק להו למזבח? נהי דאמר: רואין כאילו הוא מים, ולא מבטל דם אחר – מ"מ מים גמורין לא הוי, ולא בטל ממנו שם חולין. ואפי' למ"ד (נזיר דף כט.) חולין שנשחטו בעזרה לאו דאורייתא – היינו שחיטתן, אבל להעלותן לגבי המזבח נראה דאסור! וי"ל: כיון דדם כשר מעורב בו, ואין עיקר זריקתן לשם הפסול אלא לשם הכשר – שרי, אע"ג דבאיברים לא אמר רואין לשם עצים. ומיהו, בלאו הכי אתי שפיר דבנזיר* פ' "ואלו" (שם) משמע דלמ"ד לאו דאורייתא – אפי' העלאה נמי שרי, גבי מדיר בנו בנזיר למ"ד לחנכו במצות, *דמביא חטאת העוף, דקא סבר: חולין בעזרה לאו דאורייתא. ושמא סבר לה כר"א דשרי לשם עצים ולשם מים. ואפשר דאפי' רבנן מודו, דלא אסרי לשם עצים ולשם מים אלא במידי דהקרבה, כגון איברי חטאת ואיברי עולה, וכן ניתנין למטה שנתערבו בניתנין למעלה ומתן אחת במתן ארבע. אבל חולין גמורין – שרו לכ"ע לשם עצים ולשם מים. וכן נתערב בדם פסול ובדם התמצית. וכן מוכח לקמן (דף עט:) מדדחיק עלה בגמ': במאי פליגי בגוזרין גזירה במקדש, ולא קאמר דפליגי ב"רואה אני", כדפליגי בסיפא. ולקמן מפרש (ד"ה במאי). רואין אותו כאילו הוא מים. הקשה ה"ר שמואל מוורדוס: הא דאמרי' ב"הקומץ רבה" (מנחות דף כב.): "ולקח מדם הפר ומדם השעיר", הדבר ידוע שדם הפר מרובה מדם השעיר, *סברי רבנן: מכאן לעולין שאין מבטלין זה את זה – היכי דריש ליה מיניה? כ] הא דלא בטיל, היינו משום דאפי' הוי מים היה בו מראית דם! וי"ל: דפעמים שהוא כל כך רבה, דאי הוי דם הפר מים – משתנה מראית דם השעיר עד שנעשה דיהה ופסול. ד"אם יש בו מראית דם" דקתני – היינו מראית דם גמור, ולא חזותא בעלמא. ועוד י"ל: אי לאו משום דאין עולין (אין) מבטלין זה את זה לרבנן, או מין במינו לר' יהודה, כשמערה טיפה ראשונה הוי ליה בטל, ונדחו. ומיהו קשה: דאיפכא ה"ל למידק, דהא אמרי' ביומא (דף נג:) שעירה דם הפר בדם השעיר. ובדם שנתערב במים אמר בגמ': לא שנו אלא שנפל מים לתוך דם, אבל דם לתוך מים – ראשון ראשון בטל. הלכך האי דם פר היה לו להתבטל ראשון ראשון בדם השעיר. ואפי' מאן דלית ליה ראשון ראשון בטל, בפ' בתרא דע"ז (דף עג.) – הכא מודה, משום דה"ל נראה ונדחה! וי"ל: דלא אמר ראשון ראשון בטל כשמערה בשפע הרבה יחד, כמו שמחלק בע"ז (גז"ש) בין חבית דנפיש עמודיה לצרור קטן דלא נפיש עמודיה. אפי' למאן דאית ליה ראשון ראשון בטל בחבית – ביותר מפי חבית היה מודה דלא בטיל. ועוד: מי לא עסקינן שמערה דם הפר שבכלי זה ודם השעיר שבכלי זה משניהם יחד תוך כלי שלישי.
רבי

[ועי' תוס' לעיל לה. ד"ה אלא בדוקין וכו' אי נמי שאר מומין וכו']
[לעיל עד.]
גי' בעל פנים מאירות וכ"ג הל"ק נראה הס"ד ואח"כ ד"ה ורבנן כו'
[לעיל עד. לקמן פ.]
[לקמן פ.]
מנחות כב. חולין פז:
[נ"ל למימר]
נ"א לית לן למיסר
גי' הבעל פנים מאירות והא דדריש התם מה' דבהם כו' והכא דריש מה"א דבהם ועבר מומם מבם דבתרא ואייתר להם בם דבהם לכדר' יוחנן כדמפרש כנ"ל
[ועי' תוס' עירובין לח. ד"ה אי ותוס' חולין נו. ד"ה מ"ט ותוס' לעיל עב. ד"ה וליבטלו]
פ"ד משמע נ"ק

שיטה מקובצת

א] בם מום בם הוא: ב] הא ע"י תערובת ירצו. ונראה דלא איצטריך אלא בתערובת חד בחד או תרי בתרי דלא נתבטל ברוב דאי חד בתרי לא איצטריך קרא לריבויי לומר דמרצה ואין בו איסור אלא מדרבנן דמדאורייתא חד בתרי בטל ובמידי דרבנן לא איצטריך קרא לומר דמרצה: ג] עבר מומם ירצו: ד] מבם. ס"א מום בם בהם כתיב דכתיב כי משחתם בהם מום בם בלומר והוי תרי מיעוטי. גליון: ה] בם בהם לא דרשי. וא"ת אמאי לא דרשי והלא בהם מיותר דבלא בהם כתיב בם דכתיב כי משחתם בהם מום בם והרי מבם דרשו דאם עבר מומם ירצו ומבהם מה ידרשו וי"ל דרבנן דרשי בהם כדר"י דאמר בפ' שני שעירים בם הוא דאינו נדחה הא שאר דחויין הואיל ונדחו ידחו. וא"ת ור"א מנ"ל הא וי"ל מדמצי למכתב במקום בהם בם וכתב בהם ש"מ תרתי. אבל רבנן בם בהם לא דרשי בדקאמר הכא וכן מוכח הסוגיא התם. וא"ת ולר"א דמתני' אמאי איצטריך לומר במתני' אם קירב ראשו כו' תיפוק ליה דאפי' לא קירב יקרבו כיון דנתערבו מהאי קרא דדרשינן הא ע"י תערובת ירצו. וכ"ת דתנא דמתני' לית ליה האי סברא הא ליכא למימר הכי דע"כ אית ליה כדמוכח בפ' שני שעירים דהתם רב פליג עליה דר"י ואמר דאף שאר דחויין ירצו ובם דריש דע"י תערובת ירצו כר"א ומייתי התם ר"א דמתני' וי"ל דודאי מה"ת ע"י תערובת יקרבו אפי' לא קירב ראש אחד מהם מיהו מדרבנן אסור אם לא קירב ראש אחד מהם. וא"ת מ"מ רב מנ"ל דר"א דמתני' דריש בם דמייתי מיניה ראיה דלמא כל עיקר טעמא דר"א משום דקירב ראש אחד מהן בלי שום פסוק. וי"ל דא"כ מאי איריא דנקט במתני' בעלי מומין אפי' רובע ונרבע נמי אלא ש"מ דוקא בעלי מומין משום דכתיב בם אבל רובע ונרבע מודה דלא יקרבו. ולפי מה דפי' דאיצטריך טעמא דקירב להפקיע איסורא דרבנן כדפי' לעיל ניחא דמייתי לעיל מלתא [דרב בטבעת] עכו"ם דנפל לים הגדול אחד מהן דהותרו כולן. וקאמר רב דאמר כר"א דאמר אם קירב ראש כו' וכי היכי דר"א מתיר השאר כי קירב אחד מהן ה"נ גבי טבעת. וקשה דמאי מייתי דלמא הא דשרי משום דגלי קרא דכתיב בם גבי בעלי מומין והתם ליכא קרא גבי טבעות אבל השתא ניחא דהכא מדאורייתא מותר מחמת קרא בלא קירב ראש של אחד מהם וקירב ראש צריך להתיר איסור דרבנן דוקא. וכן טבעות איסור דאורייתא ליכא דבטל ברוב אע"ג דאיכא חשיבות ונפל אחד לים צריך להפקיע איסורא דרבנן. וא"ת ורב דמייתי התם מר"א וכי עביד כר"א ושביק רבנן שהרי רבנן פליגי עליה במתני' ובברייתא ואמרי דיצא לבית השריפה אלמא לא דרשי בם לומר דע"י תערובת ירצו. וי"ל דגם רבנן דרשי בם לומר דיקרבו מן התורה ונפקא מינה דאם עלו לא ירדו. מיהו מדרבנן אסור להעלותו ואינו מותר אפי' כי קירב ראשו של אחד מהן דאם קירב ראש אחד מהן אינו מעלה ומוריד לרבנן דבהא (פליג לר"א) ותדע דהכי הוא מדאמרי רבנן במתני' אפי' קירבו כולם חוץ מאחד מהן יצא לבית השריפה ולא קאמרי דאם עלו (לא) ירדו אלמא ש"מ דדרשי בם דאם יעלו לא ירדו דאי לא דרשי א"כ הוי בעלי מומין כרובע ונרבע וירדו וליכא למימר דטעמא דמתני' דאם עלו לא ירדו לרבנן משום דמיירי בחד בתרי דבטל מדאורייתא ולפיכך לא ירדו אבל חד בחד תרד דלא דרשי בם לומר דע"י תערובת ירצו שהרי איברים חשיבי משום מנין לר"י דאמר כל שדרכו למנות שנינו או משום עשויה להתכבד ולא בטיל א"כ הוו להו למימר דירדו ואפי' בתרי. ואע"ג דחשיבות מנין וכיבוד הוי מדרבנן מ"מ במידי דחשיב אמרו רבנן דלא בטיל והוי חד בתרי כחד בחד כיון דמדרבנן לא בטיל הוי להו למימר כדאמרי' לעיל בריש פירקין דאמר רבא השתא דאמרי רבנן לא נקריב אי מקריב לא מרצה כמו כן הוי ליה למימר דירדו אי לא דרשי בם אלא ש"מ דגם רבנן דרשי בם לומר דאם עלו לא ירדו. וא"ת א"כ התם יביא ראיה מרבנן וי"ל משום (דלר"א) [דר"א] דרשה יותר בהדיא מיהו בלאו הכי [ניחא] דהא מייתי התם כולה מתני' גם דברי רבנן ומדרבנן נמי מייתי. וא"ת והא משמע לעיל דרבנן לא דרשי בם להתיר תערובת כדקאמר ורבנן כו' הא עבר מומם ירצו. וי"ל דלאו היינו רבנן דמתני' אלא היינו רבנן דברייתא דסבירא להו דאפי' אם עלו ירדו דומיא דלא יקרבו דגבי רובע ונרבע וא"כ ע"כ לית להו כאילו הוא מים *)וא"ת כו' וי"ל כו'. ומ"מ מוכח שפיר מדם הפר ומדם השעיר דעולין לא מבטלין זה את זה ואין כי הכא משום רואין משום דמ"מ משמע דהטיפה ראשונה (לא) הוי ליה בטל ונדחה: ח] לא קרבי אלא: ט] כדאמרן לעיל הס"ד: י] הוא האי נמי אות ד' נמחק: יא] שפתים שאין להם אלא חרטום דאמר: יב] מומא. ע' מס' בכורות דף ל"ז ע"א: יג] סוגיא דהתם בין: יד] להו למימר אפי': טו] לן למישרי ע"י ביטול ברוב: טז] ירדו והשתא ניחא דרב תיבת א"ש ל"ש: יז] התם מה' דבהם טעמא תיבות מבם בהם נמחק: יח] דריש מה' דבהם תערובת ועבר מומם מבם דבהם תיבת מבם קמא נמחק: יט] בם בתרא אות ד' נמחק: כ] מיניה דילמא הא:

*) [כוונתו על דברי קושית התוס' בד"ה רואין הקשה ה"ר שמואל וכו' וי"ל לפעמים וכו' ועוד י"ל דמ"מ מוכח שפיר וכו']

מסורת הש"ס

[בכורות טז.]
שייך לעיל והוא סד"ה מידי דהוי נ"ק
יומא סד. ע"ש

נוסחאו' רש"י כת"י
מתני' איברים. של עולות הרבה באיברי עולת בעלת מום אם קרב ראש של אחד מהן לאחר שנתערב בהן בע"מ בא כהן שאינו יודע מהתערובות והקריב א' מן הראשים יקרבו כל הראשים לכתחלה דתלינן איסורא בהך דקרב והנך כולהו כשרין נינהו: **גמ'** אלא שנים שנים. זוג זוג יקריבם. ס"א דודאי איכא חד בהאי זוגא דהתירא הוא וניתנה הקרבה זו להקריב משום ההוא דהיתר ואי משום ההוא דאיסורא איכא למיתלי באותו שקרב תחלה: אבל אחד אחד לא. שמא לא ניתנה זו ליקרב דדלמא האי דאיסורא הוא:

שעלו דירדו כו' אי לאו לשריא כו' וכיון דאחמור כו' לית לן למשרי נ"ק

מה' דבהם נ"ק
והכי נ"ק
מה' דבהם נ"ק

וע"ל בתוס' דף עג. ד"ה ר"י דביבג גם לר"י בטל

למבזיא קרבן דקא סבר נ"ק

[שם איתא רבנן סברי]

גליון הש"ס
תוס' ד"ה הא וכו' כמו מין במינו לר"י. ע"ל דף עג ע"א תוס' ד"ה ר"י:

*רַבִּי יְהוּדָה אוֹמֵר: אֵין דָּם מְבַטֵּל דָּם. אנִתְעָרֵב בְּדַם פְּסוּלִין — יִשָּׁפֵךְ לָאַמָּה, בבְּדַם הַתַּמְצִית — יִשָּׁפֵךְ לָאַמָּה, רַבִּי אֱלִיעֶזֶר מַכְשִׁיר. גאִם לֹא נִמְלַךְ, וְנָתַן — כָּשֵׁר.§ גמ׳ *א״ר חִיָּיא בַּר אַבָּא א״ר יוֹחָנָן: דל״ש אֶלָּא שֶׁנָּפְלוּ מַיִם לְתוֹךְ דָּם, אֲבָל נָפַל דָּם לְתוֹךְ מַיִם — רִאשׁוֹן רִאשׁוֹן בָּטֵל. אָמַר רַב פַּפָּא: הוּלְעִנְיַן כִּיסּוּי אֵינוֹ כֵּן, לְפִי שֶׁאֵין דִּחוּי בְּמִצְוֹת.§ אָמַר ר״ל: א] *הַפִּיגּוּל וְהַנּוֹתָר *וְהַטָּמֵא שֶׁבְּלָלָן זֶה בָּזֶה וַאֲכָלָן — פָּטוּר, א״א שֶׁלֹּא יִרְבֶּה מִין עַל חֲבֵירוֹ וִיבַטְּלֶנּוּ. שְׁמַע מִינָּהּ תְּלָת: ש״מ אִיסּוּרִין מְבַטְּלִין זֶה אֶת זֶה, וש״מ נוֹתֵן טַעַם בְּרוֹב לָאו דְּאוֹרַיְיתָא, וש״מ הַתְרָאַת סָפֵק לֹא שְׁמָהּ הַתְרָאָה. מְתִיב רָבָא: *עִיסָּה מִן חִיטִּין וּמִן ב] אוֹרֶז, אִם יֵשׁ בָּהּ טַעַם דָּגָן — חַיֶּיבֶת בְּחַלָּה, וְאע״ג דְּרוּבָּא אוֹרֶז! מִדְּרַבָּנַן. אִי הָכִי, אֵימָא סֵיפָא: ג] יאָדָם יוֹצֵא בָּהּ יְדֵי חוֹבָתוֹ בְּפֶסַח! אֶלָּא

חלה פ״ג מ״ז

רש״י

בְּדַם פְּסוּלִין. כְּגוֹן בְּרוֹבֵעַ וְנִרְבָּע, אוֹ בְּנִשְׁחַט חוּץ לִזְמַנּוֹ אוֹ חוּץ לִמְקוֹמוֹ. יִשָּׁפֵךְ לָאַמָּה. וַאֲפִילּוּ הַכָּשֵׁר רַבָּה עָלָיו. וְכֵן בְּדַם הַתַּמְצִית — יִשָּׁפֵךְ לָאַמָּה, וְאע״פ שֶׁדַּם הַנֶּפֶשׁ רַבָּה עָלָיו. וּמִשּׁוּם גְּזֵירָה, כִּדְמְפָרֵשׁ בַּגְּמָ׳. וְר״א מַכְשִׁיר. טַעְמָא מְפָרֵשׁ בַּגְּמָ׳. אִם לֹא נִמְלַךְ וְנָתַן כָּשֵׁר. ד] אֲפִילּוּ לְת״ק, דַּאֲפִילּוּ לְכַתְּחִלָּה, אִי לָאו מִשּׁוּם גְּזֵירָה — הָיָה מַכְשִׁיר. גמ׳ לֹא שָׁנוּ. דְּאִם יֵשׁ בּוֹ מַרְאִית דָּם כָּשֵׁר, וְאע״ג דְּרוּבָּא מַיִם — אֶלָּא שֶׁנָּפְלוּ מַיִם לְתוֹךְ דָּם. וּלְעִנְיַן כִּיסּוּי. דִּתְנַן בֵּיהּ נַמִּי כְּה״ג: ה] נִתְעָרֵב בְּמַיִם, אִם יֵשׁ בּוֹ מַרְאִית דָּם — חַיָּיב לְכַסּוֹת, בְּפֶ׳ ״כִּיסּוּי הַדָּם״ (חולין דף פז.). אֵינוֹ כֵּן. דַּאֲפִילּוּ נָתַן דָּם לְתוֹךְ מַיִם, אִם יֵשׁ בּוֹ מַרְאִית דָּם — חַיָּיב לְכַסּוֹת, וְלָא אָמְרִינַן קַמָּא קַמָּא בָּטֵיל לֵיהּ. לְפִי שֶׁאֵין דִּחוּי בְּמִצְוֹת. דְּאע״פ שֶׁנִּדְחָה טִפָּה רִאשׁוֹנָה ו] שֶׁנָּפַל לְתוֹךְ הַמַּיִם, וְלֹא הָיָה מַרְאִיתָהּ נִיכָּר, ז] אֲפ״ה, כִּי הֲדַר נָפַל טִפָּה שְׁנִיָּה — חוֹזֶרֶת רִאשׁוֹנָה וְנִיעוֹרָה לְהִצְטָרֵף עִמָּהּ, וְכִי נָפַל עַד שֶׁהָפְכוּ מַיִם לְמַרְאֵה דָּם — חוֹזֵר וְנִרְאֶה לְכִיסּוּי. וְלָא אָמְרִינַן הוֹאִיל וְנִדְחָה יִדָּחֶה, דְּלָא שַׁיָּיךְ דִּחוּי אֶלָּא בְּדָבָר קְדוּשָּׁה. שֶׁבְּלָלָן זֶה בָּזֶה. כְּזַיִת מִזֶּה וּכְזַיִת מִזֶּה, ח] וְנָתַן לְתוֹךְ פִּיו — פָּטוּר מִמַּלְקוֹת, וַאֲפִילּוּ הִתְרוּ בּוֹ. אִי אֶפְשָׁר שֶׁלֹּא יִרְבֶּה מִין עַל חֲבֵירוֹ כו׳. כְּשֶׁהוּא לוֹעֵס אוֹתָהּ בְּפִיו נִבְלָל מִין לְתוֹךְ חֲבֵירוֹ, מִיעוּטוֹ שֶׁל זֶה בְּרוּבּוֹ שֶׁל זֶה, וּבָטֵל הַמִּיעוּט בְּרוֹב. וְהַבָּטֵל בְּכָל מִין נוֹסָף עַל הַמְבַטֵּל ט] וְנִקְרָא בִּשְׁמוֹ, וְנִגְרָע מִמִּינוֹ. וְא״א לְכַוֵּין שֶׁלֹּא יְהֵא מִמִּין הָאֶחָד בָּטֵל בַּחֲבֵירוֹ יוֹתֵר מִמַּה שֶּׁבָּטֵל מִמִּין חֲבֵירוֹ בּוֹ, וְנִמְצָא שֶׁאֵין בְּאוֹתוֹ י] [מִין] כְּשִׁיעוּר, דְּבָצִיר לֵיהּ שִׁיעוּרֵיהּ. וְלָא יָדְעִינַן הֵי מִינַּיְיהוּ בָּצַר לֵיהּ, וְכִי מַתְרִינַן בֵּיהּ — לָא יָדְעִינַן מִשּׁוּם מַאי נַתְרֵי בֵּיהּ, וְצָרִיךְ לְהַתְרוֹת בּוֹ מִשּׁוּם הָאִיסּוּר. הִילְכָּךְ, כִּי מַתְרוּ בֵּיהּ מִשּׁוּם פִּיגּוּל — הָוְיָא הַתְרָאַת סָפֵק, דִּלְמָא יא] לָא בְּדִידֵיהּ תֶּהֱוֵי חִיּוּבָא, וְכֵן בְּנוֹתָר. וְאע״ג דְּבַמַּסְקָנָא וַדַּאי אֶחָד מִינַּיְיהוּ עָבַר, בִּשְׁעַת הַתְרָאָה מִיהָא סָפֵק הוּא בְּכָל אֶחָד אִם יַעֲבוֹר עָלָיו אִם לֹא, וְהַתְרָאַת סָפֵק לָאו הַתְרָאָה הִיא. שְׁמַע מִינָּהּ אִיסּוּרִין מְבַטְּלִין זֶה אֶת זֶה. כִּי הֵיכִי דְּהֶיתֵּר מְבַטֵּל אִיסּוּר, וְלָא אָמְרִינַן: אִיסּוּרָא לָא מְבַטֵּל אִיסּוּרָא. וּשְׁמַע מִינָּהּ נוֹתֵן טַעַם בְּרוֹב לָאו דְּאוֹרַיְיתָא. הָא דַּאֲמוּר רַבָּנַן בְּכָל יב] דּוּכְתֵּי אִיסּוּר הַנּוֹ״ט בְּהֶיתֵּר אוֹסְרוֹ, וְאע״פ שֶׁהַהֶיתֵּר יג] בְּרוֹב — לָאו דְּאוֹרַיְיתָא הוּא לִלְקוֹת עָלָיו. דְּאִי דְּאוֹרַיְיתָא, נְהִי נַמִּי דְּרַבָּה מִין עַל חֲבֵירוֹ — מ״מ טַעְמָא יָהֵיב, וְאִיכָּא טַעְמָא דְּשִׁיעוּר שָׁלֵם. וְקס״ד הָשְׁתָּא דַּאֲפִילּוּ פִּיגּוּל וְנוֹתָר מִב׳ מִינִים, שֶׁטַּעְמוֹ שֶׁל זֶה נִיכָּר בָּזֶה — נַמִּי פָּטוּר לְר״ל, כְּגוֹן הַאי בָּשָׂר וְהַאי שְׁיָרֵי מִנְחָה. ה״ג: עָשָׂה עִיסָּתוֹ מִן חִטִּין וּמִן הָאוֹרֶז כו׳. וְאָדָם יוֹצֵא בָּהּ יְדֵי חוֹבָתוֹ שֶׁל עֲשֵׂה דְּקוּם אֱכוֹל מַצָּה בְּפֶסַח. וְאִי נוֹתֵן טַעַם בְּרוֹב לָאו דְּאוֹרַיְיתָא — הֵיכִי נָפֵיק? הָא קי״ל (פסחים דף לה.) דְּאֵין יוֹצְאִין אֶלָּא בְּמַצָּה שֶׁהִיא מֵחֲמֵשֶׁת הַמִּינִין, דִּכְתִיב: ״לֹא תֹאכַל עָלָיו חָמֵץ שִׁבְעַת יָמִים תֹּאכַל עָלָיו מַצּוֹת״ (דברים טז), דְּבָרִים הַבָּאִים לִידֵי חִימּוּץ — אַתָּה יוֹצֵא בָּהֶן יְדֵי מַצָּה, יָצְאוּ אֵלּוּ שֶׁאֵין בָּאִין לִידֵי חִימּוּץ אֶלָּא לִידֵי סִרָחוֹן! אֶלָּא

תוספות

רבי יהודה אומר אין דם מבטל דם. ב״הקומץ רבה״ (מנחות דף כג.) פי׳ בקונטרס דלרבנן קסלקא דעתך דאזיל בתר מבטל הויא דלא כרבי חייא. ולעיל פי׳ בריש פירקין דאפילו לר׳ חנינא דאזיל בתר בטל, *דאיכא כמה משניות וברייתות דלא כר״ח. הפיגול והנותר כזית מזה וכזית מזה שבללן ואכלן והתרו בו פטור ממלקות א״א שלא ירבה מין על חבירו כו׳. כשהוא לועס אותן לתוך פיו נבלל מין לתוך חבירו, מיעוטו של זה ברובו של זה, ובטל המיעוט ברובו. והבטל בכל מין נוסף על המבטל ונהיה כמוהו ונקרא בשמו, ונגרע ממינו. וא״א לכוין שלא יהא ממין האחד בטל בחבירו יותר ממה שבטל ממין חבירו בו. ונמצא שאין באותו יד] [מין] כשיעור, דבצר ליה שיעוריה. ואנן לא ידעינן הי מיניהו דבצר ליה, וכי מתרינן ביה לא ידעינן משום מאי נתרי ביה, וצריך להתרות משום האיסור. הילכך כי מתרו ביה משום פיגול הויא התראת ספק, דלמא לאו בדידיה הוי חיובא, וכן בנותר. ואע״ג דמסקנא אחד מינייהו עבר, בשעת התראה מיהא ספק הוא בכל אחד אם יעבור עליו ואם לאו, והתראת ספק לאו התראה היא. ע״כ לשון הקונטרס. וקשה: דאם התרה בשלשתן — פשיטא דלוקה. אפילו למ״ד (מכות דף טז.) לאו שמה התראה — היכן מצינו התראת ספק כה״ג, דודאי עבר אלא דלא ידעינן אהי מהני תלת דפיגול ונותר וטמא? ואי לא התרו אלא על האחד — פשיטא דפטור, אפילו למ״ד התראת ספק שמה התראה. דאפילו לבסוף, שמא אותו שהתרה בו כבר נתבטל. דהיכי דמי התראת ספק — כגון דלאחר גמר הדבר ודאי שעבר על מה שהתרה, אלא דלא ידעינן בשעת התראה אם עובר עבירה בההיא שעתא אם לאו, כגון הכה את זה וחזר והכה את זה (יבמות דף קא.), וכן גיד הנשה, דלא ידעינן אי דימין אי דשמאל. ועוד קשה: היכי מיחייב כלל משום חד מינייהו? דמיעוט הבטל ברוב לא מצטרף עם הרוב להשלימו לכשיעור, דאפילו היתר לא מצטרף לאיסור — כ״ש איסור לא מצטרף לאיסור. וא״כ, אפילו אם תימצא לומר דהתראת ספק שמה התראה — הכא פטור, דא״א שלא יתערב מכל אחד ואחד משהו בחבירו ובצר ליה שיעורא! ועוד קשה: אם נפרש פיגול ונותר וטמא שלשתן יחד — למה לי למימר ״א״א שלא ירבה מין על חבירו״? הא ודאי יש כאן שנים המבטלין את השלישי, ואכולהו ליפטר, דכל אחד הוי בטל ומבטל! ונ״ל לפרש: דמיירי כגון דאיכא ב׳ זיתי פיגול וזית נותר יחד בחתיכה אחת, ועוד יש ב׳ זיתי נותר וזית פיגול בחתיכה אחרת יחד. ואכל אחת מן החתיכות והתרו בו: אל תאכל פיגול — שמא זו היא חתיכה שיש בה רוב נותר. ואחרי כן, לאחר כדי אכילת פרס, או אפילו בתוך כדי אכילת פרס, אכל חתיכה שניה, והתרו בו: אל תאכל פיגול כבראשונה — שמא זו היא אותה שיש בה רוב נותר שאוכל באחרונה. עתה הוי ממש כמו הכה זה וחזר והכה זה, דלמ״ד לאו שמה התראה פטור. ברו״ך. נראה לפרש: דבתרי מינייהו קאמר, דשקל תרי מהני תלת, ובללן זב״ז ואכלן. וכגון דשקל ב׳ זיתים מחד איסורא וד׳ זיתים מב׳ איסורין ובללן בקערה אחת ואכלן, וא״א שלא יהא רוב מן האחד ומבטל את חבירו. הילכך לא ידעינן בהאי איסורא אם יש עליו שם פיגול או שם נותר, דאיסורין מבטלין זה את זה טו] לפטור מטעם התראת ספק, כגון דאכל בשתי פעמים בכדי אכילת פרס, ובאכילה ראשונה התרו בו משום פיגול ובשניה משום נותר. א״נ: אפילו פחות מכדי אכילת פרס פטור כשאכל בשתי פעמים, דכשהתרה בראשונה משום פיגול — שמא נותר רבה, ולא שפיר מתרי ביה, ובשניה כשהתרה משום נותר — שמא פיגול רבה, ולא שפיר מתרי ביה. ואי משום דכבר התרה בו משום פיגול מאכילה ראשונה, ואמרינן בקדושין (דף עז.) דבעל חמש אלמנות חייב משום אלמנת ראובן ואלמנת שמעון, ובחדא התראה מיירי, דאי בשתי התראות אפילו באלמנה אחת נמי חייב, דהתראות מחלקות. אלמא, כיון דעסיק בביאה ומתרה בו בתחילה הוה התראה לכל אחת ואחת, וה״נ הרי עסוק כל שעה באכילה, ותועיל לו התראה ראשונה! לא דמי, שאני הכא דנראה כחוזר בו מהתראה ראשונה כשחוזר ומתרה בו משום נותר, וכאילו אמר לו: לא על פיגול אתה שב אלא על נותר. ואם תאמר: והא תנן במעילה בפ׳ ״קדשי מזבח״ (דף יז:): הפיגול והנותר אינן מצטרפין זה עם זה מפני שהם ב׳ שמות. ואמר בגמרא: ל״ש אלא לטומאת ידים דמדרבנן, אבל לענין אכילה — מצטרפין. דתניא, ר״א אומר: ״לא יאכל כי קדש הם״ — כל שבקדש פסול בא הכתוב ליתן לא תעשה על אכילתו! וי״ל: דהתם בדלא מערב, אבל הכא דמערב — בטל, דאיסורין מבטלין זה את זה. א״נ: הכא ללקות משום פיגול או נותר קאי, אבל התם מיירי לעבור עליו משום ״כל שבקדש פסול״. ועוד: התם נהי דאיסורא איכא — מלקות ליכא, משום דהוי לאו שבכללות, כדאי׳ בפסחים (דף כד.). מתיב רבא עשה עיסה מן החטין. תימה: דלא מקשה ליה ״מכל התורה כולה, דקי״ל טעם כעיקר. [בס״א מה״ד] אלא מין בשאינו מינו בטעמא כו׳. תימה: דב״הקומץ רבה״ (מנחות דף כג:*) פריך מההיא דתבלה בקלא למ״ד בתר מבטל אזלינן. מאי קא מדמי *ההיא דבתר בטל או בתר מבטל אזלינן, שהטעם שוה, טז] *ההיא דתבלה בקלא, שאין הטעם שוה? יז] כיון שיש בתבלין טעם מלה — ראוי לצאת בו ידי חובתו, כדאמרינן הכא: אם יש בו טעם דגן — חייב בחלה, ואדם יוצא בה ידי חובתו בפסח, ובכל התורה כולה קי״ל דטעם כעיקר. ואין להקשות אהך דשמעתין מהא דאמר ב״ערבי פסחים״ (פסחים דף קטו.): לא לכרוך איניש מצה ומרור בהדי [הדדי], דלמא אתי מרור דרבנן ומבטל מצה דאורייתא. דהתם, חוזק המרירות הוא דמבטל טעם מצה, אבל אורז לא מבטל טעם דגן. ועוד: דהתם — כשאוכל כזית מצה, דכי מבטל ליה מרור ליכא טעם כזית מצה, אבל אם אוכל הרבה — שרי. ונשער

שיטה מקובצת

א] הפיגול והנותר כו׳. פ״ה כזית מזה כו׳ עד שירי מנחה וא״ת [למה הוא פטור] (והא) [דהא] דאמרינן בעלמא טעם כעיקר לאו דאורייתא היינו דוקא כי נבלע בתוך ההיתר שאינו בעין אבל הכא שהוא בעין דאיירינן הכא בבשר קדשים ובשירי מנחה ואמאי כיון שהוא בעין ונותן טעם ויש בו כשיעור לחייב וי״ל כיון דנעשה פירורין ונבלל יחד חשוב כנבלע המיעוט ברוב וא״ת אפילו התראת ספק שמיה התראה יפטר שהרי אין שיעור באחד מהן כיון דאיסורין מבטלין זה את זה שהרי לא היה כי אם שני זיתים זית פיגול וזית נותר וכי נבלל מיעוט של פיגול בנותר חשיב אותו המיעוט כאילו הוא נשרף ונמצא דבציר שיעור כל אחד ואחד וא״כ על איזה מינייהו הוי מחייבת ליה וי״ל דלכך פי׳ הקונטרס דהבטל נתוסף על המבטל להיות כמוהו ולא חשיב המיעוט כנשרף אלא מיעוט הפיגול שנבלל בנותר חל עליו איסור נותר ומשלים בנותר מה שמחסר ממנו ונבלל בפיגול וכן להפך ולכך אצטריך לומר משום התראת ספק הוא דפטור וא״ת ואמאי פטור הא נחשב כאילו כל אחד שלם וכאילו לא נבלל כלל כיון שזה אחר משלימו ואין כאן התראת ספק וי״ל דודאי אי בשוה נחסר מכל אחד ואחד ונבלל בחבירו אה״נ דחשיבו משלימו ממה נפשך אבל פי׳ דאי אפשר שיחסרו בשוה ושמא חסר הפיגול רביע זית ונבלל בנותר ומנותר נחסר חומש זית ונבלל בפיגול וא״כ אז הנותר נשלם שיעור ויותר מעט וכנגד אותו יתור נחסר הפיגול משיעורו שהרי רביע שלו אין חומש שבא לו נותר יכול להשלימו וכן להיפך ולכך פטור מטעם התראת ספק וא״ת אכתי מאי איריא

עין משפט נר מצוה

מו א ב ג מיי׳ פ״ג מהל׳ פסה״מ הל׳ כג:

מז ד מיי׳ שם הל׳ כב:

מח ה מיי׳ פי״ד מהל׳ שחיטה הל׳ יב סמג עשין סד טוש״ע יו״ד סימן כח סעיף יב:

מט ו מיי׳ פ״ו מהל׳ בכורים הל׳ יא טוש״ע יו״ד סימן שכד סעי׳ ט:

נ ז מיי׳ פ״ו מהל׳ חמץ הל׳ ה טוש״ע או״ח סי׳ תנג סעיף ב:

מסורת הש״ס

פסחים סה. [מנחות כב. חולין פז: לעיל לה. לקמן עט. נדה סו.]

[חולין פז.]

נוסחאות רש״ש כת״י

לא שנו. דאם יש בו מראית דם כשר ואע״ג דרובא מים: אלא שנפלו מים לתוך דם. דקמא קמא בטל הלכך כל כמה דאיכא מראית דם לא בטיל ליה לדם: אבל נפל לתוך מים ראשון ראשון בטל. ומשרבו המים אע״פ שיש לו מראית דם בטל דם:

נא א מיי' פ"ט מהל' מקוואות הל' יט: נב ב ג ד מיי' שם הל' ית:

אֶלָּא: מִין בְּשֶׁאֵינוֹ מִינוֹ — בְּטַעְמָא, מִין בְּמִינוֹ — בְּרוּבָּא. א] וְנִשַׁעֵר מִין בְּמִינוֹ כְּמִין בְּשֶׁאֵינוֹ מִינוֹ. ב] דִּתְנַן: נִתְעָרֵב בְּיַיִן — רוֹאִין אוֹתוֹ כְּאִילּוּ הוּא מַיִם; מַאי לָאו רוֹאִין אוֹתוֹ לַיַּיִן כְּאִילּוּ הוּא מַיִם? לָא, רוֹאִין אוֹתוֹ לַדָּם כְּאִילּוּ הוּא מַיִם. אִי הָכִי "בָּטֵל" מִיבָּעֵי לֵיהּ. ג] וְעוֹד: תַּנְיָא, ר' יְהוּדָה אוֹמֵר: רוֹאִין אוֹתוֹ כְּאִילּוּ הוּא יַיִן אָדוֹם, ד] אִם דֵּיהָה מַרְאֵהוּ — כָּשֵׁר, וְאִם לָאו — פָּסוּל! תַּנָּאֵי הִיא. דְּתַנְיָא: *דְּלִי שֶׁיֵּשׁ בּוֹ יַיִן לָבָן אוֹ חָלָב וְהִטְבִּילוֹ — אהוֹלְכִין אַחַר הָרוֹב. ר' יְהוּדָה אוֹמֵר: רוֹאִין אוֹתוֹ כְּאִילּוּ הוּא יַיִן אָדוֹם, אִם דֵּיהָה מַרְאֵהוּ — כָּשֵׁר, וְאִם לָאו — פָּסוּל. וּרְמִינְהִי: *בדְּלִי שֶׁהוּא מָלֵא רוֹקִין וְהִטְבִּילוֹ — כְּאִילּוּ לֹא טָבַל, גמֵי רַגְלַיִם — רוֹאִין אוֹתוֹ כְּאִילּוּ הֵן מַיִם, דמָלֵא מֵי חַטָּאת — עַד שֶׁיִּרְבּוּ הַמַּיִם עַל מֵי חַטָּאת. ה] מַאן שָׁמְעַתְּ לֵיהּ דְּאִית לֵיהּ "רוֹאִין" — רַבִּי יְהוּדָה, וְקָתָנֵי דְּסַגִּי לֵיהּ בְּרוּבָּא! אָמַר אַבַּיֵי: לָא קַשְׁיָא, הָא

אלא מין בשאינו מינו. שהטעם ניכר בו בטעמא – מחייב, ולקי מן התורה. וכי אמר ריש לקיש – בפיגול ונותר של מין ומינו, דליכא למיקם אטעמא. ולא תשמע מינה נותן טעם ברוב לאו דאורייתא. ונשער מין במינו כמין בשאינו מינו. כיון דהיכא דקיימינן אטעמא, כל כמה דיהיב טעמא לא בטיל, כי ליכא למיקם נמי – אמאי מזלזלינן באיסורי למיהדר ולבטלן ברוב? נימא: רואין אילו היה מין ושאינו מינו *הא יש בו היכר טעמא, השתא נמי לא ניבטיל עד דרבה עליו כל כך כשיעור ביטול של מין ושאינו מינו! מאי לאו רואין לאותו יין כאילו מים הוא. ואם מראה דם היה ניכר בהן – כשר? אלמא, אע"ג דמין במינו הוא לענין ביטולא ו] דחזותא – לא אמרינן ליבטל ברוב, אלא משערינן ליה כמין בשאינו מינו! לא רואין ז] אותו לדם כאילו הוא מים. ופסיל, דבטיל ליה ברובא. הואיל ובתר חזותא אזלינן, והכא ליכא למיקם עליה דמילתא – בטיל ברובא. *רבי יהודה אומר רואין אותו כאילו הוא יין אדום. לקמן מייתי לה לכולה משנה. דלי. טמא. שיש בו יין לבן או חלב. שאין מראיהן ניכר בתוך המים. והטבילו. וקאמר ר' יהודה: הואיל ואילו יין אדום הוה, כל זמן שאדמומית שלו ניכרת לא בטיל במים, ואין טבילה עולה לכלי זה אלא אם כן שפך מהן עד שירבו ליכנס לתוכו ממי המקוה כדי להפקיע כל מראה היין הימנו – השתא נמי כשהוא לבן רואין אותו כאילו היה אדום: אם ח] ממועט כל כך שהמים הנכנסים לתוכו יש בהן שיעור להפקיע מראיו – כשר, כלומר, עלתה לו טבילה, ואם לאו – פסול. אלמא, משערין מין במינו כמין בשאינו מינו, ולהחמיר, דלא ליבטל ברובא כל דהו! תנאי היא. דרבנן פליגי עליה דר' יהודה, וכוותייהו קיימינן. והטבילו. ולא שפך מה שבתוכו – הולכין אחר הרוב. אם לא היה חליו יין, כיון שהטבילו ונתמלא ממי המקוה, ורבו המים על היין – טהור. (כאילו הוא יין. אדום) ט]. דלי שהוא מלא רוקין גרסינן. כאילו לא טבל. שהרוק עב הוא, וחוצץ בפני המים, ואינו בטל במים. ו"מלא" לאו דוקא, י] אלא איידי דבעי למיתני *"מלא מי רגלים", דדוקא הוא, דאשמעינן רבותא דלא בעי לבטולינהו, דכיון שעברו מי המקוה על פיו ונשקו לאותן שבתוכו נעשו חבור להם, וטהר, דמי רגלים מין מים הן – תני נמי "מלא רוקין". רואין יא] אותו כאילו הן מים. כלומר, אף על פי שמראיהן חלוק מקצת ממראה שאר מים, אפילו הכי, כיון דמין מים הן – לא בעי רובא לבטולי, אלא רואין אותו כו'. מלא מי חטאת. הואיל והן אב הטומאה וחשיבי משום קדושתייהו – לא בטלין אלא *)ברובא. עד שירבו המים. אין טבילה עולה לכלי עד שישפוך מהם יותר מחציו של כלי, כדי שירבו המים הנכנסין על מי חטאת. מאן שמעת ליה יב] [דאמר רואין אותו ר"י]. [דשמעת ליה] דאמר: רואין אותו כאילו הוא שנוי ממראה שלו. יג] וקתני. היכא דשוה מראה הבטל למראה המבטל, כגון מי חטאת שאין מראיהן חלוק – דסגי ליה יד] למבטל ברובא, ולא אמרינן רואין אותו כאילו הוא יין אדום להחמיר.

*) ברובא עד הד"א נ"ק

הא

ונשער מין במינו כמין בשאינו מינו. פי' בקונטרס: כיון דהיכא דקיימינן אטעמא כל כמה דיהיב טעמא לא בטל, כי ליכא למיקם נמי, אמאי מזלזלי באיסורא למיהדר לבטלן? נימא: רואין אילו היה מין ושאינו מינו *הא יש בו היכר טעמא – השתא נמי לא בטיל. ואת אמרת: מין במינו בטל מן התורה, טו] אע"ג דאילו היה אינו מינו היה נותן טעם! טז]. הג"ה:. ואע"פ *שהזכיר בקונטרס יז] זלזול איסור – אינו *רוצה לפרש שמקשה מדרבנן, דהא מתניתין דאורייתא היא, וכולה שמעתין כן. לא רואין לדם כאילו הוא מים. כלומר הדם פסול, דמין במינו בטיל ברובא, *כגון שהמים פסולין לזריקה. ה"ג: דלי שיש בו יין לבן וחלב והטבילו הולכין אחר הרוב. לא דמי להא דתנן (שבת דף קכ:): הדיו והחלב לאין אין חוצצין. דהכא, כיון דהאי דלי יש בו חלב עד רובו – לא מחלחלי מיא. ולא דמי לחלב דמנח אגבא דמנא או אגבה דגברא ונחית וטביל.* הולכין אחר הרוב, ואם לא היה חליו, כיון שהטבילו ונתמלא ממי מקוה, ורבו המים על היין – טהור. ואם תאמר: והא אמרינן (שם דף עז.): כל חמרא דלא דרי על חד תלתא מיא – לאו חמרא הוא. וכ"ש הכא, דאיכא חמרא טובא – יח] לא בטל ממנו שם יין, ולא מהני ליה השקה, ד"חמרא מזיגא" מיקרי, כדאמרינן בפ"ק דמכות (דף ג.)! וי"ל: דהכא מיירי בחמרא מזיגא. אי נמי: בחמרא דרפי, ואין יכול לקבל רוב מים. שאין כל היינות שוין, כדאמרינן בפרק "המוציא יין" (שבת דף עז.): יין יט] השרון לחוד, דרפי. וכן יש לפרש בסוף "הערל" (יבמות דף פב:) דאמר: נתן סאה ונטל סאה – כשר עד רובו. ופי' בקונטרס: דמיירי במי פירות. והשתא, אי ביין מיירי – אמאי כשר? והלא יין גמור הוא לברך "בורא פרי הגפן" ולכל דבר, וביין הוא טובל! אלא מיירי בחמרא דרפי. ומיהו, איכא כ] למימר: בשאר מי פירות, בר מיין. ובפ"ז דמס' מקוואות תנינן לה, וקאי אשאר משקין ומי פירות והציר והמורייס והתמד, כא] א) משום דחמיץ. ב) דלי שהוא מלא רוקין גרסינן כאילו לא טבל. שהרוק עב הוא, וחוצץ בפני המים, ואינו בטל במים. ו"מלא" לאו דוקא, אלא איידי דבעי למיתני כב] "מלא מי רגלים", דדוקא הוא – לאשמועינן רבותא דלא בעי לבטולינהו, דכיון שעברו מי המקוה על פיו ונשקו לאותן שבתוכו – נעשו חבור להן וטהר, דמי רגלים כג] מים הוא, תנא נמי: מלא רוקין רואין אותו כאילו הם מים. כלומר, אע"פ שמראיהן חלוק במקצת ממראה שאר מים, אפ"ה כיון דמין מים הם – לא בעי רובא לבטולי, אלא רואין אותן כו'. מלא מי חטאת – הואיל והן אב הטומאה, וחשיבי משום קדושתייהו – לא בטלי אלא ברובא. מאן שמעת ליה דאית ליה רואין – ר' יהודה, וקאמר דהיכא דשוה מראה הבטל למראה המבטל, כגון מי חטאת, שאין מראיהן חלוק – דסגי למיבטל ברובא, ולא אמר: רואין אותן כאילו הן יין אדום, להחמיר. *הא דרביה. הא דתנן לעיל: רואין אותן כאילו הן יין אדום – דרביה הוא, דמחמיר בבטול כי היכי דמחמיר במין במינו. כך פירש בקונטרס. וקשה לפירושו, חדא: דמה ענין האי "רואין" דמי רגלים ליין וחלב דלעיל? כד] שאינו מינו לא שייך בהו השקה. אבל מי רגלים, לדברי רש"י שהם מים גמורים, וסלקא להו השקה – אם כן מאי "רואין" שייך בהו? וכי משום דנשתנו קצת, לא יהא שם מים עליהם ולא תועיל להם השקה?! דלא דמו למי צבע, שבטל מהם תורת מים, בפרק קמא דמכות (דף ג:). ועוד: בלאו סוגיא דלעיל, תקשי ליה רישא לסיפא! ועוד: מאי קא משני: הא דידיה הא דרביה? אכתי הך דמי חטאת קשיא רישא לסיפא, לסברת הש"ס דאמר דתנא כה] דהנך מי רגלים רואין כאילו הן מים, סובר נמי ביין וחלב רואין כאילו הן יין אדום, ועל זה פריך: אמאי מכשרינן במי חטאת על ידי רוב מי מקוה, דבמיעוט מי חטאת נמי הוה לן למימר: רואין כאילו הן יין אדום – ע"ז לא תירץ כלום, דאכתי מי רגלים למי חטאת קשו אהדדי!. הג"ה:. ועוד: אי ההיא דיין לבן וחלב הויא דרביה, כי דיהה מראיהן אמאי כשר? הא מין במינו לא בטל, ומין במינו חשיב ליה, כיון דשוין בחזותא! ועוד: דבהדיא הוה ליה לאקשויי מהך ברייתא אמתניתין, דקאמר רבי יהודה: אין דם מבטל דם, דמין במינו לא בטל – והא בטלי מי חטאת במים! ועוד: דמי רגלים מיקרו "אינו מינו" לגבי מים, כדאמרינן בסמוך גבי חרצן של זג!. הג"ה: ונראה דגרסינן "מי רגלים רואין אותן כאילו הן יין". וכי האי גוונא תניא בתוספתא דמסכת טהרות בפרק שמתחיל "דם טמא": מי רגלים שנתערבו ביין – רואין אותן כאילו הן מים, נתערבו במים – רואין אותן כאילו הן יין ג) במים, אם בטל מראיהן – טהורים, ואם לאו – טמאים. והאי "ורמינהו" דהכא – אמתניתין קאי, דקאמר רבי יהודה: אין דם מבטל דם, והכי פירושו: דלי שהוא מלא רוקין והטבילו – כאילו לא טבל. מלא מי רגלים – רואין אותן כאילו הן יין, ולא בטלי ברובא. מלא מי חטאת – עד שירבו המים על מי חטאת, שישפוך רובו, ולכשיתמלא – טהור, דלא מהניא להו השקה לטהרם, כמו שפירש בקונטרס. ואי נמי: חומרא בעלמא, משום דאין זריעה להקדש, כדאמרי' בפרק "כל שעה" (פסחים דף לד:), וכ"ש למי חטאת, דאפילו בגדי אוכלי תרומה מדרס לחטאת (חגיגה דף כ.). אבל היכא דרבו – בטלי מהם תורת מי חטאת, ונעשו מי מקוה. מאן שמעת ליה דאית ליה רואין במין כו] שאינו מינו השוין בחזותא – רבי יהודה, דקתני בההיא דיין לבן רואין אותו כאילו הוא יין אדום. והכי מי רגלים נמי, הוי מין בשאינו מינו כדמוכח בסמוך גבי חרצן של זג כז] *וגבי שוין בחזותא, וקתני דסגי להו ברובא במי חטאת – אלמא דמין במינו בטל לרבי יהודה! ומשני: הא דידיה הא דרביה, מתניתין – דרביה, דמין במינו לא בטל, וברייתא – דידיה. ומברייתא דלעיל: רואין אותן כאילו הן יין אדום, אם דיהה מראהו כשר – לא הוה מצי לאקשויי אמתניתין. אלמא

א) נ"א משהחמיץ ב) עיין בספר פנים מאירות שהאריך בזה הדבור ג) גירסת הר"ש במס' טהרות פ"ד שמביא התוספתא נתערבו במי רגלים אחרים רואין אותן כאילו הן יין במים אם בטל כו' כנ"ל

היה ס"ו נמי לא נבטלה נ"ק

נ"א שלא הזכיר

נ"א רוצה

כמו שהמים נ"ק

גי' הנ"ק וטביל הס"ד ואח"כ ד"ה הולכין כו' חליו יין כיון כו' כנ"ל

היה יש נ"ק

תוספתא דמקוואות דף תשעו

מקוואות פ"ז מ"ה ע"ש בהר"ש

עיין תוספי גירסות שמהפך הדבורים כי הם מסורסים ומתוספים עיין בנ"ק

נ"ק מ"ו

רש"י גורס כגמרא מלא מי רגלים נ"ק

שיטה מקובצת

א] עיין בהשמטות בסוף המסכת: ב] דתנן נתערב ביין רואין אותו כאילו הוא מים וא"ת מאי פריך ממתני' למין במינו דר"ל [מיירי במין במינו] ממש דנהי דמתני' במראיהן שוה מ"מ הוי מין בשאינו מינו והתם לא אמר ר"ל דבטל ברוב דלא איירי אלא במין במינו ממש ותירץ מורי דאסיפא סמיך והוי כמו וכו' ופריך מסיפא דקתני נתערב בדם בהמה דהוי מין במינו ממש ואפ"ה לא בטל ברוב א) ובשיטה תירץ דם דקדשים ודם חולין (מינו מינו) [הוי מין במינו גמור: ג] ועוד תניא כו'. השתא ודאי קשה מאי פריך לר"ל מהכא הכא ודאי פריך ממין בשאינו מינו יין לבן במים ובהא מודה ר"ל וי"ל דה"פ דודאי לא פריך ליה מר' יהודה אלא מייתי מהכא דר"י קאמר במין (שאינו) [בשאינו] מינו רואין שלא להתבטל וא"כ מר"י נשמע לרבנן דמתני' דאמרו רואין אפילו במין במינו שלא להתבטל (דמזו) [דבזה] לא פליגי אלא במין במינו פליגי דלר"י אינו בטל כלל ולרבנן בטל [אלא] דאמרי רואין והשתא פריך שפיר והדרי קושיא ראשונה שלא תאמר רואין לדם כדמשני לעיל: ד] אדום במים אי דיהה תיבת אם ל"ש: ה] מאן שמעת ליה כו'. וא"ת והא הכא הוי מין במינו ממש מי חטאת במי מקוה אבל לעיל הוי מין בשאינו מינו יין לבן וחלב למקוה וי"ל כיון דמראיהן שוין חשיב לעיל נמי גבי מקוה מין במינו ומשני הא דידיה הא דרביה כלומר דרביה מחמיר במין במינו דלא בטל כלל ה"נ בברייתא דלעיל קאמר דלא סגי ברבייה ומיהו בטל ע"י רואין כיון דאין מין במינו ממש. כך שיטת הקונטרס: מאן שמעת ליה כו' לשיטת הקונטרס קשה טובא חדא דלפי סברת המקשה דמדמה ההיא דלעיל יין לבן וחלב במקוה דהוי מין בשאינו מינו למי חטאת דהוי מין במינו ממש א"כ מאי איריא דפריך מהאי ברייתא דלעיל דיין לבן וחלב אהך ברייתא דמי חטאת תקשי ליה ממתני' דקאמר ר"י בהדיא דמין במינו לא בטיל כלל אהך דמי חטאת דקתני בטל ברוב או מההיא דיין לבן וחלב דאמר ר' יהודה רואין אלמא מין במינו בטל מיהא היכא דליכא מראה יין אם היה אדום ובמתני' קתני אין דם מבטל דם כלל ועוד קשה מאי קאמר מאן שמעת כו' היכי מוכח מהיא דמי (חטאת) [רגלים] רואין דאתיא כר"י הא ברואין כזה אפילו רבנן מודו שהרי רש"י פי' דמי רגלים הן כמים ומין מים ניהנו ממש לענין השקה והא דלית להו רואין ה"מ ביין וחלב שאינו מינו ממש כמו מקוה כדלעיל בברייתא וא"כ היכי מוכח דר"י היא ועוד דקאמר הא דידיה המיקל דמין במינו בטל ה"נ דמיקל במי חטאת דסגי ברביה ולא אמרינן רואין משמע דהא בהא תליא רבנן דמתני' יוכיחו דסברי מין במינו בטל ואפ"ה מחמרו ואמרו רואין במתני' דמין במינו ולא מיבטל ברובא לכן נראה כגירסת התוספתא דמי רגלים לאו מינא דמים ניהנו ואע"ג דאתו ממים כבר נתעכלו בבני מעיים ופקע מינייהו שם מים ולפי זה מלא מי רגלים לאו דוקא אלא איירי בחסר ורואין מי רגלים כאילו יין אדום ואם יש מי רגלים כל כך שאם היו יין היו משנין מראית המים טמא דלא מהניא להו השקה דלא מינא דמים ניהנו ואם לאו טהור והשתא דייק ליה מאן שמעת ליה כי האי גבי מי רגלים דאית ליה רואין ר"י היא דאמר לעיל גבי יין וחלב רואין כאילו הוא יין אדום וקתני דסגי ברובא במי חטאת דהוי מין במינו ממש אלמא מין במינו בטל לר"י ובמתני' קאמר מין במינו ממש אמרי רבנן רואין במתני' אלא ש"מ ר"י היא דאית ליה (דוקא) רואין [דוקא] במין בשאינו מינו וקשיא דר"י אדר"י דאילו במתניתין הוי מין במינו וקאמר רואין א"נ ה"ק מאן שמעת כו' ר"י לעיל גבי יין לבן אבל רבנן שמעינן להו רואין גבי דם קדשים ולא גבי מקוה ומשני דקתני דמין במינו לא בטלי והשתא ניחא דהקושיות והתירוצים בפשיטות והשתא לפי המקשה דנקט לעיל מלא לאו דוקא לא גבי רוקין ולא גבי מי רגלים ולמאי דמשני רבא בדלי [illegible] טמא אז נקט דוקא מלא ובשביל רוקין דאל"כ אלא שהיה חסר ונכנסין בו המים א"כ על[illegible] דהמים עברו על שפתו והכי קי"ל כרבא דאמר דר"י נמי אית ליה דרביה. לשון מהר"פ: דחזותא דדם ויין חדא הוא והוי כמין במינו והיה ראוי שיהא בטל ברוב: ז] רואין ל[illegible] ח] אם מועט כל כך שהמים שנכנסין לתוכו: ט] אדום גרסינן דלי: י] דוקא דכיון שהרו[illegible] יא] רואין אותן כאילו: יב] ליה דאית ליה רואין אותו (גרסינן) ר' יהודה היא דשמעינן ליה: [illegible] היכא והד"א ותיבת וקתני ל"ש ונמחק: יד] ליה לבטל אות מ' נמחק: טו] התורה ברובא אף [illegible] מינו ותיבת הגה"ה נמחק: יז] בקונטרס לשון זלזול: יח] טובא דלא בטל: יט] יין השורני [illegible] לאוקמי בשאר תיבת למימר ל"ש ונמחק: כא] והתמד משהחמיץ הס"ד: כב] למיתני ולא מ[illegible] כג] רגלים מין מים: כד] דלעיל דההוא שאינו: כה] דתנא דתני מי רגלים רואין אותו כ[illegible] נמחק: כו] במין בשאינו מינו: כז] זב ושוין תיבת וגבי נמחק:

שיטה מקובצת

אין דם מבטל דם אלמא מין במינו לא בטל אבל מברייתא דלעיל לא מצי פריך אהך ברייתא דמי חטאת דשאני מי חטאת במי מקוה דהוי מין במינו גמור וכן לא מצי פריך מברייתא דלעיל אמתני' דמשום חומרא דקדשים החשיבי אין דם מבטל דם אבל ממי חטאת פריך שפיר דגם מי חטאת חשיבי והוי ליה למימר דלא ליבטל והשתא ניחא דע"כ האי רואין לא הוי כרבנן דברייתא דלעיל דמי רגלים במקוה הוי כיין לבן וחלב במקוה דקאמרי רבנן דסגי ברובא והכא קאמר דלא סגי ברובא אלא רואין כאילו הוא יין אדום אם בטל מראיתו כדפי' וא"ת אמאי היכי מוכח דר"י היא דאית להו נמי רואין וי"ל דא"כ [illegible] רגלים דקתני רואין לפי שהן במקום מין בשאינו מינו [illegible] מי חטאת

א) נראה דחסר כאן וצ"ל וא"ת אכתי הוי מין בשאינו מינו דם קדשים בדם חולין ותירץ בשיטה דם דקדשים וכו'.

בדלי

הָא דִּידֵיהּ, הָא דְּרַבֵּיהּ. דְּתַנְיָא, רַבִּי יְהוּדָה אוֹמֵר מִשּׁוּם רַבָּן גַּמְלִיאֵל: *אֵין דָּם מְבַטֵּל דָּם, אֵין רוֹק מְבַטֵּל רוֹק, וְאֵין מֵי רַגְלַיִם מְבַטְּלִין מֵי רַגְלַיִם. רָבָא אָמַר: א] אבִּדְלִי שֶׁתּוֹכוֹ טָהוֹר וְגַבּוֹ טָמֵא עָסְקִינַן, דְּמִדִּינָא סַגִּי לְהוּ בְּכָל דְּהוּ, וְרַבָּנַן הוּא דְּגָזְרוּ בְּהוּ דִּילְמָא חַיִּים עֲלַיְיהוּ וְלָא *מְבַטֵּיל לֵיהּ, וְכֵיוָן דְּאִיכָּא רִיבּוּיָא — לָא צָרִיךְ. *אָמַר רָבָא: אֲמוּר רַבָּנַן בְּטַעְמָא, וַאֲמוּר רַבָּנַן בְּרוּבָּא, וַאֲמוּר רַבָּנַן בַּחֲזוּתָא. במִין בְּשֶׁאֵינוֹ מִינוֹ — בְּטַעְמָא, ב] גמִין בְּמִינוֹ — בְּרוּבָּא, דהֵיכָא דְּאִיכָּא חֲזוּתָא — בְּמַרְאֶה. וּפְלִיגָא דְּרַבִּי אֶלְעָזָר, דְּאָמַר רַבִּי אֶלְעָזָר: הכְּשֵׁם שֶׁאֵין מִצְוֹת מְבַטְּלוֹת זוֹ אֶת זוֹ — וכָּךְ אֵין אִיסּוּרִין מְבַטְּלִין זוֹ אֶת זוֹ. מַאן שָׁמְעַתְּ לֵיהּ דְּאָמַר: אֵין מִצְוֹת מְבַטְּלוֹת זוֹ אֶת זוֹ — הִלֵּל הִיא. *דְּתַנְיָא: אָמְרוּ עָלָיו עַל הִלֵּל ג] הַזָּקֵן זשֶׁהָיָה כּוֹרְכָן בְּבַת אַחַת וְאוֹכְלָן, מִשּׁוּם שֶׁנֶּאֱמַר: °"עַל מַצּוֹת וּמְרוֹרִים יֹאכְלֻהוּ". תָּנוּ

תורה אור: במדבר ט

רש"י

הָא דְּרַבֵּיהּ. הָא דִּתְנַן לְעֵיל: רוֹאִין אוֹתוֹ כְּאִילּוּ הוּא יַיִן אָדוֹם — דְּרַבֵּיהּ הוּא, דְּמַחְמִיר בְּבִיטּוּל. כִּי הֵיכִי דְּמַחְמִיר בְּמִין ד] וּמִינוֹ וְאָמַר לָא בָּטֵיל כְּלָל, וּמִין בְּשֶׁאֵינוֹ מִינוֹ נַמִי, דְּאִית לֵיהּ דְּבָטֵל, וְקַיְימָא ה] לֵיהּ כָּל זְמַן שֶׁמַּרְאֶה הַמּוּעָט נִיכָּר בָּרוֹב לָא בָּטֵיל — מַחְמִיר נַמִי וְאָמַר דְּהֵיכָא דְּמַרְאֵיהֶן שָׁוִין כְּגוֹן יַיִן לָבָן בְּמַיִם — דְּרוֹאִין אוֹתוֹ כְּאִילּוּ אָדוֹם, וְלָא סַגְיָא לֵיהּ בְּרוּבָּא. אֵין דָּם מְבַטֵּל דָּם. אֶלָּא זְרִיקָה וְאֶלָּא כִּיסּוּי. וְאֵין רוֹק. הַטָּהוֹר מְבַטֵּל רוֹק הַזָּב. וְאֵין מֵי רַגְלַיִם. טְהוֹרִים, מְבַטְּלִים מֵי רַגְלַיִם שֶׁל זָב ו] *וּמְטַמְּאָה, וְאַע"פ שֶׁרַבּוּ הַטְּהוֹרוֹת עַל הַטְּמֵאוֹת בַּכְּלִי. רָבָא אָמַר. לְעוֹלָם חַד תַּנָּא הִיא, וּכְרַבֵּיהּ ס"ל. ז] וְהָא דְּקָאָמַר בְּרוּבָּא סַגֵּי. בִּדְלִי שֶׁתּוֹכוֹ טָהוֹר וְגַבּוֹ טָמֵא. כְּגוֹן שֶׁנִּטְמָא גַּבּוֹ בְּטוּמְאַת מַשְׁקִין דְּרַבָּנַן, דְּקַיְ"ל (נדה דף ז:): תּוֹכוֹ אוֹגְנוֹ אוֹזְנָיו וְיָדָיו טְהוֹרִין. דְּמִדִּינָא סַגֵּי לֵיהּ. בִּכְנִיסַת מַיִם לְתוֹכוֹ כָּל דְּהוּ, שֶׁתַּעֲלֶה טְבִילָה לִשְׂפָתוֹ, דְּהָא תּוֹכוֹ אֵין צָרִיךְ טְבִילָה. וְרַבָּנַן הוּא דְּגָזוּר. שֶׁיַּטְבִּילֶנּוּ יָפֶה. דְּאִי אָמְרַתְּ דְּסַגֵּי לֵיהּ בִּטְבִילַת גַּבּוֹ — דִּילְמָא חַיִּים עֲלַיְיהוּ עַל מֵי הַחַטָּאת שֶׁלֹּא יִתְעָרְבוּ מֵי הַמִּקְוֶה לְתוֹכוֹ וְיִפָּסְלוּ, וְלֹא מַטְבִּיל לֵיהּ לִשְׂפַת הַכְּלִי, לְפִיכָךְ גָּזְרוּ עָלָיו לְהַטְבִּילוֹ וּלְפוֹסְלוֹ. וְכֵיוָן דְּאִיכָּא רִיבּוּיָא — תּוּ לָא צָרִיךְ, דְּהָא טְבִילַת תּוֹכוֹ חוּמְרָא בְּעָלְמָא הוּא. וְהֵיכָא דְּאִיכָּא חֲזוּתָא. מִילֵּי דְּלָא תָּלֵי בְּטַעֲמָא אֶלָּא בַּחֲזוּתָא, כְּגוֹן לְעִנְיַן טְבִילַת מִקְוֶה — בַּחֲזוּתָא. וּפְלִיגָא דְּרַבִּי אֶלְעָזָר. הָא דְּרֵישׁ לָקִישׁ דְּאָמַר: אִיסּוּרִין מְבַטְּלִין זֶה אֶת זֶה. כְּשֵׁם שֶׁמִּצְוֹת אֵין מְבַטְּלוֹת זוֹ אֶת זוֹ. כְּדַאֲמָרַן לְקַמָּן ח]. הִלֵּל כּוֹרֵךְ פֶּסַח מַצָּה וּמָרוֹר בְּבַת אַחַת. וְלָא אָתֵי טַעַם מָרוֹר וּמְבַטֵּל לֵיהּ לְטַעַם מַצָּה. חַרְסָן

תוספות

דמין במינו בטל לרבי יהודה, דהתם מין בשאינו מינו הוא. אע"ג דחשיבי ליה קלת מין במינו לומר דבטל ברוב, אי לאו טעמא ד"רואין כמו מין במינו" — מ"מ מין במינו גמור לא הוי. ומיהו, לגירסא זו לא יתכן ליישב הא דנקט "מלא רוקין" כמו לפירוש הקונטרס, דהוה מצי למימר "דלי שיש בו רוקין". וא"ת: ואמאי דוחקיה לשנויי "הא דידיה הא דרביה"? לימא דברייתא כרבנן דמתני', דאית להו "רואין", ומין במינו בטל! ויש לומר: דאי כרבנן דמתני' — א"כ היה צריך כל כך מי המקוה שאם היו מי חטאת יין אדום הוה דיהה, וברייתא קתני דסגיא ברובא. וא"ת: ולר' יהודה, אמאי סגי ליה ברובא? נימא "רואין"! וי"ל: דלא שמעינן לר' יהודה "רואין", אלא במין שאינו מינו, כגון יין לבן וחלב, אבל מין במינו גמור — לא שמעינן ליה דאית ליה "רואין". וצריך לדקדק: מ"ש גבי קדשים וטומאה ומקוה אמרינן "רואין" הכא ובמכות (דף ג:), וגבי איסורא לא אמרינן "רואין", אלא מין במינו מדאורייתא ברובא. וגבי טומאה נמי איכא דוכתא דלא אמרינן "רואין", וגבי ציר בבכורות בפרק "הלוקח בהמה" (ד' כג:), ושיליא דלא מטמאה לא במגע ולא במשא, ואמר רבי יוחנן:* משום ביטול ברוב נגעי בה. ואי אפשר לברר טעם, אלא היכא דאיתמר איתמר, היכא דלא איתמר לא איתמר. ועוד צריך לדקדק: דפעמים דאמר "רואין" מן המבטל, כגון במתני': דם שנתערב בדם הבהמה, נתערב ביין. ופעמים — מן הבטל, גבי דלי ט] יין לבן וחלב. פעמים דאמר "רואין" להחמיר, כי ההיא ד"דלי", ופעמים — להקל, כגון במתני' דמכשרי ליה לזריקה! וי"ל: י] דבשביל המיעוט שלא יתבטל רואין *המיעוט (או) הרוב, בין להקל בין להחמיר.

ה"ג: **הא** דידיה הא דרביה. בכוליה הש"ס דקים לן דר' יהודה ס"ל, מין במינו לא בטל — היינו משום דסמכינן ◦ אשינויא דרבא. **רבא** אמר בדלי שתוכו טהור כו'. תימה: אם כן, מלא רוקין אמאי כאילו לא טבל, ומלא מי רגלים אמאי רואין כאילו הוא יין? ושמא לא קאי רבא אלא אמי חטאת. **אמור** רבנן בטעמא. ומדלא נקט בשפים או במאה, משמע דמדאורייתא איירי שהוא בטעמא. וכן משמע לעיל דטעם כעיקר דאורייתא, דאמר באורז שיש בו טעם דגן דחייב בחלה ואדם יוצא בה ידי חובתו בפסח. וקשה מכאן לפי' הקונטרס דפ' "גיד הנשה" (חולין דף צח.) גבי לא נצרכה אלא לטעם כעיקר, דבקדשים אסור והכא שרי, ופירש שם בקונטרס: דלהא מילתא יא] *"זהו" — למעוטי שאר קדשים, אבל חולין שפיר גמירי מיניה, דהא קים לן מ"אחרי רבים להטות" דבטלי ברובא, וילפינן מהכא להחמיר דלא ליבטל אלא במאה. ולרבא לית ליה טעמא כעיקר בחולין, כדמפרש ואזיל, מדאורייתא ברובא בטל, אלא מדרבנן. והכי שמעינן ליה לר' יוחנן במסכת עבודה זרה (דף סז:): כל שטעמו ולא ממשו — אין לוקין עליו. והא דילפינן ליה בפסחים (דף מד.) מנזיר "משרת" — ליתן טעם כעיקר, סבירא להו לאמוראי בתראי דאסמכתא בעלמא הוא, ולאו מילף הוא, דהוי להו נזיר וגיעולי גוים שני כתובים הבאים כאחד. אי נמי: גיעולי גוים חידוש הוא כדאמרינן התם, ו"משרת" — להיתר מצטרף לאיסור. כך פירש בקונטרס. ואי אפשר לומר כן, כדמוכח בשמעתין. ומפרש ר"ת: דמין בשאינו מינו — מדאורייתא בטעמא, דנפקא לן מ"משרת", ומין במינו — ברובא. והא דאמר אביי בפרק "כל הבשר" (חולין דף קח.): ש"מ טעמו ולא ממשו בעלמא דאורייתא, דאי ס"ד דרבנן, מבשר בחלב מ"ט לא גמרינן — דחידוש הוא, אי חידוש הוא — אע"ג דליכא נותן טעם נמי. אמר ליה רבא: דרך בישול אסרה תורה, פירוש: ולעולם דרבנן. התם דיחויא בעלמא הוא, כלומר דמהכא לא תידוק. ובפרק בתרא דע"ז (דף סז:) דא"ר יוחנן: טעמו ולא ממשו אסור, ואין לוקין עליו — היינו במינו, דמדאורייתא ברובא בטלי. וטעמו וממשו דקאמר התם דלוקין — כגון שהאיסור בעין ומכירו. וכי קאמר טעמו ולא ממשו דאין לוקין — יב] ה"ה דאפי' טעמו וממשו אם אין מכירו. אלא נקט טעמו ולא ממשו לרבותא, דאפ"ה אסור. א"נ: טעמו ולא ממשו נקט — משום דפסיקא ליה בכל ענין, יג] אפילו שלא במינו *הוי טעמו ולא ממשו, ואסורין ועוד יש לפרש כולה שלא במינו והיכא דאיכא כזית בכדי אכילת פרס — קרי ליה טעמו וממשו. והיכא דליכא כזית בכדי אכילת פרס — קרי ליה טעמו ולא ממשו וה"ר יוסף דאורלינ"ש היה מפרש דלכך לא נקי אטעם כעיקר אפי' שלא במינו, דרבי יוחנן סבר לה כר"ע, דיליף יד] מגיעולי גוים, וליכא אלא עשה ד"תעבירו באש" (במדבר לא), דמצריך ליבון והגעלה. ור"ת השיב לו, דאית לן למימר: טו] *אהדריה לאיסוריה, כדאשכחן בפרק "הלוקח עובר פרתו" (בכורות דף טו:) דתנן: הגוזז והעובד בהן — טז] סופג את הארבעים, אע"ג דלא נפקא לן אלא מדכתיב "תזבח" ולא גיזה. אלא היינו טעמא — משום דאהדריה לאיסוריה ד"לא תעבוד" ו"לא תגוז". ומיהו, לא דמי כל כך להאי, *דהתם ניחא,יז]* *דהתם אמר קרא "תזבח" — זביחה התרתי לך בקדשים שהוממו, ולא גיזה. והא דאמרינן בירושלמי דערלה פרק שני, אמר רבי אבהו א"ר יוחנן: כל נותני טעמים אין לוקין עליהן, חוץ מנותן טעם דנזיר — יש לפרש דבהיתר מצטרף לאיסור מיירי. דבפרק "אלו עוברין" (פסחים דף מג:) יח] ובפרק "ג' מינים" (נזיר דף לה:) קאמר ר' אבהו א"ר יוחנן גופיה: כל איסורין שבתורה — אין היתר מצטרף לאיסור, חוץ מאיסורי נזיר. וקרי ליה בירושלמי "נותן טעם", כעין נזיר ששרה פתו ביין. ומיהו סוגיא דירושלמי מוכחא דבנתינת טעם איירי. וא"ת: אי טעם כעיקר דאורייתא, מאי פריך בפרק "אלו עוברין" (פסחים דף מד.) ובפרק "ג' מינים" (נזיר דף לז:) גבי שתי קופות, אחת של חולין ואחת של תרומה ולפניהם שתי סאין כו': יט] ואי אמרת כזית בכדי אכילת פרס דאורייתא — אמאי אמרינן "שאני אומר"? כ] כי אמרינן נמי דכזית בכדי אכילת פרס לאו דאורייתא תיקשי ליה: אמאי אמרינן "שאני אומר", כיון דטעם כעיקר דאורייתא! וי"ל: דהתם במינו. וכן משמע בפרק "הערל" (יבמות דף פב.), דקאמר ריש לקיש: והוא שרבו חולין על התרומה. ואי במינו — ניחא, אבל שלא במינו — לא שייך .רבייה ואם תאמר: אם במינו, כיון דרבו — בטלו להו ברובא, אף על גב דאיכא כזית בכדי אכילת פרס! ויש לומר: דמכל מקום כא] *בכדי אכילת פרס חמיר, דלוקה עליו שלא במינו — א"כ במינו יש לנו להחמיר. דלית לן למימר "שאני אומר", כיון דלקי שלא במינו. דלכל מילתא משוין להו, כי היכי דמצרכי שפים בין במינו בין שלא במינו. ומיהו, אכתי קשה: דהא כב] סתמא דנזיר ופסחים אליבא דרבי יוחנן, ורבי יוחנן מוקי לה בפרק "הערל" (ג"ז שם): אע"פ שלא רבו, ואם כן כי נמי אמרת כזית בכדי אכילת פרס לאו דאורייתא — תיקשי ליה: אמאי אמרינן "שאני אומר"? דכיון דלא רבו ספיקא דאורייתא הוא! וי"ל: דהמ"ל "וליטעמיך", וכה"ג איכא טובא. *ועוד הארכתי בפרק "גיד הנשה" (חולין דף צט. ד"ה גלי) דגריס ר"ת התם: לא נצרכה אלא להיתר מצטרף לאיסור. *מין במינו ברובא — היינו דלא כתנא דמתניתין, דאית ליה "רואין" אפילו דם בדם. **אמרו** עליו על הלל שהיה כורכן בבת אחת. בזמן הבית היה, שהשתן דאורייתא. *ואם תאמר: ומנלן דקסבר אין מצות מבטלות זו את זו? דילמא היה לוקח הרבה מכל אחד ואחד, דכי האי גוונא לא מבטל, כדפרישית לעיל!. שלישי

מסורת הש"ס

פסחים סה: [וש"נ]

מלטמא נ"ק

נ"ל מטביל. יעב"ץ

חולין לז. ע"ש

פסחים קטו.

גליון הש"ס

גמ' כשם שאין מצות מבטלות. ע' מנחות דף כב ע"ב תוס' ד"ה מכאן: **רש"י** ד"ה דמדינא כו' דהא תוכו א"צ טבילה. עי' טורי אבן חגיגה דף כ ע"ב ד"ה אחוריים: **תוס'** ד"ה הא וכו' אשינויא דרבא. ועיין לעיל דף עג ע"א תוספות ד"ה ר"י בסה"ד:

קתני זהו נ"ק

נ"ל הוי ולא ממשו אסורין נ"ק

דאהדריה לאיסוריהו נ"ל וליכא נבילה וטריפה ודשאר איסורין כדאשכחן נ"ק

נ"ל פריך דאי בכדי נ"ק

הכי נ"ק

[וע"ע תוס' חולין לח: ד"ה רבא]

הס"ד אח"כ מה"ד מין במינו נ"ק

*חסר כאן בדבריהם הת' על הקושיא עיין רש"ק מה שתירץ ומה שיש לדקדק מסוגיא זו אסוגיא דע"פ עיין שם בספר המאור ובמלחמות ה' שהאריכו בזה [ועמ"ש על לד הגליון בתוס' ב"מ דף סח.]

עין משפט נר מצוה

נג א מיי' פ"ג מהל' מקוואות הלי"ט:

נד ב ג מיי' פט"ו מהל' מאכלות אסורות הלכה א סמג לאוין קלח טוש"ע יו"ד סי' לח סעי' א:

נה ד מיי' פ"ז מהל' מקוואות הל"א:

נו ה מיי' פי"ח מהל' פסה"מ הל"כ:

נז ו מיי' פ"ח מהל' מצה הלכה ח טוש"ע או"ח סי' תעה סעי' א:

[שם בבכורות]

ס"א המיעוט בכרוב

שיטה מקובצת

א] בדלי שתוכו טהור כו'. וא"ת והיכי יכול להיות דגבו טמא ותוכו טהור וי"ל בטומאת משקין דרבנן דקיי"ל תוכו ואוגנו ואזניו וידיו טהורים ומדינא סגי ליה בכניסת המים כל דהו לתוכו שתעלה טבילה על שפתו דהא תוכו אין צריך טבילה ורבנן הוא דגזור שיטבילנו יפה דאי אמרת דסגי בטבילת גבו דילמא חיים עלייהו על מי חטאת שלא יתערבו מי המקוה לתוכו ויפסלו ולא מטביל ליה לשפת הכלי לפיכך גזרו עליו להטבילו ולפוסלו וכיון דאיכא רובו תו לא צריך דהא טבילת תוכו חומרא בעלמא הוא וא"ת א"כ גבי מי רגלים אמאי רואין אותו כאילו הוא יין [הא] התם לא שייך דילמא חיים עלייהו וי"ל דמילי מילי קתני וגבי מי רגלים ורוקין מיירי שגם תוכו טמא והשתא צריך לומר הא דנקט מלא אגב מי חטאת נקטיה וא"ת מאי פסקא וי"ל דע"כ גבי מי חטאת איירי בתוכו טהור מדנתנו לתוכו מי חטאת ואע"ג דמי חטאת שנטמאו מטהרין מ"מ לכתחילה אין לטמאותם וא"ת ואיך תוכו טהור והלא מי חטאת שבתוכו יטמאוהו ויש לומר דמיירי דעדיין לא נתקדש באפר פרה ומ"מ שייך בהו חומרא דמי חטאת שלא להועיל להם השקה כיון שנשאבו לשם מי חטאת וא"ת מאי קאמר חיים עלייהו הואיל ועדיין לא נתקדשו וי"ל דמ"מ חיים עלייהו שמא לא ימצא מים חיים: ב] מין במינו ברובא. וא"ת הא בפרק גיד הנשה אמרינן מין במינו בששים וע"כ איירי [הכא] בלח ולא ביבש דומיא דמין בשאינו מינו דתלוי בטעמא דלא שייך האי סברא דטעמא אלא בלח וי"ל דהא דקאמר ברובא ר"ל מדאורייתא וא"כ יש ראיה מכאן דטעם כעיקר דאורייתא דומיא דמין במינו ברובא דר"ל מדאורייתא כדפי' דמדרבנן בעינן ששים כדפי': ג] תיבת הזקן נמחק: ד] במין במינו ואמר: ה] וקיימא לן כל: ו] זב מלטמא ואע"פ: ז] ס"ל והכא דקאמר דברובא תיבת והא ל"ש: ח] לקמן דהלל כורך: ט] דלי מלא יין: י] וי"ל דהכל תלוי בבטל דבשביל: יא] מילתא קתני זהו: יב] דאין לוקין עליו ה"ה: יג] ענין אבל שלא תיבת אפילו נמחק: יד] דיליף טעם כעיקר מגיעולי: טו] למימר דאהדריה לאיסוריה: טז] בהן פ' בפסולי המוקדשים: יז] ניחא דהכי אמר: יח] עוברין נמי הכי איתא: יט] כו' פריך מיניה ואי: כ] אומר והשתא כי: כא] דמ"מ פריך דאי בכדי: כב] דהא סוגיא דנזיר תיבת סתמא נמחק: תנן

נח א ב מיי' פ"ב מהל' משכב ומושב הלכה ח:
נט ג מיי' שם הל"ב:
ס ד ה מיי' פ"ב מהל' פסוה"מ הל' כג:
סא ו מיי' שם הלי"ח:
סב ז מיי' שם הלי"ב:

א] תָּנוּ רַבָּנַן: *אחַרְסָן שֶׁל זָב וְזָבָה, פַּעַם רִאשׁוֹן וְשֵׁנִי — טָמֵא, שְׁלִישִׁי — טָהוֹר. בַּמֶּה דְּבָרִים אֲמוּרִים — שֶׁנָּתַן לְתוֹכוֹ מַיִם, אֲבָל לֹא נָתַן לְתוֹכוֹ מַיִם — אֲפִילּוּ עֲשִׂירִי טָמֵא. רַבִּי אֱלִיעֶזֶר בֶּן יַעֲקֹב אוֹמֵר: בשְׁלִישִׁי, אע"פ שֶׁלֹּא נָתַן לְתוֹכוֹ מַיִם — טָהוֹר. *מַאן שָׁמְעַתְּ לֵיהּ דְּאָמַר: מִין בְּמִינוֹ לָא בָּטֵיל — רַבִּי יְהוּדָה. וּרְמִינְהוּ: *גפִּשְׁתָּן שֶׁטְּוָואַתּוּ נִדָּה — מַסִּיטוֹ טָהוֹר, וְאִם הָיָה לַח — מַסִּיטוֹ טָמֵא, מִשּׁוּם מַשְׁקֵה פִּיהָ. רַבִּי יְהוּדָה אוֹמֵר: אַף הָרוֹטְבוֹ בְּמַיִם — טָמֵא מִשּׁוּם מַשְׁקֵה פִּיהָ, וַאֲפִילּוּ טוּבָא! אָמַר רַב פַּפָּא: שָׁאנֵי רוֹק דְּקָרִיר. § "נִתְעָרֵב בְּדַם הַפְּסוּלִין — יִשָּׁפֵךְ לָאַמָּה". § בְּמַאי קָמִיפַּלְגִי? אָמַר רַב זְבִיד: ב] בְּגוֹזְרִין גְּזֵירָה בַּמִּקְדָּשׁ קָא מִיפַּלְגִי, דְּמָר סָבַר: גּוֹזְרִין, וּמָר סָבַר: לֹא גּוֹזְרִין. ג] רַב פַּפָּא אָמַר: דְּכוּלֵּי עָלְמָא גּוֹזְרִין, וְהָכָא בְּדַם הַתַּמְצִית מָצוּי לְרַבּוֹת עַל דַּם הַנֶּפֶשׁ קָא מִיפַּלְגִי, מָר סָבַר: שְׁכִיחַ, וּמָר סָבַר: לָא שְׁכִיחַ. בִּשְׁלָמָא לְרַב פַּפָּא, הַיְינוּ דְּקָתָנֵי: נִתְעָרֵב בְּדַם הַפְּסוּלִין — יִשָּׁפֵךְ לָאַמָּה, (אוֹ) בְּדַם הַתַּמְצִית — יִשָּׁפֵךְ לָאַמָּה. אֶלָּא לְרַב זְבִיד, לִיעָרְבִינְהוּ וְלִיתְנִינְהוּ! קַשְׁיָא. §

מתני' ידַּם ד] תְּמִימִים בְּדַם בַּעֲלֵי מוּמִין — יִשָּׁפֵךְ לָאַמָּה. כּוֹס בְּכוֹסוֹת, רַבִּי אֱלִיעֶזֶר אוֹמֵר: אִם קָרַב כּוֹס אֶחָד — יִקְרְבוּ כָּל הַכּוֹסוֹת. וַחֲכָמִים אוֹמְרִים: האֲפִילּוּ קָרְבוּ כּוּלָּן חוּץ מֵאֶחָד מֵהֶן — יִשָּׁפֵךְ לָאַמָּה. הַנִּיתָּנִין לְמַטָּה שֶׁנִּתְעָרְבוּ בַּנִּיתָּנִין לְמַעְלָה, רַבִּי אֱלִיעֶזֶר אוֹמֵר: יִתֵּן לְמַעְלָה, וְרוֹאֶה אֲנִי אֶת הַתַּחְתּוֹנִים מִלְּמַעְלָן כְּאִילּוּ הֵם מַיִם, ו*וְיַחֲזוֹר וְיִתֵּן לְמַטָּה. וַחֲכָמִים אוֹמְרִים: ייִשָּׁפֵךְ לָאַמָּה. זוְאִם לֹא נִמְלַךְ, וְנָתַן — כָּשֵׁר.

הַנִּיתָּנִין

חַרְסָן שֶׁל זָב וְזָבָה. עָבִיט שֶׁל מֵי רַגְלַיִם, וְנִשְׁבַּר, וַחֲרָסָיו בָּלְעוּ מִמֵּי רַגְלַיִם ה] הַזָּבִים, וְהֵן מְטַמְּאִין בְּמַשָּׂא. שֶׁאע"פ שֶׁנִּבְלְעוּ — טְמֵאִים, כְּדִתְנַן בְּמַסֶּכֶת כֵּלִים (פ"ט מ"ה) וּמַיְיתֵי לָהּ בַּגְּמָרָא דְּנִדָּה:* חַרְסָן שֶׁבָּלְעוּ מַשְׁקִין טְמֵאִין וְנָפְלוּ לַאֲוִיר תַּנּוּר — הַתַּנּוּר טָמֵא, שֶׁסּוֹף מַשְׁקֶה לָצֵאת בְּהֶיסֵּק הַתַּנּוּר. פַּעַם רִאשׁוֹן וְשֵׁנִי. כִּבְּסוֹ ב' פְּעָמִים — טָמֵא, שֶׁעֲדַיִין לֹא פָּלְטוּ מִמֵּי רַגְלַיִם שֶׁבּוֹ, וְהֵן אֶחָד מִמַּעְיָינֵי הַזָּב. ג' טָהוֹר. מִשֶּׁנָּתַן לְתוֹכוֹ מַיִם שְׁלֹשָׁה פְּעָמִים — טָהוֹר, שֶׁפָּלְטוּ מֵי הָרַגְלַיִם הַנִּבְלָעִין בּוֹ. אֲבָל לֹא נָתַן לְתוֹכוֹ מַיִם. אֶלָּא מֵי רַגְלַיִם שֶׁל אָדָם טָהוֹר, לְהוֹצִיא אֶת שֶׁל זָב הַנִּבְלָעִים בּוֹ — טָמֵא, דְּמִין בְּמִינוֹ לֹא בָּטֵל. וּפָרְכִינַן: מַאן שָׁמְעַתְּ לֵיהּ דְּאָמַר מִין בְּמִינוֹ לֹא בָטֵל רַבִּי יְהוּדָה. וּשְׁמַע מִינָּהּ: מַאן ת"ק דְּרַבִּי אֱלִיעֶזֶר בֶּן יַעֲקֹב — ר' יְהוּדָה הִיא. וְקָאָמַר דְּמַשְׁקִין הַנִּבְלָעִין בְּחֶרֶס בִּתְלָתָא זִימְנֵי פָּלְטִי. וּרְמִינְהוּ פִּשְׁתָּן שֶׁטְּוָואַתּוּ נִדָּה מַסִּיטוֹ טָהוֹר. שֶׁהֲרֵי יָבֵשׁ הָרוֹק, וּמִשֶּׁיָּבֵשׁ אֵינוֹ מְטַמֵּא, כִּדְאָמַר בְּמַסֶּכֶת נִדָּה* ו] מִ"וְכִי יָרוֹק" — כְּעֵין רְקִיקָה. וְאִם הָיָה לַח ז] (הָיָה) מַסִּיטוֹ טָמֵא. שֶׁהָרוֹק הַלַּח מְטַמֵּא בְּמַשָּׂא. ה"ג: ר' יְהוּדָה אוֹמֵר אַף הָרוֹטְבוֹ בְּמַיִם טָמֵא מִשּׁוּם מַשְׁקֵה פִּיהָ. בַּתּוֹסֶפְתָּא דְּמַסֶּכֶת טְהָרוֹת. אַף הַמְלַחְלְחוֹ בְּמַיִם לְאַחַר שֶׁיָּבֵשׁ — חָזַר הָרוֹק לִהְיוֹת לַח מֵחֲמַת הַמַּיִם, וְטָמֵא מִשּׁוּם מַשְׁקֵה פִּיהָ. וַאֲפִי' טוּבָא. אֲפִי' כִּבְּסוֹ פְּעָמִים הַרְבֵּה קָאָמַר טָמֵא. שָׁאנֵי רוֹק דְּקָרִיר. *טריסטוריט"ש בְּלַעַ"ז, נִכְנָס בַּפִּשְׁתָּן בַּחֲזָקָה וְקָשֶׁה לָצֵאת. אֲבָל מֵי הָרַגְלַיִם לֹא בְּלִיעֵי בַּחֶרֶס כּוּלֵּי הַאי. בְּגוֹזְרִין גְּזֵירָה בַּמִּקְדָּשׁ פְּלִיגִי. אִם עוֹשִׂין סְיָיג בְּקָדָשִׁים לְהַרְחִיק מִן הָעֲבֵירָה, וְלָא חָיְישִׁינַן לְהֶפְסֵד קָדָשִׁים שֶׁלֹּא יַפְסִיד אֶת אֵלּוּ בִּשְׁבִיל סְיָיג דַּאֲחֵרִים, קָמִיפַּלְגִי. ת"ק סָבַר גּוֹזְרִין. הִילְכָּךְ, נִתְעָרֵב דַּם כָּשֵׁר בְּדַם פָּסוּל אוֹ בְּדַם הַתַּמְצִית, וְאַף עַל פִּי שֶׁאֵין בַּפָּסוּל וְלֹא בַּתַּמְצִית כְּדֵי לְבַטֵּל אֶת הַכָּשֵׁר — יִשָּׁפֵךְ לָאַמָּה, גְּזֵירָה דִּילְמָא אָתֵי לְאַכְשׁוּרֵי נַמִי הֵיכָא דְּיֵשׁ בְּדַם הַפָּסוּל אוֹ בְּדַם הַתַּמְצִית כְּדֵי לְבַטֵּל אֶת הַכָּשֵׁר. וְהַאי דְּלָא גָּזְרִינַן ח] הָכָא בְּנִתְעָרֵב בְּדַם הַבְּהֵמָה אוֹ בְּדַם הַחַיָּה — מִשּׁוּם דְּחוּלִּין בָּעֲזָרָה לָא שְׁכִיחֵי. אֲבָל פְּסוּלִין שְׁכִיחֵי, וְכֵן תַּמְצִית שְׁכִיחַ דְּרַבָּה עַל ט] הַנֶּפֶשׁ. וְרַבִּי אֱלִיעֶזֶר סָבַר: אֵין גּוֹזְרִין, חָשׁוּ חֲכָמִים שֶׁלֹּא לְהַפְסִיד קָדָשִׁים מֵחֲמַת גְּזֵירָה. הִילְכָּךְ, עַד שֶׁיְּהֵא מִן הַפָּסוּל כְּדֵי שֶׁאִילּוּ הָיוּ מַיִם לֹא הָיָה נִיכָּר דַּם הַכָּשֵׁר בּוֹ — מַכְשְׁרִינַן לֵיהּ לִזְרִיקָה. ה"ג: רַב פַּפָּא אָמַר דְּכ"ע גּוֹזְרִין וְהָכָא בְּדַם הַתַּמְצִית מָצוּי כו'. דְּכ"ע גּוֹזְרִין. דְּלָא חָשׁוּ לְהֶפְסֵד קָדָשִׁים. וּבְנִתְעָרֵב בְּדַם הַפְּסוּלִין, דְּמִילְּתָא דִּשְׁכִיחָא הוּא — י] לָא פָּלֵיג רַבִּי אֱלִיעֶזֶר. אֶלָּא בְּנִתְעָרֵב יא] דַּם הַתַּמְצִית לְחוּד פָּלֵיג, וּמִשּׁוּם דְּקָא סָבַר דַּם הַתַּמְצִית שֶׁל בְּהֵמָה אֵינוֹ מָצוּי לִהְיוֹת רַבָּה עַל דַּם הַנֶּפֶשׁ, הִילְכָּךְ אַמַּאי נִגְזוֹר? יב] הֲוָה לֵיהּ כְּנִתְעָרֵב בְּדַם חוּלִּין, דְּלָא גָּזְרִינַן בֵּיהּ מִידֵּי מִשּׁוּם דְּלָא שְׁכִיחַ. וְת"ק סָבַר: פְּעָמִים שֶׁהוּא רַבָּה עַל דַּם הַנֶּפֶשׁ, הִילְכָּךְ גָּזְרִינַן בֵּיהּ הֵיכָא דְּלָא רַבָּה אַטּוּ הֵיכָא דְּרַבָּה. וּמִיהוּ, אִם לֹא נִמְלַךְ וְנָתַן — כָּשֵׁר, דִּגְזֵירָה בְּעָלְמָא הוּא. בִּשְׁלָמָא לְרַב פַּפָּא. דְּאָמַר לָא פָּלֵיג רַבִּי אֱלִיעֶזֶר בְּרֵישָׁא, מִשּׁוּם הָכִי לָא עָרֵיב וְתָנֵי לְהוּ יג] יִשָּׁפֵךְ — דִּבְסֵיפָא פְּלִיגִי, וְרֵישָׁא דִּבְרֵי הַכֹּל. אֶלָּא לְרַב זְבִיד לִיעָרְבִינְהוּ וְלִיתְנִינְהוּ. נִתְעָרֵב בְּדַם הַפְּסוּלִים אוֹ בְּדַם הַתַּמְצִית יִשָּׁפֵךְ לָאַמָּה! קַשְׁיָא. **מתני'** דַּם תְּמִימִים בְּדַם בַּעֲלֵי מוּמִין. מִילְּתָא דִּשְׁכִיחָא הִיא, וְיִשָּׁפוֹךְ לָאַמָּה, גְּזֵירָה שֶׁמָּא יד] [לֹא] יִרְבֶּה עָלָיו וְיַכְשִׁירוּהוּ. נִתְעָרֵב כּוֹס שֶׁל דַּם בַּעֲלֵי מוּמִין בְּכוֹסוֹת שֶׁל כְּשֵׁרִין, וְאֵינוֹ נִיכָּר. דָּמִים הַנִּיתָּנִין לְמַטָּה. מִן הַחוּט, שֶׁנִּתְעָרְבוּ בְּדַם חַטָּאת שֶׁנִּיתָּן לְמַעְלָה. רַבִּי אֱלִיעֶזֶר אוֹמֵר יִתֵּן לְמַעְלָה. מַתְּנוֹת חַטָּאת. וְאַף עַל פִּי שֶׁהַתַּחְתּוֹנִים מְעוֹרָבִין בּוֹ, הוֹאִיל וְאֵינוֹ *מִתְכַּוֵּין טו]. הַתַּחְתּוֹנִים לְמַעְלָה. רוֹאֶה אֲנִי אוֹתָן כְּאִילּוּ הֵן מַיִם. וּמִפְּנֵי שֶׁמִּצְוָה לְהַקְדִּים עֶלְיוֹנִים לַתַּחְתּוֹנִים, כִּדְאָמַר בְּפֶרֶק "כָּל הַתָּדִיר" (לקמן דף פט.) שֶׁיְּהוּ כָּל הַחַטָּאוֹת קוֹדְמוֹת לְעוֹלוֹת. יִתֵּן לְמַעְלָה. תְּחִילָּה, וְאַחַ"כ לְמַטָּה. וּנְתִינַת מַטָּה תַּעֲלֶה לוֹ לִשְׁפִיכַת שִׁירַיִם שֶׁל חַטָּאת, טז] וּלְהַתְחִיל מַתְּנוֹת עוֹלָה. יִשָּׁפֵךְ לָאַמָּה. דְּלֵית לְהוּ "רוֹאִין", וְאֵין מְשַׁנִּין בַּתַּחְתּוֹנִים בִּשְׁבִיל לְהַכְשִׁיר הָעֶלְיוֹנִים. וְאִם לֹא נִמְלַךְ וְנָתַן כָּשֵׁר. הָעֶלְיוֹן, דְּהָא נִיתַּן מִמֶּנּוּ לְמַעְלָה יז].

הַנִּיתָּנִין

שלישי טהור. מכאן מייתי רבינו תם ראיה בפרק שני דמס' ע"ז (דף לג:) גבי כסי, פעם ראשון ושני אסור, שלישי מותר — דמיירי בהדחה ששתה בו הגוי, דומיא דהך דהכא. ולא כמו שפירש רש"י, דמיירי בשתה בו הגוי מתחלתו פעם ראשון ושני קודם ששתה בו ישראל כלל. ודוקא כלי חרס הוא דבעי הדחה שלשה פעמים, אבל כוסות של עץ או של כסף — אפילו בחד זימנא סגי. **רבי** אליעזר בן יעקב אומר כו'. מכאן ראייה לר"ת דמין במינו בטיל, יח] דקיי"ל: משנת ר' אליעזר בן יעקב קב ונקי*.

אף הרוטבו במים טמא. פירוש: מלחלחו במים. וא"ת: כי לא רוטבו נמי, הא תנן בפרק "דם נדה" (נדה דף נד:): ואם יכולין להשרות ולחזור לכמות שהיו — מטמאין לחים ומטמאין יבשים! ועוד: מאי טעמייהו דרבנן? וי"ל: יט] *האי דקתני התם: וכמה שרייתו בפושרין — מעת לעת. והכא בדלא הדר מעת לעת, הילכך יבש טהור. ומיהו, נראה דרבי יהודה לאו איבש דרבנן קאי, אלא אלח, ולאשמועינן דאינו יוצא מטומאה ע"י שרייה אפי' במים טובא. וכן משמע בתוספתא, דקאמרי כ] רבנן: אף זה, משנתנו לתוך מים ורבו עליו — טהור.

במאי קמיפלגי אמר רב זביד בגוזרין גזירה במקדש קמיפלגי. ואם תאמר: מאי קשיא ליה במאי קמיפלגי? לימא דפליגי ב"רואה אני", דר' אליעזר מכשיר לזרוק משום דאמרינן: רואה אני דם הפסולים ודם התמצית כאילו הם מים, ורבנן אסרי, דלית להו "רואה אני" ואסור לזרוק דם פסולין למזבח. וכי האי גוונא פליגי בסיפא גבי ניתנין למעלה שנתערבו בניתנין למטה, והיינו טעמא נמי דמתן אחת במתן ארבע! ויש לומר: דלא משמע ליה דפליגי בהא, מדלא פירש רבי אליעזר דמכשר משום ד"רואה אני" כדמפרש בסיפא. אלא ודאי הני רבנן דהכא אית להו "רואה אני", וטעמייהו משום גוזרין. תדע, מדאיצטריך למיתני הך בבא כלל, והיא דדם בעלי מומין, דהשתא בניתנין למעלה ולמטה ששניהם כשירים לא אמרינן "רואה אני", בדם פסולין מיבעיא? ואי משום רבי אליעזר, דאפילו בדם פסול אית ליה "רואה אני" — הוה ליה לרבי אליעזר לפרושי בהדיא. ועוד נראה: כמו שפירש לעיל (דף עז: ד"ה בדם) גבי בדם הבהמה או בדם חיה, דבחולין ובפסולין ובתמצית מודו כולי עלמא דשרי לשם מים, ולא אסרי אלא במידי דהקרבה, כגון ניתנין למעלה בניתנין למטה, ומתן אחת במתן ארבע. דכיון דשניהם דמים כשירין — אין לנו להתיר לשנות בדם כשר לזורקו על המזבח אפילו לשם מים, כדי להכשיר את העליונים. אבל בחולין ופסולין — לא כא] חיישי אי שרי לזורקן לשם מים עם הכשר, כיון דיש בילה. אם כן על כרחין טעמייהו משום גוזרין. כב] אבל בחולין ובדם חיה דלא שכיחי בעזרה — לא גזרי.

הכי גרסינן: דמר סבר גוזרין. אם נפרש דגזרינן היכא דאין בדם הפסולין כדי לבטל הכשר, אטו היכא דיש בו כדי לבטל — קשה: דאם כן ניפלוג רבי יהודה בהא דאמר אין דם מבטל דם! וכי האי גוונא פריך לקמן (דף פא:) גבי הניתנין בפנים שנתערבו בניתנין בחוץ: וניפלוג נמי רבי אליעזר בהא! אלא הכא גזרינן דילמא אתי לאכשורי דם הפסולין לזריקה בעינייהו, וכן דם התמצית, והך גזירה שייכא אפילו לרבי יהודה. כג] וכן פירש בקונטרס לעיל על משנה זו. והא דלא גזרינן בדם הבהמה ובדם החיה — משום דבההוא לא אתי למיטעי לאכשורי בעיניה. ומיהו, לרב פפא דאמר: בדם התמצית מצוי לרבות על דם הנפש קמיפלגי — אי אפשר לומר כן, דעל כרחין גזר היכא דלא רבה אטו היכא דרבה, והך גזירה ודאי לא שייכא לר' יהודה, כד] משום דמינו הוא.

רב פפא אמר דכולי עלמא גוזרין. כן כתוב בספרים. ור"ת מצא בספר ישן: דכולי עלמא אין גוזרין. ומפרש: אין גוזרין דילמא אתי למיזרקיה בעיניה, דבהא לא אתי למיטעי. והא דאסרינן בפסולין — גזרינן מיעוט אטו רוב. ומודה בהא ר"א משום דשכיחי. ופי' זה משונה, וסוגיא זו משונה, וגירסת הספרים עיקר. *) **אמר** לו ר"א הרי הוא עובר על בל תגרע. לא ס"ד דר' אליעזר שיקשה לו ר' יהושע מבל תוסיף, משום כה] ד"רואה אני כאילו הוא מים". ור' אליעזר שהשיבו — לפי דבריו של רבי יהושע השיבו, דלית ליה טעמא כו] "רואה אני לשם מים". **תנן** התם במסכת פרה צלוחית שנפל לתוכו מים כל שהוא כו'. חומרא דמי חטאת הוא, דמדאורייתא כז] בטל ברובא.

בשלמא

*) שייך לדף שאחר זה

שיטה מקובצת

א] תנן התם חרסין ותיבות תנו רבנן נמחק: ב] בגוזרין כו' לר"א ודאי איצטריך טעמא דאין גוזרין דאי הוי גזור כרבנן א"כ הוי ליה למימר ישפך לאמה אע"ג דאית ליה רואין אבל הא קשיא לרבנן למה לי טעמא דגוזרין [הא] לית להו רואין מידי דהוי אניתנים למעלה שנתערבו בניתנים למטה דהתם לא שייך גזירה ואפ"ה אסרי רבנן משום דלית להו רואין וי"ל דדוקא גבי כשרין שנתערבו בכשר לא אמרינן רואין ואין לזרוק דם הכשר שלא במקום הראוי לו כיון שהוא כשר וקבע לו מקום לזריקתו אין לשנות מקומו כדי להכשיר השני אפי' ע"י רואין אבל הכא שנתערב בפסולים אפי' רבנן מודו דאמרי' רואין אי לא משום גוזרין מיהו בדם חולין לא גזרינן כיון דלא שכיח בעזרה כמו דם פסולים ובסיפא דפסול בדיעבד גבי דם בעלי מומין היינו משום דכ"ע מודו משום דמאיסי עי"ל דדוקא בשניהם כשרים ומקומן חלוק חשיבות מצות זריקתן למטה מעכבתן מלומר רואין כאילו הן מים וכן גבי עולה באיברי חטאת חשיבות מצות אכילת דחטאת מעכבת מלומר רואין כאילו איברי חטאת הן עצים להקטירן אבל גבי דם פסולים שאין בהם מצוה לא באכילה ולא בזריקה הילכך אפי' לרבנן אמרי' רואין הילכך הוצרך הטעם לומר לרבנן משום גוזרין ושמא דזהו הטעם עולה לתירוץ ראשון וגבי בעלי מומין אע"ג דלית בהו [חשיבות] מצות מ"מ כיון דמאיסי לא שייך להתיר ע"י רואין: ג] רב פפא אמר כו' וא"ת התינח לרבנן דפסלי כי איכא רוב הפסול או רוב דם התמצית משום דסברי דם מבטל דם אבל לר"י דאמר אין דם מבטל דם א"כ אפי' יש רוב דם התמצית שמעורב בדם הנפש כשר כשזורק התערובת ומאי גוזרין איכא וכי נאמר דשיטה הזאת דלא כר"י וי"ל דגם לר"י גוזרין שמא יתן כולו מדם התמצית וא"ת א"כ אמאי קאמר דם התמצית מצוי לרבות על דם הנפש קמיפלגי והלא טעמא משום דגזרינן אטו כולו לר"י וי"ל דה"ק והכא בדם התמצית מצוי לרבות על דם הנפש קמיפלגי מר סבר מצוי וכיון שהוא מצוי יבא להכשיר ברוב דם התמצית כיון שמצוי לרבות ואם נכשיר ע"י רוב אתי להכשיר בעיניה דרובו ככולו ומ"מ לא הוי גזירה לגזירה דכולה גזירה חדא היא וכן צריך לפרש לעיל גבי גוזרין גזירה במקדש קמיפלגי לרבי יהודה: ד] תיבת תמימים נמחק: ה] רגלים הזב והן: ו] נדה וכי ירוק אות מ' נמחק: ז] תיבת היה נמחק: ח] גזרינן הכי בנתערב אות א' נמחק: ט] על דם הנפש ור"א סבר אין גוזרין דחשו חכמים: י] הוא ולא פליג: יא] בנתערב בדם התמצית: יב] דהוה ליה: יג] תיבת ישפך נמחק: יד] שמא ירבה: טו] מתכוין לתת תחתונים למעלה והד"א: טז] חטאת ולתחילת מתנות תיבת להתחיל נמחק: יז] למעלה דסברי יש בילה ויחזור ויתן למטה הס"ד: יח] בטיל ברובא דאורייתא דקאמר הכא שלישי אע"פ שלא נתן לתוכו מים טהור וקיי"ל אות ד' נמחק: יט] וי"ל הא קתני התם: כ] דקאמרי ליה רבנן: כא] לא חיישי' אי: כב] גוזרין גזירה במקדש אבל: כג] יהודה דאמר אין דם מבטל דם וכן: כד] יהודה ומר סבר אין גוזרין דמכשיר והא דלא פליג בסיפא בנתערב בדם בעלי מומין בההיא מודה משום דמאיסי הס"ד ותיבות דמינו הוא ל"ש ונמחק: כה] משום דס"ל לר"א דרואה כו' מים והא דלא השיב לו ר"א כן לפי שהשיבו ותיבות ור' אליעזר השיבו נמחק: כו] טעמא דרואה אני]: כז] דמדאורייתא מין במינו בטל:

[דף סב:]
תוספתא דטהרות פ"ה
מנחות כב: כג: יבמות פב. חולין נח: נט: ק.
*תוספתא דטהרות פ"ד
[דף נו.]
[ועי' תוס' חולין נז. ד"ה אמר רבא]
נ"א הא קתני התם כו' נ"ק

גליון הש"ס
מתני' ויחזור ויתן למטה. עיין לעיל דף עו ע"ב תוד"ה ולאו:

מתכוין לתת תחתונים כו' לעולות יתן הד"א נ"ק

תיבת

*אהניתנין במתנה אחת שנתערבו בניתנין במתנה אחת – ינתנו במתנה אחת. א] (מהן) מתן ארבע במתן ארבע – ינתנו במתן ארבע. מתן ארבע במתנה אחת, ר"א ב] אומר: ינתנו במתן ארבע, ר' יהושע אומר: ינתנו בבמתנה אחת. אמר לו רבי אליעזר: הרי הוא עובר על "בל תגרע"! אמר ג] ליה רבי יהושע: הרי הוא עובר על "בל תוסיף"! א"ל רבי אליעזר: לא נאמר "בל תוסיף" אלא כשהוא בעצמו. א"ל ר' יהושע: לא נאמר "בל תגרע" אלא כשהוא בעצמו. ועוד א"ר יהושע: כשנתת – עברת על "בל תוסיף", ועשית מעשה בידך. כשלא נתת – עברת על "בל תגרע", ולא עשית מעשה בידך.§

גמ' *א"ר אלעזר: לא הכשיר ר"א אלא שנים שנים, אבל אחד אחד – לא. מתיב רב דימי: וחכמים אומרים: אפילו קרבו כולן, חוץ מאחד מהן ישפך לאמה! אמר ליה רבי יעקב לרבי ירמיה בר תחליפא: *אסברא לך, מאי "אחד" – זוג אחד. וצריכא, דאי איתמר בהא – בהא קא"ר אליעזר, משום דאיתעביד ביה כפרתו. אבל בהא – אימא מודי להו לרבנן. ואי איתמר בהא – בהא קאמרי רבנן, אבל בהא – אימא מודו לרבי אליעזר, צריכא. תנן התם: *צלוחית שנפלו לתוכה מים כל ד] שהו, ר"א אומר: יזה שתי הזאות, וחכמים גפוסלין. בשלמא ה] רבנן סברי: יש בילה, *והזאה צריכה שיעור, ואין מצטרפין להזאות. אלא רבי אליעזר מאי קסבר? אי קסבר *אין בילה – כי מזה שתי הזאות מאי הוי? דילמא תרווייהו מיא קא מזי! אלא קא סבר יש בילה. ו] אי קסבר *אין הזאה צריכה שיעור – למה לי שתי הזאות? אלא קסבר הזאה צריכה שיעור. ואי קסבר אין מצטרפין להזאות – כי מזה שתי הזאות מאי הוי? ואי נמי מצטרפין להזאות – מי יימר דמלא ליה שיעורא? אמר ריש לקיש: לעולם יש בילה, והזאה צריכה שיעור, והכא במאי עסקינן – כגון שנתערבו אחת באחת. *רבא אמר: לעולם יש בילה, והזאה אין צריכה שיעור, וקנסא ז] דקנסו רבנן כי היכי דלא משתרש ליה. רב אשי אמר: אין בילה, יזה שתי הזאות. מיתיבי, *רבי אומר: לדברי ר"א, דהזאה כל שהוא מטהרת, הזאה אין צריכה שיעור, ח] הזאה מחצה כשר ומחצה פסול.

רש"י

הניתנין במתנה אחת. כגון דם בכור שנתערב בדם מעשר, בין בבלול בין בכוסות. ינתנו במתנה אחת. קא סלקא ט] דעתך השתא דאמרינן יש בילה, וסמכינן עליה שיש במתנה זו משניהם. ואם בכוסות – יתן מתנה מזה ומתנה מזה. מתן ארבע במתן ארבע. כמו דם עולה בדם שלמים, או בדם אשם, ששניהם טעונין שתי מתנות שהן ארבע ושניהם תחתונים. מתן ארבע במתן אחת. כגון דם עולה בבכור, י] שהן תחתונים. ר' אליעזר אומר ינתנו במתן ארבע. ורואה יא] המתנות היתירות הניתנות מדם הבכור כאילו הן מים, ואין זה "בל תוסיף". במתנה אחת. משום "בל תוסיף". וידי עולה יצא, דכל הניתנין על מזבח החיצון שנתנן במתנה אחת כיפר. ולא עשית מעשה בידך. ואינו דומה עושה מעשה ליושב ואינו עושה ואיסור בא מאליו. **גמ'** וצריכא. לפלוגי בתרווייהו, ר' אליעזר ורבנן בבעלי מומין, איברים באיברים, וכוסות בכוסות. דאי אשמעינן באיברים. בההיא קאמר ר' אליעזר יקריבו, משום דאיתעביד כפרתו בהכשר. אבל גבי כוסות בכוסות יב]. דעיקר בקלקול – אימא לא. צלוחית. של מי חטאת המוקדשין, שנפל לתוכה מים דעלמא כל שהוא. ר' אליעזר אומר יזה שתי הזאות. הבא להזות מהן על הטמא – יזה שתים וטהר. בשלמא רבנן סברי יש בילה. כדתנן במתניתין: אם לא נמלך ונתן כשר, אלמא סמכינן אבילה, *ואמר: לא המתערב בלא מתערב בכולו ואין לך טיפה מזה שלא יג] [יהא] בה מחבירו קצת. והכא נמי, נהי דיש בילה ויש בכל הזאה מן המים *הכשירים. קסברי הזאה צריכה שיעור. ואין כאן שיעור, שהרי יש בה מן הפוסלת. ואי משום דמזה שתי הזאות – קא סברי: אין יד] מצטרפין אותו למלאות השניה שיעור החסר בראשונה. אלא ר' אליעזר. דבחדא לא סגיא ליה, ובתרתי מכשר. מאי קסבר אי קסבר אין בילה. אין סומכין על כך, דזימנין דלא מיבליל בכוליה, כי מזה שתי הזאות כו'. אלא קסבר יש בילה. אי אפשר שלא טו] יבלול, וסמכינן. מי יימר דמלא ליה שיעורא. שמא רוב שתיהן מן השאובין, טז] ואין בשתיהן כדי הזאה כשירה! אמר ריש לקיש לעולם קסבר יש בילה. כדשמעינן ליה במתניתין. והאי דבעי תרתי – משום דהזאה צריכה שיעור, יז] ומצטרף להזאות. ודקשיא: מי יימר דמלא שיעורא? הכא במאי עסקינן כגון שנתערבו אחת באחת. שיעור הזאה מזו ושיעור הזאה מזו, ונתערבו. הילכך, כי מזה שתי הזאות – על כרחך מלי ליה שיעורא, שהרי לא היו מן הפסולין כאן אלא כדי הזאה אחת, והוא הזה שתים. ואחת באחת לאו דוקא נקט, דאם היו מן הכשירים הרבה – כל שכן דכשר כי מזה שתי הזאות, דטופיינא דכשירין מהיכא תיתי למיפסל? אלא משום פסולין נקט לה. ו"יש בילה" *גרס בדריש לקיש. דכיון דאמר הזאה צריכה שיעור – מאי דוחקיה למימר דלר' אליעזר אין בילה, לאקשויי מתני' עלה ולאוקמי מתני' בשינויי יח] דחיקא, כדלקמן. רבא אמר לעולם יש בילה והזאה אינה צריכה שיעור. ושתי הזאות דקאמר – לאו למלויי שיעורא, אלא קנסא הוא, דלא נשתרש = יט] שלא ישתכר בנפילה זו, להרבות מימיו במים פסולין. רב אשי אמר כו'. הגירסא כ] הזו משובשת בספרים. ונראה בעיני דהכי גרסינן: רב אשי אמר מים כל כא] שהוא תנן ואין בילה יזה שתי הזאות. וסבירא ליה לרב אשי הזאה אין צריכה שיעור כלל, ומיהו קנסא לית ליה, הילכך, אי הוה ס"ל כב] יש בילה – בחדא הוה סגי ליה. ושתי הזאות לר' אליעזר – משום דקסבר אין בילה, הילכך, אי כג] מדי חדא – שמא אין כאן מן הכשירין כלום, אבל כי מדי תרתי – אי אפשר דליכא בחדא מינייהו מן הכשירין (כלום), דהא אין כאן מן הפסולין אלא כל שהוא. והיינו טעמא דלא משני *אליבא דמתערבו אחת באחת – דאם כן הוי משמע יש שיעור להזאה, ואיהו אין הזאה צריכה שיעור סבירא ליה. לכך דק לישנא דמתני' דקתני "כל שהוא", דאין לך בהזאה פחותה מכאן, ואי אפשר שיהו כד] כל הזאות הללו מן הפסולין ואפילו הן קטנות מאד. ולקמן מותיב ליה ממתני' כה]. לדברי רבי אליעזר. דמכשר בשתי הזאות. הזאה כל שהוא *מטהרת. דשמא אין כו] אחת מהן הזאה ברורה שלא יהא בה מן הפסולין. אלמא סבירא ליה דהזאה כל שהוא מטהרת, והזאה אין צריכה שיעור. והזאה מחצה כשר ומחצה פסול. ולא תימא: הזאה כל שהוא היא דכשירה, ומיהו לא יהיה עמה תערובת פסול. אלא, אפילו יש בה תערובת פסול – מכשר. אלמא טעמא דר' אליעזר דבעי תרתי – לאו משום צירוף הוא דלצרפו לשיעור, דהא קתני אין צריכה, וקשיא לריש לקיש. ועוד

תוספות

בשלמא רבנן קסברי יש בילה. פי': אפילו סבירא להו יש בילה – מ"מ פסולין, דהזאה צריכה שיעור, ואין מצטרפין להזאות. וה"נ ה"מ למימר: אין בילה, ואין הזאה צריכה שיעור, וכגון שנפלו מים בצלוחית כשיעור מי חטאת. ובקונטרס פירש: דרבנן סברי יש בילה, כדתנן מתני' אם נמלך ונתן כשר. אלמא סמכינן אבילה, ואמרינן לא המתערב בלא מתערב בכולן, ואין לך טיפה מזה שלא יהא [בה] מחבירו קצת. וקשה: אם כן מאי מספקא ליה לרבי אליעזר? לדידי' נמי נידוק ממתניתין דיש בילה, דהא מכשר לכתחילה! אלא על כרחין ממתניתין ליכא למידק, דדילמא כז] בעליונים רובא מכשר רבי אליעזר, וכגון שנתן למעלה כשיעור תחתונים. ועוד, כדמוקי לקמן, לרבנן נמי, אם לא נמלך ונתן כשר, היינו דמים העליונים. מיהו, לקמן מוכיח יש בילה, מדקתני *והתחתונים עלו לו.

אמר ריש לקיש לעולם קסבר יש בילה והזאה צריכה שיעור ומצטרפין להזאות. פי' בקונט': "יש בילה" גרסינן כח] בריש לקיש. דכיון דאמר הזאה צריכה שיעור, מאי דוחקיה למימר דלרבי אליעזר אין בילה, לאקשויי מתניתין ולאוקמי מתניתין בשינויי דחיקי, כדלקמן. ועוד יש לדקדק: אי אין בילה – למה ליה למימר צריכה שיעור? אפי' אין צריכה שיעור נמי.

כגון שנתערב אחת באחת. הקשה ה"ר חיים: דביומא (דף יד.) ובנדה [פ"א] (דף ט.) *אמר: אפי' למ"ד אין הזאה צריכה שיעור – ה"מ אגבא דגברא, אבל במנא צריכה שיעור. וא"כ, כשנתן אחת באחת והזה הזאה ראשונה – ליכא בשניה שיעור במנא! כט] ותירץ: כיון דבתחילת הזאה ראשונה, שהיא תחילת טהרתו, איכא שיעורא במנא – אין בכך כלום, שהזאה ראשונה מצטרפת להזאה שניה. וכי האי גוונא אמרינן גבי נטילת ידים (חולין דף קז.) דמרביעית נוטלין שנים, ובחצי רביעית אין אחד נוטל. ועוד י"ל: דאחת באחת לאו דוקא, כדפי' בקונטרס, דאם היה מן הכשירין הרבה – כל שכן דכשר, דכי מזה שתי הזאות דטופיינא דכשירין, מהיכא תיתי למיפסל? אלא משום פסולין נקט לה.

רב אשי אמר כל שהוא תנן. ואין בילה, וסבר הזאה אין צריכה שיעור. ואי יהיב חדא – דילמא מן הפסולין הן. אבל כי יהיב תרתי – אי אפשר דליכא מן הכשירין. וקשה: דלמא כל שהוא – דליכא שיעור הזאה, והזאה צריכה שיעור ומצטרפת, וסבר יש בילה. דהשתא, בין שתי הזאות על כרחך איכא שיעור הזאה מן הכשירין. דלדבריו נמי, היאך יוכל להיות שלא יוכלו לחלוק הכל שהו לשתים?. ברו"ך. ועוד

עין משפט נר מצוה

סג א ב מיי' פ"ב מהל' פסה"מ הל' ה:
סד ג מיי' פ"ט מהל' פרה אדומה הל' ה:
סה ד מיי' פ"י מהל' פרה הלכה ח:

אלו ואלו עלו לו הס"ד נ"ק
אמרינן נ"ק
[ר"ה יג:]

מסורת הש"ס

ר"ה כח: עירובין ק.
לעיל עד. עז:
[לעיל עז:]
פרה פ"ט מ"א
ואמרינן נ"ק
יומא יד. לקמן צג. נדה ט.
הכשירים קסברי הס"ד נ"ק
לקמן צג. יומא שם נדה שם
גירסת רבינו שמשון ריש פ"ט דפרה רבה ועיין רש"ק בכף צג ע"א
לעיל עה. תוספתא דפרה פ"ח
גרסינן נ"ק
כלישנא דאחת באחת נ"ק
נ"א מטהרת ולא תימא לטעמא דאין אחד מהן כו' מן הפסולין אלא ס"ל כו'

שיטה מקובצת

א] תיבת מהן נמחק: ב] ר' אליעזר עי' תוס' בכורות (דף ס'): ג] אמר לו רבי יהושע: ד] כל שהן ר"א: ה] בשלמא (לרבנן) [רבנן סברי] יש בילה והזאה צריכה שיעור ואין מצטרפין להזאות ולכן פוסלין. וא"ת ויעשה הזאה אחת גדולה כשיעור שתי הזאות ויהא כשר דהא ודאי יש כאן שיעור מי חטאת וי"ל דגזרי רבנן שמא לא יעשה הזאה גדולה כשיעור שתי הזאות אלא יעשה הזאה אחת כדרכה שיעור הזאה אחת והא דקאמר יש בילה ר"ל אפי' אי סברי יש בילה מ"מ פסלי כדמסיק ומכ"ש אי סברי אין בילה דמן הדין פסלי כי שמא הכל מן הפסול: ו] בילה ואי קסבר: ז] וקנסא הוא דקנסו: ח] שיעור והזאה מחצה כשר ומחצה פסול. וא"ת תסגי בחדא וי"ל לרבא מזה השניה משום קנסא ולרב אשי משום דאין בילה אבל לר"ל קשיא דאמר דצריכה שיעור והכא קאמר דאין צריכה שיעור: ט] סלקא דעתיה השתא: י] בבכור ששניהם תחתונים: יא] ורואה אני את המתנות: יב] בכוסות שנתערבו קודם כפרה דעיקר כפרה בקלקול: יג] שלא יהיה בה מחבירו: יד] אין מצרפין אותו: טו] יבלול בכולו וסמכינן עלה הס"ד: טז] השאובין היה ואין: יז] שיעור ומצרפין להזאות ודקשיא לך מי יימר: יח] בשינויי דחיקי כדלקמן: יט] נשתרש ליה שלא: כ] תיבת הזו נמחק: כא] מים נמחק: כב] ס"ל לר"א יש: כג] אי הוה מזה חדא תיבת מדי נמחק: כד] שיהו כל הזאות תיבת כל נמחק: כה] ממתני'. ור"ל לא דייק לישנא דכל שהן לר"א דמוקי לה שנתערב שיעור הזאה ממים פסולים ונקט כל שהן משום רבנן אבל לרבא דייק שפיר כל שהן דלא נתערב רק מעט וקנסא קנסו רבנן: כו] אין באחת מהן: כז] עליונים ברובא מכשר: כח] גרס' בדריש לקיש: כט] במנא כיון שנתערב אחת באחת ותירץ:

סו א מיי' פ"ב מהל' פסה"מ הלכ"ב:

וְעוֹד תַּנְיָא א] בְּהֶדְיָא: הַנִּיתָּנִין לְמַעְלָה שֶׁנִּתְעָרְבוּ בַּנִּיתָּנִין לְמַטָּה, רַבִּי אֱלִיעֶזֶר אוֹמֵר: יִתֵּן *לְמַעְלָה ב] וְהַתַּחְתּוֹנִים עָלוּ לוֹ. וְאִי אָמְרַתְּ אֵין בִּילָּה — אַמַּאי עָלוּ לוֹ? דִּילְמָא קָיָהֵיב עֶלְיוֹנִים לְמַטָּה וְהַתַּחְתּוֹנִים לְמַעְלָה! הָכָא בְּמַאי עָסְקִינַן — ג] כְּגוֹן דְּאִיכָּא רוּבָּא עֶלְיוֹנִים, וְקָא יָהֵיב לְמַעְלָה שִׁיעוּר תַּחְתּוֹנִים וְעוֹד. הָא "תַּחְתּוֹנִים עָלוּ לוֹ" קָתָנֵי! לְשֵׁם שִׁירַיִם. ת"ש: נָתַן לְמַטָּה וְלֹא נִמְלַךְ, ר"א אוֹמֵר: יַחֲזוֹר וְיִתֵּן לְמַעְלָה, וְהַתַּחְתּוֹנִים עָלוּ לוֹ. הָכָא נַמִי בְּרוּבָּא עֶלְיוֹנִים, וְקָא יָהֵיב לְמַעְלָה שִׁיעוּר תַּחְתּוֹנִים וְעוֹד. וְהָא "תַּחְתּוֹנִים עָלוּ לוֹ" קָתָנֵי! לְשֵׁם שִׁירַיִם. ת"ש: ד] אנְתָנָן לְמַעְלָה וְלֹא נִמְלַךְ — [אֵלּוּ וְאֵלּוּ מוֹדִים *שֶׁיַּחֲזוֹר] וְיִתֵּן לְמַטָּה, וְאֵלּוּ וְאֵלּוּ עָלוּ לוֹ. הָכָא נַמִי בְּרוּבָּא עֶלְיוֹנִים, וְקָא יָהֵיב לְמַעְלָה שִׁיעוּר תַּחְתּוֹנִים וְעוֹד. ה] [וְהָא "אֵלּוּ וְאֵלּוּ עָלוּ לוֹ" קָתָנֵי]! מִי קָתָנֵי "אֵלּוּ וְאֵלּוּ מוֹדִים"? "אֵלּוּ וְאֵלּוּ עָלוּ לוֹ" ו] קָתָנֵי; סֵיפָא אֲתָאן לְרַבָּנַן, דְּאָמְרִי: יֵשׁ בִּילָּה. תָּא שְׁמַע: *הַנִּיתָּנִין בְּמַתָּנָה אַחַת שֶׁנִּתְעָרְבוּ בַּנִּיתָּנִין בְּמַתָּנָה אַחַת — יִנָּתְנוּ בְּמַתָּנָה אַחַת. וְאִי אָמְרַתְּ אֵין בִּילָּה — אַמַּאי יִנָּתְנוּ בְּמַתָּנָה אַחַת? ז] דִּילְמָא מֵהַאי קָיָהֵיב וּמֵהַאי לָא קָיָהֵיב? ח] כְּגוֹן שֶׁנִּתְעָרְבוּ אַחַת בְּאַחַת. מַתַּן אַרְבַּע בְּמַתַּן אַרְבַּע! הָכָא נַמִי שֶׁנִּתְעָרְבוּ אַרְבַּע בְּאַרְבַּע. מַתַּן אַרְבַּע בְּמַתָּנָה ט] *אַחַת! וְכִי

רש"י

וְעוֹד תַּנְיָא. תְּיוּבְתָּא לְרַב אַשִׁי דְּאָמַר: טַעְמָא דְּבָעֵי תַּרְתֵּי – מִשּׁוּם דְּאֵין בִּילָּה הוּא, י] דְּשָׁמְעִינַן לְרַבִּי אֱלִיעֶזֶר דְּאִית לֵיהּ בִּילָּה. (אַלְמָא שָׁמְעִינַן) מֵהָכָא תַּרְתֵּי מַתְנִיָּיתָא דְּטַעְמָא דְּר' אֱלִיעֶזֶר כְּרָבָא, דְּבַחֲדָא נַמִי מִיתַכְשַׁר, אַלְמָא קְנָסָא הוּא. הַנִּיתָּנִין לְמַעְלָה כו'. קָא ס"ד: דַּם חַטָּאת בְּדַם עוֹלָה – יִתֵּן לְמַעְלָה לְהַכְשִׁיר חַטָּאת, דְּמִצְוָה לְהַקְדִּים עֶלְיוֹנִים לְתַחְתּוֹנִים כִּדְאָמַר לְקַמָּן בְּפֶרֶק "כָּל הַתָּדִיר" (דף פט.), וְרוֹאֶה אֲנִי אֶת הַתַּחְתּוֹנִים לְמַעְלָה כְּאִילּוּ הֵן מַיִם. וּלְרַבָּנַן יִשָּׁפֵךְ לָאַמָּה. וְהַתַּחְתּוֹנִים עָלוּ לוֹ. כְּשֶׁיַּחֲזוֹר וְיִתֵּן שִׁירַיִם לְמַטָּה לְשֵׁם שִׁירַיִם – עָלוּ לוֹ, וְאַף לְמַתַּן דַּם עוֹלָה. וְאִם אֵין בִּילָּה חַטָּאת אַמַּאי עָלְתָה לוֹ? דִּלְמָא לָא יָהֵיב לְמַעְלָה אֶלָּא תַּחְתּוֹנִים! הָכָא בְּמַאי עָסְקִינַן כְּגוֹן דְּרוּבָּא עֶלְיוֹנִים. וְקָא יָהֵיב לְמַעְלָה כָּל שִׁיעוּר שֶׁיֵּשׁ בּוֹ מִן הַתַּחְתּוֹנִים וְעוֹד, דְּמִמַּה נַפְשָׁךְ יא] הוּא יָהֵיב לְמַעְלָה מִן הָעֶלְיוֹנִים. וּלְהָכִי מוֹקֵי לָהּ בְּרוּבָּא עֶלְיוֹנִים – מִשּׁוּם דְּלָא מְתָרֵץ לֵיהּ "וְהַתַּחְתּוֹנִים עָלוּ לוֹ" אֶלָּא בְּהָכִי, כִּדְמַסֵּיק יב] לָהּ לְמִילְּתֵיהּ. וְהָא תַּחְתּוֹנִים עָלוּ לוֹ קָתָנֵי. קס"ד: יג] אַף בְּעוֹלָה קָאָמַר דְּעָלְתָה. וְאִי דְּיָהֵיב לְמַעְלָה שִׁיעוּר הַתַּחְתּוֹנִים וְעוֹד, הֵיכִי מִיתַכַּשְּׁרָא עוֹלָה? דִּילְמָא כָּל מַה שֶּׁהָיָה בְּכָאן מִדַּם הָעוֹלָה – נָתַן לְמַעְלָה! וּמְשַׁנֵּי: דְּמַאי "תַּחְתּוֹנִים עָלוּ לוֹ" דְּקָאָמַר לְשֵׁם שִׁירַיִם. דְּחַטָּאת קָאָמַר, הַצְּרִיכִין לִישָּׁפֵךְ לַיְסוֹד. יד] וְכֵיוָן דְּרוּבָּא עֶלְיוֹנִים, כִּי נָתַן לְמַעְלָה כְּשִׁיעוּר תַּחְתּוֹנִים וְעוֹד, טו] דְּאִיכָּא מִדַּם הַחַטָּאת לְמַעְלָה וּלְמַטָּה, אֲפִי' כָּל הַנִּיתָּן לְמַעְלָה מִן הָעֶלְיוֹנִים הוּא – אַכַּתִּי פָּשׁ לֵיהּ מִינֵּיהּ לְמַטָּה. טז] אֲבָל אִי לָאו רוּבָּא עֶלְיוֹנִים, כֵּיוָן דְּיָהֵיב לְמַעְלָה שִׁיעוּר תַּחְתּוֹנִים וְעוֹד כְּדֵי לְהַכְשִׁיר הַחַטָּאת – תּוּ לָא מְתָרֵץ לֵיהּ הַתַּחְתּוֹנִים עָלוּ לוֹ אֲפִילּוּ לַשִּׁירַיִם, דְּדִילְמָא כָּל דַּם הָעֶלְיוֹנִים לְמַעְלָה נִיתַּן, וְאֵין כָּאן שִׁירַיִם. אוֹ שֶׁמָּא כָּל דַּם הַתַּחְתּוֹנִים לְמַעְלָה נִיתַּן, וְאֵין כָּאן מִשֶּׁל עוֹלָה לְמַטָּה כְּלוּם. נָתַן לְמַטָּה וְלֹא נִמְלַךְ. דְּאִי נִמְלַךְ, לְרַבִּי אֱלִיעֶזֶר הֲוָה אָמְרִינַן לֵיהּ תֵּן לְמַעְלָה, דְּמִצְוָה לְהַקְדִּים עֶלְיוֹנִים לַתַּחְתּוֹנִים, יז] בְּפֶרֶק "כָּל הַתָּדִיר" (שם), וּלְרַבָּנַן יִשָּׁפֵךְ לָאַמָּה. יַחֲזוֹר וְיִתֵּן לְמַעְלָה. וּשְׁנֵיהֶם כְּשֵׁרִין כִּדְס"ד. יח] וּלְרַבָּנַן יִשָּׁפֵךְ לָאַמָּה, וְהָעוֹלָה כְּשֵׁרָה. יט] דְּאָסוּר לְשַׁנּוֹת בַּתַּחְתּוֹן מִפְּנֵי הֶכְשֵׁר עֶלְיוֹן, וְלָא אָמְרִינַן רוֹאִין אוֹתוֹ לְמַעְלָה כְּאִילּוּ הוּא מַיִם. וְהָכִי תַּנְיָא לָהּ בַּתּוֹסֶפְתָּא. הָכָא נַמִי בְּרוּבָּא עֶלְיוֹנִים וְקָא יָהֵיב לְמַעְלָה שִׁיעוּר תַּחְתּוֹנִים וְעוֹד. וְעֶלְיוֹנִים הוּא דִּכְשֵׁרִים, וְלָא תַּחְתּוֹנִים. ה"ג: וְהָא תַּחְתּוֹנִים עָלוּ לוֹ קָתָנֵי. כ] וּלְשׁוֹן קוּשְׁיָא הוּא. וּמְשַׁנֵּי לֵיהּ: לְשֵׁם שִׁירַיִם. נָתַן לְמַעְלָה וְלֹא נִמְלַךְ. מִתְּחִילָּתוֹ, דְּאִי נִמְלַךְ [א] הֲוָה אָמְרֵי לֵיהּ רַבָּנַן יִשָּׁפֵךְ לָאַמָּה, שֶׁלֹּא לְשַׁנּוֹת בַּתַּחְתּוֹן. כא] דְּכֵיוָן דְּנִיתַּן לְמַעְלָה – אֲפִי' חֲכָמִים מוֹדוּ שֶׁיַּחֲזוֹר וְיִתֵּן לְמַטָּה לְכַתְּחִילָּה אִם בָּא לִימָּלֵךְ, דְּאֵינוֹ מְשַׁנֶּה בִּנְתִינָה זוֹ בָּעֶלְיוֹנִים, שֶׁהֲרֵי מַה שֶּׁיֵּשׁ כָּאן מִן הָעֶלְיוֹנִים שִׁירַיִם הֵן. דְּרַבָּנַן אִית לְהוּ בִּילָּה, וּכְבָר נִיתַּן מִן הַחַטָּאת לְמַעְלָה, וּמֵעַתָּה מִצְוַת שִׁירַיִם לִינָּתֵן לְמַטָּה כִּתְחִילַּת עוֹלָה. וְאֵלּוּ וְאֵלּוּ עָלוּ לוֹ. וּשְׁנֵיהֶם כְּשֵׁרִים. הָכָא נַמִי כו'. וּלְר"א דְּלֵית לֵיהּ בִּילָּה – אֵין כָּשֵׁר אֶלָּא חַטָּאת, וּלְרַבָּנַן דְּאִית לְהוּ בִּילָּה – שְׁנֵיהֶם כְּשֵׁירִין, שֶׁהֲרֵי יֵשׁ מִשְּׁנֵיהֶם לְמַעְלָה וּלְמַטָּה. ה"ג: מִי קָתָנֵי אֵלּוּ וְאֵלּוּ מוֹדִים אֵלּוּ וְאֵלּוּ עָלוּ לוֹ קָתָנֵי סֵיפָא אֲתָאן לְרַבָּנַן דְּאָמְרִי יֵשׁ בִּילָּה ת"ש הַנִּיתָּנִין כו' וְאֵין כָּאן הֶפְסֵק מִשְׁנָה הַכָּתוּב בַּסְּפָרִים. מִי קָתָנֵי אֵלּוּ וְאֵלּוּ מוֹדִים. שֶׁאֵלּוּ וְאֵלּוּ עָלוּ לוֹ? "אֵלּוּ וְאֵלּוּ עָלוּ לוֹ" הוּא דְּקָתָנֵי, וְהַךְ סֵיפָא דְּקָתָנֵי: וְאֵלּוּ וְאֵלּוּ עָלוּ לוֹ – לָאו אַ"אֵלּוּ וְאֵלּוּ מוֹדִים" קָאֵי, אֶלָּא רַבָּנַן כב] דְּקָאָמְרִי לָהּ, דְּאִית לְהוּ בִּילָּה, אֲבָל לְרַבִּי אֱלִיעֶזֶר אֵין כָּשֵׁר אֶלָּא עֶלְיוֹן. יִנָּתְנוּ בְּמַתָּנָה אַחַת. וְרַבִּי אֱלִיעֶזֶר [ב] אַיְירֵי בְּסֵיפָא, וּמַתְנִי' הִיא. אַחַת בְּאַחַת. שִׁיעוּר מַתָּנָה מִזֶּה וְשִׁיעוּר כג] מִזֶּה. וְקָתָנֵי "יִנָּתְנוּ בְּמַתָּנָה אַחַת" – בִּשְׁבִיל כָּל אֶחָד קָאָמַר, דְּהַיְינוּ שְׁתֵּי מַתָּנוֹת, דְּנִמְצְאוּ שְׁתֵּיהֶן בַּמִּזְבֵּחַ. אַרְבַּע בְּאַרְבַּע. שִׁיעוּר אַרְבַּע מַתָּנוֹת בְּשִׁיעוּר אַרְבַּע מַתָּנוֹת, כד] וּדְקָתָנֵי "יִנָּתְנוּ בְּמַתָּנוֹת אַרְבַּע" – אַרְבַּע בִּשְׁבִיל זֶה וְאַרְבַּע בִּשְׁבִיל זֶה. מַתַּן ד' בְּמַתַּן אַחַת [ג] רַבִּי אֱלִיעֶזֶר אוֹמֵר יִנָּתְנוּ בְּמַתְּנַת אַרְבַּע. שֶׁמִּצְוָה לְהַקְדִּים מַתַּן אַרְבַּע לְמַתַּן אַחַת, כִּדְאָמְרִינַן בְּ"כָל הַתָּדִיר" (שם), וְרוֹאֶה אֲנִי אֶת תּוֹסֶפֶת מַתְּנוֹת הַבְּכוֹר כְּאִילּוּ הֵם מַיִם. וְכ"ת

תוספות

ועוד תניא הניתנין למעלה כו'. אלמא יש בילה. בתוספתא דזבחים איתא. והא דלא פריך ממתני' – ניחא ליה לאקשויי מברייתא משום כה] *דוקא דתחתונים עלו לו. הכא במאי עסקינן ברובא עליונים וקא יהיב למעלה שיעור דתחתונים ועוד. לא מצי לאוקומא ברובא תחתונים ויהיב למעלה שיעור תחתונים ועוד, דאי רובא תחתונים – לא היה *אומר רבי אליעזר יתן למעלה. נתן למטה ולא נמלך ר' אליעזר אומר יחזור כו] למעלה. נראה דגרסינן: ויחזור ויתן למטה. מדמסיק עלו לו לשם שיריים. כז] דמה שנתן למטה קודם נתינתו למעלה – פשיטא דאין עולה לשם שיריים. *מתן ארבע במתן אחת היינו שתים שהן ארבע, כגון עולה או שלמים דלמטה. דאי ארבע ממש כגון חטאת – אמאי ינתן *מתן אחת לר' יהושע? הא רבנן סברי ישפך לאמה, לפי שזה למטה וזה למעלה. הג"ה *בל תוסיף מהיכא. תימה לי: הלא במתנה אחת של בכור אי אפשר שלא יוכלו לחלק לשתים, ואם כן – דילמא יהיב מיניה לשתי קרנות. דאע"ג דאין בילה – זהו שיכול להיות מזה הדם לבדו, והוא הדין במתנה אחת יכול להיות בה מדם זה ומדם זה. ואי ליכא שיעור נתינה לשתי קרנות, דלא היה רישומו ניכר לשתים – אם כן היאך הקרבן נאכל? דילמא חלקו לשתי קרנות, ולא הועיל כלום! וי"ל: דיש שיעור לשתי קרנות, וכיון דאין בילה – אין כאן רק ספק בל תוסיף, ומשום ספק זה לא יניח קרבנו. ואפילו כי הוה נמי דמים כח] מעורבים יחד – הוה ספק. והכי פריך: נהי דנתערב ארבע באחד לא תיקשי מאין בילה, אכתי [תיקשי] נ"ק קושיא אחריתי דלא מתרץ, דבל תוסיף בודאי ליכא. ברו"ך. ואם תאמר: איזה בל תוסיף יש וליהוי מתנה שניה בשביל שיריים של בכור, ואי עביד עוד שיריים בשביל עולה – אין כט] כלום, אלא יעשה [ד] שיריים בשביל עולה *)(שתי מתנות שהן ארבע. ויש לומר: מתנה ראשונה) של עולה נכרת משתי לדדין, וזהו "בל תוסיף" – דמתנה של בכור אינה רק מצד אחד. אי נמי: שיריים הוו באותו קרן של מתנה אחת, ל] (ארבע) מתנה שניה שבקרן שני הוי תוספת. הג"ה.

הא קתני אלו ואלו עלו לו. וליכא למימר לשם שיריים, ד"אלו ואלו" קתני, משמע – יוצא ידי דמים עליונים וידי דמים תחתונים.

כגון שנתערבו אחת באחת. פירש בקונטרס: שיעור מתנה מזה ושיעור מתנה מזה. ודקתני [ה] "ונתן במתנה אחת" – בשביל כל אחד קא אמר, דהיינו שתי מתנות, דנמצאו שתיהן במזבח. ותימה: מאי קשיא ליה? נימא שנותן כל הדם במתנה אחת, דאיכא מתרוייהו ממה נפשך. וכי תימא: משום דבעי מתנה לשם כל אחד – לימא שנותן חצי הדם, וחוזר ונותן חצי האחר. ולמה ליה למימר כלל "אחת באחת"? וכי תימא: דפריך משום דצריך לשייר משני הדמים לשפיכת השיריים. ופריך דדילמא מה שנתן היה מאחד מהן והשיריים מן השני, דאע"ג דתחילת עולה מקום שיריים מכל מקום לא עשה כעיקר מצוותה. אי נמי: קסבר תחילת עולה לא מקום שיריים – אם כן, מאי קא משני שנתערבו לא] בו אחת באחת? ועוד, (לימא) [למאי] דיהיב (למעלה) שיעור האחד ועוד, [ו] אמאי לא פריך מרישא "נתערב בדם הפסולין או בדם התמצית", דילמא מאי דיהיב מדם הפסולין ושיריים? [ז] אלא, כיון דשיריים לא מעכבי – אין לנו לפסול תערובת משום מצות שיריים. ומיהו, לקמן משמע שיש לפסול משום שיריים לב] אע"ג דלא מעכבי, דקאמר: שיריים צריכין אילטבא. ונראה לפרש דהכי פריך: דילמא מהאי קא יהיב כו'. דהבא ליתן לא יתן אלא שתי מתנות, אחת משום זה ואחת משום זה. ואם נאמר לו שיתן כל הדם – לא ישמע לנו. ולא דמי לנתערב בדם פסולין, דשמא ישמע לנו כיון לג] דידיע דפסול מעורב בו, אבל הכא דשניהם כשירין – לא. ומיהו קשה: דאם כן, לעיל דקאמר דיהיב למעלה שיעור התחתונים ועוד – לא ישמע לנו כיון דשניהם כשירים! ועוד יש לומר: דלשון "מתנה אחת" משמע לד] אחת ולא יותר, [ח] וכי משני שנתערבו אחת באחת לה] כפרש"י – מתנה אחת מכל אחת. ולא דמי להההיא דלעיל לו] דיתן למעלה ומוקמינן דיהיב למעלה שיעור תחתונים ועוד, דסתמא קתני יתן למעלה, לז] ולא מפרש כמה, וכן בדם הפסולין ובדם התמצית. ה"ג

*) נ"א וי"ל מתנה ראשונה משתי מתנות שהן ארבע של עולה כו'

שיטה מקובצת

א] תיבת בהדיא נמחק: ב] למעלה והרואה אני התחתונים למעלה כאילו הם מים והתחתונים: ג] כגון דאיכא רובא עליונים ...

ודומיא דמתיר ר"א ליתן למעלה ע"י רואין קא מכשרי רבנן בדיעבד ודר"א אוקימנא ברובא עליונים ומרישא דנתערב בדם בהמה או חיה ליכא למיפשט דאיכא למימר שורק כל התערובת ואמר הר"ר יונה דהיינו רבנן דלעיל [דף עה ע"א] גבי חטאת יחיד שנתערבה בחטאת צבור כו' דמסיק ואם נתן מתנה אחת מכולן יצא ומדקאמר רבי רואין את המתנה אם יש בה כדי לזה וכדי לזה מכלל דת"ק סבר אע"פ שאין בה כדי לזה וכדי לזה יצא אלמא יש בילה דאי אין בילה דילמא מהאי [יהיב] ומהאי לא יהיב ועוד אמר מהר"ם דרבנן היינו ר' יהושע מדפריך ר"י הרי הוא עובר על בל תוסיף א"כ קסבר יש בילה כאשר אפרש שם בעזרת האל יתברך: ז] דילמא מהאי קיהיב כו'. תימה דלשני ליה שישפוך כל דם התערובת בבת אחת וי"ל דדייק מדקתני ינתנו במתנה אחת דמשמע כשיעור מתנה אחת ולא כל הדם וא"ת כמו כן לעיל דקאמר דקיהיב למעלה שיעור תחתונים ועוד אימא דוקא שיעור מתנה כדפי' וי"ל דלעיל קתני יתן למעלה סתם כו':

ארבע הס"ד והשאר ל"ש: כה] משום דיוקא דתחתונים עלו לו דממתני' פשיטא ליה לתרץ דיהיב למעלה שיעור עליונים ועוד אבל בברייתא דקתני בסיפא תחתונים עלו לו הוה משמע ליה עלו לשם תחתונים: כו] יחזור ויתן למעלה נראה דגרס' יחזור ויתן למעלה ויחזור ויתן למטה: כז] שירים דאין עולה לשירים אלא היכא שנתן כבר למעלה אלא ודאי גרסינן כדפי' והיינו דתחתונים עלו לו לשם שירים דחטאת בהמה דמה שחזר לבסוף ונתן למטה: כח] דמים רבים מעורבין: כט] אין בכך כלום: ל] תיבת ארבע נמחק: לא] שנתערבו אחת באחת דילמא דיהיב למעלה שיעור האחד: לב] שירים מן הכשר אע"ג: לג] דידוע דדם פסול: לד] משמע שיעור מתנה אחת ולא יותר וכי משני נמי: לה] באחת בעי למימר כפרש"י שיעור מתנה: לו] דלעיל דקאמר יתן למעלה: לז] למעלה סתם ולא מפרש כמה ולכך מוקי לה שפיר דקיהיב למעלה שיעור תחתונים ועוד והוי טפי משיעור מתנה:

בנתערב

הגהות צ"ק

[א] נ"ל אמרינן ליה לרבנן ישפך לאמה שלא לשנות בתחתונים וכיון דנתן למעלה כו' ולתחילת עולה הס"ד: [ב] היא דאיירי בסיפא דמתני' הס"ד: [ג] וקאמר ר"א ינתנו: [ד] אותה שיריים בשביל עולה ושתי מתנות שהן ארבע וי"ל דמתנה ראשונה של עולה כו' כצ"ל: [ה] ינתנו: [ו] נ"א ועוד ועוד אמאי: [ז] מן הכשירים אלא כו': [ח] נ"ל ומשני:

וְכִי תֵימָא: ה"נ א] בְּנִתְעָרֵב בְּאַחַת. אִי הָכִי, אָמַר לוֹ רַבִּי יְהוֹשֻׁעַ: הֲרֵי הוּא עוֹבֵר עַל "בַּל תּוֹסִיף", הָכָא "בַּל תּוֹסִיף" מֵהֵיכָא? אֶלָּא אָמַר ב] רָבָא: בְּבָלוּל לָא פְּלִיגִי, כִּי פְּלִיגִי – בְּכוֹסוֹת, לְר"א אִית לֵיהּ "רוֹאִין", לְרַבָּנַן לֵית לְהוּ "רוֹאִין". וּבְבָלוּל לָא פְּלִיגִי? וְהָתַנְיָא, א"ר יְהוּדָה: לֹא נֶחְלְקוּ ר"א וַחֲכָמִים עַל דַּם חַטָּאת שֶׁנִּתְעָרֵב בְּדַם עוֹלָה – שֶׁיִּקְרַב, בְּרוֹבֵעַ וְנִרְבָּע – שֶׁלֹּא יִקְרַב, עַל מָה נֶחְלְקוּ – עַל דַּם תְּמִימָה שֶׁנִּתְעָרֵב בְּדַם בַּעֲלַת מוּם, שֶׁר"א אוֹמֵר: יִקְרַב, בֵּין בְּבָלוּל בֵּין בְּכוֹסוֹת, ג] וַחכ"א: לֹא יִקְרַב! רַבִּי יְהוּדָה אַלִּיבָּא דר"א מַתְנֵי בֵּין בְּבָלוּל בֵּין בְּכוֹסוֹת, ד] וְרַבָּנָן בְּכוֹסוֹת פְּלִיגִי. אָמַר אַבַּיֵי: לֹא שָׁנוּ אֶלָּא תְּחִלַּת חַטָּאת, וְעוֹלָה, אֲבָל סוֹף חַטָּאת, ה] [וְעוֹלָה] דִּבְרֵי הַכֹּל מְקוֹם עוֹלָה, מְקוֹם שִׁירַיִים. ו] א"ל רַב יוֹסֵף, הָכִי אָמַר רַב יְהוּדָה: שִׁירַיִם צְרִיכִין אִיצְטַבָּא וְכֵן אָמַר ז] *ר"ש: לֹא שָׁנוּ אֶלָּא תְּחִלַּת חַטָּאת וְעוֹלָה, אֲבָל סוֹף חַטָּאת ח] וְעוֹלָה דִּבְרֵי הַכֹּל מְקוֹם עוֹלָה מְקוֹם שִׁירַיִם. *א"ר יוֹחָנָן, וְאִיתֵּימָא רַבִּי אֶלְעָזָר: אעֲדַיִין הִיא מַחֲלוֹקֶת. ט] מְתִיב רַב הוּנָא בַּר יְהוּדָה: "קֹדֶשׁ הֵם" שֶׁאִם נִתְעָרֵב בְּדַם קָדָשִׁים אֲחֵרִים יִקְרְבוּ, מַאי לָאו סוֹף עוֹלָה וּבְכוֹר וש"מ מְקוֹם עוֹלָה, מְקוֹם שִׁירַיִם! לֹא, תְּחִלַּת עוֹלָה וּבְכוֹר. וּמַאי קָא מַשְׁמַע לָן *דְּאֵין עוֹלִין מְבַטְּלִים זֶה אֶת זֶה? הַאי (ויקרא טז) °מִ"וְלָקַח מִדַּם הַפָּר וּמִדַּם הַשָּׂעִיר" נָפְקָא! תַּנָּאֵי הִיא, אִיכָּא דְּנָפְקָא לֵיהּ מֵהָכָא, וְאִיכָּא דְּנָפְקָא לֵיהּ מֵהָכָא. מְתִיב רָבָא: (שם א) °"וְהִקְרִיבוּ י] בְּנֵי אַהֲרֹן אֶת הַדָּם וְזָרְקוּ יא] אֶת הַדָּם" מַה ת"ל

רש"י

וב"ת ה"נ בְּנִתְעָרֵב. מַתָּנָה אַחַת מִן הַבְּכוֹר בְּשִׁיעוּר יב] מַתַּן ד' מַתָּנוֹת מִן הָעוֹלָה. וּדְקָאָמַר "יִנָּתְנוּ בְּמַתַּן ד'" – יִנָּתְנוּ חֲמִשְׁתָּן קָאָמַר, שֶׁיְּהוּ נִיתָּנִין ד' מַתָּנוֹת וַדַּאי מִן הָעוֹלָה. וַאֲתָא רַבִּי יְהוֹשֻׁעַ לְמֵימַר יֵשׁ בִּילָּה, וְדַיּוֹ בְּמַתָּנָה אַחַת עַל שְׁנֵיהֶן וְלֹא יַעֲבוֹר עַל "בַּל תּוֹסִיף", דְּלֵית לֵיהּ "רוֹאִין". הָכָא בַּל תּוֹסִיף מֵהֵיכָא. הֲרֵי אֵין כָּאן מִן הַבְּכוֹר אֶלָּא כְּדֵי מַתָּנָה! יג] אֶלָּא אָמַר יד] רָבָא. כָּל הָנָךְ שִׁנּוּיֵי דְּשַׁנֵּינַן לָא טו] תְּשַׁנֵּין. דְּוַדַּאי "הַתַּחְתּוֹנִים עָלוּ לוֹ" דְּקָתָנֵי – בֵּין לְשֵׁם שִׁירַיִם בֵּין לִתְחִילַּת עוֹלָה קָאָמַר. וּמַתְנִי' דְּמַתַּן ד' בְּמַתָּנָה אַחַת – בְּדְאִיכָּא טוּבָא מִכָּל חַד קָאָמַר. וְאַפ"ה לָא תִּשְׁמַע מִינָּהּ לְר"א יֵשׁ בִּילָּה, טז] דְּתִקְשֶׁה לְרַב אַשִׁי, דְּאִיכָּא לְשַׁנּוּיֵי: *הָא מַתְנִי' דִּלְעֵיל דְּעֶלְיוֹנִים וְתַחְתּוֹנִים, וּמַתְנִי' דְּמַתַּן ד' בְּמַתַּן אַחַת – לָאו בְּבָלוּל פְּלִיגִי אֶלָּא בְּתַעֲרוֹבֶת כּוֹסוֹת. וְקָאָמַר ר"א בְּעֶלְיוֹנִים וְתַחְתּוֹנִים, דְּיִתֵּן שְׁנֵיהֶם לְמַעְלָה וּלְמַטָּה וּשְׁנֵיהֶם כְּשֵׁרִין, וְרוֹאֶה אֲנִי אֶת דַּם יז] (חַטָּאת) לְמַעְלָה כְּאִילּוּ הוּא מַיִם. וְכֵן בְּעוֹלָה וּבְכוֹר נוֹתֵן ד' מִכָּל כּוֹס וְכוֹס, וְרוֹאֶה אֲנִי אֶת הַתּוֹסֶפֶת כְּאִילּוּ הוּא מַיִם יח] (וְכֵן בְּעוֹלָה וּבְכוֹר). וְרַבָּנַן לֵית לְהוּ "רוֹאִין", וְיִשָּׁפֵךְ לָאַמָּה. וְאע"ג דְּהַךְ פְּלוּגְתָּא בְּבָלוּל *נַמִי אִיכָּא לְאִיפְּלוּגֵי* בְּהָכִי, כ] וְעוֹד פְּלִיגִי נַמִי בְּדְיֵשׁ בִּילָּה וְאֵין בִּילָּה, מִיהוּ, הַךְ מַתְנִיתָא דְּקָתָנֵי: וְהַתַּחְתּוֹנִים עָלוּ לוֹ, דְּמַשְׁמַע יֵשׁ בִּילָּה, וּמַתְנִי' נַמִי דְּקָתָנֵי: הֲרֵי הוּא עוֹבֵר עַל בַּל תּוֹסִיף, דְּמַשְׁמַע כא] דִּבְדְּאִיעָרֵב טוּבָא קָאֵי, וְאַפ"ה מַכְשִׁיר, מַשְׁמַע דְּיֵשׁ בִּילָּה. וְע"כ לָאו בְּבָלוּל קַיְימִי, *דִּלְעוֹלָם לְר"א אֵין בִּילָּה, כב] דְּאִי בְּבָלוּל לָא הֲוָה מַכְשִׁיר ר"א לָא בִּבְכוֹר כג] וְלָא בְּעוֹלָה, דְּלְדִלְמָא מֵהַאי קָא יָהֵיב וּמֵהַאי לָא קָיָהֵיב, אֶלָּא א"כ נִתְעָרְבוּ ד' בְּאַחַת. וְכֵן בְּעוֹלָה כד] *וְעוֹלָה, אֶלָּא א"כ נִתְעָרְבוּ ד' בְּד'. וְלָא בְּחַטָּאת וְעוֹלָה, אֶלָּא בְּרוּבָּא עֶלְיוֹנִים וְקָיָהֵיב לְמַעְלָה שִׁיעוּר תַּחְתּוֹנִים וָעוֹד, וְחַטָּאת לְבַדָּהּ תַּעֲלֶה לוֹ. וּלְרַבָּנַן יִשָּׁפֵךְ לָאַמָּה, דְּלֵית לְהוּ "רוֹאִין". כה] שֶׁיַּקְרִיב. דְּרַבָּנַן נַמִי אִית לְהוּ "רוֹאִין", וּמַתְנִי' לָאו רַבִּי יְהוּדָה הִיא. שֶׁר"א אוֹמֵר כו] יַקְרִיב. וַאֲפִי' לֹא קָרַב אֶחָד מֵהֶם. דְּדָרֵישׁ: "מוּם בָּם לֹא יֵרָצוּ לָכֶם" – בְּעֵינֵיהּ כז] הוּא מַשְׁמַע, הָא ע"י תַּעֲרוֹבֶת – יֵרָצוּ, בֵּין בְּבָלוּל כו' וּמִדְּר' יְהוּדָה נִשְׁמַע לְרַבָּנַן דִּפְלִיגִי עֲלֵיהּ בְּמַתְנִי' כח] וּמוּקְמִי פְּלוּגְתָּא בְּ"רוֹאִין", *וְאַף בְּחַטָּאת וְעוֹלָה – כט] בֵּין בְּבָלוּל בֵּין בְּכוֹסוֹת קַיְימִי, וְקָתָנֵי לְר"א הַתַּחְתּוֹנִים עָלוּ לוֹ, וְגַבֵּי עוֹלָה וּבְכוֹר נַמִי מַכְשִׁיר בְּמַתְנִי' – אַלְמָא יֵשׁ בִּילָּה!. וּמְשַׁנֵּי: רַבִּי יְהוּדָה אַלִּיבָּא דְּר"א מוּקֵי פְּלוּגְתָּא בְּבַעֲלַת מוּם, *דְּאֵין כָּשֵׁר לְר"א אֶלָּא א'. ל] וּמַתְנִי' בֵּין בְּבָלוּל בֵּין בְּכוֹסוֹת, וּמוּקֵי לַהּ רַב אַשִׁי לְעִנְיַן בָּלוּל – כְּגוֹן דְּרוּבָּא כָּשֵׁר, וְקָיָהֵיב בְּזֶבַח שִׁיעוּר בַּעֲלַת מוּם וָעוֹד. אֲבָל לְרַבָּנַן דִּפְלִיגִי עֲלֵיהּ דְּר' יְהוּדָה, לא] וּמוּקְמִי' פְּלוּגְתָּא אַף בְּהֵיכָא דִּשְׁנֵיהֶם כְּשֵׁרִין, וּמַכְשַׁר לְהוּ לְתַרְוַויְהוּ בְּכוֹסוֹת פְּלִיגִי ר"א וְרַבָּנַן, וּמש"ה מַכְשִׁיר רַבִּי אֱלִיעֶזֶר בְּתַרְוַויְהוּ דְּאִי בְּבָלוּל לָא הֲוָה מַכְשַׁר אֶלָּא לב] כִּדְאוֹקִימְנָא לְעֵיל. לא שָׁנוּ. הַךְ פְּלוּגְתָּא דְּחַטָּאת וְעוֹלָה דְּמַתְנִי' דִּלְעֵיל, דְּאָמְרֵי רַבָּנַן יִשָּׁפֵךְ לָאַמָּה, אֶלָּא בִּתְחִלַּת חַטָּאת וְעוֹלָה, שֶׁנִּתְעָרְבוּ לִפְנֵי מַתַּן דָּמָם – בְּהַהִיא פָּסְלֵי רַבָּנַן, דְּלֵית לְהוּ "רוֹאִין", וְאָסוּר לְשַׁנּוֹת אֶת מְקוֹמָן לָתֵת אֶת הָעוֹלָה לְמַעְלָה מִן הַחוּט מִפְּנֵי הֶכְשֵׁר חַטָּאת. אֲבָל סוֹף חַטָּאת. שֶׁנִּתְעָרֵב בִּתְחִלַּת עוֹלָה, שֶׁנִּתְעָרְבוּ לג] (בּוֹ) שִׁירֵי חַטָּאת בִּתְחִילַּת עוֹלָה – אֵין כָּאן מַחֲלוֹקֶת, וְיִתְּנֶהָ לְמַטָּה מִן הַחוּט, דִּמְקוֹם תְּחִילַּת מַתַּן עוֹלָה כָּשֵׁר לְשִׁירֵי חַטָּאת. וְיִזְרְקֵם לְקִיר הַמִּזְבֵּחַ וּמֵאֵלֵיהֶן נוֹתְנִין לַיְסוֹד, וְאֵין כָּאן שִׁינּוּי מָקוֹם. צְרִיכִין אִיצְטַבָּא. שֶׁיִּשְׁפְּכֵם עַל גַּבֵּי הַיְסוֹד מַמָּשׁ הֶעָשׂוּי כְּאִיצְטַבָּא, וְלֹא יִזְרְקֵם לַקִּיר הַזָּקוּף כְּמִשְׁפַּט עוֹלָה. וּבְסוֹף חַטָּאת וְעוֹלָה נַמִי לְרַבָּנַן יִשָּׁפֵךְ לָאַמָּה. וּלְקַמָּן מוֹתִיב לֵיהּ מֵהָא דְּתַנְיָא לְעֵיל: נָתַן לְמַעְלָה וְלֹא נִמְלַךְ – אֵלּוּ וְאֵלּוּ מוֹדִים שֶׁיַּחֲזוֹר וְיִתֵּן לְמַטָּה. עֲדַיִין הִיא מַחֲלוֹקֶת. אַף בְּסוֹף חַטָּאת וּתְחִילַּת עוֹלָה, דְּלָאו חַד מָקוֹם הוּא. וּלְר"א דְּאִית לֵיהּ "רוֹאִין" – כָּשֵׁר, וּלְרַבָּנַן יִשָּׁפֵךְ לָאַמָּה. קֹדֶשׁ הֵם. בִּבְכוֹר כְּתִיב, וּמַשְׁמַע לֵיהּ: "הֵם" – בַּהֲוָיָיתָן יְהוּ, שֶׁאִם נִתְעָרְבוּ בְּדָמִים אֲחֵרִים – לֹא אִבְּדוּ אֶת שְׁמָם, וְיִקְרְבוּ. וּלְרַבָּנַן מִיתּוֹקְמָא כְּגוֹן שֶׁנִּתְעָרֵב בַּתַּחְתּוֹנִים כְּמוֹתוֹ וְלֹא בְּחַטָּאת. לד] וּמַאי לָאו דְּאִיעָרֵב בְּסוֹף עוֹלָה שֶׁהוּא שִׁירַיִם, וְהוֹלְכִין לִמְקוֹם שִׁירֵי חַטָּאת, כְּדַאֲמָרַן בְּ"אֵיזֶהוּ מְקוֹמָן" (לעיל נג.): תֵּן יְסוֹד לַמִּזְבֵּחַ שֶׁל עוֹלָה. וְקָתָנֵי דִּתְחִילַּת בְּכוֹר כָּשֵׁר בּוֹ לְכַתְּחִלָּה, שֶׁמְּקוֹמוֹ מְקוֹם תְּחִילַּת עוֹלָה. אַלְמָא מְקוֹם תְּחִילַּת עוֹלָה וּתְחִלַּת בְּכוֹר הוּא מָקוֹם כָּשֵׁר לִשְׁפִיכַת שִׁירַיִם לְכַתְּחִלָּה! לא תְּחִילַּת עוֹלָה וּבְכוֹר. דִּשְׁנֵיהֶם מָקוֹם אֶחָד לָהֶם. וְכֵיוָן דִּלְרַבָּנַן יֵשׁ בִּילָּה – שְׁנֵיהֶם כְּשֵׁירִין. וּמַאי קָא מַשְׁמַע לָן. קְרָא, הוֹאִיל וּמָקוֹם אֶחָד לָהֶן. דְּאֵין עוֹלִין מְבַטְּלִין זֶה אֶת זֶה. וַאֲפִילּוּ אֶחָד מְרוּבֶּה עַל חֲבֵירוֹ – לֹא בָּטֵל הַמּוּעָט. הַאי מוּלָּקַח מִדַּם הַפָּר וּמִדַּם הַשָּׂעִיר נָפְקָא לָן. בִּמְנָחוֹת בְּ"הַקּוֹמֵץ רַבָּה" (דף כב.) שֶׁמְּעָרְבִין דַּם פָּר וְדַם הַשָּׂעִיר לה] [שֶׁל] יוה"כ בְּמַתַּן דַּם קְרָנוֹת הַמִּזְבֵּחַ הַפְּנִימִי, וְהַדָּבָר יָדוּעַ שֶׁדַּם הַפָּר מְרוּבֶּה מִדַּם הַשָּׂעִיר, מִכָּאן לְעוֹלִין שֶׁאֵין מְבַטְּלִין זֶה אֶת זֶה. אִיכָּא דְּנָפְקָא לֵיהּ כו'. וּלְקַמָּן מְפָרֵשׁ פְּלוּגְתָּא בִּשְׁמַעְתָּא. וְהִקְרִיבוּ וְזָרְקוּ מַה ת"ל דָּם דָּם. גַּבֵּי עוֹלָה קָאֵי בת"כ: "וְשָׁחַט אֶת בֶּן הַבָּקָר וְהִקְרִיבוּ בְּנֵי אַהֲרֹן הַכֹּהֲנִים אֶת הַדָּם [וְזָרְקוּ אֶת הַדָּם]". "וְהִקְרִיבוּ בְּנֵי אַהֲרֹן וְזָרְקוּ אֶל הַמִּזְבֵּחַ" הָיָה לוֹ לוֹמַר, וְאֵין צָרִיךְ לִכְתּוֹב "דָּם", דְּמַה יֵּשׁ לוֹ לְקַבֵּל וְלִזְרוֹק ע"י שְׁחִיטָה אִם לֹא דָּם? מַה ת"ל "דָּם" "דָּם". ה"ג: מנין אתה אומר נתערב דם עולה בדם עולה דם עולה בדם תמורה דם עולה בדם חולין שיקרבו ת"ל

תוספות

ה"ג: **אבל** סוף חטאת ועולה. במתנה שניה של עולה מיירי, שהיא בקרן מערבית דרומית, דזה מקום שירים של חטאת. אבל במתנה ראשונה של עולה – ישפך לאמה לרבנן, דאין זה מקום שירים, לז] דדם עולה בקרן מזרחית לפונית, ושירים בקרן מערבית דרומית. לח] מיהו י"ל: כיון דיסוד דרומי אינו מן הפסוק, אלא מטעמא דבעי' בסמוך לו (לעיל דף נג.) דומיא דשירים פנימיים – א"כ אין קפידא אם יתנם במזרחית לפונית להכשיר דם תחלת עולה. וכן מוכיח קלת בסמוך, גבי נתן למעלה ולא נמלך יחזור ויתן למטה, ובעי לאוכוחי דמקום עולה מקום שירים, ומשמע שלא נתן עדיין כלל מתנות עולה (*בלבדן). א"נ: יפנה דרך שמאל ויתן תחלה בקרן מערבית דרומית שהוא מקום שירים, ויתן שירים בשתי קרנות. ה"ג: **מאי** קמ"ל. תימה: טובא קא משמע לן, לט] דיקרבו למר כדאית ליה ב' מתנות שהן ד', ולמר מתן אחד, אע"ג דעבר על בל תגרע או בל תוסיף! ושמא י"ל: כיון דיהיב לשם מים – ליכא בל תוסיף וגם לא משום בל תגרע, כיון דשב ואל תעשה ומתקן קרבנו, ובלא קרא נמי. מ] דרו"ך:

תנאי היא איכא דנפקא לה מהכא ואיכא דנפקא לה מהכא. תימה: למה דוחק לומר תנאי היא, דב"הקומץ רבה" (מנחות כב:) פריך: ואימא עד דאיכא מין ומינו ועולין! קשיא. לימא קרא מא] "קדש הם" איצטריך, דאם אינו ענין למין ומינו ועולין – תנהו לענין לעולין לחוד, אפילו הוי שלא מינו! ועוד קשה: דהכא אליבא דר' יוחנן קיימא, והתם קאמר מב] רבי יוחנן להאי דרשה ד"ולקח מדם הפר"! וע"ק: נימא דאיצטריך משום דס"ד שישפך לאמה כדי שלא יעבור על בל תוסיף ועל בל תגרע! וע"ק: דמאי שנא שנתערבו למטה בלמעלה דמודה ר' יהושע דישפך, ואין משנים מג] זה להכשיר זה, ומתן אחת במתן ד' משנים, ועובר מד] על בל תגרע? וכי תימא: משום דמתן א' במתן ד' אי אמרת ישפך אין שייך לשלם תחתיהם, כגון בכור ומעשר שנפסל. אבל עולה וחטאת שנפסל, דאפשר לשלם תחתיהם ישפך – עולת נדבה מאי איכא למימר? ומיהו י"ל: דלא דמי, דניתנים למעלה בניתנים למטה אין לו לפסול בידים דם עולה להכשיר דם חטאת. אבל הכא, שאינו פוסלו בידים אלא עומד במקומו – מה] שב ואל תעשה שאני. ומיהו לר"א קשה: דמשנה דחייב ליתן ב' מתנות מו] לבד מתנה אחת ועובר משום בל תוסיף. וכניתנין למעלה

סז א מיי' פ"ב מהל' פסה"מ הלכה יז:

שיטה מקובצת

א] בנתערב ארבע באחת: ב] אמר רבה אות א' נמחק: ג] בכוסות ורואה אני דם בעלת מום למעלה כאילו הוא מים וחכ"א: ד] בין בבלול בין בכוסות אבל רבנן בכוסות [פליגי]

ותחלת עולה דברי הכל: ו] שיריים. עיין בתוס' לעיל (דף נג ע"א): ז] אמר ריש לקיש לא: ח] חטאת ותחלת עולה דברי הכל: ט] עדיין היא מחלוקת. ולרבנן ישפך לאמה דאין לשנות של תחלת עולה שהוא בזקיפה

עין משפט
נר מצוה

סח א מיי' פ"ג מהלכות תמורה הלכה א:
סט ב ג ד מיי' פ"ב מהלכות פסה"מ הלכה יג:
ע ה מיי' פ"ט מהל' תמידין ומוספין הלכה ה:

מסורת הש"ס

*ת"ל "דם" "דם"? א] שֶׁיָּכוֹל אֵין לִי אֶלָּא ב] אֵלּוּ שֶׁנִּתְעָרְבוּ בִּתְמוּרָתָהּ, שֶׁאַף מֵחַיִּים תִּקְרַב, ג] מִנַּיִן לְרַבּוֹת תּוֹדָה וּשְׁלָמִים? מְרַבֶּה אֲנִי תּוֹדָה וּשְׁלָמִים, שֶׁבָּאִין בְּנֶדֶר וּנְדָבָה כְּמוֹתָהּ, מִנַּיִן לְרַבּוֹת אֶת הָאָשָׁם? מְרַבֶּה אֲנִי אֶת הָאָשָׁם, שֶׁטָּעוּן מַתַּן ד' ד] כְּמוֹתוֹ, בְּכוֹר וּמַעֲשֵׂר וּפֶסַח מִנַּיִן? ת"ל: "דָּם" "דָּם". מַאי לָאו סוֹף עוֹלָה וּבְכוֹר? וּשְׁמַע מִינַּהּ: מְקוֹם עוֹלָה מְקוֹם שִׁירַיִם! לֹא, תְּחִילַּת עוֹלָה וּבְכוֹר. וּמַאי קמ"ל – דְּאֵין עוֹלִין מְבַטְּלִין זֶה אֶת זֶה? מִ"וְּלָקַח מִדַּם הַפָּר וּמִדַּם הַשָּׂעִיר" נָפְקָא! תַּנָּאֵי הִיא, אִיכָּא דְּנָפְקָא לֵיהּ מֵהָכָא, וְאִיכָּא דְּנָפְקָא לֵיהּ מֵהָכָא. וְהָנֵי תַּנָּאֵי מִ"וְּלָקַח מִדַּם הַפָּר וּמִדַּם הַשָּׂעִיר" לָא יָלְפִי – קָסָבְרִי: *אֵין מְעָרְבִין לַקְּרָנוֹת; מִ"דָּם" "דָּם" לָא ה] יָלֵיף – "דָּם" "דָּם" לָא מַשְׁמַע לְהוּ; אֶלָּא מִ"קוֹדֶשׁ הֵם" מַאי טַעְמָא לָא יָלְפִי? קָסָבְרִי: "קוֹדֶשׁ הֵם" – הֵם קְרֵיבִין, וְאֵין תְּמוּרָתָן קְרֵיבָה. וְאִידָךְ? נָפְקָא לֵיהּ °מֵ"אִם שׁוֹר אִם שֶׂה לַה' הוּא" – הוּא קָרֵב, וְאֵין תְּמוּרָתוֹ קְרֵיבָה. ת"ש: נָתַן לְמַעְלָה וְלֹא נִמְלַךְ – אֵלּוּ וְאֵלּוּ מוֹדִים שֶׁיַּחֲזוֹר וְיִתֵּן לְמַטָּה, אֵלּוּ וְאֵלּוּ עוֹלִין לוֹ. מַאי לָאו דְּאִיעֲרוּב חַטָּאת וְעוֹלָה, וְכֵיוָן דִּיהֵיב לֵיהּ לְמַעְלָה – הָווּ לְהוּ שִׁירַיִם, וְקָתָנֵי: אֵלּוּ וְאֵלּוּ מוֹדִים שֶׁיַּחֲזוֹר וְיִתֵּן לְמַטָּה. וּשְׁמַע מִינַּהּ: מְקוֹם עוֹלָה מְקוֹם שִׁירַיִם! כִּי אֲתָא רַב יִצְחָק בַּר יוֹסֵף אֲמַר, אָמְרִי בְּמַעְרְבָא: הָכָא בְּמַאי עָסְקִינַן – כְּגוֹן דְּאִיעֲרַב חַטָּאת הַחִיצוֹנָה ו] בְּשִׁירַיִם. א"ל אַבַּיֵי: וְנֵימָא מַר כְּגוֹן דְּאִיעֲרַב בְּשִׁירַיִם! דִּלְמָא הָא קמ"ל: אֲפִילּוּ לְמ"ד שִׁירַיִם מְעַכְּבִין, חָסְרוּ – אֵין מְעַכְּבִין. א"ל רָבָא תּוֹסְפָאָה לְרָבִינָא: ז] הָא אוֹקִימְנָא הַהִיא בְּרוּבָּא עֶלְיוֹנִים, וְקָא יָהֵיב לְמַעְלָה שִׁיעוּר תַּחְתּוֹנִים וְעוֹד! [א"ל]: ה"מ ח] לְמַאן דְּאָמְרוּ *מֵעִיקָּרָא *אֵין בִּילָּה, מַסְקָנָא – בְּכוֹסוֹת פְּלִיגִי.§

מתני' [ב]הַנִּיתָּנִין בִּפְנִים שֶׁנִּתְעָרְבוּ בַּנִּיתָּנִין בַּחוּץ יִשָּׁפְכוּ לָאַמָּה. נָתַן בַּחוּץ, וְחָזַר וְנָתַן בִּפְנִים כָּשֵׁר. בִּפְנִים וְחָזַר וְנָתַן בַּחוּץ רַבִּי עֲקִיבָא פּוֹסֵל וַחֲכָמִים [ג]מַכְשִׁירִים. *שר"ע אוֹמֵר: כָּל דָּמִים שֶׁנִּכְנְסוּ לְכַפֵּר בַּהֵיכָל – פְּסוּלִין. וַחֲכָמִים אוֹמְרִים: [ד]חַטָּאת בִּלְבַד. רַבִּי אֱלִיעֶזֶר אוֹמֵר: אַף הָאָשָׁם, שֶׁנֶּאֱמַר: °"כַּחַטָּאת כָּאָשָׁם".§ (שם ו)

גמ' וְנִיפְלוֹג נַמִי ר"א בְּהָא! הֵיכִי לִיעֲבֵיד? נֵיתִיב בַּחוּץ וַהֲדַר נֵיתִיב לִפְנִים – ט] כְּשֵׁם [ה]שֶׁמִּצְוָה לְהַקְדִּים עֶלְיוֹנִים לְתַחְתּוֹנִים, כָּךְ מִצְוָה לְהַקְדִּים פְּנִים לְחוּץ. וְנֵיתִיב

(ויקרא כז)

רש"י

ת"ל דם שיכול אין לי אלא אלו. יקרבו שאף אם נתערבו מחיים יקרבו מנין אפילו נתערב באשם כו'. ת"ל. י] חד מינייהו דריש, ומשמע ליה "את הדם" – בכל מקום שהוא שמו עליו, ולא בטל. יכול אין לי אלא נתערב באלו. יא] דקא מרבינן מינייה דיקרבו, שכן תערובתן ראויה לקרב אפילו נתערבו בהמה בבהמה מחיים, דהא עולה בתמורה או בעולה אחרת תנן במתני': קדשים בקדשים מין במינו – זה יקרב לשם מי שהוא, וזה יקרב לשם מי שהוא. וכן יב] בנתערבו בחולין תמימין תנן לעיל (דף עא:): ימכרו החולין לצרכי אותו המין, והדר הוו להו קדשים בקדשים מין במינו. מנין אפי' נתערב בדם אשם יקרב, ואף על פי שאינו מינו, ואם נתערב מחיים – לא היה קרב כדתנן (שם): קדשים בקדשים מין בשאינו מינו ירעו? אביא את אשר נתערב באשם. מהאי רבויא גופיה, ולא בעי קרא אחרינא, הואיל ושניהם קדשי קדשים. ואע"ג דאם נתערבו מחיים לא קרב – התם משום דאית להו תקנתא ברעייה הוא. ת"ל דם דם. להכי איצטריכו "דם" "דם" תרי זימני. והני תנאי כו'. לשון בעיא הוא: והנך תלתא תנאי דאיפליגו במילף לעולין שאין מבטלין זה את זה מתלתא קראי, בשלמא כולהו מ"ולקח מדם הפר ומדם השעיר" לא ילפי – קסברי תרי תנאי דשמעתין: אין מערבין דם פר ושעיר למתן דם קרנות מזבח הפנימי. ומאי "ולקח מדם הפר ומדם השעיר" – מזה בפני עצמו ומזה בפני עצמו. ופלוגתא דר' יונתן ורבי יאשיה היא, במסכת יומא (דף נז:). יג] והאי מדם דם. לא משמע להו לתנא ד"הקומץ" ולתנא ד"קדש הם". אלא מ"קדש הם" כו'. ואין תמורתן קריבה. ולא למידרש ביה "בהווייתן יהו" אתא. נתן למעלה ולא נמלך. מתני' דפליגי ביה ר"א ורבנן בניתנין למעלה שנתערבו בניתנין למטה. מאי לאו פלוגתייהו בחטאת שנתערבה בעולה הוא. כדקס"ד עד השתא. וקתני דאפי' לרבנן יחזור ויתן למטה לכתחלה, ואף על גב דנתערבו השתא סוף חטאת ועולה. וש"מ חד מקום הוא! הכא במאי עסקינן. רישא דפלוגתא יד] למטה לכתחלה – כגון דאיערב תחלה חטאת החיצונה בשירי חטאת הפנימית, דאינהו שירים סתמא. הלכך, נתן למעלה ולא נמלך, דאי נמלך – לרבנן ישפך, דהוו להו ניתנים בפנים שחזר ונתן מהם בחוץ בקרנות, והוי שלא במקומו. אבל מכי נתן למעלה – טו] הוו להו שירים ושירים, ושניהן ביסוד. וכרבי ישמעאל דאמר: זה וזה יסוד מערבי, או כר"ש דאמר: זה וזה יסוד דרומי, לעיל (דף נג.). ולימא מר כגון דאיערב חטאת החיצונה בשיריים. כלומר, בשירי חיצונה כמותה. דהכי שפיר טפי, שמקום שיריהן שוה לדברי הכל. דלמא הא קמ"ל. האי דאוקמה אף בשירי פנימית, דאפילו למאן דאמר שירים הפנימיים מעכבי – ה"מ כי לא יהיב מינייהו מידי. אבל חסרו מקלתן לאחר מתן דמים טז] הפנימיים – אין החסרון מעכב, ושופך השאר ליסוד. דהא הכא חסרו שירים הפנימיים יז] כשנתן דמיהן למעלה, ואפ"ה מתכשרי. והא אוקימנא כו'. והא דקא יהיב למטה – יח] לשם שירי חטאת הוא דקא יהיב, אבל עולה לא מיתכשר, דהא יהיב למעלה שיעור תחתונים ועוד. יט] *א"נ מוקמת לה בתערובת חטאת ועולה – לא ש"מ מקום עולה מקום שירים, דכיון דעולה לא מיתכשרא – לא זריק להו במקום עולה אלא באיצטבא. ומאי דוחקיה לאוקומיה בחטאת ושירים? א"ל ה"מ. הנך שינויי דשנינן לעיל – למאי דהוה ס"ד מעיקרא דבבלול פליגי, והוה מהדרינן אשינויי דחיקי לאוקומי לדרב אשי דאמר לר"א אין בילה, דלא תיקשי ליה כ] הך מתנייתא. מסקנא. דשינויין הדרנא בן, ואוקימנא לשינוי דפלוגתא דידהו בהך מתני' בתערובות כוסות הוא, ומתרוייהו קאמר ר"א דליתיב למעלה ולמטה, ושניהן כשירין. והיכא דנתן למעלה ולא נמלך – דברי הכל יתן למטה, ואלו ואלו עלו. ואי הוה מוקי לה רב כא] יהודה בחטאת ועולה – הוה קשיא ליה. מתני' הניתנין בפנים ישפכו לאמה. דלית לן "רואין", ואסור לשנות באלו מפני הכשירין של אלו. ובגמרא פריך: וניפלוג נמי ר"א בהא, דהא אית ליה "רואין"! ר"ע פוסל. בחיצון. וחכמים מכשירין. בכל קרבנות, חוץ מחטאת החיצונה, דמיפסלא משום "וכל חטאת אשר יובא" וגו'. גמ' כשם שמצוה להקדים עליונים לתחתונים. דם חטאת לדם עולה, כדאמר ב"כל התדיר" (לקמן דף פט.). כך מצוה להקדים פנים לחוץ. דפנים חשוב. ניתיב

עין בחלופי גרסאות | [לעיל מב: וש"נ] | [תמורה ה:] | [לעיל פ.] | לעיל י: [לקמן לד:] | וא"נ נ"ק

תוספות

למעלה בלמטה לא מכשיר למעלה אלא ע"י רואין לשם מים! ומיהו, הא נמי חד טעמא הוא, דמשום דאית ליה לשם מים הוא דלא עבר משום בל תוסיף. ועוד: כשעובר על בל תוסיף – אינו משנה בדם לפסול, אבל בניתנין למעלה ולמטה, וניתנין בחוץ בניתנין בפנים – כולהו משנה בדם לפסול. מנין אפי' נתערב באשם כו'. תימה: כי היכי דלהאי תנא איצטריך קרא כא] לתודה לעולה ולאשם, ולמאן דנפקא ליה נמי מ"ולקח מדם הפר ומדם השעיר" דעולין אין מבטלין – דלמא ה"מ פר ושעיר ששוין לגמרי במתנותיהן. מתן אחד במתן ד' מנין, או עולה בנאכלין? וכן למאן דנפקא ליה מ"קודש הם" – מנא ליה *נתערב בדם עולה? דלמא בקדשים הנאכלין מיירי!. ואין תמורתו קריבה. תימה: כיון דתנאי היא, אמאי הדר ביה בפ"ק דתמורה (דף ה:) דקאמר: כג] ורבא אין ה"נ, אלא הם למה לי כו'! הא אוקימנא ברובא עליונים. פי' בקונטרס: והאי דיהיב למטה – לשם שירי חטאת הוא דקיהיב, אבל עולה לא מתכשרא, דהא יהיב למעלה שיעור תחתונים ועוד. כד] א"נ מוקמת לה בתערובת חטאת ועולה – לא שמעת מינה כה] (לא) מקום עולה מקום שירים, דכיון דעולה לא מתכשרא – לא זריק להו במקום עולה אלא באצטבאות. וקשה: דלרבנן דאמרי יש בילה, והויא לה עולה כשרה, ויש דם עולה שנשאר למטה וראוי לזריקה!. נתן בחוץ ואחר כך נתן בפנים כשר. וכגון דיהיב דמים הפנימיים בחוץ לשם מים. דאי לאו הכי – היאך חוזר ונותן בפנים? והלא כבר נתכפר לשמואל, לפי מה שפירשתי לעיל בפ' שני (כו: ד"ה אמר) דמזבח חיצון לדמים הפנימיים כמקומן דמי. וכי האי גוונא מיירי סיפא בפנים ונתן בחוץ – שהכניס דמים החיצונים לשם מים. וק"ק: *אמאי פסול כשמכניס לשם מים? ד"לכפר" כתיב! כו].

עכשיו

דנתערב נ"ק | נ"ק מ"ז | [עיין תוי"ט] | נ"א מעיקרא דבבלול פליגי ומסקנא כו' נ"ק

שיטה מקובצת

א] דם דם מנין אתה אומר נתערב דם עולה בדם העולה דם עולה בדם תמורה דם עולה בדם חולין יקרבו ת"ל דם יכול אין לי אלא אלו יקרבו שאף אם נתערבו מחיים יקרבו מנין אפי' נתערב באשם אביא אני את שנתערב באשם שאלו ואלו קדשי קדשים מנין אפילו נתערב בתודה ושלמים אביא אני שנתערב בתודה ובשלמים שאלו ואלו מתן ד' מנין אפילו נתערב בבכור ובפסח ת"ל דם דם כך גירסת רש"י ז"ל וגירסת ס"י: ב] אלא עולה שנתערבה בתמורתה: ג] עיין בהשמטות בסוף המס': ד] ד' כמותה: ה] לא ילפי דם: ו] כגון דאיערב חטאת החיצונה תחלתה בשיריים הפנימים. תימה דלוקמא בסוף חטאת ותחלת עולה שנתערבו וינתן למעלה דקאמר בזקיפה שהיא מקום תחלת עולה ויחזור ויתן למטה על גג האיצטבא קאמר שהוא מקום שיריים ואי משום דקאי אניתנין למעלה שנתערבו בניתנים למטה הא נפרש הכי תחלת עולה שהיא למעלה מן היסוד בזקיפה דסובב בסוף החטאת שהיא למטה על גג האיצטבא וי"ל דלמ"ד דניתנים למעלה למעלה ממש בקרנות משום דלמעלה למעלה מחוט הסיקרא קאמר וא"כ ע"כ היינו תחלת חטאת דאלו סוף (העולה) [הוא עולה] למטה מחוט הסיקרא הוא וכן דכוותיה נתן למעלה אלמע לה מן החוט קאמר וא"כ ע"כ היינו תחלת חטאת ומ"מ יחזור ויתן למטה דקאמר אמקום שירים קאמר דהיינו איצטבא ולא זקיפה מקום עולה אע"ג דגם זקיפה למטה למטה מן החוט הוא מדיהיב טעמא דמודו רבנן דיחזור ויחזיר ויתן למטה משום דנתן כבר למעלה כמשפט תחלת דם החטאת ואז נעשה המותר מדם החטאת שירים דלמטה הוא ולכך יחזור ויתן למטה במקום שירים אלמא יחזור ויתן למטה אמקום שירים קאי: ז] הא אוקימנא [ההיא] ברובא עליונים. פ"ה והא דקא יהיב כו' מתכשרי בהכי דהא יהיב למעלה שיעור תחתונים ועוד ושמא כל דם העולה נתן למעלה וא"כ לא זריק ליה במקום עולה דהיינו בזקיפה אלא באיצטבא שהוא מקום שירים ועלו לו דקתני לשם שירים דחטאת קאמר וא"כ מאי דוחקיה לאוקמי בחטאת ושירים הפנימים שנתערבו וא"ת איך קאמר אלו ואלו [מודים] שיחזור ויתן למטה לכתחלה הא קא משני מקום תחלת עולה דדינה בזקיפה ולעיל פי' דלמ"ד עדיין היא מחלוקת דלרבנן ישפך לאמה דאין לשנות תחלת עולה שהיא בזקיפה בשביל הכשר שירים הטעונים יסוד לכך נראה להשר מקוצי דה"פ שירים צריכות איצטבא ועדיין היא מחלוקת וא"כ לרבנן דלית להו רואין לא ישנה מקום שירים כדי לקיים מצות עולה לזרוק בזקיפה משום דאין זה מקום שירים כלל דאין סוף שירים רשאים לזחול למעלה אלא אדרבה יזרוק הכל באיצטבא במקום שירים דמותר לשנות מקום עולה בשביל מצות שירים גם לרבנן דלית להו רואים וטעמא משום דתחלת עולה שהן בזקיפה של סובב הם שופכים וזוחלים ליסוד למטה מהם וכיון שסופן להיות למטה על היסוד א"כ מותר לשנות מקום תחלת עולה כדי לקיים מצות שירים ואע"ג דמ"מ

שיטה מקובצת

לא יצא ידי עולה דדינה בזריקה בזקיפה ולא בשפיכה ביסוד ואתיא כמ"ד ניתנים בזריקה שנתנם בשפיכה לא יצא דלמ"ד יצא א"כ איצטבא שהיא מקום שירים חזיא נמי למקום הכשר תחלת עולה בדיעבד והא דקאמר לעיל עדיין היא מחלוקת משמע דלרבנן אסור לשנות מקומו של זה בשביל זה היינו שאסור לזרוק התערובת בזקיפה במקום עולה לפי שמשנה מקום שירים ואסור לשנות מקום שירים כדי לקיים מצות עולה לרבנן דלית להו רואין כדפי' וא"ת מאי קאמר הא אוקימנא להווא ברובא עליונים כו' ועלו לו לשם שירים קאמר אבל עולה לא מיתכשרא אדרבה אסיקנא לעיל דעלו לשם תחלת עולה לרבנן דאמרי יש בילה וי"ל דסוגיא דלעיל אתיא כמ"ד מקום עולה מקום שירים וא"כ לרבנן דאמרי יש בילה אלו ואלו עלו לו דקאמר הוי בין לתחלת עולה בין לשירים דחטאת דהא מקום אחד יש לשניהם ולכך פריך שפיר לעיל והא אלו ואלו עלו לו קתני כדפי' אכן סוגיא דהכא בעי לדחות כדי ליישב דמקום עולה לאו מקום שירים ושירים צריכים איצטבא א"כ ויחזור ויתן למטה למקום שירים קאמר דהיינו על האיצטבא והלכך אלו ואלו עלו לו דקתני גם לרבנן דוקא לשיריים קאמר ולא לתחילת עולה דהא איצטבא שהוא מקום שירים אינו מקום תחלת עולה ולכך פריך הכא והא אוקימנא כו' וא"כ מצינו למדחי דמקום עולה לאו מקום שירים הוא ומאי אלו ואלו עלו לו לשם שירים קאמר גם לרבנן דר"א כדפי' ומשני ה"מ למ"ד אין בילה כלו' כשהיינו רוצים להעמיד הברייתות בבלול ואף כמ"ד אין בילה אז הוצרכנו להעמיד ברובא עליונים כו' ועלו לו לשם שירים דוקא קאמר ולא לשם תחלת עולה אבל למסקנא בכוסות פליגי ואף כי אין בילה עלו לו גם לשם תחלת עולה ומיהו לפי' שפי' לעיל דדייקי מאלו דומיא דאלו לא מתוקם שפיר: ח] למאי דאמרי: ט] עיין בהשמטות בסוף המסכת: י] ת"ל דם דם חד: יא] באלו הוא דקא: יב] וכן נתערבו בחולין אות ב' נמחק: יג] מה"ד ואי מדם: יד] תיבות למטה לכתחלה נמחק: טו] למעלה משניהם הוו: טז] דמים על מזבח הפנימי אין: יז] הפנימים כשנתן מהן למעלה: יח] למטה מן הדם לשם: יט] ועוד וא"נ מוקמת: כ] ליה הנך מתנייתא הס"ד ומה"ד ומסקנא דשינויין: כא] רב יצחק בחטאת ותיבת יהודה נמחק: כב] קרא לתמורה ועולה ואשם: כג] דקאמר רבא אות ו' נמחק: כד] ועוד וא"נ: כה] תיבת לא נמחק: כו] כתיב. גליון. וי"ל דכיון דאיערב בדמים הפנימים ואינהו אתו לכפר (איכא) ואשר יובא לכפר קרינא ביה. ריב"א:

וְנִיתִיב לִפְנִים, וַהֲדַר נֵיתִיב לַחוּץ — כֵּיוָן דְּאִיכָּא חַטָּאת וְאָשָׁם, דְּכִי נִכְנַס דָּמָן א] פְּסוּלִין, לָא פְּסִיקָא לֵיהּ.§ "שֶׁהָיָה ר"ע אוֹמֵר" [וכו'].§ אָמַר רַב יְהוּדָה אָמַר שְׁמוּאֵל: מָשָׁל ב] לְמָה הַדָּבָר דּוֹמֶה — לְתַלְמִיד שֶׁמָּזַג לְרַבּוֹ בְּחַמִּין, וְאָמַר לוֹ: מְזוֹג לִי, אָמַר לוֹ: בַּמֶּה? אָמַר לוֹ: לֹא בְּחַמִּין אָנוּ עֲסוּקִין? עַכְשָׁיו, בֵּין בְּחַמִּין בֵּין בְּצוֹנֵן. הָכָא נַמִי, מִכְּדֵי בְּחַטָּאת עָסְקִינַן וְאָתֵי, "חַטָּאת" דִּכְתַב רַחֲמָנָא ל"ל? ג] אֶלָּא: לָאו חַטָּאת קָאָמֵינָא לָהּ, אֶלָּא כָּל קָדָשִׁים. מַתְקִיף לָהּ רַב הוּנָא בְּרֵיהּ דְּרַב יְהוֹשֻׁעַ: מִכְּדֵי אִיתְרַבּוּ כָּל קָדָשִׁים ד] לְגַבֵּי מִזְבֵּחַ לְעִנְיַן אמְרִיקָה וּשְׁטִיפָה, חַטָּאת דִּכְתַב רַחֲמָנָא ל"ל? ש"מ: חַטָּאת — אִין, מִידֵי אַחֲרִינָא — לָא. וְהָא לָא דָּמְיָא אֶלָּא לְתַלְמִיד שֶׁמָּזַג לְרַבּוֹ בֵּין בְּחַמִּין בֵּין בְּצוֹנֵן, ה] אָמַר לוֹ: אַל תִּמְזוֹג לִי אֶלָּא חַמִּין! אֶלָּא טַעְמָא דְּר"ע מֵ"חַטָּאת", וְ"כָל חַטָּאת". דְּתַנְיָא: "חַטָּאת" — אֵין לִי אֶלָּא חַטָּאת, קָדְשֵׁי קָדָשִׁים מִנַּיִן? ת"ל: °"כָּל חַטָּאת" (ויקרא ו) קָדָשִׁים קַלִּים מִנַּיִן? ו] ת"ל: "וְכָל חַטָּאת", דִּבְרֵי ר"ע. אָמַר לוֹ רַבִּי יוֹסֵי הַגְּלִילִי: *אֲפִילּוּ אַתָּה מְרַבֶּה כָּל הַיּוֹם כּוּלּוֹ, אֵינִי שׁוֹמֵעַ לְךָ. אֶלָּא: ז] "חַטָּאת" — אֵין לִי אֶלָּא חַטַּאת יָחִיד, חַטַּאת צִבּוּר מִנַּיִן? ת"ל: "כָּל חַטָּאת". וְאֵין לִי אֶלָּא חַטָּאת זָכָר, חַטָּאת נְקֵבָה מִנַּיִן? ח] ת"ל "וְכָל", כְּלַפֵּי לַיָּיא? אֶלָּא ה"ק: אֵין לִי אֶלָּא חַטָּאת נְקֵבָה, חַטָּאת זָכָר מִנַּיִן — ת"ל: "וְכָל חַטָּאת". וְסָבַר רַבִּי יוֹסֵי הַגְּלִילִי הַאי קְרָא לְהָכִי הוּא דְּאָתָא? *וְהָתַנְיָא, רַבִּי יוֹסֵי הַגְּלִילִי אוֹמֵר: ט] (לְפִי שֶׁמָּצִינוּ) כָּל הָעִנְיָן כּוּלּוֹ אֵינוֹ מְדַבֵּר אֶלָּא בְּפָרִים הַנִּשְׂרָפִים וּשְׂעִירִים הַנִּשְׂרָפִים, לִשְׂרוֹף פְּסוּלֵיהֶן אַבֵּית הַבִּירָה, וְלַעֲמוֹד בְּלֹא תַעֲשֶׂה עַל אֲכִילָתוֹ. אָמְרוּ לוֹ: חַטָּאת שֶׁנִּכְנַס דָּמָהּ לִפְנַי וְלִפְנִים מִנַּיִן? אָמַר לָהֶם: °"הֵן לֹא הוּבָא" (שם י)! לִדְבָרָיו דְּר"ע קָאָמַר.§

מתני' בחַטָּאת שֶׁקִּבֵּל דָּמָהּ בִּשְׁנֵי כוֹסוֹת, יָצָא אֶחָד מֵהֶן לַחוּץ — הַפְּנִימִי כָּשֵׁר. נִכְנַס אֶחָד מֵהֶם לִפְנִים, ר' יוֹסֵי הַגְּלִילִי מַכְשִׁיר בַּחִיצוֹן, וַחֲכָמִים גפּוֹסְלִין. א"ר יוֹסֵי הַגְּלִילִי: מָה אִם בְּמָקוֹם שֶׁהַמַּחֲשָׁבָה פּוֹסֶלֶת, בַּחוּץ — לֹא עָשָׂה אֶת הַמְשׁוּיָּר כַּיּוֹצֵא, מָקוֹם שֶׁאֵין הַמַּחֲשָׁבָה פּוֹסֶלֶת, בִּפְנִים — אֵינוֹ דִּין שֶׁלֹּא נַעֲשֶׂה אֶת הַמְשׁוּיָּר כַּנִּכְנָס? נִכְנַס לְכַפֵּר, אע"פ שֶׁלֹּא כִּפֵּר — פָּסוּל, דִּבְרֵי ר"א. ר"ש אוֹמֵר: עַד שֶׁיְּכַפֵּר. רַבִּי יְהוּדָה אוֹמֵר: דאִם הִכְנִיס שׁוֹגֵג — כָּשֵׁר. כָּל הַדָּמִים י] פְּסוּלִין שֶׁנִּתְּנוּ ע"ג הַמִּזְבֵּחַ — לֹא הִרְצָה הַצִּיץ אֶלָּא עַל הַטָּמֵא, השֶׁהַצִּיץ מְרַצֶּה עַל הַטָּמֵא ווְאֵינוֹ מְרַצֶּה עַל הַיּוֹצֵא.§ **גמ'** תַּנְיָא, א"ר יוֹסֵי הַגְּלִילִי: ק"ו, וּמָה בְּמָקוֹם שֶׁמַּחֲשָׁבָה פּוֹסֶלֶת, בַּחוּץ — לֹא פָּסַל דָּם שֶׁבַּחוּץ אֶת שֶׁבִּפְנִים, מָקוֹם שֶׁאֵין מַחֲשָׁבָה פּוֹסֶלֶת, בִּפְנִים — אֵינוֹ דִּין שֶׁלֹּא יִפְסוֹל דָּם שֶׁבִּפְנִים אֶת שֶׁבַּחוּץ? א"ל, הֲרֵי הוּא אוֹמֵר: °"אֲשֶׁר יוּבָא מִדָּמָהּ" (שם ו) — אֲפִילּוּ מִקְצָת דָּמָהּ. אָמַר לָהֶם: ק"ו לַיּוֹצֵא מֵעַתָּה: וּמָה בְּמָקוֹם שֶׁאֵין מַחֲשָׁבָה פּוֹסֶלֶת, בִּפְנִים — פּוֹסֵל דָּם שֶׁבִּפְנִים אֶת שֶׁבַּחוּץ, מָקוֹם שֶׁמַּחֲשָׁבָה פּוֹסֶלֶת, בַּחוּץ — אֵינוֹ דִּין שֶׁיִּפְסוֹל דָּם שֶׁבַּחוּץ אֶת שֶׁבִּפְנִים? אָמְרוּ לוֹ: הֲרֵי הוּא אוֹמֵר: "אֲשֶׁר יוּבָא" — הַנִּכְנָס פּוֹסֵל, וְאֵין הַיּוֹצֵא פּוֹסֵל. וּתְהֵא מַחֲשָׁבָה בִּפְנִים פּוֹסֶלֶת מִקַּל וָחוֹמֶר: וּמָה בְּמָקוֹם שֶׁלֹּא פָּסַל דָּם שֶׁבַּחוּץ אֶת שֶׁבִּפְנִים — מַחֲשָׁבָה פּוֹסֶלֶת בַּחוּץ, מָקוֹם שֶׁפָּסַל דָּם שֶׁבִּפְנִים אֶת דָּם שֶׁבַּחוּץ — אֵינוֹ דִּין שֶׁתְּהֵא מַחֲשָׁבָה פּוֹסֶלֶת בִּפְנִים? הֲרֵי הוּא אוֹמֵר: °"בַּיּוֹם הַשְּׁלִישִׁי" (שם ז) — מָקוֹם

נֵיתִיב בִּפְנִים וַהֲדַר נֵיתִיב בַּחוּץ. דְּהָא לְר"א שְׁאָר דָּמִים הַנִּכְנָסִין לַהֵיכָל כְּשֵׁרִין חוּץ מֵחַטָּאת וְאָשָׁם, כִּדְקָתָנֵי מַתְנִי'. כֵּיוָן דְּאִיכָּא חַטָּאת וְאָשָׁם. שֶׁאִם יא] נִתְעָרְבוּ דָּמָם בַּדָּמִים הַפְּנִימִיִּים לָא מָצֵי לְמֵימַר: יִתֵּן בִּפְנִים וְאַחַר כָּךְ יִתֵּן בַּחוּץ, מִשּׁוּם דְּמִיפַּסְלֵי חִיצוֹנִים — לָא פְּסִיקָא לֵיהּ. וְא"ת: לִיפַסְלִינְהוּ לַחִיצוֹנִים לְהַכְשִׁיר פְּנִימִיִּי'! יב] לְמִפְסְלִינְהוּ בְּיָדַיִם לָא קָאָמַר ר"א, וּמוּטָב לְהַמְתִּין עַד שְׁקִיעַת הַחַמָּה וְיִפָּסְלוּ מֵאֲלֵיהֶן וְיִשָּׂרְפוּ לָאַמָּה. מָשָׁל דְּרַבִּי עֲקִיבָא. דְּמַשְׁמַע לֵיהּ: שְׁאָר כָּל הַדָּמִים בִּכְלַל יג] "כָּל חַטָּאת אֲשֶׁר יוּבָא מִדָּמָהּ" — לְמָה הַדָּבָר דּוֹמֶה, לְתַלְמִיד שֶׁמָּזַג לוֹ רַבּוֹ יַיִן בְּחַמִּין וכו'. לֹא בְּחַמִּין אָנוּ עֲסוּקִין. וְכֵיוָן שֶׁאֲנִי אוֹמֵר לְךָ "מְזוֹג" סְתָם — בְּחַמִּין הָיִיתִי אוֹמֵר לְךָ, עַכְשָׁיו הֲרֵינִי אוֹמֵר לְךָ בֵּין בְּחַמִּין בֵּין בְּצוֹנֵן. כְּלוֹמַר, הָעוֹסֵק בְּדָבָר אֵין רָגִיל לְהַזְכִּירוֹ כְּשֶׁמְּדַבֵּר בּוֹ, וְאִם מַזְכִּירוֹ — בְּדַעְתּוֹ לְהוֹסִיף אֲחֵרִים עִמּוֹ, וְאוֹמֵר: אַף זֶה שֶׁהָיִיתִי עָסוּק בּוֹ יְהֵא בִּכְלָל. ה"נ מִכְּדֵי בְּחַטָּאת עָסְקִינַן וְאָתֵי. כּוּלָּהּ פָּרָשָׁה. חַטָּאת דִּכְתַב רַחֲמָנָא ל"ל. לִכְתּוֹב "וְאִם יוּבָא מִדָּמָהּ" וגו'. אֶלָּא ה"ק יד] לָאו חַטָּאת לְחוּד קָאָמֵינָא. אֶלָּא אַף חַטָּאת כִּשְׁאָר קָדָשִׁים "אֲשֶׁר יוּבָא" וגו' דְּלָא תֵּימָא: חַטָּאת לָא תִּיפְסוֹל, שֶׁכֵּן מָצִינוּ חַטָּאת נִכְנֶסֶת לַהֵיכָל בְּחַטָּאוֹת הַפְּנִימִיּוֹת. מִכְּדֵי אִיתְרַבּוּ כָּל הַקֳּדָשִׁים. (לְעֵיל) [לְקַמָּן] מֵהַאי קְרָא, לְעִנְיַן שֶׁיְּהוּ טְעוּנִים מְרִיקָה וּשְׁטִיפָה כְּלֵי מַתָּכוֹת שֶׁנִּתְבַּשְּׁלוּ בָּהֶן. כִּדְיָלְפִינַן בְּפֶרֶק "דַּם חַטָּאת" (לקמן צו:) מִ"קֹּדֶשׁ קָדָשִׁים הִיא" וְסָמֵיךְ לֵיהּ "וְכָל חַטָּאת אֲשֶׁר יוּבָא". וְאִי שְׁאָר קָדָשִׁים נַמִי מִיפַּסְלֵי — ל"ל לְמִיכְתַּב טו] חַטָּאת? לִיכְתּוֹב "וַאֲשֶׁר יוּבָא מִדָּמָהּ"! ש"מ: חַטָּאת דַּוְקָא קָאָמַר. הָא לָא דָּמְיָא כו'. מַסְקָנָא דְּקוּשְׁיָא הִיא. אֶלָּא חַטַּאת יָחִיד. דְּהָא טז] כְּתִיב הַךְ פָּרָשַׁת חַטָּאת אֵצֶל פָּרָשַׁת אָשָׁם וּפָרָשַׁת שְׁלָמִים וְתוֹדָה, שֶׁהֵן שֶׁל יז] יְחִידִים. כְּלַפֵּי לַיָּיא. סְתָם חַטַּאת יָחִיד נְקֵבָה הִיא! לְהָכִי הוּא דְּאָתָא. לְחַטָּאת חִיצוֹנָה שֶׁנִּכְנַס דָּמָהּ לִפְנִים. ה"ג: כָּל הָעִנְיָן הַזֶּה אֵינוֹ מְדַבֵּר כו'. וְל"ג "לְפִי שֶׁמָּצִינוּ". וְאַדְּרַבָּנַן פָּלֵיג בְּת"כ, דְּמוֹקְמִינַן לֵיהּ לִיפְסוֹל חַטָּאת הַחִיצוֹנָה שֶׁנִּכְנַס דָּמָהּ לִפְנִים. וְאָמַר לְהוּ: אֵין הַמִּקְרָא מְדַבֵּר אֶלָּא בִּפְנִימִיּוֹת שֶׁדָּמָם נִכְנַס לִפְנִים *מִצְוָה, וְאָמַר קְרָא שֶׁאִם אֵירַע בָּהֶן פְּסוּל — יִשָּׂרְפוּ אַבֵּית הַבִּירָה בָּעֲזָרָה, וְלֹא חוּץ לְג' מַחֲנוֹת כְּמִצְוָתָן, יח] כִּדְכְתִיב בְּהַאי קְרָא (ויקרא ו): "בַּקֹּדֶשׁ בָּאֵשׁ תִּשָּׂרֵף" — שֶׁתְּהֵא שְׂרֵיפָתָהּ בַּקֹּדֶשׁ. וְלִיתֵּן לֹא תַעֲשֶׂה עַל אֲכִילָתָן, בֵּין כְּשֵׁרִין, בֵּין פְּסוּלִין — כִּדְכְתִיב (שם) "לֹא תֵאָכֵל", דְּבִמְקוֹמָן לֹא נֶאֱמַר לָאו עַל אֲכִילָתָן, וּכְתָבוֹ כָּאן. אָמְרוּ לוֹ לִדְבָרֶיךָ, יט] חַטָּאת הַחִיצוֹנִית שֶׁנִּכְנַס דָּמָהּ לִפְנִים, מִנַּיִן. שֶׁנִּפְסְלָה? אָמַר לְהוּ הֵן לֹא הוּבָא אֶת דָּמָהּ. כְּתִיב גַּבֵּי שְׂעִיר הַחַטָּאת שֶׁשְּׂרָפוּ בְּנֵי אַהֲרֹן, וְקָאָמַר לְהוּ מֹשֶׁה "הֵן לֹא הוּבָא אֶת דָּמָהּ", הָא הוּבָא — בְּדִין שְׂרַפְתּוּהָ. לִדְבָרָיו דְּר"ע. דְּמוֹקֵי לֵיהּ בְּהָכִי, וּמְרַבֶּה וְהוֹלֵךְ שְׁאָר קָדְשֵׁי קָדָשִׁים קָאָמַר, דְּאֵין לוֹ לְרַבּוֹת בּוֹ אֶלָּא כ] חַטָּאת. **מתני'** יָצָא אֶחָד מֵהֶם לַחוּץ. חוּץ לָעֲזָרָה. הַפְּנִימִי כָּשֵׁר. וְנוֹתֵן מִמֶּנּוּ מַתְּנוֹתָיו, וְהַקָּרְבָּן עוֹלֶה לוֹ. נִכְנַס אֶחָד מֵהֶן לִפְנִים. לַהֵיכָל. מַכְשִׁיר בַּחִיצוֹן. לָתֵת מִמֶּנּוּ מַתְּנוֹתָיו, וְהַקָּרְבָּן כָּשֵׁר. וַחֲכָמִים פּוֹסְלִין. וְטַעֲמַיְיהוּ מְפָרֵשׁ בַּגְּמָרָא. וּמָה אִם בְּמָקוֹם שֶׁהַמַּחֲשָׁבָה פּוֹסֶלֶת בַּחוּץ. כְּלוֹמַר, מָה בַּחוּץ שֶׁהוּא מָקוֹם שֶׁהַמַּחֲשָׁבָה פּוֹסֶלֶת בּוֹ, אִם חִישֵּׁב בִּשְׁחִיטָה ע"מ לִזְרוֹק דָּמָהּ בַּחוּץ — פָּסוּל. לֹא עָשָׂה. הֵיכָא מוֹצִיא מִקְצַת הַדָּם בַּחוּץ. אֶת הַמְשׁוּיָּר. בִּפְנִים כַּיּוֹצֵא, כִּדְאָמְרִיתוּ: הַפְּנִימִי כָּשֵׁר. וְטַעְמָא יָלְפִינַן בַּגְּמָרָא. מָקוֹם שֶׁאֵין הַמַּחֲשָׁבָה פּוֹסֶלֶת בִּפְנִים. כְּלוֹמַר, הֵיכָל שֶׁהוּא מָקוֹם שֶׁאֵין מַחֲשָׁבָה פּוֹסֶלֶת כא] בִּפְנִים, שֶׁאִם שָׁחַט ע"מ לִיתֵּן אֶת הַנִּיתָּנִין בַּחוּץ בִּפְנִים כָּשֵׁר, כִּדְאָמְרִי' בְּפֶרֶק "כָּל הַפְּסוּלִין" (לעיל לו.), אֵינוֹ דִּין כו'. עַד שֶׁיְּכַפֵּר. בַּהֵיכָל. וְאֵין הַצִּיץ מְרַצֶּה עַל הַיּוֹצֵא. דְּאָמְרִינַן בְּפֶרֶק שֵׁנִי (לעיל כג:): הָא אֵינוֹ נוֹשֵׂא אֶלָּא עֲוֹן טָמֵא. וְאע"ג דִּפְסוּלִין שֶׁעָלוּ לֹא יֵרְדוּ — אַרְצוּיֵי מִיהָא לָא מְרַצוּ. **גמ'** לֹא פָּסַל דָּם שֶׁבַּחוּץ אֶת דָּם שֶׁבִּפְנִים. אִם הוֹצִיא אֶחָד מִן הַכּוֹסוֹת הַשֵּׁנִי כָּשֵׁר. מִדָּמָהּ אֲפִילּוּ מִקְצָת. מִדְּלָא כְּתִיב "אֶת דָּמָהּ". וְרַבִּי יוֹסֵי הַגְּלִילִי לְטַעֲמֵיהּ, דְּאָמַר: הַאי קְרָא בְּחַטָּאוֹת הַפְּנִימִיּוֹת כְּתִיב, וּפְסוּל דְּחִיצוֹנָה שֶׁנִּכְנַס דָּמָהּ לִפְנִים מֵ"הֵן לֹא הוּבָא אֶת דָּמָהּ", וְהַהוּא כּוּלֵּיהּ מַשְׁמַע. ה"ג: אָמַר לָהֶן ק"ו לַיּוֹצֵא מֵעַתָּה. מֵהָשְׁתָּא דְּאוֹקִימְתּוּן הַאי קְרָא לְהָכִי. הַנִּכְנָס פּוֹסֵל אֶת הַמְשׁוּיָּר, וְאֵין הַיּוֹצֵא פּוֹסֵל אֶת הַמְשׁוּיָּר. דְּ"מִדָּמָהּ" מִיעוּטָא הוּא — דָּמָהּ שֶׁל מוּבֵאת וְלֹא דָּמָהּ שֶׁל יוֹצֵאת. וּתְהֵא מַחֲשָׁבָה פּוֹסֶלֶת כו'. *הַתַּלְמוּד קָבָעֵי לָהּ, וְלָא גָּרַס לָהּ בְּת"כ בְּמִילְּתֵיהּ דְּרַבִּי יוֹסֵי הַגְּלִילִי, דְּהָא לְדִידֵיהּ נַמִי אִיכָּא לְמִיבְּעֵי. הֲרֵי הוּא אוֹמֵר. בְּמַחֲשֶׁבֶת חוּץ לִמְקוֹמוֹ. "שְׁלִישִׁי" כב] דְּמוֹקְמִינַן בְּפֶרֶק ב' (לעיל דף כח:) — תְּנֵיהוּ לְעִנְיַן חוּץ לִמְקוֹמוֹ. וּלְהָכִי נָקֵיט לָהּ בִּלְשׁוֹן "שְׁלִישִׁי" — דְּאֵין מַחֲשֶׁבֶת מָקוֹם פּוֹסֶלֶת אֶלָּא אִם כֵּן מְשׁוּלָּשׁ בְּדָם וּבָשָׂר וְאֵימוּרִין, כְּגוֹן חוּץ לָעֲזָרָה, שֶׁבִּשְׁעַת הֶיתֵּר הַבָּמוֹת מְלוּוִין שְׁלָשְׁתָּן בּוֹ. לְאַפּוֹקֵי מַחֲשֶׁבֶת כג] הַכְּנָסָה, דְּלָאו מְקוֹם בָּשָׂר וְאֵימוּרִין הוּא. *וְלָא תְּהֵא כד] מַחֲשֶׁבֶת חוּץ לִמְקוֹמוֹ פּוֹסֶלֶת בְּק"ו. מִמַּחֲשֶׁבֶת הַכְּנָסָה. פִּגּוּל זֶה הוּא חוּץ לִמְקוֹמוֹ. דְּאִיכָּא דְּמַפִּיק כה] לְתַרְוַיְיהוּ מִקְּרָא אֲרִיכָא דְּפָרָשַׁת "צַו", וְהַאי דְּפָרָשַׁת "קְדוֹשִׁים תִּהְיוּ"

עכשיו בין בחמין בין בצונן. ד"מזוג לי" לישנא דיתורא הוא, דבמזיגה של חמין היו עסוקין, ובא לומר ולרבות אפילו צונן. **מכדי** איתרבו כל הקדשים לענין מריקה ושטיפה. תימה: דלמא ר"ע סבר לה כמ"ד לקמן (דף צו:): קדשי קדשים טעונין מריקה ושטיפה ולא קדשים קלים, ואתי חטאת לרבות קדשים קלים. **ת"ל** כל חטאת. צ"ע בריש "אלו עוברין" (פסחים מג:) דפליגי בדרשה ד"כל" ובבכורות (דף*). **אין** לי אלא חטאת נקבה חטאת זכר מנין. תימה: כיון דכבר ריבה חטאת לצבור — איתרבי לי' חטאת זכר, דאין נקבה בצבור! ואי הוה גרסי' איפכא *ניחא. כו] תימה: לרבי יוסי הגלילי דנפקא ליה מ"הן לא הובא", תיקשי ליה דאין לי אלא חטאת ציבור זכר, כגון שעיר דר"ח, חטאת יחיד ונקבה מנין? כז]. **ותהא** מחשבה פוסלת בפנים מק"ו. תימה: מה לחוץ שכן פסל בו שאר קדשים, תאמר בפנים שלא פסל בו אלא חטאת! ועוד: מה לחוץ שכן פסל בו בשר, תאמר בפנים שלא פסל בו אלא דם! ועוד: מה לחוץ שכן נפסל בכל ענין דם היוצא, תאמר בפנים דאין נפסל אלא לכפר?

עין משפט נר מצוה

עא א מיי' פ"ח מהלכות מעה"ק הלכה יז:

עב ב ג מיי' פ"ב מהלכות פסה"מ הלכה טו:

עג ד מיי' שם הלכה טז:

[לד. עי' תוספות נדה עג. ד"ה תלמוד לומר ותוס' מנחות נו: ד"ה אמר ותוס' פסחים מג: ד"ה מאן]

הוה ניחא נ"ק

עד ה מיי' פ"א מהלכות פסה"מ הלכה לד ופ"ד מהלכות ביאת מקדש הלכה ז:

עה ו מיי' פ"א מהלכות פסה"מ הלכה לה:

מסורת הש"ס

מנחות פט.

פסחים פג.

נ"ל כמצוותה נ"ק

עיין רש"ק וחילופי גרסאות ובספר פנים מאירות

שייך לע"ב

שיטה מקובצת

א] דמן לפנים פסולין: ב] משל דר"ע למה: ג] ל"ל לאו חטאת קאמינא לך תיבת אלא ל"ש ואות ה' נמחק: ד] תיבות לגבי מזבח נמחק: ה] בצונן ואמר לו אל תמזוג לי אלא בחמין: ו] מנין תימה תיפוק לי דהא איתרבי כל הקדשים למריקה ושטיפה: ז] תיבת חטאת ל"ש: ח] מנין כלפי תיבות ת"ל וכל ל"ש: ט] תיבות לפי שמצינו נמחק: י] הפסולין שניתנו: יא] שאם נתערב דמם: יב] פנימים דלמיפסלינהו בידים: יג] וכל חטאת: יד] ה"ק לא בחטאת לחוד קאמינא לך אלא: טו] למיכתב וכל חטאת: טז] כתיבא הן: יז] של יחיד הס"ד: יח] כמצותן בכשרות כדכתיב: יט] חטאת החיצונה שנכנס דמה לפנים: כ] אלא חטאות הס"ד: כא] פוסלת בו שאם ותיבת בפנים נמחק: כב] שלישי דאוקימנא בפ"ב: כג] מחשבת היכל דלאו תיבת הכנסה נמחק: כד] מחשבת ס"א מחשבה פוסלת בחוץ כלומר מחשבת חוץ לזמנו או חוץ למקומו לא תהא פוסלת מקל וחומר: כה] דמפיק תרוייהו מקרא אריכא דפרשת צו וההוא דפרש' קדושים ותיבת והאי נמחק: כו] ניחא אין לי אלא חטאת נקבה חטאת זכר מנין ת"ל כל חטאת ואין לי אלא חטאת יחיד דביחיד נמי איכא זכר כגון שעיר נשיא חטאת צבור מנין ת"ל וכל חטאת א"נ יש ליישב גירסת רש"י וה"ק חטאת זכר ביחיד מנין דצבור שאני דלא אפשר נקבה בהן: כז] מנין וי"ל מכ"ש דלא מצינו הכשר בפנים ליחיד (א):

א) ואף דפרו של כה"ג מצינו לו הכשר בפנים י"ל דס"ל לר"י הגלילי כמ"ד ביומא דף נ דמקרי חטאת השותפין ע"ש.

עו א מיי' פי"א מהל' מעה"ק הלכה ז:
עז ב מיי' שם הלכה ו:
עה ג ד מיי' פ"ו מהלכות תרומות הלכה ה:
עט ה ו מיי' פ"ב מהל' פסה"מ הלכה יד:

מקום משולש. פירשתי לעיל בסוף פ' שני (דף כט. ד"ה "למקום"). **ולא** תהא מחשבה פוסלת בחוץ מק"ו. תימה: כיון דלא ידע דרשה ד"שלישי" זה חוץ לזמנו, ו"פיגול" זה חוץ למקומו – בלאו ק"ו נמי לא תהא מחשבה פוסלת! וא"ת: לא תהא יציאת חוץ פוסלת בלא לכפר, ק"ו מבפנים שלא פסל את טז] המשויר וגם יז] חטאת דוקא מק"ו! וי"ל: כיון דנפקא לן מקרא דבשר נפסל – הוא הדין כל דמים. **דמה** ולא בשרה. *לקמן (דף נג) דרשינן: דמה של זו ולא דמה של אחרת. וק"ק: ל"ל למעוטי בשרה? הא "לכפר" כתיב!.

כיון שיצא בשר חוץ למחיצתו נאסר. פי' בקונטרס: ודם היוצא מק"ו מבשר אתי. ועוד יח] נפקא לן מ"הן לא הובא את דמה" וגו', אמר: יט] שמא הכנסתם את דמה לפנים? אמרו: "הן לא הובא את דמה אל הקדש". שמא חוץ למחילתה יצתה? אמרו לו: "פנימה" היתה, כ] הכי דרשינן ליה לקמן בפרק "טבול יום" (דף קא.). ולא דק, דלקמן דריש מ"בקדש כא] היתה". ול"ע בפ' "כילד צולין" (פסחים פב.) דדריש לענין בשר היוצא. ועוד: בפרק "בהמה המקשה" (חולין סח.) דאיכא תנא דלא דריש התם "ובשר בשדה" לענין יוצא.

לא נצרכא אלא לדרך משופש. פירש בקונטרס: כגון כב] גגין ועליות בית קדשי הקדשים בלולין. וקשה: דב"הקומץ רבה" (מנחות דף כז:) דרשי רבנן: אל הקדש ב"לא יבא", אבל מבית לפרכת ואל פני הכפרת – ב"לא ימות". ופריך: לכתוב אל הקדש ומבית לפרכת, ולא בעי אל פני הכפרת! ומשני: למעוטי דרך משופש. והשתא ל"ל קרא? תיפוק ליה דרך גגין מדכתיב "ואל יבא", דמשמע דרך ביאה, כדממעטינן בפרק ב' דשבועות (דף יז:) טמא שנכנס דרך גגין להיכל! ונראה לפרש: דבשבועות מיירי כשפיחת את התקרה, אבל כג] הכא – כשנכנס דרך לול שהיה בעליית בית קדשי קדשים שבו היו משלשלים את האומנים כד] בתיבות, דדרך ביאה הוא, דלכך נעשה. א"נ: כמו שפירש בקונטרס במנחות (שם) שחתך החומה לפני ולפנים, ועשה פתח בדרום או בצפון ונכנס, ולא נכנס בפתח שבמזרח שהיה פניו למערב. ועוד פי' בקונטרס התם: א"נ נכנס בפתח מזרח ולדד באלכסון, כה] *הלכתא בצדדין לא מיחייב, ד"אל פני" בעינן, שיהו פניו אל פנים מזרחיים של כפורת. ועוד יש לפרש דרך משופש – כגון דרך לול שהיה אחורי בית הכפורת, כדאמר בסוף "איזהו מקומן" (לעיל דף נה:) שניס לפר בר. והקשה ה"ר יעקב דאורלינ"ש: ל"ל קרא למעוטי ב"הקומץ רבה" *דרך משופש? תיפוק לי מדכתיב "ואל יבא" כדדייקינן הכא, והא הבאה כתיבא בי'! ויש לחלק בין הבאת הדם לביאת גוף האדם כו].

נשרפין

[נ"ל לעיל יח. נ"ק]
נ"ל והילוך בצדדים כו' נ"ק
מנחות דף כז: ושם

*מָקוֹם שֶׁיְּהֵא מְשׁוּלָּשׁ, בְּדָם בְּבָשָׂר בְּאֵימוּרִים. וְלֹא תְּהֵא מַחֲשָׁבָה פּוֹסֶלֶת בַּחוּץ מִקַּל וָחוֹמֶר: וּמַה מָּקוֹם שֶׁפָּסַל דָּם שֶׁבִּפְנִים אֶת שֶׁבַּחוּץ — אֵין מַחֲשָׁבָה פּוֹסֶלֶת בִּפְנִים, מָקוֹם שֶׁלֹּא פָּסַל דָּם שֶׁבַּחוּץ אֶת שֶׁבִּפְנִים — אֵינוֹ דִּין שֶׁלֹּא יְהֵא פּוֹסֵל מַחֲשָׁבָה בַּחוּץ? ת"ל: "שְׁלִישִׁי" — א] חוּץ לִזְמַנּוֹ, "פִּיגּוּל" — חוּץ לִמְקוֹמוֹ. אבָּשָׂר [הַיּוֹצֵא לַחוּץ — פָּסוּל], הַנִּכְנָס לִפְנִים — כָּשֵׁר. שֶׁיְּהֵא בַּדִּין שֶׁפָּסוּל: וּמַה בְּמָקוֹם שֶׁלֹּא פָּסַל דָּם שֶׁבַּחוּץ אֶת שֶׁבִּפְנִים — בָּשָׂר הַיּוֹצֵא לַחוּץ פָּסוּל, מָקוֹם שֶׁפָּסַל דָּם שֶׁבִּפְנִים אֶת שֶׁבַּחוּץ — בָּשָׂר הַנִּכְנָס בִּפְנִים אֵינוֹ דִּין שֶׁיִּפְסוֹל? הֲרֵי הוּא אוֹמֵר: "מִדָּמָהּ" — *דָּמָהּ וְלֹא בְּשָׂרָהּ. ק"ו ב] מֵעַתָּה: וּמַה בְּמָקוֹם שֶׁפָּסַל דָּם שֶׁבִּפְנִים אֶת שֶׁבַּחוּץ — בָּשָׂר הַנִּכְנָס לִפְנִים כָּשֵׁר, מָקוֹם שֶׁלֹּא פָּסַל דָּם שֶׁבַּחוּץ אֶת שֶׁבִּפְנִים — בָּשָׂר הַיּוֹצֵא לַחוּץ אֵינוֹ דִּין שֶׁכָּשֵׁר? הֲרֵי הוּא אוֹמֵר: °"וּבָשָׂר בַּשָּׂדֶה טְרֵפָה לֹא תֹאכֵלוּ" — *בכֵּיוָן שֶׁיָּצָא בָּשָׂר חוּץ לִמְחִיצָתוֹ נֶאֱסַר. תָּנוּ רַבָּנַן: "פְּנִימָה" אֵין לִי אֶלָּא פְּנִימָה, הֵיכָל מִנַּיִן? ת"ל: °"אֶל ג] הַקֹּדֶשׁ פְּנִימָה". וְיֹאמַר "קוֹדֶשׁ" וְאַל יֹאמַר "פְּנִימָה"! אָמַר *רָבָא: בָּא זֶה וְלִימֵּד עַל זֶה, מִידֵּי דַּהֲוָה אַ"תּוֹשָׁב" וְ"שָׂכִיר". דְּתַנְיָא: "תּוֹשָׁב" — גזֶה קְנוּי קִנְיַן עוֹלָם, "שָׂכִיר" — זֶה קְנוּי קִנְיַן שָׁנִים. יֹאמַר "תּוֹשָׁב" וְאַל יֹאמַר "שָׂכִיר", וַאֲנִי אוֹמֵר: קְנוּי קִנְיַן עוֹלָם אֵינוֹ אוֹכֵל — קְנוּי קִנְיַן שָׁנִים לֹא כ"ש! אִילּוּ כֵּן, הָיִיתִי אוֹמֵר: "תּוֹשָׁב" — זֶה קְנוּי קִנְיַן שָׁנִים, אֲבָל קְנוּי קִנְיַן עוֹלָם — יְהֵא אוֹכֵל, בָּא "שָׂכִיר" וְלִימֵּד עַל "תּוֹשָׁב", שֶׁזֶּה קְנוּי קִנְיַן עוֹלָם, וְזֶה קְנוּי קִנְיַן שָׁנִים, דוְאֵינוֹ אוֹכֵל. א"ל אַבַּיֵי: בִּשְׁלָמָא הָתָם תְּרֵי גּוּפֵי נִינְהוּ. ד] וְאע"ג דַּהֲ"ל לִקְרָא לְמִכְתַּב "נִרְצָע לֹא יֹאכַל", וְאִידָּךְ אָתֵי בְּק"ו — *מִילְּתָא דְּאָתְיָא בְּק"ו טָרַח וְכָתַב לָהּ קְרָא. אֶלָּא הָכָא, כֵּיוָן (דְּאִיכָּא) דְּאִיפְּסַל בַּהֵיכָל, (הָכָא) לִפְנַי וְלִפְנִים מַאי בָּעֵי? אֶלָּא אָמַר אַבַּיֵי: לָא נִצְרְכָא אֶלָּא לְדֶרֶךְ מְשׁוּפָּשׁ. א"ל רָבָא: וְהָא הֲבָאָה כְּתִיב בֵּיהּ! אֶלָּא אָמַר רָבָא: כָּל מִידֵי דְּחָשִׁיב עֲלֵיהּ לִפְנַי וְלִפְנִים — לָא מִיפְסַל בַּהֵיכָל. בָּעֵי רָבָא: פַּר הֶעְלֵם דָּבָר שֶׁל צִבּוּר וּשְׂעִיר עֲבוֹדָה זָרָה, שֶׁהִכְנִים דָּמָן לִפְנַי וְלִפְנִים, מַהוּ? מִי אָמְרִי': "אֶל הַקּוֹדֶשׁ פְּנִימָה", כָּל הֵיכָא ה] דְּקָרֵינַן "אֶל הַקּוֹדֶשׁ" — קָרֵינַן לֵיהּ "פְּנִימָה", כָּל הֵיכָא דְּלָא ו] קָרֵינַן "אֶל הַקּוֹדֶשׁ" — לָא קָרֵינַן "פְּנִימָה", אוֹ דִּלְמָא: שֶׁלֹּא בִּמְקוֹמָן הוּא. וְאִם תִּמְצֵי לוֹמַר: השֶׁלֹּא *בִּמְקוֹמָן הוּא, פַּר וְשָׂעִיר שֶׁל יוֹם הַכִּיפּוּרִים שֶׁהִזָּה מִדָּמָן עַל הַבַּדִּים, וְהוֹצִיאָן לַהֵיכָל וְהִכְנִיסָן, מַהוּ? מִי אָמְרִינַן: מְקוֹמָן הוּא, אוֹ דִּלְמָא הוֹאִיל וּנְפַק — נְפַק. וְאִם תִּמְצֵי לוֹמַר: הוֹאִיל וּנְפַק נְפַק, הִזָּה מִדָּמָן עַל הַפָּרֹכֶת וְהוֹצִיאָן

תורה אור
שמות כב
ויקרא י

תִּהְיוּ" מִיבָּעֵי לֵיהּ כִּדְפָרִישִׁית מָקוֹם מְשׁוּלָּשׁ. בָּשָׂר הַיּוֹצֵא לַחוּץ פָּסוּל. מִ"וּבָשָׂר בַּשָּׂדֶה" נָפְקָא לָן לְקַמָּן. דָּמָהּ וְלֹא בְּשָׂרָהּ. דִּתְרֵי "דָּמָהּ" כְּתִיבִי: "אֲשֶׁר יוּבָא מִדָּמָהּ" וְ"הֵן לֹא הוּבָא אֶת דָּמָהּ", חַד לְמַעוּטֵי בָּשָׂר. ק"ו. לְבָשָׂר הַיּוֹצֵא מֵעַתָּה שֶׁלֹּא יִפָּסֵל. בַּשָּׂדֶה. בְּלֹא מְחִילוֹת מַשְׁמַע. וְדָרֵישׁ לֵיהּ לְכָל הַבָּשָׂר ז] שֶׁטָּעוּן מְחִיצָּה — טְרֵיפָה הוּא כְּיוֹצֵא וְלֹא תֵּאָכֵל. וְדָם הַיּוֹצֵא — ק"ו מִבָּשָׂר אָתֵי. וְעוֹד: נָפְקָא לָן מֵ"הֵן לֹא הוּבָא אֶת דָּמָהּ אֶל הַקֹּדֶשׁ פְּנִימָה", אָמַר לָהֶן: שֶׁמָּא הִכְנַסְתֶּם לִפְנִים? א"ל: הֵן לֹא הוּבָא אֶת דָּמָהּ אֶל הַקֹּדֶשׁ ח] (פְּנִימָה). שֶׁמָּא חוּץ לִמְחִיצָּתָהּ יָצְתָה? אָמְרוּ לוֹ: פְּנִימָה הָיְתָה. הָכִי דָּרְשִׁינַן לֵיהּ לְקַמָּן בְּפֶ' "טְבוּל יוֹם" (דף קא.) ט]. הֵן לֹא הוּבָא וגו' פְּנִימָה. אֵין לִי אֶלָּא שֶׁנִּכְנַס דָּמָהּ לִפְנַי וְלִפְנִים י]. בָּא זֶה וְלִימֵּד עַל זֶה. דְּאִי כָּתַב "קֹדֶשׁ" וְלָא כָּתַב "פְּנִימָה" הָיִיתִי אוֹמֵר: "קֹדֶשׁ" — זֶה לִפְנַי וְלִפְנִים*. בָּא פְּנִימָה. שֶׁהוּא מְיוּתָּר, וְלִימֵּד עַל "קֹדֶשׁ" שֶׁהוּא הֵיכָל. תּוֹשָׁב כֹּהֵן וְשָׂכִיר לֹא יֹאכַל קֹדֶשׁ. קְנוּי קִנְיַן עוֹלָם. נִרְצָע, שֶׁמְּיוּשָּׁב אֶצְלוֹ עַד הַיּוֹבֵל. קִנְיַן שָׁנִים. עֶבֶד עִבְרִי שֶׁעָתִיד לָצֵאת בַּשְּׁבִיעִית. אֵינוֹ אוֹכֵל. בִּתְרוּמָה, שֶׁאֵין גּוּפוֹ קָנוּי לַכֹּהֵן. בִּשְׁלָמָא הָתָם. אִיכָּא לְמֵימַר בִּשְׁנֵי מִקְרָאוֹת סְתוּמִים: בָּא זֶה וְלִימֵּד עַל זֶה. דִּתְרֵי גּוּפִים נִינְהוּ. אֵין אַזְהָרָתוֹ שֶׁל זֶה כְּמַשְׁמָעוֹ שֶׁל זֶה, וְכָל אֶחָד מְלַמֵּד עַל עַצְמוֹ. וְאִי מִשּׁוּם דְּאִיכָּא לְמִפְרַךְ: נִכְתּוֹב נִרְצָע בַּהֲדְיָא וְלָא נִבְעֵי שָׂכִיר, ה"ל שָׂכִיר כו'. כְּלוֹמַר, לָאו מִשּׁוּם דְּבְמַשְׁמָעוּת הוּא, אֶלָּא מִשּׁוּם דְּאָתֵי בְּק"ו, וְאִיכָּא לְשַׁנּוּיֵי: מִילְּתָא דְּאָתְיָא בְּק"ו טָרַח וְכָתַב לֵיהּ קְרָא. הָשְׁתָּא דִּסְתִימֵי — כ"ש דְּשַׁפִּיר שָׁנֵינַן: בָּא זֶה וְלִימֵּד עַל זֶה. אֶלָּא הָכָא. דְּאַזְהָרַת לִפְנַי וְלִפְנִים בִּכְלַל הֵיכָל הִיא, דְּהָא לֹא יִכָּנֵס לָהּ אֶלָּא דֶּרֶךְ הֵיכָל — אֵין כָּאן אֶלָּא פְּסוּל הֵיכָל. וְכֵיוָן דְּמֵהֵיכָל אִיפְּסִיל לֵיהּ — לִפְנַי וְלִפְנִים מַאי בָּעֵי הָכָא לְמִיפְסַל? הֲרֵי פָּסוּל וְעוֹמֵד. וְהָיָה לוֹ לְפָרֵשׁ הֵיכָל וְלִשְׁתּוֹק, שֶׁלֹּא יִשְׁנֶה מִקְרָא שֶׁל חִנָּם שֶׁאֵינוֹ מְלַמֵּד כְּלוּם! לָא נִצְרְכָא. הַאי "פְּנִימָה", אֶלָּא לְדֶרֶךְ מְשׁוּפָּשׁ — שֶׁלֹּא כְּדַרְכּוֹ, כְּגוֹן דֶּרֶךְ גַּגִּין וַעֲלִיּוֹת בֵּית יא] הַמִּקְדָּשׁ בְּלוּלִין. דְּהָשְׁתָּא הוּצְרַךְ לְלַמֵּד עַל עַצְמוֹ. וְאִי מִשּׁוּם דְּאָתֵי בְּק"ו — אפ"ה טָרַח וְכָתַב לָהּ קְרָא. *וּמְשׁוּפָּשׁ = עָקוּם, כָּךְ יב] שְׁמוֹ בִּמְנָחוֹת בְּ"הַקּוֹמֵץ רַבָּה" (דף כז:). וְהָא הֲבָאָה כְּתִיב. יג] וּמַשְׁמַע דְּלָא מִיפְסִיל אֶלָּא דֶּרֶךְ הֲבָאָה. אֶלָּא אָמַר רָבָא. לְעוֹלָם דְּעַיְילֵיהּ דֶּרֶךְ פְּתָחִים. וְאַשְׁמוּעִי' קְרָא דְּהֵיכָא דְּחָשֵׁיב עֲלֵיהּ מִתְּחִילָּתוֹ לְהַכְנִיסוֹ יד] [לִפְנַי] וְלִפְנִים, וּתְחִילַּת הֲבָאָתוֹ לַהֵיכָל ע"מ פְּנִים הָיָה — לָא מִיפְסִיל עַד דְּמָטֵי לִפְנִים, וְאִם הֶחֱזִירוֹ טו] לַחוּץ כָּשֵׁר. פַּר הֶעְלֵם דָּבָר. שֶׁמִּתְלַוֵּת כַּפָּרָתוֹ בַּהֵיכָל, וְהִכְנִיסוֹ לִפְנַי וְלִפְנִים. מַהוּ. מִי אָמְרִינַן: כָּל הֵיכָא דְּקָרֵינַן בֵּיהּ פְּסוּל דְּ"אֶל הַקֹּדֶשׁ" כְּגוֹן בַּחַטָּאוֹת הַחִיצוֹנוֹת. קָרֵינָא בֵּיהּ פְּסוּל דִּפְנִימָה כו'. דְּהָא כִּי הֲדָדֵי כְּתִיבִי. אוֹ דִּלְמָא שֶׁלֹּא בִּמְקוֹמוֹ הוּא. וְהָוְיָא הַכְנָסָה וּמִיפְסִיל. וְהוֹצִיאָן לַהֵיכָל. לְהַזּוֹת עַל הַפָּרֹכֶת כְּמִשְׁפָּטָן. מְקוֹמָן הוּא. שֶׁהֲרֵי הוּזְקְקוּ לְשֵׁם תְּחִילָּתָן. אוֹ דִּלְמָא כֵּיוָן דִּנְפַק בַּעֲשִׂיַּית כָּל מִצְוָתוֹ נָפֵיק לֵיהּ לִגְמָרֵי. וַהֲוָה לֵיהּ שֶׁלֹּא מְקוֹמוֹ.

וְהוֹצִיאוֹ

[לעיל כט. לו.]
ולפנים בא כו' הד"א נ"ק [לעיל יח.]
[מכות יח. חולין סח.]
[נ"ל רבה]
קדושין ד. יבמות ע.
[פסחים יח: וש"נ]
נ"ל משופש משובש כך שמעתי במנחות כו' נ"ק
מקומן נ"ק

שיטה מקובצת

א] שלישי זהו חוץ לזמנו פיגול זהו: ב] ק"ו לבשר היוצא מעתה: ג] [הקדש] ויאמר (קודש) תיבת פנימה נמחק: ד] נינהו דאי נמי כתב רחמנא יאכל הוהליה שכיר מלת' דאתי בק"ו ומילתא דאתי בק"ו טרח וכתב לה קרא אלא כיון דאיפסלא בהיכל לפני ולפנים מאי בעי: ה] היכא דכתיב ותיבת דקרינן ל"ש ונמחק: ו] דלא כתיב אל ותיבת קרינן ל"ש ונמחק: ז] הבשר הטעון מחיצה ויצא דטריפה הוא ולא תאכל: ח] תיבת פנימה נמחק: ט] מה"ד פנימה: י] ולפנים דהיינו פנימה הס"ד: יא] בית קדשי הקדשים ותיבת המקדש נמחק: יב] כך שמעתי תיבת שמו נמחק: יג] כתיב ביה ומשמע: יד] להכניסו לפנים: טו] החזירו מהיכל לחוץ: טז] את החטאת המשויר: יז] תיבת חטאת נמחק: יח] ועוד דנפקא: יט] אמר להם: כ] היתה משמע דאם יצאת לחוץ שפיר עבדו דאשתרוף מפני שהיה נפסל ביוצא והתם מיירי בדם מהר"פ: כא] תיבת היתה נמחק: כב] כגון דרך גגין: כג] אבל במנחות איירי כשנכנס: כד] תיבת בתיבות נמחק: כה] באלכסון והולך בצדדין: כו] האדם דהיינו ביאה ריקנית הס"ד:

פ א מיי' פ"ב מהל' פסה"מ הל' יד:
פא ב מיי' פ"ה מהל' פרה הלכה ז:
א ג מיי' פ"ג מהל' פסה"מ הל' ג:
ב ד מיי' שם הל' ה:

והוציאן לַמִּזְבֵּחַ וְהִכְנִיסָן, מַהוּ? הָכָא וַדַּאי חַד מָקוֹם הוּא, או א] [דִּילְמָא] אִיצִיאָה קְרֵינָא בֵּיהּ? תֵּיקוּ.§ "נִכְנַס לְכַפֵּר".§ תַּנְיָא, רַבִּי אֱלִיעֶזֶר אוֹמֵר: נֶאֱמַר כָּאן: "לְכַפֵּר בַּקּוֹדֶשׁ", וְנֶאֱמַר לְהַלָּן: °"וְכָל אָדָם לֹא יִהְיֶה בְּאֹהֶל מוֹעֵד בְּבוֹאוֹ לְכַפֵּר בַּקֹּדֶשׁ", מַה לְּהַלָּן בְּשֶׁלֹּא כִּיפֵּר — אַף כָּאן בְּשֶׁלֹּא כִּיפֵּר. רַבִּי שִׁמְעוֹן אוֹמֵר: נֶאֱמַר כָּאן: "לְכַפֵּר", וְנֶאֱמַר לְהַלָּן: °"וְאֵת פַּר הַחַטָּאת וְאֵת שְׂעִיר הַחַטָּאת אֲשֶׁר הוּבָא אֶת דָּמָם לְכַפֵּר", מַה לְּהַלָּן בְּשֶׁכִּיפֵּר — אַף כָּאן בְּשֶׁכִּיפֵּר. בְּמַאי קָמִיפַּלְגִי? מ"ס: דָּנִין חוּץ מִחוּץ, וְאֵין דָּנִין חוּץ מִבִּפְנִים. ומ"ס: דָּנִין בְּהֵמָה מִבְּהֵמָה, וְאֵין דָּנִין בְּהֵמָה מֵאָדָם.§ "רַבִּי יְהוּדָה אוֹמֵר" כו'.§ הָא מֵזִיד — פָּסוּל. ב] בְּשֶׁכִּיפֵּר אוֹ בְּשֶׁלֹּא כִּיפֵּר? אָמַר רַבִּי יִרְמְיָה: ג] מִמַּשְׁמַע שֶׁנֶּאֱמַר: "וְאֵת פַּר הַחַטָּאת וְאֵת שְׂעִיר הַחַטָּאת אֲשֶׁר הוּבָא אֶת דָּמָם (אֶל אֹהֶל מוֹעֵד) לְכַפֵּר בַּקּוֹדֶשׁ", מַה ת"ל °"וְהַשּׂוֹרֵף"? מַה תַּלְמוּד לוֹמַר "וְהַשּׂוֹרֵף"?! לְגוּפֵיהּ אִיצְטְרִיךְ! אֶלָּא, מַה ת"ל "חַטָּאת" "חַטָּאת"? לְפִי שֶׁלֹּא לָמַדְנוּ אֶלָּא לְפַר וְשָׂעִיר שֶׁל יוֹם הַכִּפּוּרִים ד] שֶׁנִּשְׂרָפִין אַבֵּית הַדֶּשֶׁן ה] מְטַמְּאִין בְּגָדִים, שְׁאָר נִשְׂרָפִין מִנַּיִן? ת"ל: "חַטָּאת" "חַטָּאת", דִּבְרֵי רַבִּי יְהוּדָה. רַבִּי מֵאִיר אוֹמֵר: אֵינוֹ צָרִיךְ, הֲרֵי הוּא אוֹמֵר "וְאֵת פַּר הַחַטָּאת וְאֵת שְׂעִיר הַחַטָּאת", שֶׁאֵין תַּלְמוּד לוֹמַר "לְכַפֵּר", מַה תַּלְמוּד לוֹמַר "לְכַפֵּר"? ב לִימֵּד עַל כָּל הַמִּתְכַּפְּרִים שֶׁהַשּׂוֹרְפָן מְטַמֵּא בְּגָדִים. וְרַבִּי יְהוּדָה "לְכַפֵּר" לָא מַשְׁמַע לֵיהּ; מַאי טַעְמָא, לָאו מִשּׁוּם דְּמִיבָּעֲיָא לֵיהּ לִגְזֵירָה שָׁוָה?§

תורה אור: ויקרא טז; שם

הדרן עלך כל הזבחים שנתערבו

הַמִּזְבֵּחַ *מְקַדֵּשׁ ו] [אֶת] הָרָאוּי לוֹ. רַבִּי יְהוֹשֻׁעַ אוֹמֵר: ג כָּל הָרָאוּי לָאִשִּׁים, אִם עָלָה — לֹא יֵרֵד, שֶׁנֶּאֱמַר: °"הִיא הָעֹלָה עַל מוֹקְדָה", מָה עוֹלָה שֶׁהִיא רְאוּיָה לָאִשִּׁים אִם עָלְתָה לֹא תֵרֵד — אַף כָּל שֶׁהוּא רָאוּי לָאִשִּׁים אִם עָלָה לֹא יֵרֵד, רַבָּן גַּמְלִיאֵל אוֹמֵר כָּל הָרָאוּי לַמִּזְבֵּחַ אִם עָלָה לֹא יֵרֵד, שֶׁנֶּאֱמַר: "הִיא הָעוֹלָה עַל מוֹקְדָה עַל הַמִּזְבֵּחַ", מָה עוֹלָה שֶׁהִיא רְאוּיָה לַמִּזְבֵּחַ, אִם עָלְתָה לֹא תֵרֵד — אַף כָּל דָּבָר שֶׁהוּא רָאוּי לַמִּזְבֵּחַ אִם עָלְתָה לֹא תֵרֵד. אֵין בֵּין דִּבְרֵי רַבָּן גַּמְלִיאֵל לְדִבְרֵי רַבִּי יְהוֹשֻׁעַ אֶלָּא הַדָּם וְהַנְּסָכִים, שֶׁרַבָּן גַּמְלִיאֵל אוֹמֵר: לֹא יֵרְדוּ, וְרַבִּי יְהוֹשֻׁעַ אוֹמֵר: יֵרְדוּ. רַבִּי שִׁמְעוֹן אוֹמֵר: הַזֶּבַח כָּשֵׁר ז] וּנְסָכִים פְּסוּלִין, הַנְּסָכִים כְּשֵׁרִים וְהַזֶּבַח פָּסוּל, אֲפִי' זֶה וָזֶה פְּסוּלִין — ד הַזֶּבַח לֹא יֵרֵד, וְהַנְּסָכִים יֵרְדוּ.§ גמ'

רש"י

והוציאו למזבח. להזות שבע על טיהרו ומתן ד' על קרנותיו, כדכתיב: "ויצא אל המזבח אשר לפני ה' וכפר עליו", ותנן: זה מזבח הזהב, בפרק "הוציאו לו" (יומא דף נח:). ואמרינן התם: דלהכי כתיב "ויצא" — עד דנפיק מכוליה מזבח, שלא יעמוד בין המזבח ולפרכת בשעת מתנות המזבח, אלא בין המזבח ח] לפתח לצד המזרח. הכא חד מקום הוא. שאין *הפסק ט] (מזבח) בינתים, ולא הויא הכנסה שלא במקומה. או דילמא. רחמנא שוייה שני מקומות, דכתיב ביה יציאה. ה"ג בת"כ: רבי אליעזר אומר נאמר כאן לכפר בקדש ונאמר להלן לכפר בקדש מה להלן בשלא כיפר אף כאן בשלא כיפר רבי שמעון אומר נאמר כאן לכפר בקדש ונאמר להלן לכפר בקדש מה להלן בשכיפר אף כאן בשכיפר ר' אליעזר יליף "לכפר" ד"אשר יובא מדמה לכפר", מ"וכל אדם לא יהיה באהל מועד בבואו לכפר" ומזהיר שפורשין מן ההיכל בשעת הקטרה. מה להלן "בבואו לכפר" משמע: מתחילת ביאת המכפר הוזהרו חביריו לפרוש, הילכך י] כתיב "לכפר", ועדיין לא כיפר משמע — אף יא] "אשר יובא מדמה לכפר" מתחילת הבאתה ע"מ לכפר משמע שנפסל, הילכך — אע"פ שלא כיפר. *ונאמר להלן לכפר בקדש. דר' שמעון "ואת פר החטאת ואת שעיר החטאת אשר הובא" וגו', מה להלן בשכיפר הכתוב מדבר, דהא שריפה בתר כפרה היא — אף כאן בשכיפר. רבי אליעזר סבר דנין חוץ מחוץ. דם חטאת החיצונה, שהכתוב מלמדך שתעמוד בחוץ ולא יכניסוהו לפנים, מאדם זה שהכתוב מזהירו שיעמוד בחוץ. ואין דנין חוץ מבפנים. מפר יוה"כ, יב] שהבאתה כמצותה לפנים. דנין בהמה מבהמה. חטאת חיצונה מחטאת פנימי. ה"ג: [הכנים שוגג כשר] הא מזיד פסול בשכיפר או בשלא כיפר. בשכיפר וכרבי שמעון סבירא ליה, או אפי' בשלא כיפר וכרבי אליעזר. ה"ג בתורת כהנים: ואת פר החטאת וגו' והשורף אותם וגו' מה ת"ל. דמשמע דמיבעי ליה: מה ת"ל "והשורף". היינו דקפריך: מה ת"ל? הא לגופיה איצטריך, ללמדך שהשורפן מטמא בגדים! אלא מה תלמוד לומר. יג] א"חטאת" "חטאת" תרי זימני מהדר. ונשרפין אבית הדשן. כדי נסבה, דהא עיקר "על שפך הדשן ישרף" בפר העלם דבר כתיב. אלא משום דמטמא בגדים נקט לה, דלא כתיב בהו. אינו צריך. ללמד מ"חטאת" "חטאת". דמשמעותא דקרא נפקא, דתלי טעמא דטומאת בגדים משום דהובא את דמה לכפר — למדנו שכל הפנימים השורפם מטמא בגדים. שלא היה לו לכתוב "ואשר הובא" וגו' אלא: ואת פר החטאת ואת שעיר החטאת וגו'. מאי טעמא. לא נפקא ליה לר' יהודה מ"לכפר". לאו משום דמפיק ליה. להאי "לכפר" לג"ש דרבי שמעון, ללמד על דמים החיצונים שנכנס דמם לפנים שאין פסול אלא א"כ כיפר, כרבי שמעון. ולאו משום דתלי טעמא דשריפה ב"הובא את יד] דמן". הילכך, איצטריך "חטאת" "חטאת" לרבות שאר הפנימיות.

הפסק מזבח בנתים כו' נ"ק

נ"ל ד"ה ור"ש יליף נאמר כאן לכפר בקדש ונאמר להלן ואת פר כו' מה להלן כו' נ"ק

הדרן עלך כל הזבחים

המזבח מקדש. אפילו דבר פסול שעלה למזבח — קדשו המזבח ליעשות לחמו, ואין מורידין אותו. את הראוי לו. משהוברר לחלקו. ובגמרא מפרש: למעוטי קמצים שלא קדשו בכלי לאחר קמילה, שלא הוברר לחלק גבוה. דאע"ג דקידשה המנחה כולה בכלי — אין זה חלק גבוה ברור, שאין המנחה קריבה כולה, ובקמילה בלא נתינה כלי — אין זה מבורר למזבח. רבי יהושע אומר כו'. הני תנאי פליגי בפירושא ד"את הראוי לו" דסתמא דמתניתין. טו] רבי סתם מתניתין את הראוי לו — למעוטי שאין ראוי לו, והדר מפרש: ומאי ניהו ראוי לו? לרבי יהושע — ראוי לאישים שנפסל, ולא דם פסול ונסכים פסולין שאינן לאישים. ולר"ג — כל הראוי למזבח שנפסל, אפילו דם ונסכים. ואין לך למעט אלא מה שלא נברר לחלק מזבח מעולם, ומאי ניהו — קמצים שלא קידשו טז] מעולם בכלי. לאישים. לאש. היא העולה על מוקדה. דבר שסופו למוקד *ועולה יז] היא — בהווייתן יהא ולא ירד. "היא" משמע — בהווייתו תהא, משעלתה על מוקדה. את כל שראוי לאישים. לאפוקי דם ונסכים (פסולים), כדמפרש בסיפא: אין בין דברי ר"ג לדברי רבי יהושע אלא הדם והנסכים. רבי שמעון סבירא ליה בנסכים של זבח כרבי יהושע, (ובדם) ובנסכים הבאין בפני עצמן כרבן גמליאל. ולאו מ"מוקדה" יליף אלא יח] טעמא אחרינא אית ליה, כדמפרש בגמרא. אם הזבח כשר והנסכים פסולין. כגון שנטמאו או נטמאו. או הזבח נפסל והנסכים כשרין. הואיל והם באים בגללו נפסלו עמו, ובטלה תורת הקרבה מהן. הזבח לא ירד. דמזבח קדשו. והנסכים

תוספות

נשרפין אבית הדשן. פירש בקונטרס: כדי נסבה, דעיקר "על שפך הדשן ישרף" בפר העלם דבר כתיב. *ולאו דוקא, דלא בפר העלם כתיב אלא בפר כהן משוח. מ"מ הדין עמו, דכדי נסבה. ויש לפרש דהכי קאמר: מאותן הנשרפין אבית הדשן לא מלינו שמטמא בגדים אלא אלו בלבד, מניין לרבות פר כהן משוח כו'. *ול"ע: אי מהך דרשא נמי נפקא לן שריפת בית הדשן בפר [יום] הכפורים.

הדרן עלך כל הזבחים

המזבח מקדש כו'. רבי יהושע ורבן גמליאל אתו לפרושי הך רישא. וכי האי גוונא ב"חזקת הבתים" (ב"ב דף כח.) דרבי ישמעאל ורבי עקיבא קמפרשי בסיפא חזקה דרישא*. **היא** העולה. פירש בקונטרס "היא" — משמע בהווייתה תהא, משעלתה על מוקדה. וקשה: דבגמרא משמע ד"היא" מיעוטא הוא ולא יען ריבויא. אלא, תנא א"וזאת תורת העולה" סמיך. הנסכין

ועי"ל דף מז ע"ב בתוס' ד"ה אלו ואלו נשרפים כו' וברש"י שם ויפה מדייק רש"י הכא נ"ק ע"ש

[ועיין לעיל דף מז ע"ב ד"ה אלו ואלו כו']

שיטה מקובצת

א] או דילמא יציאה קרינא: ב] בשכיפר ע' לעיל דף לו ע"א: ג] ירמיה תניא ממשמע: ד] הכפורים שהשורפו תיבות שנשרפין [אבית הדשן] נמחק: ה] מטמא בגדים ונשרפין אבית הדשן שאר: ו] מקדש את הראוי: ז] כשר והנסכים פסולין: ח] המזבח ולפתח ולצד המזרח הס"ד ומה"ד והכניסן כלומר הכניס בין מזבח לפרכת מהו הס"ד: ט] הפסק מחיצה בנתים ולא הויא הכנסה שניה שלא במקומה: י] תיבת כתיב נמחק: יא] אף כאן אשר: יב] שהבאתו כמצותו לפנים: יג] חטאת חטאת אות א' נמחק: יד] את דמם הילכך: טו] דמתני' דרבי סתם במתני': טז] תיבת מעולם נמחק: יז] ועולה הרי היא בהוייתו ולא תרד היא משמע בהוייתו תהא משתעלה על מוקדה: יח] אלא ר"ש טעמא: יט] ריבויא וגם בכמה מקומות הוי היא מיעוט לכך נראה דאזאת תורת העולה סמיך תורה אחת לכל העולין והא דמייתי היא משום דרוצה להוכיח כל הראוי לאישים אבל אם עלתה לא תרד נפקא ליה מזאת תורת העולה ותדע דהא ר"ג מוסיף עליו על המזבח להוכיח דר"ל ראוי למזבח משמע דכל חד מינייהו לא נחית אלא להוכיח דבריו לר"י ראוי לאישים ולר"ג ראוי למזבח אבל אם עלה לא תרד סמכינן אזאת תורת כדפי'. מהר"פ: למעוטי

Koren Talmud Bavli

THE NOÉ EDITION

ZEVAḤIM

Steinsaltz Center

KOREN

תלמוד בבלי

KOREN TALMUD BAVLI

THE NOÉ EDITION

זבחים

ZEVAḤIM

Daf 66a through Daf 83a

COMMENTARY BY

Rabbi Adin Even-Israel Steinsaltz

EDITOR-IN-CHIEF

Rabbi Dr Tzvi Hersh Weinreb

SENIOR CONTENT EDITOR

Rabbi Dr Shalom Z Berger

EXECUTIVE EDITOR

Rabbi Joshua Schreier

STEINSALTZ CENTER

KOREN PUBLISHERS JERUSALEM

Supported by the Matanel Foundation

Koren Talmud Bavli, The Noe Edition
Vol. 29d: Tractate Zevaḥim, Daf 66a through Daf 83a
Paperback, ISBN, 978-965-7767-20-7

First Hebrew/English paperback edition, 2025

Koren Publishers Jerusalem Ltd.
PO Box 4044, Jerusalem 91040, ISRAEL
PO Box 8531, New Milford, CT 06776, USA
www.korenpub.com

Steinsaltz Center

Steinsaltz Center is the parent organization of institutions established by Rabbi Adin Even-Israel Steinsaltz

PO Box 45187, Jerusalem 91450 ISRAEL
Telephone: +972 2 646 0900, Fax +972 2 624 9454
www.steinsaltz-center.org

הִנֵּה יָמִים בָּאִים, נְאֻם אֲדֹנָי יֱהוִה, וְהִשְׁלַחְתִּי רָעָב בָּאָרֶץ,
לֹא־רָעָב לַלֶּחֶם וְלֹא־צָמָא לַמַּיִם, כִּי אִם־לִשְׁמֹעַ אֵת דִּבְרֵי יהוה.

Behold, days are coming – says the Lord God – I will send a hunger to the land, not a hunger for bread nor a thirst for water, but to hear the words of the Lord. (AMOS 8:11)

The Noé edition of the Koren Talmud Bavli
with the commentary of Rabbi Adin Even-Israel Steinsaltz
is dedicated to all those who open its covers
to quench their thirst for Jewish Knowledge,
in our generation of Torah renaissance.

This beautiful edition is for the young, the aged,
the novice and the savant alike,
as it unites the depth of Torah knowledge
with the best of academic scholarship.

Within its exquisite and vibrant pages,
words become worlds.

It will claim its place in the library of classics,
in the bookcases of the Beit Midrash,
the classrooms of our schools,
and in the offices of professionals and business people
who carve out precious time to grapple with its timeless wisdom.

For the Student and the Scholar

DEDICATED BY LEO AND SUE NOÉ

Steinsaltz Center

Executive Director, Steinsaltz Center

Rabbi Meni Even-Israel

Managing Editor

Rabbi Jason Rappoport

Senior Content Editor

Rabbi Dr. Shalom Z. Berger

Editors

Rabbi Dr. Joshua Amaru, *Coordinating Editor*
Rabbi Yehoshua Duker, *Senior Editor*
Rabbi Yedidya Naveh, *Content Curator*
Rabbi Avishai Magence, *Content Curator*
Rabbi Yehonatan Eliav, *Hebrew Edition*
Rabbi Gershon Kitsis, *Hebrew Edition*
Menucha Chwat
Rabbi Yonatan Shai Freedman
Rabbi Ayal Geffon
Rabbi Uri Goldstein
Noam Harris
Yisrael Kalker
Rabbi Tzvi Chaim Kaye
Rabbi Yonatan Kohn
Sholom Licht
Catriel Lev
Elisha Loewenstern
Rafi Miller
Rabbi Jonathan Mishkin
Rabbi Eli Ozarowski
Rabbi David Sedley
Rabbi Jonathan Shulman
Rabbi Michael Siev
Avi Steinhart
Rabbi David Strauss

Copy Editors

Aliza Israel, *Coordinator*
Ita Olesker
Debbie Ismailoff
Shira Finson
Ilana Sobel
Deena Nataf
Eliana Kurlantzick Yorav
Erica Hirsch Edvi
Sara Henna Dahan
Oritt Sinclair

Language Consultants

Dr. Stéphanie E. Binder, *Greek & Latin*
Rabbi Yaakov Hoffman, *Arabic*
Dr. Shai Secunda, *Persian*
Shira Shmidman, *Aramaic*

Technical Staff

Tani Bednarsh
Adena Frazer
Yaakov Shmidman
Shaltiel Shmidman
Nava Wieder

KOREN

Design & Typesetting

Dena Landowne Bailey, *Typesetting*
Tani Bayer, *Jacket Design*
Raphaël Freeman, *Design & Typography*

Images

Eliahu Misgav, *Illustration & Image Acquisition*
Daniel Gdalevich, *Illustration & Image Acquisition*

Introduction by the Publisher

The Talmud has sustained and inspired Jews for thousands of years. Throughout Jewish history, an elite cadre of scholars has absorbed its learning and passed it on to succeeding generations. The Talmud has been the fundamental text of our people.

Beginning in the 1960s, Rabbi Adin Even-Israel Steinsaltz שליט״א created a revolution in the history of Talmud study. His translation of the Talmud, first into modern Hebrew and then into other languages, as well the practical learning aids he added to the text, have enabled millions of people around the world to access and master the complexity and context of the world of Talmud.

It is thus a privilege to present the *Koren Talmud Bavli*, an English translation of the talmudic text with the brilliant elucidation of Rabbi Steinsaltz. The depth and breadth of his knowledge are unique in our time. His rootedness in the tradition and his reach into the world beyond it are inspirational.

Working with Rabbi Steinsaltz on this remarkable project has been not only an honor, but a great pleasure. Never shy to express an opinion, with wisdom and humor, Rabbi Steinsaltz sparkles in conversation, demonstrating his knowledge (both sacred and worldly), sharing his wide-ranging interests, and, above all, radiating his passion. I am grateful for the unique opportunity to work closely with him, and I wish him many more years of writing and teaching.

Our intentions in publishing this new edition of the Talmud are threefold. First, we seek to fully clarify the talmudic page to the reader – textually, intellectually, and graphically. Second, we seek to utilize today's most sophisticated technologies, both in print and electronic formats, to provide the reader with a comprehensive set of study tools. And third, we seek to help readers advance in their process of Talmud study.

To achieve these goals, the *Koren Talmud Bavli* is unique in a number of ways:

- The classic *tzurat hadaf* of Vilna, used by scholars since the 1800s, has been reset for great clarity, and opens from the Hebrew "front" of the book. Full *nikkud* has been added to both the talmudic text and Rashi's commentary, allowing for a more fluent reading with the correct pronunciation; the commentaries of *Tosafot* have been punctuated. Upon the advice of many English-speaking teachers of Talmud, we have separated these core pages from the translation, thereby enabling the advanced student to approach the text without the distraction of the translation. This also reduces the number of volumes in the set. At the bottom of each *daf*, there is a reference to the corresponding English pages. In addition, the Vilna edition was read against other manuscripts and older print editions, so that texts which had been removed by non-Jewish censors have been restored to their rightful place.
- The English translation, which starts on the English "front" of the book, reproduces the *menukad* Talmud text alongside the English translation (in bold) and commentary and explanation (in a lighter font). The Hebrew and Aramaic text is presented in logical paragraphs. This allows for a fluent reading of the text for the non-Hebrew or non-Aramaic reader. It also allows for the Hebrew reader to refer easily to the text alongside. Where the original text features dialogue or poetry, the English text is laid out in a manner appropriate to the genre. Each page refers to the relevant *daf*.

- Critical contextual tools surround the text and translation: personality notes, providing short biographies of the Sages; language notes, explaining foreign terms borrowed from Greek, Latin, Persian, or Arabic; and background notes, giving information essential to the understanding of the text, including history, geography, botany, archaeology, zoology, astronomy, and aspects of daily life in the talmudic era.
- Halakhic summaries provide references to the authoritative legal decisions made over the centuries by the rabbis. They explain the reasons behind each halakhic decision as well as the ruling's close connection to the Talmud and its various interpreters.
- Photographs, drawings, and other illustrations have been added throughout the text – in full color in the Standard and Electronic editions, and in black and white in the Daf Yomi edition – to visually elucidate the text.

This is not an exhaustive list of features of this edition, it merely presents an overview for the English-speaking reader who may not be familiar with the "total approach" to Talmud pioneered by Rabbi Steinsaltz.

Several professionals have helped bring this vast collaborative project to fruition. My many colleagues are noted on the Acknowledgments page, and the leadership of this project has been exceptional.

RABBI MENACHEM EVEN-ISRAEL, DIRECTOR OF THE STEINSALTZ CENTER, was the driving force behind this enterprise. With enthusiasm and energy, he formed the happy alliance with Koren and established close relationships among all involved in the work.

RABBI DR. TZVI HERSH WEINREB שליט״א, EDITOR-IN-CHIEF, brought to this project his profound knowledge of Torah, intellectual literacy of Talmud, and erudition of Western literature. It is to him that the text owes its very high standard, both in form and content, and the logical manner in which the beauty of the Talmud is presented.

RABBI JOSHUA SCHREIER, EXECUTIVE EDITOR, assembled an outstanding group of scholars, translators, editors, and proofreaders, whose standards and discipline enabled this project to proceed in a timely and highly professional manner.

RABBI MEIR HANEGBI, EDITOR OF THE HEBREW EDITION OF THE STEINSALTZ TALMUD, lent his invaluable assistance throughout the work process, supervising the reproduction of the Vilna pages.

RAPHAËL FREEMAN, EXECUTIVE EDITOR OF KOREN, created this Talmud's unique typographic design which, true to the Koren approach, is both elegant and user friendly.

It has been an enriching experience for all of us at Koren Publishers Jerusalem to work with the Steinsaltz Center to develop and produce the *Koren Talmud Bavli*. We pray that this publication will be a source of great learning and, ultimately, greater *avodat Hashem* for all Jews.

Matthew Miller, Publisher
Koren Publishers Jerusalem
Jerusalem 5772

Contents

For the vocalized Vilna Shas layout, please open as a Hebrew book.

Introduction to **Perek VII**

And every soul that eats a carcass, or a tereifa, whether he is home-born or a stranger, he shall wash his clothes, and bathe himself in water, and be impure until the evening; then shall he be pure.

(Leviticus 17:15)

A carcass, or a tereifa, he shall not eat to become impure with it; I am the Lord.

(Leviticus 22:8)

And the fat of a carcass, and the fat of a tereifa, may be used for any other service; but you shall in no way eat of it.

(Leviticus 7:24)

The first part of this chapter continues the discussion begun in the previous chapter with regard to the *halakhot* of improperly sacrificed bird offerings. The second part addresses the *halakhot* of the impurity of carcasses of birds, especially of disqualified bird offerings.

As discussed in the previous chapter, there are two types of bird offerings: A burnt offering and a sin offering. These offerings are different from one another in both the manner and location of their sacrifice: The head of a burnt offering is completely severed and its blood squeezed from the neck onto the wall of the altar above the red line. The head of a sin offering remains partially attached, and its blood is first sprinkled directly from the neck onto the wall of the altar below the red line and the remainder is then squeezed onto the wall of the altar and drips onto the base. Additionally, a bird burnt offering that was sacrificed for the sake of a different type of offering remains fit, while a sin offering sacrificed with such an intent is disqualified. These distinctions give rise to several ways in which a bird offering may be improperly sacrificed, and the chapter opens with a detailed list of such cases.

Pursuant to the discussion of improperly sacrificed bird offerings, the chapter discusses the ramifications of such cases with regard to one's liability for the misuse of consecrated property and with regard to the impurity of a carcass. In general, once the meat of an offering is permitted to the priests for consumption it ceases to be consecrated property, and one who derives benefit from it is not liable for misuse of consecrated items. This is the *halakha* with regard to the sin offerings of birds as well. Bird burnt offerings are burned on the altar in their entirety and are never permitted to the priests for consumption, and so one will always be liable for their misuse. The Gemara discusses at length whether bird burnt offerings that are sacrificed as if they were sin offerings cease to be subject to the *halakhot* of misuse.

As for the impurity of the carcasses of the birds: In general, any animal slaughtered improperly, e.g., a non-sacred bird slaughtered by pinching the nape of its neck, assumes the impurity status of a carcass, i.e., it is a primary source of ritual impurity. The Torah mandates that bird offerings be slaughtered by the pinching of the bird's nape by a priest rather than by standard ritual slaughter. Proper pinching of a bird offering does not render it a carcass with regard to ritual impurity; on the contrary, it is a part of the sacrificial process. The Gemara discusses the limits of this exception, including whether or not bird offerings pinched improperly, e.g., a sin offering pinched in the manner of a burnt offering, assume the impurity status of carcasses. These discussions give rise to others with regard to various cases in which the purity

of the bird's meat may be questioned: Does the standard ritual slaughter of a sacrificial bird render it a carcass since it should have been pinched? Do non-sacred birds that were pinched or slaughtered within the Temple courtyard assume the status of carcasses? Such questions and their ramifications with regard to other *halakhot* are the main subject of the chapter.

מתני׳ חַטַּאת הָעוֹף שֶׁעֲשָׂאָהּ לְמַטָּה, כְּמַעֲשֵׂה חַטָּאת לְשֵׁם חַטָּאת – כְּשֵׁרָה.

MISHNA If the priest **sacrificed a bird sin offering** in its designated place **below** the red line, and he sacrificed it **according to the procedure of a sin offering**[N] with pinching, i.e., cutting from the nape with a fingernail, and sprinkling, and he sacrificed it **for the sake of a sin offering,** the offering is **fit.** This is the manner in which a priest is to sacrifice a sin offering *ab initio*.

כְּמַעֲשֵׂה חַטָּאת לְשֵׁם עוֹלָה, כְּמַעֲשֵׂה עוֹלָה לְשֵׁם חַטָּאת, כְּמַעֲשֵׂה עוֹלָה לְשֵׁם עוֹלָה – פְּסוּלָה. עֲשָׂאָהּ לְמַעְלָה כְּמַעֲשֵׂה כּוּלָּן – פְּסוּלָה.

If the priest sacrificed the bird sin offering below the red line in the middle of the altar and **according to the procedure of a sin offering,** but he sacrificed it **for the sake of a burnt offering;** or if he sacrificed it **according to the procedure of a burnt offering,** even if he sacrificed it **for the sake of a sin offering;** or if he sacrificed it **according to the procedure of a burnt offering for the sake of a burnt offering;** in all these cases the sin offering is **disqualified.**[HN] If **one sacrificed** a bird sin offering **above** the red line **according to the procedure of any of** the offerings,[H] it is **disqualified,**[N] because he did not sacrifice it in its designated place.

עוֹלַת הָעוֹף שֶׁעֲשָׂאָהּ לְמַעְלָה, כְּמַעֲשֵׂה עוֹלָה לְשֵׁם עוֹלָה – כְּשֵׁירָה. כְּמַעֲשֵׂה עוֹלָה לְשֵׁם חַטָּאת – כְּשֵׁירָה, וּבִלְבַד שֶׁלֹּא עָלְתָה לִבְעָלֶיהָ.

A bird burnt offering that one sacrificed in its designated place **above** the red line[H] **according to the procedure of a burnt offering** and **for the sake of a burnt offering** is **fit.** This is the manner in which a priest is to sacrifice a burnt offering *ab initio*. If he sacrificed a bird burnt offering above the red line **according to the procedure** of the **burnt offering** but **for the sake of a sin offering,** the offering is **fit, but it did not satisfy the obligation of its owner.**

כְּמַעֲשֵׂה חַטָּאת לְשֵׁם עוֹלָה, כְּמַעֲשֵׂה חַטָּאת לְשֵׁם חַטָּאת – פְּסוּלָה. עֲשָׂאָהּ לְמַטָּה כְּמַעֲשֵׂה כּוּלָּן – פְּסוּלָה.

If the priest sacrificed a bird burnt offering **according to the procedure of a sin offering for the sake of a burnt offering,** or **according to the procedure of a sin offering for the sake of a sin offering,** the offering is **disqualified. If he sacrificed it below** the red line **according to the procedure of any of** the offerings,[H] it is **disqualified,**[N] because he did not sacrifice it in its designated place.

HALAKHA

Disqualified – **פְּסוּלָה**: A bird sin offering that was pinched below the red line but according to the procedure of a burnt offering, or for the sake of a burnt offering, or both, is disqualified, in accordance with the ruling of the mishna (Rambam *Sefer Avoda, Hilkhot Pesulei HaMukdashin* 7:7).

If one sacrificed it above the red line according to the procedure of any of the offerings – **עֲשָׂאָהּ לְמַעְלָה כְּמַעֲשֵׂה כּוּלָּן**: A sin offering that was sacrificed above the red line is disqualified, regardless of its procedure and the intention of the priest, in accordance with the mishna (Rambam *Sefer Avoda, Hilkhot Pesulei HaMukdashin* 7:5).

Bird burnt offering that one sacrificed above the red line – **עוֹלַת הָעוֹף שֶׁעֲשָׂאָהּ לְמַעְלָה**: A bird burnt offering that was sacrificed above the red line but according to the procedure of a sin offering is disqualified, no matter the purpose for which it was sacrificed. If it was sacrificed according to the procedure of a burnt offering but for the sake of a sin offering, it is fit but does not satisfy the obligation of the owner, in accordance with the ruling of the mishna (Rambam *Sefer Avoda, Hilkhot Pesulei HaMukdashin* 7:8, 15:1).

If he sacrificed it below the red line according to the procedure of any of the offerings – **עֲשָׂאָהּ לְמַטָּה כְּמַעֲשֵׂה כּוּלָּן**: A bird burnt offering that was sacrificed below the red line is disqualified. This is the *halakha* even if the priest severed only the gullet or the windpipe below the red line and performed the rest of the pinching above the line (as per *Ḥullin* 29b), regardless of its procedure and for what sake it was sacrificed, in accordance with the ruling of the mishna (Rambam *Sefer Avoda, Hilkhot Pesulei HaMukdashin* 7:6).

NOTES

According to the procedure of a sin offering – **כְּמַעֲשֵׂה חַטָּאת**: As discussed in the mishna in the previous chapter (64b), the procedure of a bird sin offering differs from that of a bird burnt offering in two ways. First, the head of the burnt offering must be completely separated from its body when pinched, whereas the head of the sin offering must remain partially attached. Second, the blood of the sin offering is sprinkled directly from the neck onto the wall of the altar and then the priest squeezes out the remaining blood onto the base of the altar; for a burnt offering, the priest must simply squeeze out all of the blood at once onto the wall of the altar.

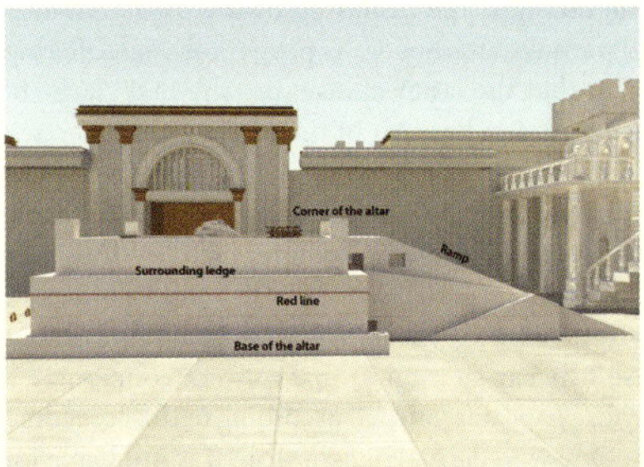

The external altar

For the sake of a burnt offering it is disqualified – **לְשֵׁם עוֹלָה פְּסוּלָה**: This is because a bird sin offering, like other sin offerings, is disqualified when sacrificed not for its own sake; see the mishna (2a) and Gemara discussion (7a) on this topic. *Tosafot* cite the *Torat Kohanim* on the verse with regard to the bird sin offering: "And he shall sprinkle of the blood of the sin offering upon the side of the altar; and the rest of the blood shall be drained out at the base of the altar; it is a sin offering" (Leviticus 5:9). The superfluous phrase "it is a sin offering" is added to the verse to teach that the bird sin offering whose nape was pinched not for the sake of the offering is disqualified. *Tosafot* understand this to apply also to other rites performed not for the sake of the offering.

Above the red line according to the procedure of any of the offerings it is disqualified – **לְמַעְלָה כְּמַעֲשֵׂה כּוּלָּן פְּסוּלָה**: The Gemara explains that this statement does not apply to the pinching of a bird sin offering, which may be performed anywhere without disqualifying the offering, as discussed in the previous chapter (63b). Rather, it is referring to the sprinkling of the blood, which must be performed below the red line.

Below the red line according to the procedure of any of the offerings it is disqualified – **לְמַטָּה כְּמַעֲשֵׂה כּוּלָּן פְּסוּלָה**: A burnt offering is disqualified when the bird's nape is pinched or its blood is squeezed out below the red line, even if these rites are otherwise performed according to the proper procedure and with the proper intention (see 65a).

גמ׳ דְּשַׁנֵּי בְּמַאי? אִילֵימָא דְּשַׁנֵּי בִּמְלִיקָה – נֵימָא דְּלָא כְּרַבִּי אֶלְעָזָר בְּרַבִּי שִׁמְעוֹן, דְּאָמַר: שָׁמַעְתִּי שֶׁמַּבְדִּילִין בְּחַטַּאת הָעוֹף?

GEMARA According to the mishna, a bird sin offering that one sacrificed according to the procedure of a burnt offering is disqualified. The Gemara asks: **With regard to what** rite **did** the priest **change**[H] the procedure? **If we say that he changed** the **pinching** by severing the head completely, as is proper for a burnt offering, shall **we say that** the mishna **is not in accordance with** the opinion of **Rabbi Elazar, son of Rabbi Shimon, who says: I heard that** the priests would **sever** the head completely even **in** the sacrifice of **a bird sin offering?**

וְלָא אוֹקִימְנָא דְּלָא כְּרַבִּי אֶלְעָזָר בְּרַבִּי שִׁמְעוֹן?

The Gemara responds: **And** what is wrong with this conclusion? **Have we not** already **explained that** the mishna in the previous chapter (65a), with regard to pinching, **is not in accordance with** the opinion of **Rabbi Elazar, son of Rabbi Shimon?**

לָא, דְּשַׁנֵּי בְּהַזָּאָה.

The Gemara offers another explanation: **No,** the mishna is referring to a case **where** the priest **changed** the procedure **in** the rite of **sprinkling**[N] by squeezing out all the blood at once, as one would do with a burnt offering, rather than first sprinkling the blood on the altar as is proper for a sin offering. Under such circumstances, Rabbi Elazar, son of Rabbi Shimon, would also agree that the offering is disqualified.

הָכִי נַמִי מִסְתַּבְּרָא, מִדְּקָתָנֵי סֵיפָא: עֲשָׂאָהּ לְמַעְלָה כְּמַעֲשֵׂה כּוּלָּן פְּסוּלָה, וַאֲפִילּוּ כְּמַעֲשֵׂה חַטָּאת לְשֵׁם חַטָּאת; דְּשַׁנֵּי בְּמַאי? אִילֵימָא דְּשַׁנֵּי בִּמְלִיקָה – הָאָמַר מָר: מְלִיקָה בְּכָל מָקוֹם בַּמִּזְבֵּחַ כְּשֵׁירָה. אֶלָּא לָאו – דְּשַׁנֵּי בְּהַזָּאָה, וּמִדְּסֵיפָא בְּהַזָּאָה – רֵישָׁא נַמִי בְּהַזָּאָה.

This, too, stands to reason that the mishna is referring to a change in the sprinkling. This can be inferred **from** the fact **that** the mishna **teaches in the latter clause:** If **one sacrificed** a bird sin offering **above** the red line **according to the procedure of any of** the offerings, it is **disqualified, and** this applies **even** if he sacrificed it **according to the procedure of a sin offering** and **for the sake of a sin offering. With regard to what** rite **did** the priest **change** the location of the procedure? **If we say that he changed** the **pinching,** performing it above the red line, **didn't the Master** already **say** with regard to a bird sin offering that **pinching is valid anywhere on the altar?**[H] **Rather, is it not that he changed** the location of the **sprinkling? And since** the ruling of **the latter clause** is stated **with regard to sprinkling,** by inference, the ruling of **the first clause** is **also** stated **with regard to sprinkling.**

מִידֵּי אִירְיָא? הָא כִּדְאִיתָא וְהָא כִּדְאִיתָא.

The Gemara responds to this proof: **Are the cases comparable? This** case is **as it is, and that** case is **as it is.** Even if the ruling of the latter clause is stated with regard to a change in the location of the sprinkling, the ruling of the first clause may still be stated with regard to a change in the procedure of the pinching, in which case the mishna would not be in accordance with the opinion of Rabbi Elazar, son of Rabbi Shimon.

״עוֹלַת הָעוֹף״ כו׳. דְּשַׁנֵּי בְּמַאי?

§ According to the mishna, **a bird burnt offering** that one sacrificed according to the procedure of a sin offering is disqualified. The Gemara asks: **With regard to what** rite **did** the priest **change** the procedure?

אִילֵימָא דְּשַׁנֵּי בִּמְלִיקָה; מִדְּקָתָנֵי סֵיפָא: כּוּלָּן אֵין מְטַמְּאִין בְּבֵית הַבְּלִיעָה וּמוֹעֲלִין בָּהֶן – נֵימָא דְּלָא כְּרַבִּי יְהוֹשֻׁעַ, דְּאִי כְּרַבִּי יְהוֹשֻׁעַ – הָאָמַר: אֵין מוֹעֲלִין!

If we say that **he changed** the **pinching** of the bird's nape by leaving the head partially attached, as is proper for a sin offering, then **from** the fact **that the latter clause,** i.e., the first clause of the next mishna (66b), **teaches: All of** the offerings enumerated above **do not render** one who swallows their meat **ritually impure** when it is **in the throat, and** one who benefits **from them** is liable for **misuse** of consecrated property, by inference, **we** must **say** that the mishna **is not in accordance with** the opinion of **Rabbi Yehoshua.**[N] **As,** if it is **in accordance with** the opinion of **Rabbi Yehoshua, doesn't he say** later on in that mishna concerning a burnt offering whose nape was pinched according to the procedure of a sin offering: One who derives benefit from it is **not** liable for **misusing** consecrated property?[N]

HALAKHA

With regard to what rite did he change – דְּשַׁנֵּי בְּמַאי: A bird sin offering that was sacrificed below the red line and pinched like a burnt offering by completely severing the head is disqualified. Likewise, if the priest placed the blood on the altar as if it were a burnt offering, squeezing it out rather than first sprinkling it, the offering is disqualified (*Likkutei Halakhot*). These rulings are in accordance with the conclusion of the Gemara (Rambam *Sefer Avoda, Hilkhot Pesulei HaMukdashin* 7:7).

Pinching is valid anywhere on the altar – מְלִיקָה בְּכָל מָקוֹם בַּמִּזְבֵּחַ כְּשֵׁירָה: Pinching is valid everywhere on the altar. Therefore, if the priest pinched a bird sin offering according to the procedure of a sin offering, and for the sake of a sin offering, but above the red line, the offering is fit as long as the blood is sprinkled below the red line, in accordance with the ruling of the Gemara (Rambam *Sefer Avoda, Hilkhot Ma'aseh HaKorbanot* 7:9; *Hilkhot Pesulei HaMukdashin* 7:5).

NOTES

Where he changed in the rite of sprinkling – דְּשַׁנֵּי בְּהַזָּאָה: Rashi explains that in this case the priest changed the sprinkling but performed the pinching properly. This would be considered the procedure of a burnt offering even according to Rabbi Elazar, son of Rabbi Shimon. Others interpret the phrase to mean that the priest changed the sprinkling as well as the pinching (*Panim Meirot*).

It is not in accordance with the opinion of Rabbi Yehoshua – דְּלָא כְּרַבִּי יְהוֹשֻׁעַ: It would be difficult to accept such a conclusion, as the *halakha* is always in accordance with the opinion of Rabbi Yehoshua in his disputes with Rabbi Eliezer.

Is not liable for misusing consecrated property – אֵין מוֹעֲלִין: It is not self-evident from the mishna cited that Rabbi Yehoshua is referring specifically to a case where the burnt offering was pinched improperly. This is established later in the Gemara (67a), and it is assumed here.

וְאֶלָּא בְּמִיצּוּי.

Rather, the mishna must be referring to a change **in** the procedure of **squeezing** out the blood. Instead of squeezing out the blood, the priest sprinkled it on the wall of the altar as if it were a sin offering. In this case, even Rabbi Yehoshua would concede that one is liable for misusing it.

אֵימָא סֵיפָא: עוֹלַת הָעוֹף שֶׁעֲשָׂאָהּ לְמַטָּה כְּמַעֲשֵׂה חַטָּאת לְשֵׁם חַטָּאת, רַבִּי אֱלִיעֶזֶר אוֹמֵר: מוֹעֲלִין בָּהּ, רַבִּי יְהוֹשֻׁעַ אוֹמֵר: אֵין מוֹעֲלִין בָּהּ. דְּשַׁנִּי בְּמַאי?

But **say the last clause** of the subsequent mishna: In the case of **a bird burnt offering that one sacrificed below** the red line **according to the procedure of a sin offering,** and **for the sake of a sin offering, Rabbi Eliezer says:** One who benefits **from it** is liable for **misuse** of consecrated property, as it remains a burnt offering. **Rabbi Yehoshua says:** One who benefits **from it is not** liable for **misuse** of consecrated property, as the bird assumes the status of a sin offering. Here, **with regard to what** rite **did** the priest **change** the procedure and perform it as if it were a sin offering?

אִילֵימָא בְּמִיצּוּי, אֵימַר דְּאָמַר רַבִּי יְהוֹשֻׁעַ דְּשַׁנֵּי בִּמְלִיקָה, בְּמִיצּוּי מִי אָמַר?

If we say that he changed the **squeezing,** this poses a difficulty, as it is reasonable to **say that Rabbi Yehoshua says** that one is not liable for misuse specifically **when** the priest **changed** the **pinching,** as pinching a burnt offering for a bird as though it were a sin offering changes its status; but **does he say** this **in** a case where it was pinched properly, and the priest changed the **squeezing** procedure alone? It is unreasonable to suggest that the offering changes its status at this later stage.

וְאֶלָּא בִּמְלִיקָה. רֵישָׁא וְסֵיפָא בִּמְלִיקָה וּמְצִיעֲתָא בְּמִיצּוּי?

Rather, this final clause must be referring to a change **with regard to the pinching.** But can it be that **the first clause** concerning a sin offering sacrificed as a burnt offering **and the last clause** concerning the dispute between Rabbi Eliezer and Rabbi Yehoshua are both referring to a change **with regard to** the **pinching,**[N] **but the middle clause** concerning a burnt offering sacrificed as a sin offering is referring to a change **with regard to the squeezing?**

אִין, רֵישָׁא וְסֵיפָא בִּמְלִיקָה, וּמְצִיעֲתָא בְּמִיצּוּי.

The Gemara answers: **Indeed, the first clause and the last clause** are referring to a change **with regard to the pinching, and the middle clause** is referring to a change **with regard to** the **squeezing.**

מתני׳ וְכוּלָּן אֵין מְטַמְּאִין בְּבֵית הַבְּלִיעָה, וּמוֹעֲלִים בָּהֶן, חוּץ מֵחַטַּאת הָעוֹף שֶׁעֲשָׂאָהּ לְמַטָּה כְּמַעֲשֵׂה חַטָּאת לְשֵׁם חַטָּאת.

MISHNA And all of the offerings enumerated in the previous mishna, even those that are disqualified and may not be eaten or sacrificed, still differ from carcasses of unslaughtered kosher birds in that they **do not render** one who swallows their meat **ritually impure** when the meat is **in the throat.**[NH] This is because the pinching of the napes of bird offerings, like the slaughter of animals, prevents them from assuming the status of a carcass. **But** nevertheless, since they are forbidden to the priests, one who derives benefit from any of **them** is liable for **misusing** consecrated property.[N] This is the *halakha* in all cases **except for the bird sin offering**[H] **that one sacrificed below** the red line **according to the procedure of** the **sin offering** and **for the sake of a sin offering.** Since it was sacrificed properly and it is permitted for priests to partake of a fit sin offering, there is no liability for misuse of consecrated property.

NOTES

The first clause…with regard to pinching – רֵישָׁא... בִּמְלִיקָה: Although the Gemara suggests earlier that the first clause referred to a change in sprinkling, this was only in an effort to reconcile the mishna with the opinion of Rabbi Elazar, son of Rabbi Shimon. Ultimately, the Gemara posits that the mishna is consistent with the mishna in the previous chapter and is not in accordance with the opinion of Rabbi Elazar, son of Rabbi Shimon (Rashi).

Do not render one ritually impure when the meat is in the throat – אֵין מְטַמְּאִין בְּבֵית הַבְּלִיעָה: A kosher animal that dies without being properly slaughtered, in addition to being forbidden as food, is also considered a carcass that transmits ritual impurity to those who touch or carry it. Carcasses of kosher birds are unique in that they do not transmit ritual impurity through touch or carrying, but only when eaten, when an olive-bulk of meat enters the throat (see *Torat Kohanim* on Leviticus 17:15; Rambam *Sefer Tahara*, *Hilkhot She'ar Avot HaTumot*, chapter 3). Bird offerings are pinched and not slaughtered, but they are nevertheless not considered carcasses because pinching is their proper method of slaughter. The mishna here teaches that this is the *halakha* even with regard to disqualified bird offerings. As long as they were disqualified within the sacred area, pinching was their proper method of slaughter and it does prevent them from assuming the status of a carcass.

One…is liable for misusing consecrated property – מוֹעֲלִים בָּהֶן: One is liable for the misuse of all offerings of the most sacred order, including bird offerings, from the time of their designation as an offering until the moment the sacrifice is complete and it is permitted for the priests to partake of the flesh. One who unintentionally derives benefit from such an offering must repay the principal and an additional one-fifth to the Temple and bring a guilt offering for misuse of consecrated property (see Leviticus 5:14–16). A bird burnt offering, even when sacrificed properly, is burned in its entirety on the altar and never permitted to the priests, and one is therefore always liable for its misuse until its burning is complete and its ashes are removed to the place of the ashes (*Me'ila* 9a). Bird sin offerings as well, if improperly sacrificed, are never permitted to the priests, and one therefore remains liable for their misuse.

HALAKHA

Do not render one ritually impure when the meat is in the throat – אֵין מְטַמְּאִין בְּבֵית הַבְּלִיעָה: All bird offerings that have been disqualified by a change in their place, procedure, or designation are not considered carcasses for purposes of ritual impurity, in accordance with the ruling of the mishna (Rambam *Sefer Avoda*, *Hilkhot Pesulei HaMukdashin* 7:9).

One who derives benefit from any of them is liable for misuse of consecrated property except for the bird sin offering, etc. – מוֹעֲלִים בָּהֶן חוּץ מֵחַטַּאת הָעוֹף וכו׳: One is liable for the misuse of any bird offering that was disqualified by a change in its place, procedure, or designation, except for a burnt offering that was sacrificed below the red line according to the procedure of a sin offering and for the sake of a sin offering. Even though such an offering does not satisfy its owner's obligation, one is still not liable for its misuse, since all its acts have been changed to an item for which there is no liability for misuse, in accordance with the opinion of Rabbi Yehoshua and the conclusion of the Gemara (Rambam *Sefer Avoda*, *Hilkhot Me'ila* 3:7).

NOTES

Rabbi Yehoshua says: One who derives benefit from it is not liable for misusing consecrated property – **רַבִּי יְהוֹשֻׁעַ אוֹמֵר אֵין מוֹעֲלִים בָּהּ**: Some understand this to mean that according to Rabbi Yehoshua the offering has become a fit sin offering for all intents and purposes. Even though the Gemara (68a) teaches that it does not satisfy the obligation of its owner, the priests are still permitted to eat it, and one therefore ceases to be liable for its misuse (*Tiferet Yisrael*). Others understand that according to Rabbi Yehoshua the sin offering is disqualified, yet one is nevertheless not liable for its misuse. Even though Rabbi Yehoshua established a principle that one is always liable for misuse of offerings that have not been permitted to the priests (*Me'ila* 2a), there are exceptions (*Tosafot*).

עוֹלַת הָעוֹף שֶׁעֲשָׂאָהּ לְמַטָּה כְּמַעֲשֵׂה חַטָּאת לְשֵׁם חַטָּאת, רַבִּי אֱלִיעֶזֶר אוֹמֵר: מוֹעֲלִים בָּהּ, רַבִּי יְהוֹשֻׁעַ אוֹמֵר: אֵין מוֹעֲלִים בָּהּ.

In the case of **a bird burnt offering that** one improperly **sacrificed below** the red line **according to the procedure of** the **sin offering,** and one did so **for the sake of a sin offering, Rabbi Eliezer says:** One who derives benefit from **it** is liable for **misusing** consecrated property, as it remains a burnt offering, whose meat is never permitted to the priests. **Rabbi Yehoshua says:** One who derives benefit from **it** is **not** liable for **misusing** consecrated property.[N] Since the entire sacrificial process was conducted according to the procedure of a sin offering, the offering assumes the status of a sin offering in this regard.

אָמַר רַבִּי אֱלִיעֶזֶר: וּמָה אִם חַטָּאת שֶׁאֵין מוֹעֲלִים בָּהּ לִשְׁמָהּ, כְּשֶׁשִּׁינָּה אֶת שְׁמָהּ – מוֹעֲלִים בָּהּ, עוֹלָה שֶׁמּוֹעֲלִים בָּהּ לִשְׁמָהּ, כְּשֶׁשִּׁינָּה אֶת שְׁמָהּ – אֵינוֹ דִּין שֶׁיִּמְעֲלוּ בָּהּ?

The mishna recounts the dispute between the *tanna'im*. **Rabbi Eliezer said: And if** in the case of **a sin offering that** was sacrificed **for its sake,** one is **not** liable for **misusing it,** and nevertheless, **when one changed its designation** and sacrificed it not for its sake, one is liable for **misusing it,** then in the case of **a burnt offering, where** one is liable for **misusing it** even when it was sacrificed **for its sake, when one changed its designation** and sacrificed it not for its sake **is it not right that** he is liable for **misusing it?**

אָמַר לוֹ רַבִּי יְהוֹשֻׁעַ: לֹא, אִם אָמַרְתָּ בְּחַטָּאת שֶׁשִּׁינָּה אֶת שְׁמָהּ לְשֵׁם עוֹלָה – שֶׁכֵּן שִׁינָּה אֶת שְׁמָהּ לְדָבָר שֶׁיֵּשׁ בּוֹ מְעִילָה, תֹּאמַר בְּעוֹלָה שֶׁשִּׁינָּה אֶת שְׁמָהּ לְשֵׁם חַטָּאת – שֶׁכֵּן שִׁינָּה אֶת שְׁמָהּ לְדָבָר שֶׁאֵין בּוֹ מְעִילָה!

Rabbi Yehoshua said to him: No, that *a fortiori* inference is not correct, as **if you said with regard to a sin offering** for **which one changed its designation** and sacrificed it **for the sake of a burnt offering** that there is liability for misuse, this is reasonable, **because he changed its designation to an item for which there is** liability for **misuse. Would you say in** the case of **a burnt offering** for **which one changed its designation** and sacrificed it **for the sake of a sin offering** that there is liability for misuse, **as** in that case **he changed its designation to an item for which there is no** liability for its **misuse?**

Perek **VII**
Daf **67** Amud **a**

HALAKHA

Offerings of the most sacred order that one slaughtered in the south – **קָדְשֵׁי קֳדָשִׁים שֶׁשְּׁחָטָן בַּדָּרוֹם**: Offerings of the most sacred order that were slaughtered in the south of the Temple courtyard, or were otherwise disqualified before the blood was applied to the altar, remain subject to the prohibition against misuse since they were never permitted to the priests. The liability for misuse in such cases is by rabbinic law, as discussed on 2b in tractate *Me'ila* (Rambam *Sefer Avoda*, *Hilkhot Me'ila* 3:1, and *Kesef Mishne* and Mahari Kurkus there).

אָמַר לוֹ רַבִּי אֱלִיעֶזֶר: וַהֲרֵי קָדְשֵׁי קֳדָשִׁים שֶׁשְּׁחָטָן בַּדָּרוֹם וּשְׁחָטָן לְשֵׁם קָדָשִׁים קַלִּים יוֹכִיחוּ, שֶׁכֵּן שִׁינָּה אֶת שְׁמָם לְדָבָר שֶׁאֵין בּוֹ מְעִילָה – וּמוֹעֲלִין בָּהֶן. אַף אַתָּה אַל תִּתְמַהּ עַל הָעוֹלָה, אַף עַל פִּי שֶׁשִּׁינָּה שְׁמָהּ לְדָבָר שֶׁאֵין בּוֹ מְעִילָה – שֶׁיִּמְעֲלוּ בָּהּ!

Rabbi Eliezer said to him: The case of **offerings of the most sacred order that one slaughtered in the south**[H] of the Temple courtyard **and slaughtered for the sake of offerings of lesser sanctity, will prove** that the fact that one changed the offering's designation to an item that is not subject to the *halakhot* of misuse is not a relevant factor. **As** in this case, one **changed their designation to an item that is not subject to** the *halakhot* of **misuse and,** nevertheless, one is liable for **misusing them. You too should not be puzzled about the burnt offering,** concerning which **even though one changed its designation to an item that is not subject to** the *halakhot* of **misuse,** the *halakha* is **that** one would be liable for **misusing it.**

אָמַר לוֹ רַבִּי יְהוֹשֻׁעַ: לֹא, אִם אָמַרְתָּ בְּקָדְשֵׁי קֳדָשִׁים שֶׁשְּׁחָטָן בַּדָּרוֹם וּשְׁחָטָן לְשֵׁם קָדָשִׁים קַלִּים – שֶׁכֵּן שִׁינָּה אֶת שְׁמָם לְדָבָר שֶׁיֵּשׁ בּוֹ אִיסּוּר וְהֶיתֵּר, תֹּאמַר בְּעוֹלָה שֶׁשִּׁינָּה אֶת שְׁמָהּ לְדָבָר שֶׁכּוּלּוֹ הֶיתֵּר?

Rabbi Yehoshua said to him: No, that is no proof, as **if you said with regard to offerings of the most sacred order that one slaughtered in the south** of the Temple courtyard, **and slaughtered them for the sake of offerings of lesser sanctity,** that one is liable for misusing them, that is reasonable. The reason is **that** one who slaughtered them **changed their designation to an item for which there are both prohibited and permitted** elements as offerings of lesser sanctity. Although one is not liable for misuse of their flesh, after the blood is sprinkled one is liable for misuse of the portions consumed on the altar. **Would you say** the *halakha* is the same **in** the case of **a burnt offering** for **which one changed its designation to an item that** is **permitted in its entirety,** i.e., a bird sin offering, which is eaten by the priests and none of it is burned on the altar?

גמ׳ תַּנְיָא, אָמַר לוֹ רַבִּי אֱלִיעֶזֶר לְרַבִּי יְהוֹשֻׁעַ: אָשָׁם שֶׁשְּׁחָטוֹ בַּצָּפוֹן לְשֵׁם שְׁלָמִים יוֹכִיחַ, שֶׁשִּׁינָּה אֶת שְׁמוֹ – וּמוֹעֲלִין בּוֹ. וְאַף אַתָּה אַל תִּתְמַהּ עַל הָעוֹלָה, שֶׁאַף עַל פִּי שֶׁשִּׁינָּה אֶת שְׁמָהּ – שֶׁיִּמְעֲלוּ בָּהּ.

GEMARA The discussion between Rabbi Eliezer and Rabbi Yehoshua **is taught** in a *baraita*, where it is recounted in greater detail: **Rabbi Eliezer said to Rabbi Yehoshua:** The case of **a guilt offering that one slaughtered in the north** of the Temple courtyard **for the sake of a peace offering will prove** my point, **as** here the one who performed the slaughter **changed its designation** to an item for which there is no liability for misuse, **and** yet one is liable for **misusing it. And you too should not be puzzled about the** bird **burnt offering** that was sacrificed as a sin offering, concerning **which even though** the one who performed the slaughter **changed its designation** to an item for which there is no liability for misuse, the *halakha* is **that** one is liable for **misusing it.**

אָמַר לוֹ רַבִּי יְהוֹשֻׁעַ: לֹא, אִם אָמַרְתָּ בְּאָשָׁם, שֶׁאִם שִׁינָּה אֶת שְׁמוֹ – לֹא שִׁינָּה אֶת מְקוֹמוֹ, תֹּאמַר בְּעוֹלָה – שֶׁשִּׁינָּה אֶת שְׁמָהּ וְשִׁינָּה אֶת מְקוֹמָהּ?

Rabbi Yehoshua said to him: No, if you say that this this is the *halakha* **with regard to a guilt offering** sacrificed as a peace offering, **as although** the one who performed the slaughter **changed its designation, he** still **did not change its location** but sacrificed it in the north of the Temple courtyard, which is the appropriate location for both guilt offerings and peace offerings, **shall you** also **say** that this is the *halakha* **with regard to** a bird **burnt offering** sacrificed below the red line as a sin offering, **where** the one who performed the slaughter **changed its designation and** also **changed its location?**

אָמַר לוֹ רַבִּי אֱלִיעֶזֶר: אָשָׁם שֶׁשְּׁחָטוֹ בַּדָּרוֹם לְשֵׁם שְׁלָמִים יוֹכִיחַ, שֶׁשִּׁינָּה אֶת שְׁמוֹ וְשִׁינָּה אֶת מְקוֹמוֹ – וּמוֹעֲלִין בּוֹ. אַף אַתָּה אַל תִּתְמַהּ עַל הָעוֹלָה, שֶׁאַף עַל פִּי שֶׁשִּׁינָּה אֶת שְׁמָהּ וְשִׁינָּה אֶת מְקוֹמָהּ – מוֹעֲלִין בָּהּ.

Rabbi Eliezer said to him: A guilt offering that one slaughtered in the south of the Temple courtyard **for the sake of a peace offering will prove** my point,[N] **as** here the one who performed the slaughter **changed its designation and** also **changed its location, and** yet one is liable for **misusing it. You too should not be puzzled about the** bird **burnt offering** that was sacrificed below the red line as a sin offering, concerning **which even though** the one who performed the slaughter **changed its designation and** also **changed its location,** the *halakha* is that one is liable for **misusing it.**

אָמַר לוֹ רַבִּי יְהוֹשֻׁעַ: לֹא, אִם אָמַרְתָּ בְּאָשָׁם, שֶׁשִּׁינָּה אֶת שְׁמוֹ וְשִׁינָּה אֶת מְקוֹמוֹ וְלֹא שִׁינָּה אֶת מַעֲשָׂיו, תֹּאמַר בְּעוֹלָה, שֶׁשִּׁינָּה אֶת שְׁמָהּ וְאֶת מַעֲשֶׂיהָ וְשִׁינָּה אֶת מְקוֹמָהּ?

Rabbi Yehoshua said to him: No, if you say that this this is the *halakha* **with regard to a guilt offering** sacrificed as a peace offering, in **which** case the one who performed the slaughter **changed its designation and changed its location, but** he **did not change its procedure, shall you** also **say** that this is the *halakha* **with regard to** a bird **burnt offering** sacrificed entirely according to the procedure of a sin offering, in **which** case the one who performed the slaughter **changed its designation and procedure and** also **changed its location?**

אָמַר רָבָא: וְנֵימָא לֵיהּ: אָשָׁם שֶׁשְּׁחָטוֹ בַּדָּרוֹם לְשֵׁם שְׁלָמִים בְּשִׁינּוּי בְּעָלִים, שֶׁשִּׁינָּה אֶת שְׁמוֹ וְשִׁינָּה אֶת מְקוֹמוֹ וְשִׁינָּה אֶת מַעֲשָׂיו!

The *baraita* ends here, and it would appear that Rabbi Eliezer had no response to this claim. **Rava said:** Why? **Let him say to** Rabbi Yehoshua that **a guilt offering that one slaughtered in the south** of the Temple courtyard **for the sake of a peace offering with a deviation with regard to** the offering's **owner,** i.e., he slaughtered it for the sake of someone other than the offering's owner, will prove my opinion; **as** this is tantamount to a case where the one who performed the slaughter **changed its designation and changed its location and** also **changed its procedure,** yet one is liable for its misuse.

מִדְּלָא קָאָמַר לֵיהּ הָכִי – שְׁמַע מִינָּהּ נָחֵית רַבִּי אֱלִיעֶזֶר לְטַעְמֵיהּ דְּרַבִּי יְהוֹשֻׁעַ. דְּאָמַר רַב אַדָּא בַּר אַהֲבָה: אוֹמֵר הָיָה רַבִּי יְהוֹשֻׁעַ: עוֹלַת הָעוֹף שֶׁעֲשָׂאָהּ לְמַטָּה כְּמַעֲשֵׂה חַטָּאת לְשֵׁם חַטָּאת, כֵּיוָן שֶׁמָּלַק בָּהּ סִימָן אֶחָד – נִמְשֶׁכֶת וְנַעֲשֵׂית חַטַּאת הָעוֹף.

Rava concluded: **Since he did not say this to him, learn from it** that at this stage **Rabbi Eliezer grasped Rabbi Yehoshua's** line of **reasoning;**[N] **as Rav Adda bar Ahava says** that **Rabbi Yehoshua would say** the following reasoning: In the case of **a bird burnt offering that one sacrificed below** the red line **according to the procedure of a sin offering** and **for the sake of a sin offering, once he pinched one of the organs that must be severed in ritual slaughter** [*siman*], i.e., either the gullet or the windpipe, the offering **is removed** from its status as a burnt offering **and becomes a bird sin offering.**

NOTES

A guilt offering that one slaughtered in the south for the sake of a peace offering will prove my point – אָשָׁם שֶׁשְּׁחָטוֹ בַּדָּרוֹם לְשֵׁם שְׁלָמִים יוֹכִיחַ: This is the proof that Rabbi Eliezer offers in the mishna. A guilt offering is an offering of the most sacred order, while a peace offering is an offering of lesser sanctity.

Learn from it that Rabbi Eliezer grasped Rabbi Yehoshua's line of reasoning, etc. – שְׁמַע מִינָּהּ נָחֵית רַבִּי אֱלִיעֶזֶר לְטַעְמֵיהּ דְּרַבִּי יְהוֹשֻׁעַ וכו׳: Since Rabbi Eliezer did not continue challenging Rabbi Yehoshua, he must have understood that his reasoning did not stem from the number of changes made in the offering's procedure. Rabbi Yehoshua reasoned instead that one is liable for misuse of a burnt offering sacrificed as a sin offering because of a unique principle, that such an offering changes its type altogether.

PERSONALITIES

Rabbi Bena'a – רַבִּי בְּנָאָה: One of the last of the *tanna'im*, Rabbi Bena'a was not born in Eretz Yisrael but came from abroad, although his exact place of origin is unknown. His profession is not known, but in Eretz Yisrael, he marked graves so that priests could avoid ritually impurity. His permanent place of residence was Tiberias, where he founded a large academy. The great *amora* Rabbi Yoḥanan studied Torah from Rabbi Bena'a and it was he who transmitted most of his statements. Rabbi Bena'a was famed for his wisdom. He also maintained important relationships with the gentile authorities. In the Jerusalem Talmud, he is called Rabbi Benaiah.

אִי הָכִי, חַטַּאת הָעוֹף נַמִי שֶׁעֲשָׂאָהּ לְמַעְלָה כְּמַעֲשֵׂה הָעוֹלָה, מִכִּי מָלֵיק בַּהּ סִימָן אֶחָד – תִּימָּשֵׁךְ וְתֶהֱוֵי עוֹלַת הָעוֹף! וְכִי תֵּימָא: הָכִי נַמִי – וְהָא אָמַר רַבִּי יוֹחָנָן מִשּׁוּם רַבִּי בְּנָאָה: כָּךְ הִיא הַצָּעָה שֶׁל מִשְׁנָה; מַאי לָאו: כָּךְ הִיא הַצָּעָה – וְתוּ לָא?

The Gemara challenges: **If so,** then in the case of **a bird sin offering that one sacrificed above** the red line **according to the procedure of a burnt offering,** too, **as soon as he pinches one** ***siman*** **it should be removed** from its status as a sin offering **and become a bird burnt offering. And if you would say** that **indeed** that is so, this is difficult: **But doesn't Rabbi Yoḥanan say in the name of Rabbi Bena'a**[P] that **this is** the accurate **presentation of the mishna? What,** does he **not** mean that **this is** the accurate **presentation** in the sense that Rabbi Yehoshua's principle applies specifically to the case stated in the mishna, namely, that of a burnt offering sacrificed as a sin offering, **and to nothing more?**

לָא, כָּךְ הַצָּעָה שֶׁל כּוּלָּהּ מִשְׁנָה.

The Gemara answers: **No,** what Rabbi Bena'a means is that **this is** the accurate **presentation of the entire mishna.** Just as Rabbi Yehoshua disagrees with Rabbi Eliezer with regard to a bird burnt offering sacrificed entirely as a sin offering, he holds similarly that a bird sin offering sacrificed entirely as a burnt offering assumes the status of a burnt offering.

רַב אַשִׁי אָמַר: בִּשְׁלָמָא עוֹלַת הָעוֹף שֶׁעֲשָׂאָהּ לְמַטָּה כְּמַעֲשֵׂה חַטָּאת לְשֵׁם חַטָּאת, כֵּיוָן דְּהָא הַכְשֵׁירָהּ בְּסִימָן אֶחָד וְהָא הַכְשֵׁירָהּ בִּשְׁנֵי סִימָנִין, וְעוֹלַת הָעוֹף לְמַטָּה לֵיתָא, כֵּיוָן דְּמָלַק בַּהּ סִימָן אֶחָד – נִמְשֶׁכֶת וְנַעֲשֵׂית חַטַּאת הָעוֹף.

Rav Ashi said: The two cases are different. **Granted,** Rabbi Yehoshua's principle applies to **a bird burnt offering that one sacrificed below** the red line **according to the procedure of a sin offering** and **for the sake of a sin offering. Since** the method of **preparing** this bird sin offering is **by** pinching **one** ***siman,*** **and** the method of **preparing that** bird burnt offering is **by** pinching **two** ***simanim,*** **and** since **there** can be **no bird burnt offering below** the red line, therefore **once he pinched one** ***siman*** below the red line, the offering **is removed** from its status as a burnt offering **and becomes a bird sin offering.**

אֶלָּא חַטַּאת הָעוֹף, כֵּיוָן דְּאָמַר מָר: מְלִיקָה בְּכׇל מָקוֹם כְּשֵׁירָה, מִכִּי מָלַק בַּהּ סִימָן אֶחָד – אִיפַּסְלָא, כִּי הָדַר מָלֵיק בְּאִידָּךְ סִימָן – הֵיכִי מִמַּשְׁכָה וְהָוְיָא עוֹלַת הָעוֹף?

But one cannot say this with regard to **a bird sin offering** that was sacrificed as a burnt offering. **Since the Master said** with regard to the bird sin offering: **Pinching is valid everywhere** on the altar, it follows that **as soon as one pinched one** ***siman*** for the sake of a burnt offering it was **disqualified,** like any other sin offering pinched for the sake of a different type of offering. Consequently, **when he then pinched the other** ***siman*** according to the procedure of a burnt offering, **how could it** then **be removed** from its status as a sin offering **and become a bird burnt offering?**

גּוּפָא, אָמַר רַב אַדָּא בַּר אַהֲבָה: אוֹמֵר הָיָה רַבִּי יְהוֹשֻׁעַ: עוֹלַת הָעוֹף שֶׁעֲשָׂאָהּ לְמַטָּה כְּמַעֲשֵׂה חַטָּאת לְשֵׁם חַטָּאת, כֵּיוָן שֶׁמָּלַק בָּהּ סִימָן אֶחָד – נִמְשֶׁכֶת וְנַעֲשֵׂית חַטַּאת הָעוֹף.

§ The Gemara discusses **the** matter **itself,** that **Rav Adda bar Ahava says** that **Rabbi Yehoshua would say:** In the case of **a bird burnt offering that one sacrificed below** the red line **according to the procedure of a sin offering** and **for the sake of a sin offering, once he pinched one** ***siman,*** the offering **is removed** from its status as a burnt offering **and becomes a bird sin offering.**

Perek **VII**
Daf **67** Amud **b**

תָּא שְׁמַע: חַטָּאת לְזוֹ וְעוֹלָה לְזוֹ,

The Gemara suggests: **Come** and **hear** a challenge to this principle from a mishna in tractate *Kinnim* (24a). A woman after childbirth must bring two bird offerings: A burnt offering and a sin offering. The mishna discusses a case where two women after childbirth, one of whom already brought her burnt offering and one of whom already brought her sin offering, bring their remaining offerings to the Temple, **a sin offering for this one and a burnt offering for that one,**[H] but confusion has arisen as to which bird is which.

HALAKHA

A sin offering for this one and a burnt offering for that one – חַטָּאת לְזוֹ וְעוֹלָה לְזוֹ: If a priest took a group of birds of which half were sin offerings and half were burnt offerings, and he sacrificed all of them above the red line or all of them below it, half are fit and half are disqualified. If he sacrificed half above the red line and half below without knowing which was which, all are disqualified, since the sin offerings may all have been sacrificed as burnt offerings and vice versa (Rambam *Sefer Avoda, Hilkhot Pesulei HaMukdashin* 8:8).

עָשָׂה שְׁתֵּיהֶן לְמַעְלָה – מֶחֱצָה כָּשֵׁר וּמֶחֱצָה פָּסוּל; שְׁתֵּיהֶן לְמַטָּה – מֶחֱצָה כָּשֵׁר וּמֶחֱצָה פָּסוּל; אַחַת לְמַעְלָה וְאַחַת לְמַטָּה – שְׁתֵּיהֶן פְּסוּלוֹת, שֶׁאֲנִי אוֹמֵר: חַטָּאת קָרְבָה לְמַעְלָה, וְעוֹלָה קָרְבָה לְמַטָּה.

If the priest **sacrificed both of them above** the red line, **half** of the birds, i.e., one of them, **is fit,** as in any event the burnt offering has been sacrificed properly, **and half** of the birds, i.e., the other one, **is disqualified.** Likewise, if he sacrificed **both of them below** the red line, **half are fit,** as in any event the sin offering was sacrificed properly, **and half are disqualified.** If he sacrificed **one above** the red line **and one below, they are both disqualified,** as **I say** that perhaps the **sin offering was sacrificed above, and** the **burnt offering was sacrificed below.**

נְהִי נַמִי דְּעוֹלָה קָרְבָה לְמַטָּה, תִּימְשׁוֹךְ וְתֶהֱוֵי חַטַּאת הָעוֹף!

But according to Rav Adda bar Ahava's explanation of Rabbi Yehoshua's principle, the sin offering should be deemed fit in any event; **even** though the **burnt offering was indeed sacrificed below** the red line, **it should be removed** from its status as a burnt offering **and become a bird sin offering.**

אֵימוּר דַּאֲמַר רַבִּי יְהוֹשֻׁעַ בְּחַד גַּבְרָא, בִּתְרֵי גַּבְרֵי מִי אֲמַר?

The Gemara rejects this claim: It is reasonable to **say that Rabbi Yehoshua stated** his principle **with regard to one person,** whose offering the priest sacrificed below the red line instead of above it; but **did he state** it **with regard to two people,** one of whose offering the priest sacrificed for the sake of the other person? In the case of the two women, the priest sacrificed the offering for the sake of a different person altogether, and Rabbi Yehoshua would concede that such an offering does not become a sin offering.

תָּא שְׁמַע: חַטָּאת וְעוֹלָה וּסְתוּמָה וּמְפוֹרֶשֶׁת,

The Gemara suggests: **Come and hear** another challenge from a mishna in tractate *Kinnim* (24a). The mishna discusses a case of two women who jointly brought three pairs of birds, as follows: The birds of one pair were designated as **a sin offering and a burnt offering** respectively, but it was not specified which woman's obligation they were to satisfy; **and** the second pair was **unspecified** as to which bird was to be which offering; **and** the third pair was **specified**[H] as to both the type of offering of each bird and whose obligation each bird was to satisfy.

עָשָׂה כּוּלָּן לְמַעְלָה – מֶחֱצָה כָּשֵׁר וּמֶחֱצָה פָּסוּל; כּוּלָּן לְמַטָּה – מֶחֱצָה כָּשֵׁר וּמֶחֱצָה פָּסוּל; חֶצְיָין לְמַעְלָה וְחֶצְיָין לְמַטָּה – אֵינָהּ כְּשֵׁירָה אֶלָּא סְתוּמָה, וּמִתְחַלֶּקֶת בֵּינֵיהֶן.

If the priest **sacrificed all of them above** the red line, **half** of the birds **are fit,** as in any event the burnt offerings have been sacrificed properly, **and half are disqualified.** Likewise, if he sacrificed **all of them below** the red line, **half are fit,** as in any event the sin offerings were sacrificed properly, **and half are disqualified.** If he sacrificed **half of** every pair **above** the red line **and half of** it **below,** but it is unclear which bird he sacrificed above and which he sacrificed below, **only** the **unspecified** pair is **fit,**[N] as by sacrificing one above and one below the priest has in effect designated them. **And** since the women brought the birds jointly, the fit pair **is divided between them,**[N] one bird counting toward the obligation of each woman.

וְאִילּוּ מְפוֹרָשִׁין – לָא. וְאַמַּאי? נְהִי נַמִי דְּעוֹלָה קָרְבָה לְמַטָּה, תִּימְשׁוֹךְ וְתֶיהֱוֵי חַטַּאת הָעוֹף!

The mishna teaches that only the unspecified pair is fit, **while** the **specified** birds are **not,** as perhaps each bird was sacrificed on the wrong side of the red line and disqualified. **But why**[N] should that be the *halakha*? According to Rav Adda bar Ahava's explanation of Rabbi Yehoshua's principle, **even** if the **burnt offering was indeed sacrificed below** the red line, **it should be removed** from its status as a burnt offering **and become a bird sin offering.**

וְכִי תֵּימָא: הָא דְּלָא כְּרַבִּי יְהוֹשֻׁעַ – וּמִי מָצֵית אָמְרַתְּ הָכִי?

And if you would say that **this** mishna **is not in accordance with** the opinion of **Rabbi Yehoshua, how can you say that?**

תָּא שְׁמַע: הָאִשָּׁה שֶׁאָמְרָה ״הֲרֵי עָלַי קֵן אִם אֵלֵד זָכָר״, יָלְדָה זָכָר – מְבִיאָה שְׁתֵּי קִינִּים, אַחַת לְנִדְרָהּ וְאַחַת לְחוֹבָתָהּ.

The Gemara explains: **Come** and **hear** evidence that the *mishnayot* in tractate *Kinnim* are in accordance with the opinion of Rabbi Yehoshua from another mishna in the same chapter (24b): The mishna discusses the case of **a woman who said:** It is incumbent **upon me** to bring **one nest,** i.e., one pair of bird offerings, **if I give birth to a male**[H] child. Since all women who give birth must bring one pair of birds in any event, **if she** ultimately **gave birth to a male, she must bring two nests, one for her vow and one for her obligation.**

HALAKHA

A sin offering and a burnt offering and the second pair was unspecified and the third pair was specified – חַטָּאת וְעוֹלָה וּסְתוּמָה וּמְפוֹרֶשֶׁת: In a case where two people jointly brought three pairs, one of which consisted entirely of burnt offerings, the second entirely of sin offerings, and the third of a burnt offering and a sin offering, but they did not designate which bird of the third pair was which, if the priest sacrificed all of them above the red line or all of them below, half are fit and half are disqualified. If he sacrificed half of them above the red line and half below, the first two pairs are disqualified, as the first may have been sacrificed below the red line and the second above. The third pair is fit, and it is split between the two owners, in accordance with the ruling of the mishna (Rambam *Sefer Avoda, Hilkhot Pesulei HaMukdashin* 8:10–11).

It is incumbent upon me to bring one nest if I give birth to a male – הֲרֵי עָלַי קֵן אִם אֵלֵד זָכָר: If a woman vowed to bring a pair of birds if she gave birth to a male and in fact gave birth to a male, she must bring two pairs, one of two burnt offerings for her vow and one of a burnt offering and a sin offering for her obligation. If she brought both pairs of one species of bird, and the priest mistakenly sacrificed two of the birds above the red line and two below, she must bring an additional bird burnt offering to replace the one disqualified. If she had instead brought one pair of doves and one pair of pigeons, she must now bring one burnt offering of each species to ensure that she fulfills both her vow and her obligation, in accordance with the ruling of the mishna (Rambam *Sefer Avoda, Hilkhot Pesulei HaMukdashin* 10:1).

NOTES

Only the unspecified pair is fit – אֵינָהּ כְּשֵׁירָה אֶלָּא סְתוּמָה: According to Rashi, this is the *halakha* if it is certain that the priest split that pair and sacrificed one above the red line and one below. If not, one would have to suspect that the priest sacrificed both of the birds above or both below, disqualifying one of them. By contrast, the Ra'avad and Ba'al HaMaor understand the mishna as addressing a case where the identity of the birds was completely unknown. Rabbi Shimshon of Saens explains that even if both members of the unspecified pair were sacrificed above the red line such that only its burnt offering was fit, it is still inevitable that a sin offering from one of the other pairs will have been sacrificed below the red line, and vice versa. Therefore, one burnt offering and one sin offering will be fit in any event, and while they may not both be from the unspecified pair itself, the mishna uses the term loosely (*Shita Mekubbetzet*).

And the fit pair is divided between them – וּמִתְחַלֶּקֶת בֵּינֵיהֶן: According to Rambam and Rabbi Ovadya Bartenura, the women themselves may decide which offering will be attributed to whom (*Tiferet Yisrael*). Rashi explains that it is unknown which offering must be attributed to which woman. They therefore must jointly bring another two birds and sacrifice one as a burnt offering and one as a sin offering, and they must stipulate that each offering will satisfy the obligation of the one needing to sacrifice that offering. According to Rabbi Shimshon of Saens, it could even be the case that both fit offerings must be attributed to the same woman, in which case the stipulation for the replacement pair will be more complex.

But why – וְאַמַּאי: Rashi notes that this question is being asked about the pair for which it was specified which type of offering each bird was, but not which woman's obligation each bird would satisfy, since it has already been established that Rabbi Yehoshua's principle does not go so far as to let an offering satisfy the obligation of anyone other than its owner.

LANGUAGE

Bird [*perida*] – פְּרִידָה: In Hebrew, this word denotes a single entity, i.e., a single bird of a pair. Some claim that the word has its roots in the Greek πτερίδιος, *pteridios*, meaning winged.

HALAKHA

Specified her vow – פֵּרְשָׁה נִדְרָה: If the woman brought two pairs of the same species to the priest and specified which was to be for her vow and which was to be for her obligation, and the priest may have sacrificed one entire pair below the red line and one above, she must bring two burnt offerings and one sin offering to ensure she fulfills both her vow and her obligation. If she had instead brought one pair of doves and one pair of pigeons and specified that the doves were for her vow, she must now bring four birds: Two burnt offerings of doves to ensure she fulfills her vow, and two of either species for a burnt offering and sin offering to fulfill her obligation, in accordance with the ruling of the mishna (Rambam *Sefer Avoda, Hilkhot Pesulei HaMukdashin* 10:2).

נְתָנְתָן לַכֹּהֵן, הַכֹּהֵן צָרִיךְ לַעֲשׂוֹתָן שָׁלֹשׁ לְמַעְלָה וְאַחַת לְמַטָּה.

If **she gave them to the priest** without specifying which bird is to be which type of offering, **the priest must sacrifice three above** the red line **and one below.** This is because the obligatory pair must consist of a burnt offering and a sin offering, while a pair of birds brought to fulfill a vow must consist of two burnt offerings.

לֹא עָשָׂה כֵּן, אֶלָּא עָשָׂה שְׁתַּיִם לְמַעְלָה וּשְׁתַּיִם לְמַטָּה, וְלֹא נִמְלַךְ – צְרִיכָה שֶׁתָּבִיא עוֹד פְּרִידָה אַחַת וְתַקְרִיבֶנָּה לְמַעְלָה;

If the priest **did not do so,** but **rather,** thinking that both pairs were obligatory, **sacrificed two above and two below, and** he **did not consult** the woman before sacrificing them, **she must bring one more bird** [*perida*][L] **and sacrifice it above** the red line to satisfy her remaining obligation.

מִמִּין אֶחָד, וּמִשְּׁנֵי מִינִין – תָּבִיא שְׁתַּיִם.

This is the *halakha* only if both pairs were **of the same species** of bird, either doves or pigeons; **but** if the two pairs were **of two** different **species,** and the priest does not remember which pair he sacrificed first, **she must bring two**[N] more birds, one of each species. Whichever pair was sacrificed first is deemed the obligatory pair, and the woman must bring a bird of the other species to satisfy her remaining obligation of a burnt offering. But since it is not known which species of bird that is, she must bring one of each.

פֵּרְשָׁה נִדְרָה – [צְרִיכָה] לְהָבִיא עוֹד שָׁלֹשׁ פְּרִידִין;

If the woman initially **specified** which species of bird she would bring for **her vow**[HN] but subsequently forgot what species she specified, and she then brought two pairs of a single species, and the priest mistakenly sacrificed two birds above the red line and two below, then **she must bring three more birds,** all as burnt offerings. One must be of the species she brought, to replace the bird mistakenly sacrificed below, and the other two must be of the other species, in case that was the species she specified in the first place.

מִמִּין אֶחָד, וּמִשְּׁנֵי מִינִין – תָּבִיא אַרְבַּע.

This is the *halakha* only if both pairs that she brought were **of the same species. But** if they were **of two** different **species,** and the priest does not remember which pair he sacrificed first, **she must bring four,** two of each species. This is because no matter which species she specified, the priest may have sacrificed the pair of that species first, leaving none of that species to satisfy even part of her vow. She therefore may still need to satisfy an entire vow of either species.

קָבְעָה נִדְרָה

The mishna continues: If, besides forgetting which species of bird she specified to bring for her vow, the woman also **committed** to sacrificing the birds of **her vow**[N] together with the burnt offering of the obligatory pair, but the priest mistakenly sacrificed two birds above the red line and two below,

NOTES

But if they were of two different species she must bring two – וּמִשְּׁנֵי מִינִין תָּבִיא שְׁתַּיִם: The explanation here follows Rashi, who holds that one cannot bring two birds of different species to satisfy one vow. Since one burnt offering has already counted toward the vow, the second burnt offering must match it in species. According to the Rambam, two birds of different species may satisfy one vow, although they still may not be brought as an obligatory pair. The Rambam therefore explains the case as follows: The priest in fact sacrificed both birds of one pair above the line and both others below. The two sacrificed above the line satisfy the vow in full. Of those sacrificed below, one counts toward the obligation as a sin offering, and the other is disqualified. The woman must bring another burnt offering of the same species as the sin offering to satisfy her obligation, but since it is unknown which species that is, she must bring one of each (*Tiferet Yisrael*). The Rambam interprets the continuation of the mishna in the same vein.

Specified her vow, etc. – פֵּרְשָׁה נִדְרָה וכו׳: The explanation here follows Rashi. The Rambam explains the case as follows: The woman did not specify the species of bird to bring for her vow; rather, she specified to the priest which pair to sacrifice for her vow and which for her obligation. The priest sacrificed one pair in its entirety below the red line and one above without paying attention to which he sacrificed where. No matter which pair the priest sacrificed above the line, at least one burnt offering will have been fit, counting either toward her obligation or toward her vow. The woman must therefore replace the remainder by bringing another two burnt offerings and a sin offering. If instead, the woman brought one pair of each species and specified one of them, e.g., doves, for her vow, she must bring four birds, per the following logic: If the doves were sacrificed below the red line and disqualified, she must bring two doves as burnt offerings to replace her vow and a pigeon as a sin offering to replace the disqualified obligatory sin offering. But if the doves were sacrificed above the red line, the obligatory burnt offering was disqualified, and she now must bring a pigeon as a burnt offering to replace it. Consequently she is forced to replace all four birds to satisfy both her vow and her obligation.

Committed her vow – קָבְעָה נִדְרָה: The explanation here follows Rashi. The Rambam explains the phrase to mean that she specified which species of bird to bring for her vow, much as Rashi interpreted the previous case.

צְרִיכָה שֶׁתָּבִיא עוֹד חָמֵשׁ פְּרִידִין לְמַעְלָה,

she must bring another five birds and sacrifice them all **above** the red line as burnt offerings. Since her commitment was not satisfied, she has not fulfilled even part of her vow. She must therefore bring two burnt offerings of each species to ensure that she fulfills her vow, and she must bring another bird to replace the initial obligatory burnt offering and fulfill her commitment to bring them together.

מִמִּין אֶחָד. וּמִשְּׁנֵי מִינִין – תָּבִיא שֵׁשׁ.

This is the *halakha* only if both pairs that she brought were **of the same species. But** if they were **of two** different **species,** and the priest does not remember which he sacrificed first as the obligatory pair, **she must bring six,** two of each species to ensure that she fulfills her vow, and one more of each species to ensure that she properly replaces the original burnt offering of the obligatory pair and fulfills her commitment.

נְתָנָתַן לַכֹּהֵן, וְאֵינָהּ יוֹדַעַת מַה נָּתְנָה, הָלַךְ הַכֹּהֵן וְעָשָׂה, וְאֵינוֹ יוֹדֵעַ מָה עָשָׂה – צְרִיכָה אַרְבַּע פְּרִידִין לְנִדְרָהּ, וּשְׁתַּיִם לְחוֹבָתָהּ, וְחַטָּאת אַחַת.

If the woman specified the species of bird for her vow but then forgot which species she specified, and **she gave** two pairs of birds **to the priest**[N] **but does not know** now **what** species **she gave,** or even if she gave him one or two species of birds, and **the priest went and sacrificed** the birds **but does not know** now **what he sacrificed** where, in this case, **she must** bring seven birds, as follows: **Four birds,** two of each species, **for her vow; and two** more birds, one of each species, **for her obligatory** burnt offering, in case the priest sacrificed a sin offering of a certain species and the burnt offering must now match that species; **and one sin offering** of either species, in case the priest sacrificed them all as burnt offerings.

בֶּן עַזַּאי אוֹמֵר: שְׁתֵּי חַטָּאוֹת.

Ben Azzai says she must bring **two sin offerings,** one of each species, as he holds that if the priest sacrificed a bird of a certain species specifically as the obligatory burnt offering, the sin offering must now match that species.

אָמַר רַבִּי יְהוֹשֻׁעַ: זֶהוּ שֶׁאָמְרוּ: כְּשֶׁהוּא חַי – קוֹלוֹ אֶחָד, וּכְשֶׁהוּא מֵת – קוֹלוֹ שִׁבְעָה.

The mishna concludes: **Rabbi Yehoshua said** that there is a parable that explains this situation: **This is what** people **say** about a sheep: **When it is alive it** makes **one sound, and when it is dead it** makes **seven sounds.** Its two horns become trumpets, its two shinbones become flutes, its skin becomes a drumhead, its large intestines become harp strings, and its small intestines become lyre strings. Here too, because of the uncertainty as to what had occurred, the woman must bring seven extra birds. Since Rabbi Yehoshua summarizes the mishna, the *mishnayot* in this chapter must be in accordance with his opinion. According to Rav Adda bar Ahava's explanation of Rabbi Yehoshua's principle, burnt offerings of birds sacrificed as sin offerings become valid sin offerings. Why then, according to these *mishnayot,* are they disqualified?

אֵימַר דַּאֲמַר רַבִּי יְהוֹשֻׁעַ לְאַפּוּקַהּ מִידֵּי מְעִילָה, לְמֵיסַק לֵיהּ לְחוֹבָה מִי אֲמַר?

The Gemara responds: Rav Adda bar Ahava's explanation is not at odds with these *mishnayot*; while it is reasonable to **say,** i.e., to explain, **that Rabbi Yehoshua said** that the offering becomes a sin offering insofar as **to exclude** one who derives benefit from **it from** liability for **misuse** of consecrated property, **did he say** that it becomes a sin offering so expansively as **to** indicate that it would **satisfy** the owner's **obligation?**[H] In the cases in the *mishnayot* in *Kinnim,* all burnt offerings that were sacrificed as sin offerings are not subject to the *halakhot* of misuse of consecrated property, but the women must nevertheless bring replacement offerings.

NOTES

She gave them to the priest, etc. – נְתָנָתַן לַכֹּהֵן וכו׳: According to Rashi, this is a continuation of the previous case. Here too, the woman both specified the species of bird to bring for her vow and committed to bringing all the burnt offerings at once. The difference is that in this case the priest may not have split each pair and sacrificed one above and one below; he may have sacrificed an entire pair below and an entire pair above or sacrificed all the birds on either side of the line. According to the Rambam, the woman specified what species of bird to bring for her vow and forgot, and she then also designated which of the pairs she brought was to satisfy her vow and which her obligation.

HALAKHA

To satisfy the owner's obligation – לְמֵיסַק לֵיהּ לְחוֹבָה: A bird burnt offering whose nape was pinched below the red line according to the procedure of a sin offering for the sake of a sin offering is not subject to misuse. This is because its status has changed to a sin offering, for which there is no misuse. Nevertheless, it does not satisfy its owner's obligation, in accordance with the conclusion of the Gemara (Rambam *Sefer Avoda, Hilkhot Me'ila* 3:7).

מתני׳ כָּל הַפְּסוּלִין שֶׁמָּלְקוּ – מְלִיקָתָן פְּסוּלָה, וְאֵינוֹ מְטַמֵּא בְּבֵית הַבְּלִיעָה. מָלַק בִּשְׂמֹאל אוֹ בַלַּיְלָה, שָׁחַט חוּלִּין בִּפְנִים וְקָדָשִׁים בַּחוּץ – אֵינָן מְטַמְּאוֹת בְּבֵית הַבְּלִיעָה.

MISHNA With regard to **any** of those people **disqualified** from performing the Temple service **who pinched**[H] the nape of a bird offering, **their pinching is not valid, but** the offering's meat **does not render** one who swallows it **ritually impure**[N] when it is **in the throat,** as would the meat of a kosher bird that was not ritually slaughtered. If a priest **pinched** it **with** the thumbnail of his **left** hand,[H] **or** if he pinched it **at night,** or if **he slaughtered a non-sacred** bird **inside** the Temple courtyard **or a sacrificial** bird **outside**[N] the Temple courtyard, in all these cases, although it is prohibited to consume these birds, **they do not render** one **ritually impure** when they are **in the throat,** as the halakhic status of pinching is like that of slaughtering.

מָלַק בְּסַכִּין, מָלַק חוּלִּין בִּפְנִים וְקָדָשִׁים בַּחוּץ,

If **he pinched with a knife**[H] and not with his thumbnail; or if **he pinched a non-sacred** bird **inside** the Temple courtyard **or a sacrificial** bird **outside**[N] the Temple courtyard;

HALAKHA

Any of those disqualified from Temple service who pinched – כָּל הַפְּסוּלִין שֶׁמָּלְקוּ: If anyone disqualified from performing Temple service pinched the nape of a bird offering, the pinching is not valid. Nevertheless, the bird is not considered a carcass, and its meat does not render one who swallows it ritually impure when it is in his throat (Rambam *Sefer Avoda, Hilkhot Pesulei HaMukdashin* 7:1).

Pinched with his left hand, etc. – מָלַק בִּשְׂמֹאל וכו׳: If the priest pinched the nape of a bird offering at night, or if he slaughtered a non-sacred bird within the Temple courtyard or a consecrated bird outside of it, the bird is not considered a carcass, in accordance with the mishna. This is also the case if the priest pinched with his left hand (Rambam *Sefer Avoda, Hilkhot Pesulei HaMukdashin* 7:1 and Mahari Kurkus there, and *Sefer Tahara, Hilkhot She'ar Avot HaTumot* 3:12).

Pinched with a knife, etc. – מָלַק בְּסַכִּין וכו׳: If a priest pinched the nape of a bird offering with a knife, or if he pinched a non-sacred bird within the Temple courtyard or a consecrated bird outside of it, the bird is considered a carcass, in accordance with the mishna (Rambam *Sefer Avoda, Hilkhot Pesulei HaMukdashin* 7:3 and *Sefer Tahara, Hilkhot She'ar Avot HaTumot* 3:12).

NOTES

But it does not render one who swallows it ritually impure, etc. – וְאֵינוֹ מְטַמֵּא וכו׳: Generally speaking, animals that die without having been properly slaughtered are considered carcasses, the meat of which may not be eaten and which transmit ritual impurity. Pinching a bird's nape is not considered proper slaughter, and pinched birds are therefore considered carcasses. Offerings of birds in the Temple are the exceptions to this rule, as the Torah specified pinching as the proper method of slaughter for bird offerings. This mishna teaches that in certain cases a pinched bird offering will not be fit for consumption but pinching will still be considered to have been its proper method of slaughter. Consequently, despite being disqualified, the offering will not be considered a carcass for purposes of ritual impurity.

Slaughtered a non-sacred bird inside the Temple courtyard or a sacrificial bird outside – שָׁחַט חוּלִּין בִּפְנִים וְקָדָשִׁים בַּחוּץ: Generally speaking, slaughter always prevents a bird from assuming the status of a carcass, even bird offerings that should have been pinched (see 69a). It follows that even if one slaughtered a consecrated bird in the Temple, its meat would not transmit ritual impurity.

Pinched a non-sacred bird inside the Temple courtyard or a sacrificial bird outside – מָלַק חוּלִּין בִּפְנִים וְקָדָשִׁים בַּחוּץ: Even if one pinched the nape of a non-sacred bird outside the Temple, the meat will still transmit ritual impurity, since pinching is considered the proper method of slaughter only for consecrated birds inside the Temple (see Rambam's Commentary on the Mishna).

תּוֹרִין שֶׁלֹּא הִגִּיעַ זְמַנָּן וּבְנֵי יוֹנָה שֶׁעָבַר זְמַנָּן, שֶׁיָּבְשָׁה גַּפָּהּ, שֶׁנִּסְמֵית עֵינָהּ, וְשֶׁנִּקְטְעָה רַגְלָהּ – מְטַמֵּא בְּבֵית הַבְּלִיעָה.

or if he pinched **doves whose time** of fitness for sacrifice **has not** yet **arrived,**[H] as they are too young to be sacrificed; **or if he** pinched **pigeons**[B] **whose time** of fitness **has passed,** as they are too old; or if he pinched the nape of a fledgling **whose wing was withered,**[N] or **whose eye was blinded, or whose leg was severed;** in all these cases, although the bird's nape was pinched, **it renders** one who swallows it **ritually impure** when it is **in the throat.**

זֶה הַכְּלָל: כׇּל שֶׁפְּסוּלוֹ בַּקּוֹדֶשׁ – אֵינוֹ מְטַמֵּא בְּבֵית הַבְּלִיעָה, לֹא הָיָה פְּסוּלוֹ בַּקּוֹדֶשׁ – מְטַמֵּא בְּבֵית הַבְּלִיעָה.

This is the principle:[H] The meat of **any** bird that was initially fit for sacrifice and **whose disqualification** occurred in the course of the service **in the sacred** Temple courtyard **does not render** one who swallows it **ritually impure** when it is **in the throat.** The meat of any bird **whose disqualification did not occur in the sacred** area, but rather was disqualified before the service began, **renders** one **ritually impure** when it is **in the throat.**

גמ׳ אָמַר רַב: שְׂמֹאל וְלַיְלָה – אֵין מְטַמְּאִין בְּבֵית הַבְּלִיעָה, זָר וְסַכִּין – מְטַמְּאִין בְּבֵית הַבְּלִיעָה.

GEMARA **Rav says:** Pinching with the thumbnail of **the left** hand **and** pinching at **night do not** cause the offering's meat to **render** one who swallows it **ritually impure** when it is **in the throat** as would the carcass of an unslaughtered bird; but pinching by **a non-priest**[H] **and** pinching, i.e., cutting from the nape of the neck, with **a knife** rather than the fingernail do cause the meat to **render** one **ritually impure** when it is **in the throat.**[N]

מַאי שְׁנָא שְׂמֹאל – דְּאִית לֵיהּ הֶכְשֵׁירָה בְּיוֹם הַכִּפּוּרִים, וְלַיְלָה – אִית לֵיהּ הֶכְשֵׁירָה בְּאֵיבָרִים וּפְדָרִים; זָר נַמִי אִית לֵיהּ הֶכְשֵׁירָה בִּשְׁחִיטָה! שְׁחִיטָה לָאו עֲבוֹדָה הִיא.

The Gemara challenges: **What is different** about the first two cases that prevents the bird from assuming the status of a carcass? Temple service with the **left** hand **has** an instance of **validity** during the service **on Yom Kippur,** when the High Priest enters the Holy of Holies holding the spoon of incense in his left hand. **And** Temple service at **night has** an instance of **validity in** the burning of **limbs and fats** of offerings on the altar, which may be burned throughout the night. But **a non-priest also has** an instance of **validity in** the **slaughter**[H] of animal offerings. Why then does Rav rule that pinching by a non-priest renders the bird a carcass? The Gemara answers: **Slaughter is not** considered a full-fledged sacrificial **rite,** and therefore it cannot be compared to pinching.

HALAKHA

Doves whose time of fitness has not yet arrived – תּוֹרִין שֶׁלֹּא הִגִּיעַ זְמַנָּן: If the priest pinched a dove whose time of fitness had not yet arrived, or a pigeon whose time of fitness had passed, or a bird with a withered wing or a blinded eye or a severed leg, the bird is considered a carcass and transmits ritual impurity, in accordance with the ruling of the mishna (Rambam *Sefer Avoda, Hilkhot Pesulei HaMukdashin* 7:2).

This is the principle – זֶה הַכְּלָל: Any bird offering that was disqualified in the sacred area is not considered a carcass, and any bird offering that was not disqualified in the sacred area is considered a carcass, in accordance with the ruling of the mishna (Rambam *Sefer Avoda, Hilkhot Pesulei HaMukdashin* 7:2).

Non-priest – זָר: The Rambam does not rule explicitly as to whether the pinching of a non-priest renders the bird a carcass. It seems that that he rules in accordance with the opinion of Rabbi Yoḥanan that it does not, as he paraphrases the language of the mishna that the pinching of any of those disqualified for Temple service does not render the bird a carcass. Similarly, he rules that a bird pinched by a non-priest that ascended onto the altar shall not descend, indicating that this is considered a disqualification within the sacred area. The Rambam also generally rules in accordance with the opinion of Rabbi Yoḥanan in his disputes with Rav (Rambam *Sefer Avoda, Hilkhot Pesulei HaMukdashin* 3:15, 7:1).

Non-priest…in slaughter – זָר...בִּשְׁחִיטָה: The slaughter performed by non-priests is valid even for offerings of the most sacred order, and even for communal offerings. This is derived from the verse: "And he shall slaughter the bull before the Lord; and Aaron's sons, the priests, shall present the blood" (Leviticus 1:5), which teaches that the service of the priests begins only with the collection of the blood (Rambam *Sefer Avoda, Hilkhot Biat HaMikdash* 9:6).

BACKGROUND

Doves or pigeons – תּוֹרִין וּבְנֵי יוֹנָה: The pigeon mentioned here is the domestic pigeon, *Columba livia domestica*, and the dove mentioned is the European turtle dove, *Streptopelia turtur*, a migratory bird from the family Columbidae that can be seen in Eretz Yisrael during the spring and late summer. The Torah specifies that offerings of pigeons must be young, and it is inferred by contrast that offerings of doves must be mature. The mishna in tractate *Ḥullin* (22a) stipulates that the boundary age for both is an early stage of development at which the certain feathers begin to turn yellow in pigeons or ruddy in doves. Before this point doves are disqualified for sacrifice, and pigeons are disqualified beyond it.

Turtledove

Pigeons

NOTES

Whose wing was withered, etc. – שֶׁיָּבְשָׁה גַּפָּה וכו׳: The Torah commands that animal offerings be unblemished but makes no such demand with regard to bird offerings. Nevertheless, in tractate *Kiddushin* (24b) the Sages derive from the verse: "And if his offering to the Lord is a bird burnt offering" (Leviticus 1:14), that some blemishes disqualify even birds, such as a withered wing, a severed leg, or a blinded eye, since no animal missing a limb may be sacrificed on the altar. *Tosafot* explain that this is the *halakha* specifically if the eye was removed, but others understand that being blind in and of itself qualifies as the lack of a limb.

Pinching by a non-priest…cause the meat to render one ritually impure when it is in the throat – זָר...מְטַמְּאִין בְּבֵית הַבְּלִיעָה: Rashi explains that this statement includes others disqualified for Temple service, such as an acute mourner or one who is uncircumcised. According to this understanding, Rav is not in accordance with the mishna but rather with a divergent opinion among the Sages (see *Tosefta, Zevaḥim* 7:23). According to the Rid, Rav is referring only to non-priests and holds that they do not fall into the category of disqualified persons mentioned in the mishna. Accordingly, the disagreement between Rav and Rabbi Yoḥanan is whether or not non-priests are considered part of that category.

וְלָא? וְהָא אָמַר רַבִּי זֵירָא: שְׁחִיטַת פָּרָה בְּזָר פְּסוּלָה, וּמַחְוֵי רַב עֲלַהּ: ״אֶלְעָזָר״ וְ״חוּקָּה״!

The Gemara asks: **And** is it **not** a full-fledged rite? **But doesn't Rabbi Zeira say** that **the slaughter of** a red **heifer**[B] **by a non-priest**[H] **is not valid,** which indicates that it is a full-fledged rite? **And Rav showed** a source in the Torah **for** this *halakha*: The verses concerning the red heifer mention both **Elazar** the priest as performing the slaughter **and** the word **"statute,"** which is mentioned in the verse: "This is the statute of the law" (Numbers 19:2), teaching that Elazar's involvement was halakhically required.

שָׁאנֵי פָּרָה, דְּקׇדְשֵׁי בֶּדֶק הַבַּיִת הִיא.

The Gemara answers: The red **heifer is different, as it** has the halakhic status of an item **consecrated for Temple maintenance**[BH] rather than for sacrifice on the altar. Therefore, its slaughter cannot teach the *halakha* concerning an actual offering.

וְלָא כׇּל דְּכֵן הוּא: קׇדְשֵׁי בֶּדֶק הַבַּיִת בָּעוּ כְּהוּנָּה, קׇדְשֵׁי מִזְבֵּחַ מִיבַּעְיָא?

The Gemara asks: **But** can **it not** be inferred ***a fortiori*** that slaughter is a sacrificial rite? If animals that have the status of items **consecrated for Temple maintenance,** which are of lesser sanctity, **require** slaughter by the **priesthood, is** it **necessary** to say that the slaughter of animals **consecrated for** sacrifice on the **altar,** which are of greater sanctity, is a sacrificial rite that should require a priest? Apparently, the fact that non-priests may slaughter offerings proves that certain sacrificial rites apply to them.

אָמַר רַב שִׁישָׁא בְּרֵיהּ דְּרַב אִידִי: מִידֵּי דַּהֲוָה אַמַּרְאוֹת נְגָעִים, דְּלָאו עֲבוֹדָה הִיא, וּבָעֲיָא כְּהוּנָּה.

Rav Sheisha, son of Rav Idi, said: The slaughter of a red heifer does not constitute Temple service at all, and therefore it cannot be compared to the slaughter of an offering. The *halakha* is **just as it is with regard to** the examination of the **shades of** leprous **marks,**[BH] **which** does **not** constitute Temple **service but requires** a declaration of purity or impurity by the **priesthood.**

וְנֵילַף מִבָּמָה!

The Gemara asks: **But let us derive from** the *halakha* of a private **altar,** which was a valid medium for sacrificing offerings before the Temple was built, where non-priests were permitted to pinch the napes of bird offerings, that there is a circumstance in which pinching by non-priests is valid. Why then does the bird assume the status of a carcass when the pinching is performed by a non-priest?

מִבָּמָה לָא יָלֵיף.

The Gemara answers: **One cannot derive** the *halakhot* of the Temple service **from** the *halakhot* of a private **altar,** which was considered non-sacred by comparison.

וְלָא? וְהָתַנְיָא: מִנַּיִן לַיּוֹצֵא, שֶׁאִם עָלָה לֹא יֵרֵד – שֶׁהֲרֵי יוֹצֵא כָּשֵׁר בְּבָמָה!

The Gemara asks: **And** can one **not** derive the *halakhot* of the Temple service from the *halakhot* of a private altar? **But isn't it taught** in a *baraita*: **From where** is it derived **with regard to** an item, e.g., the limbs of an offering, which **emerged** from the Temple courtyard and was thereby rendered unfit for sacrifice upon the altar, **that if** it nevertheless **ascended** upon the altar **it shall not descend?** It is derived from the fact **that** an item that **emerged is valid** for sacrifice **on** a private **altar.** This indicates that one can learn from the *halakhot* of a private altar with regard to the Temple service.

BACKGROUND

Red heifer – פָּרָה: In order to render one impure from ritual impurity imparted by a human corpse, one must undergo purification by means of water mixed with the ashes of a red heifer (see Numbers, chapter 19). This heifer and all of its hairs must be entirely red, and even two black hairs disqualify it for this ritual. Similarly, it may not have any blemishes, nor may it have been used for any labor. The red heifer was slaughtered on the Mount of Olives outside Jerusalem, and its blood was sprinkled seven times in the direction of the Temple. Its body was then burned on a special pyre, to which cedar-wood, hyssop, and crimson wool were added (see Numbers 19:6). The ashes from this pyre were then gathered and mixed in a vessel with water drawn from a spring. Three hyssop branches were dipped in the water which was then sprinkled on the impure person. A single drop from the mixture suffices to purify the individual, and it does not matter where on his body the water lands.

Sprinkling the water of the red heifer

Item consecrated for Temple maintenance – קׇדְשֵׁי בֶּדֶק הַבַּיִת: The red heifer is not considered an offering. This is evidenced by its place of slaughter, which is not in the Temple, but on the Mount of Olives. The distinction that generally applies to offerings between acts that are considered rites and must be performed by a priest and those that are not considered rites and may be performed by a non-priest does not hold with regard to the red heifer. Rather, the entire rite of the red heifer must be performed by a priest. Since the red heifer was consecrated, it has the level of sanctity of other items consecrated for Temple maintenance, but since it is slaughtered for a sacred purpose many of the *halakhot* of offerings apply to it (Meiri).

Leprous marks – נְגָעִים: Leprosy is one of the primary sources of ritual impurity and is particularly severe in that it imparts ritual impurity to items found in the same enclosure, as would a corpse. Although traditionally translated as leprosy, the affliction referred to in the Torah is not necessarily the medical equivalent of that disease. The *halakhot* governing these symptoms are articulated at length in Leviticus, chapters 13–15, and in the Mishna, in tractate *Nega'im*. There are several types of leprosy, such as that of the skin, the hair, of articles of clothing, and of houses. When a mark appears, it is examined by a priest, and only a priest is authorized to determine whether to quarantine the affected person for a certain period or to declare immediately that the mark is or is not leprosy. While the Jewish people were in the wilderness, one afflicted with leprosy was sent out of the camp until the affliction was cured. In Eretz Yisrael lepers were sent out of walled cities. A cured leper undergoes specific rites outside the city as well as a special purification ceremony in the Temple itself which includes bringing several offerings.

Chamber in the Temple where lepers would immerse

HALAKHA

Slaughter of a red heifer by a non-priest – שְׁחִיטַת פָּרָה בְּזָר: Even the slaughter of a red heifer is valid when performed by a non-priest, as in all instances of slaughter, in accordance with the opinion of Rabbi Yoḥanan in tractate *Yoma* 43b (Rambam *Sefer Avoda*, *Hilkhot Pesulei HaMukdashin* 1:2).

The red heifer is…an item consecrated for Temple maintenance – פָּרָה דְּקׇדְשֵׁי בֶּדֶק הַבַּיִת: The red heifer is considered an item consecrated for Temple maintenance. Nevertheless, because it is called a sin offering in the Torah, it is disqualified if it possesses a blemish that would disqualify an offering. One who derives benefit from the red heifer before it has been burned is also liable for misuse of consecrated property (Rambam *Sefer Avoda*, *Hilkhot Me'ila* 2:4 and Mahari Kurkus there, and *Sefer Tahara*, *Hilkhot Para Aduma* 1:7).

Shades of leprous marks – מַרְאוֹת נְגָעִים: Although anyone may inspect a mark, only a priest has the prerogative to declare it impure as leprosy. Consequently a priest who is not knowledgeable as to the appearance of leprosy may consult with one knowledgeable about these matters, who will advise him as to whether to declare the mark pure or impure or to quarantine the affected person. The priest, even if he is a minor or mentally incompetent, must issue the final declaration, in accordance with the verse (Deuteronomy 21:5): "According to their word shall every controversy and every stroke be" (Rambam *Sefer Tahara*, *Hilkhot Tumat Tzara'at* 9:2).

תַּנָּא אַ״זֹאת תּוֹרַת הָעוֹלָה״ סָמֵיךְ לֵיהּ.

The Gemara answers: The *tanna* of that *baraita* **relies on** the verse: "**This is the law of the burnt offering** [*ha'ola*]" (Leviticus 6:2),[N] from which it is derived that any item that ascends [*ola*] upon the altar shall not descend from it, even if it was disqualified. In other words, the verse is the actual source for the *halakha* of the *baraita*, whereas the case of a private altar is cited merely in support of this ruling.

וְרַבִּי יוֹחָנָן אָמַר: זָר – אֵין מְטַמֵּא אַבֵּית הַבְּלִיעָה, סַכִּין – מְטַמֵּא אַבֵּית הַבְּלִיעָה.

Until this point the Gemara has discussed the opinion of Rav, who holds that the pinching of a non-priest renders the bird a carcass with regard to ritual impurity. **But Rabbi Yoḥanan says:** If **a non-priest** pinched the nape of a bird offering, the meat **does not render** one who swallows it **ritually impure** when it is **in the throat;**[N] but if a priest pinched it, i.e., cut it from the nape of the neck, with a **knife,** the meat **renders** one **ritually impure** when it is **in the throat.**

תְּנַן: כׇּל הַפְּסוּלִין שֶׁמָּלְקוּ – מְלִיקָתָן פְּסוּלָה. בִּשְׁלָמָא לְרַבִּי יוֹחָנָן, ״כׇּל״ – לְאֵיתוּיֵי זָר. אֶלָּא לְרַב, ״כׇּל״ לְאֵיתוּיֵי מַאי?

The Gemara brings proof for the opinion of Rabbi Yoḥanan from that which **we learned** in the mishna: If **any** of those **disqualified** for Temple service **pinched** the nape of a bird offering, **their pinching is not valid,** but the meat does not render one who swallows it ritually impure when it is in the throat. **Granted, according to Rabbi Yoḥanan,** the word: **Any,** is written **to add** that even the pinching of **a non-priest** does not render the bird a carcass. **But according to Rav,** who holds that it does render the bird a carcass, **what is added** by the word: **Any?**

(לָאו) לְאֵיתוּיֵי שְׂמֹאל וְלַיְלָה? שְׂמֹאל וְלַיְלָה בְּהֶדְיָא קָתָנֵי! תָּנֵי וְהָדַר מְפָרֵשׁ.

The Gemara answers: It is written **to add** pinching with the **left** hand **or** pinching at **night.** The Gemara challenges: The word: Any, is unnecessary with regard to teaching the cases of pinching with the **left** hand **and** pinching at **night,** as **they are taught** in the mishna **explicitly.** The Gemara answers: According to Rav, the word: Any, is not meant to add a specific case. Rather the mishna **teaches** the principle **and then explains** using specific examples.

תָּא שְׁמַע: זֶה הַכְּלָל, כׇּל שֶׁהָיָה פְּסוּלוֹ בַּקּוֹדֶשׁ – אֵינוֹ מְטַמֵּא בְּגָדִים אַבֵּית הַבְּלִיעָה. בִּשְׁלָמָא לְרַבִּי יוֹחָנָן ״כׇּל״ – לְאֵיתוּיֵי זָר, אֶלָּא לְרַב לְאֵיתוּיֵי מַאי?

The Gemara suggests: **Come** and **hear** proof from the continuation of the mishna: **This is the principle:** The meat of **any** bird **whose disqualification occurred** during the course of the service **in the sacred** Temple courtyard **does not render** the **garments** of one who swallows it **ritually impure** when the meat is **in the throat. Granted, according to Rabbi Yoḥanan,** the word: **Any,** is written **to add** that even the pinching of **a non-priest** does not render the bird a carcass. **But according to Rav,** who holds that it does render the bird a carcass, **what is added** by the word: Any?

NOTES

The *tanna* relies on the verse: This is the law of the burnt offering – תַּנָּא אַזֹּאת תּוֹרַת הָעוֹלָה סָמֵיךְ לֵיהּ: The Gemara (84b) cites a *baraita* deriving the source of this *halakha* from the verse. The phrase "law of the burnt offering" teaches that even disqualified offerings shall not descend from the altar once they have ascended. The Gemara concludes that this includes only offerings disqualified within the sacred area. Still, an offering that leaves the Temple courtyard falls into this category, since it already entered the sacred area and was disqualified only because it left (Rashi manuscript).

But Rabbi Yoḥanan says: If a non-priest pinched, the meat does not render one ritually impure when it is in the throat – וְרַבִּי יוֹחָנָן אָמַר זָר אֵין מְטַמֵּא אַבֵּית הַבְּלִיעָה: According to Rashi, Rabbi Yoḥanan derives this *halakha* from the validity of the service of non-priests on private altars, but according to *Tosafot*, he derives it from the validity of slaughter by disqualified people in the Temple.

Perek **VII**
Daf **69** Amud **a**

וְלִיטַעְמֵיךְ, ״שֶׁלֹּא הָיָה פְּסוּלוֹ בַּקּוֹדֶשׁ״ לְאֵיתוּיֵי מַאי?

The Gemara responds: **And according to your reasoning,** one could infer the opposite from the following clause: The meat of any bird **whose disqualification did not occur in the sacred** Temple courtyard transmits ritual impurity to one who swallows it. Here, according to Rabbi Yoḥanan, **what** disqualification **is added** if not pinching by a non-priest?

אֶלָּא: רֵישָׁא – לְאֵיתוּיֵי שְׁחִיטַת קׇדָשִׁים בִּפְנִים, סֵיפָא – לְאֵיתוּיֵי מְלִיקַת חוּלִּין בַּחוּץ.

Rather, both clauses add other disqualifications not mentioned in the mishna. **The former clause,** concerning an offering that was disqualified in the Temple courtyard, is written **to add** that **the slaughter of sacrificial** birds **inside**[H] the Temple courtyard does not render them carcasses. **The latter clause,** with regard to an offering disqualified outside the Temple courtyard, is written **to add** that **the pinching of non-sacred** birds **outside** the Temple courtyard does render them carcasses.

HALAKHA

Slaughter of sacrificial birds inside – שְׁחִיטַת קֳדָשִׁים בִּפְנִים: If one slaughtered sacrificial birds inside the Temple courtyard, the meat does not render one who swallows it ritually impure when it is in his throat (Rambam *Sefer Avoda*, *Hilkhot Pesulei HaMukdashin* 7:1 and *Sefer Tahara*, *Hilkhot She'ar Avot HaTumot* 3:13).

LANGUAGE

I heard [*shamati*] – שָׁמַעְתִּי: The term: I heard, usually refers to the attestation of a student to a tradition received from his teacher. At times other Sages will directly question the bearer of the attestation as to the authenticity or precision of the attested tradition. At other times the bearer of the attestation may confess to forgetting details of the tradition, or he may attest to a tradition concerning a *halakha* similar to, but not identical with, the one under discussion.

NOTES

In the case of pinching it shall not descend – מְלִיקָה לֹא תֵּרֵד: This passage of the Gemara is concerned with the status of the bird as a carcass, not with the permissibility of its sacrifice if it accidentally was brought onto the altar. Nevertheless, the two *halakhot* are intertwined, since the principle noted in the mishna that any bird whose disqualification occurred in the sacred area does not transmit ritual impurity is also the criteria for allowing the sacrifice of disqualified offerings accidentally brought onto the altar (see 84a). The Gemara justifies this *halakha* using evidence from the practices on private altars, just as it justified the opinion of Rabbi Yoḥanan earlier with respect to the bird's status as a carcass (*Tosafot*).

תַּנְיָא כְּוָותֵיהּ דְּרַבִּי יוֹחָנָן: מְלָקָהּ זָר, מְלָקָהּ פָּסוּל, הַפִּיגּוּל וְהַנּוֹתָר וְהַטָּמֵא – אֵין מְטַמְּאִין אֲבִית הַבְּלִיעָה.

It is taught in a *baraita* **in accordance with** the opinion of **Rabbi Yoḥanan:** In a case where **a non-priest pinched** a bird offering, or a priest **disqualified** from the Temple service **pinched it,** or it became ***piggul***, i.e., it was sacrificed with the intent to consume it beyond its designated time, **or** it became ***notar***, i.e., its meat remained uneaten beyond its designated time, **or** it became **ritually impure,**[H] in all these cases, even though the meat of these birds may not be consumed, they still **do not render** one who swallows them **ritually impure** when they are **in the throat.**

אָמַר רַבִּי יִצְחָק: שָׁמַעְתִּי שְׁתַּיִם, אַחַת קְמִיצַת זָר וְאַחַת מְלִיקַת זָר, אַחַת תֵּרֵד וְאַחַת לֹא תֵּרֵד, וְלָא יָדַעְנָא. אָמַר חִזְקִיָּה: מִסְתַּבְּרָא, קְמִיצָה – תֵּרֵד, מְלִיקָה – לֹא תֵּרֵד.

Rabbi Yitzḥak says: I heard [*shamati*][L] **two** *halakhot*, **one** concerning **the removal of a handful** from a meal offering **by a non-priest** for burning on the altar, **and one** concerning the **pinching** of a bird offering **by a non-priest.**[H] Although both offerings are disqualified, I heard that **one shall descend** from the altar if it ascended, **and one shall not descend; but I do not know** which *halakha* applies to which case. **Ḥizkiyya said: It stands to reason** that in the case of the **removal of** the **handful** the offering **shall descend** and in the case of **pinching** the offering **shall not descend.**[N]

מַאי שְׁנָא מְלִיקָה? דְּיֶשְׁנָהּ בְּבָמָה, קְמִיצָה נַמִי יֶשְׁנָהּ בְּבָמָה!

The Gemara asks: **What is different** about **pinching** by a non-priest that would allow the bird to be sacrificed if it ascended onto the altar? If the difference is **that** for a non-priest to do so **would be** valid **on a** private **altar,** where all sacrificial rites were performed by non-priests, this does not constitute a difference, as the **removal of** the **handful** by a non-priest **would also be** valid **on** a private **altar.**

וְכִי תֵּימָא אֵין מִנְחָה בְּבָמָה – אֵין עוֹפוֹת נַמִי בְּבָמָה.

And if you would say that no handfuls were removed on private altars because **no meal offering** was sacrificed **on** a private **altar,** as meal offerings were brought before the construction of the Temple only on the altar in the Tabernacle, you must also say that there was no pinching either, as according to this opinion **no birds** were sacrificed **on** a private **altar either.**

דְּאָמַר רַב שֵׁשֶׁת: לְדִבְרֵי הָאוֹמֵר יֵשׁ מִנְחָה בְּבָמָה – יֵשׁ עוֹפוֹת בְּבָמָה, לְדִבְרֵי הָאוֹמֵר אֵין מִנְחָה – אֵין עוֹפוֹת. מַאי טַעְמָא? זְבָחִים וְלֹא מְנָחוֹת, זְבָחִים וְלֹא עוֹפוֹת!

As Rav Sheshet says: According to the statement of the one who says that **a meal offering was** sacrificed **on** a private **altar, birds were** sacrificed **on** a private **altar. According to the statement of the one who says** that **no meal offering** was sacrificed on a private altar, **no birds** were sacrificed there either. **What is the reason** for this? This is because the Torah, in describing the offerings brought at Mount Sinai, before the Tabernacle was built, mentions **slaughtered offerings** (see Exodus 24:5) **but not meal offerings;** it mentions **slaughtered offerings,** i.e., animal offerings, **but not birds.**

אֶלָּא אֵימָא: אֵין קִידּוּשׁ בִּכְלִי שָׁרֵת בְּמִנְחָה בְּבָמָה.

Rather, say that even though both pinching the nape of a bird offering and removing the handful of a meal offering by a non-priest are valid on a private altar, the *halakhot* of meal offerings sacrificed on a private altar cannot be compared to those of meal offerings sacrificed in the Temple. This is because in the case of **a meal offering** sacrificed **on** a private **altar, there is no consecration in a service vessel of** the handful removed from it. By contrast, in the Temple, the handful must always be consecrated in a service vessel.

HALAKHA

Became *piggul* or *notar* or ritually impure – הַפִּיגּוּל וְהַנּוֹתָר וְהַטָּמֵא: A bird sin offering or a bird burnt offering that became *piggul*, *notar*, or ritually impure does not render one who swallows it ritually impure when it is in his throat since its disqualification occurred in the sacred area, in accordance with the ruling of the *baraita* (Rambam *Sefer Avoda*, *Hilkhot Pesulei HaMukdashin* 7:9).

Removal of a handful by a non-priest and pinching by a non-priest – מְלִיקַת זָר וּקְמִיצַת זָר: A bird offering pinched by a non-priest or by others disqualified for Temple service that was placed upon the altar for burning shall not descend. A handful removed from a meal offering by a non-priest that ascended onto the altar shall descend. Since the handful was removed by a non-priest, it is considered to never have been consecrated in a service vessel, in accordance with the opinion of Ḥizkiyya and the conclusion of the Gemara (Rambam *Sefer Avoda*, *Hilkhot Pesulei HaMukdashin* 3:15).

"מָלַק בִּשְׂמֹאל אוֹ בַּלַּיְלָה" כו׳. תָּנוּ רַבָּנַן: יָכוֹל תְּהֵא מְלִיקָה שֶׁהִיא לִפְנִים מְטַמְּאָה בְּגָדִים בְּבֵית הַבְּלִיעָה? תַּלְמוּד לוֹמַר: "נְבֵלָה".

§ The mishna rules that if a priest **pinched with** his **left** hand, **or** if he pinched **at night,** the offering does not render one ritually impure when in his throat. With regard to this issue **the Sages taught:** One **might** have thought that invalid **pinching that** occurs **inside**[NH] the Temple courtyard, such as pinching with the left hand or pinching at night, **would** cause the offering to **render** the **garments** of one who swallows it **ritually impure** when it is **in the throat.** Therefore **the verse states:** "Every soul that eats **a carcass**… shall be impure until the evening" (Leviticus 17:15). Bird offerings whose napes were pinched inside the Temple courtyard are not considered carcasses.

הָא נַמִּי נְבֵלָה הִיא! אֶלָּא, תַּלְמוּד לוֹמַר: "טְרֵיפָה", מַה טְּרֵיפָה שֶׁאֵין מַתֶּרֶת אֶת הָאִיסּוּר – אַף כָּל שֶׁאֵין מַתֶּרֶת אֶת הָאִיסּוּר;

The Gemara asks: **Isn't** a bird offering whose nape was pinched inside the Temple courtyard **also a carcass? Rather,** the *halakha* of the mishna is derived from that which **the verse states:** "Every soul that eats a carcass or **a** *tereifa*[B]… shall be impure until the evening" (Leviticus 17:15). A *tereifa* is an animal with a wound that will cause it to die within twelve months. It is derived from this verse that **just as** having the status of **a** *tereifa* **does not render permitted** any **forbidden**[N] bird, **so too, any** type of death **that does not render permitted** any **forbidden** bird renders the animal a carcass with regard to ritual impurity.

יָצָא מְלִיקָה שֶׁהִיא לִפְנִים, הוֹאִיל וְהִיא מַתֶּרֶת אֶת הָאִיסּוּר – אֵין מְטַמָּא בְגָדִים בְּבֵית הַבְּלִיעָה;

Consequently, invalid **pinching that is** performed **inside** the Temple courtyard **is excluded, since it renders permitted a forbidden** bird, as it is permitted to sacrifice such a disqualified offering if it ascended onto the altar, whereas it was prohibited to sacrifice such a disqualified offering if it was not pinched. The meat of such an offering therefore **does not render** the **garments** of one who swallows it **ritually impure** when it is **in the throat.**

הֵבִיא הַמּוֹלֵק (קֵץ חֵפֶץ סִימָן) קָדָשִׁים בַּחוּץ, וּמוֹלֵק חוּלִּין בֵּין מִבִּפְנִים בֵּין מִבַּחוּץ, הוֹאִיל וְאֵין מַתִּירִין אֶת הָאִיסּוּר – מְטַמְּאִין בְּגָדִים אַבֵּית הַבְּלִיעָה.

This principle **includes** two other cases of invalid pinching, for which the Gemara gives a two-word **mnemonic:** ***Ketz, ḥefetz.*** These words are acronyms for the cases of **one who pinches** the napes of **sacrificial birds outside**[H] the Temple courtyard, **and** one who **pinches** the napes of **non-sacred** birds **whether inside** the Temple courtyard **or outside** of it. **Since** these offerings **do not render permitted** any **forbidden** bird, as these offerings may not be sacrificed even if brought onto the altar, **they render** the **garments** of one who swallows them **ritually impure** when they are **in the throat.**

תַּנְיָא אִידָךְ: יָכוֹל תְּהֵא שְׁחִיטַת חוּלִּין לִפְנִים, וְקָדָשִׁים בֵּין מִבִּפְנִים וּבֵין מִבַּחוּץ, מְטַמְּאָה אַבֵּית הַבְּלִיעָה? תַּלְמוּד לוֹמַר: "נְבֵלָה".

It is taught in **another** *baraita*: One **might** have thought **that the slaughter of non-sacred** birds **inside** the Temple courtyard, **or** the slaughter of **sacrificial** birds **whether inside or outside** of it, would cause their meat to **render** the garments of one who swallows it **ritually impure** when it is **in the throat.** Therefore **the verse states:** "Every soul that eats **a carcass**… shall be impure until the evening." Birds that have been slaughtered in this manner are not considered carcasses, and so they do not impart ritual impurity.

הָא נַמִּי נְבֵלָה הִיא! אֶלָּא תַּלְמוּד לוֹמַר: "טְרֵיפָה", מַה טְּרֵיפָה שָׁוָה בִּפְנִים כְּבַחוּץ – אַף כָּל שָׁוֹות בִּפְנִים כְּבַחוּץ;

The Gemara asks: **Isn't** a bird slaughtered in one of these manners **also a carcass? Rather,** it is derived from that which **the verse states:** "Every soul that eats a carcass or **a** *tereifa*… shall be impure until the evening," as follows: **Just as** the status of **a** *tereifa* **is the same,** if the bird is slaughtered **inside** the Temple courtyard **as** it is if the bird is slaughtered **outside** of it, i.e., forbidden, **so too all** forbidden birds whose status **is the same** if slaughtered **inside** the Temple courtyard **as** it is if they were slaughtered **outside** of it constitute carcasses.

יָצָא שְׁחִיטַת חוּלִּין בִּפְנִים, וְקָדָשִׁים בֵּין מִבִּפְנִים בֵּין מִבַּחוּץ, הוֹאִיל וְלֹא שָׁוּו בִּפְנִים כְּבַחוּץ – אֵין מְטַמְּאִין בְּגָדִים אַבֵּית הַבְּלִיעָה.

Consequently, **the slaughter of non-sacred** birds **inside** the Temple courtyard, **or** of **sacrificial** birds **whether inside or outside** of it, **is excluded, since** the status of such birds **is not the same** if they are slaughtered **inside** the Temple courtyard **as** if they are slaughtered **outside** of it. The meat of such an offering therefore **does not render** the **garments** of one who swallows it **ritually impure** when it is **in the throat.**

NOTES

One might have thought that pinching that occurs inside – יָכוֹל מְלִיקָה שֶׁהִיא בִּפְנִים: The majority of the early commentaries interpret the *baraita* as cited here to be referring to bird offerings pinched improperly, e.g., with the left hand or at night, within the Temple courtyard (Rashi manuscript; Commentary of Rabbi Shimshon of Saens on *Torat Kohanim*; Rid; *Tosafot*). Properly pinched bird offerings are not considered carcasses, since they are permitted to the priests for consumption by the verse: "This shall be yours of the most sacred items, reserved from the fire…every sin offering of theirs" (Numbers 18:9). Still, Rashi interprets the *baraita* here as referring to properly pinched bird offerings, but claims that it is not superfluous since it adds that even burnt offerings of birds, which are burned whole on the altar and not permitted to the priests for consumption, are not considered carcasses. Others understand the *baraita* to add that even properly pinched sin offerings of birds, which are permitted to the priests but forbidden to non-priests (see *Yevamot* 32b), nevertheless do not transmit ritual impurity even to non-priests who unlawfully eat them (Rabbeinu Hillel's commentary on *Torat Kohanim*; *Zevaḥ Toda*; commentary attributed to Ra'avad).

Just as a ***tereifa*** **does not render permitted any forbidden – מַה טְּרֵיפָה שֶׁאֵינָהּ מַתֶּרֶת אֶת הָאִיסּוּר:** Some understand this clause to mean that the proper pinching of a *tereifa*, specifically, does not render permitted any prohibited item, as opposed to the improper pinching of a fit bird, which will render it permitted for burning on the altar if it ascended onto it. This interpretation can follow only the opinion of Rabbi Yehuda (69b), who holds that a properly pinched *tereifa* may not be burned even if it ascended onto the altar, but this opinion cannot be reconciled with the opinion of Rabbi Meir, who holds that a properly pinched *tereifa* may be burned (*Shita Mekubbetzet*; commentary attributed to Ra'avad on *Torat Kohanim*). Rashi understands the clause to mean that a bird's status as a *tereifa* per se does not render permitted any prohibited item, as opposed to the pinching of a bird burnt offering within the Temple courtyard, which permits it to be burned on the altar and therefore prevents it from assuming the status of a carcass. Others explain the clause to mean that the status of a *tereifa* prevents a bird from ever becoming permitted to be eaten, even when properly slaughtered, as opposed to the pinching of a bird sin offering, which renders it permitted for consumption by the priests (Rabbeinu Hillel on *Torat Kohanim*; Gra on *Torat Kohanim*).

HALAKHA

Pinching that occurs inside – מְלִיקָה שֶׁהִיא לִפְנִים: A bird offering that was pinched inside the Temple courtyard and was fit for sacrifice at the time of pinching that had no blemish is ritually pure (Rambam *Sefer Tahara*, *Hilkhot She'ar Avot HaTumot* 3:13).

One who pinches sacrificial birds outside, etc. – הַמּוֹלֵק קָדָשִׁים בַּחוּץ וכו׳: If one pinched sacrificial birds outside or non-sacred birds either inside or outside, the meat renders one who swallows it ritually impure when it is in his throat (Rambam *Sefer Avoda*, *Hilkhot Pesulei HaMukdashin* 7:3 and *Sefer Tahara*, *Hilkhot She'ar Avot HaTumot* 3:12).

BACKGROUND

Tereifa **– טְרֵיפָה:** Generally speaking, a *tereifa* is an animal suffering from a condition that will cause it to die within twelve months. It is prohibited by Torah law to eat an animal that has been injured or is stricken with a disease of this nature even if it undergoes ritual slaughter, although the actual source for this prohibition is a matter of dispute. Some authorities cite Exodus 22:30: "You shall not eat any flesh that is torn of animals in the field," while others suggest Deuteronomy 14:21: "You shall not eat of anything that died of itself." According to the *Minḥat Ḥinnukh* and others, both verses together serve as the source for the prohibition.

NOTES

Rava says, etc. – אָמַר רָבָא וכו׳: One is liable for the slaughter of consecrated animals outside the Temple only if the slaughter was performed properly. Since the Gemara (107a) establishes that one who slaughters, rather than pinches, sacrificial birds outside the Temple is liable, it follows that this must be considered the birds' proper method of slaughter in some respect, so slaughtering a bird offering should prevent the offering from assuming the status of a carcass.

HALAKHA

Slaughter of a bird outside the Temple courtyard… to render one liable to *karet* – שְׁחִיטַת חוּץ לְחַיְּיבוֹ כָּרֵת: One who slaughters sacrificial birds outside the Temple courtyard is liable to receive *karet*, since this is the proper method of slaughter for non-sacred birds outside the Temple (Rambam *Sefer Avoda*, *Hilkhot Ma'aseh HaKorbanot* 18:18; see also Ra'avad and *Maggid Mishne* there).

בִּשְׁלָמָא חוּלִּין לָא שָׁווּ בִּפְנִים כְּבַחוּץ, אֶלָּא קָדָשִׁים – אִידִי וְאִידִי פְּסוּלִין נִינְהוּ!

The Gemara challenges: **Granted,** the status of **non-sacred** birds **is not the same** if slaughtered **inside** the Temple courtyard **as** if they are slaughtered **outside** of it, as if slaughtered inside the Temple courtyard they are forbidden, while if slaughtered outside of it they are permitted. **But** with regard to **sacrificial** birds, in both **this** case **and that** case, whether slaughtered inside the Temple courtyard or outside of it, they **are disqualified.**

אָמַר רָבָא: אִם הוֹעִילָה לוֹ שְׁחִיטַת חוּץ לְחַיְּיבוֹ כָּרֵת – לֹא תּוֹעִיל לוֹ לְטַהֲרָה מִידֵי נְבֵילָה?

Rava says:[N] The *halakha* with regard to slaughtered sacrificial birds outside the Temple should not be derived from the verse at all, but rather by logic. **If the slaughter of** a sacrificial bird **outside** the Temple courtyard **has** sufficient **effect on it** as proper slaughter **to render** the one who slaughtered it **liable to excision from the World-to-Come** [***karet***],[H] which is the punishment for slaughtering offerings outside the Temple courtyard (see 107a), could it be that **it does not have** sufficient **effect on** the bird as proper slaughter **to render it ritually pure** by preventing it **from** assuming the status of **a carcass?**

אַשְׁכְּחַן חוּץ, פְּנִים מְנָלַן – הוֹאִיל וְלֹא שָׁווּ בִּפְנִים כְּבַחוּץ.

The Gemara asks: **We found** a source for the *halakha* with regard to the slaughter of sacrificial birds **outside** the Temple courtyard; **from where do we** derive this *halakha* with regard to their slaughter **inside** the Temple courtyard? The Gemara answers that it is derived from the principle articulated above: **Since** their status **is not the same** if they are slaughtered **inside** the Temple courtyard **as** if they are slaughtered **outside** of it, as one who slaughters a sacrificial bird outside the Temple courtyard is liable to receive *karet*, the status of a carcass does not apply.

אִי הָכִי, מָלַק קָדָשִׁים בַּחוּץ נַמִי לָא, דְּלָא שָׁווּ בִּפְנִים כְּבַחוּץ!

The Gemara challenges: **If so,** it follows that if the priest **pinched sacrificial** birds **outside** the Temple courtyard, they are **also not** considered carcasses, **as** their status **is not the same** if they are pinched **inside** the Temple courtyard **as** if they are pinched **outside** of it; if they are pinched inside, they are fit offerings, and if they are pinched outside, they are disqualified. This conclusion would contradict the mishna, which rules that sacrificial birds pinched outside the Temple courtyard are considered carcasses, and they render one who eats their meat impure.

אָמַר רַב שִׁימִי בַּר אַשִׁי: דָּנִין דָּבָר שֶׁלֹּא בְּהֶיכְשֵׁירוֹ מִדָּבָר שֶׁלֹּא בְּהֶיכְשֵׁרוֹ, וְאֵין דָּנִין דָּבָר שֶׁלֹּא בְּהֶיכְשֵׁירוֹ מִדָּבָר שֶׁבְּהֶיכְשֵׁרוֹ.

Rav Shimi bar Ashi says: One can derive the *halakha* with regard to **an item that is** prepared **not in its valid manner,** i.e., sacrificial birds slaughtered outside the Temple courtyard, **from** the *halakha* with regard to another **item that is** prepared **not in its valid manner,** i.e., sacrificial birds slaughtered inside it. **But one cannot derive** the *halakha* with regard to **an item that is** prepared **not in its valid manner,** i.e., sacrificial birds pinched outside the Temple courtyard, **from** the *halakha* with regard to **an item that is** prepared **in its valid manner,** i.e., those pinched inside it. The cases of a bird pinched outside and a bird pinched inside the Temple courtyard are not subject to comparison, so one cannot derive conclusions from the differences between them.

וְלָא? וְהָתַנְיָא: מִנַּיִן לְיוֹצֵא שֶׁאִם עָלָה לֹא יֵרֵד – שֶׁהֲרֵי יוֹצֵא כָּשֵׁר בְּבָמָה!

The Gemara asks: **And** can one **not** derive the *halakha* with regard to disqualified offerings from the *halakha* with regard to fit offerings? **But isn't it taught** in a *baraita*: **From where** is it derived **with regard to** an item that **emerged** from the Temple courtyard and was thereby disqualified, **that if** it nevertheless **ascended** upon the altar **it shall not descend?** It is derived from the fact **that** an item that **emerged is valid** for sacrifice **on** a private **altar,** i.e., that disqualification was not applicable to an offering sacrificed on a private altar, as there was no Temple. Here, the *baraita* derives the *halakha* with regard to an disqualified offering from the *halakha* with regard to a fit one.

תַּנָּא אַ״זֹאת תּוֹרַת הָעוֹלָה״ רִיבָּה סָמֵיךְ לֵיהּ.

The Gemara answers: The ***tanna*** of that *baraita* **relies on** the phrase: **"This is the law of the burnt offering [*ha'ola*]"** (Leviticus 6:2), a seemingly superfluous general phrase which is interpreted homiletically to **include** the *halakha* that any item that ascends [*ola*] upon the altar shall not descend from it, even if it was disqualified. The verse is the actual source for the *halakha* of the *baraita*, whereas the case of a private altar is cited merely in support of this ruling.

מתני׳ מָלַק וְנִמְצֵאת טְרֵיפָה, רַבִּי מֵאִיר אוֹמֵר: אֵינוֹ מְטַמֵּא בְּבֵית הַבְּלִיעָה.

MISHNA If the priest **pinched** the nape of the bird's neck properly **and** then **it was found** to be **a *tereifa*,** and it was therefore disqualified from being sacrificed and forbidden for consumption by a priest, **Rabbi Meir says:** An olive-bulk of its meat **does not render** one who swallows it **ritually impure** when it is **in the throat,** as the pinching prevents it from assuming the status of a carcass.

רַבִּי יְהוּדָה אוֹמֵר: מְטַמֵּא.

Rabbi Yehuda says: Its status is like any other carcass of an unslaughtered kosher bird, and its meat **renders** one who swallows it **ritually impure.**

אָמַר רַבִּי מֵאִיר: קַל וָחוֹמֶר, אִם נִבְלַת בְּהֵמָה, שֶׁמְּטַמְּאָה בְּמַגָּע וּבְמַשָּׂא – שְׁחִיטָתָהּ מְטַהֶרֶת טְרֵיפָתָהּ מִטּוּמְאָתָהּ; נִבְלַת הָעוֹף, שֶׁאֵינוֹ מְטַמֵּא בְּמַגָּע וּבְמַשָּׂא – אֵינוֹ דִּין שֶׁתְּהֵא שְׁחִיטָתוֹ מְטַהֶרֶת טְרֵיפָתוֹ מִטּוּמְאָתוֹ?

Rabbi Meir said: My opinion can be inferred ***a fortiori*. If an animal carcass**[H] **transmits impurity** to a person **through touching** it **and through carrying** it, and nevertheless the **slaughter of** an animal **purifies it,** even if it is **a *tereifa*, from its impurity,**[H] i.e., its slaughter prevents it from assuming the impurity status of a carcass, then with regard to **a bird carcass,**[H] which possesses a lesser degree of impurity, as it **does not transmit impurity** to a person **through touching** it **and through carrying** it, but only through swallowing it, **is it not logical that its slaughter should purify it,** even if it is a ***tereifa*, from its impurity?**

מָה מָצִינוּ בִּשְׁחִיטָתוֹ, שֶׁהִיא מַכְשַׁרְתָּהּ לַאֲכִילָה, וּמְטַהֶרֶת טְרֵיפָתוֹ מִטּוּמְאָתוֹ – אַף מְלִיקָתוֹ, שֶׁהִיא מַכְשַׁרְתּוֹ בַּאֲכִילָה, תְּטַהֵר טְרֵיפָתוֹ מִידֵי טוּמְאָתוֹ!

And once it is established that slaughter renders a bird that is a *tereifa* pure, it can be inferred that **just as we found with regard to its slaughter that it renders** a bird **fit for consumption and purifies** a bird, even if it is **a *tereifa*, from its impurity, so too its pinching, which renders** a bird offering **fit with regard to consumption, should purify it,** even if it is a ***tereifa*,**[N] **from its impurity.**

רַבִּי יוֹסֵי אוֹמֵר: דַּיָּהּ כְּנִבְלַת בְּהֵמָה – שְׁחִיטָתָהּ מְטַהַרְתָּהּ, וְלֹא מְלִיקָתָהּ.

Rabbi Yosei says:[HN] Although one can derive from the case of an animal that slaughter renders even a bird that is a *tereifa* pure, that derivation cannot be extended to pinching. The same restriction that applies to every *a fortiori* inference, namely, that a *halakha* derived by means of an *a fortiori* inference is no more stringent than the source from which it is derived, applies here: **It is sufficient** for the halakhic status of the carcass of a bird that is a *tereifa* to be **like** that of **the carcass of** an **animal** that is a *tereifa*; **its slaughter renders it pure, but its pinching** does **not.**

גמ׳ וְרַבִּי מֵאִיר לָא דָּרֵישׁ דַּיּוֹ? וְהָא דַּיּוֹ דְּאוֹרָיְיתָא הוּא!

GEMARA In the mishna, Rabbi Yosei answers Rabbi Meir by invoking the principle that a *halakha* derived by means of an *a fortiori* inference is no more stringent than the source from which it is derived. The Gemara asks: **And does Rabbi Meir not require** that *a fortiori* inferences conform to the principle that **it is sufficient** for the conclusion that emerges from an *a fortiori* inference to be like its source? **But isn't** the principle: **It is sufficient,** etc., mandated **by Torah law?**

דְּתַנְיָא: מִדִּין קַל וָחוֹמֶר כֵּיצַד? ״וַיֹּאמֶר ה׳ אֶל מֹשֶׁה וְאָבִיהָ יָרֹק יָרַק בְּפָנֶיהָ״ וגו׳ – קַל וָחוֹמֶר לִשְׁכִינָה אַרְבָּעָה עָשָׂר יוֹם! אֶלָּא דַּיּוֹ לַבָּא מִן הַדִּין לִהְיוֹת כַּנִּדּוֹן.

As it is taught in a *baraita*: **How** is it derived from the Torah that derivation **by** means of an ***a fortiori* inference** is a valid method of biblical exegesis? The Torah states with regard to Miriam, who was reprimanded by God: **"And the Lord said to Moses: If her father had but spit in her face,** should she not hide in shame seven days? Let her be shut up outside the camp seven days" (Numbers 12:14). If one who was reprimanded by her father would hide in shame for seven days, one could infer through an ***a fortiori*** inference that one reprimanded by **the Divine Presence** should be shut up outside the camp for **fourteen days. Rather,** one must say: **It is sufficient for the** conclusion that **emerges** from an *a fortiori* **inference to be like** its **source.**

HALAKHA

Animal carcass – נִבְלַת בְּהֵמָה: A carcass is a primary source of ritual impurity, and an olive-bulk of its meat imparts impurity to people and vessels that touch it, to earthenware vessels that contain it even without touching it, and to the clothing of a person who carries it. One who carries it will therefore bear first-degree ritual impurity himself and will impart impurity to the clothes he wears but not to other utensils he touches, so long as the meat itself does not come in direct contact with them (Rambam *Sefer Tahara, Hilkhot She'ar Avot HaTumot* 1:1).

The slaughter of an animal purifies it, even if it is a *tereifa*, from its impurity – שְׁחִיטָתָהּ מְטַהֶרֶת טְרֵיפָתָהּ מִטּוּמְאָתָהּ: A *tereifa* of an animal that was properly slaughtered does not impart ritual impurity, even though its consumption is prohibited (Rambam *Sefer Tahara, Hilkhot She'ar Avot HaTumot* 2:6).

Bird carcass – נִבְלַת עוֹף: Carcasses of kosher birds impart ritual impurity by Torah law, but they do not impart impurity to one who touches or carries them. Rather, one who eats an olive-bulk of the meat of such a carcass contracts impurity as he swallows, and clothing and vessels in contact with him at that instant also contract first-degree ritual impurity. Still, other people and earthenware vessels in contact with him at that moment remain pure, as do other items he touches after he has already swallowed (Rambam *Sefer Tahara, Hilkhot She'ar Avot HaTumot* 3:1).

Rabbi Yosei says – רַבִּי יוֹסֵי אוֹמֵר: If one properly slaughtered a *tereifa* of a bird, even within the Temple courtyard, the meat does not impart ritual impurity. But if one pinched a *tereifa* of a bird, it is considered a carcass since pinching only prevents birds fit to be sacrificed from assuming the status of a carcass, in accordance with the opinion of Rabbi Yosei (Rambam *Sefer Avoda, Hilkhot Pesulei HaMukdashin* 7:3 and *Sefer Tahara, Hilkhot She'ar Avot HaTumot* 3:12).

NOTES

So too its pinching…should purify it even if it is a *tereifa* – אַף מְלִיקָתוֹ...תְּטַהֵר טְרֵיפָתוֹ: According to Rashi, this logic applies only to the pinching of the sin offerings of birds, which renders its meat permitted for consumption by the priests. Non-sacred birds, which are rendered carcasses by pinching, per the previous mishna (68b), would obviously impart ritual impurity. Still, other commentaries understand that according to Rabbi Meir even non-sacred birds do not impart impurity if pinched and that he is in disagreement with the preceding mishna (*Shita Mekubbetzet*; *Keren Ora*).

Rabbi Yosei says, etc. – רַבִּי יוֹסֵי אוֹמֵר וכו׳: In summary: According to Rabbi Yehuda, a *tereifa* of a bird that was either slaughtered or pinched imparts impurity, consecrated or not. According to Rabbi Meir it does not impart impurity whether slaughtered or pinched, consecrated or not, with the possible exception of pinched non-sacred birds, as addressed in the previous note. According to Rabbi Yosei, it will impart impurity if pinched but not if slaughtered, consecrated or not.

אָמַר רַבִּי יוֹסֵי בְּרַבִּי אָבִין, רַבִּי מֵאִיר קְרָא אַשְׁכַּח וְקָדְרַשׁ.

Rabbi Yosei, son of Rabbi Avin, said: Rabbi Meir does require that *a fortiori* inferences conform to this principle. But he does not actually infer his opinion *a fortiori*; rather, **he found a verse and interpreted** it.

"זֹאת תּוֹרַת הַבְּהֵמָה וְהָעוֹף", וְכִי בְּאֵיזוֹ תּוֹרָה שָׁוְותָה בְּהֵמָה לְעוֹף וְעוֹף לִבְהֵמָה? בְּהֵמָה מְטַמְּאָה בְּמַגָּע וּבְמַשָּׂא, עוֹף אֵינוֹ מְטַמֵּא בְּמַגָּע וּבְמַשָּׂא! עוֹף מְטַמֵּא בְּגָדִים אַבֵּית הַבְּלִיעָה, בְּהֵמָה אֵינָהּ מְטַמְּאָה בְּגָדִים אַבֵּית הַבְּלִיעָה!

The Torah states, with regard to the impurity of unslaughtered animal carcasses: **"This is the law of the beast, and of the fowl"** (Leviticus 11:46), indicating that the two are somehow equated. **But with regard to what law is a beast equal to a fowl and a fowl** equal **to a beast?** The *halakhot* of ritual impurity governing animals and birds are not comparable; **an animal transmits impurity by touching and by carrying,** whereas **a bird does not transmit impurity by touching or by carrying.** Furthermore, **a bird renders** the **garments** of one who swallows it **ritually impure** when it is **in the throat; an animal does not render** the **garments** of one who swallows it **ritually impure** when it is **in the throat.**

אֶלָּא לוֹמַר לָךְ: מָה בְּהֵמָה – דָּבָר שֶׁמַּכְשִׁירָהּ לַאֲכִילָה, מְטַהֵר טְרֵיפָתָהּ מִטּוּמְאָתָהּ, אַף עוֹף – דָּבָר שֶׁמַּכְשִׁיר בַּאֲכִילָה, מְטַהֵר טְרֵיפָתוֹ מִטּוּמְאָתוֹ.

Rather, this verse serves **to tell you** that **just as** with regard to **an animal, that which renders it fit for consumption,** i.e., slaughter, **purifies it,** even when it is **a *tereifa*, from its impurity, so too** with regard to **a bird, that which renders** it **fit for consumption,** i.e., both the slaughter of a non-sacred bird and pinching the nape of a bird offering, **purifies** a bird, even if it is **a *tereifa*, from its impurity.**

וְרַבִּי יְהוּדָה מַאי טַעְמָא? קְרָא אַשְׁכַּח וְקָדְרַשׁ: "נְבֵלָה טְרֵפָה", אָמַר רַבִּי יְהוּדָה: "טְרֵפָה" לָמָּה נֶאֶמְרָה? אִם טְרֵיפָה חַיָּה – הֲרֵי נְבֵילָה אֲמוּרָה, אִם טְרֵיפָה אֵינָהּ חַיָּה – הֲרֵי הִיא בִּכְלַל נְבֵילָה! אֶלָּא לְהָבִיא טְרֵיפָה שֶׁשְּׁחָטָהּ, שֶׁמְּטַמְּאָה.

§ The Gemara asks: **And what is the reasoning of Rabbi Yehuda,** who holds that a bird that is a *tereifa* imparts impurity even when slaughtered? He too **found a verse and interpreted** it. The Torah states with regard to the ritual impurity of kosher bird carcasses: "And every soul that eats **a carcass,** or **a *tereifa*** … he shall be impure until the evening" (Leviticus 17:15). **Rabbi Yehuda said: Why was** the case of **a *tereifa* stated? If** the verse is referring to **a live *tereifa*,** it should not be impure, as the term **"a carcass" is stated,** indicating that to impart impurity the bird must be dead. **If** it is referring to **a *tereifa*** that **is not alive,** but rather has died of its wounds, **it** falls **within the category of a carcass. Rather,** the word *tereifa* is written **to include a *tereifa* that one slaughtered** before it had the opportunity to die by itself, to teach **that it imparts ritual impurity** as would a carcass.

אָמַר לֵיהּ רַב שֵׁיזְבִי: אֶלָּא מֵעַתָּה, דִּכְתִיב: "וְחֵלֶב נְבֵלָה וְחֵלֶב טְרֵפָה",

Rav Sheizevi said to the Sage who suggested this source for Rabbi Yehuda's opinion: **If that is so,** one should interpret another verse likewise, **as it is written: "And the fat**[B] **of a carcass,**[H] **and the fat of a *tereifa*,** may be used for any other service" (Leviticus 7:24), meaning that although the meat of a carcass imparts ritual impurity, those fats that would be forbidden even if the animal had been slaughtered do not impart impurity.

הָתָם נַמִי נֵימָא: אִם טְרֵיפָה חַיָּה – הֲרֵי נְבֵילָה אֲמוּרָה, אִם טְרֵיפָה אֵינָהּ חַיָּה – הֲרֵי הִיא בִּכְלַל נְבֵילָה! אֶלָּא לְהָבִיא טְרֵיפָה שֶׁשְּׁחָטָהּ, שֶׁחֶלְבָּהּ טָהוֹר; מִכְּלָל דְּהִיא מְטַמְּאָה.

There too let us say, interpreting the verse according to Rabbi Yehuda's logic: Why is the case of a *tereifa* stated? **If** it is referring to **a live *tereifa*,** the case is superfluous, as **"a carcass" is stated.** Since the forbidden fat of a carcass is pure, obviously that of a live animal is pure. **If** it is referring to **a *tereifa*** that **is not alive,** but has rather died of its wounds, **it is** included **within the category of "a carcass,"** and likewise it need not be mentioned. **Rather,** the word "*tereifa*" is written **to include a *tereifa* that one slaughtered,** to teach **that its** forbidden **fat** is **pure. By inference,** one should then conclude **that** its meat **does impart impurity.**

וְהָאָמַר רַב יְהוּדָה אָמַר רַב, וְאָמְרִי לַהּ בְּמַתְנִיתָא תָּנָא: "וְכִי יָמוּת מִן הַבְּהֵמָה" – מִקְצָת בְּהֵמָה מְטַמְּאָה, מִקְצָת בְּהֵמָה אֵינָהּ מְטַמְּאָה, וְאֵיזוֹ זוֹ? זוֹ טְרֵיפָה שֶׁשְּׁחָטָהּ!

But doesn't Rav Yehuda say that **Rav says, and some say it was taught in a *baraita*:** The verse concerning the impurity of carcasses states: **"And if some animal,** of which you may eat, **dies,** one who touches its carcass shall be impure" (Leviticus 11:39)? The word "some" teaches that **some animals impart impurity** and **some animals do not impart impurity. And what is** it **that** does not impart impurity? **That is a *tereifa* that one slaughtered.** And if even its meat does not impart impurity, the word *tereifa* is not needed to teach that its forbidden fat is pure.

BACKGROUND

Fat [*ḥelev*] – חֵלֶב: This term *ḥelev* refers to animal fats forbidden by Torah law, as opposed to permitted fat [*shuman*]. Intentionally eating this fat in kosher domesticated animals is punishable by *karet* (Leviticus 7:22–25). A sin offering must be brought for partaking of it unwittingly. The fat of undomesticated kosher animals and of kosher birds may be eaten. Among the signs differentiating forbidden from permitted fat is the location of the forbidden fat above the meat, which not intertwined with it. The fat is enclosed by a thin membrane and is easily peeled away from the meat. Most of the forbidden fat of a sacrificial animal was sacrificed on the altar.

HALAKHA

The fat of a carcass – חֵלֶב נְבֵלָה: The forbidden fat of a domesticated animal's carcass is ritually pure. But the forbidden fat of carcasses of non-kosher domesticated animals, and of both kosher and non-kosher undomesticated animals, imparts impurity to people and vessels that touch an olive-bulk of it (Rambam *Sefer Tahara*, *Hilkhot She'ar Avot HaTumot* 1:5).

אֶלָּא, "טְרֵפָה" מִיבְּעֵי לֵיהּ לְמַעוּטֵי טְמֵאָה, מִי שֶׁיֵּשׁ בְּמִינָהּ טְרֵיפָה, יָצְתָה זוֹ שֶׁאֵין בְּמִינָהּ טְרֵיפָה.

Rather, the word *tereifa* in the verse concerning forbidden fat (Leviticus 7:24) **is necessary to exclude non-kosher** animals from the *halakha* in the verse and to teach that their forbidden fat is impure. The word indicates that only the forbidden fat of **those** carcasses **to whose species** the *halakha* of ***tereifa* applies,** i.e., those of kosher animals, impart impurity. Forbidden fat of a carcass of a non-kosher animal **is excluded, as** the *halakha* of ***tereifa* does not apply to its species.** The status of *tereifa* is immaterial for a non-kosher animal as its consumption is prohibited in any event.

הָכָא נַמִי – לְמַעוּטֵי עוֹף טָמֵא, שֶׁאֵין בְּמִינוֹ טְרֵיפָה!

Here too, the word *tereifa* in the verse concerning the impurity of kosher bird carcasses (Leviticus 17:15) should be interpreted as **excluding** a carcass of **a non-kosher bird**[H] from ritual impurity, **as the** *halakha* **of** ***tereifa* does not apply to its species.** Therefore, this verse cannot serve as a source for Rabbi Yehuda's opinion with regard to the impurity of a slaughtered bird that is a *tereifa*.

עוֹף טָמֵא לְרַבִּי יְהוּדָה מִ"נְּבֵלָה" נָפְקָא לֵיהּ.

The Gemara responds: **According to Rabbi Yehuda,** the *halakha* that carcass of **a non-kosher bird** does not impart impurity **is derived from** the phrase **"a carcass"** as it appears elsewhere.

דְּתַנְיָא, רַבִּי יְהוּדָה אוֹמֵר: יָכוֹל תְּהֵא נִבְלַת עוֹף טָמֵא מְטַמְּאָה בְּגָדִים אַבֵּית הַבְּלִיעָה? תַּלְמוּד לוֹמַר: "נְבֵלָה וּטְרֵפָה לֹא יֹאכַל" מִי שֶׁאִיסּוּרוֹ מִשּׁוּם בַּל תֹּאכַל נְבֵילָה, יָצָא זֶה שֶׁאֵין אִיסּוּרוֹ מִשּׁוּם בַּל תֹּאכַל נְבֵילָה אֶלָּא מִשּׁוּם בַּל תֹּאכַל טָמֵא.

As it is taught in a *baraita* that **Rabbi Yehuda says:** One **might** have thought that **the carcass of a non-kosher bird renders** the **garments** of one who swallows it **ritually impure** when it is **in the throat.** But **the verse states,** concerning the impurity of carcasses of birds: **"A carcass, or a** ***tereifa*****, he shall not eat"** (Leviticus 22:8). This type of impurity applies only to **those** birds **that are forbidden** specifically **due to** the prohibition: **You shall not eat** of **a carcass,** i.e., kosher birds that died without ritual slaughter. **This** carcass of a non-kosher animal **is excluded,** and is not impure, **as** it is **forbidden not due to** the prohibition: **You shall not eat** of **a carcass,** but **rather due to** the prohibition: **You shall not eat a non-kosher** bird,[N] to render yourself impure with it. Consequently, the word *tereifa* in the aforementioned verse (Leviticus 17:15) teaches that a slaughtered *tereifa* imparts ritual impurity, as originally posited.

HALAKHA

Carcass of a non-kosher bird – נִבְלַת עוֹף טָמֵא: Carcasses of non-kosher birds are ritually pure (Rambam *Sefer Tahara, Hilkhot She'ar Avot HaTumot* 3:14).

NOTES

Rather due to the prohibition: You shall not eat a non-kosher bird – אֶלָּא מִשּׁוּם בַּל תֹּאכַל טָמֵא: Rabbi Yehuda holds that a prohibition does not take effect where another prohibition already exists, and such birds are therefore forbidden only due to their non-kosher status. According to the opinion that a prohibition takes effect even where another prohibition already exists, one must interpret the verse as including only those birds who are prohibited solely because of their *tereifa* status and for no other reason (Rabbi Shimshon of Saens).

Perek **VII**
Daf **70** Amud **a**

הַאי נַמִי תֵּיפוֹק לִי מִ"וְחֵלֶב נְבֵלָה",

The Gemara challenges: According to **this** logic, one can **also derive** the *halakha* that the forbidden fat of the carcass of a non-kosher animal is impure **from** the verse: **"And the fat of a carcass,** and the fat of a *tereifa*, may be used for any other service" (Leviticus 7:24), which teaches that such forbidden fat is ritually pure.

מִי שֶׁאִיסּוּרוֹ מִשּׁוּם בַּל תֹּאכַל חֵלֶב נְבֵלָה, יָצְאתָה זוֹ שֶׁאֵין אִיסּוּרָהּ מִשּׁוּם בַּל תֹּאכַל [חֵלֶב נְבֵלָה], אֶלָּא מִשּׁוּם טָמֵא!

The continuation of the verse: "But you shall in no way eat of it," indicates that the verse renders pure only fat **that is forbidden** specifically **due to** the prohibition: **You shall not eat the** forbidden **fat of a carcass,** i.e., the forbidden fat of kosher animals. This serves **to exclude this** forbidden fat of a non-kosher animal, **which is not forbidden due to** the prohibition: **You shall not eat the** forbidden **fat of a carcass,** but **rather due to** the prohibition against eating **a non-kosher** animal. Since the verse that states that fats are ritually pure is referring only to kosher animals, the forbidden fat of a carcass of a non-kosher animal must be impure. Rav Sheizevi's derivation of this *halakha* from the word *tereifa* is therefore superfluous.

NOTES

He said to him – אֲמַר לֵיהּ: This is a response to the Gemara's interpretation of the word *tereifa*. It is unclear who said this to whom, and therefore the *Shita Mekubbetzet* emends the text of the Gemara by removing the phrase.

HALAKHA

Let the prohibition of eating a carcass come and take effect, etc. – יָבֹא אִיסּוּר נְבֵילָה וְיָחוּל וכו׳: One who eats forbidden fat from a carcass or a *tereifa* is liable both for eating forbidden fat and for eating a carcass or a *tereifa*. Since when the animal dies the prohibition against eating a carcass or a *tereifa* takes effect with regard to the meat, which was permitted beforehand, it takes effect with regard to the forbidden fat as well, in accordance with the opinion of Rava (Rambam *Sefer Kedusha, Hilkhot Ma'akhalot Assurot* 7:2, and see *Leḥem Mishne* there).

אֶלָּא, הַאי ״טְרֵפָה״ מִיבְּעֵי לְאִיתּוּיֵי חַיָּה; סָלְקָא דַּעְתָּךְ אָמִינָא: מִי שֶׁחֶלְבָּהּ אָסוּר וּבְשָׂרָהּ מוּתָּר, יָצָאת זוֹ שֶׁחֶלְבָּהּ וּבְשָׂרָהּ מוּתָּר, קָא מַשְׁמַע לַן.

Rather, this word ***"tereifa"* is necessary to include** the forbidden fat of a carcass of a kosher **undomesticated animal,** to teach that it is ritually pure; as it might **enter your mind to say** that only the forbidden fat of carcasses of **those** animals **whose fat is forbidden and whose meat** is **permitted** if slaughtered, i.e., kosher domesticated animals, is ritually pure, and this serves **to exclude this** forbidden fat of carcasses of those animals **whose fat and meat are** both **permitted** if slaughtered, i.e., kosher undomesticated animals, whose fat is impure. To counter this possibility, the word *"tereifa"* **teaches us** that the fat of a carcass of any animal that can become a *tereifa* is ritually pure, including the fat of kosher undomesticated animals.

אֲמַר לֵיהּ: מַאי שְׁנָא טְמֵאָה? דְּאֵין חֶלְבָּהּ חָלוּק מִבְּשָׂרָהּ, חַיָּה נַמִי אֵין חֶלְבָּהּ חָלוּק מִבְּשָׂרָהּ! וְעוֹד, הָכְתִיב: ״וְאָכֹל לֹא תֹאכְלוּהוּ״!

He said to him:[N] If it is derived from the verse that the forbidden fat of a carcass of a kosher undomesticated animal is pure, **what is different** about **a non-kosher** animal that would cause its forbidden fat to be impure? If the difference is **that its fat is not distinct from its meat,** as both are forbidden for consumption, **the fat of** a kosher **undomesticated animal is also not distinct from its meat,** as both are permitted. **And furthermore, isn't it written** later in the verse: **"But you shall in no way eat of it"** (Leviticus 7:24)? This phrase is interpreted (70b) as excluding the fat of undomesticated animals, teaching that it is impure.

אֶלָּא אֲמַר אַבַּיֵי: ״טְרֵפָה״ לְגוּפֵיהּ אִיצְטְרִיךְ, שֶׁלֹּא תֹּאמַר: הוֹאִיל וּטְמֵאָה אֲסוּרָה מֵחַיִּים, וּטְרֵיפָה אֲסוּרָה מֵחַיִּים מַה טְּמֵאָה חֶלְבָּהּ טָמֵא, אַף טְרֵיפָה חֶלְבָּהּ טָמֵא.

Rather, Abaye said: The word *"tereifa"* in this verse **was necessary for its own** sake, to teach that the forbidden fat of a carcass of a *tereifa* of a kosher domesticated animal is pure. The inclusion of the word teaches **that you should not say** that **since a non-kosher** animal is **forbidden while** still **alive, and a *tereifa* is forbidden while** still **alive,** therefore **just as the** forbidden **fat of a non-kosher** animal is **impure, so too the** forbidden **fat of a *tereifa* is impure.** The word *"tereifa"* therefore teaches that it is pure.

אִי הָכִי, הַאי נַמִי מִיבָּעֵי, שֶׁלֹּא תֹּאמַר: הוֹאִיל וְעוֹף טָמֵא אָסוּר בַּאֲכִילָה, וּטְרֵיפָה אֲסוּרָה בַּאֲכִילָה, מָה עוֹף טָמֵא אֵינוֹ מְטַמֵּא, אַף טְרֵיפָה אֵינָהּ מְטַמְּאָה!

The Gemara asks: But **if so,** i.e., if one could have learned the *halakha* of the forbidden fat of a *tereifa* from the *halakha* of the forbidden fat of a non-kosher animal, then **this** word *"tereifa"* in the verse concerning the impurity of a kosher bird carcass (Leviticus 17:15) **is also necessary** for its own sake, to teach that the carcass of a kosher bird that is a *tereifa* is impure. It is necessary for this to be written with regard to the carcass of a kosher bird so **that you should not say** as follows: **Since a non-kosher bird** is **forbidden for consumption, and a *tereifa* is forbidden for consumption,** therefore **just as a non-kosher bird does not impart impurity, so too a *tereifa* does not impart impurity.** According the Rabbi Yehuda, the word is necessary to include the slaughtered kosher bird that is a *tereifa*, not a carcass.

וְעוֹד, מִי אִיכָּא לְמֵילַף טְרֵפָה מִטְּמֵאָה? טְמֵאָה לֹא הָיְתָה לָהּ שְׁעַת הַכּוֹשֶׁר, טְרֵיפָה הָיְתָה לָהּ שְׁעַת הַכּוֹשֶׁר! וְכִי תֵּימָא: טְרֵיפָה מִבֶּטֶן מַאי אִיכָּא לְמֵימַר? בְּמִינָהּ מִיהָא אִיכָּא!

And furthermore, is it possible **to derive** the *halakha* concerning **a *tereifa* from** that concerning **a non-kosher** animal, as suggested? The two cases are incomparable, as **a non-kosher** animal **never had a kosher period** before being forbidden, whereas **a *tereifa* had a kosher period** before becoming a *tereifa*. **And if you would say: What can be said** with regard to an animal that is **a *tereifa* from the womb,** which never had a kosher period? **In any event, there are** kosher animals **among its species,** i.e., the *tereifa* is a member of a kosher species, which cannot be said of a non-kosher animal.

אֶלָּא אֲמַר רָבָא, הַתּוֹרָה אָמְרָה: יָבֹא אִיסּוּר נְבֵילָה וְיָחוּל עַל אִיסּוּר חֵלֶב, יָבֹא אִיסּוּר טְרֵיפָה וְיָחוּל עַל אִיסּוּר חֵלֶב.

Rather, Rava said: The word *tereifa* in the verse concerning forbidden fat (Leviticus 7:24) teaches a different *halakha*. By stating: "But you shall in no way eat of it," referring to the forbidden fat of a carcass, **the Torah states: Let the prohibition of** eating **a carcass come and take effect**[H] where **the prohibition of** eating forbidden **fat** already exists. One who eats the forbidden fat of a carcass is liable both for eating forbidden fat and for eating from a carcass. Likewise, the word *"tereifa"* in the verse teaches: **Let the prohibition of** eating **a *tereifa* come and take effect** where **the prohibition of** eating forbidden **fat** already exists, so that one who eats the forbidden fat of a *tereifa* is liable for transgressing two prohibitions.

וּצְרִיכִי, דְּאִי אַשְׁמְעִינַן נְבֵילָה – מִשּׁוּם דִּמְטַמְּיָא, אֲבָל טְרֵיפָה אֵימָא לָא, וְאִי אַשְׁמְעִינַן טְרֵיפָה – מִשּׁוּם דְּאִיסּוּרָהּ מֵחַיִּים, אֲבָל נְבֵילָה אֵימָא לָא, צְרִיכָא.

And both the word "carcass" and the word "*tereifa*" **are necessary,** even though they teach similar *halakhot*. **As, had** the verse **taught us** about additional liability only with regard to the forbidden fat of **a carcass,** one might have thought that it applies to only a carcass, **as it imparts ritual impurity, but** with regard to **a *tereifa*,** which does not, one might **say** that the additional liability does **not** apply. **And had** the verse **taught us** this *halakha* only with regard to **a *tereifa*,** one might have thought that it applies only to a *tereifa*, **as its prohibition** takes effect **while** it is still **alive, but** with regard to **a carcass,** which becomes forbidden only when it dies, one might **say** that it does **not** apply. Both words are therefore **necessary.**

וְרַבִּי מֵאִיר, הַאי "טְרֵפָה" מַאי עָבֵיד לֵיהּ? מִיבְּעֵי לֵיהּ לְמַעוּטֵי שְׁחִיטָה שֶׁהִיא לִפְנִים.

§ The Gemara has established that according to Rabbi Yehuda, the word "*tereifa*" in the verse concerning the impurity of a kosher bird carcass (Leviticus 17:15) teaches that a slaughtered bird that is a *tereifa* imparts ritual impurity. The Gemara asks: **And what does Rabbi Meir,** who holds that a slaughtered bird that is a *tereifa* does not impart ritual impurity, **do with this** word **"*tereifa*"?** The Gemara answers: **It is necessary to exclude** the **slaughter** of non-sacred birds **that** occurs **inside** the Temple courtyard, teaching that it does not cause them to impart ritual impurity as would a carcass, even though they are forbidden for consumption.

וְרַבִּי יְהוּדָה? "טְרֵפָה" אַחֲרִינָא כְּתִיב.

And how does **Rabbi Yehuda** derive this *halakha*? The Gemara answers: **Another** instance of the word ***tereifa* is written** concerning the ritual impurity of birds: "A carcass, or a *tereifa*, he shall not eat to become impure with it" (Leviticus 22:8). Rabbi Yehuda derives the *halakha* from this verse.

וְרַבִּי מֵאִיר? חַד לְמַעוּטֵי שְׁחִיטָה שֶׁהִיא לִפְנִים, וְחַד לְמַעוּטֵי עוֹף טָמֵא.

And how does **Rabbi Meir** interpret the appearance of the word *tereifa* in both verses? The Gemara answers: **One** is necessary **to exclude** the **slaughter that** occurs **inside** the Temple courtyard as mentioned above, **and one** is necessary **to exclude a non-kosher bird,** to teach that the carcass of a non-kosher bird does not impart ritual impurity.

וְרַבִּי יְהוּדָה? מִ"נְּבֵלָה" נָפְקָא לֵיהּ.

And how does **Rabbi Yehuda** derive that the carcass of a non-kosher bird does not impart ritual impurity? The Gemara answers: He **derives it from** the word **"carcass"** in the verse: "A carcass, or a *tereifa*, he shall not eat to become impure with it" (Leviticus 22:8), which indicates that only carcasses of birds that are forbidden for consumption due to their status as a carcass are impure. Non-kosher birds are forbidden due to their non-kosher status, not due to their status as a carcass.

וְרַבִּי מֵאִיר, הַאי "נְבֵלָה" מַאי עָבֵיד לַהּ? לְשִׁיעוּר אֲכִילָה בִּכְזַיִת.

The Gemara asks: **And what does Rabbi Meir do with this**[N] word **"carcass"?** The Gemara answers: Since the verse mentions eating, Rabbi Meir holds that the word "carcass" is written **to** teach that the minimum **measure of consumption** of the meat of a bird carcass that renders one impure is **an olive-bulk,**[HB] which is the standard legal measure of consumption for Torah laws in general.

וְתֵיפּוֹק לִי מִקְּרָא קַמָּא, מִדְּאַפְּקֵיהּ רַחֲמָנָא בִּלְשׁוֹן אֲכִילָה!

The Gemara challenges: **But let him derive** this measure **from the first verse:** "And every soul that eats a carcass…shall be impure" (Leviticus 17:15), **from** the fact **that the Merciful One expresses** this *halakha* using **the language of consumption.**

חַד לְשִׁיעוּר אֲכִילָה בִּכְזַיִת, וְחַד לְשִׁיעוּר אֲכִילָה בִּכְדֵי אֲכִילַת פְּרָס;

The Gemara responds: Both verses are necessary, **one to** indicate that **the measure of consumption** that renders one impure is **an olive-bulk,**[N] **and one to** indicate that **the** maximum **measure of** time for **consumption** of the olive-bulk is the time it takes **to eat a half-loaf** of bread. One who takes longer than this standard measure of time will not contract impurity.

סָלְקָא דַּעְתָּךְ אָמֵינָא: הוֹאִיל וְחִידּוּשׁ הוּא, יוֹתֵר מִכְּדֵי אֲכִילַת פְּרָס נָמֵי לִיטַמֵּא, קָא מַשְׁמַע לַן.

It is necessary for the Torah to indicate this latter *halakha* as well, as otherwise it might **enter your mind to say: Since** the impurity of carcasses of birds **is a novelty,**[N] as one contracts it by eating rather than by touching or carrying, perhaps its *halakhot* are unusually stringent and even one who eats an olive-bulk in **more than** the time it takes **to eat a half-loaf** of bread **should also contract impurity.** Therefore, the verse **teaches us** otherwise.

NOTES

What does Rabbi Meir do with this – רַבִּי מֵאִיר...מַאי עָבֵיד לַהּ: Rabbi Meir cannot use the word "carcass" to derive that the carcass of a non-kosher bird is ritually pure as Rabbi Yehuda does. Rabbi Yehuda's derivation is based on the assumption that a carcass of a non-kosher bird is forbidden only due to its being non-kosher, not due to its being a carcass. Rabbi Meir holds that in general, a prohibition may take effect even where another prohibition already exists, and therefore a non-kosher carcass is forbidden due to its being a carcass as well as its being non-kosher (*Tosafot*).

One to indicate that the measure of consumption is an olive-bulk, etc. – חַד לְשִׁיעוּר אֲכִילָה בִּכְזַיִת וכו׳: In other words, it is derived from Leviticus 17:15 that an olive-bulk is the minimum amount that must be eaten for the one who eats it to contract ritual impurity. On this point Rabbi Yehuda does not disagree (see *Tosafot*; Rambam). From Leviticus 22:8 it is derived that the olive-bulk must be eaten within the time it takes to eat a half-loaf of bread (*Tosefet Kedusha*).

Since the impurity of carcasses of birds is a novelty – הוֹאִיל וְחִידּוּשׁ הוּא: Even though the verse addressing the impurity of carcasses of birds uses the language of consumption, the *halakha* itself is a novelty, as no other type of impurity is imparted only when inside the body (Rashi). In general, even items that impart ritual impurity through carrying or contact do not do so when inside a person's body (see *Nidda* 42b). Generally speaking, *halakhot* considered to be novelties are not subject to standard qualifications and restrictions, such as the standard measure of time for consumption.

HALAKHA

Measure of consumption is an olive-bulk – שִׁיעוּר אֲכִילָה בִּכְזַיִת: The word "eats" (Leviticus 17:15), written with regard to the impurity of a carcass of a kosher bird, teaches that one must eat a minimum of one olive-bulk to contract ritual impurity. Although the Rambam does not explicitly mention that an olive-bulk of the carcass of a kosher bird must be eaten in the time it takes to eat a half-loaf of bread, he does make this ruling elsewhere with regard to consumption of forbidden foods. The *Minḥat Ḥinnukh* stresses that the Rambam holds this to be the *halakha* here as well (Rambam *Sefer Tahara*, *Hilkhot She'ar Avot HaTumot* 3:1).

BACKGROUND

Olive-bulk – כְּזַיִת: An olive-bulk is one of the most significant halakhic units of volume, as by Torah law the act of eating is defined as consuming one olive-bulk, and every mitzva or prohibition by Torah law that relates to eating is defined by this measure. The olive-bulk is measured in terms of the water displacement caused by a particular species of olive.

The precise measure of an olive-bulk is not clear. One talmudic passage indicates that it is almost half of an egg-bulk, and another indicates that it is less than one-third of an egg-bulk. Based on that disparity, as well as the range of opinions with regard to the measure of an egg-bulk, the opinions with regard to the measure of an olive-bulk range from 5 cc to 50 cc.

תָּנוּ רַבָּנַן: ״וְחֵלֶב נְבֵלָה וְחֵלֶב טְרֵפָה״ – בְּחֵלֶב בְּהֵמָה טְהוֹרָה הַכָּתוּב מְדַבֵּר.

§ The Gemara cites a *baraita* concerning the impurity of the forbidden fat of a carcass. **The Sages taught:** When the verse: **"And the fat of a carcass, and the fat of a *tereifa*,** may be used for any other service" (Leviticus 7:24) teaches that such fat is pure, **the verse speaks of the** forbidden **fat of a kosher animal.**[H]

אַתָּה אוֹמֵר: בְּחֵלֶב בְּהֵמָה טְהוֹרָה הַכָּתוּב מְדַבֵּר, אוֹ אֵינוֹ אֶלָּא בְּחֵלֶב בְּהֵמָה טְמֵאָה?

The *baraita* challenges: **Do you say** that **the verse speaks of the** forbidden **fat of a kosher animal, or** perhaps does it **only** speak **of the** forbidden **fat of a non-kosher animal?**

אָמַרְתָּ: טִיהֵר מִכְּלַל שְׁחוּטָה וְטִיהֵר מִכְּלַל חֵלֶב, מַה כְּשֶׁטִּיהֵר מִכְּלַל שְׁחוּטָה – בִּטְהוֹרָה וְלֹא בִּטְמֵאָה, אַף כְּשֶׁטִּיהֵר מִכְּלַל חֵלֶב – בִּטְהוֹרָה וְלֹא בִּטְמֵאָה.

You may **say** in response: The Torah **renders** a slaughtered animal **pure** of the impurity of a carcass **due to the fact** that it was ritually **slaughtered. And** likewise the Torah **renders** the forbidden fat of a carcass **pure, due to the fact** that it is forbidden **fat.** Therefore, the two cases are comparable: **Just as when** the Torah **renders** a slaughtered animal **pure due to the fact** that it was **slaughtered,** it is referring only **to a kosher** animal **and not to a non-kosher** animal, which is impure even when ritually slaughtered, **so too, when** the Torah **renders** forbidden fat **pure due to the fact** that it is forbidden **fat,** it is referring only **to a kosher** animal **and not to a non-kosher** animal.

אוֹ כְּלָךְ לְדֶרֶךְ זוֹ: טִיהֵר מִכְּלַל נְבֵילָה וְטִיהֵר מִכְּלַל חֵלֶב, מַה כְּשֶׁטִּיהֵר מִכְּלַל נְבֵילָה – בִּטְמֵאָה וְלֹא בִּטְהוֹרָה, אַף כְּשֶׁטִּיהֵר מִכְּלַל חֵלֶב – בִּטְמֵאָה וְלֹא בִּטְהוֹרָה!

The *baraita* challenges: **Or** perhaps **go this way** and maintain that since the Torah **renders** the carcass of a non-kosher animal ritually **pure,** removing it **from the category of a carcass,**[N] **and** likewise the Torah **renders** the forbidden fat of a carcass **pure, due to the fact** that it is forbidden **fat;** therefore, the two cases are comparable: **Just as when** the Torah **renders** the carcass of a non-kosher animal **pure,** removing it **from the category of a carcass,** it is referring only **to a non-kosher** animal **and not to a kosher** animal, the carcass of which imparts impurity, **so too, when** the Torah **renders** forbidden fat **pure due to the fact** that it is forbidden **fat,** it is referring only **to a non-kosher** animal **and not to a kosher** animal.

אָמַרְתָּ:

You may **say** in response:

HALAKHA

The verse speaks of the forbidden fat of a kosher animal – בְּחֵלֶב בְּהֵמָה טְהוֹרָה הַכָּתוּב מְדַבֵּר: The forbidden fat of a carcass of a kosher animal is ritually pure, as it is written: "And the fat of a carcass, and the forbidden fat of a *tereifa*, may be used for any other service; but you shall in no way eat of it" (Leviticus 7:24). The verse applies only to kosher animals, which are forbidden due to their status as a carcass, but not to non-kosher animals, which are forbidden even if slaughtered. The forbidden fat of a carcass of a non-kosher animal is therefore, like the rest of its meat, impure (Rambam *Sefer Tahara, Hilkhot She'ar Avot HaTumot* 1:5).

NOTES

Renders it pure, removing it from the category of a carcass – טִיהֵר מִכְּלַל נְבֵילָה: Although the *baraita* appears to indicate that carcasses of all non-kosher animals are pure, it in fact is referring only to carcasses of non-kosher birds, as the Gemara establishes on 70b.

Perek **VII**
Daf **70** Amud **b**

כְּשֶׁבָּא בְּדֶרֶךְ זוֹ הִיא בִּטְהוֹרָה, כְּשֶׁבָּא בְּדֶרֶךְ זוֹ הִיא בִּטְמֵאָה, תַּלְמוּד לוֹמַר: ״טְרֵפָה״ – מִי שֶׁיֵּשׁ בְּמִינָהּ טְרֵיפָה.

When one approaches the matter **this** first **way,** the *halakha* that forbidden fat is pure **applies** specifically **to kosher** animals, but **when one approaches** the matter **that** second **way,** the *halakha* **applies** specifically **to non-kosher** animals. To decide the matter, **the verse states:** "The fat of **a *tereifa*** may be used for any other service" (Leviticus 7:24), indicating that only the forbidden fat of **those** animals **to whose species** the *halakha* of ***tereifa* applies,** i.e., kosher animals, is ritually pure. The status of *tereifa* is immaterial to a non-kosher animal as its consumption is prohibited in any event.

אוֹצִיא אֶת הַטְּמֵאָה, שֶׁאֵין בְּמִינָהּ טְרֵיפָה, וְלֹא אוֹצִיא אֶת הַחַיָּה, שֶׁיֵּשׁ בְּמִינָהּ טְרֵיפָה! תַּלְמוּד לוֹמַר: ״וְאָכֹל לֹא תֹאכְלוּהוּ״ – מִי שֶׁחֶלְבָּהּ אָסוּר וּבְשָׂרָהּ מוּתָּר, יָצָא חַיָּה, שֶׁחֶלְבָּהּ וּבְשָׂרָהּ מוּתָּר.

The *baraita* concludes: One might still assume that **I will exclude** from this *halakha* only the forbidden fat of a carcass of **a non-kosher** animal, **as** the *halakha* of ***tereifa* does not apply to its species, but I will not exclude** the fat of a carcass of **an undomesticated** kosher **animal, as** the *halakha* of ***tereifa* applies to its species.** Therefore, **the verse states** in conclusion: **"But you shall in no way eat of it,"**[N] indicating that the reference is only to animals **whose fat is forbidden** for consumption if slaughtered **but whose meat is permitted,** i.e., kosher domesticated animals. **Excluded** are kosher **undomesticated animals,**[BH] **whose fat and meat** are both **permitted** for consumption.

NOTES

But you shall in no way eat of it – וְאָכֹל לֹא תֹאכְלוּהוּ: This phrase seems superfluous because a carcass in its entirety is forbidden for consumption. The *baraita* therefore understands the phrase as qualifying that the verse is referring only to animals whose forbidden fat would be forbidden for consumption even if slaughtered (*Korban Aharon*). The language of the *baraita* here: Whose forbidden fat is prohibited but whose meat is permitted, appears to derive from the emphasis in the verse that it is referring specifically to forbidden fat that is ordinarily forbidden by itself, whereas the meat is generally permitted.

BACKGROUND

Undomesticated animal – חַיָּה: This refers to an undomesticated mammal that chews its cud and has a cloven hoof. The Torah (see Deuteronomy 14:5) enumerates seven species of kosher undomesticated mammals. The precise identification of some of the species remains unclear. There are two major differences between the *halakhot* governing a kosher domesticated animal and those governing a kosher undomesticated animal: First, the fats of an undomesticated animal may be eaten; second, the blood of an undomesticated animal must be covered after slaughter. In all other respects the *halakhot* with regard to domesticated and undomesticated animals are the same.

HALAKHA

Excluded are undomesticated animals – יָצָא חַיָּה: The forbidden fat of the carcasses of all undomesticated animals, whether kosher or not, imparts ritual impurity as a carcass, in accordance with the ruling of the *baraita* (Rambam *Sefer Tahara, Hilkhot She'ar Avot HaTumot* 1:5).

אֲמַר לֵיהּ רַב יַעֲקֹב בַּר אַבָּא לְרָבָא: אֶלָּא מֵעַתָּה, נִבְלַת בְּהֵמָה טְהוֹרָה הוּא דִּמְטַמְּאָה, נִבְלַת בְּהֵמָה טְמֵאָה לָא מְטַמְּאָה! אֲמַר לֵיהּ: כַּמָּה סָבֵי שַׁבִּישְׁתּוּ בָּהּ, סֵיפָא אֲתָאן לְנִבְלַת עוֹף טָמֵא.

Rav Ya'akov bar Abba said to Rava: If that is so, it appears from the *baraita* that **the carcass of a kosher animal imparts impurity,** but **the carcass of a non-kosher animal does not impart impurity.** Rava **said to him: How many elders have you caused to err in** the interpretation of this *baraita*? In **the latter clause we come to** discuss only **the carcass of a non-kosher bird,** which does not impart impurity. By contrast, carcasses of non-kosher animals are impure.

אָמַר רַבִּי יוֹחָנָן: לֹא טִיהֵר רַבִּי מֵאִיר אֶלָּא בִּתְמִימִין, אֲבָל בְּבַעֲלֵי מוּמִין – לֹא. וְרַבִּי אֶלְעָזָר אָמַר: אֲפִילּוּ בְּבַעֲלֵי מוּמִין. אִיתְּמַר נַמִּי, אָמַר רַב בֵּיבָי אָמַר רַבִּי אֶלְעָזָר: מְטַהֵר הָיָה רַבִּי מֵאִיר בְּבַעֲלֵי מוּמִין, וַאֲפִילּוּ בְּאַוָּזִין וְתַרְנְגוֹלִין.

§ In the mishna, Rabbi Meir states that a bird offering whose nape was pinched and was found to be a *tereifa* does not impart impurity as would a carcass. **Rabbi Yoḥanan says: Rabbi Meir deemed pure only unblemished** birds whose napes were pinched, as they are fit to be sacrificed, **but** he did **not** deem pure **blemished** birds, which are not fit to be sacrificed. **And Rabbi Elazar says:** Rabbi Meir deemed **even blemished** birds[N] pure and did not distinguish between the two. **It was also stated** that **Rav Beivai says** that **Rabbi Elazar says: Rabbi Meir would deem pure blemished** birds, **and** this was his opinion **even** concerning **geese and chickens,**[N] species that may not be brought as offerings and as such are never supposed to be pinched.

בָּעֵי רַבִּי יִרְמְיָה: עָרַף עֵז, מַהוּ?

Rabbi Yirmeya raises a dilemma: According to Rabbi Elazar's understanding of Rabbi Meir's opinion, **what is** the *halakha* with regard to one who **broke the neck of a goat?** Does the impurity of animal carcasses apply? The breaking of the neck is considered the proper procedure in certain cases, as the Torah commands that a heifer's neck be broken if a murdered body is found between two cities and the identity of the murderer is unknown (see Deuteronomy 21:4).

אַוָּזִין וְתַרְנְגוֹלִין טַעְמָא מַאי – דְּמִינָא דְּעוֹפוֹת נִינְהוּ, אֲבָל עֵז לָאו מִינָא דְּעֶגְלָה נִינְהוּ. אוֹ דִּילְמָא מִינָא דִּבְהֵמָה הוּא?

One could claim: **What is the reason** that **geese and chickens** are pure if their napes are pinched? It is **because they are species of birds**[N] and the napes of some birds are pinched; **but a goat is not** of the same **species as a heifer,** as goats are considered small livestock whereas cattle are large livestock. **Or perhaps** one could claim: Since a goat **is** still **a species of domesticated animal,** it is similar enough to a heifer that the breaking of its neck prevents it from imparting impurity as a carcass.

יָתֵיב רַב דִּימִי וְקָאָמַר לַהּ לְהָא שְׁמַעְתָּא. אֲמַר לֵיהּ אַבַּיֵי: מִכְּלָל דְּעֶגְלָה עֲרוּפָה טְהוֹרָה הִיא? אֲמַר לֵיהּ: אִין, אָמְרִי דְּבֵי רַבִּי יַנַּאי: כַּפָּרָה כְּתִיב בָּהּ כְּקָדָשִׁים.

Rav Dimi was sitting and saying this *halakha*, i.e., this dilemma. **Abaye said to him: By inference** from this dilemma, it seems that you assume that **a heifer whose neck is broken is** itself **pure**[H] and does not impart impurity as would a carcass. Rav Dimi **said to him: Indeed,** as the Sages **of the school of Rabbi Yannai say:** Since the language of **atonement is written with regard to** the heifer whose neck is broken, in the verse: "Forgive, Lord, Your people Israel" (Deuteronomy 21:8), just **as** atonement is written with regard to **sacrificial** animals, the breaking of the heifer's neck is equivalent to the pinching of the nape of a bird offering, and breaking its neck prevents the heifer from imparting ritual impurity.

מְתִיב רַב נָתָן אֲבוּהּ דְּרַב הוּנָא (בַּר נָתָן): "וְאָכֹל לֹא תֹאכְלֻהוּ" – אֵין לִי אֶלָּא חֵלֶב שֶׁאָסוּר בַּאֲכִילָה וּמוּתָּר בַּהֲנָאָה, חֵלֶב שֶׁל שׁוֹר הַנִּסְקָל וְעֶגְלָה עֲרוּפָה מִנַּיִן?

Rav Natan, father of Rav Huna bar Natan, raises an objection based on a *baraita* concerning the purity of the forbidden fat of a kosher animal, mentioned in the verse: "And the fat of a carcass, and the fat of a *tereifa*, may be used for any other service; **but you shall in no way eat of it**" (Leviticus 7:24). **I have** derived from the verse **only** that forbidden **fat that is forbidden for consumption but from which** deriving **benefit** is **permitted** is pure. **From where** is it derived that this *halakha* also applies to the forbidden **fat of an ox that is stoned**[B] by the court **or** the forbidden fat of **a heifer whose neck is broken,** from both of which one is prohibited from deriving benefit?

תַּלְמוּד לוֹמַר: "כָּל חֵלֶב".

The verse states: "You shall eat **no fat** nor blood" (Leviticus 3:17). The generalization "no fat" indicates that the same *halakhot* apply to the forbidden fats of all domesticated kosher animals, including those from which one is prohibited from deriving benefit.

NOTES

Even blemished birds – אֲפִילּוּ בְּבַעֲלֵי מוּמִין: Birds with minor blemishes may be brought as offerings in any event, and so this applies even to birds with major blemishes, such as those missing a limb, which may not be brought as offerings (*Ḥok Natan*). Therefore, according to Rabbi Elazar, the mishna earlier in the chapter (68b), which ruled that that a bird with a blemish that was pinched imparts ritual impurity, is not in accordance with the opinion of Rabbi Meir (Rashi manuscript).

And even concerning geese and chickens – וַאֲפִילּוּ בְּאַוָּזִין וְתַרְנְגוֹלִין: Just as pinching the nape of the neck purifies the carcass of even a *tereifa*, for which pinching cannot be said to be the proper method of slaughter, it also purifies the carcasses of species for which pinching is never the proper method of slaughter. Rashi understands that this applies only to chickens and geese that are consecrated for Temple maintenance and whose napes are pinched in the Temple, since pinching is only ever appropriate for sacrificial birds. Non-sacred birds pinched inside the Temple courtyard or sacrificial birds pinched outside of it are impure even if they are otherwise fit for sacrifice. Other commentaries disagree with this assessment, holding that items consecrated for Temple maintenance cannot be compared to actual offerings. Rather, Rabbi Meir held that pinching purifies the carcasses of all birds, even those in no way fit for sacrifice, no matter the context (Rashi manuscript; *Shita Mekubbetzet*; *Keren Ora*). Some base this claim on the language of Rabbi Meir in another mishna (*Teharot* 1:1), which does not distinguish between consecrated and non-sacred birds (see *Tosafot*).

Because they are species of birds – דְּמִינָא דְּעוֹפוֹת נִינְהוּ: Although geese and chickens are not of the same species as doves and pigeons, the classification here depends on the language of the Torah with respect to categories of offerings. It distinguishes linguistically between sheep and goats [*tzon*] on the one hand, and cattle [*bakar*] on the other, but it does not distinguish between different types of bird [*of*] (*Tosefot Rabbeinu Peretz*).

HALAKHA

Heifer whose neck is broken is itself pure – עֶגְלָה עֲרוּפָה טְהוֹרָה הִיא: A heifer whose neck was properly broken in the context of the rite of the heifer whose neck is broken does not impart ritual impurity. This is because the Torah describes the rite using the language of atonement as it does for offerings, in accordance with the opinion of Rav Dimi (Rambam *Sefer Tahara*, *Hilkhot She'ar Avot HaTumot* 3:13).

BACKGROUND

Ox that is stoned – שׁוֹר הַנִּסְקָל: An ox that has killed a person is stoned to death, regardless of whether the ox previously behaved maliciously or is a first-time offender. This is the *halakha* whether the victim was an adult, a child, or a Canaanite slave. It is prohibited to derive any benefit from an ox that is stoned, not only after it was killed but from the moment the court, a tribunal of twenty-three judges, has delivered its verdict. The term: Ox that is stoned, is used for any domesticated animal or undomesticated animal that has killed a person, whether the animal is large or small. Even killer birds are included in this *halakha*.

וְאִי סָלְקָא דַּעְתָּךְ עֶגְלָה עֲרוּפָה טְהוֹרָה הִיא, הִיא טְהוֹרָה וְחֶלְבָּהּ טָמֵא?

Rav Natan concludes his objection: **And if it enters your mind** that the meat of **a heifer whose neck is broken is pure,** why must the verse teach that its forbidden fat is pure? Could one entertain the possibility that its meat **is pure but its** forbidden **fat** is **impure?**

הֵיכָא דַּעֲרַף מִיעֲרַף לָא אִיצְטְרִיכָא לֵיהּ. כִּי אִיצְטְרִיכָא הֵיכָא דִּשְׁחָטָהּ מִישְׁחַט.

The Gemara responds: The derivation in the *baraita* **was not necessary for** a case **where one broke the neck** of the heifer. **It was necessary** for the verse to teach that the forbidden fat is pure even in a case **where one slaughtered**[H] a heifer whose neck was designated to be broken.

וְתֵיהֱנֵי לֵיהּ שְׁחִיטָה לְטַהֲרָהּ מִידֵי נְבֵלָה! לָא צְרִיכָא, שֶׁמֵּתָה.

The Gemara asks: **But** the **slaughter** itself **should be effective in purifying** the forbidden fat, as slaughter prevents an animal **from** assuming the impure status of **a carcass,** and the derivation is still superfluous. The Gemara responds: **No,** it is **necessary** to teach that the forbidden fat of a heifer **that died** before its neck could be broken is pure even though the heifer itself assumes that status of a carcass.

מִכְּלָל דְּמֵחַיִּים אֲסוּרָה? אִין. אָמַר רַבִּי יַנַּאי: גְּבוּל שָׁמַעְתִּי וְשָׁכַחְתִּי, וְנָסְבִין חֶבְרַיָּיא לְמֵימַר: יְרִידָתָהּ לְנַחַל אֵיתָן הִיא אוֹסַרְתָּהּ.

The Gemara asks: If the *baraita* is referring only to a heifer that died before its neck could be broken, and it describes benefitting from it as being prohibited, **by inference,** is it **prohibited** to derive benefit from the heifer **while** it is still **alive?**[N] The Gemara responds: **Indeed,** as **Rabbi Yannai says: I heard** the **boundary,** i.e., stage, beyond which it is forbidden, **but I have forgotten** what it is, **and** yet the members of **the group** of scholars **were inclined to say** that **its descent to a hard valley** (see Deuteronomy 21:4), where its neck was broken, is the action that **renders it forbidden.**[H]

הדרן עלך חטאת העוף

HALAKHA

Where one slaughtered – הֵיכָא דִּשְׁחָטָהּ: A heifer whose neck was designated to be broken but was instead slaughtered after its descent into a hard valley does not become impure as a carcass, but one is nevertheless prohibited from deriving benefit from it (Rambam *Sefer Tahara, Hilkhot She'ar Avot HaTumot* 3:13).

Its descent to a hard valley renders it forbidden – יְרִידָתָהּ לְנַחַל אֵיתָן אוֹסַרְתָּהּ: It becomes prohibited to derive benefit from a heifer whose neck is broken from the time it descends into a hard valley. If it subsequently dies or is slaughtered before its neck is broken, it remains prohibited to derive benefit from it, and the heifer must be buried (Rambam *Sefer Nezikin, Hilkhot Rotze'aḥ UShmirat HaNefesh* 10:6).

NOTES

Is it prohibited while still alive – מֵחַיִּים אֲסוּרָה: This *halakha* is a subject of disagreement among the *tanna'im* (see *Karetot* 25a).

Summary of **Perek VII**

This chapter concludes the Gemara's discussion of bird offerings, especially with regard to those sacrificed improperly. Any bird sin offering sacrificed according to the procedure of a burnt offering, or in the location where burnt offerings are sacrificed, or for the sake of a burnt offering, is disqualified. The *halakha* is the same for a burnt offering sacrificed as though it was a sin offering, with the exception of a burnt offering sacrificed properly in all ways except that it was brought for the sake of a sin offering. Such an offering is fit but does not satisfy its owner's obligation.

Since no disqualified offering is permitted to the priests for consumption, one who derives benefit from its remains is liable for misuse of consecrated property. The exception to this rule is a bird burnt offering sacrificed entirely according to the procedure of a sin offering, which becomes a sin offering and therefore ceases to be subject to the *halakhot* of misuse like a sin offering. It does not satisfy its owner's obligation.

In any case where a bird offering is disqualified due to a change in location, procedure, or designation, it does not assume the impure status as a carcass. Although it is forbidden for consumption and burning on the altar, it nevertheless does not impart ritual impurity to one who eats it. The Gemara discusses the purity of other disqualified offerings of birds, and concludes that a bird offering is pure even if disqualified as long as it meets three criteria: The bird must have been initially fit for sacrifice, the pinching must have occurred within the Temple courtyard, and the pinching must have been performed with the thumbnail rather than a knife. If the offering does not satisfy all these conditions, it assumes the status of a carcass and imparts ritual impurity. Any offering that was pinched according to the procedure of the other type of bird offering meets these conditions, as do offerings rendered *piggul*, *notar*, or ritually impure; offerings pinched by people who are disqualified for Temple service; and those pinched with the thumbnail of the left hand or at night. Birds pinched outside the Temple courtyard or those with a blemish impart impurity to one who eats them. Slaughtered birds are pure under any circumstances, even if they were offerings that ought to have been pinched.

An animal that one slaughtered properly but was found to be a *tereifa* is not considered a carcass. Consequently, a disagreement arises among the *tanna'im* as to whether a bird offering that was pinched properly but found to be a *tereifa* may likewise be pure. Ultimately, halakhic authorities rule that only slaughter renders a *tereifa* pure, but pinching the nape of the neck does not. Pursuant to this discussion, the Gemara addresses the *halakhot* of the purity of carcasses and *tereifot* in general, the relationships between their *halakhot*, and the derivations of these *halakhot* as they appear in the halakhic midrash.

Introduction to **Perek VIII**

All these matters that I command you, that you shall observe to do; you shall not add thereto, nor diminish from it.

(Deuteronomy 13:1)

And any sin offering, whereof any of the blood is brought into the Tent of Meeting to atone in the Sanctuary, shall not be eaten; it shall be burned with fire.

(Leviticus 6:23)

The previous chapters defined the basic rites of the various offerings and the differences between them, both with regard to the place and time of the rites and with regard to the offerings' consumption. Due to these differences between the offerings, it is necessary to discuss situations in which offerings become intermingled; that is the main topic of this chapter. The chapter addresses cases where fit offerings became intermingled with disqualified ones, cases where consecrated animals became intermingled with non-sacred animals, and mixtures of prohibited and permitted items in general. For this reason the early commentaries call this: The chapter of mixtures.

The discussion concerning intermingling of offerings is highly relevant, as the manner in which the Temple service is performed can lead to confusion between offerings. This is true of the stage when the animals are brought to the Temple to be sacrificed. At this stage, there are non-sacred and consecrated animals, fit and disqualified ones, offerings belonging to different people, and consecrated animals designated for various types of offerings, all in close proximity. Likewise, confusion can arise when the animals are sacrificed, as the priests would be occupied with the rites of many offerings simultaneously. When offerings differ from one another in their halakhic status, belong to different people, or are at different stages of their preparation for sacrifice, the animals or parts of the offerings can easily become intermingled.

These situations give rise to many questions that have ramifications for the *halakhot* of mixtures in general, such as the nullification of prohibited items in a majority or in an even greater ratio, as well as various uncertainties, e.g., compound uncertainty and a prohibited item that is fixed in its place. Yet they also lead to specific inquiries concerning the *halakhot* of sacrificial animals and the Temple service. The mixtures in question are not only those of prohibited and permitted items, for instance animals fit for the altar with those that are unfit. Rather, they are mainly those of offerings and parts of offerings that are all fit to be sacrificed. The issue is that they differ in their rites, including the place of their slaughter and especially the presentation of their blood; they also differ with regard to which of their sacrificial portions are burned on the altar, and in the manner of their consumption, e.g., whether they must be eaten by priests in the Temple courtyard or by any ritually pure Jew throughout Jerusalem.

One of the basic features of these situations is that each case involves two often conflicting considerations. On the one hand, the Temple rites entail harsh penalties if performed improperly, to the extent that one can even be liable to receive the punishment of *karet* or death at the hand of Heaven for improper actions. On the other hand, it is appropriate to avoid any waste of consecrated property whenever possible. These conflicting factors contribute to the many dilemmas discussed in this chapter.

The different possible mixtures include a mixture of blood that is supposed to be

taken inside the Sanctuary to be sprinkled on the Curtain and the golden altar, with blood that is to be placed on the external altar in the Temple courtyard. Apropos the discussion with regard to this type of mixture, the Gemara analyzes the *halakha* of blood that was brought inside the Sanctuary improperly, or that was taken out from the Holy of Holies to the Sanctuary improperly.

This chapter mainly addresses offerings of domesticated animals that became intermingled. A separate tractate, *Kinnim*, is devoted to the intermingling of bird offerings, while tractate *Menaḥot* discusses cases of meal offerings that were intermingled. As stated, incidental to the discussion of mixtures of consecrated items, this chapter touches upon many issues that are pertinent to the *halakhot* of mixtures in general, and it serves as one of the primary talmudic sources for these *halakhot*.

Perek **VIII**
Daf **70** Amud **b**

מתני׳ כׇּל הַזְּבָחִים שֶׁנִּתְעָרְבוּ בְּחַטָּאוֹת הַמֵּתוֹת אוֹ בְּשׁוֹר הַנִּסְקָל, אֲפִילּוּ אַחַת בְּרִיבּוֹא – יָמוּתוּ כּוּלָּן. נִתְעָרְבוּ בְּשׁוֹר שֶׁנֶּעֶבְדָה בּוֹ עֲבֵירָה, אוֹ

MISHNA All the offerings that were intermingled with animals from which deriving benefit is forbidden, e.g., **sin offerings** left to **die,**[H] **or with an ox that** was sentenced to be **stoned, even** if the ratio is **one in ten thousand,** deriving benefit from them all is prohibited and **they all must die.** If the offerings **were intermingled with** animals whose sacrifice is forbidden but deriving benefit from them is not, the *halakha* is different. Examples of this are **an ox with which a transgression was performed,**[N] which disqualifies it from being sacrificed as an offering, **or**

HALAKHA

The offerings that were intermingled with sin offerings left to die – הַזְּבָחִים שֶׁנִּתְעָרְבוּ בְּחַטָּאוֹת הַמֵּתוֹת: With regard to any offerings that were intermingled with sin offerings left to die, or with an ox that is to be stoned, even if only one prohibited animal was mixed with ten thousand animals fit to be sacrificed, they all must die. The reason is that an animal is considered significant and therefore is not nullified in any majority (Rambam *Sefer Avoda, Hilkhot Pesulei HaMukdashin* 6:1).

NOTES

With which a transgression was performed, etc. – שֶׁנֶּעֶבְדָה בּוֹ עֲבֵירָה וכו׳: Rashi states that the phrase: With which a transgression was performed, is a general statement, which is detailed in the subsequent clause: That killed a person based on the testimony of one witness or based on the admission of the owner. In other words, the reference is to an ox, or any other animal, which would have been stoned had there been testimony of two witnesses. In this particular case, since there is only one witness that the ox killed a person, an individual is not prohibited from deriving benefit from it, as it does not have the status of an ox put to death. Nevertheless, since this ox was involved in a transgression it is prohibited to be used as an offering.

It is possible that the version of the text used by Rashi did not include the last word of the page: Or, although it is possible to explain the mishna in the following manner even if that word is included: It was intermingled with an ox with which a transgression was performed, either based on the testimony of one witness or based on the admission of the owner (*Tosefot Yom Tov*).

Perek **VIII**
Daf **71** Amud **a**

שֶׁהֵמִית אֶת הָאָדָם עַל פִּי עֵד אֶחָד אוֹ עַל פִּי הַבְּעָלִים, בְּרוֹבֵעַ וְנִרְבָּע, בְּמוּקְצֶה וְנֶעֱבַד, בְּאֶתְנַן וּמְחִיר,

an ox **that** is known to have **killed a person based on** the testimony of **one witness or based on** the admission of **the owner.** Had two witnesses testified, deriving benefit from the ox would have been prohibited. Additional examples include when an offering is intermingled **with an animal that copulated with a person; or an animal that was the object of bestiality;** or **with** an animal that was **set aside** for idol worship; **or** one that **was worshipped**[N] as a deity; or **with** an animal that was given as **payment** to a prostitute[B] **or** as the **price** of a dog, as it is written: "You shall not bring the payment of a harlot, or the price of a dog, into the house of the Lord your God" (Deuteronomy 23:19).

NOTES

One that was worshipped – נֶעֱבַד: Not only may an idol, the items sacrificed to it, and its ornaments not be used in any manner in the Temple rites, it is prohibited to derive benefit from them as well. An item in the category of idol worship from which deriving benefit is prohibited must be either man-made or a product of human involvement (see *Avoda Zara* 45a). Therefore, some action must be performed on the animal in order for it to become an item of idol worship from which deriving benefit is prohibited. For example, if it was anointed between its horns (see *Avoda Zara* 54a), it falls in this category.

By contrast, it is prohibited for an animal that has been rendered an item of idol worship even without human involvement to be sacrificed upon the altar. It is considered repulsive as an offering due to the transgression in which it was involved (see Rambam *Sefer Avoda, Hilkhot Issurei Mizbe'aḥ* 4:6, 8). An alternative opinion is that it is prohibited to sacrifice upon the altar an animal belonging to another person, not the one who worshipped it, only if an action was performed upon it (Ra'avad).

BACKGROUND

Payment to a prostitute – אֶתְנַן זוֹנָה: The Torah prohibits an animal used as a prostitute's payment, or exchanged with a dog as its price, to be brought as an offering in the Temple (see Deuteronomy 23:19). The Sages explain that this disqualification applies only to animals used directly for these purposes, but not to an item that was exchanged for those animals. Therefore, if money is given to a prostitute and she then uses it to purchase an animal, that animal is not disqualified. Similarly, only the animal that was actually exchanged for a dog is disqualified, but not one obtained with money received in the sale of a dog.

בְּכִלְאַיִם וּבִטְרֵיפָה, בְּיוֹצֵא דוֹפֶן – יִרְעוּ עַד שֶׁיִּסְתָּאֲבוּ וְיִמָּכְרוּ, וְיָבִיא בִּדְמֵי הַיָּפֶה שֶׁבָּהֶן מֵאוֹתוֹ הַמִּין.

Additional examples include an offering that was intermingled **with** an animal born of a mixture of **diverse kinds,**[B] e.g., the offspring of a ram and a goat, **or with an animal with a wound that will cause it to die within twelve months** [***tereifa***], or **with** an animal **born by caesarean section.**[B] In all these cases the animals that are intermingled **shall graze until they become unfit**[N] for sacrifice **and** then **they shall be sold. And** from the money received in the sale, the owner **shall bring** another offering **of the monetary value of** the **highest-quality** animal **among them, of the same type**[N] of offering that the intermingled offering was.

נִתְעָרְבוּ בְּחוּלִּין תְּמִימִים – יִמָּכְרוּ הַחוּלִּין לְצוֹרְכֵי אוֹתוֹ הַמִּין.

The mishna continues: If sacrificial animals **were intermingled with unblemished, non-sacred** animals,[H] which, if consecrated, are fit for sacrifice, **the non-sacred** animals **shall be sold for the purpose** of purchasing offerings **of the same type**[N] as the offering with which they were intermingled.

קָדָשִׁים בְּקָדָשִׁים מִין בְּמִינוֹ – [זֶה יִקָּרֵב לְשֵׁם מִי שֶׁהוּא וְזֶה] יִקָּרֵב לְשֵׁם מִי שֶׁהוּא.

In a case where **sacrificial** animals were intermingled **with** other **sacrificial** animals, if it was an animal of one **type** of offering **with** animals of the same **type**[H] of offering, **one shall sacrifice this** animal **for the sake of whoever is** its owner **and one shall sacrifice that** animal **for the sake of whoever is** its owner, and both fulfill their obligation.

קָדָשִׁים בְּקָדָשִׁים מִין בְּשֶׁאֵינוֹ מִינוֹ – יִרְעוּ עַד שֶׁיִּסְתָּאֲבוּ וְיִמָּכְרוּ, וְיָבִיא בִּדְמֵי יָפֶה שֶׁבָּהֶן מִמִּין זֶה וּבִדְמֵי הַיָּפֶה שֶׁבָּהֶן מִמִּין זֶה, וְיַפְסִיד הַמּוֹתָר מִבֵּיתוֹ.

In a case where **sacrificial** animals were intermingled **with** other **sacrificial** animals, where an animal of one **type** of offering was intermingled **with** animals **not** of the same **type**[H] of offering, e.g., two rams, where one is designated as a burnt offering and one as a peace offering, **they shall graze until they become unfit** for sacrifice **and** then **they shall be sold. And** from the money received in the sale, the owner **shall bring** another offering **of the monetary value of** the **highest-quality** animal **among them as this type** of offering, **and** another offering **of the monetary value of** the **highest-quality** animal **among them as that type** of offering, **and he will lose the additional** expense of purchasing two highest-quality animals, when he had sold only one highest-quality animal, **from his** own **assets.**

NOTES

They shall graze until they become unfit, etc. – יִרְעוּ עַד שֶׁיִּסְתָּאֲבוּ וכו׳: Most sacrificial animals that have been disqualified are left to graze until they develop a blemish. At that point they can be redeemed with money, with the money of their sale going for various purposes depending on the particular type of offering. In this case, none of the animals may be sacrificed on the altar, because it is unclear which of the animals is the one that is prohibited. None of the animals may be slaughtered outside the Temple courtyard either, as each one might be a sacrificial animal, and one who slaughters a sacrificial animal outside the Temple is liable to receive *karet*. Likewise, one may not derive benefit from the animals, as this might be deriving prohibited benefit from a consecrated item. The only solution is to redeem all the sacrificial animals in the mixture, and to bring other offerings in their stead. Since animals dedicated to the altar may not be redeemed while they are unblemished and fit for sacrifice, one must wait until they develop a blemish before redeeming them.

Of the monetary value of the highest-quality animal among them of the same type – בִּדְמֵי הַיָּפֶה שֶׁבָּהֶן מֵאוֹתוֹ הַמִּין: For example, if the mixture included a burnt offering, which must be male, one takes the value of the highest-quality male and states: The burnt offering that was in the mixture is hereby desacralized through this money. He then purchases a burnt offering with the money. There is no need to desacralize the disqualified animal in the mixture, as it is non-sacred. If the disqualified animal was a sacrificial animal it must be redeemed as well, so that one does not come to misuse consecrated property.

For the purpose [*letzorkhei*] of purchasing offerings of the same type – לְצוֹרְכֵי אוֹתוֹ הַמִּין: For example, if a peace offering was intermingled with non-sacred animals, all the animals should be sold to people who are obligated to bring peace offerings. In certain manuscripts, the text reads: For the requirements [*letzrikhei*] of the same type. Either way, all the animals will be peace offerings. The only remaining issue is that one of them was designated for a particular person, and it is not known which animal that is. Therefore, the priest should sacrifice each of them for whoever is its owner, as stated subsequently with regard to an intermingling of sacrificial animals of the same type (Rashi).

BACKGROUND

Mixture of diverse kinds – כִּלְאַיִם: The Torah prohibits crossbreeding different species of animals (see Leviticus 19:19). This transgression is punishable by lashes. Nevertheless, it is permitted to derive benefit from the offspring of crossbreeding, e.g., a mule, which is the offspring of a donkey and a horse, and is considered to be a hardworking and reliable pack animal. The *halakhot* governing this prohibition are discussed in tractate *Kilayim*.

Team of mules pulling a plow

Animal born by caesarean section [*yotze dofen*] – יוֹצֵא דוֹפֶן: The literal meaning of this term is: An animal that went out through the wall, i.e., one that was not born naturally but by means of a caesarean section. It is described as coming out through the wall because it was delivered through the abdominal wall of its mother. Various halakhic matters require natural birth, in the case of both human and animal, while those delivered through the abdominal wall are governed by different *halakhot*.

HALAKHA

If sacrificial animals were intermingled with unblemished non-sacred animals – נִתְעָרְבוּ בְּחוּלִּין תְּמִימִים: In a case where sacrificial animals became intermingled with unblemished, non-sacred animals, the non-sacred animals must be sold for the purpose of purchasing offerings of the same type, and all of the animals are sacrificed. How is this done? If four peace offerings became intermingled with four unblemished, non-sacred animals, those four non-sacred animals should be sold to those who require peace offerings, and all the animals of the mixture are sacrificed as peace offerings. The same applies if they were burnt offerings or guilt offerings. The money received is non-sacred (Rambam *Sefer Avoda*, *Hilkhot Pesulei HaMukdashin* 6:3).

If it was an animal of one type with animals of the same type – מִין בְּמִינוֹ: With regard to sacrificial animals of one type that became intermingled with animals of the same type, the priest sacrificing the offering should do so for the sake of whoever is its owner, despite the fact that the owners cannot identify their offerings (Rambam *Sefer Avoda*, *Hilkhot Pesulei HaMukdashin* 6:4).

An animal of one type with animals not of the same type – מִין בְּשֶׁאֵינוֹ מִינוֹ: If a consecrated animal of one type became intermingled with another consecrated animal not of the same type, e.g., a burnt offering with a peace offering, which have different timeframes in which they may be eaten, they may not be sacrificed, even in accordance with the more stringent *halakhot*. The reason is that one may not restrict the timeframe in which an offering may be eaten, thereby increasing the likelihood of disqualification. This *halakha* is in accordance with the opinion of the Rabbis in the mishna on 75b. Rather, they shall all graze until they develop a blemish and become unfit for sacrifice, at which point each is sold separately, and from the money received the owner shall bring one type of offering of the monetary value of the higher-quality animal among them from that type, and the other type of offering of the monetary value of the higher-quality animal among them from that type. The owner loses the difference between the value of the lower- and higher-quality animals from his own assets (Rambam *Sefer Avoda*, *Hilkhot Pesulei HaMukdashin* 6:5–6).

נִתְעָרְבוּ בִּבְכוֹר וּבְמַעֲשֵׂר – יִרְעוּ עַד שֶׁיִּסְתָּאֲבוּ וְיֵאָכְלוּ כִּבְכוֹר וּכְמַעֲשֵׂר.

In a case where sacrificial animals **were intermingled with a firstborn** offering **or with** an animal **tithe** offering,[HN] **they shall graze until they become unfit** for sacrifice **and they shall** both **be eaten as a firstborn** offering **or as** an animal **tithe** offering.

הַכֹּל יְכוֹלִין לְהִתְעָרֵב, חוּץ מִן הַחַטָּאת וְהָאָשָׁם.

All offerings **can become** indistinguishably **intermingled** with each other, **except for a sin offering**[B] **and a guilt offering,** as the Gemara will explain.

גמ׳ מַאי ״אֲפִילּוּ״?

GEMARA The mishna teaches the *halakha* of all the offerings that were intermingled with animals from which deriving benefit is forbidden. This indicates that one offering became intermingled with a majority of prohibited animals, as it is usual to describe the smaller unit as being intermingled with the larger unit. The Gemara asks: If so, **what** is the meaning of the term: **Even,** in the clause: Even if the ratio is one in ten thousand, deriving benefit from them all is prohibited and they all must die. If the permitted animal is rendered prohibited by a simple majority, of course it is prohibited if the ratio is one in ten thousand.

הָכִי קָאָמַר: כָּל הַזְּבָחִים שֶׁנִּתְעָרְבוּ בָּהֶן חַטָּאוֹת הַמֵּתוֹת אוֹ שׁוֹר הַנִּסְקָל, אֲפִילּוּ אֶחָד בְּרִיבּוֹא – יָמוּתוּ כּוּלָּן.

The Gemara explains: **This** is what the mishna **is saying: All the offerings in which were intermingled**[N] **sin offerings** left **to die, or** in which **an ox that** was sentenced to be **stoned** was intermingled, **even** if the ratio is **one** forbidden animal intermingled **with ten thousand** offerings, **they all must die.**

תְּנֵינָא חֲדָא זִימְנָא: כָּל הָאֲסוּרִין לְגַבֵּי מִזְבֵּחַ אוֹסְרִין בְּכׇל שֶׁהֵן, הָרוֹבֵעַ וְהַנִּרְבָּע!

The Gemara raises a difficulty: Why is this mishna necessary? **We** already **learn** this *halakha* on **another occasion,** in a mishna (*Temura* 28a): With regard to **all** animals **whose** sacrifice **on the altar** is **prohibited,** if they are intermingled with animals whose sacrifice is permitted **they render** the entire mixture **prohibited in any amount,** regardless of the ratio of permitted to prohibited animals. The mishna adds that these are the animals whose sacrifice is prohibited: **An animal that** actively **copulated with a person, and an animal that was the object of bestiality.** That mishna proceeds to add other categories of animals to this list, including ones mentioned in the mishna here. In any event, the basic *halakha* of the mishna is also taught in tractate *Temura*.

אָמַר רַב אַשִׁי: אֲמַרִיתַהּ לִשְׁמַעְתֵּיהּ קַמֵּיהּ דְּרַב שִׁימִי וְאַצְרִיכַן, דְּאִי מֵהָתָם, הֲוָה אָמֵינָא: הָנֵי מִילֵּי לְגָבוֹהַּ, אֲבָל לְהֶדְיוֹט – אֵימָא לָא.

Rav Ashi says: I said this *halakha* in the presence of Rav Shimi, and he explained to **me** that both *mishnayot* **are necessary,**[N] as each teaches a novelty not included in the other. Rav Ashi clarifies: **As,** if this *halakha* was learned only **from there,** the mishna in *Temura*, **I would say** that **this statement,** that prohibited animals render a mixture prohibited in any ratio, applies only to prohibiting the animals from being sacrificed **to the Most High; but** with regard to prohibiting the animals even **to an ordinary** person [***hedyot***],[L] e.g., that if they became intermingled with an ox that is to be stoned they all must die without the possibility of redemption, one might **say** that they are **not** all rendered prohibited in benefit, as the prohibited animal is nullified in a majority. Therefore, the mishna here teaches that even with regard to deriving benefit, all the animals in the mixture are prohibited.

NOTES

Where sacrificial animals were intermingled with a firstborn offering or with an animal tithe offering – נִתְעָרְבוּ בִּבְכוֹר וּבְמַעֲשֵׂר: These offerings cannot be redeemed, as the verse states with regard to a firstborn: "You shall not redeem" (Numbers 18:17), and with regard to the animal tithe: "It shall not be redeemed" (Leviticus 27:33). Even if one of these animals develops a blemish and one sells them, their sanctity is not removed by the money (see *Temura* 21a). Accordingly, even if all the animals in the mixture were to develop blemishes this would be of no effect, as with regard to a firstborn offering or an animal tithe offering that develops a blemish the Sages said that one may not sell them in the marketplace nor sell their meat by weight, so as not to degrade consecrated animals.

In which were intermingled – שֶׁנִּתְעָרְבוּ בָּהֶן: The Gemara is not suggesting that the text of the mishna should be emended; rather, it is explaining the meaning of the mishna, as the Hebrew allows both for the possibility that the permitted items were in the majority and for the possibility that the prohibited items were the majority (see *Tiferet Yisrael*).

And both *mishnayot* are necessary – וְאַצְרִיכַן: The basic assumption of this discussion in the Gemara is that by Torah law any item that becomes intermingled with others is nullified in a simple majority, in accordance with the verse that states: "Follow a multitude" (Exodus 23:2). It is therefore necessary to explain the rationale in every case where the *halakha* differs from this fundamental principle.

HALAKHA

Where sacrificial animals were intermingled with a firstborn offering or with an animal tithe offering – נִתְעָרְבוּ בִּבְכוֹר וּבְמַעֲשֵׂר: In a case where sacrificial animals became intermingled with a firstborn offering or with an animal tithe offering, they are left to graze until they develop a blemish and become unfit for sacrifice, at which point they are both eaten in accordance with the *halakhot* of a firstborn offering or an animal tithe offering that developed a blemish. Before eating, one must deconsecrate the sacrificial animal by consecrating another animal of the value of the higher-quality of the two animals (Rambam *Sefer Avoda, Hilkhot Pesulei HaMukdashin* 6:14, and see *Leḥem Mishne* there).

BACKGROUND

Sin offering – חַטָּאת: If a Jew unwittingly commits a transgression which if performed intentionally is punishable by *karet*, he is obligated to bring a sin offering. A sin offering brought by an individual is either a female lamb or a goat in its first year. It must be slaughtered in the northern section of the Temple courtyard and its blood collected there. The blood is sprinkled on each of the four corners of the altar. The fats of the sin offering are burned on the altar, and its flesh is eaten by the priests. Other sin offerings are brought in certain cases as part of the purification rites at the conclusion of a period of ritual impurity, e.g., for a woman who has given birth. There are yet other sin offerings that serve to atone for the community, as well as sin offerings brought by the leaders of the people to atone for their own transgressions.

LANGUAGE

Ordinary person [*hedyot*] – הֶדְיוֹט: From the Greek ἰδιότης, *idiotēs*, meaning a common person who holds no official position. The term has come to refer to a lay person as opposed to a priest, or to an item owned by such a person as opposed to an item owned by the Temple treasury.

BACKGROUND

Wine used for a libation – יֵין נֶסֶךְ: In its strict sense, this term refers to wine used in the rites of idolatry. It is prohibited to drink or derive benefit from such wine (see Deuteronomy 32:38). The Sages extended the scope of this prohibition to the drinking of any wine touched by gentiles even if it was not used, or intended, for idolatry.

וְאִי מֵהָכָא, הֲוָה אָמִינָא: הָנֵי הוּא אִיסּוּרֵי הֲנָאָה נִינְהוּ, אֲבָל הָנֵי – אֵימָא לָא, צְרִיכִי.

Rav Ashi continues: **And if** this *halakha* was learned only **from here, I would say** that **it is** only **these** categories that are mentioned in this mishna, i.e., sin offerings that were condemned to die or an ox that was sentenced to be stoned, that render a mixture prohibited in any ratio. The *halakha* is stringent with regard to them, as **they are items from which** deriving **benefit is prohibited. But** with regard to **these** categories mentioned in the mishna in *Temura*, e.g., an animal that copulated with a person, which are not items from which deriving benefit is prohibited, one might **say** that they are **not** disqualified from being sacrificed, and they are nullified in a majority. Therefore, both *mishnayot* **are necessary.**

דְּלָאו אִיסּוּרֵי הֲנָאָה נִינְהוּ, הָא תְּנָא לֵיהּ! מִי קָתָנֵי בְּכַמָּה? ״כׇּל שֶׁהֵן״ הָתָם קָתָנֵי.

The Gemara questions this explanation: This justifies the mishna here, but concerning the *halakha* stated in *Temura*, why did that mishna teach the *halakha* with regard to those animals **that are not items from which** deriving **benefit is prohibited,** such as an animal that copulated with a person; the *tanna* already **taught this** *halakha* in the mishna here. The Gemara answers: **Does** the mishna here **teach by what** ratio they render the mixture prohibited? The important measure: **In any amount, is taught there,** in *Temura*, not in the mishna here, and that is the novelty of the mishna in *Temura*.

וְנִיתְנֵי הָא וְלָא בָּעֵי הָא! תַּקַּנְתָּא אִיצְטְרִיכָא לֵיהּ.

The Gemara challenges: **But** if so, **let** the *tanna* **teach that** mishna in *Temura*, **and** then he would **not require this** mishna here. Why teach the second clause of the mishna here? The Gemara explains: It **was necessary for** the *tanna* to mention **the remedy,** i.e., that the animals that are intermingled shall graze until they become unfit for sacrifice and then they shall be sold; and from the money received in the sale, the owner shall bring another offering of the monetary value of the highest-quality animal among them as the same type of offering that the sacrificial animal was. This *halakha* is not stated in the mishna in *Temura*.

דְּהֶדְיוֹט נַמִי תְּנָא לֵיהּ: וְאֵלּוּ אֲסוּרִין וְאוֹסְרִין בְּכׇל שֶׁהֵן, יֵין נֶסֶךְ וַעֲבוֹדָה זָרָה!

The Gemara raises another difficulty. The *halakha* of the mishna that items from which deriving benefit is prohibited render a mixture prohibited in any amount even **to an ordinary** person, as stated with regard to the sin offerings that were condemned to die and an ox that was sentenced to be stoned, is **also taught** in a mishna (*Avoda Zara* 74a): **And these** following items are themselves **forbidden, and any amount** of them **renders** other items with which they become mixed **forbidden: Wine** used for **a libation**[B] that became mixed with kosher wine, **and** objects of **idol worship** that were intermingled with permitted items.

Perek **VIII**
Daf **72** Amud **a**

צְרִיכִי, דְּאִי מֵהָתָם, הֲוָה אָמִינָא: לְהֶדְיוֹט, אֲבָל לְגָבוֹהַּ – אֵימָא לֹא נַפְסְדִינְהוּ לְכוּלְּהוּ;

The Gemara explains that both the mishna here and the mishna in *Avoda Zara* **are necessary, as, if** this *halakha* had been learned only **from there,** the mishna in *Avoda Zara*, **I would say** that this applies only if the prohibited animal is intermingled with a non-sacred animal and thereby becomes prohibited **to an ordinary** person. **But** if it is intermingled with offerings that are designated **to the Most High** so a loss to the Temple would ensue, one might **say** that **we** should **not lose all** the valid offerings, and therefore the prohibited animal should be nullified in a simple majority. Accordingly, the ruling of the mishna here was necessary, to teach that the same applies to a mixture involving offerings.

וְאִי מֵהָכָא, הֲוָה אָמִינָא: הָנֵי מִילֵּי קָדָשִׁים דִּמְאִיס, אֲבָל חוּלִּין דְּלָא מְאִיס – אֵימָא אִיסּוּרֵי הֲנָאָה לִיבַּטְלִי בְּרוּבָּא, צְרִיכָא.

The Gemara continues: **And** conversely, **if** this *halakha* were learned only **from here I would say** that **this statement,** that the entire mixture is prohibited, applies specifically to **sacrificial** animals, **as** it is **repulsive** to sacrifice to God an animal from a mixture that includes a prohibited animal. **But** with regard to deriving benefit from **a non-sacred** animal from this mixture, **which is not a repulsive** act, one might **say:** Let the **items from which** deriving **benefit is prohibited be nullified in a majority.** Therefore, the mishna in *Avoda Zara* is also **necessary.**

וְנִיבַּטְלוּ בְּרוּבָּא! וְכִי תֵּימָא: חֲשִׁיבִי וְלָא בָּטְלִי, הָנִיחָא לְמַאן דְּאָמַר: ״כׇּל שֶׁדַּרְכּוֹ לִימָּנוֹת״ שָׁנִינוּ,

The Gemara questions the ruling of the mishna: **But let** the prohibited animals **be nullified in a majority,** as is the *halakha* concerning other matters, in which the minority items assume the status of the majority. **And if you would say** in response that animals **are significant,** as they are counted individually **and** therefore **they are not nullified** in a majority, this answer is unsatisfactory. The Gemara elaborates: **This** suggested answer **works out well according to the one who says** that **we learned** in the mishna discussing nullification in a majority (see *Orla* 3:6–7): **Any** item **whose manner is** also **to be counted,** i.e., that are sometimes sold by unit rather than weight or volume, is considered significant. This definition includes animals, as they are sometimes sold as individual animals, and therefore they would be considered significant.

אֶלָּא לְמַאן דְּאָמַר: ״אֶת שֶׁדַּרְכּוֹ לִימָּנוֹת״ שָׁנִינוּ, מַאי אִיכָּא לְמֵימַר? דִּתְנַן: מִי שֶׁהָיוּ לוֹ חֲבִילֵי תִילְתָּן, שֶׁל כִּלְאֵי הַכֶּרֶם

But according to the one who says that **we learned** in that mishna: An item **whose manner is** exclusively **to be counted,** i.e., one that is always sold by unit, is considered significant, **what can be said?** Although animals are often sold by unit, they are occasionally sold as part of a herd, and would therefore not be considered significant. The Gemara cites the mishna in which this dispute appears. **As we learned** (*Orla* 3:6–7): With regard to **one who had bundles of fenugreek,**[B] a type of legume, that were **diverse kinds** planted **in a vineyard,**[B] from which it is prohibited to derive benefit,

Perek **VIII**
Daf **72** Amud **b**

יִדָּלְקוּ. נִתְעָרְבוּ בַּאֲחֵרִים (וַאֲחֵרִים בַּאֲחֵרִים) – כּוּלָּן יִדָּלְקוּ, דִּבְרֵי רַבִּי מֵאִיר. וַחֲכָמִים אוֹמְרִים: יַעֲלוּ בְּאֶחָד וּמָאתַיִם.

those bundles **must be burned.** If the bundles **were intermingled with others, and** those **others** were intermingled **with others,**[N] **they all must be burned.** This is **the statement of Rabbi Meir. And the Rabbis say: They can be nullified when** the total is **201** items,[H] i.e., one prohibited item intermingled with two hundred permitted ones.

BACKGROUND

Fenugreek – **תִּילְתָּן**: *Trigonella foenum-graecum* L., also known in modern Hebrew as *ḥilbe*, belongs to the legume family. It is a short plant, growing to less than 1 m high. The plant has hollow, hairy stems, light green leaves arranged in threes, and white flowers. The fruit is found in small pods up to 15 cm long, and it contains flat seeds about 5 mm long. The plant is generally grown for its seeds, which are used as food and for preparing spices. The young branches are also edible when cooked. In some countries, fenugreek is used as animal fodder and as fertilizer. It is typically a cultivated plant, although a wild strain has also developed in certain regions. Since its pods do not crack when they ripen, fenugreek can be left in the field and harvested all at once, like grain.

Fenugreek leaves, seeds, and pods

Diverse kinds planted in a vineyard – **כִּלְאֵי הַכֶּרֶם**: It is prohibited to plant or maintain any crops other than grapes in a vineyard (see Deuteronomy 22:9). In contrast to the prohibition against a mixture of diverse kinds, the prohibited crop grown in a vineyard may not be eaten or used. It renders the entire vineyard prohibited, and all the produce must be burned.

NOTES

And those others were intermingled with others – **וַאֲחֵרִים בַּאֲחֵרִים**: In this case, bundles of fenugreek that include diverse kinds were mixed with new bundles of fenugreek, and those then become intermingled with other bundles. There is a compound uncertainty here, as perhaps this bundle is not the one from the first mixture, and even if it is, it is possible that it is not the bundle of diverse kinds. Nevertheless, all the bundles are prohibited.

Some commentaries maintain that the phrase: And those others were intermingled with others, should be omitted from the mishna, as only Rabbi Yehuda maintains in accordance with this opinion, not Rabbi Meir (Rabbeinu Tam). Others contend that the phrase: And those others were intermingled with others, means that the entire mixture, not just one bundle from it, became intermingled with other bundles of fenugreek. If so, this is not a compound uncertainty but a second majority, and the mishna is teaching that even in this manner the bundles of fenugreek are not nullified according to the opinion of Rabbi Meir, due to the stated reason that it is the manner of these bundles to be counted.

HALAKHA

They can be nullified when the total is 201 items – **יַעֲלוּ בְּאֶחָד וּמָאתַיִם**: If a bundle of vegetables that are prohibited as diverse kinds in a vineyard became intermingled with two hundred other bundles, they are all permitted, in accordance with the opinion of the Rabbis (Rambam *Sefer Kedusha*, *Hilkhot Ma'akhalot Assurot* 16:8).

שֶׁהָיָה רַבִּי מֵאִיר אוֹמֵר: כׇּל שֶׁדַּרְכּוֹ לִמָּנוֹת מְקַדֵּשׁ, וַחֲכָמִים אוֹמְרִים: אֵינוֹ מְקַדֵּשׁ אֶלָּא שִׁשָּׁה דְּבָרִים בִּלְבַד. רַבִּי עֲקִיבָא אוֹמֵר: שִׁבְעָה. וְאֵלּוּ הֵן: אֱגוֹזֵי פֶרֶךְ, וְרִימּוֹנֵי בָאדָן, וְחָבִיּוֹת סְתוּמוֹת, וְחִילְפֵי תְרָדִין, וְקִילְחֵי כְרוּב, וּדְלַעַת יְוָנִית, רַבִּי עֲקִיבָא מוֹסִיף: אַף כִּכָּרוֹת שֶׁל בַּעַל הַבַּיִת.

The mishna continues: Rabbi Meir holds that they all must be burned, **as Rabbi Meir would say: Any** item **whose manner is to be counted renders** its mixture **prohibited,** as it is considered significant and cannot be nullified. **And the Rabbis say: Only six items** are sufficiently significant to **render** their mixture **prohibited. Rabbi Akiva says:** There are **seven.**[H] **And they are: Nuts** with **brittle** shells,[NB] **and pomegranates from Badan,**[B] **and sealed barrels**[B] of wine, **and beet greens,**[N] **and cabbage stalks,**[N] **and Greek gourd.**[B] **Rabbi Akiva adds: Loaves of a homeowner**[N] are **also** in this category.

הָרָאוּי לְעׇרְלָה – עׇרְלָה, הָרָאוּי לְכִלְאֵי הַכֶּרֶם – כִּלְאֵי הַכֶּרֶם.

The mishna continues: Different prohibitions apply to these items. **That which is fit** to be forbidden due **to the prohibition against eating the fruit of a tree during the first three years after its planting** [***orla***],[B] i.e., nuts, pomegranates, and sealed barrels of wine, prohibit their mixture as ***orla***. **That which is fit** to be forbidden due **to diverse kinds** planted **in a vineyard,** i.e., beets, cabbage, and gourd, prohibit their mixture as **diverse kinds in a vineyard.**

NOTES

Nuts with brittle shells [*ferekh*] – אֱגוֹזֵי פֶרֶךְ: The Rambam, in his Commentary on the Mishna, explains that Perekh is the name of a place. The nuts that came from this place were extremely rare (see *Bemidbar Rabba* 21:20). If so, they are similar to pomegranates from Badan. Others maintain, based on the midrash (*Shir HaShirim Rabba* 6:1), that *ferekh* comes from the word *nifrakh*, meaning to crumble. This refers to nuts whose shells crumble on their own (Rabbi Shimshon of Saens; see *Arukh*).

Beet greens – חִילְפֵי תְרָדִין: Some commentaries maintain that these are chard stalks (*Arukh*). Others explain that this refers to a particular type of beet, tougher than the standard kind, which is somewhat similar to the tough Lovegrass, genus *Eragrostis* (Meiri on *Beitza* 3b).

Cabbage stalks – קִילְחֵי כְרוּב: These stalks are the main part of the cabbage, a kind of stem. Nevertheless, this mishna is not referring only to the stem but to a section of the cabbage which was known by this name. According to Rashi on *Beitza* 3b, the reference is to particularly large cabbages found in Eretz Yisrael. Some commentaries say that this does not refer to regular cabbage leaves, nor to the type of cabbage that generally grows in the shape of leaves, but to a special type of high-quality cabbage with large, distinctive stalks (Meiri on *Beitza* 3b). The term here is *kilḥei*, but there is a variant reading, accepted by the Rambam, of *kulsei*, which would accord with the explanation of Rashi in tractate *Beitza*.

Loaves of a homeowner – כִּכָּרוֹת שֶׁל בַּעַל הַבַּיִת: These loaves are larger and more significant than those of a baker (Rabbeinu Ḥananel on *Beitza* 3b).

HALAKHA

Rabbi Akiva says there are seven – רַבִּי עֲקִיבָא אוֹמֵר שִׁבְעָה: By rabbinic law, a prohibited item of significance cannot be nullified, even by one in a thousand. Some say this applies only if it was intermingled with items of the same type, while others claim this applies even if they are not of the same type (*Shakh*). These include the six items listed by the Sages: High-quality nuts from Perekh, pomegranates from Badan, sealed barrels of wine, beet greens, cabbage stalks and Greek gourds, and loaves of a homeowner. Rabbi Akiva adds a seventh item, the loaves of a homeowner, to the list. The *halakha* is in accordance with the opinion of Rabbi Akiva.

Some authorities maintain that any item that is occasionally sold by unit cannot be nullified (*Baḥ*), while others hold that this principle applies only to items that are invariably sold by unit (Rema). If there is uncertainty as to whether or not an item is significant, it can be nullified, as this is uncertainty with regard to a prohibition by rabbinic law (Rema). The principle is that any item that is significant in a particular place cannot be nullified in that place. The Rambam writes: It appears to me that any item that is considered important to the residents of the place in question, similar to nuts from Perekh and pomegranates from Badan in Eretz Yisrael at that time, render the entire mixture prohibited in any amount. The Rabbis mentioned these particular examples because they render a mixture prohibited at all times and places (Rambam *Sefer Kedusha*, *Hilkhot Ma'akhalot Assurot* 16:9; *Shulḥan Arukh*, *Yoreh De'a* 110:1).

BACKGROUND

Nuts with brittle shells – אֱגוֹזֵי פֶרֶךְ: This is the walnut, which was common throughout Eretz Yisrael. Walnut trees were planted even in the Jordan Valley and the Genosar Valley. They were positioned in the shade of palm trees, so that the palm branches would protect the walnut trees from the heat of the sun.

The walnuts that grew in Eretz Yisrael at that time were of three types, based on the thickness of their shells. Perekh walnuts had thin shells; medium walnuts had shells of intermediate thickness; and there were walnuts with hard shells, known as *kantarnin*. Of these three types, Perekh walnuts were considered the highest quality. The shells of medium walnuts had to be broken with a stone, whereas it was difficult to crack *kantarnin* walnuts even with a stone.

Walnuts

Badan – בָּאדָן: This is identified as the modern Ḥorvat Parveh in Wadi Badan, a few kilometers northwest of Shechem.

Sealed barrels – חָבִיּוֹת סְתוּמוֹת: Barrels during the talmudic period were generally made of earthenware, and were typically used for storing foodstuffs. Such barrels would be sealed with a plug. These plugs were earthenware stoppers, which would seal the extremely narrow mouths of the barrels. The plug was a vessel in its own right, but when the barrel was transported from one place to another, or if it was placed in storage for an extended period of time, the plug would be sealed to the barrel with mud. To open the barrel, one would remove the mud covering and extract the plug.

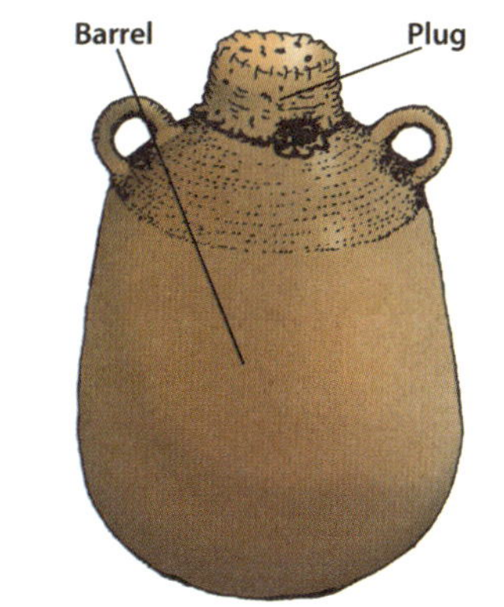

Earthenware barrel with a plug

Greek gourd – דְּלַעַת יְוָנִית: Also called the bottle gourd or *Lagenaria siceraria*, this is a leafy summer vegetable of the gourd family. Usually it grows extended on the ground, but at times it is trellised on branches of trees, with its fruits hanging down. The greenish-white gourd produced by the plant is large, 40–50 cm long and 25–30 cm wide, and shaped like a jug or bottle. The young fruit is typically eaten cooked and its seeds are consumed as a dessert.

Orla – עׇרְלָה: It is prohibited to eat or derive benefit from fruit that grows during the first three years after a tree has been planted (see Leviticus 19:23). This prohibition applies only to the fruit but not to the other parts of the tree. In addition, the prohibition does not apply to trees that are planted as a fence for property or as a wind buffer, rather than for their fruit.

Bottle gourd

ואיתמר עלה, רבי יוחנן אמר: "את שדרכו למנות" שנינו, רבי שמעון בן לקיש אומר: "כל שדרכו למנות" שנינו.

And it was stated that there is a dispute between *amora'im* **with regard to** the wording of Rabbi Meir's opinion in this mishna. **Rabbi Yoḥanan says** that **we learned:** Only an item **whose manner** is exclusively **to be counted**[H] is significant and cannot be nullified, and it therefore renders its mixture prohibited according to the opinion of Rabbi Meir. **And Rabbi Shimon ben Lakish says** that **we learned: Any** item **whose manner** is also **to be counted** is significant and cannot be nullified.

הניחא לריש לקיש, אלא לרבי יוחנן מאי איכא למימר? אמר רב פפא: האי תנא, דליטרא קציעות הוא, דאמר:

The Gemara reiterates its question: **This works out well according** to the opinion of **Reish Lakish, but according to** the opinion of Rabbi Yoḥanan, **what can be said?** According to his opinion, since animals are not sold exclusively by unit, they are not sufficiently significant. Therefore, a prohibited animal should be nullified in a simple majority. **Rav Pappa says:** According to Rabbi Yoḥanan, **this *tanna*,** who says that a prohibited animal cannot be nullified, **is** the *tanna* of the *halakha* concerning **a *litra* of dried figs, who says:**

Perek **VIII**
Daf **73** Amud **a**

כל דבר שיש בו מנין – אפילו בדרבנן לא בטיל, וכל שכן בדאורייתא.

Any item that is counted, even if it is prohibited **by rabbinic law,** e.g., *teruma* of fruit, **cannot be nullified,**[N] **and all the more so** items prohibited **by Torah law,** such as animals that are disqualified for the altar, as in the mishna.

דתניא: ליטרא קציעות שדרסה על פי עיגול ואינו יודע באיזו עיגול דרסה, על פי חבית ואינו יודע באיזו חבית דרסה, על פי כוורת ואינו יודע באיזו כוורת דרסה.

This is **as it is taught** in a *baraita* (*Tosefta, Terumot* 5:11): The *baraita* discusses three cases, all of which relate to the tithing of figs, which is an obligation by rabbinic law. The first is the case of **a *litra*[L] of** untithed **dried figs**[BN] that were pressed in different vessels and shaped into circles, **that** one placed into a barrel containing tithed figs, and during the process of producing a circle he **pressed** the figs **onto the opening of** one of the **circular** vessels in which the circles are formed, **and he does not know into which circular** vessel **he pressed it.** The second is the case in which he recalls that he pressed it **on the opening of a barrel** containing tithed figs, **but he does not know into which barrel he pressed it.** The third case is that he recalls that he pressed it **on the opening of** a straw **receptacle** containing tithed figs, **but he does not know into which receptacle he pressed it.** In all of these cases, there is a dispute between Rabbi Meir and Rabbi Yehuda as to the details of a dispute between Rabbi Eliezer and Rabbi Yehoshua.

רבי מאיר אומר: רבי אליעזר אומר, רואין את העליונות כאילו הן פרודות, והתחתונות מעלות את העליונות.

Rabbi Meir says that **Rabbi Eliezer says: One views the upper** layers of possibly untithed dried figs **as though they are separate** pieces,[N] rather than one unit. **And the lower** ones, which were there beforehand and have certainly been tithed, **nullify the upper** ones, as there are enough circles of figs to nullify the upper layer. One does not need to tithe the figs at the top of any of the containers.

NOTES

Even if it is prohibited by rabbinic law it cannot be nullified – אפילו בדרבנן לא בטיל: This is the *halakha* of dried figs, as by Torah law the obligation of *teruma* applies only to wheat, wine, and oil, not to other produce. Furthermore, even if one were to hold that the obligation of *teruma* applies to those fruits by Torah law, nowadays the obligation of *teruma* does not apply at all by Torah law.

A *litra* of dried figs, etc. – ליטרא קציעות וכו׳: Typically, figs are not eaten fresh but rather are dried in various ways. After the fruit is picked, the stems are usually removed and the figs are placed to dry in the sun before being pressed. In talmudic times, after the figs were pressed they would be cut with a special knife into pieces, each weighing one *litra*, and preserved in circular shapes. These circular shapes would be placed in a larger vessel for storage, although each would remain separate. In the case described here, one of the *litra*-sized pieces was placed on the opening of a container (Meiri).

One views the upper layers of dried figs as though they are separate pieces, etc. – רואין את העליונות כאילו הן פרודות וכו׳: In other words, although this *litra* of dried figs that are *teruma* is not intermingled with all the other figs, since by Torah law the requirement to separate *teruma* does not apply to the figs, the Sages were lenient and allowed one to treat the *teruma* figs as though they were separated and intermingled with the other dried figs. Therefore, if there are one hundred *litra* of figs in total, including even the lower figs which could not possibly be the *teruma*, they nullify the *litra* of *teruma*.

HALAKHA

Whose manner is exclusively to be counted – את שדרכו למנות: Some authorities maintain that anything that is always counted and only sold by unit cannot be nullified, and this is the accepted custom. This is the opinion of the Rema, citing Riva, in accordance with the opinion of Rabbi Yoḥanan. The fact that the *amora'im* extensively discuss the opinion of Rabbi Meir indicates that the *halakha* is in accordance with his opinion (*Beit Yosef*). *Sefer HaTeruma* rules that items even occasionally sold by number cannot be nullified (*Shulḥan Arukh, Yoreh De'a* 110:1, in the comment of Rema; and see *Shakh* and *Beur HaGra* there).

LANGUAGE

Litra – ליטרא: From the Greek λίτρα, *litra*, or the Latin libra. The modern pound is derived from this measure of weight, and the abbreviation lb for pound is short for libra. According to the Jerusalem Talmud, the weight of a Greek *litra* is one hundred dinar, which is roughly 327 g.

BACKGROUND

Dried figs – קציעות: In mishnaic and talmudic times, most figs were preserved by drying. The dried figs are called *ketzi'ot*. Those figs that are placed to dry and are not processed any further are called *gerogarot*. Sometimes, dried figs were stored in barrels or strung on a cord. As stated here, a significant proportion of *ketzi'ot* would be processed further and pressed in barrels or circular vessels. At that stage, the figs are called *deveilot*.

Ketzi'ot for sale in Jerusalem

רַבִּי יְהוֹשֻׁעַ אוֹמֵר: אִם יֵשׁ מֵאָה פּוּמִין – יַעֲלוּ, וְאִם לָאו – הַפּוּמִין אֲסוּרִין, וְהַשּׁוּלַיִם מוּתָּרִין.

Rabbi Meir continues: By contrast, **Rabbi Yehoshua says: If there are one hundred openings** of containers present there, the untithed *litra* of figs on the opening of one of the containers **is nullified**[H] in a ratio of one part of untithed figs to one hundred parts of similar, tithed figs. **But if not,** all of **the** layers of figs at the **openings** of the containers **are prohibited,** i.e., viewed as untithed, as one of them certainly contains an untithed *litra* that has not been nullified. **And the** figs on the **insides** of the vessels **are permitted,** as the untithed figs certainly did not reach there. This is Rabbi Meir's version of the dispute.

רַבִּי יְהוּדָה אוֹמֵר: רַבִּי אֱלִיעֶזֶר אוֹמֵר, אִם יֵשׁ שָׁם מֵאָה פּוּמִין – יַעֲלוּ, וְאִם לָאו – הַפּוּמִין אֲסוּרִין וכו׳.

The *baraita* continues: **Rabbi Yehuda says** that **Rabbi Eliezer says: If there are one hundred openings** of containers with tithed figs present **there,** in addition to the untithed figs, **it is nullified** in the one hundred. **But if not,** all of **the** layers of figs at the **openings** of the containers **are prohibited,** i.e., viewed as untithed, as one of them certainly contains an untithed *litra* that has not been nullified. And the figs on the insides of the vessels are permitted, as the untithed figs certainly did not reach there.

רַבִּי יְהוֹשֻׁעַ אוֹמֵר, אֲפִילּוּ יֵשׁ שָׁם שְׁלֹשָׁה מֵאוֹת פּוּמִין – לֹא יַעֲלוּ.

Rabbi Yehuda continues his statement: By contrast, **Rabbi Yehoshua says: Even** if **there are three hundred openings** present **there,** the layer at the top of the container is **not nullified.**[N] This *litra* cannot be nullified in any manner, as Rabbi Yehoshua maintains that even an item occasionally sold by unit, such as a circle of dried figs, can never be nullified.

דְּרָסָהּ בְּעִיגּוּל, וְאֵינוֹ יוֹדֵעַ בְּאֵיזֶה מָקוֹם בָּעִיגּוּל דְּרָסָהּ, אוֹ לִצְפוֹנָהּ אוֹ לִדְרוֹמָהּ – דִּבְרֵי הַכֹּל יַעֲלוּ,

Rabbi Yehuda continues: But if one **pressed** the *litra* of dried figs **into a circular** vessel[H] along with other dried figs, **but does not know onto which place,** i.e., which side, **of the circular** vessel **he pressed it, whether,** e.g., **to its northern** side **or to its southern** side, in this case, as the prohibited *litra* is not located in a defined place and it cannot be distinguished from the others, it is not considered an item of significance, and **everyone agrees** that it is **nullified.** Accordingly, the ruling of the mishna that animals that are disqualified from being sacrificed are not nullified is in accordance with the opinion of Rabbi Yehoshua as stated by Rabbi Eliezer, that an item occasionally sold by unit is not nullified. Rabbi Yoḥanan's statement, that only an item whose manner is exclusively to be counted is significant and cannot be nullified, is in accordance with the opinion of Rabbi Meir.

רַב אַשִׁי אֲמַר: אֲפִילּוּ תֵּימָא רַבָּנַן, בַּעֲלֵי חַיִּים חֲשִׁיבִי, וְלָא בָּטְלִי.

Rav Ashi says: You may **even say** that the mishna is in accordance with the opinion of **the Rabbis,** i.e., Rabbi Meir, who maintains that an item that is not always counted is nullified in a majority. The reason is that **living creatures are significant,**[HN] **and** therefore **they are not nullified.**

וְנִמְשׁוֹךְ וְנִקְרַב חַד מִינַּיְיהוּ, וְנֵימָא: כׇּל דְּפָרֵישׁ – מֵרוּבָּא פָּרֵישׁ? נִמְשׁוֹךְ? הָוֵה לַהּ קָבוּעַ,

§ The Gemara raises a difficulty with the ruling of the mishna that all of the animals are prohibited. **And let us draw out and sacrifice one** animal **from** the mixture, **and say,** i.e., apply the principle: **Any** item **that separates** from a group is assumed to have **separated from the majority.**[B] Accordingly, the animal that was sacrificed is presumed to be fit. One can continue in this manner until only two animals from the mixture remain. The Gemara questions this suggestion: Should **we draw out** an animal from the mixture? But this **is** the removal of an item from its **fixed** place,

HALAKHA

If there are one hundred openings the untithed *litra* of figs is nullified – אִם יֵשׁ מֵאָה פּוּמִין יַעֲלוּ: If one who had jugs full of dried, tithed figs pressed a *litra* of dried figs that were *teruma* onto the opening of a jug but does not know which jug, the *halakha* is as follows: If there were 101 jugs in total, the *litra* is nullified. He should sell one jug to a priest, and subtract from the sale price of the jug the price of that *litra*, which is *teruma*. If there were fewer than 101 jugs in total, all of the fruits at the openings of the jugs are considered to be a mixture that contains *teruma*, which is prohibited, whereas the fruits in the other parts of the jugs are permitted. The *halakha* is in accordance with the opinion of Rabbi Yehoshua and contrary to that of Rabbi Eliezer, as Rabbi Yehoshua's ruling is stated in the form of an unattributed mishna. Furthermore, according to the Jerusalem Talmud the opinion attributed here to Rabbi Eliezer is actually that of Rabbi Yehuda (Rambam *Sefer Zera'im, Hilkhot Terumot* 14:6–7, and see *Kesef Mishne* there).

If one pressed the *litra* of figs into a circular vessel – דְּרָסָהּ בְּעִיגּוּל: With regard to one who pressed the *litra* onto a circular container but is not sure exactly onto which container and where on the container he pressed it, the dried figs are considered separate pieces. Consequently, if, in all the circular containers combined, there are one hundred parts more than the *litra*, the *litra* is nullified. The *halakha* follows the interpretation of Rabbeinu Ḥananel on *Beitza* 4a. This is the ruling provided that in each circular vessel there is more than two *litra*, so that the *teruma* is nullified in a majority, since produce whose *teruma* status is uncertain is nullified in a majority of non-sacred produce, as indicated in the Jerusalem Talmud (Rambam *Sefer Zera'im, Hilkhot Terumot* 14:7).

Living creatures are significant – בַּעֲלֵי חַיִּים חֲשִׁיבִי: If offerings were intermingled with an animal from which deriving benefit is forbidden, e.g., sin offerings that were rendered unfit and condemned to die or an ox that was sentenced to be stoned, even if the ratio is one forbidden animal that was intermingled with ten thousand animals fit for sacrifice, deriving benefit from them is prohibited and they all must die. The reason is that animals are considered too important to be nullified, as stated by Rav Ashi (Rambam *Sefer Avoda, Hilkhot Pesulei HaMukdashin* 6:1 and *Sefer Kedusha, Hilkhot Ma'akhalot Assurot* 16:7; *Shulḥan Arukh, Yoreh De'a* 110:1).

NOTES

The layer is not nullified – לֹא יַעֲלוּ: Rabbi Yehoshua maintains that although one might sell an entire dried fig cake, some people cut off and sell each *litra* as a separate unit. Therefore, these dried figs are categorized as: Any item whose manner is also to be counted, and they are not nullified (Rashi).

Living creatures are significant – בַּעֲלֵי חַיִּים חֲשִׁיבִי: In other words, the fact that animals are alive renders them significant, even if they are small, and sold in groups. Consequently, they are not nullified despite the fact that there is no other significant aspect to them. Dead animals are not included in this principle but are nullified in a majority, apart from certain exceptions (see *Tosafot* on 72a).

BACKGROUND

Any item that separates from a group is assumed to have separated from the majority – כׇּל דְּפָרֵישׁ מֵרוּבָּא פָּרֵישׁ: This principle applies to many dilemmas involving the *halakhot* of prohibited and permitted mixtures. If an item whose status is unclear is found separated from a group, one can assume that it has the character of the majority of items in that group.

This principle has certain limitations. For example, the item must have emerged from a mixture whose proportions are known. It does not apply when the item remains in the mixture; in that case, the sample is flawed and there is room for concern that the item in question is not really from the majority component. In such a situation one applies the principle: Anything that is fixed, i.e., anything that remains in the mixture, is considered an evenly balanced uncertainty, and the item is not attributed to the majority.

וְכָל קָבוּעַ כְּמֶחֱצָה עַל מֶחֱצָה דָּמֵי. אֶלָּא נִיכַבְּשִׁינְהוּ דְּנֵידִי, וְנֵימָא: כׇּל דְּפָרֵישׁ – מֵרוּבָּא פָּרֵישׁ!

and there is a principle that **anything fixed is considered as** though it was **half and half,**[H] i.e., equally balanced, and it remains a case of uncertainty. The Gemara clarifies its suggestion: **Rather, let us push** the intermingled animals so **that they** all **move** from their places, which negates the fixed status of the prohibited item. **And** accordingly, **let us say** with regard to each animal: **Any** item **that separates**[H] from a group is assumed to have **separated from the majority.**

אָמַר רָבָא: (הָשְׁתָּא דַּאֲמוּר רַבָּנַן לָא נִיקְרַב) גְּזֵירָה שֶׁמָּא יָבֹאוּ עֲשָׂרָה כֹּהֲנִים בְּבַת אַחַת וְיַקְרִבוּ.

Rava says: Now that the Sages have said that **we do not sacrifice** any of them, this is evidently a rabbinic **decree, lest ten priests come simultaneously and sacrifice**[N] all the animals in the mixture together, not one at a time. Therefore, the fact that there could be a method to permit the animals is immaterial.

אֲמַר לֵיהּ הַהוּא מֵרַבָּנַן לְרָבָא: אֶלָּא מֵעַתָּה, מְגִיסָא אֲסִירָא?

One of the Sages said to Rava: If that is so, do you hold that **the large basin** [*megisa*][L] on which the sacrificial portions of the animal are placed is **prohibited?** In other words, is it possible that these animals, which were slaughtered when they were initially declared permitted after being separated from their places, could later become prohibited again when their sacrificial portions are ready to be burned on the altar?

מִשּׁוּם שֶׁמָּא יָבֹאוּ עֲשָׂרָה כֹּהֲנִים בְּבַת אַחַת וְיִקְחוּ. בַּעֲשָׂרָה כֹּהֲנִים בְּבַת אַחַת מִי אֶפְשָׁר? אֶלָּא אָמַר רָבָא: מִשּׁוּם קָבוּעַ.

Rava responded that he did not mean there is a concern that ten priests would sacrifice their sacrificial portions simultaneously. Rather, the decree is **due to** the concern **lest** when the animals move, **ten priests will come simultaneously and take** them from the mixture. As all or most of the animals were separated simultaneously in this case, it is assumed that the prohibited animal is among those that were separated. The Gemara asks: **Is it possible** for **ten priests** to take these scattered animals **simultaneously? Rather, Rava says** that one may not allow the animals to be sacrificed by moving them **due to** a decree that if this is allowed, one may, in another circumstance, allow them to be sacrificed even when they are taken from **a fixed** location.[H]

אָמַר רָבָא: הָשְׁתָּא דְּאָמְרִי רַבָּנַן לָא נַקְרִיב, אִי נַקְרִיב – לָא מְרַצֵּי. אֵיתִיבֵיהּ רַב הוּנָא בַּר יְהוּדָה לְרָבָא: חַטָּאת שֶׁנִּתְעָרְבָה בְּעוֹלָה, וְעוֹלָה שֶׁנִּתְעָרְבָה בְּחַטָּאת, אֲפִילּוּ אַחַת בְּרִיבּוֹא – יָמוּתוּ כּוּלָּן.

§ **Rava said: Now that the Sages say** in the mishna that **we do not sacrifice** any of the animals, **if we did sacrifice** one of them, the offering **does not effect acceptance** for the owner. **Rav Huna bar Yehuda raised an objection to Rava** from a mishna (*Kinnim* 22b): With regard to a bird **sin offering that was intermingled with** a bird **burnt offering,**[H] **or** a bird **burnt offering that was intermingled with** a bird **sin offering, even** if the ratio is **one in ten thousand, they all must die,** as there is no remedy for these birds. It is not known which is which, and their sacrificial rites are performed differently.

NOTES

Lest ten priests come simultaneously and sacrifice – שֶׁמָּא יָבֹאוּ עֲשָׂרָה כֹּהֲנִים בְּבַת אַחַת וְיַקְרִבוּ: The principle that any item that separates from a group is assumed to have separated from the majority assumes that the item that separated is permitted, while the prohibited item remains in the majority of the mixture. If the entire mixture, or most of it, is sacrificed together, this principle is not in effect, as there is no majority left upon which one can rely (Rashi).

LANGUAGE

Large basin [*megisa*] – מְגִיסָא: From the Greek μαγίς, *magis*, and the identical magis in the Latin; a large bowl or a basket used for kneading dough.

Priests conducting the daily burnt offering, where one of the priests is holding part of the offering in a *megisa*

HALAKHA

Anything fixed is considered as though it was half and half – כׇּל קָבוּעַ כְּמֶחֱצָה עַל מֶחֱצָה דָּמֵי: If the majority of stores in a city sell kosher meat and a minority sell non-kosher meat, and someone entered one of the stores and purchased meat and does not know which store he entered, since it is a fixed majority its status is that of a balanced uncertainty and the meat is forbidden (Rambam *Sefer Kedusha, Hilkhot Ma'akhalot Assurot* 8:11; *Shulḥan Arukh, Yoreh De'a* 110:3).

Any item that separates – כׇּל דְּפָרֵישׁ: With regard to one who finds meat in the marketplace or in the possession of a gentile, by Torah law he follows the majority. If the majority of stores sell kosher meat, the meat is permitted by Torah law. The Sages prohibited all meat that is found in a public place or in the possession of a gentile, and all meat that was out of the sight of Jews, even if all those who slaughter and sell meat are Jewish, unless it is clear that it is kosher (Rambam *Sefer Kedusha, Hilkhot Ma'akhalot Assurot* 8:11; *Shulḥan Arukh, Yoreh De'a* 63:1, 110:3).

Due to a fixed location – מִשּׁוּם קָבוּעַ: In a case where a prohibited animal or any other important item that is not nullified became intermingled with permitted items, if one of the items separated from the majority after it was known that they had become mixed, it is prohibited. This is the *halakha* if one separated the item intentionally, but if it became separated by itself it is permitted (*Beur HaGra*). Some later commentaries rule in accordance with the opinion of the Rosh that even in a case where an item in the mixture became separated by itself, if this occurred in our presence it is prohibited, as the concern that one might take an item from a fixed location is applicable in this situation as well (*Shakh*; *Taz*).

The Rema writes that if all of the items separated at the same time, i.e., they did not remain in one place, and at the time of their move some of them separated from the rest of the group, those that separated from the group are permitted. This is the *halakha* even if one separated them on purpose (*Beur HaGra*). Only the last two of the group remain prohibited. If the movement of all the items from their previous location was performed on purpose, they are prohibited, as stated by Rava here (*Shulḥan Arukh, Yoreh De'a* 110:6).

A bird sin offering that was intermingled with a bird burnt offering – חַטָּאת שֶׁנִּתְעָרְבָה בְּעוֹלָה: If a bird sin offering became intermingled with burnt offerings, or vice versa, they all must die, even if the ratio is one in ten thousand (Rambam *Sefer Avoda, Hilkhot Pesulei HaMukdashin* 8:1).

HALAKHA

He performed all their rites above the red line, etc. – עֲשָׂאָן לְמַעְלָה וכו׳: If a priest took a group of birds of which half were sin offerings and half were burnt offerings, and did not consult a halakhic authority but sacrificed all of them above the red line or all of them below the red line, half are fit and half are unfit. If he sacrificed half above the red line and half below without knowing which was which, all are disqualified, since the sin offerings may all have been sacrificed as burnt offerings and vice versa (Rambam *Sefer Avoda, Hilkhot Pesulei HaMukdashin* 8:9, and Mahari Kurkus there).

Living creatures are not permanently rejected – בַּעֲלֵי חַיִּים אֵינָן נִדְחִין: Animals that are disqualified are not permanently rejected. Rather, they become acceptable for sacrifice when the cause of their initial disqualification is removed. This is not in accordance with the opinion of Rava. Although Rava is a later authority, and the *halakha* is generally in accordance with the opinion of a later Sage, it is possible that while his statement is in accordance with the opinion that living creatures are not rejected, he himself does not agree with this opinion (Rambam *Sefer Avoda, Hilkhot Pesulei HaMukdashin* 6:1, 17, and *Kesef Mishne* there).

בַּמֶּה דְּבָרִים אֲמוּרִים – בְּכֹהֵן נִמְלָךְ, אֲבָל בְּכֹהֵן שֶׁאֵין נִמְלָךְ, עֲשָׂאָן לְמַעְלָה – מֶחֱצָה כָּשֵׁר וּמֶחֱצָה פָּסוּל,

The mishna continues: **In what** case **is this statement said? In** the case of **a priest** who **consulted** the court to ask how he should proceed. **But in** the case of **a priest who did not consult** the court, but sacrificed them of his own accord, if there was an equal number of bird sin offerings and burnt offerings, and **he performed** all their sacrificial rites **above** the red line[H] that circumscribes the altar at its midpoint, as required for a burnt offering, **half** of the birds are **fit,** as in any event the burnt offerings were sacrificed properly, **and half** are **unfit.**

לְמַטָּה – מֶחֱצָה כָּשֵׁר וּמֶחֱצָה פָּסוּל, אַחַת לְמַטָּה וְאַחַת לְמַעְלָה – שְׁנֵיהֶן פְּסוּלוֹת, שֶׁאֲנִי אוֹמֵר: חַטָּאת קְרֵיבָה לְמַעְלָה, וְעוֹלָה קְרֵיבָה לְמַטָּה!

Likewise, if he performed all of their sacrificial rites **below** the red line, **half** are **fit,** as in any event the sin offerings were sacrificed properly, **and half** are **unfit.** If he performed the sacrificial rites of **one** of the birds **below** the red line and **one** of the birds **above** the red line, **they are both unfit, as I say** that the **sin offering** was **sacrificed above** the red line **and** the **burnt offering** was **sacrificed below.** This mishna proves that an offering that is prohibited to be sacrificed as part of a mixture is fit after the fact, which contradicts the statement of Rava.

אֶלָּא, הָא – כְּמַאן דְּאָמַר בַּעֲלֵי חַיִּים נִדְחִין, הָא – כְּמַאן דְּאָמַר בַּעֲלֵי חַיִּים אֵינָן נִדְחִין.

Rather, Rava would claim that this matter depends on a dispute between *tanna'im*. **This** statement of Rava is **in accordance with** the opinion of **the one who says** that **living creatures** that become disqualified **are** permanently **rejected** from being sacrificed on the altar, and this animal was rejected when it was part of the mixture. **That** ruling of the mishna in *Kinnim* is **in accordance with** the opinion of **the one who says** that **living creatures are not** permanently **rejected**[H] from the altar. Therefore, if the animal was sacrificed it is fit.

הֲרֵי שְׁחוּטִין, דִּלְכוּלֵּי עָלְמָא נִדְחִין,

The Gemara raises a difficulty: But **there is** the case of **slaughtered** offerings that are rejected from the altar, concerning **which everyone agrees** that these **are rejected.** Even those who say that living creatures generally are not rejected agree that, in this case, they should be rejected.

Perek **VIII**
Daf **74** Amud **a**

PERSONALITIES

Ḥanan the Egyptian – חָנָן הַמִּצְרִי: There were at least two Sages of this name. The first was an important judge in Jerusalem during the era of the Second Temple, while the second was a leading student in the yeshiva of Yavne after the Temple's destruction. Although they were great Torah scholars, neither of them received the title of rabbi, either because they were too young or for some other reason.

The appellation: The Egyptian, indicates the Sage came from Egypt, or was from a family that came from Egypt.

וּתְנַן, רַבִּי אֱלִיעֶזֶר אוֹמֵר: אִם קָרַב הָרֹאשׁ שֶׁל אֶחָד מֵהֶן – יִקְרְבוּ כׇּל הָרָאשִׁים!

And we learned in a mishna (77b) that in a case where sacrificial portions from unblemished burnt offerings became mixed with sacrificial portions from blemished burnt offerings, which are disqualified, **Rabbi Eliezer says: If the head of one of them was sacrificed** on the altar before they knew of the blemish, **all the heads should be sacrificed,** as it is assumed that the head of the disqualified animal was the one already sacrificed on the altar. This indicates that even with regard to slaughtered animals, if they were rejected from the altar due to being in a mixture, they are not permanently rejected, but are fit after the fact.

הוּא דְּאָמַר כְּחָנָן הַמִּצְרִי. דְּתַנְיָא, חָנָן הַמִּצְרִי אוֹמֵר: אֲפִילּוּ דָּם בַּכּוֹס, מֵבִיא חֲבֵירוֹ וּמְזַוֵּוג לוֹ.

The Gemara explains that this mishna affords no proof, as Rabbi Eliezer **states** his ruling **in accordance with** the opinion of **Ḥanan the Egyptian,**[P] who maintains that even slaughtered animals are not permanently rejected. **As it is taught** in a *baraita* that **Ḥanan the Egyptian says,** with regard to the two goats of Yom Kippur, the one sacrificed to God and the scapegoat designated to be sent to Azazel: **Even** if the **blood** of the sacrificed goat is already **in the cup** where it was collected and the scapegoat dies, the sacrificed goat is still a fit offering, and the priest **brings another** goat **and joins it to** this slaughtered goat to serve as the scapegoat. By contrast, the other *tanna'im*, who maintain that slaughtered animals are rejected, hold that once they have become rejected due to being in a mixture they are no longer fit for sacrifice, as stated by Rava.

אָמַר רַב נַחְמָן אָמַר רָבָה בַּר אֲבוּהּ אָמַר רַב: טַבַּעַת שֶׁל עֲבוֹדָה זָרָה שֶׁנִּתְעָרְבָה בְּמֵאָה טַבָּעוֹת, וְנָפְלָה אַחַת מֵהֶם לַיָּם הַגָּדוֹל – הוּתְּרוּ כּוּלָּן, דְּאָמְרִינַן: הָךְ דִּנְפַל – הַיְינוּ דְּאִיסּוּרָא.

§ Concerning a similar case, **Rav Naḥman says** that **Rava bar Avuh says** that **Rav says:** With regard to **a ring**[B] used in **idol worship,**[N] from which it is prohibited to derive benefit and which is not nullified even in a ratio of one in one hundred, **that was intermingled**[H] **with one hundred** permitted **rings, and** subsequently **one of them fell into the Great Sea** [*Yam HaGadol*],[L] **they are all permitted.**[N] The reason is **that we say: That** ring **that fell** into the Great Sea **is the prohibited** ring.[N]

אֵיתִיבֵיהּ רָבָא לְרַב נַחְמָן: אֲפִילּוּ אַחַת בְּרִיבּוֹא – יָמוּתוּ כּוּלָּן; אַמַּאי? נֵימָא: דָּמִית – אִיסּוּרָא מִית!

Rava raised an objection to Rav Naḥman from the mishna: With regard to all the offerings that were intermingled with animals from which deriving benefit is prohibited, **even** if the ratio is **one in ten thousand, they all must die.** According to the opinion of Rav, that we say the one that was lost is the prohibited item, **why** must they all die? **Let us say,** with regard to the first animal **that died,** that **the prohibited** animal **died,** and the rest should be permitted.

אֲמַר לֵיהּ: רַב דְּאָמַר כְּרַבִּי אֱלִיעֶזֶר. דִּתְנַן, רַבִּי אֱלִיעֶזֶר אוֹמֵר: אִם קָרַב הָרֹאשׁ שֶׁל אֶחָד מֵהֶן – יִקְרְבוּ כָּל הָרָאשִׁים כּוּלָּן.

Rav Naḥman **said to** Rava: **Rav states** his ruling **in accordance with** the opinion of **Rabbi Eliezer, as we learned** in the mishna that **Rabbi Eliezer says: If the head of one of them is sacrificed** on the altar before the priests knew of the blemish, **all the heads should be sacrificed,** as it is assumed that the head of the disqualified animal was the one already sacrificed on the altar.

וְהָא אָמַר רַבִּי אֶלְעָזָר: לֹא הִתִּיר רַבִּי אֱלִיעֶזֶר אֶלָּא שְׁנַיִם שְׁנַיִם, אֲבָל אֶחָד אֶחָד – לֹא! אֲמַר לֵיהּ: אֲנָא, תַּרְתֵּי קָאָמֵינָא.

Rava asked Rav Naḥman: **But doesn't Rabbi Elazar say: Rabbi Eliezer permitted** the sacrifice of all the heads **only** if they were sacrificed **two by two,**[N] as at least one of them is certainly permitted; **but** he did **not** permit them to be sacrificed **one by one,** in case the priest sacrifices the prohibited head by itself? How, then, can Rav Naḥman permit the rings without qualification? Rav Naḥman **said to** Rava: **I too am saying** that Rav permits the rings only if they are sold **two** at a time, in which case one of them is certainly not from idol worship.

אָמַר רַב: טַבַּעַת שֶׁל עֲבוֹדָה זָרָה שֶׁנִּתְעָרְבָה בְּמֵאָה טַבָּעוֹת, וּפָרְשׁוּ אַרְבָּעִים לְמָקוֹם אֶחָד, וְשִׁשִּׁים לְמָקוֹם אַחֵר; פָּרְשָׁה אַחַת מֵאַרְבָּעִים – אֵינָהּ אוֹסֶרֶת, אַחַת מִשִּׁשִּׁים – אוֹסֶרֶת.

The Gemara discusses a similar case. **Rav says:** With regard to **a ring** used in **idol worship that was intermingled with one hundred** permitted **rings,** and then **forty** of them became **separated to one place, and** the other **sixty** became separated **to another place,** so that they are now two distinct groups of rings, if **one** ring **from** the group of **forty** became **separated** from them and then became intermingled with other rings, **it does not render** them **prohibited.** But if **one** ring **from** the other **sixty** became separated from its group and became mixed with other rings, it **renders** them **prohibited.**

NOTES

Ring used in idol worship – טַבַּעַת שֶׁל עֲבוֹדָה זָרָה: An example of a ring used in idol worship is one used as ornamentation for an idol (Rashi). This ring renders a mixture of any ratio prohibited, as is the *halakha* with regard to an idol, the items sacrificed to it, and all of its appurtenances (see *Avoda Zara* 74a). Some commentaries maintain this is referring to a particularly valuable ring, which is not nullified due to its significance (*Tosafot* on 72a).

One of them fell into the Great Sea, they are all permitted – נָפְלָה אַחַת מֵהֶם לַיָּם הַגָּדוֹל הוּתְּרוּ כּוּלָּן: By contrast, if a person dropped one of the rings into the Great Sea, even if he did so unwittingly, the other rings remain prohibited, in order that one will not be tempted to drop a ring intentionally (*Tosafot*).

That ring that fell is the prohibited ring – הָךְ דִּנְפַל הַיְינוּ דְּאִיסּוּרָא: This prohibition applies only by rabbinic law, as by Torah law the ring is nullified in a majority. Therefore, the *halakha* is to be lenient and deem the rings permitted (*Tosafot*).

Only if they were sacrificed two by two – אֶלָּא שְׁנַיִם שְׁנַיִם: This sacrificial rite is permitted, as one of the heads is certainly fit for the altar. As for the possibility that one of them is the prohibited limb, in this regard the fact that one of the heads has already been sacrificed allows the priests to assume that the head previously sacrificed was the prohibited one (Rashi). Others explain Rabbi Eliezer's opinion in a case of two by two as meaning that the other heads are permitted only if two of them have already been sacrificed. Only in this case is it assumed that the head of the blemished animal was one of the two that have been sacrificed (Rambam's Commentary on the Mishna).

BACKGROUND

Ring – טַבַּעַת: Rings in the ancient Near East often had seals with images, frequently of pagan gods. This meant that the rings themselves could take on religious significance and even be used as objects of devotion.

Roman ring with seal depicting the demigod Hercules

HALAKHA

Ring used in idol worship that was intermingled – טַבַּעַת שֶׁל עֲבוֹדָה זָרָה שֶׁנִּתְעָרְבָה: With regard to an idol, the items sacrificed to it, and its appurtenances, all of which prohibit a mixture in any amount, if one of the mixture fell into the sea, or was burned, or was otherwise totally destroyed, one may derive benefit from the rest of the items two at a time, as one of them is certainly permitted. The same applies to prohibited items that are not nullified due to their importance, such as animals. Despite this, one individual may not derive benefit from all the remaining items, even by this method of two at a time (*Tur*). The *halakha* is in accordance with the opinion of Rabbi Eliezer, following the explanation of Rav Naḥman.

The Rambam deems it prohibited for one to derive benefit from the items left in the mixture unless two of them fell into the sea. In such a case all the rest are permitted, as it is assumed that the prohibited item was one of those that was lost (Rambam *Sefer HaMadda*, *Hilkhot Avoda Zara* 7:10; *Shulḥan Arukh*, *Yoreh De'a* 140:1, 110:7, and in the comment of Rema).

LANGUAGE

The Great Sea [*Yam HaGadol*] – יָם הַגָּדוֹל: This is one of the biblical names for the Mediterranean Sea, on whose eastern shore Eretz Yisrael lies. See, for example, the book of Joshua (1:4): "And unto the Great Sea toward the going down of the sun, shall be your border." It is called by this name to differentiate it from other, far smaller lakes and bodies of water in Eretz Yisrael, such as the Sea of Galilee and the Dead Sea.

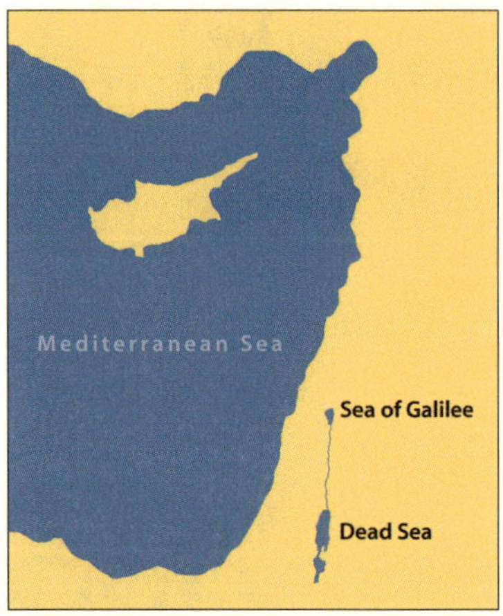

Satellite view of the Eastern Mediterranean

מַאי שְׁנָא אַחַת מֵאַרְבָּעִים דְּלָא – דְּאָמְרִינַן: אִיסּוּרָא בְּרוּבָּא אִיתֵיהּ, אַחַת מִשִּׁשִּׁים נַמִי אָמְרִינַן: אִיסּוּרָא בְּרוּבָּא אִיתֵיהּ! אֶלָּא אִם פָּרְשׁוּ אַרְבָּעִים כּוּלָּן לְמָקוֹם אֶחָד – אֵין אוֹסְרוֹת, שִׁשִּׁים לְמָקוֹם אֶחָד – אוֹסְרוֹת.

The Gemara asks: **What is different** concerning the case in which **one** ring **from** the group of **forty** separated, **that** it does **not** render the other rings prohibited? The reason is **that we say:** The **prohibited** ring **is in** the group that contains **the majority** of the rings,[N] i.e., it is in the group of sixty. If so, in the case where **one** ring **from** the group of **sixty** became separated and became intermingled with the other rings, **we** should **also say** that the **prohibited** ring **is** still **in** the group that contains **the majority** of the rings, i.e., it is one of the fifty-nine remaining rings. **Rather,** Rav's statement was as follows: **If all forty** became **separated to one place,**[NH] where they became intermingled with other rings, the forty rings **do not render** those other rings **prohibited,** as it is assumed that the prohibited ring is in the group of sixty. Conversely, if all of the **sixty** rings became separated **to one place,** where they became intermingled with other rings, the sixty rings **render** those other rings **prohibited.**

כִּי אֲמַרִיתָהּ קַמֵּיהּ דִּשְׁמוּאֵל, אֲמַר לִי: הַנַּח לַעֲבוֹדָה זָרָה, שֶׁסְּפֵיקָהּ וּסְפֵק סְפֵיקָהּ אֲסוּרָה עַד סוֹף הָעוֹלָם.

Rav Yehuda, who said this statement citing Rav, added: **When I said this** ruling **in the presence of Shmuel,** that if the forty rings became intermingled with others they do not render them prohibited, **he said to me: Disregard** this *halakha* with regard to the case of **idol worship, as** this prohibition is so stringent that **its uncertainty and its compound uncertainty**[B] **are prohibited forever,** i.e., no matter how many uncertainties are added they are all prohibited.

מֵיתִיבֵי: סְפֵק עֲבוֹדָה זָרָה – אֲסוּרָה, וּסְפֵק סְפֵיקָהּ – מוּתֶּרֶת. כֵּיצַד? כּוֹס שֶׁל עֲבוֹדָה זָרָה שֶׁנָּפַל לְאוֹצָר מָלֵא כּוֹסוֹת – כּוּלָּן אֲסוּרִין, פֵּירַשׁ אֶחָד מֵהֶן לְרִיבּוֹא, וּמֵרִיבּוֹא לְרִיבּוֹא – מוּתָּרִין!

The Gemara **raises an objection** to the opinion of Shmuel from a *baraita*: **An uncertainty of idol worship** is **prohibited,**[H] **but its compound uncertainty** is **permitted. How so?** With regard to **a cup**[B] used in **idol worship that fell into a storeroom full of cups, they are all prohibited.** If **one of these** cups **separated** from the rest and fell **into** a group of **ten thousand** other cups, **and from** that **ten thousand** cups a single cup fell **into ten thousand** other cups, **they** are **permitted.** This *baraita* teaches that only one uncertainty is prohibited, not a compound uncertainty.

תַּנָּאֵי הִיא. דְּתַנְיָא, רַבִּי יְהוּדָה אוֹמֵר: רִימּוֹנֵי בָאדָן אוֹסְרִין בְּכָל שֶׁהוּא. כֵּיצַד? נָפַל אֶחָד מֵהֶן לְתוֹךְ רִיבּוֹא, וּמֵרִיבּוֹא לְרִיבּוֹא – אֲסוּרִין.

The Gemara explains: This **is** a dispute between ***tanna'im*, as it is taught** in a *baraita* (*Tosefta*, *Terumot* 5:10) that **Rabbi Yehuda says:** Prohibited **pomegranates** from **Badan,** which are too significant to be nullified, **prohibit** a mixture **in any amount. How so? If one of them fell into** a group of **ten thousand** other pomegranates, **and** one of that group fell **from** that **ten thousand into** another **ten thousand, they** are all **prohibited,** despite the fact that this is a compound uncertainty.

NOTES

The prohibited ring is in the group that contains the majority of the rings – אִיסּוּרָא בְּרוּבָּא אִיתֵיהּ: As Rashi explains, this consideration does not serve to permit the forty rings themselves, despite the fact that they are in the minority. The reason is that they were part of the group of the one hundred that were prohibited by the initial uncertainty, and since all those rings are extant, that uncertainty remains in place. It is not considered a compound uncertainty merely by the separation of the rings into two groups.

Rather if all forty separated to one place, etc. – אֶלָּא אִם פָּרְשׁוּ אַרְבָּעִים כּוּלָּן לְמָקוֹם אֶחָד וכו׳: In other words, the case is not one where one of the forty or sixty fell into a different pile of rings. Instead, all forty together fell into a different place, which results in a compound uncertainty: It is possible that the prohibited ring is in the larger group of sixty, and even if it is in the group of forty, this particular ring might be from the other group into which the forty rings fell. By contrast, if the sixty rings became intermingled with other rings, that mixture is prohibited, as it is presumed that the prohibited ring is among the sixty. Therefore, even if the sixty fell into a larger pile of rings, this is still considered only one uncertainty.

BACKGROUND

Compound uncertainty – סְפֵק סְפֵיקָא: This is a case in which there are two independent uncertain aspects of a situation. Generally, even in areas of *halakha* where the stringent practice is adopted when there is one uncertain element, if there are two uncertain elements one may adopt the lenient practice. For example, it is prohibited to tithe untithed produce on Shabbat. If one is uncertain whether or not Shabbat has begun, one may not separate the tithe. Similarly, if one is uncertain whether or not produce has been tithed, it may not be tithed on Shabbat proper. In a case where one was uncertain both as to whether or not Shabbat had begun and as to whether or not the produce had been tithed, tithing is permitted. The Gemara here discusses the application of this principle in cases involving items of idol worship.

Cup – כּוֹס:

Glass cups and pitcher from the talmudic period

HALAKHA

All forty became separated to one place – פָּרְשׁוּ אַרְבָּעִים כּוּלָּן לְמָקוֹם אֶחָד: If a ring of idol worship became intermingled with one hundred rings, and then those rings became divided into two groups of sixty and forty, and the group of forty became mixed with another pile of rings, that pile is permitted. The reason is that the prohibited ring is assumed to be in the majority. If the group of sixty became intermingled with another pile, they are all prohibited. The *halakha* is in accordance with the opinion of Rav, following the principle with regard to the disputes between Rav and Shmuel that the *halakha* is in accordance with the opinion of Rav in matters involving prohibitions (Rambam *Sefer HaMadda*, *Hilkhot Avoda Zara* 7:10, and see Ra'avad there).

An uncertainty of idol worship is prohibited – סְפֵק עֲבוֹדָה זָרָה אֲסוּרָה: An uncertainty involving idol worship is prohibited, but a compound uncertainty is permitted. How so? If a cup used for idol worship fell into a storeroom of cups, they are all prohibited, as items of idolatry prohibit a mixture in any amount. If one cup from this mixture becomes separated from the rest and becomes intermingled with two other cups, these are permitted. The *halakha* is in accordance with the opinion of Rabbi Shimon, as Rav follows his ruling. The wording of the Rambam indicates that his version of the Gemara mentions ten thousand only once (Gra). The *Shulḥan Arukh* rules that only if the cup became intermingled with two others, and then one of the three became mixed with yet two others, the last group is permitted. This follows the standard version of the text, in keeping with the *halakha* of pomegranates from Badan (Rambam *Sefer HaMadda*, *Hilkhot Avoda Zara* 7:10; *Shulḥan Arukh*, *Yoreh De'a* 110:7).

רַבִּי שִׁמְעוֹן בֶּן יְהוּדָה אוֹמֵר מִשּׁוּם רַבִּי שִׁמְעוֹן: לְרִיבּוֹא – אֲסוּרִין, וּמֵרִיבּוֹא לִשְׁלֹשָׁה, וּמִשְּׁלֹשָׁה לְמָקוֹם אַחֵר – מוּתָּר.

The *baraita* continues: **Rabbi Shimon ben Yehuda says in the name of Rabbi Shimon:** If a prohibited pomegranate fell **into a** group of **ten thousand** pomegranates, **they** are all **prohibited,** as he concedes that these pomegranates are not nullified in a majority. **But** if one pomegranate **from** the **ten thousand** fell **into** a group of **three** pomegranates,[NH] **and** one **of** these **three** pomegranates fell **into a different place,** it is **permitted,** as this is a compound uncertainty.

שְׁמוּאֵל דְּאָמַר כְּמַאן? אִי כְּרַבִּי יְהוּדָה – אֲפִילּוּ בִּשְׁאָר אִיסּוּרִים אָסוּר. אִי כְּרַבִּי שִׁמְעוֹן – אֲפִילּוּ בַּעֲבוֹדָה זָרָה נַמִּי שָׁרֵי!

The Gemara inquires: **In accordance with** the opinion of **which** of these *tanna'im* **does Shmuel state** his opinion that an item used in idol worship remains prohibited no matter how many uncertainties are involved? **If** you say that he stated his ruling **in accordance with** the opinion of **Rabbi Yehuda,** then **even with regard to other prohibitions** a compound uncertainty should be **prohibited,** as Rabbi Yehuda stated his ruling with regard to a prohibited pomegranate, not an item of idol worship. And **if** Shmuel stated his ruling **in accordance with** the opinion of **Rabbi Shimon,** then **even in the** case of **idol worship** a compound uncertainty should be **permitted,** as Rabbi Shimon did not differentiate between different types of prohibitions.

וְכִי תֵּימָא: שָׁאנֵי לֵיהּ לְרַבִּי שִׁמְעוֹן בֵּין עֲבוֹדָה זָרָה לִשְׁאָר אִיסּוּרִים. אֶלָּא הָא דְּתַנְיָא: סְפֵק עֲבוֹדָה זָרָה – אֲסוּרָה, וּסְפֵק סְפֵיקָה – מוּתֶּרֶת, מַנִּי? לָא רַבִּי יְהוּדָה וְלָא רַבִּי שִׁמְעוֹן!

And if you would say that there is **a difference according to** the opinion of **Rabbi Shimon between idol worship and other prohibitions,** and he prohibits compound uncertainties only in the case of idol worship, **then** if so, **that which is taught** in the *baraita* cited previously: **An uncertainty of idol worship** is **prohibited but its compound uncertainty** is **permitted, whose** opinion does this represent? It is **neither** the opinion of **Rabbi Yehuda nor** the opinion of **Rabbi Shimon.**

לְעוֹלָם רַבִּי שִׁמְעוֹן, וּשְׁמוּאֵל סָבַר לָהּ כְּרַבִּי יְהוּדָה בַּחֲדָא, וּפְלִיג עֲלֵיהּ בַּחֲדָא.

The Gemara answers: **Actually,** that *baraita* is in accordance with the opinion of **Rabbi Shimon,** as he permits a compound uncertainty in all cases. **And Shmuel holds in accordance with** the opinion of **Rabbi Yehuda with regard to one** matter, that a compound uncertainty is prohibited in the case of idol worship, **and disagrees with him with regard to one** matter, as Shmuel does not apply this stringency to other prohibitions.

אָמַר מָר: מֵרִיבּוֹא לִשְׁלֹשָׁה, וּמִשְּׁלֹשָׁה לְמָקוֹם אַחֵר – מוּתָּר.

§ The Gemara continues its analysis. **The Master,** Rabbi Shimon ben Yehuda citing Rabbi Shimon, **says above:** If one pomegranate **from** the **ten thousand** fell **into** a group of **three** pomegranates, **and** one **of** these **three** pomegranates fell **into a different place,** the mixture is **permitted.**

Perek **VIII**
Daf **74** Amud **b**

מַאי שְׁנָא שְׁלֹשָׁה – דְּאִיכָּא רוּבָּא, שְׁנַיִם נַמִּי אִיכָּא רוּבָּא! מַאי "שְׁלֹשָׁה" דְּקָתָנֵי – תַּרְתֵּי וְהוּא.

The Gemara asks: **What is different** about a case where the pomegranate fell into a group of **three** other pomegranates? The essential factor is **that there is a majority** of permitted pomegranates, which nullify the pomegranate that fell from the ten thousand. **Even** if it fell into a group of **two** others, **there is a majority** of permitted items. Why must it fall into a group of three? The Gemara explains: **What** is the meaning of **three that** the *tanna* of this *baraita* **teaches?** It means that there were **two** permitted pomegranates initially, **and** the pomegranate of uncertain status fell into them, for a total of three.

NOTES

One from the ten thousand fell into a group of three pomegranates, etc. – מֵרִיבּוֹא לִשְׁלֹשָׁה וכו׳: The Rambam maintains that only the third mixture is permitted, as the ten thousand in which the significant prohibited item fell is considered certainly prohibited, and therefore two additional mixtures are required to create a situation of a compound uncertainty (Gra). Rashi contends that the first mixture of one in ten thousand is also considered an uncertainty, and consequently, if one of the group of three pomegranates fell into a different pile, not only is that pile permitted but so are the pomegranates left behind.

The reason Rashi considers this to be a compound uncertainty is as follows: Perhaps the prohibited pomegranate never fell into that group, and even if it did, it is possible that the pomegranate that fell from that pile was the prohibited one, leaving the ones behind permitted. *Tosafot* explain that even if none of the group of the three pomegranates fell elsewhere, each of those pomegranates can be permitted due to a compound uncertainty: Perhaps the prohibited pomegranate did not fall there, and even if it did, the pomegranate that the person just picked up might not be the prohibited pomegranate. *Tosafot* concede that one may not eat all the pomegranates together, as in such a situation one is relying on a single uncertainty. It is for this reason that Rabbi Shimon described a case that involves yet another mixture, so that it would be permitted to consume all the pomegranates together.

HALAKHA

One from the ten thousand fell into a group of three pomegranates – מֵרִיבּוֹא לִשְׁלֹשָׁה: If a prohibited item that cannot be nullified due to its significance fell into a group of similar items, and one of that group fell into another pile, that item is not nullified even by a ratio of one in ten thousand. But if one of the first mixture became intermingled with two other similar items, and one of those three separated from the rest and became intermingled with yet two others, that last group is permitted, as this is a compound uncertainty. The *halakha* is in accordance with the opinion of Rabbi Shimon, as Rav accepts his ruling, following the explanation of the Gemara.

The Rema adds that, in any case, one person should not eat all the items. The *Shakh* notes that according to the opinion of *Tosafot*, the third mixture is entirely permitted while the second mixture is permitted if one partakes of the items one at a time, and one may rely on this opinion if a great loss would otherwise ensue (Rambam *Sefer Kedusha, Hilkhot Ma'akhalot Assurot* 16:10; *Shulḥan Arukh, Yoreh De'a* 110:8).

וְאִיבָּעֵית אֵימָא: סָבַר לָהּ כְּרַבִּי אֱלִיעֶזֶר.

The Gemara returns to the question concerning the opinion of which *tanna* is followed by Shmuel, who is stringent with regard to a compound uncertainty involving idol worship. **And if you wish, say** instead that Shmuel **holds in accordance with** the opinion of **Rabbi Eliezer,**[N] as he is similarly stringent with regard to mixtures of items of idol worship, as explained in tractate *Avoda Zara* (49b).

אָמַר רֵישׁ לָקִישׁ: חָבִית שֶׁל תְּרוּמָה שֶׁנִּתְעָרְבָה בְּמֵאָה חָבִיּוֹת וְנָפְלָה אַחַת מֵהֶן לְיָם הַמֶּלַח – הוּתְּרוּ כּוּלָּן, דְּאָמְרִינַן: הַךְ דִּנְפַל – דְּאִיסּוּרָא נָפַל.

§ The Gemara discusses a related topic. **Reish Lakish says:** In the case of **a barrel of *teruma***[B] produce, which may be eaten only by a priest and his household, **that was intermingled with one hundred barrels**[H] of non-sacred produce, they are all considered as *teruma*, as a sealed barrel is significant and is not nullified. **And** if **one of** these barrels **fell into the Dead Sea,**[B] **all** the barrels **are permitted, as we say:** Since there is **that** barrel **that fell,** the assumption is **that** it is **the prohibited** barrel that **fell.**

וְאִיצְטְרִיךְ דְּרַב נַחְמָן, וְאִיצְטְרִיךְ דְּרֵישׁ לָקִישׁ. דְּאִי מִדְּרַב נַחְמָן – הֲוָה אָמֵינָא: הָנֵי מִילֵּי עֲבוֹדָה זָרָה דְּאֵין לָהּ מַתִּירִין, אֲבָל תְּרוּמָה דְּיֵשׁ לָהּ מַתִּירִין – לָא.

The Gemara comments: **And** it **was necessary** for the Gemara to record the ruling **of Rav Naḥman** with regard to rings used in idol worship, **and** it **was** also **necessary** for the Gemara to record the ruling **of Reish Lakish** with regard to barrels of *teruma*, despite the similarity between the two cases. The Gemara elaborates: **As, if** the *halakha* were taught only **from** the ruling **of Rav Naḥman, I would say** that **this matter** applies only with regard to a mixture involving an item of **idol worship, which has no permitting factors;** such items themselves cannot be permitted in any other manner. Therefore, the *halakha* is to be lenient, i.e., to assume that the prohibited ring fell into the sea. **But** in the case of ***teruma*, which has permitting factors,** as the mixture can be sold in its entirety to priests, perhaps the mixture should **not** be permitted because one of them fell into the sea.

וְאִי מִדְּרֵישׁ לָקִישׁ, הֲוָה אָמֵינָא: חָבִית דְּמִינְכְּרָא נְפִילָתָהּ, אֲבָל טַבַּעַת דְּלָא מִינְכְּרָא נְפִילָתָהּ – לָא, צְרִיכִי.

And conversely, **if** the *halakha* was taught only **from** the ruling **of Reish Lakish, I would say** that the *halakha* is lenient only in the case of **a barrel** of *teruma*, **as its falling is noticeable,** and everyone will know that the other barrels were permitted due to the one that fell. Accordingly, they will not come to permit barrels in a similar case where no barrel became separated from the mixture. **But** with regard to **a ring, whose falling is not noticeable,** perhaps the rest of the rings should **not** be permitted. Therefore, both statements **are necessary.**

NOTES

And if you wish, say that Shmuel holds in accordance with Rabbi Eliezer – וְאִיבָּעֵית אֵימָא סָבַר לָהּ כְּרַבִּי אֱלִיעֶזֶר: Rashi explains that this is referring to Rabbi Eliezer's statement in *Avoda Zara* (49b) that a loaf of bread baked in an oven fueled by wood from a tree that was used as part of idolatrous rites is not permitted even in a case of a compound uncertainty. The loaf can be permitted only by a kind of redemption, i.e., by selling it and casting the proceeds into the Dead Sea.

Rashi cites an alternative explanation, according to which this statement in the Gemara is the continuation of its interpretation of the opinion of Rabbi Shimon, who specified that the pomegranate fell into a group of three other pomegranates, not two. If so, the reference is to Rabbi Eliezer's statement in the mishna on 77b that if the sacrificial portion of a blemished animal was intermingled with other sacrificial portions and one of them was sacrificed, the rest may all be sacrificed because it is a compound uncertainty. With regard to this opinion Rav Elazar said that Rabbi Eliezer permitted their sacrifice only two at a time, not each sacrificial portion separately.

When Rabbi Shimon deems these pomegranates permitted due to a compound uncertainty, he deems them permitted to be eaten only if they are eaten two at a time. Consequently, it is only in a case where the pomegranate of uncertain status fell into a group of three other pomegranates that all of them may be eaten. If it became intermingled with only two others, then after partaking of two at a time he will be left with one pomegranate from which he may not derive benefit (see Rabbeinu Tam in *Tosafot*).

HALAKHA

A barrel of *teruma* that was intermingled with one hundred barrels – חָבִית שֶׁל תְּרוּמָה שֶׁנִּתְעָרְבָה בְּמֵאָה חָבִיּוֹת: If a sealed barrel of *teruma* produce became intermingled with one hundred barrels of non-sacred produce, and one of them fell into the Great Sea, they are all permitted, as one can say that the barrel of *teruma* was the one that fell. This *halakha* is in accordance with the opinion of Reish Lakish. The Ra'avad maintains that the *halakha* is not in accordance with the opinion of Reish Lakish, as Reish Lakish follows the opinion of Rabbi Eliezer rather than the Rabbis. Furthermore, in the Jerusalem Talmud Rabbi Yoḥanan disagrees with Reish Lakish (Rambam *Sefer Zera'im*, *Hilkhot Terumot* 15:2, and see *Kesef Mishne* and Radbaz there).

BACKGROUND

Teruma – תְּרוּמָה: When the term *teruma* appears without qualification it refers to *teruma gedola*, the great *teruma*, which is given to a priest. The Torah commands that *teruma* must be separated from grain, wine, and oil, and the Sages extended the scope of this mitzva to include all produce. This obligation applies only in Eretz Yisrael. The Torah does not specify the amount of *teruma* that must be set aside; one may theoretically fulfill this requirement by giving even a single kernel of grain from an entire crop. The Sages established the following measures: One-fortieth of the produce for a generous gift, one-fiftieth for an average gift, and one-sixtieth for a miserly gift. One should not set aside the other tithes until he has separated *teruma*.

Teruma is sanctified and may be eaten only by a priest and his household while they are in a state of ritual purity (see Leviticus 22:9–15). To emphasize that *teruma* must be eaten only in a state of purity, the Sages obligated the priests to wash their hands before partaking of it. This is the source for the practice of washing the hands before eating bread. A ritually impure priest or a non-priest who eats *teruma* is subject to the penalty of death at the hand of Heaven.

If *teruma* itself contracts ritual impurity, it may no longer be eaten and must be burned. Nevertheless, it remains the property of the priest and he may derive benefit from it as it is being burned, e.g., from its heat. Nowadays, *teruma* is not given to the priests because they lack definitive proof of their priestly lineage. Nevertheless, the obligation to separate *teruma* remains, although only a small portion of the produce is set aside in practice.

Dead Sea – יָם הַמֶּלַח: It is common for the Gemara to suggest that a prohibited item should be thrown into the Dead Sea, as there are no fish there and therefore no fisherman might chance across the item and take it for personal use. It is also possible that the high salt and mineral content of the Dead Sea were considered by the Sages as elements that would ruin anything thrown into it.

The Dead Sea is usually referred to in Hebrew as *Yam HaMelaḥ*, the Sea of Salt, though that term is occasionally used in references to other salty bodies of water. Sometimes, the Dead Sea is referred to as the Sea of Sodom.

Salt crystals on the coast of the Dead Sea

אָמַר רַבָּה: לֹא הִתִּיר רֵישׁ לָקִישׁ אֶלָּא חָבִית, דְּמִינְכְּרָא נְפִילָתָהּ, אֲבָל תְּאֵינָה – לָא. וְרַב יוֹסֵף אָמַר: אֲפִילּוּ תְּאֵינָה, כִּנְפִילָתָהּ כָּךְ עֲלִיָּיתָהּ.

Rabba says: Reish Lakish deemed the rest of the items **permitted only** in the case of **a barrel, as its falling is noticeable. But** in the case of **a fig**[H] that fell from a group of figs that contained a fig of *teruma*, Reish Lakish does **not** deem the rest of the figs permitted, as the one that fell is too small for its fall to be discernible. **And Rav Yosef says:** Reish Lakish deemed the rest of the items permitted **even** with regard to **a fig.** The reason is that just **as** the initial **falling** of one fig rendered the entire mixture prohibited, **so too, the emerging of** one fig from the pile permits the rest.

אָמַר רַבִּי אֶלְעָזָר: חָבִית שֶׁל תְּרוּמָה שֶׁנָּפְלָה בְּמֵאָה חָבִיּוֹת – פּוֹתֵחַ אֶחָד מֵהֶן וְנוֹטֵל הֵימֶנָּה כְּדֵי דִּימּוּעָהּ, וְשׁוֹתֶה.

Rabbi Elazar says: With regard to **a barrel of *teruma*** wine **that fell among one hundred barrels** of non-sacred wine, it cannot be nullified in its current state, as sealed barrels are significant and are therefore not nullified. How should one proceed? He should **open one of them,** so that it is no longer an item of significance, **and take from it as much as** ought to be taken from a normal **mixture** of *teruma* and non-sacred produce, i.e., one-hundredth. He should give that to a priest, **and** then he may **drink** the rest of the wine.

יָתֵיב רַב דִּימִי וְקָאָמַר לַהּ לְהָא שְׁמַעְתָּא. אֲמַר לֵיהּ רַב נַחְמָן: גְּמַע וּשְׁתֵי קָא חָזֵינָא הָכָא! אֶלָּא אֵימָא: נִפְתְּחָה אַחַת מֵהֶן – נוֹטֵל הֵימֶנָּה כְּדֵי דִּימּוּעַ וְשׁוֹתֶה.

Rav Dimi sat and said this *halakha*, and **Rav Naḥman said to him: I see** a ruling of: **Swallow and drink here,** i.e., this formulation indicates that one may act in this manner *ab initio*, which is puzzling. **Rather, say:** If **one of** the barrels **was opened,**[H] after the fact **one may take from it as much as** ought to be taken from a normal **mixture** of *teruma* and non-sacred produce. He should give that to a priest, **and** then he may **drink** the rest of the wine.

אָמַר רַבִּי אוֹשַׁעְיָא: חָבִית שֶׁל תְּרוּמָה שֶׁנִּתְעָרְבָה בְּמֵאָה וַחֲמִשִּׁים חָבִיּוֹת, וְנִפְתְּחוּ מֵאָה מֵהֶן – נוֹטֵל הֵימֶנָּה כְּדֵי דִּימּוּעָהּ, וְשׁוֹתֶה. וּשְׁאָר – אֲסוּרִין עַד שֶׁיִּפָּתְחוּ; לָא אָמְרִינַן אִיסּוּרָא בְּרוּבָּא אִיתֵיהּ.

With regard to the same issue, **Rabbi Oshaya says:** In the case of **a barrel of *teruma*** wine **that was intermingled with 150 barrels**[H] of non-sacred wine, **and one hundred of them opened, one may take from it as much as** ought to be taken from a normal **mixture** of *teruma* and non-sacred produce. He should give that to a priest, **and** then he may **drink** the rest of the wine. **And** as for the **rest** of the fifty barrels, **they** remain **prohibited,** i.e., they have *teruma* status, **until they are opened** and the ratio of *teruma* is separated from them. This is because **we do not say** that the **prohibited** barrel **is in** the group that contains **the majority**[N] of barrels and the one he opens is likely permitted.

״הָרוֹבֵעַ וְהַנִּרְבָּע״ כו׳. בִּשְׁלָמָא כּוּלְּהוּ – לָא יְדִיעַ, אֶלָּא הַאי ״טְרֵיפָה״ הֵיכִי דָּמֵי? אִי יְדִיעַ לֵיהּ – לֵיתֵי וְלִישְׁקְלֵיהּ! אִי לָא יָדַע לֵיהּ – מְנָא יָדַע דְּאִיעֲרַב?

§ The mishna listed various categories of prohibited animals: **An animal that copulated with a person, or an animal that was the object of bestiality,** an animal that was set aside for idol worship or one that was worshipped as a deity, an animal that was given as payment to a prostitute or as the price of a dog, or an animal born of a mixture of diverse kinds, or an animal that is a *tereifa*. The Gemara asks: **Granted,** with regard to **all of** the other examples in this list, the prohibited animal is **not known.** In other words, it is physically indistinguishable from the other animals. **But** with regard to **this *tereifa*** animal, **what are the circumstances? If,** due to its physical impairment, it is **known to him** which animal it is, **let him come and take it** from there, and all the other animals will be permitted. **If it is not known to him, how does he know that** a *tereifa* animal **was intermingled** with others in the first place?

HALAKHA

The case of a fig – תְּאֵנָה: If one *teruma* fig became intermingled with one hundred non-sacred figs, and one of these fell into the sea, it is necessary to remove one of the remaining figs in order to permit the rest. This case differs from that of barrels, as the loss of one barrel is noticeable whereas the loss of a fig is not. The *halakha* is in accordance with the opinion of Rabba. Some versions of the text attribute this statement to Rava, whose rulings are generally accepted since he is a sage from the latter generation of Sages (Rambam *Sefer Zera'im, Hilkhot Terumot* 15:2, and *Kesef Mishne* there).

If one of the barrels was opened – נִפְתְּחָה אַחַת מֵהֶן: With regard to a sealed barrel of *teruma* wine that became intermingled with one hundred barrels of non-sacred wine, and one of them was opened, one takes from it as much as must be separated from its mixture of *teruma* and non-sacred produce, i.e., one-hundredth, and he may then drink the rest of the wine in that barrel. All the other barrels remain prohibited. Whenever one of them is opened, one must set aside one-hundredth before he drinks the rest. The *halakha* is in accordance with the opinion of Rabbi Eliezer, as explained by Rav Naḥman (Rambam *Sefer Zera'im, Hilkhot Terumot* 15:3).

That was intermingled with 150 barrels – שֶׁנִּתְעָרְבָה בְּמֵאָה וַחֲמִשִּׁים חָבִיּוֹת: With regard to a sealed barrel of *teruma* wine that became intermingled with 150 barrels of non-sacred wine, and one hundred of them were opened, one takes from them as much as must be separated from its mixture of *teruma* and non-sacred produce, i.e., one barrel, and drinks the rest of the wine. The remaining fifty sealed barrels are prohibited, as one does not say that the barrel of *teruma* wine is among the one hundred open ones. Even if the mixture consisted of several thousand barrels, one must remove as much as must be separated from its mixture of *teruma* and non-sacred produce from each barrel before drinking the remainder of wine in that barrel. The *halakha* is in accordance with the opinion of Rabbi Oshaya (Rambam *Sefer Zera'im, Hilkhot Terumot* 15:3).

NOTES

We do not say that the prohibited barrel is in the group that contains the majority – לָא אָמְרִינַן אִיסּוּרָא בְּרוּבָּא אִיתֵיהּ: According to some commentaries, Rabbi Oshaya disagrees with the opinion of Rav on 74a with regard to a ring of idol worship that became intermingled with one hundred other rings. Rav said that if forty of them separated from the rest and became mixed with others they are permitted, as we say that the prohibited ring is in the group of sixty that contains the majority (Ra'avad).

Others contend that there is a difference between this case and the one addressed by Rav: In that situation there is a compound uncertainty, as part of the initial mixture became intermingled with another group. Here, there is only the uncertainty concerning where the prohibited barrel is found. In a case of this kind it is not enough to employ the principle: We say that the prohibited item is in the group that contains the majority, and thereby permit the minority (*Leḥem Mishne*, explaining the Rambam; *Ḥok Natan*).

Yet others contend that it is always the part that underwent the change, in this case the barrels that were opened, that is considered to have separated from the rest, and therefore the principle: We say that the prohibited item is in the group that contains the majority, does not apply in this case because the minority that has not changed is presumed to contain the prohibited item (*Taz*, citing *Sha'arei Dura*).

אָמְרִי דְּבֵי רַבִּי יַנַּאי: הָכָא בְּמַאי עָסְקִינַן – כְּגוֹן דְּאִיעֲרַב נְקוּבַת הַקּוֹץ בִּדְרוּסַת הַזְּאֵב.

They say in **the school of Rabbi Yannai: What are we dealing with here?** We are dealing with a case **where** an animal that was **pierced by a thorn,** which does not render it a *tereifa,* **was intermingled with** an animal that was **clawed by a wolf,** which renders it a *tereifa.* Since the skin of both animals has been pierced, one cannot identify the *tereifa.*

רֵישׁ לָקִישׁ אָמַר: [כְּגוֹן] דְּאִיעֲרַב בִּנְפוּלָה. נְפוּלָה נַמִי לִיבְדְּקָהּ! קָסָבַר: עָמְדָה – צְרִיכָה מֵעֵת לְעֵת, הָלְכָה – צְרִיכָה בְּדִיקָה.

Reish Lakish says there is a different answer: The mishna is discussing a case **where** a healthy animal **was intermingled with a fallen** animal, i.e., one that has fallen from a great height. A fallen animal is prohibited in case it is a *tereifa,* despite the fact that it bears no external sign of injury. The Gemara raises a difficulty: With regard to **a fallen** animal **as well, let us examine it** and see if it can walk by itself, in which case it is not a *tereifa.* The Gemara answers: According to the opinion of Reish Lakish, even after an examination of this kind it is still a possible *tereifa,* which is prohibited to be sacrificed upon the altar, as **he holds** that if an animal fell and **stood** up again, **it requires** a twenty-four-hour waiting **period** to determine if it is in fact injured. Furthermore, even if it both stood up and **walked** after the fall, **it requires inspection** after slaughter to determine whether it was injured by the fall and rendered a *tereifa.*

רַבִּי יִרְמְיָה אָמַר: כְּגוֹן דְּאִיעֲרִיב בְּוַלַד טְרֵיפָה, וְרַבִּי אֱלִיעֶזֶר הִיא, דְּאָמַר: וְלַד טְרֵיפָה לֹא יִקְרַב לְגַבֵּי מִזְבֵּחַ.

Rabbi Yirmeya says there is a third answer: The mishna is referring to a case **where** a healthy animal **was intermingled with the offspring of a** ***tereifa,*** which of course bears no sign of a *tereifa.* **And this is** in accordance with the opinion of **Rabbi Eliezer, who says: The offspring of a** ***tereifa*** **may not be sacrificed upon the altar.**

כּוּלְּהוּ כְּרַבִּי יַנַּאי לָא אָמְרִי – בֵּין נְקוּבַת הַקּוֹץ לִדְרוּסַת הַזְּאֵב מֵידַע יְדִיעַ, הַאי מָשֵׁיךְ וְהַאי עָגֵיל.

The Gemara explains why each of these Sages suggests a different interpretation of the mishna: **All of them,** i.e., Reish Lakish and Rabbi Yirmeya, **do not say** that the explanation of the mishna is **in accordance with** the explanation of **Rabbi Yannai** that an animal pierced by a thorn became mixed up with one clawed by a wolf, as they maintain that the difference **between** an animal **pierced by a thorn and** one that was **clawed by a wolf is known,** as **this** perforation caused by a wolf is **elongated, and that** perforation caused by a thorn is **round.**

כְּרֵישׁ לָקִישׁ לָא אָמְרִי – קָסָבְרִי: עָמְדָה אֵינָהּ צְרִיכָה מֵעֵת לְעֵת, הָלְכָה אֵינָהּ צְרִיכָה בְּדִיקָה.

The Gemara continues: Rabbi Yannai and Rabbi Yirmeya **do not say** that the explanation of the mishna is **in accordance with** the explanation of **Reish Lakish,** that the mishna is discussing a case where a healthy animal became intermingled with one that has fallen, as **they hold** that if a fallen animal **stood,** it **does not require** a twenty-four-hour waiting **period,**[H] and if it **walked it does not require** any further **inspection**[H] after slaughter at all. Consequently, one can simply examine the animals to see if they can walk, and if they can, they are fit.

כְּרַבִּי יִרְמְיָה לָא אָמְרִי – כְּרַבִּי אֱלִיעֶזֶר לָא מוֹקְמִי.

Finally, Rabbi Yannai and Reish Lakish **do not say** that the explanation of the mishna is **in accordance with** the explanation of **Rabbi Yirmeya,** that the mishna is discussing a case where a healthy animal became intermingled with the offspring of a *tereifa,* as they **do not** want to **interpret** the mishna **in accordance with** the opinion of **Rabbi Eliezer** because the *halakha* does not follow his ruling.

״קׇדָשִׁים בְּקׇדָשִׁים מִין בְּמִינוֹ״ כו׳. וְהָא בָּעֵי סְמִיכָה!

§ The mishna teaches: In a case where **sacrificial** animals were intermingled **with** other **sacrificial** animals, if it was an animal of one **type** of offering **with** animals of the same **type** of offering, one should sacrifice this animal for the sake of whoever is its owner and one should sacrifice that animal for the sake of whoever is its owner, and both owners fulfill their obligations. The Gemara raises a difficulty: **But** each animal **requires placing hands** on its head,[B] a rite that must be performed by its owner, and in this case the owner is unknown.

אָמַר רַב יוֹסֵף: בְּקׇרְבַּן נָשִׁים. אֲבָל בְּקׇרְבַּן אֲנָשִׁים – לֹא?

Rav Yosef says: The *halakha* of the mishna is stated **with regard to an offering of women,**[H] who do not perform the placing of hands. The Gemara is puzzled by this suggestion: **But** this indicates that **with regard to an offering of men,** the *halakha* stated in the mishna is **not** applicable, and therefore there is no way of rectifying a mixture of consecrated animals of the same type of offering.

HALAKHA

If a fallen animal stood it does not require a twenty-four-hour waiting period – עָמְדָה אֵינָהּ צְרִיכָה מֵעֵת לְעֵת: If an animal fell from a height of ten handbreadths or more and did not stand up again, one must wait a twenty-four-hour period before slaughtering it. If one slaughtered it during this period, the animal is a *tereifa* even if he inspects it and finds all its organs intact. If the animal stood up during this time period, it may be slaughtered immediately and inspected for injury. The commentaries write that this applies only if it stood by itself, not if people helped it stand (Rema, citing Ran). Today there is no received tradition for inspecting the animal's organs, and the animal is deemed a *tereifa* unless it is able to walk again (Rambam *Sefer Kedusha, Hilkhot Sheḥita* 9:9; *Shulḥan Arukh, Yoreh De'a* 58:4, 58:6 and in the comment of Rema).

If it walked it does not require any further inspection – הָלְכָה אֵינָהּ צְרִיכָה בְּדִיקָה: If an animal fell from the roof and was able to walk afterward, it is kosher. One need not wait twenty-four hours before slaughtering it, and it requires no inspection afterward. This applies only if it walked normally for a distance of four cubits. If it limped due to the fall it requires inspection. In all such cases, since there is no received tradition for inspection nowadays, the animal is considered a *tereifa* (Rambam *Sefer Kedusha, Hilkhot Sheḥita* 9:9; *Shulḥan Arukh, Yoreh De'a* 58:6, and in the comment of Rema).

An offering of women – קׇרְבַּן נָשִׁים: In a case where consecrated animals of one type of offering became intermingled with other consecrated animals of the same type of offering, each should be sacrificed for the sake of whoever is its owner. This applies only in the case of offerings belonging to women, as there is no placing of hands upon these offerings. With regard to offerings of men, since each owner must place his hands upon the head of his offering, they are not sacrificed, as stated by Rav Yosef. There is a remedy in this case, as each owner can transfer his part to another of the owners, or they can wait until the animals develop a blemish, at which point they can sell them and each bring an offering of the value of the higher-quality animal (Rambam *Sefer Avoda, Hilkhot Pesulei HaMukdashin* 6:4).

BACKGROUND

Placing of hands on an offering – סְמִיכוּת: All animal offerings brought to the Temple by an individual require him to perform the act of placing hands, with the exceptions of the firstborn of a kosher animal, the Paschal offering, and an animal tithe offering. This is done by pressing both hands down with all one's strength between the horns on the head of the animal to be sacrificed, before it is slaughtered. Communal offerings do not require this ceremony, apart from the bull brought for an unwitting communal sin and the scapegoat on Yom Kippur. When performing this ritual for a sin offering, a guilt offering, or a voluntary burnt offering, the one bringing the offering also recites a confessional prayer. An offering that requires placing of hands is valid even if this act is not performed. As stated here, women are not obligated to perform the act of placing hands. According to some talmudic opinions they may perform a similar act if they so desire.

אֵיתִיבֵיהּ אַבָּיֵי: קׇרְבַּן יָחִיד שֶׁנִּתְעָרֵב בְּקׇרְבַּן יָחִיד, וְקׇרְבַּן צִיבּוּר שֶׁנִּתְעָרֵב בְּקׇרְבַּן צִיבּוּר, וְקׇרְבַּן יָחִיד וְקׇרְבַּן צִיבּוּר שֶׁנִּתְעָרְבוּ זֶה בָּזֶה – נוֹתֵן אַרְבַּע מַתָּנוֹת מִכׇּל אֶחָד וְאֶחָד, וְאִם נָתַן מַתָּנָה מִכׇּל אֶחָד – יָצָא, וְאִם נָתַן אַרְבַּע מִכּוּלָּן – יָצָא.

Abaye raised an objection to this from a *baraita* (*Tosefta* 8:22): With regard to **the offering of an individual that was intermingled with** another **offering of an individual, and** likewise **a communal offering that was intermingled with** another **communal offering, or the offering of an individual and a communal offering that were intermingled with each other,** the priest **places four placements**[N] of blood **from each and every one** of them[H] on the altar, and in this manner fulfills the obligation of the blood rites of all the offerings. **But if he placed** one **placement from each one,** he has **fulfilled** his obligation.[N] **And** likewise, **if he placed four** placements **from all of them** together, he has **fulfilled** his obligation.[N]

בַּמֶּה דְּבָרִים אֲמוּרִים – שֶׁנִּתְעָרְבוּ חַיִּין, אֲבָל נִתְעָרְבוּ שְׁחוּטִין – נוֹתֵן אַרְבַּע מַתָּנוֹת מִכּוּלָּן,

The *baraita* continues: **In what** case **is this statement,** that he places from the blood of each of the offerings *ab initio*, **said?** In a case **where** the offerings **were intermingled** when they were still **alive,** before they were sacrificed, and therefore the priest could perform four placements from the blood of each animal separately. **But** if **slaughtered** animals **were** then **intermingled,** i.e., their blood became mixed together in one container, the priest **places four placements from all of them** together, only one set of four.

וְאִם נָתַן מַתָּנָה אַחַת מִכּוּלָּן – יָצָא. רַבִּי אוֹמֵר: רוֹאִין אֶת הַמַּתָּנָה, אִם יֵשׁ בָּהּ כְּדֵי לָזֶה וּכְדֵי לָזֶה – כְּשֵׁרָה, וְאִם לָאו – פְּסוּלָה;

And in any case, **if he placed one placement from all of them,** he has **fulfilled** his obligation, as the blood of all these offerings is placed on the outer altar, and with regard to all of them one fulfills the obligation after the fact with a single placement. **Rabbi** Yehuda HaNasi **says: One assesses the** blood of the **placement** given from each animal; **if there is enough in** that blood for a placement of blood **for this** offering **and enough for that** one, it is **fit, but if not,** the offering is **disqualified.**

קָתָנֵי יָחִיד דּוּמְיָא דְּצִיבּוּר, מָה צִיבּוּר – גַּבְרֵי, אַף יָחִיד – גַּבְרֵי!

The Gemara explains the difficulty: This *baraita* indicates that if live offerings became intermingled, each is sacrificed for its owner, despite the fact that these offerings are owned by men and therefore require placing of the hands. It is evident that the *baraita* is referring to offerings of men, as it **teaches** the case of the offering of **an individual** adjacent to, and therefore **similar to,** the case of **a communal** offering: **Just as a communal** offering is sacrificed by **men, so too,** the offering of **an individual** that is being discussed here also belongs to **men.** This presents a difficulty to the explanation of Rav Yosef.

אָמַר רָבָא: וְתִסְבְּרָא, הָא מְתָרְצְתָּא הִיא? דְּקָתָנֵי: בַּמֶּה דְּבָרִים אֲמוּרִים – כְּשֶׁנִּתְעָרְבוּ חַיִּין, אֲבָל נִתְעָרְבוּ שְׁחוּטִין – לָא; מָה לִי חַיִּים מָה לִי שְׁחוּטִין?

Rava says: And can you understand the *baraita* in this manner? Is **this** *baraita* **accurate** as it stands? There is another difficulty with the *baraita*, **as it teaches: In what** case **is this statement said?** It is said in a case **where** these offerings **were intermingled** when they were still **alive. But** if **slaughtered** animals **were intermingled** it is **not** said. This is problematic, as **what** difference is it **to me** whether the animals are **alive** or **whether** they are **slaughtered?** This is not the decisive factor, as even if the animals were slaughtered, if the blood of each is in a separate vessel the priest should perform separate placements from the blood of each.

אֶלָּא הָכִי קָאָמַר: בַּמֶּה דְּבָרִים אֲמוּרִים – שֶׁנִּתְעָרְבוּ שְׁחוּטִין כְּעֵין חַיִּים, בְּכוֹסוֹת. אֲבָל בְּבוֹלֵל – נוֹתֵן אַרְבַּע מַתָּנוֹת לְכוּלָּן, וְאִם נָתַן מַתָּנָה אַחַת לְכוּלָּן – יָצָא.

Rava continues: **Rather, this** is what the *baraita* **is saying: In what** case **is this statement said?** It is said in a case **where** these offerings **were intermingled** after they were **slaughtered,** but they were **similar to living** animals, i.e., the blood of each animal was **in** separate **cups. But** in a situation **where** the blood of these animals was **mixed** together in a single cup, the priest **places four placements** of blood **from all of them. And if he placed one placement from all of them,** he has **fulfilled** his obligation. If so, this *baraita* has no bearing on the issue of offerings that became intermingled while they were still alive, as it deals exclusively with the blood of animals that have been slaughtered.

NOTES

The priest places four placements, etc. – נוֹתֵן אַרְבַּע מַתָּנוֹת וכו׳: According to the straightforward meaning of the *baraita*, this is referring to an individual sin offering and a communal sin offering that were intermingled, both of which require four presentations of blood upon the altar, and this is the explanation in a manuscript version of Rashi's commentary. In the standard Rashi commentary on the Gemara it is stated, in keeping with the unspecified term: Offering, that the *baraita* is referring even to other types of offerings, such as individual and communal burnt offerings, and the same *halakha* would apply in the case of individual and communal peace offerings, as they are both sheep. According to that interpretation, the four placements mentioned here are two that are four, i.e., placed on two opposing corners of the altar in such a manner that the blood spreads to all four sides. A similar case is discussed on 11b.

But if he placed one placement from each one he has fulfilled his obligation – וְאִם נָתַן מַתָּנָה מִכׇּל אֶחָד יָצָא: This is in accordance with the opinion of Beit Hillel (36b), which states that with regard to all offerings requiring four presentations *ab initio*, including sin offerings, if one placed a single placement he has fulfilled his obligation after the fact.

And if he placed four placements from all of them he has fulfilled his obligation – וְאִם נָתַן אַרְבַּע מִכּוּלָּן יָצָא: This statement is apparently superfluous, as it is already stated that if the priest placed one placement from each, the owner has fulfilled his obligation. The later commentaries note that it is evident from *Tosafot* and Rashi manuscript that their texts of the Gemara did not include the previous clause: And if he placed one placement from each one, he has fulfilled his obligation (*Ḥok Natan*; *Keren Ora*; see also *Shita Mekubbetzet*). The Netziv states that the printed versions of the Gemara mistakenly combine two versions of the text of the *baraita*. Others suggest that this last clause is teaching that even if the priest did not place the blood of each animal separately but mixed the blood of the two offerings together, the owner has fulfilled his obligation (Rashash; *Sefat Emet*).

HALAKHA

He places four placements from each and every one of them, etc. – נוֹתֵן אַרְבַּע מַתָּנוֹת מִכׇּל אֶחָד וְאֶחָד וכו׳: If the blood of two consecrated animals, both of which require four placements, became mixed together, the priest should place four placements from them, whether the blood itself became mixed or containers of blood were intermingled. This *halakha* is based on the mishna on 80a and the *baraita* here (Rambam *Sefer Avoda*, *Hilkhot Pesulei HaMukdashin* 2:11, and see *Or Same'aḥ* there).

רַבִּי אוֹמֵר: רוֹאִין אֶת הַמַּתָּנָה, אִם יֵשׁ בָּהּ כְּדֵי לָזֶה וּכְדֵי לָזֶה – כְּשֵׁרָה, וְאִם לָאו – פְּסוּלָה. וּמִי אִית לֵיהּ לְרַבִּי הַאי סְבָרָא? וְהָא תַּנְיָא, אָמַר רַבִּי: לְדִבְרֵי רַבִּי אֱלִיעֶזֶר,

§ The *baraita* cited teaches that **Rabbi** Yehuda HaNasi **says: One assesses the** blood of the **placement** given from each animal; **if there is enough in** that blood for a placement of blood **for this** offering **and enough for that** offering, it is **fit, but if not,** the offerings are **disqualified.** The Gemara asks: **And does Rabbi** Yehuda HaNasi **hold** in accordance with **this** line of **reasoning,** that there must be a minimum amount of blood placed from each offering? **But isn't it taught** in a *baraita* (*Tosefta, Para* 9:5) with regard to the water of purification into which water that is invalid for sprinkling fell that **Rabbi** Yehuda HaNasi **says: According to the statement of Rabbi Eliezer,**

הַזָּאָה כׇּל שֶׁהִיא מְטַהֶרֶת, הַזָּאָה אֵינָהּ צְרִיכָה שִׁיעוּר, הַזָּאָה מֶחֱצָה כָּשֵׁר וּמֶחֱצָה פָּסוּל!

a sprinkling of any amount[H] of the water of purification on someone rendered impure by impurity imparted by a corpse **purifies** him from his ritual impurity, as **sprinkling does not require** a minimum **measure** to purify him. Likewise, **a sprinkling** of water that is **half fit and half unfit** for sprinkling serves to purify the individual. Evidently, Rabbi Yehuda HaNasi maintains that no minimum amount is required for the sprinkling of the water of purification, and the same should apply to the sprinkling of blood on the altar.

לְדִבְרָיו דְּרַבִּי אֱלִיעֶזֶר קָאָמַר. וְאִיבָּעֵית אֵימָא: הַזָּאָה לְחוּד, וּנְתִינָה לְחוּד.

The Gemara answers that Rabbi Yehuda HaNasi **stated** his opinion **in accordance with the statement of Rabbi Eliezer,** but he himself does not agree with this opinion. **And if you wish, say** instead that **sprinkling** of water of purification **is discrete and placement** of blood on the altar **is discrete,**[N] i.e., these are two separate *halakhot* that have no bearing on each other.

"נִתְעָרְבוּ בִּבְכוֹר וּמַעֲשֵׂר" כו'. אָמַר רָמִי בַּר חָמָא: בְּכוֹר לְבֵית שַׁמַּאי אֵין מַאֲכִילִין לְנִדּוֹת, תְּמוּרָתוֹ מַהוּ?

§ The mishna teaches: In a case where sacrificial animals **were intermingled with a firstborn** offering **or with** an animal **tithe** offering, they shall graze until they become unfit for sacrifice and they shall both be eaten as a firstborn offering or as an animal tithe offering. This means that one may not sell them in the marketplace nor sell their meat by weight, so as not to degrade consecrated animals. **Rami bar Ḥama says:** With regard to **a firstborn** offering, **according to** the opinion of **Beit Shammai,** who hold (*Bekhorot* 33a) that even after a firstborn offering develops a blemish the priest may not eat it in a state of ritual impurity, and therefore **one may not feed** it **to menstruating women, what is** the *halakha* with regard to **its substitute?**[N] That is, if the owner of a firstborn animal stated with regard to a non-sacred animal in his possession: This animal is a substitute for the firstborn offering, is a menstruating woman permitted to eat that substitute after it develops a blemish?

HALAKHA

A sprinkling of any amount – הַזָּאָה כׇּל שֶׁהִיא: With regard to one who was rendered ritually impure through impurity imparted by a corpse, and the waters of purification were sprinkled on him, once any amount of the water touched him the sprinkling has been successfully performed; there is no minimum amount for sprinkling. The *halakha* is in accordance with the conclusion of the Gemara on 93a (Rambam *Sefer Tahara, Hilkhot Para Aduma* 12:1, and see *Kesef Mishne* there).

NOTES

Sprinkling is discrete and placement is discrete – הַזָּאָה לְחוּד וּנְתִינָה לְחוּד: In the case of the sprinkling of water of purification, it is necessary only for the water to touch the ritually impure person in order to purify him (see Rambam). By contrast, with regard to the placement of blood on the altar this is not sufficient, as the blood must be visible on the corners of the altar (Rashi; see *Tosafot* on 80b; see also Exodus 12:13).

What is the *halakha* with regard to its substitute – תְּמוּרָתוֹ מַהוּ: The *halakha* of substitution applies when one says that a non-sacred animal should be a substitute for an animal consecrated to the altar. Although it is prohibited by Torah law to effect this substitution and the original consecrated animal retains its sanctity, the previously non-sacred animal becomes consecrated as well. The substitute for a firstborn offering or an animal tithe offering, unlike other substitutes, may not be sacrificed on the altar (see 37b). Accordingly, Rami bar Ḥama suggests: Perhaps the sanctity of an offering never applies to the substitute for a firstborn offering in the first place, and if so, when it develops a blemish and it is permitted to eat it one may eat it in a state of ritual impurity, even according to the opinion of Beit Shammai (*Tosafot*).

Others explain that these inquiries of Rami bar Ḥama do not refer to a substitute for a firstborn offering that developed a blemish, as it is explicitly stated in a mishna that the *halakhot* of a firstborn offering apply to such an animal (*Temura* 21a). Rather, the reference is to a firstborn offering that already developed a blemish and is no longer fit to be sacrificed on the altar. If one substituted the animal at this stage, what is the *halakha* with regard to its substitute? This interpretation is supported by the *baraita* cited by Rava (see *Ḥiddushim UVeurim*).

בְּכוֹר אֵינוֹ נִפְדֶּה, תְּמוּרָתוֹ מַהוּ? בְּכוֹר אֵינוֹ נִשְׁקָל בְּלִיטְרָא, תְּמוּרָתוֹ מַהוּ? אָמַר רָבָא: תַּנְיָא, בְּכוֹר וּמַעֲשֵׂר מִשֶּׁהוּמְמוּ – עוֹשִׂין תְּמוּרָה, וּתְמוּרָתָן כַּיּוֹצֵא בָּהֶן.

Rami bar Ḥama further asks: **A firstborn** offering itself **may not be redeemed,**[H] even after it develops a blemish, but **what is** the *halakha* with regard to redeeming **its substitute?** He likewise inquired: **A firstborn** offering itself, even after it develops a blemish, **may not be weighed** and sold **by the *litra*,**[H] in the manner that non-sacred meat is sold. **What is** the *halakha* of **its substitute** in this regard? **Rava says** that an answer to these questions **is taught** in a *baraita*: With regard to **a firstborn** offering **or** an animal **tithe** offering, **from when they develop a blemish they** can be used to **render** another animal **a substitute,**[H] **and their substitute** has the same status **as them.**[N] Their substitutes have the same *halakhot* as they do.

בָּעֵי רָמִי בַּר חָמָא: הִתְפִּיס בְּכוֹר לְבֶדֶק הַבַּיִת, מַהוּ שֶׁיִּשְׁקוֹל בְּלִיטְרָא? רֶוַוח דְּהֶקְדֵּשׁ עָדִיף, אוֹ דִּלְמָא זִילוּתָא דִבְכוֹר עָדִיף?

Rami bar Ḥama raises a dilemma: If the priest who received a firstborn offering **dedicated** the **firstborn** offering **to the Temple maintenance,**[H] i.e., he vowed to give the value of the firstborn offering to the Temple, **what is** the *halakha* with regard to the matter **that he may weigh** its meat **by the *litra*?** The Gemara explains the dilemma: In this case, is consideration of **the profit of the Temple** treasury **preferable, or perhaps** avoidance of the **demeaning of the firstborn** offering is **preferable.** If the profit of the Temple treasury is preferable, the firstborn offering should be weighed in the normal manner so as to increase its price; a buyer will pay more for meat he is able to resell it afterward by exact weight. If avoidance of demeaning the firstborn offering is preferable, it should not be weighed by the *litra*, even though a loss to the Temple would result.

אָמַר רַבִּי יוֹסֵי בַּר זְבִידָא: תָּא שְׁמַע, נִתְעָרְבוּ בִּבְכוֹר וּבְמַעֲשֵׂר – יִרְעוּ עַד שֶׁיִּסְתָּאֲבוּ, וְיֵאָכְלוּ כִּבְכוֹר וּכְמַעֲשֵׂר; לָאו לְמֵימְרָא דְּאֵינוֹ נִשְׁקָל בְּלִיטְרָא?

Rabbi Yosei bar Zevida says: Come and **hear** a proof from the ruling of the mishna: In a case where sacrificial animals **were intermingled with a firstborn** offering **or with** an animal **tithe** offering, **they shall graze until they become unfit** for sacrifice **and they shall** both **be eaten as a firstborn** offering **or as** an animal **tithe** offering. Is this **not** meaning **to say that** the sacrificial animal that became intermingled with a firstborn offering **is** also **not weighed by the *litra*,** despite the fact that this causes a slight loss to the Temple?

רַב הוּנָא וְרַבִּי חִזְקִיָּה תַּלְמִידֵי רַבִּי יִרְמְיָה אָמְרִי: מִי דָּמֵי? הָתָם – שְׁתֵּי קְדוּשּׁוֹת וּשְׁנֵי גוּפִין, הָכָא – שְׁתֵּי קְדוּשּׁוֹת וְגוּף אֶחָד!

Rav Huna and Rabbi Ḥizkiyya, the **students of Rabbi Yirmeya, say: Are** these cases **comparable? There,** the mishna is referring to **two** separate **sanctities,** the sanctity of a firstborn offering and that of another offering, **and two** separate **bodies,** i.e., two different animals, and in such a case one may not degrade the sanctity of the firstborn due to the other animal with which it is intermingled. Conversely, **here,** with regard to one who vows to give the value of a firstborn to the Temple, there are **two sanctities,** a firstborn offering and the Temple maintenance, **but** they are both found in **one body.** In this case, as the sanctity of the Temple maintenance itself is in the firstborn offering, it may be weighed by the *litra*, because of the profit the Temple will gain.

מַתְקִיף לַהּ רַבִּי יוֹסֵי בַּר אָבִין: מָה אִילּוּ אָמַר "הִפְדּוּ לִי בְּכוֹר" שֶׁהִתְפִּיסוֹ לְבֶדֶק הַבַּיִת, כְּלוּם שׁוֹמְעִין לוֹ? "הִפְדּוּ"?! רַחֲמָנָא אָמַר: "לֹא תִפְדֶּה"!

Rav Yosei bar Avin objects to this: What would be the *halakha* **if one says: Redeem for me,** i.e., I wish to redeem, **a firstborn** offering **that he** had previously **dedicated** as the object of his vow **to the Temple maintenance? Does** the court **listen to him?** His request is certainly not granted, as by Torah law a firstborn offering may not be redeemed. Similarly, the fact that he dedicated the value of the firstborn offering to the Temple should not negate the prohibition of weighing it by the *litra*. The Gemara questions this comparison: One cannot raise a difficulty from a case where someone says: **Redeem** the firstborn offering for me, as **the Merciful One states** with regard to a firstborn offering: "But the firstborn of a bull, or the firstborn of a sheep, or the firstborn of a goat, **you shall not redeem;** they are sacred" (Numbers 18:17). But the weighing of the offering by the *litra* is not prohibited by Torah law.

אֶלָּא אָמַר רַבִּי אַמִי: כְּלוּם הִקְנָה זֶה אֶלָּא מַה שֶּׁקָּנוּ לוֹ.

Rather, the Gemara suggests a different resolution of Rami bar Ḥama's dilemma: **Rabbi Ami says: Can this** priest **transfer** to the Temple maintenance anything **other than that which was transferred to him?** In other words, just as the priest who took the vow may not weigh the firstborn by the *litra* and gain a profit, the same applies to the Temple treasury, the recipient of his vow.

HALAKHA

A firstborn offering itself may not be redeemed – בְּכוֹר אֵינוֹ נִפְדֶּה: A woman's firstborn son and the firstborn of a non-kosher animal are redeemed. By contrast, the firstborn of a kosher animal is not redeemed (Rambam *Sefer Korbanot, Hilkhot Bekhorot* 1:2).

May not be weighed and sold by the *litra* – אֵינוֹ נִשְׁקָל בְּלִיטְרָא: All consecrated animals that have been disqualified from the altar may be redeemed in the butchers' market, and their meat may be weighed by the *litra*, like that of non-sacred animals. The reason is that their sale in this manner increases the value of their redemption, which brings additional income to the Temple treasury. By contrast, in the case of a firstborn offering or animal tithe offering that developed a blemish, since the proceeds from their sale goes to their owners, they may not be sold in the butchers' market nor weighed by the *litra* (Rambam *Sefer Avoda, Hilkhot Issurei Mizbe'aḥ* 1:12; *Shulḥan Arukh, Yoreh De'a* 306:7).

From when they develop a blemish they can be used to render another animal a substitute, etc. – מִשֶּׁהוּמְמוּ עוֹשִׂין תְּמוּרָה וכו׳: The substitute for a firstborn offering belongs to the priests, while the substitute for an animal tithe offering belongs to its owner. Just as one may not redeem a firstborn offering or animal tithe offering that developed a blemish, so too one may not redeem their substitutes, as stated in the *baraita* (Rambam *Sefer Korbanot, Hilkhot Temura* 3:2).

If the priest dedicated a firstborn offering to the Temple maintenance – הִתְפִּיס בְּכוֹר לְבֶדֶק הַבַּיִת: Even if a priest took a vow to give the value of a firstborn offering to the Temple maintenance, it may not be sold in the butchers' market nor weighed by the *litra*. The reason is that one can vow to give only that which he has acquired, and the priest did not acquire the right to use the animal in this manner, as stated by Rabbi Ami (Rambam *Sefer Avoda, Hilkhot Issurei Mizbe'aḥ* 1:12).

NOTES

And their substitute has the same status as them – וּתְמוּרָתָן כַּיּוֹצֵא בָּהֶן: According to the straightforward meaning of the text, this is referring to the substitute for a firstborn offering and an animal tithe offering that developed a blemish, which suits the interpretation that Rami bar Ḥama was inquiring about the *halakha* of a substitute for an offering that had already developed a blemish. By contrast, according to most commentaries, this clause is referring to the substitute for an unblemished firstborn offering or an animal tithe offering. In other words, the *baraita* is stating two *halakhot* with regard to unblemished firstborn offerings and animal tithe offerings: First, that even if they developed a blemish one can effect a substitution, and second, that the *halakhot* of a firstborn offering or animal tithe offering apply to the substitute for unblemished offerings of these types (see *Ḥok Natan* and *Sefat Emet*).

"הַכֹּל יְכוֹלִין לְהִתְעָרֵב" כו׳. מַאי שְׁנָא חַטָּאת וְאָשָׁם – דְּהַאי זָכָר וְהַאי נְקֵבָה,

§ The mishna teaches: All offerings **can become** indistinguishably **intermingled** with each other, except for a sin offering and a guilt offering. The Gemara asks: **What is different** about a **sin offering and a guilt offering,** that they cannot become intermingled? Is the reason **that this,** a guilt offering, is always **a male, and that,** a sin offering, is always **a female?**

חַטָּאת וְעוֹלָה נַמִי! אִיכָּא שְׂעִיר נָשִׂיא. הַאי שֵׂיעָר וְהַאי צֶמֶר.

The Gemara questions this explanation: **A sin offering and a burnt offering** are **also** like this, as a sin offering is always female while a burnt offering is always male. The Gemara answers that although the standard sin offering is always female, **there is** the **goat** of the ***Nasi*****,** which is a male sin offering, and therefore it can become intermingled with a male goat burnt offering. And as to the statement of the mishna that a sin offering cannot become intermingled with a guilt offering despite the male sin offering of the *Nasi*, that is because **this** goat has straight **hair and that** guilt offering comes only from sheep or rams, which have **wool,**[N] and the wool is curly.

פֶּסַח וְאָשָׁם נַמִי לָא מִיעָרֵב, הַאי בֶּן שָׁנָה וְהַאי בֶּן שְׁתֵּי שָׁנִים! אִיכָּא אֲשַׁם נָזִיר וַאֲשַׁם מְצוֹרָע. וְאִיבָּעֵית אֵימָא: אִיכָּא בֶּן שָׁנָה דְּמֶיחֱזֵי כְּבֶן שְׁתֵּי שָׁנִים, וְאִיכָּא בֶּן שְׁתַּיִם דְּמֶיחֱזֵי כְּבֶן שָׁנָה.

The Gemara raises a difficulty: **A Paschal offering and a guilt offering also cannot become intermingled,** as **this** Paschal offering is **in its first year, and that** guilt offering is **in its second year.** The Gemara answers that **there is the guilt offering of a nazirite and the guilt offering of a leper,** which must be in their first year. **And if you wish, say** instead that an animal in its first year can become intermingled with an animal in its second year, as **there is** an animal **in its first year that looks like** an animal **in its second year, and** likewise **there is** an animal **in its second year that looks like** an animal **in its first year.**

מתני׳ אָשָׁם שֶׁנִּתְעָרֵב בִּשְׁלָמִים, רַבִּי שִׁמְעוֹן אוֹמֵר: שְׁנֵיהֶם יִשָּׁחֲטוּ בַּצָּפוֹן, וְיֵאָכְלוּ כֶּחָמוּר שֶׁבָּהֶן.

MISHNA In the case of **a guilt offering that was intermingled with a peace offering,**[H] **Rabbi Shimon says: Both of them should be slaughtered in the north** of the Temple courtyard, as a guilt offering must be slaughtered in the north while a peace offering may be slaughtered anywhere in the courtyard. **And** they both **must be eaten in accordance with** the *halakha* of **the** more **stringent of them,** i.e., the guilt offering, with the following *halakhot*: They may be eaten only in the courtyard rather than throughout Jerusalem; by male priests and not by any ritually pure Jew; and on the day they were sacrificed and the following night, and not on the day they were sacrificed, the following day, and the intervening night.

אָמְרוּ לוֹ: אֵין מְבִיאִין קָדָשִׁים לְבֵית הַפְּסוּל.

The Rabbis **said to** Rabbi Shimon: One may not limit the time of the consumption of an offering, as **one may not bring sacrificial** animals **to the status of unfitness.** According to Rabbi Shimon's opinion, the peace offering becomes leftover, *notar*, the morning after it is sacrificed, and not at the end of that day, as is the *halakha* concerning peace offerings. Rather, the owner shall wait until these animals become blemished, redeem them, and bring an offering of each type that is worth the monetary value of the higher-quality animal among them.

NOTES

This has straight hair and that has wool – הַאי שֵׂיעָר וְהַאי צֶמֶר: Some commentaries explain that the main difference is the color of the hair, as goat hair is black whereas the hair of sheep is white (*Tosafot* on *Menahot* 3a).

HALAKHA

A guilt offering that was intermingled with a peace offering – אָשָׁם שֶׁנִּתְעָרֵב בִּשְׁלָמִים: In the case of a guilt offering that was intermingled with a peace offering, although one sacrifices only certain portions from them both, while the rest of their meat is eaten, in a case of intermingling they may not be sacrificed. Rather, they shall graze until they develop a blemish and the owner shall bring each type of offering of the monetary value of the higher-quality animal among them (Rambam *Sefer Avoda*, *Hilkhot Pesulei HaMukdashin* 6:15).

נִתְעָרְבוּ חֲתִיכוֹת בַּחֲתִיכוֹת, קׇדְשֵׁי קֳדָשִׁים בְּקָדָשִׁים קַלִּים, הַנֶּאֱכָלִין לְיוֹם אֶחָד בַּנֶּאֱכָלִין לִשְׁנֵי יָמִים וְלַיְלָה – יֵאָכְלוּ כְּחָמוּר שֶׁבָּהֶן.

The mishna adds: Even according to the opinion of the Rabbis, if **pieces** of the meat of one offering **were intermingled with pieces** of the meat of another offering,[H] e.g., meat from **offerings of the most sacred order with** meat from **offerings of lesser sanctity;** or if pieces of meat from offerings **eaten for one day** and the following night were intermingled **with** pieces of meat from offerings **eaten for two days and** one **night,** since in that case the remedy with regard to offerings that were intermingled cannot be implemented, they both **must be eaten in accordance with** the *halakha* of **the** more **stringent of them.**

גמ׳ תָּנֵי תַּנָּא קַמֵּיהּ דְּרַב: שְׁבִיעִית אֵין לוֹקְחִין בְּדָמֶיהָ תְּרוּמָה, מִפְּנֵי שֶׁמְּמַעֲטִין בַּאֲכִילָתָהּ.

GEMARA In connection to the principle cited by the Rabbis in the mishna that one may not bring consecrated animals to the status of unfitness, **a *tanna* taught** a *baraita* (*Tosefta, Shevi'it* 6:29) **before Rav:** With regard to produce of the **Sabbatical Year,**[B] **one may not purchase** produce of ***teruma*** from a previous year **with its money,** i.e., money received in its sale, **because** one thereby **reduces the** time of **eating** the *teruma*. The produce of the Sabbatical Year may be eaten only until the time of the removal of that type of produce from the field, whereas *teruma* may be consumed at any time.

אַמְרוּהָ רַבָּנַן קַמֵּיהּ (דְּרָבָא) [דְּרַבָּה]: הָא דְּלָא כְּרַבִּי שִׁמְעוֹן, דְּאִי כְּרַבִּי שִׁמְעוֹן – הָאָמַר: מְבִיאִין קָדָשִׁים לְבֵית הַפְּסוּל.

The Sages said this *baraita* **before Rabba,** and they explained that **this** *baraita* **is not in accordance with** the opinion of **Rabbi Shimon** in the mishna. Their reasoning was **that if** you would say it is **in accordance with** the opinion of **Rabbi Shimon, doesn't he say,** as can be inferred from the mishna, that **one may bring sacrificial** animals **to the status of unfitness?** Similarly, one can limit the time allowed for the consumption of the Sabbatical Year produce.

אֲמַר לְהוּ: אֲפִילּוּ תֵּימְרוּ רַבִּי שִׁמְעוֹן, הָנֵי מִילֵּי – דְּאִיעֲבַד, לְכַתְחִילָּה – לָא. וּלְכַתְחִילָּה לָא? אֵיתִיבֵיהּ אַבַּיֵי:

Rabba **said to them: You** may **even say** that the *baraita* is in accordance with the opinion of **Rabbi Shimon. That statement,** that one may bring sacrificial animals to the status of unfitness, applies only in a case that is **after the fact,** as in the mishna, where offerings became intermingled. Rabbi Shimon did **not** permit one to bring sacrificial animals to the status of unfitness ***ab initio***. The Gemara asks: **And** does Rabbi Shimon **not** permit one to bring sacrificial animals to the status of unfitness ***ab initio*? Abaye raised an objection to** Rabba from a mishna that discusses the manner of eating the meat of offerings (90b):

HALAKHA

If pieces of one offering were intermingled with pieces of another offering – נִתְעָרְבוּ חֲתִיכוֹת בַּחֲתִיכוֹת: If pieces of an offering of the most sacred order became intermingled with pieces of an offering of lesser sanctity, and similarly if pieces of flesh from offerings eaten for one day were intermingled with pieces from offerings eaten for two days and one night, they both must be eaten in accordance with the *halakha* of the more stringent among them (Rambam *Sefer Avoda, Hilkhot Pesulei HaMukdashin* 6:22).

BACKGROUND

Sabbatical Year – שְׁבִיעִית: The Sabbatical Year is the last year in the seven-year Sabbatical cycle. The first such cycle began after the conquest of Eretz Yisrael by Joshua. The *halakhot* of the Sabbatical Year are based on Torah law (Leviticus 25:1–7), but most authorities maintain that the conditions requiring observance of the mitzva by Torah law are not in effect at this time, and therefore present-day observance is by rabbinic law.

The Hebrew term for the Sabbatical Year, *shemitta*, means abandonment or release. During the Sabbatical Year, all agricultural land must lie fallow. It is prohibited to work the land except for what is necessary to keep existing crops alive. All produce that does grow is ownerless and must be left unguarded in the fields so that any person or animal can have ready access to it. As long as produce of a certain type can still be found in the fields, that type of produce may be consumed, although it may not be purchased and sold in the normal manner or used for purposes other than food. After the last remnants of a crop have been removed from the field, the harvested parts of that crop may no longer be consumed.

Perek **VIII**
Daf **76** Amud **a**

וְכוּלָּן רַשָּׁאִין כֹּהֲנִים לְשַׁנּוֹת בַּאֲכִילָתָן, לְאׇכְלָן צְלוּיִין שְׁלוּקִין וּמְבוּשָּׁלִין, וְלָתֵת לְתוֹכָן תִּבְלֵי חוּלִּין וְתִבְלֵי תְרוּמָה, דִּבְרֵי רַבִּי יִשְׁמָעֵאל! אֲמַר לֵיהּ: הַנַּח לִתְרוּמַת תַּבְלִין, דְּרַבָּנַן.

And with regard to **all of** the offerings that are eaten, the **priests are permitted to alter** the manner **of their consumption**[H] and eat them as they choose. Therefore, the priests are permitted **to eat them roasted, boiled, or cooked, and** they are likewise permitted **to place non-sacred spices or *teruma* spices in** the cooking pot. This is **the statement of Rabbi Yishmael.**[N] This indicates that it is permitted to spice offerings with *teruma* spices *ab initio*, despite the fact that this reduces the time available to eat the *teruma*. Rabba **said to** Abaye: **Set aside** the *halakha* of ***teruma* of spices,** as this *teruma* applies **by rabbinic law,**[N] not by Torah law.

HALAKHA

The priests are permitted to alter the manner of their consumption, etc. – רַשָּׁאִין כֹּהֲנִים לְשַׁנּוֹת בַּאֲכִילָתָן וכו׳: It is permitted to consume the meat of offerings with any food. Even priests may eat their portions, whether of offerings of lesser sanctity or offerings of the most sacred order, with any other foods. They may eat them roasted, or boiled, or cooked, and place non-sacred spices in the cooking pot. Nevertheless, they may not place *teruma* spices in the pot, so that they should not bring the *teruma* to the status of unfitness. This ruling of the Rambam is in accordance with the opinion of Rabbi Meir, who disagrees with Rabbi Shimon in the mishna on 90b. The ruling is based on the Gemara here. Some claim that the Rambam rules in this manner because in his opinion the *teruma* of spices applies by Torah law (Rambam *Sefer Avoda, Hilkhot Ma'aseh HaKorbanot* 10:10, and see Radbaz and *Mishne LaMelekh* there).

NOTES

This is the statement of Rabbi Yishmael – דִּבְרֵי רַבִּי יִשְׁמָעֵאל: The text of the mishna on 90b reads: Rabbi Shimon, which fits in with the discussion here, as Abaye's objection deals with the opinion of Rabbi Shimon. The manuscript versions of the Gemara omit all mention of the name of the *tanna*, which avoids any difficulty.

Set aside the *halakha* of *teruma* of spices as this *teruma* applies by rabbinic law – הַנַּח לִתְרוּמַת תַּבְלִין דְּרַבָּנַן: As indicated in several places in the Talmud, one is obligated to separate *teruma* by Torah law only from grain, wine, and oil (see also Numbers 18:12). This excludes other types of produce, and some say it even excludes grapes and olives as fruit. If so, the *teruma* of spices applies by rabbinic law, as claimed by Rav Yosef here. Others cite in this regard the opening mishna in tractate *Ma'asrot*, which states that anything that is food for people and is safeguarded is considered like grain, wine, and oil for the purposes of this *halakha* (Rambam). Accordingly, some maintain that in the opinion of the Rambam the obligation of *teruma* applies by Torah law to spices that are food for people and safeguarded as human food. See Radbaz on Rambam *Sefer Zera'im, Hilkhot Terumot* 2:3.

איתיביה: אין לוקחין תרומה בכסף מעשר, מפני שממעט באכילתה, ורבי שמעון מתיר! אישתיק ליה.

Abaye **raised an objection to** Rabba from a mishna (*Ma'aser Sheni* 3:2): **One may not purchase** ***teruma*** **with second tithe money,**[H] **because** he thereby **limits** the circumstances **for the eating of** the *teruma*. *Teruma* may be eaten in any place and even by an acute mourner, i.e., one whose relative died that same day and has not yet been buried, whereas second tithe and food purchased with second tithe money must be eaten in Jerusalem and is prohibited to an acute mourner. **And Rabbi Shimon permits** one to purchase *teruma* with second tithe money. This indicates that Rabbi Shimon allows one to bring *teruma* to the status of unfitness. Rabba **was silent** in response **to his** statement, and did not answer Abaye.

כי אתא לקמיה דרב יוסף, אמר ליה: אמאי לא תותביה מהא: אין מבשלין ירק של שביעית בשמן של תרומה, שלא יביאו קדשים לבית הפסול, ורבי שמעון מתיר!

When Abaye **came before Rav Yosef** and told him of his discussion with Rabba, Rav Yosef **said to him: Why didn't you raise an objection to** Rabba **from this** mishna (*Shevi'it* 8:7): **One may not cook vegetables of** the **Sabbatical** Year **in** ***teruma*** **oil,**[H] **so that one does not bring consecrated** food, *teruma*, **to the status of unfitness,** as the *teruma* oil would have to be eaten before the time of the removal of the Sabbatical Year produce; **and Rabbi Shimon permits** one to cook in this manner. Evidently, Rabbi Shimon allows one to bring *teruma* to the status of unfitness *ab initio*.

אמר ליה אביי: ולאו מי אותביתיה מהא דתבלין, ואמר לי: הנח לתרומת תבלין, דרבנן – הכא נמי (תרומה) תרומת ירק דרבנן. אי הכי, איפכא מיבעיא ליה למיתני: ירק של תרומה בשמן של שביעית!

Abaye said to Rav Yosef: **And didn't I raise an objection to** Rabba **from that** mishna discussing the *halakha* **of** ***teruma*** **spices, and he said to me: Disregard** the *halakha* of **teruma of spices,** as this *teruma* applies **by rabbinic law. Here too,** with regard to vegetables of the Sabbatical Year, he could likewise say that this ***teruma*** oil is not olive oil, but oil that is ***teruma*** **of vegetables,**[H] which applies **by rabbinic law.** Rav Yosef replied: **If so,** that this mishna is referring to vegetable oil of *teruma*, **it should teach the opposite** case, that one may not cook **vegetables of** ***teruma*** **in oil of** the **Sabbatical** Year. Since the *tanna* specifies *teruma* oil, he must certainly be speaking of *teruma* by Torah law, i.e., olive oil.

ולאו מי אותביתיה ממתניתין דמתיר רבי שמעון, ואמר לי דאיערב – הכא נמי דאיערב.

Abaye then said to Rav Yosef: **And didn't I raise an objection to** Rabba **from the mishna,** in which **Rabbi Shimon permits** one to bring sacrificial animals to the status of unfitness, **and** Rabba **said to me that** Rabbi Shimon's ruling applies only after the fact, when the guilt offering and peace offering **have become intermingled? Here too,** he would say **that** this ruling is after the fact, that when the *teruma* oil and the vegetables of the Sabbatical Year **have become intermingled** one may then cook them together, but he does not permit one to cook them together *ab initio*.

אי דאיערב, מאי טעמייהו דרבנן? מידי דהוה אאשם ושלמים.

The Gemara asks: **If** this *halakha* is referring to a case **where** the foods **have** already **become intermingled, what is the reason of the Rabbis** for prohibiting one to cook them together? The Gemara answers: This is **just as it is** in the case of the mishna **with regard to a guilt offering and a peace offering** that became intermingled, that even after the offerings are intermingled, one may not bring the flesh of the peace offering to the status of unfitness.

מי דמי? התם – אית ליה תקנתא ברעייה, הא – לית ליה תקנתא ברעייה!

The Gemara raises a difficulty: **Are** these two cases **comparable? There,** with regard to the offerings, the situation **has a remedy by** having the offerings **graze** until they develop a blemish, at which point the owner brings each offering of each type with the monetary value of the higher-quality animal. By contrast, in **this** case of *teruma* oil mixed with vegetables of the Sabbatical Year, the situation **has no remedy** similar to that **of** having the offerings **graze,** and therefore if the Rabbis prohibited the mixture the *teruma* would go to waste.

הא לא דמי אלא לחתיכה שבחתיכות, כיון דלית תקנתא – דאוכל כחמור שבהן!

If one wishes to compare this case of oil and vegetables to an intermingling of sacrificial animals, **this is comparable only to** the other *halakha* of the mishna, which addresses **a piece** of the flesh of an offering of the most sacred order **that** was intermingled **with pieces**[N] of the flesh of offerings of lesser sanctity. Here the Rabbis concede that **since there is no remedy** for the intermingled pieces, the *halakha* is **that** they both **must be eaten in accordance with** the *halakha* of **the** more **stringent among them,** but they are not prohibited.

HALAKHA

One may not purchase *teruma* with second tithe money – אין לוקחין תרומה בכסף מעשר: It is prohibited to purchase *teruma* with second tithe money, as one thereby limits the consumption of both: *Teruma* may be eaten only by ritually pure priests and their families, but is permitted to an acute mourner and may be eaten anywhere. By contrast, second tithe is permitted to non-priests and one who immersed himself that day, but is prohibited to an acute mourner and may be eaten only in Jerusalem. This *halakha* is in accordance with the mishna, as explained by the Jerusalem Talmud (Rambam *Sefer Zera'im, Hilkhot Ma'aser Sheni* 7:11, and see *Kesef Mishne* there).

Vegetables of the Sabbatical Year in *teruma* oil – ירק של שביעית בשמן של תרומה: One may not cook vegetables of the Sabbatical Year in *teruma* oil, so that he should not bring it to the status of unfitness. The *halakha* is in accordance with the opinion of the Rabbis. It is permitted to cook a small amount of food and then eat it immediately, as this does not allow the oil to reach the status of unfitness, as indicated by the Jerusalem Talmud (Rambam *Sefer Zera'im, Hilkhot Shemitta VeYovel* 5:4).

Teruma of vegetables – תרומת ירק: Even though vegetables are food for people, there is no obligation to separate tithes or *teruma* from them by Torah law (Rambam *Sefer Zera'im, Hilkhot Terumot* 2:6).

NOTES

This is comparable only to a piece that was intermingled with pieces – הא לא דמי אלא לחתיכה שבחתיכות: This claim presents a difficulty to Rabba: Since there is no remedy for a mixture of vegetables of the Sabbatical Year and *teruma* oil, the Rabbis would not have prohibited it. Rather, the case evidently is referring to vegetables and oil that have not yet been intermingled, and the fact that Rabbi Shimon permits one to cook them indicates that he allows one to bring consecrated items, in this case the *teruma*, to the status of unfitness.

מַתְקִיף לַהּ רָבִינָא: מִי דָּמֵי חֲתִיכָה שֶׁבַּחֲתִיכוֹת – לֵית לַהּ תַּקַּנְתָּא כְּלָל, הַאי – אִית לֵיהּ תַּקַּנְתָּא בִּסְחִיטָה!

Ravina objects to this comparison: **Are** these cases **comparable?** In the case of the **piece** of sacrificial flesh **that** is intermingled **with** the other **pieces, it has no remedy at all,** whereas **this** case of *teruma* oil **has a remedy through squeezing** the oil from the vegetables. If so, this case of vegetables is in fact comparable to that of an intermingling of a guilt offering and peace offering, which also have a means of remedy, and for this reason the Rabbis prohibited the mixture.

וְרַב יוֹסֵף: הֵיכִי נִסְחוֹט? נִסְחוֹט טוּבָא – קָא מַפְסִיד בִּשְׁבִיעִית, נִסְחוֹט פּוּרְתָּא – סוֹף סוֹף אִיעֲרוּבֵי מִיעֲרַב.

The Gemara asks: **And** how would **Rav Yosef** respond to the claim that the Rabbis prohibit this mixture after the fact because there is a remedy available through squeezing it? The Gemara explains that Rav Yosef would respond that squeezing is not in fact a remedy, as **how can one squeeze** it? If **one squeezes** the vegetables **a lot,** he thereby **causes a loss of Sabbatical** Year produce;[N] if **one squeezes** the vegetables **a little, ultimately** the *teruma* oil and vegetables of the Sabbatical Year **will** still **be intermingled,** as this squeezing will be ineffective. If so, Rav Yosef's contention that in this case the Rabbis would not have prohibited cooking vegetables of the Sabbatical Year in *teruma* oil remains valid. Consequently, this must be referring to a case where the vegetables and oil have not yet become mixed, which means that this case does prove that Rabbi Shimon permits one to bring sacrificial animals to the status of unfitness *ab initio*, not only after the fact, as claimed by Rabba.

אֵיתִיבֵיהּ: רַבִּי שִׁמְעוֹן אוֹמֵר: לְמָחֳרַת מֵבִיא אֲשָׁמוֹ וְלוּגּוֹ עִמּוֹ, וְאוֹמֵר: אִם שֶׁל מְצוֹרָע – הֲרֵי זֶה אֲשָׁמוֹ וְזֶה לוּגּוֹ,

Rav Yosef **raised an objection to** the opinion of Rabba from a *baraita* (*Tosefta, Nazir* 6:1): How should one whose status as a confirmed leper has not been determined bring his guilt offering and *log* of oil on the eighth day of his purification? **Rabbi Shimon says: On the following day,** after his seven days of purification, **he brings his guilt offering and his *log***[HB] of oil **with it, and says** the following stipulation: **If this** offering is one **of a leper,** i.e., if I am a confirmed leper, **this is his,** i.e., my, **guilt offering and that is his *log*** of oil.

NOTES

He thereby causes a loss of Sabbatical Year produce – קָא מַפְסִיד בִּשְׁבִיעִית: With regard to the produce of the Sabbatical Year the verse states: "And the Sabbath produce of the land shall be for you to eat" (Leviticus 25:6), from which it is inferred: To eat, but not to destroy. Excessive squeezing of the vegetables will invariably render some of them unfit for consumption.

HALAKHA

On the following day he brings his guilt offering and his *log* – לְמָחֳרַת מֵבִיא אֲשָׁמוֹ וְלוּגּוֹ: With regard to one whose status as an impure nazirite or impure leper is uncertain, when he shaves due to this uncertainty, although he brings a burnt offering and sin offering he does not bring a guilt offering. The reason is that a guilt offering is not indispensable for his shaving of impure naziriteship or for his shaving of leprosy. The *halakha* is not in accordance with the opinion of Rabbi Shimon here but in accordance with the opinion of the Rabbis who disagree with him and maintain that one may not bring a guilt offering and issue a stipulation with regard to it, as one may not bring consecrated items to the status of unfitness (Rambam *Sefer Hafla'a, Hilkhot Nezirut* 10:7, and see Ra'avad and *Migdal Oz* there).

BACKGROUND

Log – לוֹג: A *log* is the basic liquid measure used by the Sages. It is equivalent to the volume of six eggs, one-quarter of a *kav*, or one twenty-fourth of a *se'a*. A range of modern opinions estimate the volume of a *kav* at between 300 ml and 600 ml.

Perek **VIII**
Daf **76** Amud **b**

וְאִם לָאו – אָשָׁם זֶה שֶׁל שְׁלָמֵי נְדָבָה. וְאוֹתוֹ אָשָׁם טָעוּן שְׁחִיטָה בַּצָּפוֹן, וּמַתַּן בְּהוֹנוֹת, וּסְמִיכָה, וּנְסָכִים, וּתְנוּפַת חָזֶה וָשׁוֹק,

And if he is **not** a leper, **this** animal that is brought for **a guilt offering** shall be **a voluntary peace offering,** because their sacrificial rites are equivalent. **And that** uncertain **guilt offering requires slaughter in the north** of the Temple courtyard as a guilt offering, **and placement** of the blood on the right **thumb** and **big toe** and right ear of the leper, as described in Leviticus 14:14, **and** it requires **placing hands** on the head of the animal, **and** the accompanying wine **libations**[N] **and waving of** the **breast and thigh** like a peace offering.

וְנֶאֱכָל לְיוֹם וָלַיְלָה! תִּקּוּנֵי גַּבְרָא שָׁאנֵי.

And lastly, **it is eaten** by males of the priesthood **on the day** it is sacrificed **and** the following **night,** in the Temple courtyard, like a guilt offering, not for two days and one night in the manner of a peace offering. This indicates that Rabbi Shimon permits one to bring sacrificial animals to the status of unfitness even *ab initio*, not only when the animals became intermingled. The Gemara answers that **the remedy of a man is different** from the case discussed by Rabba. Since this person has no way of purifying himself from his leprosy other than by bringing the offering, the concern of reducing the time available for its consumption is disregarded.

NOTES

It requires placing hands and the accompanying libations – סְמִיכָה וּנְסָכִים: Both the lamb of the peace offering and the lamb of the guilt offering require libations, i.e., the meal offering accompanied by libations, which is a tenth of an ephah of fine flour for a meal offering mixed with three *log* of oil and three *log* of wine (see Leviticus 14:10 and Numbers 15:4–5). As for placing hands, some maintain that the guilt offering of a leper does not require placing of the hands by Torah law (33b; see *Tosafot*). According to this opinion, placing hands is necessary here only due to the possibility that this lamb might be a peace offering. In any case, he merely touches the offering in order to fulfill the basic requirement of the placing of hands (*Tosafot*).

הָתֵינַח אָשָׁם, לוֹג מַאי אִיכָּא לְמֵימַר? דְּאָמַר: לוֹג זֶה יְהֵא נְדָבָה. וְדִילְמָא לָאו מְצוֹרָע הוּא, וּבָעֵי מִקְמָץ! דְּמִקְמִיץ.

The Gemara asks a question with regard to the resolution suggested by Rabbi Shimon of bringing the offerings and stating a stipulation. This **works out well** with regard to the **guilt offering,** but with regard to the ***log*** of oil **what can be said?**[N] A *log* of oil does not accompany a peace offering. The Gemara explains **that** the individual bringing the offering **says:** If I am not a leper, then **this *log* shall be a gift** to the Temple, as one can dedicate oil to the Temple. The Gemara questions this resolution: **But perhaps he is not** in fact **a leper, and** if so, it is **required** that a priest **remove a handful** of the donated oil and sacrifice a handful of it on the altar before the rest of the oil may be consumed by the priests, as is the *halakha* with regard to oil brought as an offering. The Gemara explains that this is referring to a case **where** the priest already **removed a handful.**

וְדִילְמָא מְצוֹרָע הוּא, וּבָעֵי מַתַּן שֶׁבַע! דְּיָהֵיב.

The Gemara further questions: **But perhaps he is** in fact **a leper, and he requires the placement of seven** sprinklings of oil before the Lord (see Leviticus 14:15–16). The Gemara answers **that** the priest does **place** these sprinklings.

וְהָא חֲסַר לֵיהּ! דְּמַיְיתֵי פּוּרְתָּא וּמַלֵּי לֵיהּ, דִּתְנַן: חָסַר הַלּוֹג עַד שֶׁלֹּא יָצַק – יְמַלְּאֶנּוּ.

The Gemara raises a difficulty: How can the priest sprinkle the oil? **But it is lacking,** as a handful has been removed from the oil, and one sprinkles only from a whole *log*. The Gemara explains **that** after the handful is removed the priest **brings a little** more oil to the container **and fills it** up to a *log*. This is **as we learned** in a mishna (*Nega'im* 14:10): In a case where **the *log* lacked**[H] a full measure, then **if** it became lacking **before** the priest **poured** from it into his palm in order to place it on the right thumb and big toe of the leper, **he shall fill it.**

וְהָא בָּעֵי הַקְטָרָה! דְּאַקְטַר לֵיהּ.

The Gemara poses yet another question: **But** if he is not a leper, and that *log* of oil is a gift, that handful removed from the oil **requires burning** on the altar for the remainder of the oil to be permitted to the priests. The Gemara explains **that** the priest does in fact **burn** the handful.

אֵימַת? אִי בָּתַר מַתְּנוֹת שֶׁבַע – הָווּ לְהוּ שִׁירַיִים שֶׁחָסְרוּ בֵּין קְמִיצָה לְהַקְטָרָה, וְאֵין מַקְטִירִין אֶת הַקּוֹמֶץ עֲלֵיהֶן.

The Gemara asks: **When** does the priest burn the handful? **If** he does so **after the placement of seven** sprinklings for the leper's purification, in such a case the *log* will be lacking due to the sprinklings. That which remains **is** akin to the **remainder** of a meal offering **that was lacking between** the **removal of** the **handful and** the **burning, and one may not burn the handful for that** remainder. Similar to a gift of oil, in a meal offering a handful is removed from the offering and then sacrificed on the altar. If after the handful is removed but before it is sacrificed some of the remainder of the meal offering is separated, the handful may not be sacrificed. The same should apply if some of the oil was sprinkled after the handful was removed.

אִי קוֹדֶם מַתְּנוֹת שֶׁבַע – כָּל שֶׁמִּמֶּנּוּ לָאִישִּׁים הֲרֵי הוּא בְּבַל תַּקְטִירוּ!

If, alternatively, the priest burns the handful **before the placement of seven** sprinklings, once he has burned the handful he may no longer perform the sprinklings, in accordance with the principle: **Whatever is partly** burned **in the fire**[H] on the altar **is subject to** the prohibition of: **You may not make as an offering** (see Leviticus 2:11).[N] This principle states that if part of an item, such as the blood of an animal offering or the handful of a meal offering, has been sacrificed, one who sacrifices any other part of it that is not designated for sacrifice has violated a prohibition. The sprinkling of the oil is equivalent to sacrifice in this regard.

אָמַר רַב יְהוּדָה בְּרֵיהּ דְּרַבִּי שִׁמְעוֹן בֶּן פָּזִי: דְּמַסֵּיק לְהוּ לְשֵׁם עֵצִים. דְּתַנְיָא, רַבִּי אֱלִיעֶזֶר אוֹמֵר: לְרֵיחַ נִיחוֹחַ אִי אַתָּה מַעֲלֶה, אֲבָל אַתָּה מַעֲלֶה

Rav Yehuda, son of Rabbi Shimon ben Pazi, says that the priest does not sprinkle the oil as a definite rite but stipulates that if the man is not a leper he is sprinkling it in a manner analogous to other items that one **burns for the sake of wood,**[N] i.e., as fuel for the altar and not as a sacrificial rite. **As it is taught** in a *baraita* that **Rabbi Eliezer says:** The verse states: "No meal offering that you shall bring to the Lord shall be made with leaven; for you shall make no leaven, nor any honey, smoke from it as an offering made by fire to the Lord. As an offering of first fruits you may bring them to the Lord; but they shall not come up for a pleasing aroma on the altar" (Leviticus 2:11–12). This verse indicates that **you may not offer up** leaven and honey **as a pleasing aroma,** an offering. **But you may offer up** leaven and honey and other substances

NOTES

With regard to the *log* of oil what can be said – לוֹג מַאי אִיכָּא לְמֵימַר: If he is not obligated to bring the offering of a leper, it would have turned out that he has brought non-sacred oil into the Temple courtyard. Although the act of bringing a non-sacred substance into the courtyard is not prohibited in of itself, the sprinkling of the oil is considered a sacrificial rite, as the Gemara will explain (*Tosafot*). With regard to the prohibition against bringing non-sacred animals into the courtyard, see *Bava Batra* 81b and the early commentaries there.

Whatever is partly burned in the fire on the altar is subject to the prohibition of: You may not make as an offering – כָּל שֶׁמִּמֶּנּוּ לָאִישִּׁים הֲרֵי הוּא בְּבַל תַּקְטִירוּ: Although the sprinkling of oil is not a rite of burning, Rashi explains that it is the equivalent rite to burning in this case, as none of the *log* is burned upon the altar. Other commentaries add that any part of the service of an offering is included in the phrase: You may not make as an offering (see *Shita Mekubbetzet*). An alternative explanation is cited by additional commentaries, who reject the application of the prohibition: You shall not make as an offering, to the sprinkling of the oil. Instead, they claim that this prohibition is violated by the burning of the handful, since the priest will subsequently sprinkle from the *log* of oil, which renders the oil tantamount to an item that is partly burned on the fire (*Tosafot*).

That he burns it for the sake of wood – דְּמַסֵּיק לְהוּ לְשֵׁם עֵצִים: Although Rav Yehuda, son of Rabbi Shimon ben Pazi, is referring to the sprinkling of oil toward the Holy of Holies, the Gemara cites the example of burning for the sake of wood on the altar because the questioner cited the *halakha* of: Whatever is partly burned in the fire on the altar is subject to the prohibition of: You may not make as an offering. Furthermore, Rabbi Eliezer discusses burning on the altar. The wording here fits better according to the interpretation of *Tosafot* that the discussion concerns the prohibition against burning the handful on the altar.

HALAKHA

The *log* lacked – חָסַר הַלּוֹג: If the *log* of oil became lacking before the priest poured from it into his palm in order to place it on the right thumb and big toe of the leper, he refills it. If it became lacking after the priest poured it into his palm, he should bring another *log* and start afresh, as stated in the mishna in *Nega'im* 14:10 (Rambam *Sefer Korbanot*, *Hilkhot Meḥusrei Kappara* 5:4).

Whatever is partly burned in the fire – כָּל שֶׁמִּמֶּנּוּ לָאִישִּׁים: With regard to any offering part of which was sacrificed on the altar, its remainder may not be sacrificed on the altar, e.g., the flesh of offerings whose portions have been burned, or the remainder of meal offerings. One who does so violates a prohibition (Rambam *Sefer Avoda*, *Hilkhot Issurei Mizbe'aḥ* 5:5).

לְשֵׁם עֵצִים.

for the sake of wood, not as an offering. Here as well, the priest stipulates that if the man is not a confirmed leper, the sprinkling of the oil should not be viewed as a rite.

וְהָא אִיכָּא שִׁירַיִים דְּבָעֵי מִילִּינְהוּ, וְאִיכָּא הָךְ פּוּרְתָּא דְּלָא קָמֵיץ עִילָּוֵיהּ! דְּפָרֵיק לֵיהּ.

The Gemara questions further: **But** even if the priest removes a handful from the oil and burns it, and also sprinkles from the oil, **there is** the matter of the **remainder** of the oil, **which must be filled**[N] after the removal of the handful so that the priest can perform the sprinkling with a full *log*, **and there is** therefore **that bit** of oil that was added **from which** the priest **did not remove** the **handful** initially. If the one bringing the offering is not a leper, and the *log* of oil is a gift, it will turn out that there is a small portion of the oil that was not permitted by the removal of the handful. The Gemara explains **that** the priest **redeems it,** i.e., after the sprinklings of the oil have been performed, he stipulates that if the person who brought the offering is not a leper then the oil should be desacralized by his giving its value to the Temple treasury.

דְּפָרֵיק לֵיהּ הֵיכָא? אִי גַּוָּואי – קָא מְעַיֵּיל חוּלִּין לַעֲזָרָה, אִי אַבָּרַאי – אִיפְּסִיל לֵיהּ בְּיוֹצֵא! לְעוֹלָם גַּוָּואי, חוּלִּין מִמֵּילָא הָוְיָין.

The Gemara asks: If you say **that he redeems it, where** does he redeem it? **If** he redeems it when the oil is **within** the walls of the Temple, he would thereby be **bringing non-sacred** oil **into the courtyard. If** he redeems the oil **outside** the courtyard, before he can redeem the oil **it would become disqualified due to** the prohibition of a consecrated item **leaving** the courtyard. The Gemara answers: **Actually,** he redeems the oil when it is **within** the walls of the Temple. This is permitted because the **non-sacred** oil **is** then found in the Temple courtyard **by itself,** i.e., he did not bring a non-sacred item into the Temple courtyard.

וְהָא אָמַר רַבִּי שִׁמְעוֹן: אֵין מִתְנַדְּבִין שֶׁמֶן! תַּקּוּנֵי גַּבְרָא שָׁאנֵי.

The Gemara asks a question with regard to the suggested resolution, according to the opinion of Rabbi Shimon, that one whose status as a leper is uncertain should bring a *log* of oil as a gift offering and state a stipulation. **But doesn't Rabbi Shimon say** that **one may not donate oil** as a gift? The Gemara answers, as on 76b: **The remedy of a person is different,** i.e., Rabbi Shimon concedes that one may donate oil in this instance, as this is the only manner by which this person can undergo ritual purification.

יָתֵיב רַב רְחוּמִי קַמֵּיהּ רָבִינָא, וְיָתֵיב וְקָאָמַר מִשְּׁמֵיהּ דְּרַב הוּנָא בַּר תַּחְלִיפָא, וְנֵימָא: אָשָׁם זֶה יְהֵא אָשָׁם תָּלוּי!

The Gemara continues to discuss the opinion of Rabbi Shimon. It was stated above that according to Rabbi Shimon, one whose status as a leper is uncertain may bring a lamb as a gift for a peace offering and state a stipulation with regard to it. The Gemara relates that **Rav Reḥumi was sitting before Ravina, and he was sitting and saying** the following **in the name of Rav Huna bar Taḥlifa: But** why can't he bring a lamb for a guilt offering and **say** that if he is not a leper then **this guilt offering shall be a provisional guilt offering,**[B] brought by one who is uncertain whether he committed a sin that requires a sin offering? This guilt offering is eaten for one day and night, like the guilt offering of a leper, and therefore he would not be reducing the time for its consumption, unlike when he stipulates that it should be a peace offering.

שְׁמַע מִינָּהּ, מַאן תַּנָּא דְּפָלֵיג עֲלֵיהּ דְּרַבִּי אֱלִיעֶזֶר – רַבִּי שִׁמְעוֹן הוּא, דְּאָמַר: אֵין מִתְנַדְּבִין אָשָׁם תָּלוּי. אֲמַר לֵיהּ: תּוֹרָה, תּוֹרָה, אִימְרֵי בְּדִיכְרֵי מִיחַלְּפִי לָךְ!

Rav Reḥumi continued: Since this option was not suggested, one can **learn from** here that **who is the *tanna* who disagrees with** the opinion **of Rabbi Eliezer,** who holds that one may donate a provisional guilt offering (*Keritut* 25a)? **It is Rabbi Shimon, who says,** by inference from his suggestion here, that **one may not donate a provisional guilt offering.**[H] Ravina **said to** Rav Reḥumi: **Torah, Torah!** That is, where is the Torah of such a great man as yourself? **You are confusing lambs with rams.** The guilt offering of a leper is a lamb in its first year (see Leviticus 14:10), which cannot be brought as a provisional guilt offering because these must be rams (see Leviticus 5:15), i.e., they must be in their second year.

NOTES

Which must be filled [*milinhu*] – דְּבָעֵי מִילִּינְהוּ: The more accurate version of the text is probably: *Mikhlinhu*, be eaten. This is the version that appears in the manuscripts and the early commentaries. Since some prohibited oil is mixed with the remainder, all of it is forbidden in consumption. The problem is that the remainder is required to be eaten by the priests, as this consumption is part of the atonement of the offering (see *Yevamot* 40a).

BACKGROUND

Provisional guilt offering – אָשָׁם תָּלוּי: The provisional guilt offering is mentioned in the Torah (Leviticus 5:17–19) and its various *halakhot* are delineated in tractate *Karetot*. The standard case of a provisional guilt offering involves a situation where there is uncertainty whether or not a transgression warranting a sin offering has been committed. For example, if a piece of forbidden fat and a piece of permitted fat were placed alongside one another and someone thought that they were both permitted and ate one of them, he must bring a provisional guilt offering. This offering protects him from punishment until he determines whether or not he actually sinned. If he did, he must bring a sin offering.

HALAKHA

One may not donate a provisional guilt offering – אֵין מִתְנַדְּבִין אָשָׁם תָּלוּי: A sin offering and a guilt offering are brought only for a transgression, not as vow offerings or gift offerings. This includes a provisional guilt offering. The *halakha* is in accordance with the majority opinion of the Rabbis, not with that of Rabbi Eliezer (*Kesef Mishne*). Some claim that one may bring a provisional guilt offering as a vow offering or a gift offering, in accordance with the unattributed mishna on *Ḥullin* 41b (Rosh; *Tur*), and the Rema rules that one should be stringent in this regard (Rambam *Sefer Avoda, Hilkhot Ma'aseh HaKorbanot* 14:8; *Shulḥan Arukh, Yoreh De'a* 5:1).

מתני׳ אֵיבְרֵי חַטָּאת שֶׁנִּתְעָרְבוּ בְּאֵיבְרֵי עוֹלָה, רַבִּי אֱלִיעֶזֶר אוֹמֵר: יִתֵּן לְמַעְלָה, וְרוֹאֶה אֲנִי אֶת בְּשַׂר הַחַטָּאת מִלְמַעְלָה כְּאִילּוּ הֵן עֵצִים. וַחֲכָמִים אוֹמְרִים: תְּעוּבַּר צוּרָתָן וְיֵצְאוּ לְבֵית הַשְּׂרֵיפָה.

MISHNA In the case of **the limbs of a sin offering,** which are eaten by priests and may not be burned on the altar, **that were intermingled with the limbs of a burnt offering,**[H] which are burned on the altar, **Rabbi Eliezer says:** The priest **shall place** all the limbs **above,** on the altar, **and I view**[N] **the flesh** of the limbs **of the sin offering above** on the altar **as though they are** pieces of **wood** burned on the altar, and not as though they are an offering. **And the Rabbis say:** One should wait until **the form of** all the intermingled limbs **decays**[N] **and they will** all **go out to the place of burning** in the Temple courtyard, where all disqualified offerings of the most sacred order are burned.

גמ׳ מַאי טַעְמָא דְּרַבִּי אֱלִיעֶזֶר? אָמַר קְרָא: ״וְאֶל הַמִּזְבֵּחַ לֹא יַעֲלוּ לְרֵיחַ נִיחֹחַ״, לְרֵיחַ נִיחוֹחַ אִי אַתָּה מַעֲלֶה, אֲבָל אַתָּה מַעֲלֶה לְשֵׁם עֵצִים.

GEMARA What is the reason of Rabbi Eliezer for deeming it permitted to burn the limbs of the sin offering on the altar as wood? The Gemara explains: **The verse states:** "No meal offering that you shall bring to the Lord shall be made with leaven; for you shall make no leaven, nor any honey, smoke as an offering made by fire to the Lord. As an offering of first fruits you may bring them to the Lord; **but they shall not come up for a pleasing aroma on the altar**" (Leviticus 2:11–12). This indicates that **you may not offer up** leaven and honey **as a pleasing aroma,**[H] i.e., as an offering. **But you may offer up** leaven and honey and other substances that are prohibited to be sacrificed upon the altar, such as the limbs of a sin offering, **for the sake of wood.**

וְרַבָּנַן? מִיעֵט רַחֲמָנָא ״אֹתָם״, אוֹתָם הוּא דְּאִי אַתָּה מַעֲלֶה אֲבָל אַתָּה מַעֲלֶה לְשֵׁם עֵצִים, אֲבָל מִידֵּי אַחֲרִינָא – לָא.

The Gemara asks: **And the Rabbis,** who disagree with Rabbi Eliezer, how do they respond to this reasoning? They claim that **the Merciful One excludes** other cases at the beginning of the verse: "As an offering of first fruits you may bring **them.**" This indicates that **it is** with regard to **them,** i.e., leaven and honey alone, **that** it is stated: **You may not offer up** as an offering, **but you may offer up** leaven and honey **for the sake of wood. But** with regard to any **other substances** that are prohibited to be brought on the altar, one may **not** offer them up to the altar at all.

וְרַבִּי אֱלִיעֶזֶר? אוֹתָם הוּא דְּרַבַּאי לָךְ כֶּבֶשׁ כְּמִזְבֵּחַ, אֲבָל מִידֵּי אַחֲרִינֵי – לָא.

The Gemara asks: **And Rabbi Eliezer,** what does he derive from this term of exclusion "them"? The Gemara explains: Rabbi Eliezer expounds this word as follows: It is only with regard **to them,** leaven and honey, **that** the verse **includes** a prohibition against bringing them up to the **ramp** of the altar **like** offering them up on **the altar** itself.[HN] **But** with regard to any **other substances** that are prohibited to be sacrificed upon the altar, bringing them up to the ramp is **not** considered like offering them up on the altar itself.

וְרַבָּנַן? תַּרְתֵּי שְׁמַע מִינַּהּ.

The Gemara further asks: **And the Rabbis,** from where do they derive this *halakha*? The Gemara answers that the Rabbis **learn two** *halakhot* **from** the word "them." This term of emphasis teaches that all that is stated in this verse is referring only to leaven and honey, both the *halakha* that it is permitted to offer them up on the altar as wood, and the ruling that the ramp is considered like the altar with regard to this *halakha*.

HALAKHA

The limbs of a sin offering that were intermingled with the limbs of a burnt offering – אֵיבְרֵי חַטָּאת שֶׁנִּתְעָרְבוּ בְּאֵיבְרֵי עוֹלָה: In a case where the limbs of a sin offering became intermingled with the limbs of a burnt offering, all the limbs should be left until their forms decay, at which point they are taken out to the place of burning in the Temple courtyard where all disqualified offerings of the most sacred order are burned. The *halakha* is in accordance with the opinion of the Rabbis (Rambam *Sefer Avoda, Hilkhot Pesulei HaMukdashin* 6:20).

You may not offer up leaven and honey as a pleasing aroma, etc. – לְרֵיחַ נִיחוֹחַ אִי אַתָּה מַעֲלֶה וכו׳: It is prohibited to bring leaven or honey onto the altar. Nevertheless, one is liable only if he burned them together with an offering or for the purpose of an offering. If one offered leaven or honey by themselves to the altar to serve as fuel, he is exempt (Mahari Kurkus). If he offers them together with an offering he is liable to be flogged, even if he offers them together with portions of the offering that are unsuitable for burning, such as the meat of a sin offering or the meat of a guilt offering. The *halakha* is in accordance with the opinion of the Rabbis (Rambam *Sefer Avoda, Hilkhot Issurei Mizbe'aḥ* 5:3–4).

Bringing them up to the ramp of the altar like offering them up on the altar itself – כֶּבֶשׁ כְּמִזְבֵּחַ: One who offers up the flesh of sin offerings or guilt offerings or offerings of lesser sanctity or the remainders of meal offerings, together with leaven or honey, is liable to be flogged, whether he offers them up on the altar or on the ramp. The *halakha* is in accordance with the opinion of the Rabbis (Rambam *Sefer Avoda, Hilkhot Issurei Mizbe'aḥ* 5:4).

NOTES

I view – רוֹאֶה אֲנִי: Some say that the priest sacrificing the offering should actually state: I view the flesh of the limbs of the sin offering above, in the mixture, as though they were wood burned on the altar, and I do not intend to sacrifice them (*Tiferet Yisrael*). Other commentaries indicate that there is no need for an explicit declaration of this kind. Rather, this phrase: I view, is part of the statement of Rabbi Eliezer himself, i.e., I view the *halakha* as being that one should treat the limbs in this manner (see the mishna on 79b).

One should wait until the form of all the intermingled limbs decays [*te'ubar*] – תְּעוּבַּר צוּרָתָן: This phrase means the same as the slightly different version of the Gemara found in the Rambam: They should wait until the form of all the intermingled limbs will change [*ta'avor*], i.e., become spoiled. This delay renders the limbs disqualified as *notar* after a night has passed. At this stage, they must be burned (see Rashi and Rabbeinu Ḥananel on *Pesaḥim* 34a).

Bringing them up to the ramp of the altar like offering them up on the altar itself – כֶּבֶשׁ כְּמִזְבֵּחַ: It is derived in *Torat Kohanim* that the verse: "But they shall not come up for a pleasing aroma on the altar" (Leviticus 2:12), includes the ramp. Some say that the basis for this exposition is the term: But, while others claim that it is derived from the phrase: On the altar [*el hammizbe'aḥ*], which includes the ramp on the way to the altar, as the verse could have stated the shorter form: *Bammizbe'aḥ* or *lammizbe'aḥ* (*Korban Aharon*). Yet others suggest that this conclusion is derived from the term: Come up, as this is referring to the incline that leads to the altar (commentary attributed to Ra'avad).

מַתְנִיתִין דְּלָא כִּי הַאי תַּנָּא. דְּתַנְיָא, אָמַר רַבִּי יְהוּדָה: לֹא נֶחְלְקוּ רַבִּי אֱלִיעֶזֶר וַחֲכָמִים עַל אֵיבְרֵי חַטָּאת שֶׁנִּתְעָרְבוּ בְּאֵיבְרֵי עוֹלָה – שֶׁיִּקְרְבוּ, בְּרוֹבֵעַ וְנִרְבָּע – שֶׁלֹּא יִקְרְבוּ.

§ The Gemara comments: **The mishna is not in accordance with** the opinion of **this** following ***tanna*****, as it is taught** in a *baraita* (*Tosefta* 8:15) that **Rabbi Yehuda said: Rabbi Eliezer and the Rabbis did not disagree with regard to the limbs of a sin offering that were intermingled with the limbs of a burnt offering,** as all agree **that they shall be sacrificed.** Likewise, they agree that if limbs that are fit to be burned on the altar became intermingled **with** the limbs of **an animal that** actively **copulated with a person, or** with the limbs of **an animal that was the object of bestiality,** which are prohibited to be sacrificed upon the altar, **that they shall not be sacrificed,** even according to the opinion of Rabbi Eliezer.

עַל מָה נֶחְלְקוּ? עַל אֵיבְרֵי עוֹלָה תְּמִימָה שֶׁנִּתְעָרְבוּ בְּאֵיבְרֵי בַּעֲלַת מוּם, שֶׁרַבִּי אֱלִיעֶזֶר אוֹמֵר: יִקְרְבוּ, וְרוֹאֶה אֲנִי לְמַעְלָה כְּאִילּוּ הֵן עֵצִים. וַחֲכָמִים אוֹמְרִים: לֹא יִקְרְבוּ.

Rabbi Yehuda continues: **With regard to which** case **did** Rabbi Eliezer and the Rabbis **disagree?** They disagreed **with regard to the limbs of an unblemished burnt offering that were intermingled with the limbs of a blemished** animal,[H] which is disqualified from the altar. **As** in this case **Rabbi Eliezer says:** All the limbs **shall be sacrificed, and I consider** the flesh of the limbs of the sin offering **above,** on the altar, **as though they are** pieces of **wood** burned on the altar. **And the Rabbis say: They shall not be sacrificed.**

וְרַבִּי אֱלִיעֶזֶר, מַאי שְׁנָא רוֹבֵעַ וְנִרְבָּע – דְּלָא חֲזוּ, בַּעֲלַת מוּם נָמֵי לָא חֲזוּ!

The Gemara asks: **And** concerning the opinion of **Rabbi Eliezer, what is different** about the limbs of **an animal that** actively **copulated with a person, or** the limbs of **an animal that was the object of bestiality,** that they may not be sacrificed? If one says that the reason is **that they are not fit** for the altar, that cannot be the reason, as **a blemished** animal **is not fit** for the altar **as well,** and there he holds that the limbs are burned.

HALAKHA

Limbs of an unblemished burnt offering that were intermingled with the limbs of a blemished animal – אֵיבְרֵי עוֹלָה תְּמִימָה שֶׁנִּתְעָרְבוּ בְּאֵיבְרֵי בַּעֲלַת מוּם: If limbs of an unblemished burnt offering became intermingled with the limbs of a blemished animal, even if the ratio is one unfit piece in ten thousand fit pieces, all of them must be taken out to the place of burning, as stated by the Rabbis (Rambam *Sefer Avoda, Hilkhot Pesulei HaMukdashin* 6:21).

Perek **VIII**
Daf **77** Amud **b**

אָמַר רַב הוּנָא: בְּדוּקִין שֶׁבָּעַיִן, וְאַלִּיבָּא דְּרַבִּי עֲקִיבָא, דְּאָמַר: אִם עָלוּ – לֹא יֵרְדוּ. אֵימַר דְּאָמַר רַבִּי עֲקִיבָא דְּאִי עֲבַד, לְכַתְּחִלָּה מִי אָמַר?

Rav Huna says: When Rabbi Eliezer makes reference to a blemished animal, he is speaking of an unobtrusive blemish, e.g., one that is **on the cornea of the eye.**[B] **And** his ruling is **in accordance with** the opinion **of Rabbi Akiva, who says** that in the case of an offering with such a blemish, **if** its sacrificial parts **ascended** the altar, **they shall not descend** from it, because it is not a disgrace to the altar for the sacrificial parts of such an offering to be burned on it. The Gemara raises a difficulty: **Say that Rabbi Akiva says** this is the *halakha* **after the fact,** meaning that if the priest already brought up the limbs of these blemished animals, they do not descend from the altar. **Does** Rabbi Akiva **say** that one may burn a mixture of these limbs ***ab initio*****?**

אָמַר רַב פָּפָּא: הָכָא בְּמַאי עָסְקִינַן – כְּגוֹן שֶׁעָלוּ עַל גַּבֵּי כֶּבֶשׁ. אִי הָכִי, אֲפִילּוּ בְּעֵינַיְיהוּ!

Rav Pappa says: What are we dealing with here? We are dealing with a case **where** all the limbs in the mixture were **brought up upon** the **ramp.** Since they have been brought on the ramp and sanctified as offerings, it is considered after the fact. The Gemara raises a difficulty: **If so,** i.e., if we are dealing with a case in which the limbs were already carried to the ramp, then **even** if they were **as is,** and not intermingled, the limbs of the blemished animal should be burned, as claimed by Rabbi Akiva.

BACKGROUND

Cornea of the eye – דוּקִין שֶׁבָּעַיִן: These blemishes are types of cataracts that are not readily apparent, and could occur to animals as a result of a light wound or various diseases of the eye, including the eyelid, which impair the vision. Others explain this is a general term for various ailments of the eye that are listed more extensively elsewhere, such as in tractate *Bekhorot*.

אֶלָּא טַעְמֵיהּ דְּרַבִּי אֱלִיעֶזֶר: מִיעֵט רַחֲמָנָא, "מוּם בָּם" הוּא דְּלֹא יֵרָצוּ, הָא עַל יְדֵי תַעֲרוֹבֶת – יֵרָצוּ.

Rather, the reason of Rabbi Eliezer is that with regard to the prohibition against sacrificing a blemished animal upon the altar, **the Merciful One excludes** certain cases. After listing the various disqualifying blemishes, the verse states: "Neither from the hand of a foreigner shall you offer the bread of your God of any of these, because their corruption is in them, there is a blemish in them; they shall not be accepted for you" (Leviticus 22:25). This teaches that **it is** only if there is **a blemish** clearly **in them that they shall not be accepted; but** if they were sacrificed **by means of a mixture they shall be accepted.** This exclusion is stated only with regard to blemished animals, not with regard to animals that copulated with people, and consequently the limbs of these animals are not brought up to the altar even if they became intermingled with the limbs of fit offerings.

וְרַבָּנַן: "מוּם בָּם" הוּא דְּלֹא יֵרָצוּ, הָא עָבַר מוּם – יֵרָצוּ. וְרַבִּי אֱלִיעֶזֶר: מִ"בָּם" "בָּהֶם". וְרַבָּנַן: "בָּם" "בָּהֶם" לָא דָּרְשִׁי.

The Gemara asks: **And the Rabbis,** how do they expound this verse? The Gemara explains that they expound it as follows: **It is** only if the **blemish** is still **in them that they shall not be accepted; but** if their **blemish has passed, they shall be accepted. And Rabbi Eliezer** derives this *halakha* **from** the previous clause in that same verse: "Because their corruption is in them [*bahem*]." Since the verse could have stated the shorter form of ***bam,*** and instead stated "***bahem,***" one derives from here that if the animal no longer is blemished it is accepted as an offering. **And** as for **the Rabbis, they do not interpret** anything from the variation between ***bam*** and "***bahem***"; they do not see this as a significant deviation from the standard language of the verse.

אִי הָכִי, "רוֹאֶה"? הָא רַחֲמָנָא אַכְשְׁרֵיהּ! לְדִבְרֵיהֶם קָאָמַר לְהוּ: לְדִידִי – רַחֲמָנָא אַכְשְׁרֵיהּ, לְדִידְכוּ – אוֹדוּ לִי מִיהָא בְּשַׂר בַּעֲלַת מוּם כְּעֵצִים דָּמֵי, מִידֵי דַּהֲוָה אַבְּשַׂר חַטָּאת.

The Gemara asks: **If that is so,** and Rabbi Eliezer permits the limbs of blemished animals to be sacrificed if they are in a mixture, why is it necessary for him to say: I **view** the flesh of the limbs of the blemished animals as though they are pieces of wood? After all, **the Merciful One permits** them as an offering. The Gemara explains that Rabbi Eliezer is **speaking to** the Rabbis **in accordance with their statement,** as follows: **According to my** opinion, **the Merciful One permits** these limbs to be sacrificed upon the altar. But even **according to your** opinion, **at least agree with me** that the **flesh of a blemished** animal that was intermingled with the flesh of a qualified offering **is considered like wood, just as is** the *halakha* of the **flesh of a sin offering** that became intermingled with the flesh of a burnt offering, as according to this *baraita* the Rabbis concede that the flesh of these two offerings should be sacrificed together.

וְרַבָּנַן: הָכָא מָאִיסִי, הָתָם לָא מָאִיסִי.

The Gemara asks: **And the Rabbis,** how do they respond to this claim of Rabbi Eliezer? The Gemara explains: According to the Rabbis there is a difference between the cases: **Here,** with regard to a mixture that includes limbs of blemished animals, these limbs **are repulsive,** and therefore they may not be brought upon the altar, even as wood. Conversely, **there,** in the case of a mixture of limbs of a sin offering and limbs of a burnt offering, the limbs of the sin offering **are not repulsive** in and of themselves, and consequently they may be sacrificed upon the altar as wood.

מתני׳ אֵבָרִין בְּאֵבָרִין בַּעֲלֵי מוּמִין, רַבִּי אֱלִיעֶזֶר אוֹמֵר: אִם קָרַב רֹאשׁ אֶחָד מֵהֶן – יִקְרְבוּ כׇּל הָרָאשִׁין, כְּרָעַיִם שֶׁל אֶחָד מֵהֶן – יִקְרְבוּ כׇּל הַכְּרָעַיִם. וַחֲכָמִים אוֹמְרִים: אֲפִילּוּ קָרְבוּ כֻּלָּם חוּץ מֵאֶחָד מֵהֶן – יֵצֵא לְבֵית הַשְּׂרֵיפָה.

MISHNA In a case where **limbs** of burnt offerings fit for sacrifice were intermingled **with limbs of blemished** burnt offerings,[NH] **Rabbi Eliezer says:** Although all the limbs are unfit for sacrifice, **if the head of one of them was sacrificed**[N] **all the heads shall be sacrificed,** as the head that was sacrificed is assumed to have been that of the unfit animal in the mixture. Likewise, if one sacrificed **the legs of one of them all the legs shall be sacrificed. And the Rabbis say: Even** if **all** the limbs **were sacrificed except for one of them,** there is a concern that the remaining limb is the unfit limb, which may not be sacrificed. Rather, all of the limbs **must go out to the place of burning** in the Temple courtyard.

NOTES

Limbs of burnt offerings fit for sacrifice with limbs of blemished burnt offerings – אֵבָרִין בְּאֵבָרִין בַּעֲלֵי מוּמִין: Rashi stresses that this is referring to a case where there was a majority of unblemished limbs. His reasoning is that in this situation the prohibited items are nullified in a majority by Torah law. Since the mixture is prohibited by rabbinic law, Rabbi Eliezer maintains that one can be lenient and consider the limbs from the blemished animal as already sacrificed.

If the head of one of them was sacrificed – אִם קָרַב רֹאשׁ אֶחָד מֵהֶן: Here Rabbi Eliezer does not suggest that one may burn all the limbs on the altar, and to consider the limbs of blemished animals as though they are wood, as in the previous mishna with regard to the limbs of a sin offering. The difference is that the limbs of a sin offering are not considered repulsive to the altar, whereas the limbs of a blemished animal are considered repulsive and therefore should not be burned even as wood. Consequently, Rabbi Eliezer permitted these limbs to the altar only after the fact, in a case where one could claim the disqualified limb has already been sacrificed (Rabbi Akiva Eiger on the Mishna).

HALAKHA

Limbs of burnt offerings fit for sacrifice with limbs of blemished burnt offerings, etc. – אֵבָרִין בְּאֵבָרִין בַּעֲלֵי מוּמִין וכו׳: If limbs of fit burnt offerings became intermingled with limbs of blemished burnt offerings, even if one unfit limb was intermingled with one thousand fit limbs, they are all taken out to the place of burning in the Temple courtyard. The *halakha* is in accordance with the opinion of the Rabbis (Rambam *Sefer Avoda, Hilkhot Pesulei HaMukdashin* 6:21).

גמ׳ אָמַר רַבִּי אֶלְעָזָר: לֹא הִכְשִׁיר רַבִּי אֱלִיעֶזֶר אֶלָּא שְׁנַיִם שְׁנַיִם, אֲבָל אֶחָד אֶחָד – לֹא. מְתִיב רַבִּי יִרְמְיָה: ״וַחֲכָמִים אוֹמְרִים: אֲפִילּוּ קָרְבוּ כּוּלָּן חוּץ מֵאֶחָד מֵהֶן – יֵצְאוּ לְבֵית הַשְּׂרֵיפָה״!

GEMARA **Rabbi Elazar says: Rabbi Eliezer permitted** the sacrificing of all the heads **only** if they were sacrificed **two** by **two,**[N] as at least one of each pair is certainly permitted; **but** he did **not** permit them to be sacrificed **one** by **one,** in case the priest may be sacrificing the prohibited head by itself. **Rabbi Yirmeya raises an objection** from the mishna, which states: **And the Rabbis say: Even** if **all** the limbs **were sacrificed except for one of them,** all the limbs **must go out to the place of burning** in the Temple courtyard. This indicates that even in this situation, where only one of the limbs remains, the dispute between Rabbi Eliezer and the Rabbis still applies, which means that Rabbi Eliezer permits it to be sacrificed despite the fact that it is only one limb.

אֲמַר לוֹ רַבִּי יִרְמְיָה בַּר תַּחְלִיפָא: אַסְבְּרָהּ לָךְ, מַאי ״אֶחָד״? זוּג אֶחָד.

Rabbi Yirmeya bar Taḥlifa said to Rabbi Yirmeya in response: **I will explain** the meaning of this statement **to you: What** does the mishna mean when it states: Except for **one** of them? It means except for **one pair,** i.e., two limbs, as even Rabbi Eliezer did not permit one to sacrifice the limbs individually.

מתני׳ דָּם שֶׁנִּתְעָרֵב בְּמַיִם, אִם יֵשׁ בּוֹ מַרְאִית דָּם – כָּשֵׁר. נִתְעָרֵב בְּיַיִן – רוֹאִין אוֹתוֹ כְּאִילּוּ הוּא מַיִם. נִתְעָרֵב בְּדַם בְּהֵמָה אוֹ בְּדַם הַחַיָּה – רוֹאִין אוֹתוֹ כְּאִילּוּ הוּא מַיִם.

MISHNA In the case of **blood** of an offering fit for sacrifice **that was mixed with water,**[H] **if** the mixture **has the appearance of blood** it is **fit** for sprinkling on the altar, even though the majority of the mixture is water. If the blood **was mixed with** red **wine, one views** the wine **as though it is water.** If that amount of water would leave the mixture with the appearance of blood it is fit for presentation. And likewise if the blood **was mixed with the blood of** a non-sacred **domesticated animal or the blood of** a non-sacred **undomesticated animal, one considers** the non-sacred blood **as though it is water.**

NOTES

Only if they were sacrificed two by two – אֶלָּא שְׁנַיִם שְׁנַיִם: The reason that this sacrificial rite is permitted is that one of the limbs is certainly fit for the altar. As for the possibility that one of them is the prohibited limb, in this regard the fact that one of the heads has already been sacrificed allows the priests to assume that the one previously sacrificed was the prohibited head (Rashi). Others explain that when Rabbi Eliezer permits the sacrificing in a case of two by two, this means that the other heads are permitted only if two of them have already been sacrificed, as only in this case is it assumed that the head of the blemished animal was one of the two that have been sacrificed (Rambam's Commentary on the Mishna).

HALAKHA

Blood of an offering fit for sacrifice that was mixed with water, etc. – דָּם שֶׁנִּתְעָרֵב בְּמַיִם וכו׳: In a case where water fell into blood that was in a basin, if it has the appearance of blood it is fit. If red wine or non-sacred blood fell into the blood one considers the wine as though it is water, and if that amount of water would negate the appearance of blood from the mixture it is unfit for presentation. If that amount of water would leave the mixture with the appearance of blood it is fit for presentation. This *halakha* is in accordance with the opinion of the Rabbis (Rambam *Sefer Avoda, Hilkhot Pesulei HaMukdashin* 2:22).

Perek **VIII**
Daf **78** Amud **a**

רַבִּי יְהוּדָה אוֹמֵר: אֵין דָּם מְבַטֵּל דָּם.

Rabbi Yehuda says: Blood does not nullify blood.[N] Therefore, the priest presents the blood of the mixture on the altar.

נִתְעָרֵב בְּדַם פְּסוּלִין – יִשָּׁפֵךְ לָאַמָּה, בְּדַם הַתַּמְצִית – יִשָּׁפֵךְ לָאַמָּה, רַבִּי אֱלִיעֶזֶר מַכְשִׁיר. אִם לֹא נִמְלַךְ, וְנָתַן – כָּשֵׁר.

If blood fit for presentation **was mixed with the blood of unfit** offerings,[H] there is no remedy. Therefore, the entire mixture **shall be poured into the drain** running through the Temple courtyard. Likewise, if blood fit for presentation was mixed **with blood of exudate,**[H] i.e., that exudes from the neck after the initial spurt following its slaughter concludes, which is unfit for presentation, the entire mixture **shall be poured into the** Temple courtyard **drain. Rabbi Eliezer deems** this mixture **fit** for presentation. Even according to the first *tanna*, **if** the priest **did not consult** the authorities **and placed** the blood on the altar, the offering is **fit.**[N]

NOTES

Blood does not nullify blood – אֵין דָּם מְבַטֵּל דָּם: Rabbi Yehuda maintains that in any mixture of one substance in contact with the same type of substance, the substance that is the minority is not nullified by the majority.

If the priest did not consult the authorities and placed the blood on the altar the offering is fit – אִם לֹא נִמְלַךְ וְנָתַן כָּשֵׁר: The first *tanna* concedes that by Torah law one may present a mixture of fit blood and unfit blood, if the amount of unfit blood is such that if it were water the mixture would have the appearance of blood. The reason is that he is considered to be presenting the fit blood. The Sages decreed that one should not do so (see 79b). Therefore, if one did present the blood, it is valid after the fact by Torah law.

HALAKHA

If blood fit for presentation was mixed with the blood of unfit offerings, etc. – נִתְעָרֵב בְּדַם פְּסוּלִין וכו׳: If blood that was fit for presentation was mixed with the blood of unfit offerings, or with the blood of offerings that were disqualified due to their invalid slaughter, the entire mixture must be poured into the drain running through the Temple courtyard. Even if all the cups of blood were presented apart from one of them, that remaining cup must be poured into the drain. The *halakha* is in accordance with the opinion of the Rabbis in the next mishna, on 79b (Rambam *Sefer Avoda, Hilkhot Pesulei HaMukdashin* 2:23).

Was mixed with blood of exudate – נִתְעָרֵב בְּדַם הַתַּמְצִית: If blood fit for presentation became mixed with blood that exudes from the neck after the initial spurt of its slaughter concludes, it must be poured into the drain running through the Temple courtyard. If the priest did not consult the authorities and presented the blood on the altar, the offering is fit (Rambam *Sefer Avoda, Hilkhot Pesulei HaMukdashin* 2:23).

גמ׳ אָמַר רַבִּי חִיָּיא בַּר אַבָּא אָמַר רַבִּי יוֹחָנָן: לֹא שָׁנוּ אֶלָּא שֶׁנָּפְלוּ מַיִם לְתוֹךְ דָּם, אֲבָל נָפַל דָּם לְתוֹךְ מַיִם – רִאשׁוֹן רִאשׁוֹן בָּטֵל.

GEMARA The mishna teaches that in a case where water became mixed with the blood of an offering, if the mixture has the appearance of blood it is fit, despite the fact that there is more water than blood. Concerning this **Rabbi Ḥiyya bar Abba says** that **Rabbi Yoḥanan says: They taught** this *halakha* **only** in a case **where** the **water fell into** the **blood.**[H] **But** in a case where the **blood fell into** the **water,** the **first** drop of blood, and then the next **first** drop of blood, is **nullified**[N] in the water, i.e., each drop is nullified in turn. Consequently, the mixture is unfit for presentation, regardless of whether it has the appearance of blood.

אָמַר רַב פַּפָּא: וּלְעִנְיַן כִּיסּוּי אֵינוֹ כֵּן, לְפִי שֶׁאֵין דִּחוּי בְּמִצְוֹת.

Rav Pappa says: But with regard to the mitzva of **covering** the blood[B] of birds or undomesticated animals that are slaughtered, **it is not so.**[H] In this case, even if the blood fell into water, the mitzva of covering applies to it, provided that the mixture has the appearance of blood. The blood is not nullified by the water **because there is no** permanent **rejection with regard to mitzvot,**[N] i.e., its nullification was merely temporary, but once there is enough blood in the water, it reassumes its status of blood.

אָמַר רֵישׁ לָקִישׁ: הַפִּיגּוּל וְהַנּוֹתָר וְהַטָּמֵא שֶׁבְּלָלָן זֶה בָּזֶה וַאֲכָלָן – פָּטוּר, אִי אֶפְשָׁר שֶׁלֹּא יִרְבֶּה מִין עַל חֲבֵירוֹ וִיבַטְּלֶנּוּ.

§ The Gemara continues to discuss various mixtures. **Reish Lakish says:** With regard to meat of ***piggul,*** i.e., an offering that was sacrificed with the intent to consume it beyond its designated time, **and** meat of ***notar,*** an offering whose designated time for consumption has passed, **and ritually impure** sacrificial meat,[N] each of which was an olive-bulk, the minimum size for which one is liable to be flogged for its consumption, **that one mixed together and ate them** as a mixture, he is **exempt** from being flogged. The reason is that it is **impossible that** while eating them one **type would not be greater than another** type **and nullify it.** Since it is unknown which prohibition will nullify the other, one cannot forewarn the offender as to which prohibition he is about to transgress, and in order to be liable to be flogged one must receive a forewarning concerning a specific prohibition.

שְׁמַע מִינָּהּ תְּלָת: שְׁמַע מִינָּהּ אִיסּוּרִין מְבַטְּלִין זֶה אֶת זֶה, וּשְׁמַע מִינָּהּ נוֹתֵן טַעַם בְּרוֹב לָאו דְּאוֹרָיְיתָא, וּשְׁמַע מִינָּהּ הַתְרָאַת סָפֵק לֹא שְׁמָהּ הַתְרָאָה.

The Gemara comments: **Conclude three** *halakhot* **from** this statement of Reish Lakish. **Conclude from it** that **prohibitions nullify one another** in a majority, just as permitted items nullify a prohibited item. **And conclude from it** that the *halakha* that when a prohibited food **imparts flavor** to a permitted substance it prohibits it even **when** the permitted substance is the **majority** does **not** apply **by Torah law,**[N] but by rabbinic law. The proof is that if this principle were applied by Torah law, then one should be flogged for this consumption, as the meats are of different types and therefore one of them must have imparted flavor to the other. **And** finally, **conclude from it** that **an uncertain forewarning,**[B] e.g., one in which the witnesses cannot be sure which prohibition the transgressor is about to violate, **is not considered a forewarning.**

HALAKHA

Where the water fell into the blood – שֶׁנָּפְלוּ מַיִם לְתוֹךְ דָּם: If the blood of an offering fell into water or into the blood of a non-sacred animal, one may not present from it, and if one did so the offering is not valid, as stated by Rabbi Yoḥanan (Rambam *Sefer Avoda, Hilkhot Pesulei HaMukdashin* 2:22).

But with regard to the mitzva of covering the blood it is not so – וּלְעִנְיַן כִּיסּוּי אֵינוֹ כֵּן: In a case where the blood of a slaughtered undomesticated animal or bird fell into water, or where water fell into that blood, if the mixture has the appearance of blood then one is obligated to cover it, but if not then one is exempt. The *halakha* is in accordance with the opinion of Rav Pappa that in this case one does not apply the principle that the first drop of blood and then the next first drop is nullified, as there is no permanent rejection with regard to mitzvot (Rambam *Sefer Kedusha, Hilkhot Sheḥita* 14:6; *Shulḥan Arukh, Yoreh De'a* 28:12, and see *Beur HaGra* there).

BACKGROUND

Covering the blood – כִּיסּוּי הַדָּם: One who slaughters a kosher bird or a kosher undomesticated animal must cover its blood with earth (see Leviticus 17:13), reciting a blessing before fulfilling this mitzva. This mitzva is discussed in detail in the sixth chapter of tractate *Ḥullin*. Ashes and other powdery substances may be used instead of earth for this mitzva as well.

Forewarning – הַתְרָאָה: This legal concept refers to a formal warning given to someone who is about to perform a transgression. The forewarning must state that the act is prohibited and describe the punishment that a violator would incur. Capital and corporal punishment cannot be administered unless such a forewarning was issued beforehand and acknowledged by the transgressor. In only a few instances, e.g., one who incites to idol worship and conspiring witnesses, can punishment be administered even though no forewarning was given.

Forewarnings serve several purposes. Their primary goal is to inform and educate a perpetrator that he is about to violate a prohibition, with the hope of staying his hand from sinning. The second function of the forewarning is to establish the sinner's frame of mind. Should witnesses later testify that they or someone else forewarned the accused to desist, the accused will be unable to claim that he acted inadvertently or out of ignorance, and will be prosecuted and punished as one who acted intentionally.

NOTES

The first drop of blood and then the next first drop is nullified – רִאשׁוֹן רִאשׁוֹן בָּטֵל: As noted by *Tosafot* on the previous *amud*, this is referring to droplets of blood, or at most a thin stream. If the liquid flows in one heavy stream, each drop is not nullified as it enters the mixture, as explained in *Avoda Zara* 73a, according to the opinion of Rabbi Yoḥanan. On *Bekhorot* 22b *Tosafot* state that according to Rabbeinu Tam in a case where there was a steady flow of liquid one does not say that each drop is nullified in turn.

Because there is no permanent rejection with regard to mitzvot – לְפִי שֶׁאֵין דִּחוּי בְּמִצְוֹת: Although each drop of blood is initially nullified by the water, and thereby rejected from the obligation of covering, once the mixture has the appearance of blood, the obligation applies once again. By contrast, with regard to offerings there is permanent rejection, and therefore if the blood of an offering became mixed with water to the extent that it is unfit for the altar, it cannot be rendered fit again.

Piggul and *notar* and ritually impure meat – הַפִּיגּוּל וְהַנּוֹתָר וְהַטָּמֵא: The commentaries note that the third category mentioned here, that of ritually impure meat, is not necessary, as the ruling of the mishna applies even to a mixture of two substances.

And conclude from it that…does not apply by Torah law – וּשְׁמַע מִינָּהּ...לָאו דְּאוֹרָיְיתָא: This is based on the assumption that Reish Lakish is referring even to a case where the taste of the prohibited items is not identical, e.g., if the *piggul* is meat and the *notar* the remainder of a meal offering, and the taste of the meat is noticeable in the meal offering. If the prohibited food that imparts flavor transforms the permitted substance into a prohibited item, then even if the *notar* is the majority it does not nullify the *piggul*. On the contrary, the *notar* itself is prohibited due to the taste of *piggul* it contains, and there is certainly a minimum amount of *piggul* to render one liable to be flogged (Rashi).

מְתִיב רָבָא: עָשָׂה עִיסָּה מִן חִיטִּין וּמִן אוֹרֶז, אִם יֵשׁ בָּהּ טַעַם דָּגָן – חַיֶּיבֶת בְּחַלָּה, וְאַף עַל גַּב דְּרוּבָּא אוֹרֶז!

Concerning the inference that the *halakha* that when a prohibited food imparts flavor to a permitted substance it prohibits it even when the permitted substance is the majority does not apply by Torah law, **Rava raises an objection** from a mishna (*Ḥalla* 3:7): In a case where one **prepared a dough from wheat and from rice,**[HB] **if** this mixture **has the taste of wheat,** it is **obligated in** the separation of ***ḥalla*,**[B] a portion of dough that must be given to a priest (see Numbers 15:17–21). *Ḥalla* is separated only from one of the five species of grain, not rice. Rava explains his objection: **And** this *halakha* applies **even though the majority** of the mixture is flour from **rice.** Apparently, the fact that the wheat imparts flavor to the dough renders it obligated in *ḥalla* even if the wheat is the minority.

מִדְּרַבָּנַן. אִי הָכִי, אֵימָא סֵיפָא: אָדָם יוֹצֵא בָּהּ יְדֵי חוֹבָתוֹ בְּפֶסַח!

The Gemara answers: The obligation to set aside *ḥalla* in this case applies **by rabbinic law,** not by Torah law. Rava raises a difficulty: **If so, say the latter clause** of that same mishna: **A person can fulfill his obligation with** *matza* from this type of dough **on** the first night of **Passover.**[H] Since by Torah law this mitzva must be fulfilled with *matza* made from a grain, evidently the principle that one substance that imparts flavor to a greater amount of a different substance affects its status applies by Torah law.

HALAKHA

A dough from wheat and from rice – עִיסָּה מִן חִיטִּין וּמִן אוֹרֶז: In a case where one prepared dough from wheat and rice together, if the dough has the taste of wheat one is obligated to separate *ḥalla* from it, even if the majority is rice. If it does not taste like wheat, one is exempt from separating *ḥalla*. Some commentaries maintain that one is obligated only if the dough contains enough wheat that one could eat an olive-bulk of it in the time it takes to eat a half-loaf of bread (Ra'avad). While the Rashba claims that this *halakha* applies only to a mixture of wheat and rice, as the rice is affected by the wheat, as stated in the Jerusalem Talmud, the Rosh indicates that the same applies to rice mixed with the other four types of grain (Rambam *Sefer Zera'im, Hilkhot Bikkurim* 6:11; *Shulḥan Arukh, Yoreh De'a* 324:9, and see *Shakh* there).

A person can fulfill his obligation with *matza* from this type of dough on the first night of Passover – אָדָם יוֹצֵא בָּהּ יְדֵי חוֹבָתוֹ בְּפֶסַח: With regard to dough prepared from a mixture of wheat and rice, if it has the taste of grain one can fulfill his obligation with *matza* from this type of dough on the first night of Passover. Some maintain that this is the *halakha* only if the dough contains enough wheat that one could eat an olive-bulk of it in the time it takes to eat a half-loaf of bread (Ra'avad). One should act in accordance with this opinion *ab initio* (*Mishna Berura*). If another type of grain was mixed with rice, or if wheat was mixed with another species not of the five types of grain, one may fulfill his obligation with the dough only if there was enough grain that one could eat an olive-bulk of it in the time it takes to eat a half-loaf of bread, as indicated in the Jerusalem Talmud (Rambam *Sefer Zemanim, Hilkhot Ḥametz UMatza* 6:5; *Shulḥan Arukh, Oraḥ Ḥayyim* 453:2).

BACKGROUND

Rice – אוֹרֶז: Rice, *Oryza sativa*, is an annual plant from the grain family. It can grow as high as 1 m and is cultivated mostly in swamps or irrigated summer ponds. When inside their shells, rice grains are ordinarily yellow, although some strains are red.

Rice originated in the Far East, but by the mishnaic period it had been imported to Eretz Yisrael and was cultivated there as well. It was used primarily in porridge, as its lack of gluten renders it virtually impossible to form into bread. Numerous attempts have been made to develop strains of rice from which bread can be prepared. Although rice does rise somewhat, it does not become leavened like wheat or barley.

The Sages engaged in disputes concerning the classification of rice with regard to the blessing recited over it, the *halakhot* of leavened bread made from it, the fulfillment of the obligation to eat *matza* by eating *matza* made from it, and other matters. Some maintain that it is considered a grain, like the five types of grains, while others claim that it is a type of legume.

Rice plant

***Ḥalla* – חַלָּה:** The Torah commands the separation of a portion of dough, which is given to the priests (see Numbers 15:20). This portion is called *ḥalla* and is governed by all the *halakhot* pertaining to *teruma*, the priests' portion of a crop. The Torah does not specify a measure for *ḥalla*. When baking for personal use, the Sages required an individual to give one twenty-fourth of his dough, while a commercial baker must set aside one forty-eighth. *Ḥalla* must be taken from all dough made from any one of the five types of grain, provided that the quantity of flour is at least one-tenth of an ephah in volume. There is a dispute among the later authorities as to the modern equivalent of this measure, with opinions ranging from 1.6 kg to 2.25 kg. If *ḥalla* is not taken, the dough is considered untithed produce and may not be eaten.

אֶלָּא: מִין בְּשֶׁאֵינוֹ מִינוֹ – בְּטַעְמָא, מִין בְּמִינוֹ – בְּרוּבָּא.

Rather, one must say that according to Reish Lakish, in a case of a **type** of food mixed **with** food **not** of **its** own **type,** such as wheat flour and rice flour, whose tastes are different, the status is determined **by the flavor.** Therefore, if the dough tastes like wheat, it has the *halakha* of a dough made from wheat. But if it is **a type** of food mixed **with** food of **its** own **type,** e.g., a mixture of *piggul* and *notar* meat, which is the case addressed by Reish Lakish, the status of the mixture is determined **by the majority.**

וְנַשְׁעֵר מִין בְּמִינוֹ כְּמִין בְּשֶׁאֵינוֹ מִינוֹ. דִּתְנַן: נִתְעָרֵב בְּיַיִן – רוֹאִין אוֹתוֹ כְּאִילּוּ הוּא מַיִם; מַאי לָאו רוֹאִין אוֹתוֹ לַיַּיִן כְּאִילּוּ הוּא מַיִם?

The Gemara suggests: **But let us estimate** in a case of **a type** of food mixed **with** food of **its** own **type as** though it were a mixture of **a type** of food mixed **with** food **not** of **its** own **type,** and if so, the minority is not nullified if it is substantial enough to impart flavor to the majority. **As we learned** in the mishna: If the blood of an offering **was mixed with wine,**[N] **one considers it as though it is water.** Although blood and wine certainly have different flavors, in the case of the mishna the determinative factor is not the taste of the mixture, but the appearance. Since they share the same appearance, they are considered a case of a substance in contact with the same type of substance. **What, is it not** correct to explain the mishna as stating that **one views** the **wine as though it is water,** i.e., a substance of a different type, and if the mixture would have the appearance of blood if the wine were water it is fit for presentation, despite the fact that the blood is not the majority?

לָא, רוֹאִין אוֹתוֹ לַדָּם כְּאִילּוּ הוּא מַיִם. אִי הָכִי "בָּטֵל" מִיבָּעֵי לֵיהּ.

The Gemara answers: **No,** this is not the explanation of the mishna. Rather, it means that **one views the blood as though it is water,** i.e., it is unfit for presentation, since it is as though one presented water on the altar. The Gemara questions this explanation: **If so,** the *tanna* of the mishna **should have** said: The blood is **nullified.**

וְעוֹד: תַּנְיָא, רַבִּי יְהוּדָה אוֹמֵר: רוֹאִין אוֹתוֹ כְּאִילּוּ הוּא יַיִן אָדוֹם, אִם דֵּיהָה מַרְאֵהוּ – כָּשֵׁר,

And furthermore, it is taught in a *baraita* (*Tosefta, Mikvaot* 7:4): With regard to a ritually impure bucket containing a certain amount of white wine or milk that one immersed in a ritual bath, **Rabbi Yehuda says:** Although the appearance of the white wine or milk is not discernible in the water of the ritual bath that enters the bucket, **one views** the white wine or milk **as though it is red wine,** and makes the following determination: **If its** conjectured red **appearance would pale** due to the water that enters the bucket, the wine or milk is nullified by the water. Therefore, the act of purification is **fit,** and the bucket is ritually pure.

וְאִם לָאו – פָּסוּל!

Rabbi Yehuda continues: **But if** its conjectured red appearance would **not** pale, the act of purification is **unfit,** and the bucket remains ritually impure. This is a case in which a substance was mixed with another substance of similar appearance, as white wine and milk have a similar appearance to the water, and yet it is treated as a mixture of a substance with a different type of substance, and it is not nullified in a majority.

תַּנָּאֵי הִיא. דְּתַנְיָא: דְּלִי שֶׁיֵּשׁ בּוֹ יַיִן לָבָן אוֹ חָלָב וְהִטְבִּילוֹ – הוֹלְכִין אַחַר הָרוֹב. רַבִּי יְהוּדָה אוֹמֵר: רוֹאִין אוֹתוֹ כְּאִילּוּ הוּא יַיִן אָדוֹם, אִם דֵּיהָה מַרְאֵהוּ – כָּשֵׁר, וְאִם לָאו – פָּסוּל.

The Gemara explains: One cannot cite a proof from the opinion of Rabbi Yehuda, as this **is** a dispute between ***tanna'im,*** and the ruling follows the opinion of the Rabbis, who disagree with the opinion of Rabbi Yehuda. **As it is taught** in that *baraita*: With regard to a ritually impure **bucket in which there is white wine**[N] **or milk, and one immersed it** in a ritual bath, **one follows the majority,** i.e., if the majority of the contents of the bucket is now water from the ritual bath, it is pure. **Rabbi Yehuda says: One views** the white wine or milk **as though it is red wine** and makes the following determination: **If its** conjectured red **appearance would pale** due to the water that enters the bucket, the act of purification is **fit,** and the bucket is ritually pure. **But if** its conjectured red appearance would **not** pale, the act of purification is **unfit,** and the bucket remains ritually impure.

NOTES

If the blood of an offering was mixed with wine – נִתְעָרֵב בְּיַיִן: Since the fitness of the blood is determined by its appearance, the wine and blood are considered substances of the same type, as they are similar in appearance. Even so, the wine is considered as though it were water (see Rashi). Some commentaries claim that the difficulty is not from the case of blood mixed with wine, as these are two different substances, but from the case of blood that was mixed with the blood of a non-sacred animal, which is discussed in the continuation of the mishna, as these are physically two substances of the same type (*Shita Mekubbetzet*; see *Tohorat HaKodesh*).

A bucket in which there is white wine, etc. – דְּלִי שֶׁיֵּשׁ בּוֹ יַיִן לָבָן וכו׳: This is referring to the *halakha* of purifying water by bringing it into contact with a ritual bath, in which ritually impure water is rendered pure when part of it comes into contact with the water of the ritual bath. The reason for the purification is that it is considered as though this water has become part of the ritual bath, like a plant replanted in the earth. Consequently, if one immerses an impure vessel that has water in it, even if the water is impure it does not interpose between the ritual bath and the vessel, which is purified. By contrast, other liquids cannot be purified in a ritual bath in the manner of water, and therefore liquids other than water are considered an interposition between the water of the ritual bath and the vessel. If a vessel is immersed while containing a liquid other than water, the vessel is purified only if the liquid is nullified in a majority of water from the ritual bath that enters the vessel.

וּרְמִינְהִי: דְּלִי שֶׁהוּא מָלֵא רוֹקִין וְהִטְבִּילוֹ – כְּאִילּוּ לֹא טָבַל,

And the Gemara **raises a contradiction** to the opinion of Rabbi Yehuda from a mishna (see *Mikvaot* 10:6): If one had an impure **bucket that is filled with spittle and one immersed it** in a ritual bath, the spittle is considered an interposition between the water of the ritual bath and that of the bucket, and therefore it is **as though he did not immerse** it.

מֵי רַגְלַיִם – רוֹאִין אוֹתוֹ כְּאִילּוּ הֵן מַיִם,

If the impure bucket was full of **urine** and he immersed it, although urine is slightly different in appearance than water, **one views** the urine **as though it is water,**[HN] and therefore once the urine is in contact with the ritual bath it is considered connected to the water, and it is not an interposition preventing the bucket from becoming ritually pure.

מָלֵא מֵי חַטָּאת – עַד שֶׁיִּרְבּוּ הַמַּיִם עַל מֵי חַטָּאת.

The mishna continues: If the impure bucket was **filled with water of purification,** the bucket is not purified **until the water** of the ritual bath that enters the bucket **becomes greater**[N] in quantity **than** the **water of purification** it contains, thereby nullifying it in a majority.

מַאן שָׁמְעַתְּ לֵיהּ דְּאִית לֵיהּ "רוֹאִין" – רַבִּי יְהוּדָה, וְקָתָנֵי דְּסַגֵּי לֵיהּ בְּרוּבָּא!

The Gemara explains the contradiction: **Whom have you heard who accepts** this reasoning of: **One views,** which appears in this mishna with regard to urine? It is **Rabbi Yehuda,**[N] as stated in the *baraita* cited above. **And** yet the mishna **teaches that a majority suffices** to nullify the water of purification that became mixed with water, and it is not considered as though it is red wine. This conflicts with the ruling of Rabbi Yehuda with regard to white wine and milk.

אָמַר אַבָּיֵי: לָא קַשְׁיָא,

Abaye says: This is **not difficult;**

HALAKHA

Urine one views as though it is water – מֵי רַגְלַיִם רוֹאִין אוֹתוֹ כְּאִילּוּ הֵן מַיִם: If one immersed an impure vessel that was full of liquid, it is as though he did not immerse it at all. If the vessel was filled with water, the vessel and water are purified together, as water is purified by a ritual bath. If the vessel was filled with urine, one views the urine as though it were water. In a case where the liquid in the vessel was water of purification, if most of the vessel was empty, so that the water of the ritual bath that enters forms the majority, the vessel is purified. If not, the vessel remains in its state of ritual impurity, as though other liquids are interposed between it and the water of the ritual bath (Rambam *Sefer Tahara*, *Hilkhot Mikvaot* 3:18).

NOTES

Urine one views as though it is water – מֵי רַגְלַיִם רוֹאִין אוֹתוֹ כְּאִילּוּ הֵן מַיִם: It is sufficient to bring the urine into contact with the water of the ritual bath in order to purify the vessel. The reason is that urine, unlike spittle, is considered like water, notwithstanding the slight difference in color.

If it was filled with water of purification it is not purified until the water of the ritual bath becomes greater – מָלֵא מֵי חַטָּאת עַד שֶׁיִּרְבּוּ הַמַּיִם: That is, until most of the liquid in the bucket is water from the ritual bath. The act of bringing the water of purification into contact with a ritual bath is ineffective to purify it, as water of purification in which the ashes of a red heifer have been placed has the status of a primary source of ritual impurity, and therefore due to its sanctity and significance it is not considered like regular water (Rashi).

Whom have you heard who accepts this reasoning…It is Rabbi Yehuda – מַאן שָׁמְעַתְּ לֵיהּ דְּאִית לֵיהּ...רַבִּי יְהוּדָה: Since Rabbi Yehuda states in the *baraita* that one views white wine as though it were red wine, it can be assumed that it is Rabbi Yehuda who says in the mishna that one views the urine as though it were water (Rashi). A different interpretation is suggested by *Tosafot*. In their opinion, the principle of: One views, which is stated in this passage, is not referring to a proper case of a substance in contact with the same type of substance, since Rabbi Yehuda states in the mishna here that one substance in contact with the same type of substance is not nullified at all. Rather, this is referring to a mixture of a substance in contact with a different type of substance when they have the same appearance, e.g., white wine in water, as Rabbi Yehuda states in the *baraita* that the white wine is viewed as though it were red. According to *Tosafot*, the mishna cited here with regard to urine and water is addressing a case of this kind, a substance in contact with a different type of substance that has the same appearance. They further claim that the correct version of the text is: Urine, one views it as though it were wine, similar to Rabbi Yehuda's ruling in the *baraita* with regard to white wine or milk.

According to this interpretation, this contradiction between the statement of Rabbi Yehuda is not, as claimed by Rashi, in his application of the principle: One views, in this mishna and the *baraita* that addresses white wine and water. Rather, the problem is Rabbi Yehuda's rulings with regard to a mixture of a substance in contact with the same type of substance: In that mishna Rabbi Yehuda claims that water of purification is nullified in a majority of water from a ritual bath, despite the fact that they are the same type of substance, whereas in the mishna here in *Zevaḥim* Rabbi Yehuda states that blood does not nullify blood. See *Panim Meirot* for yet another explanation of this passage.

הָא דִּידֵיהּ, הָא דְּרַבֵּיהּ. דְּתַנְיָא, רַבִּי יְהוּדָה אוֹמֵר מִשּׁוּם רַבָּן גַּמְלִיאֵל: אֵין דָּם מְבַטֵּל דָּם, אֵין רוֹק מְבַטֵּל רוֹק, וְאֵין מֵי רַגְלַיִם מְבַטְּלִין מֵי רַגְלַיִם.

this statement, that the water of purification is nullified in a majority of water, is **his,** i.e., Rabbi Yehuda's, own opinion, whereas **that** statement, in the *baraita,* that white wine is not nullified in a majority of water, is **his teacher's** ruling, i.e., that of Rabban Gamliel, who is stringent with regard to a mixture of a substance in contact with the same type of substance. **As it is taught** in a *baraita* that **Rabbi Yehuda says in the name of Rabban Gamliel: Blood does not nullify blood, spittle does not nullify spittle, and urine does not nullify urine.**

רָבָא אָמַר: בִּדְלִי שֶׁתּוֹכוֹ טָהוֹר וְגַבּוֹ טָמֵא עָסְקִינַן, דְּמִדְּינָא סַגֵּי לְהוּ בְּכׇל דְּהוּ.

Rava says there is a different resolution of the apparent contradiction between the mishna that states that water of purification is nullified in a majority of water of a ritual bath and Rabbi Yehuda's opinion in the *baraita* with regard to white wine mixed with water: In the mishna, **we are dealing with a bucket whose internal** surface is **ritually pure,**[H] **and** only **its external** surface is **impure.**[N] The significance of this is **that by** Torah **law it suffices for** the water of the ritual bath to enter the bucket **in any amount** to purify its external surface, and therefore the water of purification in the bucket does not prevent the purification of the bucket at all.

וְרַבָּנַן הוּא דִּגְזוּר בְּהוּ דִּילְמָא חָיֵיס עֲלַיְיהוּ וְלָא מְבַטֵּיל לֵיהּ, וְכֵיוָן דְּאִיכָּא רִיבּוּיָא – לָא צָרִיךְ.

Rava continues: **And it is the Sages who decreed with regard to** this case that the internal surface must be purified as well, **lest** the owner wish to **spare** the water of purification **and not** to **nullify** it from its sanctity. In that case he would wish to avoid allowing water from the ritual bath to enter the vessel, and might immerse it in a manner which would not allow even the full external surface to come in contact with the water. Therefore, the Sages required that one immerse the entire vessel. **But once there is a majority** of water in the bucket from the ritual bath, he does **not need** to enable any more water to enter the vessel, as by Torah law it is already pure.

אָמַר רָבָא: אָמוּר רַבָּנַן בְּטַעְמָא, וַאֲמוּר רַבָּנַן בְּרוּבָּא, וַאֲמוּר רַבָּנַן בְּחֲזוּתָא. מִין בְּשֶׁאֵינוֹ מִינוֹ – בְּטַעְמָא, מִין בְּמִינוֹ – בְּרוּבָּא, הֵיכָא דְּאִיכָּא חֲזוּתָא – בְּמַרְאֶה.

§ **Rava says,** in summary of these *halakhot*: **The Sages said that** the status of an item in a mixture is determined **by the taste,** i.e., if the taste of one substance is noticeable in a mixture with another substance it is not nullified, **and the Sages said** that a prohibited item is nullified **by the majority, and the Sages** also **said** that the status of an item in a mixture is determined **by the appearance,** i.e., if the appearance of a substance is recognizable in a mixture it is not nullified. Rava elaborates: With regard to **a type** of food mixed **with** food **not of its own type,** the nullification is determined **by the taste.**[H] In the case of **a type** of food mixed **with** food **of its own type,**[H] the nullification is determined **by the majority.** In a case **where there is** a possibility to determine the status of an item based on **appearance,**[H] the nullification is **by appearance.**[N]

NOTES

With a bucket whose internal surface is ritually pure and its external surface is impure – בִּדְלִי שֶׁתּוֹכוֹ טָהוֹר וְגַבּוֹ טָמֵא: This situation is possible if the external surface of the vessel contracted ritual impurity from impure liquids. These liquids do not impart impurity to vessels by Torah law, but the Sages decreed that the external surface of the vessel is rendered impure (Rashi; see *Gilyon HaShas*).

Where there is appearance the nullification is by appearance – הֵיכָא דְּאִיכָּא חֲזוּתָא בְּמַרְאֶה: In other words, in a case where the appearance, as opposed to the taste, is the relevant factor, one defines the mixture according to its appearance. For example, in the case of the mishna, if the mixture has the appearance of blood, it is fit to be presented or to be covered. Likewise with regard to a ritual bath, if it does not have the appearance of water it is not valid (Rashi). Some say that this refers to all mixtures of a prohibited substance with a permitted substance: If the prohibited substance is noticeable in the mixture, the entire mixture is prohibited (*Sefat Emet*).

HALAKHA

With a bucket whose internal surface is ritually pure, etc. – בִּדְלִי שֶׁתּוֹכוֹ טָהוֹר וכו׳: In a case where a vessel's internal surface is ritually pure but its external surface is impure, and it is filled with white wine or milk, and one immersed it, if there is enough empty space in the vessel that the water of the ritual bath will be more than the liquid inside it, the vessel is purified. The reason is that the impurity of the internal surface is by rabbinic law, not by Torah law. The *halakha* is in accordance with the opinion of Rava, as according to the Rambam he is explaining the *baraita* on the previous *amud* (*Kesef Mishne*). The Ra'avad maintains that the same applies to a vessel whose internal surface is impure (Rambam *Sefer Tahara, Hilkhot Mikvaot* 3:19).

A type of food mixed with food not of its own type, the nullification is by the taste – מִין בְּשֶׁאֵינוֹ מִינוֹ בְּטַעְמָא: If a prohibited substance is mixed with a different type of permitted substance, the mixture is prohibited if the prohibited substance imparts flavor to it, as stated by Rava (*Kesef Mishne*). The mixture should be tasted by a gentile, and if he says that it does not have the taste of the prohibited substance or that the prohibited substance has impaired the overall taste, it is permitted. If no gentile is available to taste the mixture, one calculates whether there are sixty parts permitted substance to one part prohibited substance in the mixture. In an uncertain case, the ruling is stringent. The Rema notes that nowadays the custom is not to rely on a gentile but to always calculate whether the ratio is sixty to one (Rambam *Sefer Kedusha, Hilkhot Ma'akhalot Assurot* 15:1, 30; *Shulḥan Arukh, Yoreh De'a* 98:1).

A type of food mixed with food of its own type – מִין בְּמִינוֹ: If a prohibited food was mixed with a permitted food of the same type, and the taste of the prohibited food is indiscernible, by Torah law it is nullified in a majority, as stated by Rava (*Kesef Mishne*). By rabbinic law the mixture is prohibited until the prohibited food can no longer be considered an item of significance in its own right. The Sages stated that with regard to most prohibitions this means a ratio of one to sixty, although in some cases the required ratio is one to one hundred or one to two hundred (see, e.g., *Ḥullin* 97b). This *halakha* applies only to a mixture of moist substances, or dry items that were ground or cooked together. With regard to a regular mixture of dry items, the prohibited item is nullified in a simple majority of two to one (Rambam *Sefer Kedusha, Hilkhot Ma'akhalot Assurot* 15:4–5; *Shulḥan Arukh, Yoreh De'a* 98:1, 109:1).

Where there is a possibility to determine the status of an item based on appearance – הֵיכָא דְּאִיכָּא חֲזוּתָא: A ritual bath is invalidated only by a change in its appearance, not a change in the odor or taste of its water. Any liquid with which a ritual bath may not be initially filled entirely invalidates the ritual bath if it causes a change in the appearance of the ritual bath (Rambam *Sefer Tahara, Hilkhot Mikvaot* 7:1; *Shulḥan Arukh, Yoreh De'a* 201:25 and *Oraḥ Ḥayyim* 513:3).

וּפְלִיגָא דְּרַבִּי אֶלְעָזָר, דְּאָמַר רַבִּי אֶלְעָזָר: כְּשֵׁם שֶׁאֵין מִצְוֹת מְבַטְּלוֹת זוֹ אֶת זוֹ – כָּךְ אֵין אִיסּוּרִין מְבַטְּלִין זוֹ אֶת זוֹ.

§ The Gemara returns to its discussion of the opinion of Reish Lakish that prohibited items, such as *piggul*, *notar*, and ritually impure meat, nullify one another. The Gemara notes: **And** Reish Lakish **disagrees** with the statement **of Rabbi Elazar, as Rabbi Elazar says: Just as** items used in the performance of **mitzvot do not nullify one another,** despite the fact that one is of greater volume than the other or imparts flavor to it, **so too,** items to which **prohibitions** apply **do not nullify one another.**[H]

מַאן שָׁמְעַתְּ לֵיהּ דְּאָמַר: אֵין מִצְוֹת מְבַטְּלוֹת זוֹ אֶת זוֹ – הִלֵּל הִיא. דְּתַנְיָא: אָמְרוּ עָלָיו עַל הִלֵּל הַזָּקֵן שֶׁהָיָה כּוֹרְכָן בְּבַת אַחַת וְאוֹכְלָן, מִשּׁוּם שֶׁנֶּאֱמַר ״עַל מַצּוֹת וּמְרוֹרִים יֹאכְלוּהוּ״.

The Gemara adds: **Whom did you hear who says** that items used in the performance of **mitzvot do not nullify one another? It is Hillel, as it is taught** in a *baraita*: **They said about Hillel the Elder**[P] **that** when eating the Paschal offering, *matza*, and bitter herbs on the first night of Passover, **he would wrap them all at once**[NH] **and eat them** together, **because it is stated** with regard to the Paschal offering: **"They shall eat it with *matzot* and bitter herbs"** (Numbers 9:11), which indicates that these three foods should be eaten together. Hillel was not concerned that the taste of the bitter herbs would nullify the taste of the *matza*.

PERSONALITIES

Hillel the Elder – הִלֵּל הַזָּקֵן: Hillel the Elder and his colleague Shammai were the last of the pairs of *tanna'im* who led the Sanhedrin throughout much of the Second Temple era. Hillel served as *Nasi* of the Sanhedrin, while Shammai was the deputy *Nasi*. These leaders lived approximately one hundred years prior to the destruction of the Temple. Their lifetimes coincided with the beginning of Herod's reign.

NOTES

That he would wrap them all at once – שֶׁהָיָה כּוֹרְכָן בְּבַת אַחַת: Rashi and *Tosafot* maintain that Hillel would wrap *matza*, bitter herbs, and meat of the Paschal offering together and eat them, as stated in the *Tosefta* and the Jerusalem Talmud. The Rambam indicates that he would wrap only *matza* and bitter herbs together.

HALAKHA

Prohibitions do not nullify one another – אֵין אִיסּוּרִין מְבַטְּלִין זוֹ אֶת זוֹ: If one mixed *piggul*, *notar*, and ritually impure meat and ate them together, he is liable for violating three transgressions. Even if one substance was greater in quantity than one of the others, it does not nullify that substance, as prohibitions do not nullify one another. The *halakha* is in accordance with the opinion of Rabbi Elazar, as Rabbi Yoḥanan rules in accordance with his opinion in the Jerusalem Talmud (*Ḥalla* 1:1; *Kesef Mishne*). Some commentaries rule in accordance with the opinion of Reish Lakish that prohibitions do nullify one another (Rosh; *Tur*). Apparently, the *Shulḥan Arukh* concurs with that opinion (Rambam *Sefer Avoda, Hilkhot Pesulei HaMukdashin* 18:20; *Shulḥan Arukh, Yoreh De'a* 98:9).

That he would wrap them all at once – שֶׁהָיָה כּוֹרְכָן בְּבַת אַחַת: When the Temple is standing, one wraps together *matza* and bitter herbs and recites the blessing: Blessed are You, Lord our God, King of the universe, who has commanded us concerning the eating of *matzot* and bitter herbs; and eats them in the manner of Hillel. If he ate *matza* by itself and bitter herbs by themselves, he recites a separate blessing over each, since the Gemara in *Pesaḥim* does not reach a conclusion as to whether or not the *halakha* is in accordance with the opinion of Hillel (*Maggid Mishne*, citing *Pesaḥim* 115a; see Ra'avad and *Leḥem Mishne*). Nowadays one first eats *matza*, then bitter herbs, and subsequently takes another piece of matza which he wraps together with bitter herbs and recites: In remembrance of the Temple in the manner of Hillel (Rambam *Sefer Zemanim, Hilkhot Ḥametz UMatza* 8:6; *Shulḥan Arukh, Oraḥ Ḥayyim* 475:1).

Perek **VIII**
Daf **79** Amud **b**

תָּנוּ רַבָּנַן: חֶרֶסֶן שֶׁל זָב וְזָבָה, פַּעַם רִאשׁוֹן וְשֵׁנִי – טָמֵא, שְׁלִישִׁי – טָהוֹר.

§ The Gemara continues its discussion of cases involving a mixture of one substance in contact with the same type of substance, in which according to the opinion of Rabbi Yehuda in the mishna the prohibited substance is not nullified. **The Sages taught** a *baraita* (*Tosefta, Teharot* 5:3): In a case where **a broken earthenware** flask had absorbed the urine **of a *zav***[B] **or a *zava*,**[NHB] whose urine is a primary source of ritual impurity, which imparts impurity to one who carries it, in such a case, if one poured water into this flask to clean it, after the **first time and** the **second** time one washed it, it remains **ritually impure,** but after the **third** time it is **ritually pure,** as the impure urine has been expelled from the flask.

BACKGROUND

Zav – זָב: The term *zav* refers to a man suffering from a gonorrhea-like discharge. The *halakhot* relating to the severe ritual impurity caused by this condition are set out in the Torah (see Leviticus 15:1–15) and in tractate *Zavim*.

The *zav* becomes ritually impure as a result of the secretion of a white, pus-like discharge from his penis. A man who experiences a discharge of that kind on one occasion becomes ritually impure for one day, like a man who has discharged semen. If he experiences a second discharge on the same day or the following day, or a prolonged initial discharge, he contracts the more severe ritual impurity of a *zav*. This lasts until after seven clean days have passed without any secretions, after which he must immerse in a ritual bath. If he experiences a third discharge within the twenty-four hours following the second discharge, he is obligated to bring a pair of doves, one for a sin offering and one for a burnt offering, as part of his purification process.

Not only is the *zav* himself ritually impure, he imparts ritual impurity by coming into contact with vessels or people, by being moved by them, by moving them, by lying or sitting on them, or through the medium of a large stone that the *zav* is lying on and which is positioned over them. His bodily fluids, i.e., his spittle, urine, and semen, impart ritual impurity, and any item upon which he sits or lies becomes a primary source of ritual impurity and can itself impart ritual impurity to other items.

Zava – זָבָה: A *zava* is a woman who experiences a flow of uterine blood on three consecutive days during a time of the month when she is not due to experience menstrual bleeding. The first secretion renders her ritually impure, but until the third secretion her status is that of a woman who keeps watch each day for a day, and she is not subject to all the halakhic restrictions of a *zava*. After experiencing bleeding on the third consecutive day, the woman is considered a *zava* and is a primary source of impurity. She imparts ritual impurity in the same manner as a *zav*: Through contact, through being carried or moved, and through objects upon which she sits or lies. In addition, a man who engages in sexual intercourse with her becomes a primary source of ritual impurity and imparts ritual impurity to others. Eventually the woman can purify herself through immersion in a ritual bath. This is done following seven clean days with no bleeding. Unlike a menstruating woman, a *zava* immerses during the day. A *zava* is also obligated to bring an offering as part of her purification process.

NOTES

Broken earthenware flask of a *zav* or a *zava* – חֶרֶסֶן שֶׁל זָב וְזָבָה: If an earthenware vessel was rendered ritually impure by the urine of a *zav* or a *zava* it cannot be purified, as earthenware vessels have no method of purification other than by being broken. The *baraita* is referring to a broken earthenware vessel, which is not itself impure. Nevertheless, one who carries or moves the broken vessel is rendered impure by the urine absorbed in it, which renders one who carries it impure. This broken vessel can be purified, i.e., brought to a state where it no longer imparts ritual impurity, if the urine is removed. This is achieved through pouring water into the broken vessel, which absorbs and expels the impure urine (Rashi).

Others claim that the issue here is not the purification of the broken vessel but the status of the water that was placed in it to cleanse it: When is this water no longer considered to contain any trace of impure urine so that it does not impart impurity (Rambam)? Either way, this *halakha* applies only to broken earthenware vessels, which absorb the liquid placed inside them. It does not apply to other types of broken vessels, e.g., metal or wooden ones (see *Tosafot*, citing Rabbeinu Tam).

HALAKHA

Broken earthenware flask of a *zav* or a *zava* – חֶרֶסֶן שֶׁל זָב וְזָבָה: In the case of a broken earthenware flask in which a *zav* or *zava* urinated, if it was washed once or twice then the liquid used to wash it is impure. On the third occasion, the liquid is pure. This applies whether the urine was washed with water or other urine, as none of the moisture of the urine of *zav* or *zava* will be left. The *halakha* is in accordance with the opinion of Rabbi Eliezer ben Ya'akov (Rambam *Sefer Tahara, Hilkhot Metamei Mishkav UMoshav* 2:8).

בַּמֶּה דְּבָרִים אֲמוּרִים – שֶׁנָּתַן לְתוֹכוֹ מַיִם, אֲבָל לֹא נָתַן לְתוֹכוֹ מַיִם – אֲפִילּוּ עֲשִׂירִי טָמֵא. רַבִּי אֱלִיעֶזֶר בֶּן יַעֲקֹב אוֹמֵר: שְׁלִישִׁי, אַף עַל פִּי שֶׁלֹּא נָתַן לְתוֹכוֹ מַיִם – טָהוֹר. מַאן דְּשָׁמְעַתְּ לֵיהּ דְּאָמַר: מִין בְּמִינוֹ לָא בָּטֵיל – רַבִּי יְהוּדָה.

The *baraita* continues: **In what** case **is this statement said?** It is said **when one placed water into** the flask. **But if** he **did not place water into it,** but instead placed the urine of a ritually pure person into it, **even** after the **tenth** time he places this urine into the flask it remains **ritually impure,** as one substance in contact with the same type of substance is not nullified. **Rabbi Eliezer ben Ya'akov says:** After the **third** time, **even though he did not place water into it,** but rather urine, it is **ritually pure.** The Gemara comments: **Whom did you hear who says** that **a substance** in contact **with** the **same** type of **substance is not nullified? Rabbi Yehuda,** and therefore he is the first *tanna* of this *baraita.*

וּרְמִינְהוּ: פִּשְׁתָּן שֶׁטְּוָאַתּוּ נִדָּה – מְסִיטוֹ טָהוֹר, וְאִם הָיָה לַח – מְסִיטוֹ טָמֵא, מִשּׁוּם מַשְׁקֵה פִּיהָ. רַבִּי יְהוּדָה אוֹמֵר: אַף הָרוֹטְבוֹ בְּמַיִם – טָמֵא מִשּׁוּם מַשְׁקֵה פִּיהָ, וַאֲפִילּוּ טוּבָא!

And the Gemara **raises a contradiction** from another *baraita* (*Tosefta, Teharot* 4:11): With regard to **flax that was woven**[B] **by a menstruating woman,**[H] although it has absorbed the spittle of a menstruating woman, which imparts impurity by being carried, **one who moves it** remains **ritually pure,** as the spittle has dried. **But if** the flax **was** still **moist, one who moves it** is rendered **impure due to the liquid of her mouth,** i.e., the spittle of the menstruating woman. **Rabbi Yehuda says: Even one who wets** the flax **with water** is rendered **impure due to** the **liquid of her mouth, and** this *halakha* applies **even** if he wet the flax **a great deal,**[N] several times, as the water does not nullify and expel the spittle. This apparently contradicts Rabbi Yehuda's claim with regard to the broken flask that was washed with water three times.

אָמַר רַב פַּפָּא: שָׁאנֵי רוֹק דִּקְרֵיר.

Rav Pappa says: Spittle is different, as it is thoroughly **absorbed** and adheres to the flax, and therefore washing the flax with water does not nullify the spittle.

״נִתְעָרֵב בְּדַם הַפְּסוּלִין – יִשָּׁפֵךְ לָאַמָּה״. בְּמַאי קָמִיפַּלְגִי?

§ The mishna teaches: If blood fit for presentation **was mixed with the blood of unfit** offerings, the entire mixture **shall be poured into the** Temple courtyard **drain,** and similarly, if blood fit for presentation became mixed with blood of exudate, it shall be poured into the drain, whereas Rabbi Eliezer deems the mixture fit for presentation. The Gemara asks: **With regard to what** principle **do** the first *tanna* and Rabbi Eliezer **disagree?**

אָמַר רַב זְבִיד: בְּגוֹזְרִין גְּזֵירָה בַּמִּקְדָּשׁ קָא מִיפַּלְגִי, דְּמָר סָבַר: גּוֹזְרִין, וּמָר סָבַר: לֹא גּוֹזְרִין.

Rav Zevid says: They disagree with regard to the question of whether the Sages **issue** a rabbinic **decree** of this kind **with regard to the Temple. As** one **Sage,** the first *tanna,* **holds** that the Sages **issue** a rabbinic **decree** with regard to the Temple, and therefore one may not present this mixture of blood, lest one present a mixture that contains a majority of blood of unfit offerings or blood of exudate. **And** one **Sage,** Rabbi Eliezer, **holds** that the Sages do **not issue** a rabbinic **decree** with regard to the Temple, and consequently this mixture of blood is fit for presentation.

רַב פַּפָּא אָמַר: דְּכוּלֵּי עָלְמָא גּוֹזְרִין,

Rav Pappa says that there is a different explanation of the dispute: **Everyone** agrees that the Sages **issue** a rabbinic **decree** with regard to the Temple, and therefore in a case where blood fit for presentation was mixed with the blood of unfit offerings Rabbi Eliezer agrees that it should be poured into the Temple courtyard drain, and he deems the blood permitted only if it was mixed with blood of exudate.

BACKGROUND

Flax that was woven – פִּשְׁתָּן שֶׁטְּוָאַתּוּ: The activity of spinning is designed to fashion a long thread of flax fibers. This is performed by means of a spindle, which is made of three parts: A pole, a weight, and a hook. Spindles have been used since ancient times to spin wool. Typically, the raw wool was held under the spinner's arm, or on a pole called a distaff, and tied to the spindle. The spindle was then spun, thereby pulling the wool. As the wool was being pulled by the spindle, the spinner would twist the wool in order to create thread, which would wrap around the spindle. Various methods of spinning were developed in the processing of wool and flax, for the threads of both the warp and the woof.

Those spinning the thread typically moisten the fibers with their mouths in order to make the twisting more effective. This work was frequently performed by women. The fibers of the flax may damage the lips, and excessive spinning of this type of thread causes an enlargement of the lower lip, upon which the spinning thread is usually rested. Additionally, since the method of preparing the tufts of flax for spinning involves causing the stem to begin to rot, a foul odor is released by the bacteria. Spinning the flax and placing it in one's mouth causes this foul odor to enter the mouth of the spinner as well. For this reason a husband cannot force his wife to spin flax, although he can compel her to spin wool (see *Ketubot* 61b).

Spindle and distaff

HALAKHA

Flax that was woven by a menstruating woman – פִּשְׁתָּן שֶׁטְּוָאַתּוּ נִדָּה: If one moved dry flax woven by a menstruating woman, he remains ritually pure. If the flax was moist it renders the one who moves it ritually impure, due to the spittle of her mouth (Rambam *Sefer Tahara, Hilkhot Metamei Mishkav UMoshav* 2:2).

NOTES

And even if he wet the flax a great deal – וַאֲפִילּוּ טוּבָא: The question of the Gemara is ostensibly difficult, as Rabbi Yehuda holds that only water can nullify urine, but urine cannot nullify urine. How does that contradict his statement that water cannot nullify spittle, which seems to be the same substance as water? Evidently, spittle produced in a person's mouth is sufficiently different from water to be considered a different substance. See also *Meromei Sadeh*, which explains the Gemara's question in the opposite manner: If it can be seen that Rabbi Yehuda deems spittle to be the same substance as water, as evidenced by the fact that the water can nullify spittle, he should rule similarly with regard to urine and water, as urine is considered a derivative of water with regard to certain *halakhot*.

וְהָכָא בְּדַם הַתַּמְצִית מָצוּי לְרָבוֹת עַל דַּם הַנֶּפֶשׁ קָא מִיפַּלְגִי, מָר סָבַר: שְׁכִיחַ, וּמָר סָבַר: לָא שְׁכִיחַ.

Rav Pappa continues: **And here they disagree with regard to** the question of whether it is **common for blood of exudate to be greater** in quantity **than blood of the soul,**[B] i.e., the blood that emerges immediately following the slaughter of the animal. **One Sage,** the first *tanna*, **holds** that this is **a common** occurrence, and therefore the Sages issued a decree concerning all mixtures of blood of exudate and blood of the soul. **And one Sage,** Rabbi Eliezer, **holds** that this is **not a common** occurrence, and therefore the Sages did not issue a decree concerning a mixture of this kind.

בִּשְׁלָמָא לְרַב פָּפָּא, הַיְינוּ דְּקָתָנֵי: נִתְעָרֵב בְּדַם הַפְּסוּלִין – יִשָּׁפֵךְ לָאַמָּה, (אוֹ) בְּדַם הַתַּמְצִית – יִשָּׁפֵךְ לָאַמָּה.

The Gemara comments: **Granted, according to** the opinion of **Rav Pappa** that Rabbi Eliezer's lenient ruling applies only to a mixture with blood of exudate, but that he concedes to the first *tanna* that if blood fit for presentation was mixed with the blood of unfit offerings it is poured down the Temple courtyard drain, **this** explanation is consistent with **that which** the mishna **teaches:** If blood fit for presentation **was mixed with the blood of unfit** offerings, it **shall be poured into the** Temple courtyard **drain;** if blood fit for presentation **was mixed with blood of exudate, it shall be poured into the drain.** In other words, the fact that the mishna separates these two cases into different clauses makes sense, as Rabbi Eliezer's ruling applies only to one case.

אֶלָּא לְרַב זְבִיד, לִיעָרְבִינְהוּ וְלִיתְנִינְהוּ! קַשְׁיָא.

But according to the interpretation of **Rav Zevid** that Rabbi Eliezer disagrees with regard to both cases, **let** the mishna **combine them and teach them** together, as follows: If blood fit for presentation was mixed with the blood of unfit offerings or with blood of exudate, the entire mixture shall be poured into the drain running through the Temple courtyard, and Rabbi Eliezer deems the mixtures fit for presentation. The Gemara concludes: Indeed, the wording of the mishna poses **a difficulty** to the explanation of Rav Zevid.

מתני׳ דַּם תְּמִימִים בְּדַם בַּעֲלֵי מוּמִין – יִשָּׁפֵךְ לָאַמָּה. כּוֹס בְּכוֹסוֹת, רַבִּי אֱלִיעֶזֶר אוֹמֵר: אִם קָרַב כּוֹס אֶחָד – יִקְרְבוּ כׇּל הַכּוֹסוֹת. וַחֲכָמִים אוֹמְרִים: אֲפִילּוּ קָרְבוּ כּוּלָּן חוּץ מֵאֶחָד מֵהֶן – יִשָּׁפֵךְ לָאַמָּה.

MISHNA If **the blood of unblemished** offerings was mixed **with the blood of blemished** animals[H] unfit for sacrifice, the entire mixture **shall be poured into the** Temple courtyard **drain.** This is the *halakha* when the fit and unfit blood were mixed in one vessel. By contrast, if **a cup** of the blood of a blemished offering was intermingled **with cups** of blood fit for offering[N] and it is unclear which blood is in the cup, **Rabbi Eliezer says:** Although it is prohibited to present all the blood due to the uncertainty, **if** it happened that a priest already **sacrificed,** i.e., presented, **one cup,** the blood in **all** the other **cups shall be sacrificed,** as the blood that was presented is assumed to have come from the unfit cup in the mixture. **And the Rabbis say: Even** if the blood in **all** the cups **was sacrificed except for one of them,** the remaining blood **shall be poured into the** Temple courtyard **drain.**

הַנִּיתָּנִין לְמַטָּה שֶׁנִּתְעָרְבוּ בַּנִּיתָּנִין לְמַעְלָה, רַבִּי אֱלִיעֶזֶר אוֹמֵר: יִתֵּן לְמַעְלָה, וְרוֹאֶה אֲנִי אֶת הַתַּחְתּוֹנִים מִלְמַעְלָן כְּאִילּוּ הֵם מַיִם, וְיַחֲזוֹר וְיִתֵּן לְמַטָּה. וַחֲכָמִים אוֹמְרִים: יִשָּׁפֵךְ לָאַמָּה. וְאִם לֹא נִמְלַךְ, וְנָתַן – כָּשֵׁר.

With regard to blood **that is** to be **placed below** the red line circumscribing the altar, e.g., blood of a burnt offering, a guilt offering, or a peace offering, **that was mixed with** blood **that is** to be **placed above** the red line,[H] e.g., blood of a sin offering, **Rabbi Eliezer says:** The priest **shall** initially **place** the blood of the mixture **above** the red line[N] for the sake of the sin offering, **and I view** the blood that was to be placed **below** that was in fact placed **above as though it is water, and** the priest shall **again place** blood from the mixture **below. And the Rabbis say:** It **shall** all **be poured into the** Temple courtyard **drain.**[N] Even according to the Rabbis, **if** the priest **did not consult** the authorities **and placed** the blood above the red line, the offering is **fit,** and he should then place the remaining blood below the red line.

BACKGROUND

Blood of exudate…blood of the soul – דַּם הַתַּמְצִית...דַּם הַנֶּפֶשׁ: When an animal is slaughtered and the knife reaches the major blood vessels, the blood of the soul gushes out. This is the blood that flows while the heart continues to function. It is named the blood of the soul because it is this blood that gives life to the animal, and its exit from the body causes the heart to stop functioning and the soul to depart.

Yet even after this stage the blood in the blood vessels continues to flow somewhat, due to gravity. This blood is called the blood of exudate, as it exudes after the act of slaughter.

HALAKHA

If the blood of unblemished offerings was mixed with the blood of blemished animals – דַּם תְּמִימִים בְּדַם בַּעֲלֵי מוּמִין: If the blood of an offering was mixed with the blood of animals unfit for sacrifice, the entire mixture shall be poured into the Temple courtyard drain. Even if all the cups of blood have been presented apart from one of them, it is poured into the drain, as stated by the Rabbis (Rambam *Sefer Avoda*, *Hilkhot Pesulei HaMukdashin* 2:23).

With regard to blood that is placed below the red line that was mixed with blood that is placed above the red line – הַנִּיתָּנִין לְמַטָּה שֶׁנִּתְעָרְבוּ בַּנִּיתָּנִין לְמַעְלָה: In a case where blood that is to be placed below the red line was mixed with blood that is to be placed above the red line, the entire mixture shall be poured into the Temple courtyard drain, and the offerings are disqualified. If the priest did not consult the authorities but placed the blood both above and below the red line, the offering is fit (Rambam *Sefer Avoda*, *Hilkhot Pesulei HaMukdashin* 2:11–12).

NOTES

A cup of the blood of a blemished offering was intermingled with cups of blood fit for offering, etc. – כּוֹס בְּכוֹסוֹת וכו׳: By Torah law the unfit blood is nullified in a majority, and it is permitted to present the blood of all the cups. The Sages prohibited presenting the blood of the intermingled cups *ab initio*. Rabbi Eliezer permits one to present all of the blood if the blood in one of the cups has already been presented (see 77b and the Gemara here in its discussion of the mishna).

Shall initially place the blood of the mixture above the red line – יִתֵּן לְמַעְלָה: One must begin by placing the blood above the red line, in accordance with the statement on 89a that the blood of a sin offering is presented before the blood of a burnt offering (Rashi).

It shall all be poured into the drain – יִשָּׁפֵךְ לָאַמָּה: The Rabbis reject the application of the principle: I view, in this case, and they prohibit placing blood that should be placed below the red line in the incorrect location in order to permit the blood that is placed above. Nevertheless, the blood that belongs above is fit after the fact, as it was placed in the right location. At this stage, the priest shall place the blood below, as he thereby fulfills his obligation of placing blood below the line. He then pours the remainder of the blood of the sin offering onto the base of the altar (see *Tiferet Yisrael*).

הַנִּיתָּנִין בְּמַתָּנָה אַחַת שֶׁנִּתְעָרְבוּ בַּנִּיתָּנִין בְּמַתָּנָה אַחַת – יִנָּתְנוּ בְּמַתָּנָה אַחַת. (מֵהֶן) מַתַּן אַרְבַּע בְּמַתַּן אַרְבַּע – יִנָּתְנוּ בְּמַתַּן אַרְבַּע.

In a case of the blood of an offering **that is** to be **placed** on the altar **with one placement that was mixed**[H] **with** the blood of another offering **that is** to be **placed** on the altar **with one placement,** e.g., the blood of a firstborn offering with the blood of another firstborn offering or the blood of an animal tithe offering, the blood **shall be placed with one placement.** In a case of the blood of an offering that is to be placed on the altar with **four placements** that was mixed with the blood of another offering that is to be placed on the altar **with four placements,**[N] e.g., the blood of a sin offering with that of another sin offering, or the blood of a burnt offering with that of a peace offering, the blood **shall be placed with four placements.**

מַתַּן אַרְבַּע בְּמַתָּנָה אַחַת, רַבִּי אֱלִיעֶזֶר אוֹמֵר: יִנָּתְנוּ בְּמַתַּן אַרְבַּע, רַבִּי יְהוֹשֻׁעַ אוֹמֵר: יִנָּתְנוּ בְּמַתָּנָה אַחַת.

If the blood of an offering that is to be placed on the altar with **four placements** was mixed with the blood of an offering that is to be placed on the altar **with one placement,**[N] **Rabbi Eliezer says:** The blood **shall be placed with four placements.**[N] **Rabbi Yehoshua says:** The blood **shall be placed with one placement,** as the priest fulfills the requirement with one placement after the fact.

אָמַר לוֹ רַבִּי אֱלִיעֶזֶר: הֲרֵי הוּא עוֹבֵר עַל ״בַּל תִּגְרַע״! אָמַר לֵיהּ רַבִּי יְהוֹשֻׁעַ: הֲרֵי הוּא עוֹבֵר עַל ״בַּל תּוֹסִיף״!

Rabbi Eliezer said to Rabbi Yehoshua: According to your opinion, the priest **violates** the prohibition of: **Do not diminish,** as it is written: "All these matters that I command you, that you shall observe to do; you shall not add thereto, nor diminish from it" (Deuteronomy 13:1). One may not diminish the number of required placements from four to one. **Rabbi Yehoshua said to** Rabbi Eliezer: According to your opinion, the priest **violates** the prohibition of: **Do not add,**[B] derived from the same verse. One may not add to the one required placement and place four.

אָמַר לוֹ רַבִּי אֱלִיעֶזֶר: לֹא נֶאֱמַר ״בַּל תּוֹסִיף״ אֶלָּא כְּשֶׁהוּא בְּעַצְמוֹ. אָמַר לוֹ רַבִּי יְהוֹשֻׁעַ: לֹא נֶאֱמַר ״בַּל תִּגְרַע״ אֶלָּא כְּשֶׁהוּא בְּעַצְמוֹ. וְעוֹד אָמַר רַבִּי יְהוֹשֻׁעַ: כְּשֶׁנָּתַתָּ – עָבַרְתָּ עַל ״בַּל תּוֹסִיף״, וְעָשִׂיתָ מַעֲשֶׂה בְּיָדְךָ. כְּשֶׁלֹּא נָתַתָּ – עָבַרְתָּ עַל ״בַּל תִּגְרַע״, לֹא עָשִׂיתָ מַעֲשֶׂה בְּיָדְךָ.

Rabbi Eliezer said to Rabbi Yehoshua: The prohibition of: **Do not add, is stated only** in a case **where** the blood **is by itself,**[N] not when it is part of a mixture. **Rabbi Yehoshua said to** Rabbi Eliezer: Likewise, the prohibition of: **Do not diminish, is stated only** in a case **where** the blood **is by itself. And Rabbi Yehoshua also said: When you placed** four placements, **you transgressed** the prohibition of: **Do not add, and you performed a direct action.**[N] **When you did not place** four placements but only one, although **you transgressed** the prohibition of: **Do not diminish, you did not perform a direct action.** An active transgression is more severe than a passive one.

HALAKHA

Blood that is to be placed with one placement that was mixed, etc. – **הַנִּיתָּנִין בְּמַתָּנָה אַחַת שֶׁנִּתְעָרְבוּ וכו׳**: With regard to the blood of offerings, the same *halakha* applies whether blood became mixed with blood or whether different bowls of blood became intermingled. If offerings that require one placement become mixed with those that require two placements that are four, e.g., peace offerings, burnt offerings, and guilt offerings, all of the blood should be placed once. If offerings that require four placements become mixed with others that require four placements, all of the blood should be placed four times. This *halakha* is in accordance with Rabbi Yehoshua's opinion, since in general, in disputes between him and Rabbi Eliezer, his opinion is accepted (Rambam *Sefer Korbanot*, *Hilkhot Pesulei HaMukdashin* 2:11).

BACKGROUND

The prohibition of do not add – **בַּל תּוֹסִיף**: There are several ways in which this prohibition might be violated: First, by adding a new detail to the performance of a mitzva, e.g., if a priest adds a fourth blessing to the three that constitute the Priestly Benediction. Second, by performing a mitzva that he is not obligated to perform, e.g., if he sits in a *sukka* on the Eighth Day of Assembly in Eretz Yisrael or on the ninth day outside Eretz Yisrael, with the intention of fulfilling the mitzva of residing in the *sukka*. Lastly, one can violate the prohibition by inventing and observing an entirely new mitzva.

The prohibition of: Do not add, has a counterpart in the prohibition that forbids subtracting any element from the performance of a mitzva.

NOTES

Blood of four placements that was mixed with blood of… four placements – **מַתַּן אַרְבַּע בְּמַתַּן אַרְבַּע**: This is referring to a case where the blood of both offerings is to be placed on the upper half of the altar or both on the lower half, e.g., if the blood of two sin offerings was mixed, as both offerings require four placements on the four corners of the altar above the red line. Alternatively, it is referring to a case where the mixed blood was from those offerings whose blood is applied to the altar with two placements that are four, i.e., the blood is applied on two diagonally opposite corners so that it runs down all four sides of the altar. This means the mixed blood consisted of two of the following offerings: A burnt offering, a guilt offering, a thanks offering, and a peace offering (see 53b).

Four placements mixed with one placement – **מַתַּן אַרְבַּע בְּמַתָּנָה אַחַת**: When the mishna here states: Four placements, it is referring specifically to offerings whose blood is applied to the altar with two placements that are four, as these four placements are to be performed on the lower part of the altar, similar to the blood of offerings placed with one placement, i.e., the firstborn offering, an animal tithe offering, and the Paschal offering.

Shall be placed with four placements – **יִנָּתְנוּ בְּמַתַּן אַרְבַּע**: Rabbi Eliezer holds that after one placement of the blood, the blood to be placed with one placement is considered as though it were water, similar to his explanation in this mishna with regard to a mixture of blood that is to be placed below the red line with blood that is to be placed above the red line. Therefore, the prohibition of: Do not add, has not been violated (Rashi).

Do not add is stated only in a case where the blood is by itself – **לֹא נֶאֱמַר בַּל תּוֹסִיף אֶלָּא כְּשֶׁהוּא בְּעַצְמוֹ**: In other words, the prohibition: "You shall not add to the word that I command you" (Deuteronomy 4:2), applies only when the word referred to by the verse, i.e., the mitzva, is by itself, not when it is intermingled with another substance (*Tosefot Yom Tov*; *Tiferet Yisrael*). Alternatively, this prohibition does not include cases where the action is performed for the sake of a different mitzva (*Sefat Emet*). Others explain this statement in a broader manner: The prohibitions against adding or diminishing are violated only if there is intent to add or diminish from God's mitzva, i.e., if the act constitutes a belittlement of the mitzva. But if the action is performed due to uncertainty, e.g., when there is a mixture, as is the case here, these prohibitions do not apply (*Ḥiddushim UVeurim*).

And you performed a direct action – **וְעָשִׂיתָ מַעֲשֶׂה בְּיָדְךָ**: Rabbi Eliezer holds that since there is a positive mitzva to place the blood of the burnt offering, together with the prohibition of: Do not add, one applies the principle that a positive mitzva overrides a prohibition (see *Eiruvin* 100a). Conversely, Rabbi Yehoshua contends that it is not permitted to transgress a prohibition in a situation where both the positive mitzva and the prohibition could have been fulfilled and it is due only to negligence and inattention that the individual has come to this state where the fulfillment of one entails the violation of the other (*Tosafot* on *Eiruvin* 100a). Alternatively, Rabbi Yehoshua maintains that as one fulfills his obligation with a single placement after the fact even in the case of a burnt offering, this is considered a case where one could both fulfill the positive mitzva and avoid transgressing the prohibition, and in a situation of this kind a positive mitzva does not override a prohibition (*Tiferet Yisrael*).

גמ׳ אָמַר רַבִּי אֶלְעָזָר: לֹא הִכְשִׁיר רַבִּי אֱלִיעֶזֶר אֶלָּא שְׁנַיִם שְׁנַיִם, אֲבָל אֶחָד אֶחָד – לֹא.

GEMARA The mishna teaches that according to the opinion of Rabbi Eliezer, if a cup containing the blood of blemished animals became intermingled with cups holding the blood of fit offerings, and the blood in one of the cups was sacrificed, all the remaining cups are fit. **Rabbi Elazar says: Rabbi Eliezer permitted** the rest of the cups **only** if they were sacrificed **two** by **two,**[N] as at least one of them is certainly permitted; **but** he did **not** permit them to be sacrificed **one** by **one,** as he may be found to have presented the blood of the prohibited cup by itself.

מְתִיב רַב דִּימִי: וַחֲכָמִים אוֹמְרִים: אֲפִילּוּ קָרְבוּ כּוּלָּן חוּץ מֵאֶחָד מֵהֶן יִשָּׁפֵךְ לָאַמָּה! אֲמַר לֵיהּ רַבִּי יַעֲקֹב לְרַבִּי יִרְמְיָה בַּר תַּחְלִיפָא: אַסְבְּרָא לָךְ, מַאי "אֶחָד" – זוּג אֶחָד.

Rav Dimi raises an objection from the mishna: **And the Rabbis say** that **even** if the blood in **all** the cups **was sacrificed except** for the blood in **one of them,** the blood **shall be poured into the** Temple courtyard **drain.** This indicates that even in this case, where only one cup remains, Rabbi Eliezer disagrees with the Rabbis and permits the blood in the cup to be presented. **Rabbi Ya'akov said to Rabbi Yirmeya bar Taḥlifa: I will explain** it **to you: What** does the mishna mean when it states: Except for the blood in **one** of them? It means except for **one pair,** i.e., two cups, as even Rabbi Eliezer did not permit the presentation of the cups one by one.

וּצְרִיכָא, דְּאִי אִיתְּמַר בְּהָא – בְּהָא קָאָמַר רַבִּי אֱלִיעֶזֶר, מִשּׁוּם דְּאִיתְעֲבִיד בֵּיהּ כַּפָּרָתוֹ. אֲבָל בְּהָא – אֵימָא מוֹדֵי לְהוּ לְרַבָּנַן.

§ The dispute between Rabbi Eliezer and the Rabbis was also stated above with regard to a mixture of limbs from fit and unfit offerings. The Gemara notes: **And** it is **necessary** for the mishna to teach this dispute with regard to both cases, **as, if it were stated** only **with regard to that** case of the limbs, one would have said that it is **in that** case alone that **Rabbi Eliezer says** that the rest of the limbs are sacrificed, **because** the offering's **atonement,** i.e., the presenting of the blood, **has** already **been performed,** as the limbs are sacrificed after the blood has been presented. **But in this** case of the blood in the cups, **say** that Rabbi Eliezer **concedes to the Rabbis** that the rest of the blood is unfit to be presented.

וְאִי אִיתְּמַר בְּהָא – בְּהָא קָאָמְרִי רַבָּנַן, אֲבָל בְּהָא – אֵימָא מוֹדוּ לְרַבִּי אֱלִיעֶזֶר, צְרִיכָא.

And conversely, **if** the dispute **were stated** only **with regard to this** case of the cups, one would have said that it is **in this** case alone that **the Rabbis say** that the blood in the rest of the cups is unfit, **but in that** case of the limbs, **say** that the Rabbis **concede to Rabbi Eliezer** that the rest of the limbs are fit to be sacrificed, as the blood has already been presented. Therefore, it is **necessary** for the mishna to state that the dispute applies in both cases.

תְּנַן הָתָם: צְלוֹחִית שֶׁנָּפְלוּ לְתוֹכָהּ מַיִם כָּל שֶׁהוּ, רַבִּי אֱלִיעֶזֶר אוֹמֵר: יַזֶּה שְׁתֵּי הַזָּאוֹת, וַחֲכָמִים פּוֹסְלִין.

§ The Gemara continues its discussion of the dispute between Rabbi Eliezer and the Rabbis. **We learned** in a mishna **there** (*Para* 9:1): With regard to **a flask**[B] containing water of purification **into which any amount of** regular **water fell,**[H] **Rabbi Eliezer says:** The priest **should sprinkle two sprinklings** on the ritually impure person, as in this manner he ensures that he will be sprinkled with some of the water of purification; **but the Rabbis disqualify** the mixture for purification.

בִּשְׁלָמָא רַבָּנַן סָבְרִי: יֵשׁ בִּילָּה, וְהַזָּאָה צְרִיכָה שִׁיעוּר, וְאֵין מִצְטָרְפִין לְהַזָּאוֹת.

The Gemara clarifies: **Granted,** one can understand why **the Rabbis** disqualify the mixture, as **they hold** three opinions: They hold that **there is mixing,** i.e., when two substances are mixed together each drop is assumed to contain a bit of each of them. **And** they hold that an act of **sprinkling** of the water of purification **requires** a minimum **measure** of water of purification, and in this case each sprinkling contained some of the regular water. **And** they hold that it is of no help to sprinkle the water twice, as **one cannot combine sprinklings,** i.e., two acts of sprinkling the water of purification do not combine to render one pure. Therefore, the person is not purified.

HALAKHA

Flask containing water of purification into which...water fell – צְלוֹחִית שֶׁנָּפְלוּ לְתוֹכָהּ מַיִם: If any other kind of water was mixed in a flask containing water of purification, the mixture is disqualified, in accordance with the opinion of the Rabbis. This applies even if the unfit water was intended to be used as the water of purification (Rambam *Sefer Tahara, Hilkhot Para Aduma* 9:8).

NOTES

Only if they were sacrificed two by two – אֶלָּא שְׁנַיִם שְׁנַיִם: According to the Rambam, when Rabbi Eliezer permits the presentation of the blood in the cups in a case of two by two, this means that the rest of the cups are permitted only if two of them have already been presented, as only in this case is it assumed that the blood of the prohibited animal was in one of the two cups that have been presented.

BACKGROUND

Flask [*tzeloḥit*] – צְלוֹחִית: A *tzeloḥit* is a flask or container, most commonly made of earthenware, but also often made of glass or metals such as gold or silver.

Containers such as these had many uses: As serving utensils at meals; as containers for scents used in different places, e.g., in cemeteries; and to store body oils, perfumes, and medicines. Mainly they were used for storing and transferring liquids. During the water libation service in the Temple on the festival of *Sukkot*, the water was brought to the Temple in golden flasks.

Covers were not always prepared for these flasks, most likely because liquid would generally be kept in the flask for only a relatively short period of time. With regard to those that did have covers, some of the earthenware ones were made with covers from the same material. In cases where no cover was available, if it was necessary to close the flask one would use whatever material was readily available, even paper.

Glass flasks for holding oils, found in the Tomb of the Kings, Jerusalem

NOTES

Rav Ashi states that there is no mixing and therefore he sprinkles two sprinklings – רַב אַשִׁי אָמַר אֵין בִּילָּה, יַזֶּה שְׁתֵּי הַזָּאוֹת: Rav Ashi's statement is unclear, as he does not state his opinion with regard to whether sprinkling requires a minimum measure, and if so, whether sprinklings combine. Furthermore, his comment contradicts the earlier assertion of the Gemara that if Rabbi Eliezer holds there is no mixing, it is possible that both of the sprinklings are of regular water. The version of the text of the Gemara accepted by Rashi reads as follows: We learned any amount of regular water, and there is no mixing, and he sprinkles two sprinklings. Rashi explains that Rav Ashi's opinion is based on the wording of the mishna: Into which any amount of regular water fell. This indicates that the reason Rabbi Eliezer requires two sprinklings is not so that there should be a minimum measure for sprinkling, as claimed by Reish Lakish, nor is it a penalty instituted by the Sages, which is the opinion of Rava. It is because these justifications are valid even in a case where the mixture contained more than a minimal amount of regular water. Instead, Rav Ashi maintains that Rabbi Eliezer's reasoning is that the two sprinklings certainly contain water of purification, as the small amount of unfit water than fell into the water of purification does not constitute two sprinklings. This explains why Rav Ashi concludes that according to the opinion of Rabbi Eliezer there is no mixing: If there was mixing, a single sprinkling would necessarily contain water of purification, and there would be no need for two sprinklings.

HALAKHA

A sprinkling of any amount renders the impure person ritually pure – הַזָּאָה כָּל שֶׁהוּא מְטַהֶרֶת: With regard to one who sprinkles water of purification once on several people or on a number of vessels, whoever or whatever touched any of the water is ritually purified. Although this ruling is apparently not in accordance with the opinion of the Rabbis, who require a minimum measure for sprinkling, this requirement applies only to the water in the vessel, not to the water that is sprinkled (Rambam *Sefer Tahara, Hilkhot Para Aduma* 10:8, and see Mahari Kurkus there).

אֶלָּא רַבִּי אֱלִיעֶזֶר מַאי קָסָבַר? אִי קָסָבַר אֵין בִּילָּה – כִּי מַזֶּה שְׁתֵּי הַזָּאוֹת מַאי הָוֵי? דִּילְמָא תַּרְוַיְיהוּ מַיָּא קָא מַזֵּי! אֶלָּא קָא סָבַר יֵשׁ בִּילָּה. אִי קָסָבַר אֵין הַזָּאָה צְרִיכָה שִׁיעוּר – לָמָּה לִי שְׁתֵּי הַזָּאוֹת? אֶלָּא קָסָבַר הַזָּאָה צְרִיכָה שִׁיעוּר. וְאִי קָסָבַר אֵין מִצְטָרְפִין לְהַזָּאוֹת – כִּי מַזֶּה שְׁתֵּי הַזָּאוֹת מַאי הָוֵי? וְאִי נָמֵי מִצְטָרְפִין לְהַזָּאוֹת – מִי יֵימַר דְּמָלְאָ לֵיהּ שִׁיעוּרָא?

But what does **Rabbi Eliezer hold? If he holds** that **there is no mixing,** i.e., when two substances are mixed together each drop is not assumed to contain a bit of each of them, then even **if one sprinkles two sprinklings, what of it? Perhaps** on **both** occasions **he sprinkles** regular **water. Rather,** one must say that Rabbi Eliezer **holds** that **there is mixing. If he holds** that the act of **sprinkling does not require** a minimum **measure, why do I** need **two sprinklings?** One act of sprinkling would be enough. **Rather,** you must say that Rabbi Eliezer **holds** that the act of **sprinkling requires** a minimum **measure. And if** Rabbi Eliezer **holds** that **one cannot combine sprinklings,** then even **if one sprinkles two sprinklings, what of it? And alternatively,** if he holds that **one combines sprinklings, who says that** the two sprinklings will **amount to** the minimum **measure?** Perhaps most of the water he sprinkled was regular water.

אָמַר רֵישׁ לָקִישׁ: לְעוֹלָם יֵשׁ בִּילָּה, וְהַזָּאָה צְרִיכָה שִׁיעוּר, וְהָכָא בְּמַאי עָסְקִינַן – כְּגוֹן שֶׁנִּתְעָרְבוּ אַחַת בְּאַחַת.

Reish Lakish says: Actually, Rabbi Eliezer holds that **there is mixing, and sprinkling requires** a minimum **measure. And here we are dealing with** a case **where** the two types of water **were mixed** together in a ratio of **one to one,** and therefore by performing two sprinklings the priest ensures that he has sprinkled the minimum measure of one sprinkling of water of purification.

רָבָא אָמַר: לְעוֹלָם יֵשׁ בִּילָּה, וְהַזָּאָה אֵין צְרִיכָה שִׁיעוּר, וּקְנָסָא קְנָסוּ רַבָּנַן כִּי הֵיכִי דְּלָא מִשְׂתַּכַּר לֵיהּ.

Rava says: Actually, Rabbi Eliezer maintains that **there is mixing, and sprinkling does not require** a minimum **measure.** Consequently, it should suffice for the priest to perform one sprinkling. **And** the requirement to sprinkle twice is **a penalty** that **the Sages imposed, so that** one who mixes regular water with the water of purification **would not benefit from this** act by diluting the valuable water of purification.

רַב אַשִׁי אָמַר: אֵין בִּילָּה, יַזֶּה שְׁתֵּי הַזָּאוֹת.

Rav Ashi states a different explanation: Rabbi Eliezer holds that **there is no mixing,** and therefore if the priest sprinkles only once there is a concern that he might not have sprinkled any water of purification at all, and therefore he **sprinkles two sprinklings.**[N]

מֵיתִיבִי, רַבִּי אוֹמֵר: לְדִבְרֵי רַבִּי אֱלִיעֶזֶר, הַזָּאָה כָּל שֶׁהוּא מְטַהֶרֶת, הַזָּאָה אֵין צְרִיכָה שִׁיעוּר, הַזָּאָה מֶחֱצָה כָּשֵׁר וּמֶחֱצָה פָּסוּל.

The Gemara **raises an objection** from a *baraita* against Reish Lakish's opinion that Rabbi Eliezer holds that sprinkling requires a minimum measure. **Rabbi** Yehuda HaNasi **says: According to the statement of Rabbi Eliezer** that if the priest performs two sprinklings the purification ritual is valid, **a sprinkling of any amount renders** the impure person **ritually pure,**[H] as **sprinkling does not require** a minimum **measure,** and even **a sprinkling** that contains **half fit** water **and half unfit** water renders the individual ritually pure.

Perek **VIII**
Daf **80** Amud **b**

וְעוֹד תַּנְיָא בְּהֶדְיָא: הַנִּיתָּנִין לְמַעְלָה שֶׁנִּתְעָרְבוּ בְּנִיתָּנִין לְמַטָּה, רַבִּי אֱלִיעֶזֶר אוֹמֵר: יִתֵּן לְמַעְלָה וְהַתַּחְתּוֹנִים עָלוּ לוֹ.

The Gemara adds: **And furthermore,** one can raise another difficulty against the opinion of Rav Ashi, who maintains that according to Rabbi Eliezer there is no mixing, as it **is taught explicitly** in a *baraita*: With regard to blood of an offering, e.g., a sin offering, **which is** to be **placed above** the red line **that was mixed with** blood of an offering, e.g., a burnt offering, **which is** to be **placed below** the red line, **Rabbi Eliezer says:** The priest **shall** initially **place** the blood of the mixture **above** the red line for the sake of the sin offering, and the priest should then place blood from the mixture below the red line for the sake of the burnt offering, **and** both the blood placed above and **the** blood placed **below count for him** toward the fulfillment of the mitzva.

וְאִי אָמְרַתְּ אֵין בִּילָּה – אַמַּאי עָלוּ לוֹ? דִּילְמָא קָיְהֵיב עֶלְיוֹנִים לְמַטָּה וְהַתַּחְתּוֹנִים לְמַעְלָה!

The Gemara explains the difficulty from this *baraita*: **And if you say** that **there is no mixing, why** do both of the placements **count for him? Perhaps he placed** the blood of the mixture that belongs **above** the red line **below** it, **and the** blood that belongs **below** the red line **above** it.

הָכָא בְּמַאי עָסְקִינַן – כְּגוֹן דְּאִיכָּא רוּבָּא עֶלְיוֹנִים, וְקָא יָהֵיב לְמַעְלָה שִׁיעוּר תַּחְתּוֹנִים וְעוֹד.

The Gemara answers: **Here we are dealing with** a case **where there is a majority** of blood that is to be placed **above** the line, **and** the priest **placed** blood **above** by the **measure** of the blood in the mixture that is to be placed **below** the line, **and** slightly **more** blood. In this manner he ensures that he must have placed above the red line some of the blood that belongs there.

הָא "תַּחְתּוֹנִים עָלוּ לוֹ" קָתָנֵי! לְשֵׁם שִׁירַיִם.

The Gemara raises a difficulty: **But** the *baraita* **teaches: The** blood placed **below counts for him** toward the fulfillment of the mitzva. According to this explanation, it is possible that all the blood of the burnt offering was placed above the red line. Why, then, has he fulfilled the mitzva by placing blood below the red line? The Gemara explains: The *baraita* does not mean that it counts for the mitzva of the placing of the blood of a burnt offering below the red line; rather, it means that it counts for him **for the sake of** the **remainder** of the blood of the sin offering, which must be poured onto the base of the altar.

תָּא שְׁמַע: נָתַן לְמַטָּה וְלֹא נִמְלַךְ, רַבִּי אֱלִיעֶזֶר אוֹמֵר: יַחֲזוֹר וְיִתֵּן לְמַעְלָה, וְהַתַּחְתּוֹנִים עָלוּ לוֹ.

The Gemara suggests: **Come** and **hear** a proof from a *baraita*: If the priest **placed** the mixed blood **below** the red line **and did not consult** the authorities, what should he do now? **Rabbi Eliezer says:** He **shall again place** the blood **above** the red line, **and the** blood placed **below counts for him.** Once again, the difficulty is that if Rabbi Eliezer maintains that there is no mixing, why does the placement count for him? Perhaps he placed the blood of the mixture that belongs above the red line below it, and the blood that belongs below the red line above it.

הָכָא נַמִי בְּרוּבָּא עֶלְיוֹנִים, וְקָא יָהֵיב לְמַעְלָה שִׁיעוּר תַּחְתּוֹנִים וְעוֹד. וְהָא "תַּחְתּוֹנִים עָלוּ לוֹ" קָתָנֵי! לְשֵׁם שִׁירַיִם.

The Gemara answers: **Here too, we are dealing with** a case **where the majority** of blood belongs **above** the line, **and** the priest **placed** blood **above** from the **measure** of the blood in the mixture that belongs **below** the line, **and** slightly **more** blood. Again the Gemara asks: **But** the *baraita* **teaches: The** blood placed **below counts for him.** Since it is possible that all of the blood of the burnt offering was placed above the red line, why does the blood placed below count for him? The Gemara answers that the *baraita* means it counts for him **for the sake of** the **remainder**[N] of the sin offering.

תָּא שְׁמַע: נָתַן לְמַעְלָה וְלֹא נִמְלַךְ – [אֵלּוּ וָאֵלּוּ מוֹדִים שֶׁיַּחֲזוֹר] וְיִתֵּן לְמַטָּה, וְאֵלּוּ וָאֵלּוּ עָלוּ לוֹ.

The Gemara further suggests: **Come** and **hear** another proof from a *baraita*: If the priest **placed** the mixed blood **above and did not consult** the authorities,[H] both **these** Sages **and those** Sages, i.e., the Rabbis and Rabbi Eliezer, **concede that he shall again place** the blood **below** the red line, **and these** placements **and those** placements **count for him.** If Rabbi Eliezer maintains that there is no mixing, he would not concede this point, as perhaps he placed the blood that belongs below the red line above it, and the blood that belongs above, below.

הָכָא נַמִי בְּרוּבָּא עֶלְיוֹנִים, וְקָא יָהֵיב לְמַעְלָה שִׁיעוּר תַּחְתּוֹנִים וְעוֹד.

The Gemara answers: **Here too,** this is referring to a case **where the majority** of blood belongs **above** the line, **and** the priest **placed** blood **above** in the **measure** of the blood in the mixture that belongs **below** the line, **and** slightly **more** blood. In this manner he fulfills the mitzva of the blood that is to be placed above the red line alone.

[וְהָא "אֵלּוּ וָאֵלּוּ עָלוּ לוֹ" קָתָנֵי!] מִי קָתָנֵי "אֵלּוּ וָאֵלּוּ מוֹדִים"? "אֵלּוּ וָאֵלּוּ עָלוּ לוֹ" קָתָנֵי; סֵיפָא אֲתָאן לְרַבָּנַן, דְּאָמְרִי: יֵשׁ בִּילָּה.

The Gemara raises a difficulty: **But** the *baraita* **teaches: These and those count for him,** not only the blood that is to be placed above. The Gemara explains: **Does** the *baraita* **teach: These** Sages **and those** Sages **concede** that these placements and those placements count for him? It **teaches** only: **These and those count for him.** In other words, although the *baraita* states in the first clause that both the Rabbis and Rabbi Eliezer concede that the priest returns and places the blood below the red line, this agreement does not apply to the next clause of the *baraita*, as in **the latter clause we come to** the opinion of **the Rabbis** alone, **who say** that **there is mixing,** which is why both placements count.

NOTES

If the priest placed the blood below the red line… for the sake of the remainder – נָתַן לְמַטָּה...לְשֵׁם שִׁירַיִם: According to this explanation, the *baraita* should read: He shall return and place the blood above the red line and he shall return and place the blood below the red line. The reason he must return and place blood below is that the blood he initially placed below the red line certainly does not count toward the remainder of the blood of the sin offering, as he had not yet placed the blood of this offering above the red line (*Tosafot*).

HALAKHA

If the priest placed the blood above and did not consult the authorities, etc. – נָתַן לְמַעְלָה וְלֹא נִמְלַךְ וכו׳: If blood that is to be placed above the red line was mixed with blood that is to be placed below the red line, it should all be poured into the Temple courtyard drain. If the priest did not consult the authorities but instead placed the blood both above and below the line, the offerings are fit. If he placed blood above and then consulted the authorities, who instructed him to place blood below, he should place blood below and both offerings are fit, as stated in the *baraita* (Rambam *Sefer Avoda, Hilkhot Pesulei HaMukdashin* 2:12).

תָּא שְׁמַע: הַנִּיתָּנִין בְּמַתָּנָה אַחַת שֶׁנִּתְעָרְבוּ בַּנִּיתָּנִין בְּמַתָּנָה אַחַת – יִנָּתְנוּ בְּמַתָּנָה אַחַת. וְאִי אָמְרַתְּ אֵין בִּילָּה – אַמַּאי יִנָּתְנוּ בְּמַתָּנָה אַחַת? דִּילְמָא מֵהַאי קָיָהֵיב וּמֵהַאי לָא קָיָהֵיב? כְּגוֹן שֶׁנִּתְעָרְבוּ אַחַת בְּאַחַת.

The Gemara suggests: **Come** and **hear** a proof from the mishna: In a case of the blood of an offering **that is** to be **placed** on the altar **with one placement that was mixed with** the blood of another offering **that is** to be **placed** on the altar **with one placement,** the blood **shall be placed with one placement. And if you say** that according to Rabbi Eliezer **there is no mixing, why shall they be placed with one placement? Perhaps he places from this** blood **and does not place from that** blood. The Gemara answers: This is referring to a case **where** the measure of **one** placement of this blood **was mixed with** the measure of **one**[N] placement of that blood, and no more. Consequently, he certainly placed both types of blood.

מַתַּן אַרְבַּע בְּמַתַּן אַרְבַּע! הָכָא נַמִּי שֶׁנִּתְעָרְבוּ אַרְבַּע בְּאַרְבַּע.

The Gemara raises another difficulty: The mishna teaches that in a case of the blood of an offering that is to be placed on the altar with **four placements** that was mixed **with** the blood of another offering that is to be placed on the altar **with four placements,** the blood shall be placed with four placements. But if there is no mixing, perhaps he placed only the blood of one offering. The Gemara explains: **Here too,** it is referring to a case **where** the measure of **four** placements of this blood **was mixed with** the measure of **four**[N] placements of that blood, and therefore he certainly placed blood from both offerings.

מַתַּן אַרְבַּע בְּמַתָּנָה אַחַת!

The Gemara raises another difficulty: The mishna teaches that if the blood of an offering that is to be placed on the altar with **four placements** was mixed with the blood of another offering that is to be placed on the altar **with one placement,** Rabbi Eliezer says: The blood shall be placed with four placements. Here too, if there is no mixing according to Rabbi Eliezer, perhaps he placed the blood of only one of the offerings.

NOTES

Where one was mixed with one – כְּגוֹן שֶׁנִּתְעָרְבוּ אַחַת בְּאַחַת: Rashi adds that he places once for each of the offerings, as otherwise the question remains unresolved: Perhaps he placed blood from only one offering. Others explain that even if Rabbi Eliezer maintains that there is no mixing, this applies only to a large mixture, where it is reasonable to suggest that not every part of it contains each ingredient. Here, where there are only two types of blood of equal proportions and one divides them in half, it is unreasonable to suggest that each type was divided precisely, so that neither placement contains any amount of the other blood (*Keren Ora*).

Where four was mixed with four – שֶׁנִּתְעָרְבוּ אַרְבַּע בְּאַרְבַּע: Rashi adds here too that the priest placed four times for each of the offerings.

Perek **VIII**
Daf **81** Amud **a**

וְכִי תֵּימָא: הָכָא נַמִּי בְּנִתְעָרֵב בְּאַחַת, אִי הָכִי, אָמַר לוֹ רַבִּי יְהוֹשֻׁעַ: הֲרֵי הוּא עוֹבֵר עַל ״בַּל תּוֹסִיף״, הָכָא ״בַּל תּוֹסִיף״ מֵהֵיכָא?

And if you would say that **here too,** the mishna is discussing a case **where** the measure of four placements **was mixed with** precisely the amount of **one** placement, and therefore the priest certainly placed some blood of both offerings, **if so,** how would one explain the clause in the mishna that states: **Rabbi Yehoshua said to** Rabbi Eliezer: According to your opinion, doesn't the priest **violate** the prohibition of: **Do not add? From where** is the violation of: **Do not add, here?** After all, the priest places only the measure of one placement from the offering that requires one placement.

אֶלָּא אָמַר רָבָא: בְּבָלוּל לָא פְּלִיגִי, כִּי פְּלִיגִי – בְּכוֹסוֹת, לְרַבִּי אֱלִיעֶזֶר אִית לֵיהּ ״רוֹאִין״, לְרַבָּנַן לֵית לְהוּ ״רוֹאִין״.

Rather, Rava says: Rabbi Eliezer and the Rabbis **do not disagree with regard to** a case of actual blood **mixed** together. **When they disagree** it is **with regard to** a case of **cups** of blood that were intermingled, and it is unknown which blood is in which cup. The explanation **according to Rabbi Eliezer** is that he **is of** the opinion that **one views** the blood that was not placed properly as though it were water, and therefore it is permitted to present the blood; whereas the explanation **according to the Rabbis** is that they **are not of** the opinion that **one views** the blood that was not placed properly as though it were water, and consequently all of it must be poured into the Temple courtyard drain.

וּבְבָלוּל לָא פְּלִיגִי? וְהָתַנְיָא אָמַר רַבִּי יְהוּדָה: לֹא נֶחְלְקוּ רַבִּי אֱלִיעֶזֶר וַחֲכָמִים עַל דַּם חַטָּאת שֶׁנִּתְעָרֵב בְּדַם עוֹלָה – שֶׁיִּקְרַב, בְּרוֹבֵעַ וְנִרְבָּע – שֶׁלֹּא יִקְרַב, עַל מָה נֶחְלְקוּ – עַל דַּם תְּמִימָה שֶׁנִּתְעָרֵב בְּדַם בַּעֲלַת מוּם, שֶׁרַבִּי אֱלִיעֶזֶר אוֹמֵר: יִקְרַב, בֵּין בְּבָלוּל בֵּין בְּכוֹסוֹת, וַחֲכָמִים אוֹמְרִים: לֹא יִקְרַב!

The Gemara asks: **And do they not disagree with regard to** blood **mixed** together? **But isn't it taught** in a *baraita*: **Rabbi Yehuda said: Rabbi Eliezer and the Rabbis did not disagree** in a case **of blood of a sin offering that was mixed with blood of a burnt offering that** the mixture **shall be sacrificed,** or **in** a case of blood that was fit for presentation that was mixed with the blood of **an animal that copulated with a person, or an animal that was the object of bestiality, that it shall not be sacrificed.** The *baraita* continues: **With regard to what** case **did they disagree? With regard to blood of an unblemished** animal **that was mixed with blood of a blemished** animal, **as Rabbi Eliezer says** that it **shall be sacrificed, whether in** a case of blood **mixed** together **or in** a case of **cups** intermingled, **and the Rabbis say** it **shall not be sacrificed.**

רַבִּי יְהוּדָה אַלִּיבָּא דְּרַבִּי אֱלִיעֶזֶר מַתְנֵי בֵּין בְּבָלוּל בֵּין בְּכוֹסוֹת, וְרַבָּנַן – בְּכוֹסוֹת פְּלִיגִי.

The Gemara answers: **Rabbi Yehuda, in accordance with** the opinion **of Rabbi Eliezer,** i.e., when Rabbi Yehuda teaches the opinion of Rabbi Eliezer, **teaches** that the dispute applies **both in** a case of blood **mixed** together **and in** a case of intermingled **cups, but the Rabbis** who taught the mishna maintain that Rabbi Eliezer and the Rabbis **disagree** only **in** a case of intermingled **cups.**

אָמַר אַבָּיֵי: לֹא שָׁנוּ אֶלָּא תְּחִלַּת חַטָּאת וְעוֹלָה,

§ The mishna teaches that if the blood of a sin offering, which is to be placed above the red line, was mixed with blood of a burnt offering, which is to be placed below the line, Rabbi Eliezer holds that it shall all be placed above the red line, and one views the blood of the burnt offering placed there as though it is water, and subsequently the priest shall place the blood below the red line. By contrast, the Rabbis rule that all the blood shall be poured into the Temple courtyard drain. Concerning this, **Abaye says:** The mishna **taught** that according to the opinion of the Rabbis the blood shall be poured into the drain **only** if the **first** portion of the blood **of a sin offering,** i.e., that blood which is to be placed above the red line, **and** the blood of **a burnt offering** were mixed.

אֲבָל סוֹף חַטָּאת [וְעוֹלָה] – דִּבְרֵי הַכֹּל מְקוֹם עוֹלָה מְקוֹם שִׁירַיִם. אֲמַר לֵיהּ רַב יוֹסֵף, הָכִי אָמַר רַב יְהוּדָה: שִׁירַיִם צְרִיכִין אִיצְטַבָּא.

But if the **final** portion of the blood **of a sin offering,** i.e., the remainder of the blood that is poured onto the base of the altar (see Leviticus 4:25), **and** the blood of **a burnt offering** were mixed, **everyone agrees** that since **the place** of the blood **of a burnt offering,** below the red line, is the same as **the place of** the **remainder** of the blood of a sin offering, as the remainder of the blood of a sin offering is poured on the base of the altar, the priest shall place all the blood on the side of the altar below the red line. **Rav Yosef said to** Abaye: **This is what Rav Yehuda says:** The places are not the same, as the **remainder** of blood **needs** to be placed on the **bench,** i.e., on the upper horizontal surface of the base itself, and not on the side of the altar as is the case with the blood of a burnt offering.

וְכֵן אָמַר רַבִּי שִׁמְעוֹן: לֹא שָׁנוּ אֶלָּא תְּחִלַּת חַטָּאת וְעוֹלָה, אֲבָל סוֹף חַטָּאת וְעוֹלָה – דִּבְרֵי הַכֹּל מְקוֹם עוֹלָה מְקוֹם שִׁירַיִם. אָמַר רַבִּי יוֹחָנָן, וְאִיתֵּימָא רַבִּי אֶלְעָזָר: עֲדַיִין הִיא מַחֲלוֹקֶת.

The Gemara notes that *amora'im* of Eretz Yisrael disagreed in the same manner as Abaye and Rav Yosef: **And likewise Rabbi Shimon** ben Lakish **says:** The mishna **taught** that according to the opinion of the Rabbis the blood shall be poured into the drain **only** if the **first** portion of the blood **of a sin offering and** the blood of **a burnt offering** were mixed. **But** if the **final** portion of the blood **of a sin offering and** the blood of **a burnt offering** were mixed, **everyone agrees** that since **the place** of the blood **of a burnt offering** is the same as **the place of** the **remainder** of the blood of a sin offering, the priest shall place all the blood on the side of the altar below the red line. **Rabbi Yoḥanan says, and some say** it was **Rabbi Elazar** who says: This case of the remainder of blood of a sin offering that was mixed with the blood of a burnt offering **is still** included in the **dispute**[H] between Rabbi Eliezer and the Rabbis.

HALAKHA

This is still included in the dispute – **עֲדַיִין הִיא מַחֲלוֹקֶת**: If the remainder of the blood of a sin offering was mixed with the blood of a burnt offering, although both types of blood are placed below the red line, it should all be poured into the Temple courtyard drain. This *halakha* is in accordance with the opinion of the Rabbis, following the explanation of Rabbi Yoḥanan with regard to the dispute between the Rabbis and Rabbi Eliezer (Rambam *Sefer Avoda, Hilkhot Pesulei HaMukdashin* 2:11).

NOTES

And he shall take of the blood of the bull and of the blood of the goat – וְלָקַח מִדַּם הַפָּר וּמִדַּם הַשָּׂעִיר: This verse, which is discussing the Yom Kippur Temple rites, teaches that after the High Priest sprinkles blood inside the Holy of Holies and on the Sanctuary Curtain from the blood of the bull and the blood of the goat separately, he then mixes them together and places blood from the mixture on the golden altar. Despite the fact that the blood of a bull is more plentiful than the blood of a goat, the blood of the goat is not nullified in the majority of the blood of the bull (see *Temura* 5b).

מְתִיב רַב הוּנָא בַּר יְהוּדָה ״קֹדֶשׁ הֵם״ שֶׁאִם נִתְעָרֵב בְּדַם קָדָשִׁים אֲחֵרִים יִקְרְבוּ, מַאי לָאו סוֹף עוֹלָה וּבְכוֹר וּשְׁמַע מִינַּהּ מְקוֹם עוֹלָה, מְקוֹם שִׁירַיִם! לֹא, תְּחִילַּת עוֹלָה וּבְכוֹר.

Rav Huna bar Yehuda raises an objection from a *baraita*: The verse states with regard to firstborn animals: **"They are holy"** (Numbers 18:17). The emphasis of the term "they" serves to teach **that** even **if** the blood of a firstborn offering **was mixed with blood of other sacrificial** animals, the blood **shall be sacrificed,** as the blood of firstborn offerings is not nullified. **What, is it not** referring even to a case of the **final** portion of the blood **of a burnt offering and** the blood of **a firstborn** offering that were mixed, indicating that the priest places the mixture below the red line? **And** if so, one can **learn from** this *baraita* that **the place** of the blood **of a burnt offering,** which is also the place of the blood of a firstborn offering, is the same as **the place of** the **remainder** of blood of a sin offering. The Gemara answers: **No,** the *baraita* is referring to the **first** part of the blood **of a burnt offering and** the blood of **a firstborn** offering.

וּמַאי קָא מַשְׁמַע לַן – דְּאֵין עוֹלִין מְבַטְּלִים זֶה אֶת זֶה? הַאי מִ״וְלָקַח מִדַּם הַפָּר וּמִדַּם הַשָּׂעִיר״ נָפְקָא! תַּנָּאֵי הִיא, אִיכָּא דְּנָפְקָא לֵיהּ מֵהָכָא, וְאִיכָּא דְּנָפְקָא לֵיהּ מֵהָכָא.

The Gemara raises a difficulty: **But** if so, **what is** this *baraita* **teaching us?** Is it teaching that the blood of offerings **that ascend** to the altar **do not nullify one another? This** *halakha* is already **derived from** the verse: **"And he shall take of the blood of the bull and of the blood of the goat"** (Leviticus 16:18),[N] from which it is understood that although the blood of the two animals is in the same vessel, they each retain their distinct identity. The Gemara answers: This **is** a dispute between ***tanna'im***, as **there is** a *tanna* **who derives** this *halakha* **from here, and there is** a *tanna* **who derives it from there.**

מְתִיב רָבָא: ״וְהִקְרִיבוּ בְּנֵי אַהֲרֹן אֶת הַדָּם וְזָרְקוּ אֶת הַדָּם״, מַה

Rava raises an objection from a *baraita* that discusses a verse describing a burnt offering: **"And Aaron's sons, the priests, shall present the blood and sprinkle the blood"** (Leviticus 1:5). The superfluous second mention of the blood teaches that it is still called the blood of a burnt offering even after it was mixed with other blood, and therefore it should be sprinkled in its proper manner. **What** does it mean when

Perek **VIII**
Daf **81** Amud **b**

NOTES

One might have thought, I have derived only where this was mixed with the blood of its substitute – יָכוֹל אֵין לִי אֶלָּא אֵלּוּ שֶׁנִּתְעָרְבוּ בִּתְמוּרָתָהּ: In other words, one would learn from the first mention of blood only that the blood of a burnt offering is not nullified if it was mixed with the blood of another burnt offering, whether it is an entirely separate burnt offering or the substitute of the burnt offering in question, as the substitute of a burnt offering has the status of a burnt offering.

תַּלְמוּד לוֹמַר ״דָּם״ ״דָּם״? שֶׁיָּכוֹל אֵין לִי אֶלָּא אֵלּוּ שֶׁנִּתְעָרְבוּ בִּתְמוּרָתָהּ, שֶׁאַף מֵחַיִּים תִּקְרַב, מִנַּיִן לְרַבּוֹת תּוֹדָה וּשְׁלָמִים?

the verse states twice: **"Blood," "blood"?** The *baraita* explains: If "blood" were written only once, one **might** have thought: **I have** derived **only** that this *halakha* was stated with regard to a case **where this,** i.e., the blood of a burnt offering, **was mixed with** the blood of **its substitute,**[N] **as even** if these offerings were intermingled **when** the animals were **alive,** the burnt offering and its substitute **shall be sacrificed. From where** is it derived **to include** even a case of the blood of **a thanks offering or a peace offering** that was mixed with the blood of a burnt offering, as these offerings are not sacrificed if they became intermingled with a burnt offering while alive?

מְרַבֶּה אֲנִי תּוֹדָה וּשְׁלָמִים, שֶׁבָּאִין בְּנֶדֶר וּנְדָבָה כְּמוֹתָהּ, מִנַּיִן לְרַבּוֹת אֶת הָאָשָׁם?

The *baraita* continues: And even if one says: **I include** in this first mention of blood the case of the blood of **a thanks offering or a peace offering** that was mixed with the blood of a burnt offering, **as** they are similar in that **they** both **come as a vow** offering **and a gift** offering, **like** a burnt offering, **from where** is it derived **to include** even a case of the blood of **the guilt offering** that was mixed with the blood of a burnt offering, as a guilt offering cannot be brought as a vow offering or a gift offering?

מְרַבֶּה אֲנִי אֶת הָאָשָׁם, שֶׁטָּעוּן מַתַּן אַרְבַּע כְּמוֹתוֹ, בְּכוֹר וּמַעֲשֵׂר וּפֶסַח מִנַּיִן? תַּלְמוּד לוֹמַר: ״דָּם״ ״דָּם״.

The *baraita* continues: And even if one says: **I include** in this first mention of blood even a case of the blood of **the guilt offering** that was mixed with the blood of a burnt offering, **as** they are similar in that a guilt offering **requires** the **placement of** two placements that are **four, like** a burnt offering, **from where** is it derived that the same applies to the blood of **a firstborn** offering, **and** the animal **tithe** offering, **and** the **Paschal offering,** whose blood is placed once on the altar? Therefore, **the verse states** twice: **"Blood," "blood."** This repetition serves to teach that in any case where the blood of a burnt offering became mixed with the blood of another offering that is placed below the red line, this blood is presented.

מַאי לָאו סוֹף עוֹלָה וּבְכוֹר? וּשְׁמַע מִינָּהּ: מְקוֹם עוֹלָה מְקוֹם שִׁירַיִם!

The Gemara analyzes this *baraita*: **What, is it not** referring even to a case of the **final** portion of the blood **of a burnt offering and** the blood of a **firstborn** offering that were mixed? **And** if so, one can **learn from** this *baraita* that the **place** of the blood **of a burnt offering** is the same as the **place of** the **remainder** of the blood of a firstborn offering.

לֹא, תְּחִילַּת עוֹלָה וּבְכוֹר. וּמַאי קָא מַשְׁמַע לָן – אֵין עוֹלִין מְבַטְּלִין זֶה אֶת זֶה? מִ״וְלָקַח מִדַּם הַפָּר וּמִדַּם הַשָּׂעִיר״ נָפְקָא! תַּנָּאֵי הִיא, אִיכָּא דְּנָפְקָא לֵיהּ מֵהָכָא, וְאִיכָּא דְּנָפְקָא לֵיהּ מֵהָכָא.

The Gemara answers: **No,** the *baraita* is referring to the **first** part of the blood **of a burnt offering and** the blood of a **firstborn** offering. **But** if so, **what is** this *baraita* **teaching us?** Is it teaching that the blood of offerings that **ascend** to the altar **do not nullify one another?** This *halakha* is already **derived from** the verse: **"And he shall take of the blood of the bull and of the blood of the goat"** (Leviticus 16:18). The Gemara explains: This **is** a dispute between ***tanna'im*****,** as **there is** a *tanna* **who derives** this *halakha* **from here, and there is** a *tanna* **who derives it from there.**

וְהָנֵי תַּנָּאֵי מִ״וְלָקַח מִדַּם הַפָּר וּמִדַּם הַשָּׂעִיר״ לָא יָלְפִי – קָסָבְרִי: אֵין מְעָרְבִין לִקְרָנוֹת; מִ״דָּם״ ״דָּם״ לָא יָלֵיף – ״דָּם״ ״דָּם״ לָא מַשְׁמַע לְהוּ;

§ The Gemara has cited three different verses as the source for the *halakha* that the blood of offerings that ascend to the altar do not nullify one another: "They are holy" (Numbers 18:17); "And he shall take of the blood of the bull and of the blood of the goat" (Leviticus 16:18); "And Aaron's sons, the priests, shall present the blood and sprinkle the blood" (Leviticus 1:5). The Gemara notes: **And these** other ***tanna'im*** **do not derive** this principle **from** the verse: **"And he shall take of the blood of the bull and of the blood of the goat,"** as **they maintain** that the High Priest **does not mix** the blood of the bull with the blood of the goat in order **to** place the blood on the **corners** of the golden altar; rather, each type of blood is placed separately. Additionally, these other *tanna'im* **do not derive** this *halakha* **from** the repeated mention of: **"Blood," "blood,"** as **they do not learn** anything from this repetition.

אֶלָּא מִ״קֹּדֶשׁ הֵם״ מַאי טַעְמָא לָא יָלְפִי? קָסָבְרִי: ״קֹדֶשׁ הֵם״ – הֵם קְרֵיבִין, וְאֵין תְּמוּרָתָן קְרֵיבָה.

The Gemara asks: **But what is the reason** that those other *tanna'im* **do not derive** this *halakha* **from** the verse: **"They are holy"** (Numbers 18:17)? The Gemara explains: **They hold** that the verse should be understood as follows: **"They are holy,"** i.e., **they,** the firstborn offerings themselves, **are sacrificed, but their substitutes are not**[H] **sacrificed.**

וְאִידָּךְ? נָפְקָא לֵיהּ מֵ״אִם שׁוֹר אִם שֶׂה לַה׳ הוּא״ – הוּא קָרֵב, וְאֵין תְּמוּרָתוֹ קְרֵיבָה.

The Gemara asks: **And the other** *tanna*, i.e., the *tanna* who derives the *halakha* that the blood of offerings that ascend to the altar do not nullify one another from the verse: "They are holy" (Numbers 18:17), from where does he learn that the substitute of a firstborn is not sacrificed? The Gemara explains: He **derives it from** the verse: **"Whether it be ox or sheep, it is the Lord's"** (Leviticus 27:26). The emphasis of "it is" teaches that **it is sacrificed but its substitute is not sacrificed.**

תָּא שְׁמַע: נָתַן לְמַעְלָה וְלֹא נִמְלַךְ – אֵלּוּ וְאֵלּוּ מוֹדִים שֶׁיַּחֲזוֹר וְיִתֵּן לְמַטָּה, אֵלּוּ וְאֵלּוּ עוֹלִין לוֹ.

§ The Gemara resumes its discussion of whether the place of the blood of a burnt offering is the same as the place for the remainder of the blood of offerings. **Come** and **hear** a *baraita*: With regard to blood that is to be placed above the red line that was mixed with blood that is to be placed below the line, which according to the Rabbis must be poured into the Temple courtyard drain, if the priest **placed** the mixed blood **above and did not consult** the authorities,[H] both **these** Sages **and those** Sages, i.e., the Rabbis and Rabbi Eliezer, **concede that he shall again place** the blood **below** the red line, and **these** placements **and those** placements **count for him.**

מַאי לָאו דְּאִיעֲרוּב חַטָּאת וְעוֹלָה, וְכֵיוָן דְּיָהֵיב לֵיהּ לְמַעְלָה – הָווּ לְהוּ שִׁירַיִם, וְקָתָנֵי: אֵלּוּ וְאֵלּוּ מוֹדִים שֶׁיַּחֲזוֹר וְיִתֵּן לְמַטָּה. וּשְׁמַע מִינָּהּ: מְקוֹם עוֹלָה מְקוֹם שִׁירַיִם!

The Gemara analyzes this *baraita*: **What, is it not** referring to a case **where** the blood of **a sin offering and a burnt offering were mixed? And once** the priest **placed** blood of the sin offering **above** the red line, that which is left from the blood of the sin offering **is** considered the **remainder** of the blood. **And** yet the *baraita* **teaches:** Both **these** Sages **and those** Sages **concede that he shall again place** the blood **below** the red line. **And** if so, one can **learn from** the *baraita* that the **place** of the blood **of a burnt offering** is the same as the **place of** the **remainder** of the blood of a sin offering.

HALAKHA

They are sacrificed but their substitutes are not – הֵם קְרֵיבִין וְאֵין תְּמוּרָתָן: The substitutes of a firstborn offering and an animal tithe offering are never sacrificed (Rambam *Sefer Korbanot, Hilkhot Temura* 3:1).

If the priest placed the mixed blood above and did not consult the authorities – נָתַן לְמַעְלָה וְלֹא נִמְלַךְ: With regard to blood that is to be placed above the red line that was mixed with blood that is to be placed below the red line, which should be poured into the Temple courtyard drain, if the priest did not consult the authorities but placed from the mixture above the red line, he should place from the mixture below the red line, and both placements count for him, as stated in the *baraita*.

Ḥok Natan and *Likkutei Halakhot*, among others, are puzzled by this ruling, as the Rambam maintains that the place of the blood of the burnt offering is not the same as the place of the remainder of blood, as stated on the previous *amud*. The various commentaries on the Rambam attempt to explain this apparent contradiction (Rambam *Sefer Avoda, Hilkhot Pesulei HaMukdashin* 2:12, and see Mahari Kurkus there).

כִּי אֲתָא רַב יִצְחָק בַּר יוֹסֵף אֲמַר, אָמְרִי בְּמַעֲרָבָא: הָכָא בְּמַאי עָסְקִינַן – כְּגוֹן דְּאִיעֲרַב חַטָּאת הַחִיצוֹנָה בְּשִׁירַיִם.

The Gemara relates: **When Rav Yitzḥak bar Yosef came** from Eretz Yisrael to Babylonia, **he said** that **they say in the West,** Eretz Yisrael: **What are we dealing with here?** We are dealing not with a mixture of blood of a sin offering and blood of a burnt offering, but with a case **where** the blood **of a sin offering** sacrificed on **the external** altar, which is placed above the red line, **was mixed with** the **remainder** of the blood of a sin offering whose blood is presented inside the Sanctuary. This remainder is poured on the base of the external altar. Consequently, once the priest has placed blood from the mixture above the red line, all that remains is a mixture of remainders, which are placed in the same location.

אֲמַר לֵיהּ אַבַּיֵי: וְנֵימָא מָר כְּגוֹן דְּאִיעֲרַב בְּשִׁירַיִם! דִּלְמָא הָא קָא מַשְׁמַע לָן: אֲפִילּוּ לְמַאן דְּאָמַר שִׁירַיִם מְעַכְּבִין, חָסְרוּ – אֵין מְעַכְּבִין.

Abaye said to Rav Yitzḥak bar Yosef: Why is it necessary to cite the case of the remainder of the blood of a sin offering whose blood is presented inside the Sanctuary? **But let the Master say** that it is referring to a case **where** the blood of a sin offering sacrificed on the external altar **was mixed with** the **remainder** of the blood of a sin offering sacrificed on the external altar. **Perhaps** you chose that case to indicate that **this** is what the *baraita* **teaches us: Even according to the one who says** that failure to pour the **remainder** of the blood of a sin offering whose blood is presented inside the Sanctuary **disqualifies** the offering, nevertheless, if the remainder was merely **lacking,** as in this case, as some of the blood had been placed above the red line, this does **not disqualify** the offering.

אֲמַר לֵיהּ רָבָא תּוֹסְפָּאָה לְרָבִינָא: הָא אוֹקִימְנָא הַהִיא בְּרוּבָּא עֶלְיוֹנִים, וְקָא יָהֵיב לְמַעְלָה שִׁיעוּר תַּחְתּוֹנִים וְעוֹד! [אֲמַר לֵיהּ]: הָנֵי מִילֵּי לְמַאן דְּאָמְרוּ מֵעִיקָּרָא אֵין בִּילָּה, מַסְקָנָא – בְּכוֹסוֹת פְּלִיגִי.

Rava Tosfa'a[P] **said to Ravina:** How can that *baraita* be cited as proof for the issue at hand? **We** already **interpreted it** (80b) **with regard to** a mixture of blood that is to be placed above the red line with blood that is to be placed below the red line, which contains **a majority** of blood that is to be placed **above**[N] the line, **and** the priest **places above** the red line **a measure** of blood that is to be placed **below** the line **and** slightly **more.** Ravina **said to him: That statement** applies **according to those who said initially** that Rabbi Eliezer and the Rabbis disagree with regard to a mixture of blood, and that Rabbi Eliezer holds that **there is no mixing.** But according to **the conclusion,** Rabbi Eliezer and the Rabbis **disagree with regard to cups** of blood that were intermingled, and therefore the above interpretation of the *baraita* was rejected.

מתני׳ הַנִּיתָּנִין בִּפְנִים שֶׁנִּתְעָרְבוּ בַּנִּיתָּנִין בַּחוּץ יִשָּׁפְכוּ לָאַמָּה. נָתַן בַּחוּץ, וְחָזַר וְנָתַן בִּפְנִים כָּשֵׁר.

MISHNA Blood **that is** to be **placed** on three locations **inside** the Sanctuary, i.e., between the staves, on the Curtain, and on the golden altar, **that was mixed with** blood **that is** to be **placed outside** the Sanctuary[H] on the external altar in the Temple courtyard, has no remedy, as one may not change the location of the placement of the blood of one to fulfill his obligation with the other type of blood. Therefore, all the blood **shall be poured into the** Temple courtyard **drain.** If the priest, on his own initiative, **placed** the mixture of blood **outside** the Sanctuary **and again placed** the mixture of blood **inside** the Sanctuary, the offering is **fit.**

בִּפְנִים וְחָזַר וְנָתַן בַּחוּץ רַבִּי עֲקִיבָא פּוֹסֵל וַחֲכָמִים מַכְשִׁירִים. שֶׁרַבִּי עֲקִיבָא אוֹמֵר: כָּל דָּמִים שֶׁנִּכְנְסוּ לְכַפֵּר בַּהֵיכָל – פְּסוּלִין. וַחֲכָמִים אוֹמְרִים: חַטָּאת בִּלְבַד. רַבִּי אֱלִיעֶזֶר אוֹמֵר: אַף הָאָשָׁם, שֶׁנֶּאֱמַר: ״כַּחַטָּאת כָּאָשָׁם״.

If the priest, on his own initiative, placed the mixture of blood **inside** the Sanctuary **and again placed** the mixture of blood **outside** the Sanctuary, **Rabbi Akiva deems** the blood placed outside **disqualified, and the Rabbis deem** it **fit. As Rabbi Akiva says: Any blood** that is to be presented outside **that entered to atone in the Sanctuary is disqualified; but the Rabbis say:** That is the *halakha* with regard to the blood of an external **sin offering alone,** as it is written: "And any sin offering, whereof any of the blood is brought into the Tent of Meeting to atone in the Sanctuary, shall not be eaten" (Leviticus 6:23). **Rabbi Eliezer says:** The status of **a guilt offering** is like that of a sin offering **as well, as it is stated: "As is the sin offering, so is the guilt offering"** (Leviticus 7:7), i.e., there is one *halakha* for them. That is not the case with regard to the blood of other offerings.

PERSONALITIES

Rava Tosfa'a – רָבָא תּוֹסְפָּאָה: One of the later *amora'im* who was involved in editing the Babylonian Talmud, Rava Tosfa'a was apparently a devoted student of Ravina I, Rav Ashi's colleague, with whom he engaged in halakhic discussions. He is later found in the company of Ravina II, known as Ravina Zuta, the nephew of the elder Ravina. Since he belonged to the last generation of *amora'im*, not many of his statements are quoted in the Talmud, though several halakhic rulings are cited in his name. Toward the end of his life, Rava Tosfa'a served as the head of the academy in Sura for six years, succeeding Mar bar Rav Ashi.

There are various theories as to the meaning of the name Tosfa'a. Some explain that he was called by this name due to his expertise in the *Tosefta*, while others maintain that it is the name of a place. It stands to reason that he was given this appellation due to his work editing the Talmud, which essentially consisted of adding [*hosafa*] material and editing. According to the epistle of Rav Sherira Gaon, Rava Tosfa'a died in the year 474 CE.

NOTES

We already interpreted it with regard to a mixture of blood that contains a majority of blood that is placed above – הָא אוֹקִימְנָא הַהִיא בְּרוּבָּא עֶלְיוֹנִים: Rashi explains this difficulty as follows: According to the earlier explanation of this *baraita*, the mixture contained a majority of blood of a sin offering that is to be placed above the red line, and the priest initially places above the line slightly more than the measure that is to be placed below the line, in order to ensure that some of the blood that is to be placed above the red line will indeed be placed there. If so, the priest would not place the blood below the red line in the usual place of the blood of a burnt offering, in case none of the blood of the burnt offering remained. Instead, he would pour the blood on top of the base of the altar, so as to fulfill the mitzva of presenting the remainder of the blood of the sin offering. Consequently, there is no proof from here that the place of the blood of a burnt offering is the same as the place of the remainder of blood, and therefore it is unclear why Rav Yitzḥak bar Yosef found it necessary to interpret this *baraita* as referring to a unique case.

HALAKHA

Blood that is placed inside the Sanctuary that was mixed with blood that is placed outside the Sanctuary – הַנִּיתָּנִין בִּפְנִים שֶׁנִּתְעָרְבוּ בַּנִּיתָּנִין בַּחוּץ: If the blood that is to be placed inside the Sanctuary, i.e., between the staves, on the Curtain, and on the golden altar, was mixed with the blood that is to be placed outside the Sanctuary, it is all poured into the Temple courtyard drain. If the priest did not consult the authorities but took blood from the mixture and placed it both inside and outside, his actions are valid whether he first placed the blood inside or first placed it outside. This ruling applies to all types of blood of offerings that are to be placed outside the Sanctuary, apart from a sin offering.

In a case where the blood of a sin offering that is to be placed inside the Sanctuary was mixed with the blood of a sin offering that is to be placed outside the Sanctuary, if the priest first placed the blood outside and then inside, both offerings are fit. By contrast, if he first placed blood from the mixture inside the Sanctuary and afterward outside, the sin offering whose blood is to be placed outside is disqualified (Rambam *Sefer Avoda, Hilkhot Pesulei HaMukdashin* 2:13).

גמ׳ וְנִיפְלוֹג נַמִּי רַבִּי אֱלִיעֶזֶר בְּהָא!

GEMARA The mishna teaches that if blood that is to be placed inside the Sanctuary was mixed with blood that is to be placed outside the Sanctuary, all the blood should be poured into the Temple courtyard drain, and there is no opposing opinion recorded in the mishna. The Gemara asks: **And let Rabbi Eliezer disagree** even **with regard to this** case, just as he disagrees with regard to a mixture of blood that is to be placed above the red line that was mixed with blood that is to be placed below the red line, where he holds that the improperly placed blood is considered as though it were water.

הֵיכִי לִיעֲבִיד? נֵיתִיב בַּחוּץ וַהֲדַר נֵיתִיב לִפְנִים – כְּשֵׁם שֶׁמִּצְוָה לְהַקְדִּים עֶלְיוֹנִים לְתַחְתּוֹנִים, כָּךְ מִצְוָה לְהַקְדִּים פְּנִים לַחוּץ.

The Gemara explains that Rabbi Eliezer does not disagree in this case, as **how should** the priest **act?** If one says that he **should** first **place** blood from the mixture on the altar **outside** the Sanctuary, **and again place** blood from the mixture **inside** the Sanctuary, this is not allowed. **Just as it is a mitzva to give precedence** to the blood that is to be placed **above** the red line **over** the blood that is to be placed **below**[H] the line, e.g., the presentation of the blood of a sin offering precedes the presentation of the blood of a burnt offering, since a sin offering serves to effect atonement, **so too is it a mitzva to give precedence** to the blood that is to be placed **inside** the Sanctuary **over** blood that is to be placed **outside** the Sanctuary.

HALAKHA

It is a mitzva to give precedence to the blood that is placed above the red line over the blood that is placed below – מִצְוָה לְהַקְדִּים עֶלְיוֹנִים לְתַחְתּוֹנִים: The presentation of the blood of a sin offering takes precedence over the presentation of the blood of a burnt offering, as the blood of a sin offering effects atonement (Rambam *Sefer Avoda, Hilkhot Temidin UMusafin* 9:8).

Perek **VIII**
Daf **82** Amud **a**

וְנֵיתִיב לִפְנִים, וַהֲדַר נֵיתִיב לַחוּץ – כֵּיוָן דְּאִיכָּא חַטָּאת וְאָשָׁם, דְּכִי נִכְנַס דָּמָן פְּסוּלִין, לָא פְּסִיקָא לֵיהּ.

And if you suggest that the priest **should** first **place** blood from the mixture **inside** the Sanctuary **and again place** blood **outside,** on the altar, although this resolution is applicable to most offerings whose blood is placed outside, nevertheless the *tanna* of the mishna chose to omit this case. The reason is that **since there are a sin offering and a guilt offering,** concerning **which,** according to the opinion of Rabbi Eliezer, **when their blood enters** the Sanctuary **they are disqualified** from being placed on the external altar, the *tanna* could **not** teach this *halakha* **categorically.** In other words, as the *tanna* could not issue a categorical ruling that applies to all types of offerings, he omitted the opinion of Rabbi Eliezer here.

״שֶׁהָיָה רַבִּי עֲקִיבָא אוֹמֵר״ [וכו׳]. אָמַר רַב יְהוּדָה אָמַר שְׁמוּאֵל: מָשָׁל לְמָה הַדָּבָר דּוֹמֶה – לְתַלְמִיד שֶׁמָּזַג לְרַבּוֹ בְּחַמִּין, וְאָמַר לוֹ: מְזוֹג לִי, אָמַר לוֹ: בַּמֶּה? אָמַר לוֹ: לָא בְּחַמִּין אָנוּ עֲסוּקִין? עַכְשָׁיו, בֵּין בְּחַמִּין בֵּין בְּצוֹנֵן.

§ The mishna teaches **that Rabbi Akiva would say:** Any blood that is to be presented outside that entered to atone in the Sanctuary is disqualified. The Gemara discusses the source for Rabbi Akiva's ruling. The verse states: "And any sin offering, whereof any of the blood is brought into the Tent of Meeting to atone in the Sanctuary, shall not be eaten" (Leviticus 6:23). How does Rabbi Akiva apply this *halakha* to all offerings whose blood is presented on the external altar? **Rav Yehuda says** that **Shmuel says:** Hear **a parable: To what is this matter comparable? To a student who mixed** wine **with hot water for his teacher. And** the teacher **said to him: Mix** another drink **for me.** The student **said to him: With what** should I mix the wine, hot or cold water? The teacher **said to him: Aren't we dealing with hot** water? **Now** that I requested that you mix me another cup, I mean that you should mix it **either in hot** water **or in cold.** Otherwise, the teacher would not have needed to say anything.

הָכָא נַמִּי, מִכְּדֵי בְּחַטָּאת עָסְקִינַן וְאָתֵי, ״חַטָּאת״ דִּכְתַב רַחֲמָנָא לְמָה לִי? אֶלָּא: לָאו חַטָּאת קָאָמֵינָא לָהּ, אֶלָּא כׇּל קֳדָשִׁים.

Here too, since we have been dealing with a sin offering in that passage (see Leviticus 6:17–22), **why do I** need the term **"sin offering" that the Merciful One writes** in this verse? Even without this term it is clear that the Torah is referring to a sin offering. **Rather,** as in the parable, the Torah mentions a sin offering to teach: **I do not say this** *halakha* with regard to **a sin offering** alone, i.e., that only the blood of a sin offering is disqualified when it is brought inside the Sanctuary, **but** the blood of **all sacrificial** animals is disqualified by being brought into the Sanctuary.

מַתְקִיף לַהּ רַב הוּנָא בְּרֵיהּ דְּרַב יְהוֹשֻׁעַ: מִכְּדֵי אִיתְרַבּוּ כׇּל קׇדָשִׁים לְגַבֵּי מִזְבֵּחַ לְעִנְיַן מְרִיקָה וּשְׁטִיפָה, חַטָּאת דִּכְתַב רַחֲמָנָא לָמָּה לִי? שְׁמַע מִינַּהּ: חַטָּאת – אִין, מִידֵּי אַחֲרִינָא – לָא.

Rav Huna, son of Rav Yehoshua, objects to this explanation: Accordingly, one should reach the opposite conclusion: **Since all sacrificial** animals that are sacrificed **on the altar are included** in this passage of the Torah **with regard to scouring and rinsing,**[H] as derived by the Sages, despite the fact that this requirement is stated in connection with a sin offering (see Leviticus 6:21), it is already established that this chapter is speaking of all offerings. Consequently, **why do I** need the term **"sin offering" that the Merciful One writes** with regard to the matter of blood that entered the Sanctuary? **Learn from** the verse that in the case of **a sin offering** whose blood entered the Sanctuary, **yes,** it is disqualified, but if the blood of any **other** offering entered the Sanctuary, **no,** it is not disqualified.

וְהָא לָא דָּמְיָא אֶלָּא לְתַלְמִיד שֶׁמָּזַג לְרַבּוֹ בֵּין בְּחַמִּין בֵּין בְּצוֹנֵן, אָמַר לוֹ: אַל תִּמְזוֹג לִי אֶלָּא חַמִּין!

Rav Huna addresses Shmuel's parable: **And** if you wish to provide a comparison, it **is comparable only to a student who** initially **mixed** wine **for his teacher with both hot and cold** water, and **his teacher** then **said to him: Mix** wine **for me only** with **hot** water.

אֶלָּא טַעְמָא דְּרַבִּי עֲקִיבָא מֵ״חַטָּאת״, וְ״כׇל חַטָּאת״. דְּתַנְיָא: ״חַטָּאת״ – אֵין לִי אֶלָּא חַטָּאת, קׇדְשֵׁי קֳדָשִׁים מִנַּיִן? תַּלְמוּד לוֹמַר: ״כׇּל חַטָּאת״. קֳדָשִׁים קַלִּים מִנַּיִן? תַּלְמוּד לוֹמַר: ״וְכׇל חַטָּאת״, דִּבְרֵי רַבִּי עֲקִיבָא.

Rav Huna continues: **Rather, the reasoning of Rabbi Akiva** is **from** the fact that the verse does not state simply: **"Sin offering,"** but states: **"Any sin offering"**; this serves to include all other offerings. **As it is taught** in a *baraita*: The verse states: "And any **sin offering,** whereof any of the blood is brought into the Tent of Meeting to atone in the Sanctuary, shall not be eaten" (Leviticus 6:23). **I have** derived that this *halakha* applies **only** with regard to **a sin offering; from where** is it derived that it also applies to **offerings of the most sacred order? The verse states: "Any sin offering." And from where** is it derived that it also applies to **offerings of lesser sanctity? The verse states: "And any sin offering."** This is **the statement of Rabbi Akiva.**

אָמַר לוֹ רַבִּי יוֹסֵי הַגְּלִילִי: אֲפִילּוּ אַתָּה מְרַבֶּה כׇּל הַיּוֹם כּוּלּוֹ, אֵינִי שׁוֹמֵעַ לְךָ. אֶלָּא: ״חַטָּאת״ – אֵין לִי אֶלָּא חַטַּאת יָחִיד, חַטַּאת צִבּוּר מִנַּיִן? תַּלְמוּד לוֹמַר: ״כׇּל חַטָּאת״. וְאֵין לִי אֶלָּא חַטָּאת זָכָר, חַטָּאת נְקֵבָה מִנַּיִן? תַּלְמוּד לוֹמַר ״וְכׇל״.

Rabbi Yosei HaGelili said to Rabbi Akiva: **Even** if **you include** offerings in this manner from the verse **all day long, I will not listen to you. Rather,** this verse is referring to a sin offering alone, and it should be expounded as follows: The verse states: **"Sin offering"; I have** derived **only** that this *halakha* applies to **the sin offering of an individual.**[N] **From where** is it derived that the same applies to a **communal sin offering? The verse states: "Any sin offering." And** one can still say: **I have** derived **only** that this *halakha* applies to **a male sin offering; from where** is it derived that the same applies to **a female sin offering? The verse states: "And any** sin offering."

כְּלַפֵּי לַיָּיא? אֶלָּא הָכִי קָאָמַר: אֵין לִי אֶלָּא חַטָּאת נְקֵבָה, חַטָּאת זָכָר מִנַּיִן – תַּלְמוּד לוֹמַר: ״וְכׇל חַטָּאת״.

The Gemara asks: Why is it assumed that the application of this *halakha* to a male sin offering is more obvious than to a female sin offering? **Isn't it the opposite** [*kelapei layya*],[L] as the standard sin offering of an individual is a female? **Rather, this** is what Rabbi Yosei HaGelili **is saying:** One can still ask: **I have derived only** that this *halakha* applies to **a female sin offering; from where** is it derived that the same applies to **a male sin offering? The verse states: "And any sin offering."**

וְסָבַר רַבִּי יוֹסֵי הַגְּלִילִי הַאי קְרָא לְהָכִי הוּא דַּאֲתָא? וְהָתַנְיָא, רַבִּי יוֹסֵי הַגְּלִילִי אוֹמֵר: (לְפִי שֶׁמָּצִינוּ) כׇּל הָעִנְיָן כּוּלּוֹ אֵינוֹ מְדַבֵּר אֶלָּא בְּפָרִים הַנִּשְׂרָפִים וּשְׂעִירִים הַנִּשְׂרָפִים,

The Gemara asks: **And does Rabbi Yosei HaGelili hold** that **this verse comes for this** purpose, to teach the *halakha* of sin offerings whose blood was brought inside the Sanctuary? **But isn't it taught** in a *baraita* that **Rabbi Yosei HaGelili says: As we have found the entire matter** that is stated in the verse: "And any sin offering, whereof any of the blood is brought into the Tent of Meeting to atone in the Sanctuary, shall not be eaten; it shall be burned with fire" (Leviticus 6:23), is not stated with regard to a standard sin offering improperly brought inside the Sanctuary; rather, it **speaks only about bulls that are burned and goats that are burned.**

לִשְׂרוֹף פְּסוּלֵיהֶן אַבֵּית הַבִּירָה, וְלַעֲמוֹד בְּלֹא תַעֲשֶׂה עַל אֲכִילָתוֹ.

Rabbi Yosei HaGelili elaborates: These are unique sin offerings, and the Torah states that their blood should be brought inside the Sanctuary. The verse is stated with regard to these sin offerings both in order to command the Jewish people **to burn their disqualified ones in the Temple**[N] **and** in order **to establish a prohibition with regard to their consumption.**

HALAKHA

With regard to scouring and rinsing – לְעִנְיַן מְרִיקָה וּשְׁטִיפָה: Vessels in which consecrated food was used with heat require scouring and rinsing. This *halakha* applies not only to sin offerings but to all offerings, both those of the most sacred order and those of lesser sanctity (Rambam *Sefer Avoda, Hilkhot Ma'aseh HaKorbanot* 8:14).

NOTES

I have derived only that this *halakha* applies to the sin offering of an individual – אֵין לִי אֶלָּא חַטַּאת יָחִיד: This assumption is based on the fact that this passage in the Torah, which begins with: "This is the law of the sin offering" (Leviticus 6:18), is one of a series of such passages. These include passages addressing the guilt offering and peace offering, which are almost always brought by individuals (Rashi).

To burn their disqualified ones in the Temple – לִשְׂרוֹף פְּסוּלֵיהֶן אַבֵּית הַבִּירָה: There is a distinction between inner sin offerings, which are also known as bulls and goats that are burned, and standard sin offerings, which are external sin offerings. The blood of external sin offerings is presented on the altar in the courtyard of the Temple, and the meat of these offerings is eaten by the priests. Inner sin offerings are sacrificed to atone for the sins of the community or the High Priest. Their blood is sprinkled on the Curtain of the Holy of Holies and on the golden altar inside the Sanctuary of the Temple (see Leviticus, chapter 4). These sin offerings are not eaten at all, and their flesh is burned outside the Israelite camp (see Leviticus 4:12, 21, 16:27), which, in the time of the Temple, is outside the walls of Jerusalem. The inner sin offerings include the bull brought on Yom Kippur, the bull of the anointed priest, i.e., the High Priest, and the bull for an unwitting communal sin brought if the Sanhedrin issues an erroneous halakhic ruling and the community acts upon it. The goats that are burned are the goat of Yom Kippur and the goat for an unwitting communal sin of idol worship.

According to the opinion of Rabbi Yosei HaGelili, it is derived from the verse: "And any sin offering, whereof any of the blood is brought into the Tent of Meeting to atone in the Sanctuary, shall not be eaten; it shall be burned with fire" (Leviticus 6:23), that the disqualified sin offering must be burned in a sacred place, as the verse is read as though it stated: In the Sanctuary, i.e., in a sacred place, it shall be burned with fire (Rashi). There were two designated places for burning these disqualified offerings in the Temple: One was in the courtyard, while the other was farther out on the Temple Mount, for those offerings that were disqualified outside the courtyard (see 104b).

LANGUAGE

Isn't it the opposite [*kelapei layya*] – כְּלַפֵּי לַיָּיא: This expression of puzzlement literally means: Directed to where? That is to say: Where are you facing? The question indicates: You are looking at the matter backward. Some of the *ge'onim* had a different version of the text, in which the expression read: Facing the tail [*kelapei alya*], as if to say: You are facing the direction of the tail, like one who is riding backward on an animal. Either way, the meaning of the term is the same: You are saying the opposite of what is logical.

אָמְרוּ לוֹ: חַטָּאת שֶׁנִּכְנַס דָּמָהּ לִפְנַי וְלִפְנִים מִנַּיִן? אָמַר לָהֶם: ״הֵן לֹא הוּבָא״!

The *baraita* continues: The Rabbis **said to** Rabbi Yosei HaGelili: If you expound the verse in this fashion, then **from where** is it derived that a standard **sin offering whose blood entered the innermost sanctum,** the Holy of Holies, must be burned? Rabbi Yosei HaGelili **said to them** that it is derived from the verse: **"Behold, its blood was not brought** into the Sanctuary within" (Leviticus 10:18). This indicates that had the sin offering referred to in the verse been brought inside the Sanctuary, it should have been burned. In any event, with regard to the issue at hand, since Rabbi Yosei HaGelili interprets the verse from Leviticus 6:23 in this manner, how can he interpret it differently in his dispute with Rabbi Akiva?

לְדִבְרָיו דְּרַבִּי עֲקִיבָא קָאָמַר.

The Gemara answers: Rabbi Yosei HaGelili **spoke according to the statement of Rabbi Akiva,** i.e., although Rabbi Yosei HaGelili interprets the verse in a different manner, according to Rabbi Akiva's explanation it should be understood as referring only to a sin offering, not to other offerings.

מתני׳ חַטָּאת שֶׁקִּבֵּל דָּמָהּ בִּשְׁנֵי כוֹסוֹת, יָצָא אֶחָד מֵהֶן לַחוּץ – הַפְּנִימִי כָּשֵׁר. נִכְנַס אֶחָד מֵהֶם לִפְנִים, רַבִּי יוֹסֵי הַגְּלִילִי מַכְשִׁיר בַּחִיצוֹן, וַחֲכָמִים פּוֹסְלִין.

MISHNA In the case of **a sin offering** whose blood placement is on the external altar **whose blood** the priest **collected in two cups,**[H] if **one of them left** the Temple courtyard and was thereby disqualified, **the** cup that remained **inside** the courtyard is **fit** to be presented. If **one of the** cups **entered inside** the Sanctuary and was thereby disqualified, **Rabbi Yosei HaGelili deems** the blood **in the** cup that remained **outside** the Sanctuary, in the courtyard, **fit** to be presented, **and the Rabbis deem it disqualified** from being presented.

אָמַר רַבִּי יוֹסֵי הַגְּלִילִי: מָה אִם בְּמָקוֹם שֶׁהַמַּחְשָׁבָה פּוֹסֶלֶת, בַּחוּץ – לֹא עָשָׂה אֶת הַמְּשׁוּיָיר כְּיוֹצֵא, מָקוֹם שֶׁאֵין הַמַּחְשָׁבָה פּוֹסֶלֶת, בִּפְנִים – אֵינוֹ דִּין שֶׁלֹּא נַעֲשָׂה אֶת הַמְּשׁוּיָיר כְּנִכְנָס?

Rabbi Yosei HaGelili said in support of his opinion: The *halakha* is that if one slaughters an offering with the intent that its blood be presented outside of the Temple courtyard, the offering is disqualified, but if his intention was that the blood be presented inside the Sanctuary, the offering is not disqualified. **Just as in** a case where part of the blood reached **a place where the intent** to present the blood there **disqualifies** the offering, i.e., **outside** the Temple courtyard, and yet when some of the blood is taken there it **does not render the** status of the **remaining** blood disqualified **like** that of blood that **leaves** the courtyard, so too, in a case where part of the blood reached **a place where the intent** to present the blood there **does not disqualify** the offering, i.e., **inside** the Sanctuary, **is it not logical that we will not deem** the status of **the remaining** blood **like** that of blood that **entered** the Sanctuary?

נִכְנַס לְכַפֵּר, אַף עַל פִּי שֶׁלֹּא כִּפֵּר – פָּסוּל, דִּבְרֵי רַבִּי אֱלִיעֶזֶר. רַבִּי שִׁמְעוֹן אוֹמֵר: עַד שֶׁיְּכַפֵּר, רַבִּי יְהוּדָה אוֹמֵר: אִם הִכְנִיס שׁוֹגֵג – כָּשֵׁר.

The mishna continues: If all of the blood of a sin offering whose blood placement is on the external altar **entered** the Sanctuary **to atone**[H] through sprinkling, **despite** the fact **that** the priest **did not** actually sprinkle the blood to **atone,** the offering is **disqualified;** this is **the statement of Rabbi Eliezer. Rabbi Shimon says:** The offering is disqualified **only when he atones** and sprinkles the blood in the Sanctuary. **Rabbi Yehuda says: If he took** the blood **into** the Sanctuary **unwittingly,** the blood remains **fit** to be presented.

HALAKHA

Sin offering whose blood the priest collected in two cups – חַטָּאת שֶׁקִּבֵּל דָּמָהּ בִּשְׁנֵי כוֹסוֹת: In a case where a priest collected in two cups the blood of a sin offering whose blood placement is on the external altar, if one of the cups was taken outside the Temple courtyard, the blood in the remaining cup is fit and may be presented. If one of the cups was brought inside the Sanctuary, the other cup that is still in the courtyard is also disqualified. This *halakha* is in accordance with the opinion of the Rabbis (Rambam *Sefer Avoda, Hilkhot Pesulei HaMukdashin* 2:15).

If the blood of a sin offering entered the Sanctuary to atone, etc. – נִכְנַס לְכַפֵּר וכו׳: With regard to the blood of a sin offering whose blood placement is on the external altar that was brought into the Sanctuary to atone through sprinkling, if the priest brought it inside intentionally it is disqualified even if he did not sprinkle it. The *halakha* is in accordance with the opinion of Rabbi Eliezer, as Rabbi Yehuda follows his ruling. If he brought it inside unwittingly, it is fit. He should present the blood outside the Sanctuary, in accordance with the opinion of Rabbi Yehuda as explained on 83a (Rambam *Sefer Avoda, Hilkhot Pesulei HaMukdashin* 2:16, and see Mahari Kurkus there).

BACKGROUND

Frontplate – **צִיץ**: The frontplate of the High Priest was a plate of gold on which the words: "Sacred to the Lord" (Exodus 28:36), were engraved. This plate was tied to the forehead of the High Priest, adjacent to where his hairline began. The frontplate is one of the eight priestly vestments that constitute the raiment of the High Priest. The High Priest would wear all eight vestments year round, except during part of the Yom Kippur service, when he would wear only the four white vestments donned by all priests. The Torah states that by wearing the frontplate on his forehead, "Aaron shall bear the iniquity committed in the sacred matters which the children of Israel shall sanctify" (Exodus 28:38). The Sages explain that the frontplate does not atone for all sins committed involving the offerings in the Temple service; with regard to some offerings, the Torah states explicitly that they are not accepted. Rather, they explain that this statement applies to specific cases of ritual impurity, as explained here.

HALAKHA

Because the frontplate effects acceptance for offerings sacrificed that are ritually impure – **שֶׁהַצִּיץ מְרַצֶּה עַל הַטָּמֵא**: The frontplate effects acceptance for the ritual impurity of any offering brought on a fixed date that is performed in a state of ritual impurity *ab initio*. Likewise, the frontplate effects acceptance for any offering sacrificed by a priest who later discovered that he had been ritually impure due to a concealed grave (Rambam *Sefer Avoda*, *Hilkhot Biat HaMikdash* 4:6–7, and see *Hilkhot Pesulei HaMukdashin* 1:34).

But does not effect acceptance for offerings that leave the courtyard – **וְאֵינוֹ מְרַצֶּה עַל הַיּוֹצֵא**: If the blood of an offering was taken out of the Temple courtyard, the offering is disqualified. Even if a priest brought the blood back inside and sprinkled it on the altar, the frontplate does not effect acceptance (Rambam *Sefer Avoda*, *Hilkhot Pesulei HaMukdashin* 1:35).

כָּל הַדָּמִים פְּסוּלִין שֶׁנִּתְּנוּ עַל גַּבֵּי הַמִּזְבֵּחַ – לֹא הִרְצָה הַצִּיץ אֶלָּא עַל הַטָּמֵא, שֶׁהַצִּיץ מְרַצֶּה עַל הַטָּמֵא וְאֵינוֹ מְרַצֶּה עַל הַיּוֹצֵא.

With regard to **all the blood disqualified** for presentation **that was placed on the altar, the frontplate**[B] **effects acceptance only** for offerings sacrificed **that** are **ritually impure.** Although it is written with regard to the frontplate worn on the forehead of the High Priest: "And it shall be upon Aaron's forehead, and Aaron shall bear the iniquity committed in the sacred matters" (Exodus 28:38), this does not apply to all disqualifications of offerings. This is **because the frontplate effects acceptance for** offerings sacrificed **that are ritually impure**[H] **but does not effect acceptance for** offerings **that leave** the courtyard.[H]

גמ׳ תַּנְיָא, אָמַר רַבִּי יוֹסֵי הַגְּלִילִי: קַל וָחוֹמֶר, וּמָה בְּמָקוֹם שֶׁמַּחֲשָׁבָה פּוֹסֶלֶת, בַּחוּץ – לֹא פָּסַל דָּם שֶׁבַּחוּץ אֶת שֶׁבִּפְנִים, מָקוֹם שֶׁאֵין מַחֲשָׁבָה פּוֹסֶלֶת, בִּפְנִים – אֵינוֹ דִּין שֶׁלֹּא יִפְסוֹל דָּם שֶׁבִּפְנִים אֶת שֶׁבַּחוּץ?

GEMARA With regard to the dispute between Rabbi Yosei HaGelili and the Rabbis as to whether the blood of a sin offering in a second cup is disqualified if the blood in the first cup entered the Sanctuary, it **is taught** in a *baraita*: **Rabbi Yosei HaGelili said:** This is **an *a fortiori*** inference: **And just as in** a case where part of the blood reached **a place where** the **intent** to present the blood there **disqualifies** the offering, i.e., **outside** the Temple courtyard, and yet that **blood that** was taken **outside does not disqualify** the blood that is still **inside** the courtyard, so too, in a case where part of the blood reached **a place where** the **intent** to present the blood there **does not disqualify** the offering, i.e., **inside** the Sanctuary, **is it not logical that** the **blood that** was taken **inside will not disqualify** the blood **that** is still **outside** the Sanctuary?

אָמְרוּ לוֹ, הֲרֵי הוּא אוֹמֵר: ״אֲשֶׁר יוּבָא מִדָּמָהּ״ – אֲפִילּוּ מִקְצָת דָּמָהּ.

The Rabbis **said to** Rabbi Yosei HaGelili: **But** the verse **states:** "And any sin offering, **whereof any of the blood is brought** into the Tent of Meeting to atone in the Sanctuary, shall not be eaten" (Leviticus 6:23). This indicates that **even** if **part of its blood** is brought inside the Sanctuary, the sin offering is disqualified.

אָמַר לָהֶם: קַל וָחוֹמֶר לַיּוֹצֵא מֵעַתָּה: וּמָה בְּמָקוֹם שֶׁאֵין מַחֲשָׁבָה פּוֹסֶלֶת, בִּפְנִים – פּוֹסֵל דָּם שֶׁבִּפְנִים אֶת שֶׁבַּחוּץ, מָקוֹם שֶׁמַּחֲשָׁבָה פּוֹסֶלֶת, בַּחוּץ – אֵינוֹ דִּין שֶׁיִּפְסוֹל דָּם שֶׁבַּחוּץ אֶת שֶׁבִּפְנִים?

Rabbi Yosei HaGelili **said to** the Rabbis: If you expound the verse in that manner, then **from now** one can derive **an *a fortiori*** inference **with regard to the** blood that **leaves** the courtyard: **And just as in** a case where part of the blood reached **a place where** the **intent** to present the blood there **does not disqualify** the offering, i.e., **inside** the Sanctuary, the **blood that** was taken **inside disqualifies** the blood that is still **outside,** i.e., in the courtyard, so too, in a case where part of the blood reached **a place where** the **intent** to present the blood there **disqualifies** the offering, i.e., **outside** the Temple courtyard, **is it not logical that** the **blood that** was taken **outside will disqualify** the blood **that** is still **inside** the courtyard? Why do the Rabbis deem this blood fit?

אָמְרוּ לוֹ: הֲרֵי הוּא אוֹמֵר: ״אֲשֶׁר יוּבָא״ – הַנִּכְנָס פּוֹסֵל, וְאֵין הַיּוֹצֵא פּוֹסֵל.

The Rabbis **said to** Rabbi Yosei HaGelili in response: **But** the verse **states:** "And any sin offering, whereof any of the blood **is brought** into the Tent of Meeting to atone in the Sanctuary, shall not be eaten" (Leviticus 6:23). This teaches that only blood **that enters** the Sanctuary **disqualifies** the blood in the courtyard, **but** the blood **that leaves** the courtyard **does not disqualify** the blood in the courtyard.

וְתֶהֱוֵא מַחֲשָׁבָה בִּפְנִים פּוֹסֶלֶת מִקַּל וָחוֹמֶר: וּמָה בְּמָקוֹם שֶׁלֹּא פָּסַל דָּם שֶׁבַּחוּץ אֶת שֶׁבִּפְנִים – מַחֲשָׁבָה פּוֹסֶלֶת בַּחוּץ, מָקוֹם שֶׁפָּסַל דָּם שֶׁבִּפְנִים אֶת דָּם שֶׁבַּחוּץ – אֵינוֹ דִּין שֶׁתְּהֵא מַחֲשָׁבָה פּוֹסֶלֶת בִּפְנִים?

In light of this discussion, the Gemara asks: **And let intent** to present the blood **inside** the Sanctuary **disqualify** the offering **based on an *a fortiori*** inference: **And just as in a place where** the part of the **blood that** went **outside does not disqualify** the rest of the blood **that is inside** the courtyard, and yet **intent** to present the blood in this place **disqualifies** the offering, i.e., **outside** the courtyard, so too, in **a place where** the part of the **blood that** went **inside** the Sanctuary **disqualifies** the rest of the blood **that is outside** the Sanctuary, in the courtyard, **is it not logical that intent** to present the blood in this place **will disqualify** the offering, i.e., **inside** the courtyard?

הֲרֵי הוּא אוֹמֵר: ״בַּיּוֹם הַשְּׁלִישִׁי״.

The Gemara explains that one does not derive this *a fortiori* inference, as the verse **states:** "And if it be eaten at all **on the third day,** it is *piggul*; it shall not be accepted" (Leviticus 19:7), and the Sages expounded this verse with regard to the *halakha* of intent while slaughtering an offering.

מָקוֹם שֶׁיְּהֵא מְשׁוּלָּשׁ, בְּדָם בְּבָשָׂר בְּאֵימוּרִים.

This verse teaches that the **place where** improper intent disqualifies the offering **must be triply** functional:[N] **For** the presenting of **the blood, for** the eating of **the meat,** and **for** the burning of **the sacrificial portions** of the offering that are consumed on the altar. In other words, it must be outside its designated place with regard to all three of these issues. Consequently, intent to present the blood in the Sanctuary does not disqualify the blood.

וְלֹא תְּהֵא מַחְשָׁבָה פּוֹסֶלֶת בַּחוּץ מִקַּל וָחוֹמֶר: וּמָה מָקוֹם שֶׁפָּסַל דָּם שֶׁבִּפְנִים אֶת שֶׁבַּחוּץ – אֵין מַחְשָׁבָה פּוֹסֶלֶת בִּפְנִים, מָקוֹם שֶׁלֹּא פָּסַל דָּם שֶׁבַּחוּץ אֶת שֶׁבִּפְנִים – אֵינוֹ דִּין שֶׁלֹּא יְהֵא פּוֹסֵל מַחְשָׁבָה בַּחוּץ?

The Gemara suggests the opposite: **And** if so, **let intent** to present the blood **outside** the Sanctuary **not disqualify** the offering **based on an** *a fortiori* inference: **And just as in a place where** the part of the **blood that** went **inside** the Sanctuary **disqualifies** the rest of the blood **that is outside** in the courtyard, and yet **intent** to present the blood **inside** the Sanctuary **does not disqualify** the offering, so too, in **a place where** the part of the **blood that** went **outside** the courtyard **does not disqualify** the rest of the blood **that is inside** the courtyard, **is it not logical that intent** to present the blood **outside** the courtyard **does not disqualify** the offering?

תַּלְמוּד לוֹמַר: "שְׁלִישִׁי" – חוּץ לִזְמַנּוֹ, "פִּגּוּל" – חוּץ לִמְקוֹמוֹ.

The Gemara answers that **the verse states:** "And if it be eaten at all on the third day, it is *piggul*; it shall not be accepted," and the Sages interpreted this verse as follows: "On the **third** day" is referring to intent to perform its rites **beyond its** designated **time;**[N] "it is ***piggul***" is referring to intent to perform its rites **outside its** designated **area.**

בָּשָׂר [הַיּוֹצֵא לַחוּץ – פָּסוּל], הַנִּכְנָס לִפְנִים – כָּשֵׁר.

A *baraita* teaches: The **meat** of offerings **that left** its designated area and was taken **to** a place that is **outside** its designated area for consumption, which is outside the wall of Jerusalem in the case of offerings of lesser sanctity and outside the wall of the Temple courtyard in the case of offerings of the most sacred order, is **disqualified** from being eaten. By contrast, meat of offerings **that entered inside** the Sanctuary is not disqualified and remains **fit** to be eaten.

שֶׁיְּהֵא בַּדִּין שֶׁפָּסוּל. וּמָה בְּמָקוֹם שֶׁלֹּא פָּסַל דָּם שֶׁבַּחוּץ אֶת שֶׁבִּפְנִים – בָּשָׂר הַיּוֹצֵא לַחוּץ פָּסוּל, מָקוֹם שֶׁפָּסַל דָּם שֶׁבִּפְנִים אֶת שֶׁבַּחוּץ – בָּשָׂר הַנִּכְנָס בִּפְנִים אֵינוֹ דִּין שֶׁיִּפָּסֵל?

One might have thought **that it should be** derived **based on a logical inference that** this meat is **disqualified,** as follows: **And just as in a place where** the part of the **blood that** went **outside** the courtyard **does not disqualify** the rest of the blood **that** remained **inside** the courtyard, yet **meat that leaves** and is taken **outside** the courtyard is **disqualified,** so too, in **a place where** the part of the **blood that** went **inside** the Sanctuary **disqualifies** the rest of the blood **that is outside** the Sanctuary, **is it not right that meat that enters** the Sanctuary **should be disqualified?**

הֲרֵי הוּא אוֹמֵר: "מִדָּמָהּ" – דָּמָהּ וְלֹא בָּשָׂר.

The *baraita* explains that one does not derive this inference, as the verse **states:** "And any sin offering, whereof any **of the blood** is brought into the Tent of Meeting to atone in the Sanctuary, shall not be eaten" (Leviticus 6:23), which indicates that the **blood of** an offering that is brought inside is disqualified, **but not meat** that enters the Sanctuary.

קַל וָחוֹמֶר מֵעַתָּה: וּמָה בְּמָקוֹם שֶׁפָּסַל דָּם שֶׁבִּפְנִים אֶת שֶׁבַּחוּץ – בָּשָׂר הַנִּכְנָס לִפְנִים כָּשֵׁר, מָקוֹם שֶׁלֹּא פָּסַל דָּם שֶׁבַּחוּץ אֶת שֶׁבִּפְנִים – בָּשָׂר הַיּוֹצֵא לַחוּץ אֵינוֹ דִּין שֶׁכָּשֵׁר?

The *baraita* continues: **From now,** as it has been established that the meat of offerings that is brought inside the Sanctuary is not disqualified, one can suggest **an** *a fortiori* inference: **And just as in a place where blood that** went **inside** the Sanctuary **disqualifies** the blood **that** remained **outside** in the courtyard, and yet **meat that enters** the Sanctuary[H] is **fit,** therefore, in **a place where** the **blood that** went **outside** the courtyard **does not disqualify** the blood **that is inside** the courtyard, **is it not logical that meat that left** and was taken **outside** the courtyard should be **fit?**

הֲרֵי הוּא אוֹמֵר: "וּבָשָׂר בַּשָּׂדֶה טְרֵפָה לֹא תֹאכֵלוּ" – כֵּיוָן שֶׁיָּצָא בָשָׂר חוּץ לִמְחִיצָתוֹ נֶאֱסַר.

The Gemara explains that one does not derive this *a fortiori* inference, as the verse **states: "And you shall not eat any flesh that is torn of beasts in the field"** (Exodus 22:30).[H] The apparently superfluous term "in the field" teaches a general *halakha*: **Once meat has left** and been removed **outside of its boundary,** i.e., the area in which it is permitted to consume it, it **has become prohibited.**

NOTES

The place where improper intent disqualifies the offering must be triply functional, etc. – מָקוֹם שֶׁיְּהֵא מְשׁוּלָּשׁ וכו׳: See 29a for other explanations of this statement.

Third, beyond its designated time, etc. – שְׁלִישִׁי חוּץ לִזְמַנּוֹ וכו׳: This is not the same mention of "third" that was expounded earlier with regard to the requirement that the place of the disqualifying intent must be triply functional for the presenting of the blood, for the eating of the meat, and for the burning of the sacrificial portions. That term "third" appears in Leviticus 19:7. Rather, this mention of "third" is from Leviticus 7:18. This exposition is in accordance with the opinion of Rabba and Rava on 28a–b that Leviticus 7:18 is referring to both the disqualification of intent beyond its designated time and the disqualification of intent outside its designated area. By contrast, according to the opinion of Abaye, Leviticus 7:18 is referring only to intent beyond its designated time, whereas the disqualification of intent outside the offering's designated area is the subject of Leviticus 19:7.

HALAKHA

Meat that enters the Sanctuary – בָּשָׂר הַנִּכְנָס לִפְנִים: If meat of offerings of the most sacred order entered the Sanctuary, it is fit (Rambam *Sefer Avoda*, *Hilkhot Ma'aseh HaKorbanot* 11:7 and *Hilkhot Pesulei HaMukdashin* 2:17).

Flesh that is torn of beasts in the field – בָּשָׂר בַּשָּׂדֶה טְרֵפָה: Meat of offerings of the most sacred order that was taken outside the wall of the Temple courtyard, and meat of offerings of lesser sanctity that was taken outside the wall of Jerusalem, are disqualified and may not be eaten. Even if the meat was returned to its proper place it may not be eaten, and one who consumes an olive-bulk of it is liable to be flogged for violating the prohibition: "And you shall not eat any flesh that is torn of beasts in the field," which applies to any meat that is taken outside its designated area (Rambam *Sefer Avoda*, *Hilkhot Ma'aseh HaKorbanot* 11:6).

תָּנוּ רַבָּנַן: ״פְּנִימָה״ אֵין לִי אֶלָּא פְּנִימָה, הֵיכָל מִנַּיִן? תַּלְמוּד לוֹמַר: ״אֶל הַקֹּדֶשׁ פְּנִימָה״.

§ The Gemara returns to its discussion of the blood of a sin offering that entered the Sanctuary. **The Sages taught:** It is stated that when Moses questioned Aaron as to why a sin offering was not consumed, he said: "Behold, its blood was not brought into the sacred place **within**" (Leviticus 10:18). This indicates that had the blood been brought within, Moses would have understood that the offering would have been disqualified and rendered prohibited for consumption. The *baraita* comments: **I have** derived **only** that the offering is disqualified if the blood is brought **within,** i.e., into the Holy of Holies; **from where** is it derived that the same applies if it was merely brought into the **Sanctuary? The verse states: "Into the sacred place within,"** and this sacred place is the Sanctuary.

וְיֹאמַר ״קֹדֶשׁ״ וְאַל יֹאמַר ״פְּנִימָה״! אֲמַר רָבָא: בָּא זֶה וְלִימֵּד עַל זֶה, מִידֵּי דַּהֲוָה אַ״תּוֹשָׁב״ וְ״שָׂכִיר״.

The Gemara questions this derivation: **And let** the verse **state** only **"sacred place," and** it need **not state "within."** If blood that entered the Sanctuary is already disqualified, this *halakha* certainly applies if it was brought farther inside, to the Holy of Holies. **Rava says: This** verse **comes and teaches about that** verse. In other words, had the verse stated only "sacred place," it would have been interpreted as referring to the Holy of Holies. The addition of "within" indicates that this sacred place is the Sanctuary, while the term "within" is referring to the Holy of Holies. The Gemara cites a similar example: This is **just as it is with regard to a tenant and a hired worker.**

דְּתַנְיָא: ״תּוֹשָׁב״ – זֶה קָנוּי קִנְיַן עוֹלָם, ״שָׂכִיר״ – זֶה קָנוּי קִנְיַן שָׁנִים.

As it is taught in a *baraita* concerning *teruma*: The verse states: "A tenant of a priest or a hired worker shall not eat of the consecrated" (Leviticus 22:10). **"A tenant"; this** is referring to a Hebrew slave who has been **acquired** as **a permanent acquisition,**[HB] i.e., one who said he wishes to stay with his master. This slave has his ear pierced and he remains with his master until the Jubilee Year. **"A hired worker"; this** is referring to a Hebrew slave who has been **acquired** for **an acquisition of** six **years,** the standard period of servitude for a Hebrew slave.

יֹאמַר ״תּוֹשָׁב״ וְאַל יֹאמַר ״שָׂכִיר״, וַאֲנִי אוֹמֵר: קָנוּי קִנְיַן עוֹלָם אֵינוֹ אוֹכֵל – קָנוּי קִנְיַן שָׁנִים לֹא כָּל שֶׁכֵּן!

The *baraita* asks: **Let** the verse **say "tenant" and let it not say "hired worker," and I** would **say:** If one who is **acquired** as **a permanent acquisition does not partake** of his master's, i.e., the priest's, *teruma*,[B] as despite his status as a slave he is not considered his master's property, is it **not all the more so** logical that one who is **acquired** for **an acquisition of** six **years** should not be permitted to partake of *teruma*?

אִילּוּ כֵּן, הָיִיתִי אוֹמֵר: ״תּוֹשָׁב״ – זֶה קָנוּי קִנְיַן שָׁנִים, אֲבָל קָנוּי קִנְיַן עוֹלָם – יְהֵא אוֹכֵל, בָּא ״שָׂכִיר״ וְלִימֵּד עַל ״תּוֹשָׁב״, שֶׁזֶּה קָנוּי קִנְיַן עוֹלָם, וְזֶה קָנוּי קִנְיַן שָׁנִים, וְאֵינוֹ אוֹכֵל.

The *baraita* answers: **If so,** that the verse were stated in this manner, **I would say: "A tenant"; this is** one who was **acquired** for **an acquisition of** six **years,** as the term itself is ambiguous, **but** one who was **acquired** as **a permanent acquisition may partake** of *teruma*. Therefore, the term **"hired worker,"** which is certainly referring to one who is less permanent than a tenant, **comes and teaches about** the meaning of the term **"tenant," that this** one was **acquired** as **a permanent acquisition and that** one was **acquired** for **an acquisition of** six **years, and** both this one and that one **may not partake** of *teruma*. Similar reasoning applies in the above case concerning the terms "sacred place" and "within."

אֲמַר לֵיהּ אַבַּיֵי: בִּשְׁלָמָא הָתָם תְּרֵי גּוּפֵי נִינְהוּ. וְאַף עַל גַּב דַּהֲוָה לֵיהּ לִקְרָא לְמִכְתַּב ״נִרְצָע לֹא יֹאכַל״, וְאִידָךְ אָתֵי בְּקַל וָחוֹמֶר – מִילְּתָא דְּאָתְיָא בְּקַל וָחוֹמֶר טָרַח וְכָתַב לָהּ קְרָא. אֶלָּא הָכָא, כֵּיוָן (דְּאִיכָּא) דְּאִיפְּסַל בַּהֵיכָל, (הָכָא) לִפְנַי וְלִפְנִים מַאי בָּעֵי?

Abaye said to Rava: Are these cases comparable? **Granted, there,** the tenant and the hired worker **are two bodies. And** this is significant, as **even though the verse could have written** explicitly that **a pierced** tenant **may not partake** of *teruma*, from which the *halakha* of a Hebrew slave for six years could have been inferred, **and the other** case, that of a slave for six years, is therefore **a matter that can be derived through an *a fortiori*** inference, it need not be stated explicitly. Nevertheless, there is a principle: At times, with regard to **a matter that can be derived through an *a fortiori*** inference, the **verse** nevertheless **takes the trouble and writes it** explicitly. **But here,** the same blood enters the Holy of Holies via the Sanctuary, and **once it is disqualified in the Sanctuary, why is it necessary** for the verse to teach that this blood is disqualified when it enters **the innermost sanctum,** the Holy of Holies?

HALAKHA

A tenant, this is referring to a Hebrew slave who has been acquired as a permanent acquisition – תּוֹשָׁב זֶה קָנוּי קִנְיַן עוֹלָם: It is prohibited for a non-priest to partake of *teruma*, even if he is a temporary or permanent worker of a priest. A Hebrew slave is similar to these workers with regard to this *halakha*. This is the opinion of the Rambam, which is not in accordance with the Gemara here, as it explains that a tenant is a Hebrew slave who has been acquired as a permanent acquisition (Rambam *Sefer Zera'im, Hilkhot Terumot* 6:5, and see Mahari Kurkus there).

BACKGROUND

Permanent acquisition – קִנְיַן עוֹלָם: A Hebrew slave is an adult male Jew who becomes the slave of another Jew. A Jew enters slavery if he is unable to make restitution for his theft (see Exodus 22:2), or if he becomes impoverished and chooses to sell himself and seek relief from his poverty (see Leviticus 25:39). A Hebrew slave sold by the court goes free after serving his master for six years (see Exodus 21:2). After his six-year term, should the slave sold by the court wish to remain with his master and with his wife, a Canaanite maidservant provided by his master, he endures a ceremonial rite involving the piercing of his ear (Exodus 21:5–6). Afterward he remains a slave until the Jubilee Year or the death of his master.

The Gemara refers to a slave who is employed for six years as: An acquisition of years, and to one who extends his service until the following Jubilee Year as: A permanent acquisition. Unlike a Canaanite slave, who is considered the property of his master and who may partake of *teruma* if his master is a priest, a Hebrew slave may not partake of *teruma* regardless of his type of slavery.

Does not partake of *teruma* – אֵינוֹ אוֹכֵל: By Torah law, non-priests are generally not permitted to partake of *teruma*. Despite this, in certain cases relatives or dependents of priests may partake of *teruma*, even if they themselves are not priests. In these cases, an adult male priest confers the right to partake of *teruma* upon his wife, children, and slaves, and may feed *teruma* to his animals. Furthermore, the widow of a priest who is not the daughter of a priest is permitted to partake of *teruma* if she has children or grandchildren from her deceased husband. The surviving descendants of a priest enable not only their mother but also slaves whom she has inherited to continue to partake of *teruma*.

אֶלָּא אָמַר אַבַּיֵי: לֹא נִצְרְכָא אֶלָּא לְדֶרֶךְ מְשׁוּפָּשׁ. אֲמַר לֵיהּ רָבָא: וְהָא הֲבָאָה כְּתִיב בֵּיהּ! אֶלָּא אָמַר רָבָא: כָּל מִידֵּי דְּחַשֵּׁיב עֲלֵיהּ לִפְנַי וְלִפְנִים – לָא מִיפְּסַל בַּהֵיכָל.

Rather, Abaye says: This mention of "within" **is necessary only for** a case where the blood entered the Holy of Holies not via the Sanctuary but in **a roundabout manner,** e.g., from the roof or the loft of the Holy of Holies, without having entered the Sanctuary. **Rava said to** Abaye: **But** an expression of **bringing is written in** the verse:[H] "Behold, its blood was not brought into the sacred place within," which indicates a standard manner of bringing it into the Holy of Holies. **Rather, Rava says:** In **any** circumstance **where** the priest **intended** to bring the blood inside **the innermost sanctum, it is not disqualified** when it is only **in the Sanctuary,** and therefore it was necessary for the verse to teach both disqualifications.

בָּעֵי רָבָא: פַּר הֶעְלֵם דָּבָר שֶׁל צִבּוּר וּשְׂעִיר עֲבוֹדָה זָרָה, שֶׁהִכְנִיס דָּמָן לִפְנַי וְלִפְנִים, מַהוּ?

§ **Rava raises a dilemma:** With regard to the **bull for an unwitting communal sin and** the **goat for** a sin of **idol worship,** whose blood should be presented in the Sanctuary, if it occurred **that** the priest **brought their blood into the innermost sanctum,**[H] **what is** the *halakha*?

מִי אָמְרִינַן: "אֶל הַקֹּדֶשׁ פְּנִימָה", כָּל הֵיכָא דְּקָרֵינַן "אֶל הַקֹּדֶשׁ" – קָרֵינַן לֵיהּ "פְּנִימָה", כָּל הֵיכָא דְּלָא קָרֵינַן "אֶל הַקֹּדֶשׁ" – לָא קָרֵינַן "פְּנִימָה", אוֹ דִּלְמָא: שֶׁלֹּא בִּמְקוֹמָן הוּא.

Rava explains the sides of the dilemma: **Do we say** that since the verse states: **"Into the sacred place within"** (Leviticus 10:18) as a single phrase, and therefore **anywhere that we read** a prohibition against bringing the blood **"into the sacred place,"** i.e., that the blood is disqualified by being brought into the Sanctuary, **we** also **read** a prohibition against bringing the blood **"within,"** i.e., that it is likewise disqualified when it is brought into the Holy of Holies; but **anywhere that we do not read** a prohibition against bringing the blood **"into the sacred place,"** such as with regard to these offerings, whose blood is supposed to be brought into the Sanctuary, **we do not read** a prohibition against bringing the blood **"within"** the Holy of Holies? **Or perhaps,** since in any event the Holy of Holies **is not the** proper **place** for the blood **of these** offerings, it is disqualified.

וְאִם תִּימְצֵי לוֹמַר: שֶׁלֹּא בִּמְקוֹמָן הוּא, פַּר וְשָׂעִיר שֶׁל יוֹם הַכִּיפּוּרִים שֶׁהִזָּה מִדָּמָן עַל הַבַּדִּים, וְהוֹצִיאָן לַהֵיכָל וְהִכְנִיסָן, מַהוּ?

And if you say that the Holy of Holies **is not the** proper **place** for the blood **of these** offerings and they are therefore disqualified, one can raise another dilemma: In the case of the **bull and goat of Yom Kippur,**[H] **where** the High Priest **sprinkled from their blood on the staves** of the Ark, as required (see Leviticus 16:14), **and he brought** their remaining blood **out to the Sanctuary and** subsequently **brought** it **in** again to the Holy of Holies, **what is** the *halakha*? Is the blood disqualified by this improper second entrance into the Holy of Holies?

מִי אָמְרִינַן: מְקוֹמָן הוּא, אוֹ דִּלְמָא הוֹאִיל וּנְפַק – נְפַק.

Rava explains the sides of the question: **Do we say** that **it is its place,** as the High Priest is supposed to bring this blood into the Holy of Holies on Yom Kippur at some point? **Or perhaps** one should say that **since** the High Priest has performed the mitzva and the blood has been **brought out,** it has been **brought out,** and the Holy of Holies is no longer considered its place.

וְאִם תִּימְצֵי לוֹמַר: הוֹאִיל וּנְפַק נְפַק, הִזָּה מִדָּמָן עַל הַפָּרֹכֶת

And if you say that since the blood has been **brought out,** it has been **brought out,** one can raise another dilemma: If the High Priest **sprinkled from their blood on the** Sanctuary **Curtain**

HALAKHA

An expression of bringing is written in the verse – הֲבָאָה כְּתִיב בֵּיהּ: Blood of an external sin offering that was brought inside the Sanctuary is disqualified. This applies only if it was brought inside the Sanctuary in the normal manner. If it was brought through a side door or via a window or the roof it is not disqualified, as stated by Rava (Rambam *Sefer Avoda, Hilkhot Pesulei HaMukdashin* 2:13).

That the priest brought their blood into the innermost sanctum – שֶׁהִכְנִיס דָּמָן לִפְנַי וְלִפְנִים: With regard to the blood of a bull brought as a communal sin offering or of a goat sacrificed for the communal sin of idol worship, which should be sprinkled inside the Sanctuary, if it was brought inside the Holy of Holies it is disqualified (Rambam *Sefer Avoda, Hilkhot Pesulei HaMukdashin* 2:14).

The bull and goat of Yom Kippur – פַּר וְשָׂעִיר שֶׁל יוֹם הַכִּיפּוּרִים: With regard to the blood of the bull and the goat of Yom Kippur, which is brought inside the Holy of Holies on Yom Kippur, if the High Priest sprinkled some of the blood inside the Holy of Holies and then took it out before bringing it back in, the blood is disqualified and he may not complete its sprinkling in the Holy of Holies. Following his principle, the Rambam rules in accordance with the opinion that is accepted as the basis of the Gemara's question introduced with the phrase: And if you say. Nevertheless, he explains Rava's inquiry as referring to the disqualification of continuing the sprinklings inside the Holy of Holies, as indicated by the wording: Since the blood has been brought out it has been brought out, i.e., the High Priest may not continue the service inside the Holy of Holies (Mahari Kurkus). The Ra'avad disagrees with the Rambam's interpretation of the Gemara (Rambam *Sefer Avoda, Hilkhot Pesulei HaMukdashin* 2:14).

וְהוֹצִיאוֹ לַמִּזְבֵּחַ וְהִכְנִיסָן, מַהוּ?

and then **brought out** the blood **to the** golden **altar** in the Sanctuary and sprinkled the blood there, as required (see Leviticus 16:18), **but** subsequently **brought** the remainder of the blood **in** toward the Curtain dividing the Sanctuary from the Holy of Holies, **what is** the *halakha*?

הָכָא וַדַּאי חַד מָקוֹם הוּא, אוֹ [דִּילְמָא] יְצִיאָה קָרֵינָא בֵּיהּ? תֵּיקוּ.

Rava explains the sides of the dilemma: Do we say that **here** the area of the Curtain and the golden altar **is certainly one place,** as they are both in the Sanctuary, and therefore the blood should not be disqualified by being brought back toward the Curtain? **Or perhaps,** since **we call** the taking of the blood to the golden altar: **Going out,**[H] in the verse: "And he shall go out unto the altar" (Leviticus 16:18), its return to the Curtain should be considered bringing in, and therefore the blood should be disqualified? No answers were found, and therefore the Gemara states that these dilemmas **shall stand**[B] unresolved.

"נִכְנַס לְכַפֵּר". תַּנְיָא, רַבִּי אֱלִיעֶזֶר אוֹמֵר: נֶאֱמַר כָּאן: "לְכַפֵּר בַּקֹּדֶשׁ", וְנֶאֱמַר לְהַלָּן: "וְכָל אָדָם לֹא יִהְיֶה בְּאֹהֶל מוֹעֵד בְּבֹאוֹ לְכַפֵּר בַּקֹּדֶשׁ",

§ The mishna teaches that the Sages disagree as to the *halakha* in a case where the priest carrying the blood of a sin offering whose blood placement is on the external altar **entered** the Sanctuary **to atone** through sprinkling, but in practice the priest did not actually sprinkle the blood. According to Rabbi Eliezer the blood is disqualified, whereas Rabbi Shimon maintains that the blood is disqualified only if the priest sprinkles it in the Sanctuary. Concerning this, it **is taught** in a *baraita* that **Rabbi Eliezer says: It is stated here:** "And any sin offering, whereof any of the blood is brought into the Tent of Meeting **to atone in the Sanctuary,** shall not be eaten" (Leviticus 6:23), **and it is stated there,** with regard to the service of the High Priest on Yom Kippur: **"And there shall be no man in the Tent of Meeting when he goes in to atone in the Sanctuary,** until he comes out" (Leviticus 16:17).

מַה לְהַלָּן בְּשֶׁלֹּא כִּיפֵּר – אַף כָּאן בְּשֶׁלֹּא כִּיפֵּר.

Rabbi Eliezer explains: **Just as there,** with regard to Yom Kippur, the phrase "when he goes in to atone" is referring **to** the stage **when** he **has not** yet **atoned, so too here,** with regard to the disqualification of blood brought inside the Sanctuary, the phrase "to atone in the Sanctuary" is referring **to** a situation where the blood enters the Sanctuary at a time **when** the priest **has not** yet **atoned.**

רַבִּי שִׁמְעוֹן אוֹמֵר: נֶאֱמַר כָּאן: "לְכַפֵּר", וְנֶאֱמַר לְהַלָּן: "וְאֵת פַּר הַחַטָּאת וְאֵת שְׂעִיר הַחַטָּאת אֲשֶׁר הוּבָא אֶת דָּמָם לְכַפֵּר", מַה לְהַלָּן בְּשֶׁכִּיפֵּר – אַף כָּאן בְּשֶׁכִּיפֵּר.

Conversely, **Rabbi Shimon says: It is stated here: "To atone"** (Leviticus 6:23), **and it is stated there,** with regard to the conclusion of the service on Yom Kippur: **"And the bull of the sin offering and the goat of the sin offering, whose blood was brought in to atone** in the Sanctuary, shall be taken outside the camp, and they shall burn in the fire" (Leviticus 16:27). **Just as there,** the phrase "to atone" is referring **to** the stage **when** he has already **atoned,** as the bull and goat of Yom Kippur are burned after their blood has been sprinkled, **so too here,** the phrase "to atone" is referring **to** a situation **where** he has already **atoned,** whereas merely bringing the blood into the Sanctuary does not disqualify it.

בְּמַאי קָמִיפַּלְגִי? מָר סָבַר: דָּנִין חוּץ מֵחוּץ, וְאֵין דָּנִין חוּץ מִבִּפְנִים.

The Gemara inquires: **With regard to what** principle **do** Rabbi Eliezer and Rabbi Shimon **disagree?** The Gemara explains that one **Sage,** Rabbi Eliezer, **holds** that **one derives** a case of **outside,** i.e., the blood of a sin offering whose blood placement is on the external altar, which may not be brought inside the Sanctuary, **from** another prohibition of **outside,** the prohibition against entering the Sanctuary; **but one does not derive** a case of **outside from** the bull and goat of Yom Kippur, whose blood is brought **inside** the Sanctuary.

וּמָר סָבַר: דָּנִין בְּהֵמָה מִבְּהֵמָה, וְאֵין דָּנִין בְּהֵמָה מֵאָדָם.

And one **Sage,** Rabbi Shimon, **holds** that **one derives** a *halakha* involving **an animal,** i.e., a sin offering whose blood placement is on the external altar, **from** another *halakha* involving **an animal,** the bull and goat of Yom Kippur; **but one does not derive** a case of **an animal from** a prohibition involving **a person.**

HALAKHA

We call it going out – יְצִיאָה קָרֵינָא בֵּיהּ: If the High Priest completed the sprinklings in the Holy of Holies with the blood of the bull and goat of Yom Kippur, and he brought the remainder of the blood out to the Sanctuary and performed some of the requisite sprinkling there, at which point he took the remainder of the blood outside the Sanctuary and then brought it back inside, he may not complete the sprinklings in the Sanctuary. The reason is that since the blood has left its designated area it is disqualified.

The Rambam rules stringently with regard to the unresolved dilemma in the Gemara, as it concerns an uncertainty involving Torah law. It should be noted that the Rambam explains Rava's dilemma as referring to disqualification not due to improper entry but due to going out, as indicated by the wording of the Gemara: We call it going out. The Ra'avad and other commentaries disagree with the Rambam's interpretation of the Gemara (Rambam *Sefer Avoda, Hilkhot Pesulei HaMukdashin* 2:14).

BACKGROUND

Shall stand [*teiku*] – תֵּיקוּ: Various explanations have been suggested for the etymology of this term. One explanation is that the word is an abbreviated version of *tikom*, meaning: Let it stand. Another is that its source is the word *tik*, a case or pouch, whose contents are unknown; the resolution is as unknown as though it were hidden inside a case (*Arukh*). Although not the literal meaning, some raise the suggestion that the term alludes to an acronym of the phrase: The Tishbite, i.e., Elijah the prophet, will resolve questions and dilemmas (*Tosefot Yom Tov*). This last idea refers to the belief that when Elijah returns to announce the advent of the Messiah, he will also reveal the solutions to outstanding halakhic difficulties.

״רַבִּי יְהוּדָה אוֹמֵר״ כו׳. הָא מֵזִיד – פָּסוּל. בְּשֶׁכִּיפֵּר אוֹ בְּשֶׁלֹּא כִּיפֵּר?

§ The mishna teaches that **Rabbi Yehuda says:** If the priest took the blood into the Sanctuary unwittingly, the blood remains fit for presentation. The Gemara infers: **But** if his taking of the blood into the Sanctuary was **intentional,** it is **disqualified.**[N] The Gemara analyzes this *halakha*: Is the blood disqualified only **in** a case **where** he took the blood into the Sanctuary and **atoned,** by sprinkling it inside the Sanctuary, as claimed by Rabbi Eliezer in the mishna; **or** even **in** a case **where** he took the blood in and **did not** yet **atone,**[H] in accordance with the opinion of Rabbi Shimon?

אֲמַר רַבִּי יִרְמְיָה: מִמַּשְׁמַע שֶׁנֶּאֱמַר: ״וְאֵת פַּר הַחַטָּאת וְאֵת שְׂעִיר הַחַטָּאת אֲשֶׁר הוּבָא אֶת דָּמָם (אֶל אֹהֶל מוֹעֵד) לְכַפֵּר בַּקֹּדֶשׁ״, מַה תַּלְמוּד לוֹמַר ״וְהַשּׂוֹרֵף״?

Rabbi Yirmeya said that one can cite a proof from a *baraita*: **From** the fact **that it is stated** with regard to the Yom Kippur service: **"And the bull of the sin offering and the goat of the sin offering, whose blood was brought in to atone in the Sanctuary,** shall be taken outside the camp, and they shall burn in the fire their skins, and their flesh, and their dung; and he who burns them shall wash his clothes" (Leviticus 16:27–28), one can ask the following question: **Why must the verse state: "And he who burns"?**

מַה תַּלְמוּד לוֹמַר ״וְהַשּׂוֹרֵף״?! לְגוּפֵיהּ אִיצְטְרִיךְ! אֶלָּא, מַה תַּלְמוּד לוֹמַר ״חַטָּאת״ ״חַטָּאת״?

The Gemara interrupts its citation of the *baraita* to question its line of inquiry. **Why must the verse state: "And he who burns"?** One can answer that this term **was necessary for itself,** to teach that the one who burns the bull and goat of Yom Kippur is thereby rendered ritually impure. **Rather,** this is what the *baraita* is saying: **Why must the verse state** twice: **"Sin offering," "sin offering,"** with regard to the bull and the goat? It could have stated merely: And the bull and the goat of the sin offering.

לְפִי שֶׁלֹּא לָמַדְנוּ אֶלָּא לְפָר וְשָׂעִיר שֶׁל יוֹם הַכִּפּוּרִים שֶׁנִּשְׂרָפִין אַבֵּית הַדֶּשֶׁן מְטַמְּאִין בְּגָדִים, שְׁאָר נִשְׂרָפִין מִנַּיִן? תַּלְמוּד לוֹמַר: ״חַטָּאת״ ״חַטָּאת״, דִּבְרֵי רַבִּי יְהוּדָה.

The *baraita* answers **that** if the term "sin offering" had appeared only once, **we would have learned only with regard to the bull and the goat of Yom Kippur that are burned in the place of the ashes**[B] that **they render ritually impure** the **garments** of the one who carries them. **From where** is it derived that the same applies to **other** sin offerings that are **burned? The verse states: "Sin offering," "sin offering,"** twice, to include all sin offerings that are burned. This **the statement of Rabbi Yehuda.**

רַבִּי מֵאִיר אוֹמֵר: אֵינוֹ צָרִיךְ, הֲרֵי הוּא אוֹמֵר ״וְאֵת פַּר הַחַטָּאת וְאֵת שְׂעִיר הַחַטָּאת״, שֶׁאֵין תַּלְמוּד לוֹמַר ״לְכַפֵּר״, מַה תַּלְמוּד לוֹמַר ״לְכַפֵּר״? לִימֵּד עַל כָּל הַמִּתְכַּפְּרִים שֶׁהַשּׂוֹרְפָן מְטַמֵּא בְּגָדִים.

Rabbi Meir says: This derivation from the repeated mention of sin offering **is not necessary. Now** consider, the verse **states: "And the bull of the sin offering and the goat of the sin offering...** shall be taken outside the camp." As there is **no** need for **the verse to state** with regard to these offerings: "Whose blood was brought in to **atone** in the Sanctuary," **why must the verse** nevertheless **state: "To atone"? This teaches with regard to all** offerings **that atone** inside the Sanctuary **that one who burns them**[H] **renders** his **garments impure.**

וְרַבִּי יְהוּדָה ״לְכַפֵּר״ לָא מַשְׁמַע לֵיהּ; מַאי טַעְמָא, לָאו מִשּׁוּם דְּמִיבְּעֲיָא לֵיהּ לִגְזֵירָה שָׁוָה?

The Gemara notes: **And Rabbi Yehuda does not learn** anything from the term **"to atone." What is the reason** for this? Is it **not because he requires** this phrase **for a verbal analogy,**[B] to derive that the blood of an external sin offering that was taken inside the Sanctuary is disqualified only if the priest sprinkled it, in accordance with the opinion of Rabbi Shimon? This answers the Gemara's question, as Rabbi Yehuda evidently follows the opinion of Rabbi Shimon.

הדרן עלך כל הזבחים שנתערבו

NOTES

But if his taking of the blood into the Sanctuary was intentional it is disqualified – הָא מֵזִיד פָּסוּל: Rashi apparently had a version of the text that omits this statement. According to that version, the Gemara's question: Is the blood disqualified only in a case where he took the blood in and atoned or even in a case where he took the blood in and did not yet atone, is referring to a situation where the priest brought the blood in unwittingly, not to a case where he did so intentionally. Some commentaries explain the Rambam's ruling in light of this version of the text (Mahari Kurkus).

HALAKHA

In a case where he atoned or even in a case where he did not yet atone – בְּשֶׁכִּיפֵּר אוֹ בְּשֶׁלֹּא כִּיפֵּר: In a case where a priest brought the blood of a standard sin offering into the Sanctuary in order to sprinkle it and effect atonement with it, but did not do so and instead brought it out again without sprinkling it inside at all, if he brought it in unwittingly it is fit and he may sprinkle it outside in the Temple courtyard, as he did not effect atonement in the Sanctuary. The *halakha* is in accordance with the opinion of Rabbi Yehuda in the mishna on 36a (Rambam *Sefer Avoda, Hilkhot Pesulei HaMukdashin* 2:15, and see Mahari Kurkus there).

This teaches with regard to all offerings that atone inside the Sanctuary that one who burns them, etc. – לִימֵּד עַל כָּל הַמִּתְכַּפְּרִים שֶׁהַשּׂוֹרְפָן וכו׳: With regard to all sin offerings that are burned, whether bulls or goats, the garments of the one who burns them are rendered ritually impure (Rambam *Sefer Tahara, Hilkhot Para Aduma* 5:4).

BACKGROUND

Place of the ashes – בֵּית הַדֶּשֶׁן: This was a place outside Jerusalem where the ashes from the altar were deposited. The Yom Kippur sin offerings and other sin offerings that were not eaten were burned there.

Verbal analogy – גְּזֵירָה שָׁוָה: This is a fundamental talmudic principle of biblical interpretation, appearing in all standard lists of exegetical principles. If the same word or phrase appears in two places in the Torah, and a certain *halakha* is explicitly stated in one of these places, one may infer on the basis of a verbal analogy that the same *halakha* applies in the other case as well.

The inferences drawn on the basis of verbal analogy rely on verbal identity rather than conceptual similarity. For example, the Torah states concerning those convicted of certain types of sorcery that they "Shall be put to death; they shall stone them with stones; their blood shall be upon them" (Leviticus 20:27). Since this verse uses the expression: "Their blood shall be upon them," when speaking of death by stoning, the Talmud infers by verbal analogy that in all cases where this expression is used, capital punishment is to be inflicted by stoning.

Generally, inferences are drawn through verbal analogy only if the same word or phrase appears in both of the verses being compared, although a verbal analogy is occasionally drawn even if the words being compared are not identical, provided that their meanings are similar.

Summary of **Perek VIII**

This chapter dealt with a wide variety of situations, which can be subsumed under the broad category of mixtures of consecrated items.

First, the chapter discussed the intermingling of animals. If sacrificial animals became intermingled with animals from which it is prohibited to derive benefit, e.g., sin offerings that were rendered unfit and are left to die or an ox that was sentenced to be stoned, all of the animals in the mixture must die. They are not sacrificed, as an animal is considered too significant to be nullified in a mixture. If an animal prohibited to be sacrificed on the altar became intermingled with offerings, they are all left to graze until they become unfit for sacrifice, and then they are sold. From the money received, the owner must bring another offering of the same type as the offering that became intermingled, and it must be equal in value to the highest-quality animal that was in the mixture. If sacrificial animals were intermingled with unblemished non-sacred animals, the non-sacred animals should be sold for the purpose of purchasing offerings of the same type as the offering with which they were intermingled, and all of the animals are sacrificed.

In a case where sacrificial animals were intermingled, if they were all the same type of offering, each should be sacrificed for the sake of whoever is its owner, despite the fact that the owners do not know which animals are theirs. If the animals were designated for different offerings, e.g., a burnt offering and a peace offering, they are not sacrificed; rather, they are left to graze until they develop a blemish and thereby become unfit for sacrifice, and then they are sold. From the money received, the owner brings one type of each offering he originally intended to bring equal in value to the higher-quality animal between them, and he forfeits the difference between the value of the lower- and higher-quality animals from his own assets. This *halakha* applies even if the offerings that were intermingled are eaten, e.g., a peace offering with a guilt offering. It is not permitted to sacrifice them and treat them both like the more stringent of the pair, as one may not reduce the time available for eating the peace offering.

If a sacrificial animal was intermingled with a firstborn offering or an animal tithe offering, which cannot be redeemed, they are left to graze until they become unfit and are then eaten in accordance with the *halakhot* of a firstborn offering or animal tithe offering. The other sacrificial animal in the mixture must first be desacralized by means of another animal, on the assumption that it was the higher-quality animal in the mixture.

Apropos the discussion about mixtures of consecrated animals, the Gemara analyzed various other mixtures of prohibited and permitted items and establishes principles with regard to the nullification of prohibited items in mixtures with permitted ones.

Although by Torah law a prohibited item is always nullified in a majority, the Sages determined that any significant prohibited item, including a living animal, that is mixed with permitted items of the same type, renders the entire mixture prohibited in any ratio. Likewise, a prohibited item that is counted cannot be nullified in a mixture, although the Sages disagree whether this principle applies to any item whose manner is also to be counted, i.e., that is sometimes sold by unit, rather than by weight or volume, or if it applies only to an item whose manner is exclusively to be counted, i.e., that is always sold by unit.

Even with regard to mixtures of living animals or other significant items that are not nullified, since such mixtures are prohibited by rabbinic law, not by Torah law, the Sages were lenient in a case where one of the animals separated from the rest. In such a situation that animal is permitted, as it is assumed that the prohibited animal remained with the majority. Here too, the early commentaries formulated principles for various cases, e.g., whether the animal was separated intentionally or by itself; whether this occurred in the presence of people or not; and whether all the animals left their previous location and at that stage some separated from the rest of the pack.

With regard to a mixture of portions of offerings, it is not permitted to sacrifice all the portions together and to consider the prohibited portions as though they were wood. Similarly, in the case of blood, if blood that is to be placed above the red line of the altar was mixed with blood that is to be placed below the red line, the priest may not place all the blood above the line and consider the blood that belongs below as though it were water.

In a case where the blood of an offering became mixed with water, even where the water forms the majority, if the mixture has the appearance of blood it is fit to be presented on the altar. This applies if the water fell into the container of blood, but if it was the blood that fell into the water, the blood is nullified even if there is eventually more blood than water. If the blood became mixed with wine, or with the blood of a non-sacred animal, the wine or non-sacred blood is considered as though it were water. In a case where the blood was mixed with the blood of disqualified offerings or with the blood of exudate, both of which are unfit for the altar, the Sages decreed that blood from this mixture should not be presented on the altar. Nevertheless, if the priest did not consult the authorities but went ahead and presented the blood on the altar, it is fit if the ratio was such that if the unfit blood were water the mixture would still have had the appearance of blood.

Concerning mixtures of blood from different offerings, the conclusions were as follows: If blood of an offering that is to be placed on the altar with one placement was mixed with the blood of another offering that is to be placed on the altar with one placement, the blood of the mixture should be placed with one placement. If blood that is to be placed with four placements was mixed with blood that is to be placed with four placements, the blood should be placed with four placements. In a case where blood that is to be placed with four placements was mixed with blood that is to be placed with one placement, the blood should be placed with one placement.

With regard to a mixture of blood that is to be taken inside the Sanctuary and blood that is to be presented on the external altar, the blood should be poured into the Temple courtyard drain *ab initio*. Nevertheless, the blood that belongs inside is not disqualified if only part of it is placed on the external altar. The Sages disagree concerning the *halakha* of the blood that is supposed to be presented on the external

altar, and it was determined that only the blood of a sin offering is disqualified if it was brought inside the Sanctuary.

Incidental to the mention of external sin offerings, which are disqualified when their blood is brought into the Sanctuary, the Gemara discussed various other details of this case. If the blood was taken in with the intent to atone with it, i.e., to sprinkle it, that blood is disqualified. Conversely, if the priest brought the blood inside the Sanctuary unwittingly, it is not disqualified.

Image **Credits**

All images are copyright © Koren Publishers Jerusalem Ltd., except:

p17 top image © Miguel González Novo; **p17** bottom image © Jörg Hempel; **p18** both images © **courtesy of the Temple Institute**; **p36** © Tomas Castelazo; **p40** left image © Thesupermat; **p40** right image © Jamain; **p41** © Yael Y.; **p43** © **courtesy of the Temple Institute**; **p45** top image © Walters Art Museum: Acquired by Henry Walters; **p46** © Clara Amit, Yoram Lehman, Yael Yolovitch, Miki Koren, and Mariana Salzberger, courtesy of the Israel Antiquities Authority; **p48** © Bernard Gagnon; **p65** © Keith Weller; **p73** © Chamberi;

My Notes

My Notes

My Notes

My Notes

My Notes